2017年度国家社科基金重大项目
"秦汉时期的国家构建、民族认同与社会整合研究"丛书
总主编 李禹阶
第一卷

秦的国家构建、民族认同和社会整合

李禹阶 等著

齐鲁书社
·济南·

青铜鼎
(秦代,秦始皇帝陵博物院藏)

水陆攻战纹铜壶
(战国秦,宝鸡市凤翔区博物馆藏)

青铜乐府钟
(秦代，秦始皇帝陵博物院藏)

秦公钟
(春秋，宝鸡青铜器博物院藏)

骑马俑
（战国秦，咸阳博物院藏）

咸阳出土铜力士头像
（秦代，咸阳博物院藏）

跪射俑
（秦代，秦始皇帝陵博物院藏）

两诏文铜权
（秦代，秦始皇帝陵博物馆藏）

高奴权
（秦代，陕西历史博物馆藏）

图版文物照片来自田静、张恺编著：《文物中的秦人故事》，西安：西安出版社，2023年12月。

总　序

秦汉是古代中国自夏商周三代以来天翻地覆的时代。秦汉统一国家的建立，是中国统一王朝国家与汉民族形成的新起点，是由宗法分封制国家政体和以"诸夏"为标志的早期华夏民族向统一的君主集权制国家和统一的汉民族转化的枢纽期。它使统一的王朝国家和汉民族在产生、发展的进程中，进入到一种新的国家建构与民族认同的自觉状态，一种对各区域社会的政治、经济、文化、宗教状况的整合，因此具有划时代的里程碑意义。

但是，这种国家构建与民族认同、社会整合的历程并不是直线发展的，而是经历了一个曲折往复的过程。秦汉亘古未有之变局，实质是以新的国家大一统政治、经济、文化、法律的力量对过去分散的区域社会进行全面融汇、整合的重构。它对长期处于宗法血缘等级尊卑制中的关东六国社会的贵族及民众，有一个身份变化、族群认同的转换问题，也存在一个战国以来华夷交错的各区域不同族群、民族向统一的汉民族转型的问题。它使秦汉时代的国家在对各个区域（如秦统一后的关东六国）的民族融合与社会整合中，出现了具有诸多新因素的政治与社会形态。而这种新的政治与社会形态，是在国家、族群、地方社会的矛盾、冲突、博弈，以及作用力与反作用力中展开的。也正是这种矛盾、冲突与博弈，使中国古代国家、民族与社会不断走向新的阶段，并使国家、民族、文化的认同不断趋于一致。

一

从历史唯物主义观点看，世界文明史上的任何一种文明形态，包括政治制度、思想文化、治理模式、社会整合、民族融合等，都不是某个单一要素或单项因果作用的结果，而是若干要素通过合力作用，并以一定形式联系而构成的具有某种新功能的有机整体的演进。在这种动态的系统演进中，各要素之间相互联系，相互制约，相互作用，并产生出某种单个要素在孤立状态下所不能产生出的新要素及其内涵、特征。正是这种新的系统功能性特点，促进了整个社会组织的发展。而在这种社会组织发展中，系统内各要素的博弈、冲突、互补、平衡亦是其最基本的运动状态和特征。它告诉我们，任何政治国家与社会组织，包括民族共同体的建构，都不是平面的或线性的孤立发展的结果，而是呈现着多因素、多线条并相互融通的发展态势。因此，在探讨、分析中国古代的政治国家或社会组织的演进时，我们应该注意这种国家制度、社会结构、民族融合的多要素的合力及其相互间的作用。

从先秦至秦汉时期，中国古代的国家、民族、社会的演变，实际上经历了两大阶段，即通过春秋战国的历史进程，而形成与西周封建制不同的战国时代的新型国家体制，也就是由西周时代的王权与治权分离的政治体制向王权与治权相互合一的君主集权的官僚政治体制的转换。正是这种转换建构着大一统的秦汉帝制国家的政治制度，亦在东亚内大陆形成了一种全新的，具有国家、民族、文化上三位一体的同一性特征的统一王朝。其后，庞大的秦王朝虽然历经二世即轰然坍塌，但是其兴灭忽焉的历史教训，使西汉王朝在国家体制建构中，既注重对秦代君主集权的官僚体制的扬弃，又根据古代中国关东、关西、黄河、长江流域等不同地域的生态环境、风土人情，而通过采用周代宗法礼仪制度，重新构建着新兴的"汉家制度"。实际上，从国家制度、民族关系、社会整合、文化认同等各方面看，秦汉之际都发生了一种巨大的转变。这种否定之否定的转变，奠定了此后数千年中国古代国家、民族、文化的基本格局。

本书即以先秦、秦汉时期的演变历程为主线，以秦汉时代的国家建构、民族认同、社会整合的问题意识为出发点，从纵向与横向两个方面阐释几者之间错综复杂、既对立又统一的关系，由此把握几者在结构、功能、要素等方面的动态演变及其内在原因。应该看到，从西周经春秋、战国而至秦汉，通过王朝权力转移而逐渐诞生出一种新的社会形态，这种新社会形态则对此后几千年的中国古代社会起着重要作用。自平王东迁，昔日赫赫的西周王朝就失去了对"天下"诸侯的号召力，它使周代标志等级分层的礼乐秩序迅速瓦解，一种新型国家体制则在这种"礼崩乐坏"中萌芽、发展。严格来说，这种新型国家体制的产生，既是一种历史和时势的偶然，同时也蕴含着历史与逻辑的必然。从历史与时势的偶然性看，西周"王畿—分封"的政治体制的崩坏，导致了传统的宗法血缘"亲""尊"制度内的上下陵替。它形成了一个诸侯无统、会盟不信的时代。这个时代使各诸侯国之间，不得不在竞争、冲突、博弈的态势下，为了保持自己的利益而重构一种新型的列国之间互惠、平衡的内外秩序，由此塑造了后西周时代各诸侯国之间一种新的国家间的关系。同时，由于西周王室权力的削弱，导致了从王室至大小诸侯的礼仪秩序的瓦解。它使过去以宗法血缘尊卑等级秩序来规范天下诸侯、公卿、封君、贵戚的外在束缚力量消失，由此触发了各诸侯国内部公室、卿族、大夫、陪臣等阶层间的权力斗争。正是在这种大小相侵的阶层斗争中，新起的权贵大权在握，形成了上下僭替、权臣执政的局面，并最终导致三家分晋、田氏代齐等国家权力的更替。这种权力的更替、转移，虽然是出自统治阶级的贪欲与权力欲，但是它也代表了当时统治阶级中适应社会历史发展的一股新兴力量。正是这种权力转移，产生了对古代中国几千年历史进程影响甚大的国家体制与政治制度，即夺权卿族鉴于权臣当国的史鉴，为了不重蹈覆辙，而产生了对本国旧贵、封君的遏制欲望，并为此而建立了具有抑制意义的系统性政治、军事制度和措施。这种主观欲望与客观的制度、举措，使这些新兴诸侯国逐渐告别旧的封建体制，而形成一种新型的以国君集权为核心的官僚体制以及相应的制度范式。这种新型国家体制与制度范式的出现，为战国时代以"国家本位"为中心的政治体制建构奠定了基础。

二

从历史与逻辑的必然性看，春秋战国时期新型国家体制的产生，既与东亚内大陆的地理生态环境有关，也是中国文明与国家发展的必由之路。东亚内大陆的生态环境，依山带水，西、北至草原、大漠，东及大海，南连百越，西南至滇黔，形成一个相对封闭的广袤区域。在这个广阔地域内，有黄河、长江、淮河、珠江等大河流域相互联系。尤其在中原地区，虽然山川相连，但是在山水相间中又有着开阔的盆地，而各山脉及盆地间有大河或其支流蜿蜒其中，"使这些山间盆地既相对独立，又能通过河流与外界交往，十分便利于古人类的生活"①。这种地理形势既使该地区成为联结黄河、江淮等流域和北方区域的四通八达的文化长廊，同时其深厚的黄土堆积层和河流冲积层也为古代中国的农耕社会提供了适宜耕作的沃土。而在这广袤的大地上，当距今5000—4000年时，在史前"满天星斗"似的区域文化向以中原为中心的多元一体的夏、商、周广域王权国家演进时，作为一个政治文化与制度范式的"中国"，便成为最具吸引力的政治社会形态。实际上，早期"中国"概念的流行，正得益于当时中原王朝这种制度及文化的先进性，以及容纳天下万邦"有容乃大"的特征。故在古人眼中，早期中国第一王朝"夏"即有着大、中心、华美的典型文化特征。《尚书·武成》孔安国云："冕服采章曰华，大国曰夏。"《正义》引《释诂》："夏，大也……夏，谓中国也。"②王念孙《读书杂志》："雅读为夏，夏谓中国也。"故夏之朝代、族群得名，有同一地域（"中"国）、同一心理（"大"邦）、同一文化（"雅"）的意义。③因此，"早期中国"应是一个政治文化与制度范式的观念，而非单纯的地理概念。它之所以被推崇，是由于内蕴着一种政治机制、礼仪文化及价值理念。它通过由启发

---

① 张海：《中原核心区文明起源研究》，上海：上海古籍出版社，2021年，第15页。
② 孔安国传，孔颖达疏：《尚书正义》，李学勤主编《十三经注疏》，北京：北京大学出版社，1999年，第292页。
③ 王念孙：《读书杂志》，南京：江苏古籍出版社，1985年，第647页。

端的"夏"国家，逐步形成由商及周、从"中土""土中"向四方延伸的"家"—"国"—"天下"的分封式的方国（诸侯国）制度与文化理念。这种制度结构及礼乐文明，既是早期华夏民族、国家、文化的核心组成部分，又成为区别"夷夏"界限的标志。而在周人看来，这种中原王朝的制度范式与文化特色正是其时最具大国文采和生命力的政治社会象征，故武王有"惟我文考，若日月之照临，光于四方，显于西土。惟我有周，诞受多方"①的说法。从某种角度看，这种国家形态显然适应了古代中国广袤大地上具有"同质化"趋向的小农经济与宗法血缘制度。它在古代中国独特的生态与人文环境中，以一种内在的、连续的向心力不断地将王畿周边的方国、小邦联结起来，形成山川同贯、文化相系的广域王权国家。它解决了"同质化"小农经济生产方式所渴望的强大国家政权的护佑问题，故其具有趋向中心的统一性与连续性特征。正是这种国家体制，在西周王朝的礼仪制度失序后，迅速进行了华夏界域内新的政治秩序的重构。这种重构既是在春秋时期的血火交融、刀光剑影中进行，也是在政治理性的利益权衡考量中形成的新的国家关系与政治文化。故春秋二百四十二年，"诸侯无统，会盟不信，征伐屡兴，戎、狄、荆楚交炽……然实开大夫执政之渐，嗣后晋六卿、齐陈氏、鲁三家、宋华向、卫孙宁交政，中国政出大夫，而春秋遂夷为战国矣"②。正是在春秋时代的政治风云中，西周时期的"多邦"逐渐演化为战国时代的十余国，呈现出一种统一趋势。战国是一个兼并战争激烈的时代。它不仅加速了春秋时期萌芽的以"国家本位"为中心的新型国家体制的发展，同时也呈现出由"多"趋"一"的大一统的势头。秦的大一统君主集权的官僚体制的建立，意味着一个新兴时代的开端。它既是在东亚这片古老土地上政治体建构逐渐趋一的必然，也为统治这片广袤的土地提供了一套政治文化与制度范式。可以说，秦王朝的大一统，正是顺应了古代中国的生态、人文环境以及小农生产方式而形成的

---

① 孔安国传，孔颖达疏：《尚书正义》，李学勤主编《十三经注疏》，北京：北京大学出版社，1999年，第281页。

② 顾栋高辑，吴树平、李解民点校：《春秋大事表》，北京：中华书局，1993年，第32页。

国家体制和社会结构。

所以,从春秋战国的时代演变看,它不仅是一种国家体制、政治制度的变革,更重要的还是通过这种统一性政治国家的建构,以政治力量推动了古代中国各区域的族群融合、民族会聚、社会整合及文化认同。这既是由历史与逻辑的必然性所致,也是历史与时势的各种因素相互作用、共同合力的结果。如果我们再对此进行深入分析,就可以看出,当后西周时代陡然失去"周制"内含的政治等级与礼仪秩序的时候,失去"天子"权威制约的各大小诸侯国,内则"征伐屡兴",外则戎、狄、蛮、夷侵扰"交炽",使春秋时期成为中国先秦史上十分特殊的时期。这种特殊性表现在政治、民族、文化三方面的互动:其一是后西周时代"礼制"失序,各诸侯国内的公室、卿族、大夫、陪臣等上下阶层的权力斗争,导致西周旧的封君、贵族制向新型官僚体制转化;其二是西周时期各封国乃至边缘区域的华夏族群,亦在这种地缘性国家的建构中,在大小诸侯国的相兼互并中,不断由分散的诸夏向统一的华夏民族形态演进;其三则是在春秋时期的新文化思潮中,开创了一种华夏礼乐文化的新形态、"霸主"政治演绎下的新文化格局。这里尤其要提及的是,春秋时诸侯之间的会盟、礼聘等,通过改革、扬弃西周传统宗法文化,重塑着一种新的国家交往的外交规则和礼仪秩序。更加重要的是,这种新文化风潮通过扬弃西周宗法文化,使周代宗法文化中强调尊卑、等级的刻板而形式化的祭祀、赐命、冠婚、朝觐、迎宾、丧葬等文化形式转为具有文情性、雅致性的诗、礼的朝、觐、聘、享等文化形式,并以优雅的贵族风格形塑了以《诗》、《书》、礼仪等为主的贵族与士阶层的修养和气质,具备"极优美、极高尚、极细腻雅致"[①]的华夏文化气质。这种文化气质在各诸侯国内外激烈的斗争中,在旧贵身份下移、士阶层兴起的时代浪潮中,使过去由贵族阶层所垄断的《诗》、《书》、礼仪逐渐普及化,使昔日的周代礼仪文化包括贵族习用的"六艺"教育下至民间,普及士人,开创了一种具有趋同性的新文化格局。

---

① 钱穆:《国史大纲》,北京:商务印书馆,1996年,第68页。

所以，对春秋战国时代的国家建构、民族认同、社会整合等各方面演进历程的理性认知，既对我们深入认识秦汉时代的大一统原因有着重要价值，也提供了我们进一步认知中国古代的国家、民族、社会、文化等发展的前提与基础。秦王朝的大一统，既是对春秋战国时代政治、经济、文化、民族关系的总结，也是中国统一的王朝国家和汉民族形成的起点。秦王朝在短短十余年中所做的关于维护统一的诸多措施，例如书同文、车同轨、统一度量衡、修建直道、筑长城以拒外敌、凿灵渠以通水系等，都是这种强化国家统一、民族认同、社会整合的举措。但是，秦王朝毕竟诞生于战国时代的列国兼并战争中，它所建构的国家体制、思想文化、郡县制与编户齐民制度，都带有战争时代军事体制的痕迹，可以说承载着战争时代的时势与惯性。尤其是秦国的二十等军功爵制度，经过上百年战争的洗礼，对强化秦国的战争机器及维持民众"农战"热情有着异乎寻常的重要作用。但是势随时变，当国家承平，在"居马上得之，宁可以马上治之乎"①的时代转型中，秦王朝并没认识到这种时势演变的特征，仍然为南征北伐，修建宫殿、陵墓等进行着庞大的民众动员，使渴望统一的人民依然不能享受大一统带来的安居乐业的益处。正是民众对其的深深失望，注定了它兴灭忽焉的命运。

三

秦汉相续，既是一次王朝的更替，更是一种国家政治体制、思想文化的更新与转型。清人赵翼指出："盖秦、汉间为天地一大变局。"② 其所谓"变"，不仅在于汉初布衣将相之局及对秦亡教训的借鉴，更在于时势相异，使西汉统治者不得不在继承秦的基本政治体制的基础上，杂以"周文"而进行大范围的改革、更化。正如熊十力先生所谓："汉以后二千余

---

① 司马迁：《史记》卷九十七《郦生陆贾列传》，北京：中华书局，1959年，第2699页。
② 赵翼著，王树民校证：《廿二史札记校证》，北京：中华书局，1984年，第36页。

年之局，实自汉人开之。凡论社会、政治，与文化及学术者，皆不可不着重汉代也。"① 它开创了一种崭新的"汉家制度"。而这种制度的建构，却是"秦制"与"周制"的有机结合。"汉家制度"的开创并非一帆风顺，而是通过汉代上层统治集团中的冲突、博弈、互融而达成平衡的结果，并在统治者的权力欲与客观政治时势的交汇互融中达到一种新的境界。"汉家制度"适应了中国古代的大一统局面，使汉代的国家、民族、社会、文化逐渐趋于稳定，走向一致性认同，由此奠定了其后两千多年帝制时代的基本政治格局。

其实，周、秦制度的结合，解决了中国古代社会的一个重要问题，即权力的分离问题。从西周到秦汉，古代中国呈现了两次权力的分离现象。第一次是西周王朝分封制中表现的王权与治权的分离。西周分封制虽然适合了其时的政治大势，但是因为这种上下权力的分割，从一开始就蕴含着地方"邦""国"对中央王朝的离心力，而随着时势变化，最终使西周王朝逐渐走向分崩离析。而秦所建构的君主集权的官僚政治体制，虽然能够克服西周国家体制中呈现的政治离心力问题，却带来了在剥削阶级的私有制社会中国家体制通常内蕴的第二个分离趋势，即皇权与行政权、支配权的分离。由于秦代官僚体制科层结构的刚性特点及所带来的僵化性、脆弱性，尤其是作为国家各级政治、经济权力代理者的各级官吏，由于所有权与受益权的分离，极易出现滥行职权、以权谋私、权力寻租现象。严格来说，自商鞅变法后建立的秦国的官僚体制，尽管破除了封闭的世卿世禄封君制，任用流官作为各级官吏，对于加强社会上下阶层的流动，提高吏、民的作战、务农的积极性有着重要意义，可是由于秦国与西周分封制在所有权上的差异，秦国官僚、吏员仅仅是官僚系统中享受俸禄的权力行使者、代理者，他们尽管有着冲破阶层隔阂而不断上升的自我价值实现感，但是又缺乏西周各级贵族、封君在封地中"权"与"利"相结合的获得感、满足感。这正如韩非所谓："故君臣异心。君以计畜臣，臣以计事君。

---

① 熊十力：《读经示要》，萧萐父主编《熊十力全集》第三卷，武汉：湖北教育出版社，2001年，第766页。

君臣之交，计也。害身而利国，臣弗为也；害国而利臣，君不为也。臣之情，害身无利；君之情，害国无亲。君臣也者，以计合者也。"① 故其履行职权的责任心、主动性往往与他们的信仰、道德的素质相关。这就使帝国官僚体制必须注重意识形态领域的建构，注重伦理道德的建设，注重对尚"德"、贤能之士的选拔。刘邦君臣正是看到了这个问题，故汉初政治制度的改革中心，是以大力发展伦理道德为内涵的尚"德"崇"礼"为主的，通过儒家对西周礼制的改造及其教化机制，而提升活跃在这种科层机制中官僚、士人的为"天下"理念并达到至"公"的"圣贤"境界。正是这第二个分离，直接导致了汉代思想意识形态领域的改革：一方面通过汉"以孝治天下"而在思想意识形态领域倡导儒家的"仁义""礼制"。特别在基层社会中，为了克服大一统国家对乡里社会的直接控制所导致的资源不足的矛盾，它必须通过重建乡里社会的宗法制度，利用血缘宗法这个中介来实行对乡里基层社会的间接控制，由此导致汉代的国家—社会的二元化趋向；另一方面，通过汉代选官制度的改革，建立以"孝""廉"为内涵的察举、荐举制度推选官员，由此转变秦代"以法为教""以吏为师"的选官制度。这种重视"仁政"、"德治"和"选贤与能"的思想，是一种为了克服流官体制的弊病而进行的系统性、制度性改革，是试图通过道德、伦理的力量来克服剥削阶级社会中的人性之"恶"，通过儒家教化与"治国平天下"的理念，使在这种科层机制中的官僚、士人能够饱含"平天下"的理念而达到"至公"的境界，故它并不是单纯的权宜之计，更不是可有可无的帝王心血来潮之举。汉文帝时期，青年谋士贾谊所谓"变化因时""攻守异术"，正蕴含着对秦汉之际"武"（秦制）、"文"（礼文）转换的深刻思想。所以，西汉初期"汉承秦制"与"汉家法周"，其制度建构虽以秦制为基础，但是许多重要制度来自由儒家学者所改造的周代礼制，由此形成法儒交融的"汉家制度"。这种政治体制重构了汉代国家的治理机制与意识形态，并奠定了我国两千年帝制时代的政治制度基础。

汉代国家对思想意识形态的改造，使历史又走了一个否定之否定的轮

---

① 王先慎撰，钟哲点校：《韩非子集解》，北京：中华书局，1998年，第128页。

回。传统的"周文"经过儒家学者的改造而重新回到国家上层政治生活中。汉初刘邦、惠、吕时期，鉴于秦亡教训，对于各种政治思想及学术争论抱持比较开放的态度，这就给一直寻求实现自己政治抱负的儒家士人以极大的鼓舞，形成一股儒家的复兴潮流。而儒家学者也深知秦制弊端，故通过对儒家思想的改革、倡扬，即通过汉初颇具热情的"立典"（立"经典"）与"建制"（建"礼制"），而希望获得在王朝里的正统性与合法性。汉武帝时采用公孙弘、董仲舒之议，"罢黜百家，表章六经"就是其结果。值得注意的是，汉帝国除了借助思想文化的"德""礼"建构，还积极通过"天人合一""天人感应"等理论，构筑帝国所需的思想意识，实现对民众的思想统治。《左传》云"国之大事，在祀与戎"，汉代亦是这样。统治者充分利用自史前便有的祭祀与天文相结合的对小农社会农耕产业有着重要作用的公共服务功能，通过对天文、历法的告溯颁历，而获得王朝的正统性与合法性。汉文帝时贾谊提倡的"悉更秦之法"，改正朔，易服色，法制度，定官名，兴礼乐，革故鼎新，以及从西汉至新莽、东汉统治者对明堂、辟雍与灵台的重视①，都是帝制王朝试图获得"君权神授"的天眷与王朝合法性的政治手段。同时，地大物博的古代中国，由于各地特色的不同，民间诸神亦成为乡里社会的信仰对象。在秦统一前，山川阻隔，言语不通，阻碍着不同地域的文化交流，也使各区域的民间诸神信仰呈现出各自的特点。秦统一后，秦始皇巡游海滨甚至泛舟于海上，迷信方士，追求长生不死，均与燕、齐神仙信仰密不可分。然而，政治权力以维护国家一统及君主权威为己任，追求治理手段的简洁、高效与多样化，必然会通过对地方文化与民间诸神信仰的整合，来塑造、推广更符合统治需要的秦汉文化。例如汉代民间信仰的两大主题：宇宙论、生死观。各地不同的信仰群体而衍生出相异的信仰行为，各地大都以宇宙论、生死观为中轴，辅之以时间和空间问题，由此形成对人的自我价值的思考。这些问题

---

① 在汉代文献之中，明堂、辟雍与灵台也被称为"三雍"或者"三宫"，如《汉书·终军传》说："建三宫之文质，章厥职之所宜，封禅之君无闻焉。"颜师古注引服虔曰："三宫，明堂、辟雍、灵台也。"郑氏曰："于三宫班政教，有文质者也。"

虽然来自汉代"天道"的基本维度，但是从时间和空间的层面对宇宙、生死问题进行解构，使这些问题乃至汉代民间信仰从整体上都带上了"天人合一"的属性，最终达到对"君权神授"的皇权合法化。所以，摆脱肉身—升仙等思想的发展，不仅是一种宇宙论、生死观的价值信念，也是对"天人"关系以及在"天"庇护下的皇权合法性的延伸。中国古代并非没有本土的信仰，只是这种精神信念被分解，并融入到国家政治与社会民众的世俗性的日常中去。它与儒学的"天人合一""天人感应"学说一起，相互渗透、相互作用，构成了中国本土的文化特色。

自秦转汉，古代基层乡里社会及民众生活亦发生了重要变化。这种变化的实质正如前述，它是在秦汉相继中产生的国家—社会的二元关系，并在这种关系裂变中形成的新因素。秦时商鞅变法以"分异令"强行将民间自然形成的"家"拆分成以父母和未成年子女为主构成的核心小家庭，其目的在于增加国家的"户赋"收入，强化对乡里社会成员的管理、控制，由此以国家力量直接进入到基层乡里民众的公、私生活中。但是当实现大一统时，这种在小农经济上建构的国家—社会的一体化整合方式所存在的显明的政治、经济资源的不足，使汉代统治者希望通过对"周制"的仿效，利用乡里社会既有的宗法资源作为联系中介，来重新构建国家与社会的二元格局。故从西汉起，由秦代的"长序"为先改变为"齿序"与"长序"并重的局面，并使它们成为推动乡里社会整合的两种力量。这种社会整合方式对克服秦政弊病固然有效，但是它又面临另一个问题，即在社会经济发展中，过去实行的分户析产的"小家"制度必然会向"大家"（大家庭、家族）发展、演变，由此破坏承担国家赋税、力役、军役的小农经济基础。尤其是西汉中期以后，社会上的工商业者开始深刻认识到权力对保护财富的重要性，逐渐产生进入官僚系统的强烈愿望，部分商人开始积极与政府合作进入官僚体系，使其政治、经济实力不断膨胀，而导致"大家"（大家庭、家族）的加速发展。这种情况最终导致汉初的"小家"向"豪富大家"的加速蜕变，致使基层社会中编户齐民群体发生了分化，引起从西汉中后期至东汉一代"豪民"向"豪族"的变迁。尤其是东汉察举、征辟的选官制度，以及经学成为重要的政治、文化资源，大批以明经入仕而形成的文化世代传承的经学世家，通过婚姻及师生僚属等关系，在权力资源与文化资源的交互循环中形成世代官宦、累世重权的社会关系网络，使汉代"大家"最终走上士族化的道路，并成为东汉政权分崩离析的催化因素。

秦汉时期的政权建构及其交替，亦使先秦诸夏族群在政治力量的推动和中原先进文化的吸附下，不断形成新的、更大的民族国家，也由此产生了以"诸夏"为标志的早期华夏民族向统一的汉民族的转化。战国时代的诸夏尽管同服、同制、同文、同种，但是齐、秦、魏、楚等列国的"国人"意识使彼此隔阂，虽然同处于一种政治、文化、礼乐制度中，但它毕竟是一种加持了列国认同的"诸夏"意识，是一种诸夏—华夏的"二重认同模式"。但是，从战国至秦代的统一趋势，使东西列国之间占主导地位的"秦人"与"非秦人"的族群区分得到弥合，原来以姬周为核心而展开的"夷夏之辨"的圈层型族群认同格局，被以"秦人"为核心的"华夏"统一的民族认同所取代。直至汉代，齐秦文化的交融，楚汉风俗的聚汇，在民族、文化的认同意义上进一步发展，促进了汉民族的互融、互化、互汇的局面。所以，随着西汉政治、文化的推进，武帝时的政治一统、文化一统、民族一统，形成其后几千年来的中华民族多元一体的格局。直到汉末，"华夏化"浪潮汹涌澎湃，尽管由于汉帝国政治体的盈缩带来了各民族之间复杂交错的情形，但族属和文化意义上的"汉人"已经成为带有开放包容性的稳固的民族共同体，它使华夏一体的国家、民族认同意识更加凸显。

四

从全球史角度看，周秦汉时期正是世界文明发展与繁荣的时期。在此期间，人类早期的几个文明（古希腊文明、古波斯文明、古代印度文明和古代中国文明）不约而同地出现了一个辉煌的文化繁荣时期。德国的卡尔·雅斯贝斯将公元前800年到公元前200年的历史时段称为"轴心时代"。在这个历史时期，中国、印度与希腊等几大地区先后建立起世界历史中既向多元性开放又能维系普遍历史构思的新的思想文化尺度。"这个时代产生了直至今天仍是我们思考范围的基本范畴,创立了人类仍赖以存活的世界宗教之源端。无论在何种意义上,人类都已迈出了走向普遍性的步伐。"① 这个时代发生的文化精神的变革,使世界各早期文明逐渐确立起不同的宗教—伦理价值系统,并且在其后又都实现了文明形态的自我更新,产生了对德性和理性的尊崇与肯定,对人类自身力量和智慧的自信等。正是在这种时代进步中,古希腊、古中国、古印度等文明共同形成并确认了一些重要的人类普遍原则。在轴心时代之后,东方与西方都进入了一个重要的统一时期,例如在欧亚大陆上先后诞生了强盛一时的罗马帝国、帕提亚帝国、贵霜帝国、汉帝国等。所以,从世界史的视野来看,秦汉国家的发展,正处于世界文明由"轴心时代"向其后的帝国时代发展的一个重要历史阶段。但是,这个时代的中国走出了自己独特的历史演进道路。通过周秦、秦汉的两次国家体制与社会结构的裂变,既使传统中国开创了新的历史进程,又通过全国大一统和民族大融合而导致文明形态的自我更新。

因此,由周至汉,中华文明的递嬗,通过否定之否定的螺旋式上升,而进入到一个新的发展阶段,并具有重要的世界意义。它使世界文明的发展、演变更具有多样性、互鉴性。尤其是在思想文化方面,春秋战国时代以儒家、道家等为代表的文化学派,使中国传统社会的伦理精神得以确立,并培育了一种专注于道德修养和经世致用的现实精神,它不仅对于中国古代思想史,而且对于整个世界文明,都具有颇具东方特征的重要意义。而在政治体制上,春秋战国时期的阶级、阶层的大动荡、大分化,使得远在西隅的秦国迅速崛起,通过商鞅变法而建构了较为完备的君主集权的官僚政体。这种新型国家体制是对周代分封制的否定,从某种角度看,它有效地克服了西周分封制的离心力,使传统中国进入到一种政治一统、民族融合、社会整合的状态。自秦转汉,汉帝国通过"汉承秦制"与"汉

---

① 卡尔·雅斯贝斯著,魏楚雄、俞新天译:《历史的起源与目标》,北京:华夏出版社,1989年,第9页。

家法周"的改革、"更化"，建构起新的儒法相融的"汉家制度"。由于汉代国家体制适应了传统中国的小生产者渴望强大国家保护的要求，适应了民族格局中多元一体的现实状况，适应了传统中国广袤大地中不同文化区域的风土、人情、习俗的多样性与共融性，故它的儒法相融的政治体制蕴含着内在的统一性、连续性、包容性的特质与力量，并成为其后二千多年中国历代王朝效法的制度范式。所以，当其后腐朽的罗马帝国为四面八方涌入的其他民族所淹没，截断了国家与民族的历史发展进程时，中国则在不断发展，并加快着华夏民族与国家的一体化进程。这说明中国内部有着十分强大的自我调节和应付挑战的机制。

世界历史上不乏一个民族长久地分为多个国家的情形。但是在中国，人们往往将国家作为民族的象征，以民族作为国家的基石，甚至将国家、民族的双重统一看作完成自身生命价值的崇高目标取向。在这里要注意的是，由于国家在民族安全性上所承担的义务和职责，它也被作为华夏（汉）民族价值观的重要组成部分，国家认同甚至常常被作为民族价值观的核心、根本问题来看待。"长驱蹈匈奴，左顾凌鲜卑。弃身锋刃端，性命安可怀"，"捐躯赴国难，视死忽如归"。[1] "英雄未肯死前休，风起云飞不自由。杀我混同江外去，岂无曹翰守幽州。"[2] 民族危难就是国难，在解决民族的危机中，国家认同常常会达成空前一致，并成为人们愿为之赴汤蹈火的生命价值取向。因此，尽管中国古代历史上的分与合常相伴而行，但分总是暂时的，合则是长久的。每一次"分"往往为其后更大的"合"奠定基础，导致更为强大的统一国家和民族共同体的出现。而在这种由冲突向融合转化的必然性背后，一个最为重要的原因就在于我们民族意识中所积淀下来的深层价值结构，即国家认同、民族认同、文化认同的同一性。所以，从全球史的意义看，秦汉国家构筑的民族、国家、文化的三位一体认同，使中华文明有着极强的生命力。正是在这种"分久必合，合久

---

[1] 曹植：《白马篇》，傅亚庶注译《三曹诗文全集译注》，长春：吉林文史出版社，1997年，第671页。

[2] 文天祥：《纪事》，《文天祥全集》，北京：中国书店，1985年，第315页。

必分"的历史进程中，华夏（汉）民族始终保持了国家的统一、民族的团结、文化的连绵不断，由此铸就了一个具有悠久文化传统的久经考验的民族，也造就了一个人口众多、幅员辽阔的泱泱大国。这种情形，正是与秦汉国家的制度构建、民族认同、社会整合分不开的。

以上是本丛书讨论的一些基本问题，也是本丛书的作者对春秋战国暨秦汉递嬗时期政治、经济、文化、社会、民族等问题的探索、研究的心得。事实上，对春秋战国暨秦汉国家、社会、民族之递嬗所形成的剧烈变化，诸多通史著作都已进行了富于特色的研究。本丛书则是在前代学者研究的基础上，通过历史时序与问题意识的结合，特别是通过对问题的阐释、解读而揭示出先秦秦汉时期历史与逻辑演进的因应关系，以更深入地了解、认识中国古代诸多历史问题的本质特征。本丛书的作者群体，既有秦汉史领域的资深学者，也有本世纪成长起来的青年学人。值得欣喜的是，这些经过严格学术训练，颇具学识的一代青年学人，朝气蓬勃，勇于创新，富有探索精神，对先秦秦汉时期的诸多历史问题有自己的独到见解，由此为本丛书的内容增添了生气。

本丛书系 2017 年度国家社科基金重大项目（17ZDA180），2023 年获得国家出版基金项目资助。丛书由总主编李禹阶教授进行指导思想、写作目标、各卷内容的总体设计，并对丛书各卷进行最后的通稿。本丛书共分为六卷，依据时序和内容，分别为：《秦的国家构建、民族认同和社会整合》（第一卷）；《秦汉国家演进与华夏民族认同——中华民族共同体的形塑时代》（第二卷）；《西汉王朝的国家建构与社会整合》（第三卷）；《秦汉国家的思想、信仰与皇权政治》（第四卷）；《汉代国家视域下的社会阶层演变》（第五卷）；《礼法之宜：汉代国家法的法理构建与制度整合》（第六卷）。各卷分别由李禹阶、尤佳、徐卫民、刘力、崔向东、汪荣负责具体章节设计、统稿与修改等工作。尤其需要说明的是，在丛书撰写中，得到了王子今、卜宪群、孙家洲、吕宗力、杨振红、李振宏、臧知非、晋文、王煜辉、晁天义、邬文玲等教授、研究员的关心、支持，他们对其中的诸多内容提出了颇具建设性的意见与建议，在此特别要对他们予以衷心感谢。丛书的出版，特别得力于齐鲁书社原总编辑傅光中先生的慧眼识珠，辛勤努力，并对丛书内容提供了十分中肯、宝贵的建议；丛书各卷的编辑老师严谨认真，一丝不苟，为丛书的高质量面世提供了保证。没有齐鲁书社诸位老师的辛勤劳动，本丛书的出版是不可能的。在此亦对以上各位编辑、朋友的帮助表示衷心感谢。

李禹阶
2024 年 5 月 12 日

序　言

秦汉是古代中国自夏商周三代以来天翻地覆的时代。秦汉统一国家的建立，是中国统一王朝国家与汉民族形成的新起点。从根源上看，秦国的政治、民族与文化制度塑造了一种前所未有的大一统国家机制，它初步建构了中国帝制时代的制度范式，并对古代中国两千余年的政治、民族、文化制度产生了重要影响。

秦国的制度建构是春秋战国大动荡、大变革时代的产物。秦人从西方一隅崛起的过程，既是秦人、秦国、秦文化不断发展的过程，也是西周分封制经由春秋、战国而向秦汉大一统君主集权制的历史演进过程。它使西周的"王畿—分封"广域王朝体制和其时分散、林立的诸夏族群，在经历春秋战国时期的政治变革、民族融合和各区域文化交融互汇的过程中，逐渐进入到一种新型国家政体与民族认同的自觉状态，一种各区域社会的政治、经济、文化等状况的新的整合形态，因此具有划时代的里程碑意义。

这个历史过程既是漫长的，又是曲折的，在时代变迁中呈现出了一种历史与逻辑的演绎路径。自平王东迁，昔日威权赫赫的西周王朝从此失去对"天下"诸侯的号召力，并促使西周"王畿—分封"政治体制的崩坏，导致传统的宗法血缘"亲""尊"等级制度内的僭越现象。它使周代标志等级分层的礼乐秩序迅速瓦解，一种新型国家体制则在这种"礼崩乐坏"中逐渐形成。严格来说，春秋时期是一个由西周的王畿—封国制向君主集权的官僚制度转型的过渡期。在这个转型期，陡然失去西周政治等级与礼仪尊卑秩序的各大小诸侯国，内则相互间征伐屡兴，外则戎、狄、蛮、夷骚扰交炽，使春秋时代成为先秦史上十分特殊的时期。这种特殊性具体表现在政治、民族两方面：一方面是后西周时代"礼制"失序，各诸侯国内公室、卿族、大夫、陪臣等上下阶层的权力斗争，导致西周旧的贵族制向新型官僚体制的转化；另一方面则是西周时期各封国中的血缘族群亦在这种族群与地缘性国家的建构中，不断由诸夏族群向统一的华夏民族形态演进。故春秋时代在先秦国家体制建构、民族融合与社会整合方面起到了重要作用。

春秋时代最重要的特点便是"霸政迭兴"。清代学者顾栋高认为："春秋二百四十二年，时势凡三大变。隐、桓、庄、闵之世，伯事未兴，诸侯无统、会盟不信，征伐屡兴，戎、狄、荆楚交炽，赖齐桓出而后定，此世道之一变也。"① 正是这个诸侯无统、会盟不信的时代，迫使各诸侯国不得不在竞争、冲突、博弈的态势下重构一种新型的列国之间相对互惠、平衡的内外秩序，它导致春秋时期的霸主政治及新文化风潮的兴起，塑造了后西周时代列国之间的新型国家关系；同时，春秋各国内部的礼仪制度失序形成的公室、卿族、大夫、陪臣各阶层间的权力之争，使春秋时期各诸侯国的国家体制发展出现新动向，即在大小相侵的兼并战争与各国内部的贵族之间的阶层斗争中，由夺权卿族所产生的对旧贵、封君的遏制欲望和措施，促进了一种新型国家体制的萌芽，逐步建立起以国君集权为核心的官僚体制的制度范式。正是这种新型制度范式的出现，为战国时期国家政治制度的变革、社会结构的改革奠定了基础。

同时，春秋时代的新文化风潮，在西周"礼崩乐坏"的情况下，亦开创了一种华夏礼乐文化的新形态、"霸主"政治演绎下的新文化格局。春秋时诸侯之间的会盟、礼聘等，通过改革、扬弃西周宗法文化传统，重塑了国家间的外交规则和礼仪秩序。这种外交规则和礼仪秩序是出于列国之间交往、沟通的需要，例如它通过尊礼重信、会盟策书、宴会赋诗、祭祀

---

① 顾栋高辑，吴树平、李解民点校：《春秋大事表》，北京：中华书局，1993年，第32页。

聘享等方式所形成的新的政治规则,使列国能够在一种相对平等的外事交往中保持着尊严和国家间的平衡。更加重要的是,这种文化风潮通过扬弃西周宗法文化,使周代宗法文化中强调尊卑、等级的刻板、僵化、教条的祭祀、赐命、冠婚、朝觐、迎宾、丧葬等礼仪制度转而向具有文情性、雅致性的诗、礼的朝、觐、聘、享等文化形式转型。尽管它仍然使用着西周旧有的《诗》《书》和礼乐风范,但它却以一种优雅的风格形塑了贵族文化,使之成为贵族阶层中必不可少的修养和气质。它的特点是以外显《诗》《书》之风及周旋揖让之"仪"为表现形式,通过"礼"之"仪"加强各国对盟主的尊重及各国之间的平等互惠关系,由此具备一种"极优美、极高尚、极细腻雅致"①的文化气质。这一新文化风潮使过去的贵族文化礼仪在实行过程中逐渐下移到民间,创造出自上而下的普适性传播效应。因此,虽然春秋时期诸侯国仍传承着西周尚"德"崇"礼"之余绪,但是其政治文化的内涵、外延已有极大改变,从而为战国至秦的国家、民族的政治、文化的大一统奠定了基础。

战国时代的国家政治与民族文化,本质上是对春秋时萌生的新型"国家本位"体制与"诸夏"族群融合趋势的进一步发展。在战国时期,各诸侯国通过吸取春秋时卿族政治与权臣专权的教训,在建构君主集权的官僚体制的过程中,不断革新自己国家的政治、经济、法律、文化制度,通过改制、变法铸造一种更具活力的官僚政体。而在这种改革、发展力量的推动下,各地域分散的血缘族群亦通过兼并战争走向地域、族群、文化的整合,逐步凝聚成"华夏"民族国家。由于各国在生态、人文环境上的差异,战国时期新型国家体制建构表现出温和、渐进与激进、突变等几种路径。以三晋、齐为主的诸侯国,由于是以卿族政治夺取政权建立的国家,故为了防止卿族夺权、权臣专政局面的再现,在建构君主集权的官僚体制的进程中,通过渐进的改革方式,将过去"王权"与"治权"分离的国家政治体制逐步转化为国君一体化集权的体制,使国家政治结构发生了质的转变。因此,他们走的是一条温和、渐进式的局部改革道路。而这条道

---

① 钱穆:《国史大纲》(修订本),北京:商务印书馆,1996年,第68页。

路正是战国时期新型国家体制建构的主流路径。西部的秦国和南方的楚国却因其建国后一直由公室、公族执政,没有卿族、大夫的夺权之忧,故在"强兵""争霸"的鲜明目的的支配下,通过吸取三晋改制的经验教训,在改革变法中采取了全面、系统的方式,走上了激进、突变的道路。燕国则因国情差异而成为战国时诸国改革中的一个特例。正是这种情形,使战国时代的各国变法、改制呈现出错综复杂的局面,并为秦王朝大一统奠定了思想、制度上的基础。

僻居西隅的秦国,正是在这种形势下崛起的。秦自建国以来,由于其政权一直掌握在公室、公族手中,故秦国的世袭旧贵虽然列布朝堂,但是并没有形成对王权、公室的挑战,加上秦国上层精英集团有着强烈的东出争霸的欲望,这使秦国采取了对政治、经济、文化和社会结构的系统、激进的变法举措。在战国前中期,秦献公、秦简公由魏国归国即位,就力主向东方魏国学习改革经验。这一过程一直持续到秦孝公时期。事实上,从简公直到孝公时代,恰恰也是秦国大规模引进三晋的政治、经济制度变革方法的时期。正如马非百先生所指出:"其实商鞅变法之重要内容,在东方各国,本已早为推行,商鞅不过携带东方之新空气,使西方人迎头赶上一步。而结果则后来居上,新制度之创建,惟秦为最有功焉。"① 秦国这种富国强兵的功利目的和改革基础,使它的变法一开始就带有全面、系统的特点,也催生出像商鞅变法那样的以激进、理性、精细的工具主义为特征的改革举措。商鞅变法辐射到秦国的方方面面,它既包括对以宗法制为核心的世卿世禄制度的摧毁,也有着对官僚制、郡县制及社会组织(如编户齐民制)的重构。因此,商鞅变法可谓秦国新型国家体制建构的重要契机,也为其后秦国的大一统奠定了制度基础。而从商鞅变法后直到秦始皇统一全国,则是秦国政治体制再转变的过渡期。在这个时期中,商鞅变法所形成的国家体制再一次因政治、经济、文化等的移易而为新的掌权者所改革,"君主本位"体制代替"国家本位"体制成为秦国政治、经济、文化、军事制度建构的核心,并由此定型,成为其后两千多年帝制国家的基

---

① 马非百:《秦集史》(上),北京:中华书局,1982年,第144-145页。

本制度范式。这种制度范式的转变在过去少为学者所注意。事实上，这种转变体现了在战国后期"天下"一统曙光初现时的一种历史与逻辑的发展趋势，而这一趋势也使具有一统优势的秦国内部，对如何治理未来"天下"发生了分歧，并产生了两种治理理念的博弈与冲突。在这场博弈中，以吕不韦为首的《吕氏春秋》学派为一方，以李斯等秦法家人物为另一方，两方在对即将一统的"天下"的治理策略及治理思想上进行了较量。而秦国崇尚法家的政治传统显然从一开始就决定了这场斗争的胜负，并使李斯等法家人物成为一统天下的谋划者、践行者。正是在这种时代变迁与制度变革中，秦始皇实现了一统天下的理想，建构了可谓帝制范式的王朝政治制度。但是，也正是这种法家路线，又恰恰成为经"六世之余烈"而一统天下的秦王朝二世而亡的重要原因。

在春秋战国时期的政治演进中，华夏民族也逐渐由分散林立的诸夏族群而向统一的汉民族过渡。在春秋战国时夷狄交侵的形势下，一方面，"霸主"政治演绎的政治秩序重新塑造出一种地域性政治形态，它通过各诸侯国的大小相兼的军事斗争强化了族群之间的地域性组合，并以编户齐民的方式使之不断固化，由此推动诸夏族群不断扩大；另一方面，各诸侯国通过尊礼重信、会盟策书、宴会赋诗、祭祀聘享等方式形成西周王朝礼乐制度崩坏后新的文化风潮，各诸侯国在政治认同与诸夏族群的文化认同下，在国家、民族、文化的三位一体的共同坐标系上找到各自定位。这使华夏族群在历史发展中逐渐打破邦国界限，冲决血缘宗族壁障，形成向华夏大民族演进的趋势。所谓"裔不谋夏，夷不乱华""内诸夏而外夷狄""德以柔中国，刑以威四夷"，正是这种民族理念的体现。

故春秋战国数百年间，各诸侯国内部的阶级、阶层间的冲突、斗争，重构着以君主集权为中心的新型政治体制；同时，在与戎、狄、夷、蛮的交侵与反交侵的斗争中，华夏诸国为了生存、自救形成了新的民族自觉意识及行为。正是这些历史条件的合力，构成了先秦历史的发展逻辑，由此为秦汉时期的国家构建、民族认同、社会整合创造了条件，形成古代中国帝制国家的基本制度构架。

探讨古代中国的政治、民族、文化史的发展历程，有着十分重要的意义，是我们深入认识中国古代国家、民族、社会发展的基础。本书的探讨，正是在前辈学者和学界同仁的研究成果的基础上对此所作的一点努力。本书所存不足之处，恳请各位学者不吝指教为感。

目　录

总　序 .... 李禹阶　1

序　言 1

第一章　秦的建立 1
第一节　秦出东方崛西陲 1
第二节　襄、文建国 6

第二章　秦国早期的政治体制（春秋早期至战国早期） 18
第一节　春秋时秦政的特征 18
第二节　"初县"以治 23
第三节　"霸"下之西戎 27
第四节　封公子、异族与"设官司" 42

第三章　春秋战国时期新型国家体制的起源与发展 49
第一节　从位次失序到新型国家体制的建构 50
第二节　"霸主"政治与民族国家的初构 70
第三节　战国时期新型国家体制建构的不同路径 81

第四章　商鞅变法与秦国"国家本位"体制 ························ 112
- 第一节　商鞅变法及其政治理论 ······························ 112
- 第二节　政治、社会体制的激进改革 ·························· 123
- 第三节　"法"理念与"刑治"精神 ···························· 143
- 第四节　文化改造与变易民风 ································ 157

第五章　编户齐民、军功爵制与秦国国力的提升 ················ 166
- 第一节　编户齐民与国家资源获取方式的转型 ·················· 166
- 第二节　秦民身份变化与"编户"制 ·························· 180
- 第三节　军功爵与编户齐民制 ································ 192
- 第四节　"编户齐民"与国家—社会的二元差异
  ——以秦"新地"为考察对象 ···························· 198
- 第五节　编户齐民与"重本抑末" ···························· 209
- 附　论　商、韩经济思想对中国古代社会的影响 ················ 221

第六章　秦代县职能与乡治理 ································ 234
- 第一节　战国时秦国的地方行政 ······························ 235
- 第二节　秦县职能及对地方的治理 ···························· 253
- 第三节　秦县的土地管理和农业调控 ·························· 269
- 第四节　秦县的派出机构——乡治理 ·························· 274

第七章　官民之间：从典、老设置看秦代的里中治理 ············ 290
- 第一节　秦代典、老的选任与职责 ···························· 291
- 第二节　军功爵制与里中秩序 ································ 308
- 第三节　关于典、老设置问题的思考 ·························· 313

第八章　"秦人"共同体与匡正"异俗" ······················ 317
- 第一节　典型"秦人"及秦民族 ······························ 317

第二节　考古例证中秦文化的形成与传播 ……………………… 325
　　第三节　多族融合与匡正"异俗" ………………………………… 332

第九章　从"国家本位"到"王朝"体制的初构 …………………… 353
　　第一节　战国中后期历史演进与秦的政治格局 ………………… 353
　　第二节　从"国家本位"向"君主本位"的转型 …………………… 360
　　第三节　一统趋势下秦国政策的再调整 ………………………… 374
　　第四节　秦统一前关于"天下"治理理念的博弈 ………………… 384

第十章　"王业"与"帝业"：秦汉王朝的历史转折 ………………… 400
　　第一节　"王业"与"霸业"：战国中后期列国的政治抉择 ……… 401
　　第二节　秦"帝业"的政治实践 …………………………………… 422
　　第三节　"帝业"视野下的文化政策博弈 ………………………… 434
　　第四节　秦的制度缺陷与楚汉之争的意义 ……………………… 444

参考文献 ……………………………………………………………… 459

第一章 秦的建立

秦王朝大一统，是古代中国帝制国家与华夏民族形成的新起点。秦王朝的国家体制及其政治、经济、文化制度，既构成了中国帝制时代君主集权制的基础，也对古代中国的政治、经济、军事、法律、文化等产生了重大影响。但是，秦王朝大一统国家体制的构建，并非一蹴而就，而是经历了艰难而又漫长的历史时期。正是在这个历史时期中，秦人、秦国、秦文化逐渐走上历史舞台的中心，造就了一个新的大一统时代。因此，我们在研究秦国的国家构建、民族构成、社会结构时，就需要对秦的民族起源、国家政体的演进历程做一客观的追溯。

第一节 秦出东方崛西陲

对于秦人的来源，学界长期有"东来说"和"西来说"的争论。现在，随着相关资料的累积和研究的进展，大多数学者秉持"东来说"，此说主要有如下证据：

其一，秦与东方都有玄鸟卵生传说。《史记·秦本纪》记载，秦祖女修吞玄鸟卵而生秦祖大业。此类故事流行于太平洋西北岸的族群之中，如商、夫余、高句丽、满洲等，地域特征明显。① 著名学者傅斯年②、顾颉刚③、林剑鸣④等人都曾举此证。

其二，秦对东方神灵如太皞、少皞的崇拜。

其三，考古学证据。主要例证是秦文化与东方商文化所存在的密切联系，如梁云总结的秦墓中的人殉及腰坑殉狗之俗、人牲、车马陪葬制度，以及巨大陵墓传统等方面。⑤

其四，新公布的清华简《系年》的证据。《系年》第三章相关记载如下：

> 周武王既克殷，乃埶（设）三监于殷。武王陟，商邑兴反，杀三监而立录子耿。成王屎伐商邑，杀录子耿，飞曆（廉）东逃于商盇（盖）氏。成王伐商盇（盖），杀飞曆（廉），西豐（迁）商盇（盖）之民于邾虐，以御奴虘之戎，是秦先＝（先人）。⑥

简文叙秦祖飞廉参与周初武庚之乱，失败后逃回其族商奄氏之地（今山东曲阜一带），武王遂伐商奄氏，飞廉被杀，商奄氏之民因此被迫西迁邾虐，以防备奴卢之戎。虐之所在，李学勤先生考证即渭水上游甘肃甘谷一带。⑦简文虽成书于战国后期，但所载与《尚书·大诰》所记周初西北的历史形

---

① 史党社：《卵生传说与东北系族群的渊源》，史党社《日出西山：秦人历史新探》，西安：陕西人民出版社，2013年，第105页。
② 《庆祝蔡元培先生六十五岁论文集（下册）》，《历史语言研究所集刊》外编第一种，1933年，第1093-1134页。
③ 顾颉刚：《鸟夷族的图腾崇拜及其氏族集团的兴亡——周公东征史事考证四之七》，西安半坡博物馆编《史前研究2000》，西安：三秦出版社，2000年，第148-210页。
④ 林剑鸣：《秦史稿》，上海：上海人民出版社，1981年，第15-18页。
⑤ 梁云：《论早期秦文化的来源与形成》，《考古学报》，2017年第2期。
⑥ 清华大学出土文献研究与保护中心编，李学勤主编《清华大学藏战国竹简（贰）》，上海：中西书局，2011年，第141-143页。
⑦ 李学勤：《谈秦人初居"邾"的地理位置》，李学勤主编，清华大学出土文献研究与保护中心编《出土文献》（第二辑），上海：中西书局，2011年，第1-4页。

势，以及《竹书纪年》《史记·周本纪》中的相关记载都可以对读①，史料价值不容忽视。

《史记》中的《秦本纪》及《秦始皇本纪》等篇章，是研究秦史最主要的文献。按照《秦本纪》记载，嬴姓秦人的起源，可上溯至传说中的颛顼时代，但《秦本纪》所记秦祖之事，有个明显的特点，即秦祖与少典氏、舜、禹及夏、商王族关系密切，如秦祖大业娶黄帝所出的少典氏之女华，女华子大费（伯益）佐禹平水土，并为舜"调驯鸟兽"而被赐姓嬴；还有费昌为汤御，中衍为太戊御及其后被封诸侯，等等。除此之外，从东方玄鸟传说以及嬴、费等地名，似乎还可看出秦人的东方渊源。② 与先秦中原望族关系密切并有治水的功劳，加上舜、禹这样颇具东周秦汉时代特征的历史系统，让人不由得怀疑《秦本纪》所记秦人早期历史，具有"攀附"中原的嫌疑，有可能是在秦人崛起之后改作、甚至虚构而成的。

自商周之际开始，《史记·秦本纪》所载秦人历史世系比较完整，所述事实的可信度也比较高，这与上述清华简《系年》所载大略相合。《史记·秦本纪》记载，商末秦祖中潏在西方为商"保西垂"，其子飞廉、孙恶来都以"材力"（勇力）事纣，武王伐商，恶来被杀，飞廉也死葬霍山（位于今山西省临汾市霍州市）。《史记·秦本纪》与《系年》都提到秦祖飞廉为商服务，这个基本点是相同的。

飞廉有二子，一子为上文提及的恶来，另一子为季胜，自二人以下进入西周纪年。恶来—大骆一系，是秦之直系祖先，继嗣中就有著名的秦祖

---

① 《尚书·大诰》："武王崩，三监及淮夷叛，周公相成王，将黜殷，作《大诰》。……有大艰于西土，西土人亦不静。"（孔安国传，孔颖达疏：《尚书正义》卷十三《大诰》，李学勤主编《十三经注疏》，北京：北京大学出版社，1999年，第341—344页。）今本《竹书纪年》载成王二年，"奄人、徐人及淮夷入于邶以叛"，三年，"王师灭殷，杀武庚禄父""迁殷民于卫""遂伐奄"。（王国维：《古本竹书纪年辑校 今本竹书纪年疏证》，《国学基本典籍丛刊》，北京：国家图书馆出版社，2021年，第97页。）《史记·鲁周公世家》："管、蔡、武庚等果率淮夷而反。周公乃奉成王命，兴师东伐，作《大诰》。遂诛管叔，杀武庚，放蔡叔。收殷余民，以封康叔于卫，封微子于宋，以奉殷祀。宁淮夷东土，二年而毕定。诸侯咸服宗周。"（司马迁：《史记》卷三十三《鲁周公世家》，北京：中华书局，1959年，第1518页。）

② 玄鸟传说流行于太平洋西北沿海地区，嬴在山东费县，费在鱼台。

非子。不过恶来这一系并不有名，且名号充满"戎狄"色彩，如恶来以下的女防、旁皋、太几、大骆等人名号，丝毫看不出与中原周系的联系，推测此时秦祖或地位较低而不具有贵族名号的资格，或与周室关系较为疏远。相反，秦别祖季胜—造父一系，名号却与周关系密切，如季胜、孟增、衡父、造父，其中的季、孟、父，都经常出现在周系名号之中（前二者为排行，后者为字），与秦直系祖先飞廉—恶来这支形成鲜明对比。① 这一系中的造父，曾为周穆王驾车，一日千里以救乱，因此被封于赵城（今山西洪洞），成为赵祖。秦赵同源，还有秦始皇称赵政②，都与此有关。

秦祖政治身份的转变，是在西周中期非子之时。非子为大骆之子，本居犬丘（今甘肃礼县，或说今关中兴平、西安一带）。他为孝王养马有功，孝王欲封之为大骆嫡嗣，遭到大骆长子成母家申侯的反对，故离开老家西犬丘而别封于秦，号曰秦嬴。从此甘肃的秦祖分为了两支：一支在西犬丘，一支在秦。按照文献记载，"附庸"有两层含义，一是地不及五十里的小国，其核心是一座小城；二是附于诸侯大国而受其节制。③ 附庸政治地位虽然不高，但比起此前长期的名不见经传，毕竟是有土地、有一定政治地位的，不可同日而语。

被封为"附庸"后不久，西周王朝的西北边地形势发生了重大变化，也给秦人的命运带来了根本性转折。西周王朝在建立之初，就对西北边疆加以经营，大量的"戎狄"人群被"放逐"在"泾洛之北"，即今天的陕北、陇东、晋中甚至更远的宁夏、内蒙古一带，与周室维持着一定的政治

---

① 王引之撰，钱文忠等整理，朱维铮审阅：《经义述闻》卷二十二《春秋名字解诂》（上），《中国经学史基本丛书》，上海：上海书店出版社，2012年，第89—114页。

② 《史记·秦本纪》载司马迁语："秦以其先造父封赵城，为赵氏。"（司马迁：《史记》卷五《秦本纪》，北京：中华书局，1959年，第221页。）

③ 附庸，《孟子·万章下》《礼记·王制》有约略类似的记载。如《礼记·王制》记载："天子之田方千里，公侯田方百里，伯七十里，子男五十里。不能五十里者，不合于天子，附于诸侯曰附庸。天子之三公之田视公侯，天子之卿视伯，天子之大夫视子男，天子之元士视附庸。"郑注："小城曰附庸。附庸者，以国事附于大国，未能以其名通也。"（郑玄注，孔颖达疏：《礼记正义》卷十一《王制》，李学勤主编《十三经注疏》，北京：北京大学出版社，1999年，第332页。）

联系。① 此时泾、洛上游的甘肃东部甚或陕北延安地区，直至陇山西侧渭水和西汉水上游的甘肃天水、陇南一带，都是周王朝的势力范围。在这些区域，周王朝利用当地土著、殷遗民等，构建了一个较完整的防御体系②，清华简所记的秦祖，也当参与了周室的西北防御。西周中后期，周王朝与西北戎人关系恶化，自陇山两侧一直到陕北、晋中一带，"戎狄"族群对周王朝进行了长期的反叛和侵扰。这些族群见于文献的有陇东的犬戎、晋中的姜氏之戎，还有来源不明的猃狁③，使王朝面临强大的政治、军事压力，造成了西北边疆的收缩和大量民众的内迁。"戎狄"反叛，作为周室"附庸"的秦人首当其冲，为周室卖命伐戎，付出了血的代价。《史记·秦本纪》记载，秦仲三年④，"周厉王无道，诸侯或叛之。西戎反王室，灭犬丘、大骆之族"⑤，秦仲为非子重孙，距离非子仅隔秦侯、公伯两世十余年。宣王即位，命秦仲为大夫伐戎，秦仲死于战事，其长子庄公被宣王赐予七千兵马，率四位兄弟继续伐戎，大破戎人，因此被重新赐予西犬丘，连同已有的秦地，命为"西垂大夫"，主管西边事务。庄公长子世父继续伐戎，并让太子位于其弟襄公，自己曾为戎人所虏。周幽王十一年

---

① 司马迁：《史记》卷一百十《匈奴列传》，北京：中华书局，1959年，第2881页。周人的这个布局是商末在这些地区开拓的延续，如古本《竹书纪年》记载王季伐西落鬼戎、燕京之戎、余无之戎、始呼之戎、翳徒之戎，《史记·周本纪》记载文王伐犬戎、伐密须、败耆（黎）国。

② 李峰著，徐峰译，汤惠生校：《西周的灭亡——中国早期国家的地理和政治危机》，上海：上海古籍出版社，2007年，第164-220页；路国权：《西周时期泾河流域的腰坑墓与秦族起源》，《咸阳师范学院学报》，2009年第5期。

③ 《史记·周本纪》记载，西周中期穆王征犬戎，"得四白狼四白鹿以归，自是荒服者不至"（司马迁：《史记》卷四《周本纪》，北京：中华书局，1959年，第136页）。《后汉书·西羌传》："至穆王时，戎狄不贡，王乃西征犬戎，获其五王……王遂迁戎于大原。"（范晔：《后汉书》卷八十七《西羌传》，北京：中华书局，1965年，第2871页。）西周之亡，也是由于申、缯与犬戎的攻伐。西周后期宣王时，"王师败绩于姜氏之戎"（司马迁：《史记》卷四《周本纪》，第144页）。猃狁也活跃于西周后期，其事迹见于《诗经》中的《采薇》《出车》《六月》《采芑》诸篇，以及金文《兮甲盘》《虢季子白盘》《不其簋》《多友鼎》等。

④ 按《史记·十二诸侯年表》，秦仲三年为公元前842年。（司马迁：《史记》卷十四《十二诸侯年表》，北京：中华书局，1959年，第512页。）

⑤ 司马迁：《史记》卷五《秦本纪》，北京：中华书局，1959年，第178页。

（前771），犬戎联合申、缯两股势力攻破镐京，西周灭亡，周室东迁洛邑（今河南洛阳），襄公与晋、郑两国护送平王东迁有功，被封以"岐以西之地"，贵为诸侯。至此，从"附庸"到大夫，再到"西垂大夫"，最后被封为侯，秦人最终完成了自身政治身份的蜕变。诸侯身份的取得，是秦作为一个政体崛起的标志，此年为秦襄公七年。

第二节　襄、文建国

西周王朝是以父子兄弟关系、婚姻为纽带建立起来的统一国家，其核心是血缘关系。周天子通过分封同姓和姻亲、名人之后（如尧舜之后），建立了一个等级分明的贵族制社会。在这个社会中，国家权力掌握在以周天子为核心的贵族集团手中，周天子既是统管天下之王，也是最大的族长。这个权力资源分配的方式，与商有很大的不同。在商代，商王也是天下共主，但其权力多是借助武力征伐、盟誓、祭祀、血缘等方面而获得的，周人放大了其中的血缘因素，明显比商朝更加高明——周王有类商王，在面对异姓诸侯时，拥有天下盟主的身份；在面对同姓或异姓诸侯时，亦不是兄弟就是甥舅关系，自然拥有家长和族长的身份。

从空间结构看，西周的政治、军事实力，在国都所在的西方，主要集中在国都镐京及其周围的大都，如丰（位于今陕西西安西南）、郑（位于今陕西省渭南市华州区）。东方则以诸侯所封之国都为中心和依托，控制周围众多的商朝旧邦或新封小国（即"附庸"）。周人兴起于西方，主要的对手是东方的商之旧国，因此对东方用力尤甚，封鲁、齐、燕、卫、宋、晋等大国，控制区域广大，为此又营建东都洛邑，作为镇守东方的中心据点。这就造成了西周政治、军事格局一个重要的特点，即东重西轻。

平王东迁，周的政治格局发生了巨大变化：其一，天子地位下降。虽然周王仍是天下共主，理论上的天子—诸侯的政治体系一直到战国末期秦灭东周才告结束，但春秋时代的周王，地位已经不再。其二，周王的权力在春秋时期被有实力的诸侯分割，多个政治中心形成，互相争夺控制天下的权力，即所谓的大国争霸。其三，在诸侯内部，也发生了政治变革，最高权力不断下移,从国君被分割到有权力的卿大夫手中,如秦之大庶长、晋之六卿、郑之诸穆,这个局面即所谓的"陪臣执国命"。其四,在诸侯内部,还出现了另外一种情况,即社会阶层的变化,特别是新的军功贵族阶层的出现,强烈冲击着旧式的贵族体制。这些诸侯国之间的政治张力,以及诸侯内部的变化,导致了春秋政治相对于西周出现了所谓"礼崩乐坏"的局面。所以在秦立国与发展的过程中,一直面临外部的竞争压力,这种压力主要来自东方晋、楚等大国;相反,周王室在很多情况下,反倒成了秦崛起的"垫脚石"。

秦国作为最后一个被分封的大国,处于战乱的环境中,所受封土大多还在戎人手中,因此秦之建国过程颇为不易,历经襄、文两代半个多世纪才初步完成。

《史记·秦本纪》记载了襄公初立国之过程:

> 七年春,周幽王用褒姒废太子,立褒姒子为适,数欺诸侯,诸侯叛之。西戎犬戎与申侯伐周,杀幽王郦山下。而秦襄公将兵救周,战甚力,有功。周避犬戎难,东徙雒邑,襄公以兵送周平王。平王封襄公为诸侯,赐之岐以西之地。曰:"戎无道,侵夺我岐、丰之地,秦能攻逐戎,即有其地。"与誓,封爵之。襄公于是始国,与诸侯通使聘享之礼,乃用骝驹、黄牛、羝羊各三,祠上帝西畤。十二年,伐戎而至岐,卒。生文公。①

清华简《系年》的记载稍有不同,讲述的是平王东迁之后,襄公("秦仲")"东居周地以守周之坟墓",秦因此崛起("秦以始大")。② 随后的文公赓续了襄公之业,《史记·秦本纪》记载:"十六年,文公以兵伐戎,戎败走,于是文公遂收周余民有之,地至岐,岐以东献之周。"③

---

① 司马迁:《史记》卷五《秦本纪》,北京:中华书局,1959年,第179页。
② 清华大学出土文献研究与保护中心编,李学勤主编《清华大学藏战国竹简》(贰),上海:中西书局,2011年,第141页。
③ 司马迁:《史记》卷五《秦本纪》,北京:中华书局,1959年,第179页。

西周是以血缘为纽带建立起来的等级社会，政治权力掌握在姬、姜等贵族群体手中，周天子是这个体制中的最高代表。周室东迁，导致了周天子地位的下降和诸侯地位的相对上升，但政治结构中的天子—诸侯体制仍然存在，所以，新获诸侯地位的秦，也必须遵从、顺应这个体制。秦虽然也认为其国土和最高权力在法理上来自"上帝"（见下文），但其"侯"的身份连同"岐以西之地"，却是来自周室的赐予，因此秦在现实中也须表现出对周室的尊重。《史记·秦本纪》记载的秦建国初始周、秦之间的盟誓与封爵，是周、秦之间主从政治关系的体现。这种关系一直维持到战国中期惠文君称王及周王室之亡，其间有很多事例都可说明这个关系的存在，如襄公受封为周世守陵墓①、文公伐戎献岐东之地于周②、武公与周室的婚姻、王子带之乱穆公助晋入襄王③、秦公与周天子游猎④、孝公子逢泽之会帅诸侯朝天子⑤，以及周天子三贺秦⑥、致伯孝公⑦、致胙孝公和惠王⑧等。

　　其中的献岐东之地给周室，须稍加讨论。《左传·昭公九年》记载周室詹桓伯之言曰："我自夏以后稷，魏、骀、芮、岐、毕，吾西土也。及

---

① 清华大学出土文献研究与保护中心编，李学勤主编《清华大学藏战国竹简》（贰），上海：中西书局，2011年，第141-143页。

② 《史记·秦本纪》记载秦文公伐戎，十六年"地至岐，岐以东献之周"。（司马迁：《史记》卷五《秦本纪》，北京：中华书局，1959年，第179页。）

③ 司马迁：《史记》卷五《秦本纪》，北京：中华书局，1959年，第190页。

④ 王辉、王伟编著：《秦出土文献编年订补》，西安：三秦出版社，2014年，第28-29页。

⑤ 《史记·秦本纪》记载孝公二十年，"秦使公子少官率师会诸侯逢泽，朝天子"。（司马迁：《史记》卷五《秦本纪》，北京：中华书局，1959年，第203页。）

⑥ 《史记·秦本纪》记载穆公三十七年，"秦用由余谋伐戎王，益国十二，开地千里，遂霸西戎，天子使召公过贺缪公以金鼓"（司马迁：《史记》卷五《秦本纪》，北京：中华书局，1959年，第194页）。献公时，"天子贺以黼黻"（司马迁：《史记》卷五《秦本纪》，第201页）。惠文君二年，"天子贺"（司马迁：《史记》卷五《秦本纪》，第205页）。后两事也见于《周本纪》《六国年表》，贺秦献公又见于《楚世家》。

⑦ 《史记·秦本纪》记载孝公十九年"天子致伯"。（司马迁：《史记》卷五《秦本纪》，北京：中华书局，1959年，第203页。）

⑧ 周致胙孝公，见于《史记》之《周本纪》《秦本纪》《商君列传》《六国年表》；致胙惠王，见于《周本纪》《秦本纪》《苏秦列传》《六国年表》《楚世家》。

武王克商，蒲姑、商奄，吾东土也；巴、濮、楚、邓，吾南土也；肃慎、燕、亳，吾北土也。"其中所言周之西土，向西到达骀、岐等地。杜注："在夏世以后稷功，受此五国为西土之长。骀在始平武功县，所治釐城，岐在扶风美阳县西北。"孔疏引《释例·土地名》云："魏，河东河北县也。芮，冯翊临晋县芮乡是也。毕在京兆长安县西北。骀在武功。岐在美阳。"① 按杜注，骀在今武功县北、岐在扶风岐山间，此"五国"所包，为关中西部至晋南一带。岐为最西，更西有关中平原的西头宝鸡一带，还有矢、散等国。依余之见，周之有这些地方，是否可早至后稷时代并不重要，重要的是春秋时代的人认为，这是周室之土。秦文公献地周室，是以岐之东部而非别的，其中包含有对周室的政治认同，是给周室、"周余民"与东方诸侯的政治宣示，即为获得政治地位的有意之举。

秦对天子—诸侯体制的遵从，还有另一种表现，就是与诸侯的交往。立国伊始，秦即"诸侯通使聘享之礼"，此后，秦一直与晋、鲁、楚，甚至遥远的吴国，存在使节、婚姻、盟会等多种形式的往来。② 与诸侯间通使，有一个物化的表现，即秦式青铜礼器。这种礼器几乎在一夜之间出现，并形成了自己的风格。秦器虽与西周晚期之周器一脉相承，但差别已很明显，如礼县大堡子山所出"秦公"诸器，已经具有了十分明显的秦之风格。

遵从这个体制，并与周室和诸侯往来，是秦获取"侯"以及华夏身份的重要手段，是有现实的政治利益的。这种关系，本质还是"礼"即所谓"周礼"的延续。随着时代发展，"礼"的含义和约束力逐渐减弱，三者关系的维持，则更多地依赖实力；表现形式也发生变化，如战国时质子逐渐取代盟誓而流行③。

与此同时，秦还给自己的国家权力披上了一个法理的外衣，那就是

---

① 左丘明传，杜预注，孔颖达正义：《春秋左传正义》，李学勤主编《十三经注疏》，北京：北京大学出版社，1999年，第1267-1268页。

② 孙楷著、徐复订补：《秦会要订补》，北京：中华书局，1959年，第79-98页；马非百：《秦集史》（下），北京：中华书局，1982年，第963-1013页。

③ 马非百：《秦集史》（下），北京：中华书局，1982年，第930-940页。

"上帝"。根据《史记》之《秦本纪》《封禅书》以及《汉书·郊祀志》等文献的记载，从襄公立国到战国中期献公时期，秦共立六畤：襄公七年（前771）立西畤，文公十年（前756）立鄜畤，宣公四年（前672）立密畤，灵公（前424—前415）立吴阳上畤、下畤，秦献公（前384—前362）立畦畤，所祭为白、青、黄、赤（炎）四帝，后来刘邦立黑帝祠而为五帝。从秦之四帝到汉之五帝之时，分布在西县（今甘肃礼县）、宝鸡及西安东北的栎阳一带，有近年的考古发现①和文字资料②的证明。秦立畤祭祀上帝的目的，如徐旭生先生所归纳，有宗教和政治两项，如崇奉炎黄，即为了怀绥华夏集团姬姜两姓的后人。③ 秦人认为，他们有民有土，是"受天命"的结果。④ 这种天命观念，是承继西周而有所变化的。西周时期，只有天子可以膺受大命，进入春秋以后，各路诸侯也纷纷宣扬身受天命，见于金文的，就有秦、晋、楚、蔡等国。司马迁曾经说过，秦祭祀上帝是僭越，看来有点冤枉秦人了。⑤ 罗新慧已明确指出，春秋诸侯所宣扬的天命，实际上与西周有别，它不是为了朝代更迭和政权转移，而是为了说明政权的合法性和神圣性而已，因为"在春秋霸主及诸侯们看来，他们各自的天命与周王室的天命皆是同根所生，都源自皇天之赐。承认周王室为天下共主，与宣示自己拥有天命，两者在春秋社会可以并行不悖"⑥。罗说可以合理地解释秦最高权力的两个来源之间的关系。按其说继续推演，天子—诸侯体系，是春秋天命观存在的重要依靠。它的衰落，给"五

---

① 现在可以确认的是陕西省宝鸡市凤翔区血池村的上畤和宝鸡市陈仓区下站村的密畤。参陕西省考古研究院等：《陕西凤翔雍山血池秦汉祭祀遗址考古调查与发掘简报》，《考古与文物》，2020年第6期。下站遗址的资料尚未正式公布。
② 如澳门珍秦斋藏秦子姬簋盖、宝鸡出土秦武公及王姬钟、传世秦公簋及秦公钟，还有凤翔秦公大墓出土残石磬铭文。相关资料辑录参王辉、王伟编著：《秦出土文献编年订补》，西安：三秦出版社，2014年，第11-12、15-17、20、24-28页。
③ 徐旭生：《中国古史的传说时代》，桂林：广西师范大学出版社，2003年，第238-243页。
④ 这种思想的相关资料，可参上举宝鸡出土秦武公及王姬钟、传世秦公簋及秦公钟，还有凤翔秦公大墓出土残石磬铭文，如武公及王姬钟的"受大命（令）"。
⑤ 司马迁：《史记》卷十五《六国年表》，北京：中华书局，1959年，第685页。
⑥ 罗新慧：《春秋时期天命观念的演变》，《中国社会科学》，2020年第12期。

德说"代替传统"天命说"提供了空间，形成了政治思想史上的一次大的变革。①

襄、文建国，除了努力进入现存的天子—诸侯的政治格局、宣扬自身受命于天的政治合理性，还采取了另外一些重要的步骤，包括建都、设官分职、制定法律、建设常备军事力量等。当然这个过程，是伴随着伐戎同时进行的，因为周平王给秦所赐"岐西之地"，本来就是个空头支票，秦从陇东南礼县、天水一带进入关中，是经历了艰苦征战的。若从这个角度去看，即秦完全占有关中作为其领地，已经到春秋中期穆公的前半段了。

秦人在西周中后期，生活于甘肃中部、东南部，以秦汉时期西县（今甘肃礼县）犬丘等为主要据点；两周之际即襄、文时期，因伐戎而东进，进入到陕西关中，政治重心也转移于此；至于春秋中期穆公时代，势力已可达东侧晋、陕间的黄河岸边，并折返向西，对甘肃、宁夏一带的戎人进行了大规模的征服，形成了"霸"西戎的政治局面。除关中东部位于黄河—洛河之间的"河西地"（与晋、魏间常有争夺）之外，从春秋初年建国到战国中期商鞅变法，秦之政治版图基本局限在西北地区东部，即陕西关中，甘肃中南部陇南、天水、定西地区，以及宁夏南部。

随着这个东向的过程，秦之都邑也随之东移，秦人的建国自然也包括建都这样的大事。秦最早最明确可考的都邑，是大家熟知的西犬丘，位于今甘肃礼县西侧紧邻之西山，西汉水自东西而南北流的转折处，也大约是寺洼、周秦文化的分界处，位置十分重要。如今，除周秦时期的墓葬、灰坑、马坑、房址、陶窑之外，还有建筑年代不晚于西周晚期的城址一座②。西犬丘至迟在西周中期非子父大骆之时就是秦人的中心居邑，非子封秦后仍然如此。虽然秦仲时有被犬戎攻占灭族的事件，但秦庄公很快收复之，不废其西周以来重要的中心地位。

《史记·秦本纪》记载西周晚期至春秋早期秦建国前后都邑之迁移

---

① 顾颉刚：《汉代学术史略》，北京：东方出版社，1996年，第1-5页。
② 侯红伟：《西山遗址》，甘肃省文物考古研究所编著《甘肃重要考古发现（2000~2019）》，北京：文物出版社，2020年，第222-229页。

如下：

> 文公元年，居西垂宫。三年，文公以兵七百人东猎。四年，至汧渭之会。……宁（宪）公二年，公徙居平阳。……武公元年，伐彭戏氏至于华山下，居平阳封宫。……德公元年，初居雍城大郑宫。①

《史记·秦始皇本纪》也有如下记载：

> 宪公享国十二年，居西新邑。……出子享国六年，居西陵。……武公享国二十年，居平阳封宫。……德公享国二年，居雍大郑宫。②

综合两种资料可知，秦之建都过程，从文公才开始，其证如下：第一，国君所居称"宫"；第二，有明确的营造国都或宫室的记载，如宪公营造"西新邑"及徙居平阳、武公居平阳封宫、德公居雍大郑宫。值得注意的是，秦早期的都邑，其形态可能仅有宫殿而无典型城墙，如文公之西垂宫、德公之大郑宫，后者被考古发现证实其城墙是后来才修筑的。在西汉水上游发现三座年代区间在西周至春秋早中期的城址，分别为西山（也称西山坪）、大堡子山和山坪③。宪公营造的西新邑，按理应在犬丘之外，故应为大堡子山或山坪之一。汧渭之会非都邑之名，位置在今陕西省宝鸡市陈仓区虢镇西北凤翔塬边的魏家崖一带，平阳在虢镇东阳平镇一带，雍在凤翔。自文公徙汧渭之会，秦之建都过程基本结束。

随着政治版图的扩大，大量的戎人、"周余民"④，包括少量的东方人士，都生活在秦之境内。作为最后一个被周室分封的大国，如何对治内民

---

① 司马迁：《史记》卷五《秦本纪》，北京：中华书局，1959年，第179-184页。
② 司马迁：《史记》卷五《秦本纪》，北京：中华书局，1959年，第285-286页。
③ 早期秦文化联合考古队：《甘肃礼县三座周代城址调查报告》，北京大学中国考古学研究中心、北京大学震旦古代文明研究中心编《古代文明（第7卷）》，北京：文物出版社，2008年，第323-362页，图版7-15。
④ 这两部分人，秦武公及王姬钟铭文中称戎人作"百蛮"，传世秦公簋则把戎人与"周余民"统称为"蛮夏"，秦公钟称作"百邦"。

众进行有效的管控，是一个急需解决的大问题，相应的职官和行政系统的出现，实属必然。这个职官系统的初建，就在襄、文时期。

上引《史记·秦本纪》记载襄公建国，有"始国""与诸侯通使聘享之礼""祠上帝西畤"等一系列行为。"始国"必然会有设官分职的行为，"祠上帝西畤""与诸侯通聘享之礼"，最终也会常态化，从而产生相关的职能官员。襄公之后的文公，"初有史以纪事"①，这是一条十分重要和明确的秦官僚制度建立的记录。林剑鸣先生指出，史作为最接近国君的一种官职，它的出现不但标志着秦国文化的进步，还表明国家机构的健全。②商周已有史官之职，所从事的乃记事那样的事情③，秦之史官承此而来。李峰认为，西周时期有大量史官存在，这些史官处于不同位置，行使文书等职能，说明西周政府已经具有很强的民事特点。④根据李说，加上云梦秦简中出现很多后世"史"类职官的记载⑤，我们也可推知，"初有史以纪事"，也是设立文书类官员的行为，反映了文公时代建立职官系统的事实。在史官之外，春秋时期见于文献的职官，还有卜、祝、寺人、行人、庶长、卿、大夫等。这套官制的特点是，官无定员，其身份还是世袭的贵族。⑥在春秋时期秦金文中，这些官员被称为"胤士"（武公及王姬钟、秦公簋）、"百辟胤士"（秦公钟）。"百辟"即百官；"胤士"，陈直等先生认为即世官⑦，与战国中期以后非世袭、领民而不有土，可以随时或定期

---

① 司马迁：《史记》卷五《秦本纪》，北京：中华书局，1959年，第179页。
② 林剑鸣：《秦史稿》，上海：上海人民出版社，1981年，第82—83页。
③ 张亚初、刘雨：《西周金文官制研究》，北京：中华书局，1986年，第26—34页；李零：《西周金文中的职官系统》，《李零自选集》，桂林：广西师范大学出版社，1998年，第117页。
④ 李峰：《西周的政体：中国早期的官僚制度和国家》，北京：生活·读书·新知三联书店，2010年，第60—62页。
⑤ 刘向明：《从出土秦律看县"令史"一职》，《齐鲁学刊》，2004年第3期；王斌帅：《秦汉县廷令史研究》，东北师范大学硕士学位论文，2017年。
⑥ 董说：《七国考》，北京：中华书局，1956年，第1—22页；林剑鸣：《秦史稿》，上海：上海人民出版社，1981年，第82—85页。
⑦ 陈直：《读金日札 读子日札》，北京：中华书局，2008年，第68—70页；林剑鸣：《秦史稿》，上海：上海人民出版社，1981年，第111页注⑪；李零：《春秋秦器试探——新出秦公钟、镈铭与过去著录秦公钟、簋铭的对读》，《考古》，1979年第6期。

撤换，食禄而存的官员不同。正是由于有以文书类职官——史为代表的职官系统的存在，才会有《史记·秦本纪》所说的"民多化者"①，即民众服从秦这个新兴国家管理的效果。

文公二十年，《史记·秦本纪》记载，"法初有三族之罪"，《集解》引张晏曰："父母、兄弟、妻子也。"如淳曰："父族、母族、妻族也。"②《墨子·号令》记载："其以城为外谋者，三族。"孙诒让认为所谓"三族"，齐、楚各有之，并应来自古军法。③按三族之罪，《史记》中有例可循，如《秦本纪》记载武公三年，"诛三父等而夷三族，以其杀出子也。"④《史记·范雎蔡泽列传》："郑安平为赵所围，急，以兵二万人降赵，应侯席稿请罪。秦之法，任人而所任不善者，各以其罪罪之。于是应侯罪当收三族。"⑤《史记》之《秦始皇本纪》《李斯列传》记载李斯、赵高都被夷三族。⑥按春秋秦制多出自周系，包括西周和东周诸侯，三族之法也当如此。此法之第一次制定，标志着秦之法律系统开始建立。

春秋早期，秦人也建立了常备的正规军。秦人之崛起，是在西周后期以来与戎人的征战之中，从国君到普通民众，大概都不能置身其外，如大堡子山 M2，被推测是襄公等秦君之墓，有兵器戈随葬，就是国君生前征战的证据。春秋早期立国，常设军队的建立成为必要。《文献通考·兵考》记载秦自襄公开始"修其车马，备其兵甲"⑦，就是建立常备武装。这些常备兵的兵种，主要有车兵和步兵，两个兵种在作战中相互为用、互相配合而以车兵为主⑧，与春秋他国无别。到了春秋中期，已经有了"三军"⑨，

---

① 司马迁：《史记》卷五《秦本纪》，北京：中华书局，1959 年，第 179 页。
② 司马迁：《史记》卷五《秦本纪》，北京：中华书局，1959 年，第 179-180 页。
③ 孙诒让：《墨子间诂》，北京：中华书局，2001 年，第 606 页。
④ 司马迁：《史记》卷五《秦本纪》，北京：中华书局，1959 年，第 182 页。
⑤ 司马迁：《史记》卷七十九《范雎蔡泽列传》，北京：中华书局，1959 年，第 2417 页。
⑥ 参马非百：《秦集史》（下），北京：中华书局，1982 年，第 842 页。
⑦ 马端临：《文献通考》卷一百四十九《兵考》，北京：中华书局，2011 年，第 4482 页。
⑧ 《诗·秦风·小戎》对兵车（诸侯兵车"小戎"）有描写。
⑨ 《文献通考·兵考》："至穆公霸西戎，始作三军。肴之役，三帅而车三百乘。又置陷阵，鲁定公五年，秦子蒲、子虎帅车五百乘救楚，兵力益以强盛。"（马端临：《文献通考》卷一百四十九《兵考》，北京：中华书局，2011 年，第 4482 页。）

可能增加了骑兵,《韩非子·十过》记载,秦穆公二十九年(前631)护送晋国公子重耳回国,秦所派遣者,包括"革车五百乘,畴骑二千,步卒五万"①。立国之前的秦人,可能是以族为兵的。春秋早期秦所设常备军,有一种制度值得注意,那就是与血缘政治相适应,以公族组成的亲军,是构成秦军的重要力量。

在文字资料中,令人注目的是传世与出土的"秦子"器,计有兵器戈、矛多件,以及簠、盉、钟、镈等,总数有几十件,年代集中在春秋早期。② 对于"秦子"所指,历来有秦公子与秦君之争,通过近年大堡子山"秦子"器的发现③,"秦子"很可能是文公太子静公,虽然不享国,但很有作为。黄盛璋根据"秦子"系列兵器铭文,如"秦子乍(作)寶(造)公族元用,左右币(师)鲐用逸宜"之类认为,以公族组成的秦君亲军,分左右两师,而以"秦子"即秦公子为之长。④ 秦公子(包括太子)在春秋时期作用巨大,他们可参与政事、主持祭祀、领兵作战、出使、出席盟会、监造兵器⑤,所以黄说是有道理的。"秦子"兵器数量较大,正说明了公族在秦军中的重要地位,他们因血缘而获得贵族身份,在拥有特权的同时,也有捍卫国君、为国效力的义务。

---

① 王先慎撰,钟哲点校:《韩非子集解》,北京:中华书局,1998年,第76页。林剑鸣先生据此认为,春秋中期秦已有大量骑兵的存在。(参见林剑鸣:《秦史稿》,上海:上海人民出版社,1981年,第67页。)

② "秦子"诸器的统计,参赵化成、王辉、韦正:《礼县大堡子山秦子"乐器坑"相关问题探讨》,《文物》,2008年第11期;史党社:《从称谓角度说"秦子"》,《中国历史文物》,2010年第4期。按,近年陈仓区发现的平阳大墓,在原来太公庙村发现秦武公及王姬钟、镈东北100余米处,与大堡子山"乐器坑"位置相同,后者也出有"秦子"镈、钟等器物,由此判断其东北方向的M2、M3必有其一为"秦子"之墓。这个"乐器坑"与太公庙村墓坑一样,都是祭祀墓主的遗存,是墓主死后,其他人用墓主生前所用器祭祀墓主的。平阳大墓资料参见张天恩、庞有华:《秦都平阳的初步研究》,秦始皇帝陵博物院编《秦始皇帝陵博物院2015》,西安:陕西师范大学出版总社,2015年,第54-63页。

③ 早期秦文化联合考古队:《2006年甘肃礼县大堡子山祭祀遗迹发掘简报》,《文物》,2008年第11期。

④ 黄盛璋:《秦兵器分国、断代与有关制度研究》,吉林大学古文字研究室编《古文字研究》(第二十一辑),北京:中华书局,2001年,第227-285页。

⑤ 史党社:《从文字资料略谈秦早期政治》,《陕西师范大学学报》(哲学社会科学版),2017年第1期。

襄、文之后，秦又逐渐发展出了地方兵即"县卒"，而且地位也十分重要，可以作为例证的有甘肃甘谷毛家坪秦文化遗址①。从春秋早期到战国中期，秦在新占领地区设县，从武公十年"初县"邽（今甘肃天水东）、冀（今甘肃甘谷）、杜（今西安南）、郑（今陕西省渭南市华州区），一直到战国时代的厉共公、惠公、献公三朝在频阳（今陕西富平东北）、陕（今河南三门峡）、蒲、蓝田（今陕西蓝田）、善明氏、栎阳（今西安阎良区）设县，共设十县，相较于晋、楚等国，数量是比较少的。毛家坪位于渭河上游，属甘肃省天水市西甘谷县磐安镇，此处位于渭河南岸的二级台地上，是冀县所在，属于最早设县的地区。遗址内发现有居址、墓葬、灰坑等，其中西周至战国墓葬千余座，已发掘的 200 余座墓中，出土有剑、戈、矛、镞等大量兵器以及兵车，级别最高的子车氏墓 M2059，除随葬五鼎、殉人和车马坑之外，还有 2 剑 3 戈，车马坑中还有戈、镞等兵器，足证子车氏所在之冀是秦之军事重镇，这与春秋大国楚、晋的情况相似，特别是多在边地设县的楚（晋在边地和内地都设县）。②春秋时代的楚、晋之县，是重要的军力来源。例如楚灭国后设县，有的县兵力可敌一国，楚之陈、蔡等就号称拥有"千乘"③。晋之县也是如此，"成县"（大县）可出兵车百乘，晋卿韩起、叔向二人所有的"十家九县"有兵力谓为"长毂九百"，其余四十县则"遗守四千"，各有备守之兵车百乘。④ 韩起、叔向都是晋卿，"九县"为其封邑，每个县（邑）都有很强的军事实力。M2059 的主人也是大夫，可能与晋韩起等人类似，他所在的冀也有重要的

---

① 甘肃省文物工作队、北京大学考古学系：《甘肃甘谷毛家坪遗址发掘报告》，《考古学报》，1987 年第 3 期；赵化成、早期秦文化联合考古队：《秦人从哪里来？寻踪早期秦文化》，《中国文化遗产》，2013 年第 2 期；梁云、侯红伟：《早期秦文化研究的又一突破：2014 年甘谷毛家坪遗址发掘丰富了周代秦文化内涵》，《中国文物报》，2014 年 11 月 14 日第 1 版；早期秦文化联合考古队：《甘肃甘谷毛家坪春秋秦墓（M2059）及车马坑（K201）发掘简报》，《文物》，2022 年第 3 期；早期秦文化联合考古队：《甘肃甘谷毛家坪遗址沟东墓地 2012—2014 发掘简报》，《考古与文物》，2022 年第 3 期。

② 杨宽：《春秋时代楚国县制的性质问题》，《杨宽古史论文选集》，上海：上海人民出版社，2003 年，第 61-83 页。

③ 杨伯峻编著：《春秋左传注》（修订本），北京：中华书局，1990 年，第 1340 页。

④ 杨伯峻编著：《春秋左传注》（修订本），北京：中华书局，1990 年，第 1269 页。

政治、军事地位。与晋不同而与楚类似，秦县都在边地，军事地位显得更加突出，边县是秦掌控当地土著、向外征伐的桥头堡①。

毛家坪的"县卒"，主要是由"西戎"中的冀戎人士构成，曾由与秦同族的贵族子车氏掌控，上对秦君负责，这是后来县作为军队单位的起源。一直到商鞅变法之后，以县为单位组织军事力量的现象依然存在，如虎符及嫪毒之乱时"县卒"之作用②。有学者已经指出，商鞅变法"在秦国推行县制，地方军队以县为单位建立。秦后扩地立郡，县仍然是军队组建的重要层级"③。

作为重要的军事基地，这类县的多寡，一定程度上可以反映秦军事实力的强弱，以及国君权力的大小。所以，商鞅变法之前，秦县的数量远比楚为少，反映了在与中原诸侯国的竞争中，秦实力不济。从以上"公族"亲军到"县卒"的出现，是国家政权建立和完善的一个连续过程。通过一系列的举措，秦作为诸侯国家，经过襄、文两代基本建立起来了。

---

① 史党社：《从毛家坪的考古发现谈秦的地方行政制度史》，《华南师范大学学报》（社会科学版），2020年第2期。

② 《史记·秦始皇本纪》："长信侯毐作乱而觉，矫王御玺及太后玺以发县卒及卫卒、官骑、戎翟君公、舍人，将欲攻蕲年宫为乱。"（司马迁：《史记》卷六《秦始皇本纪》，北京：中华书局，1959年，第227页。）

③ 孙闻博：《秦汉军制演变史稿》，北京：中国社会科学出版社，2016年，第153页。

第二章
秦国早期的政治体制
（春秋早期至战国早期）

秦国的国家体制与政治、经济、文化制度等，在古代中国两千余年的帝制时代中有着重要的影响。而秦国的国家体制与这些制度，都是在春秋战国时期的时代大变局中逐渐形成的。秦国、秦人的特殊性，既是当时政治、文化生态所造成的结果，也缔造了古代中国帝制时代的制度、民族与社会形态。因此，我们有必要对秦早期政治体制建构的一些特征予以分析。

第一节　春秋时秦政的特征

秦人从西方崛起的过程，也是古代中国由西周分封制经由春秋、战国时代而向秦汉统一的君主集权的郡县制过渡的过程。这个历史过程的一个显著特征，就是在西周王朝失去对"天下"诸侯的号召力后，西周的"王畿—分封"政治体制出现了"礼乐"秩序的崩坏，以血缘为基础的"亲""尊"等级制发生了上下凌替的冲突、斗争和博弈。它使周代标志着等级分层的礼乐制度迅速瓦解，一种新型国家体制则在这种"礼崩乐坏"中，在各诸侯国中逐渐建立起来，秦国的政治体

第二章 秦国早期的政治体制（春秋早期至战国早期）

制正是这种政治背景下的产物。

假借"上帝"之名、实际来自周室的权力，掌握在秦公室贵族手中。这些人是秦最高的权力阶层和核心，他们与异姓贵族一起，通过权力分配，构成了一个统治网络。秦的宗室贵族，有传世文献记载的秦君，当政的大庶长、公子等人；异姓贵族主要是来源于西北的戎人、"周余民"，以及外来客卿。与战国中期商鞅变法以后的政治结构相比较，"春秋型"秦政的最大特征是，国家权力掌握在以国君为核心的血缘贵族集团之手。虽然有所谓的"礼"的约束①，以及"择勇猛者而立之"的传统，但在较长的历史时期内，国君并非绝对核心，其权力是有限的，有权力的大臣如大庶长、公子等人，存在着"分权"行为，有时甚至掌握着国君的命运。国君权力的这种有限性，是从西周时期延续下来的。

在春秋时代的秦的政治结构中，国君之外扮演重要角色的，就是大庶长了。庶长为官名，最早设立于春秋早期，早期的庶长与楚之莫敖、晋之公族大夫类似，统领军政，是最有权力的大臣，多由宗室担任。孝公后有以异姓为之者，权力也被丞相削弱，逐渐沦为单纯的军事首领，至于昭王时期，则完全被将所代替。②商鞅变法后产生的十八等、二十等爵中的庶长，乃是爵称，与作为官职的庶长不同，爵称大约是因袭了早期的一些官名而已。春秋至战国早期，庶长能左右政局，甚至国君的废立，有很大的权力。如《史记·秦本纪》记载，春秋早期宪公卒后，大庶长弗忌、威垒、三父不立太子武公，而立幼子出子为君，六年后又杀出子而立武公。又如，战国早期庶长鼌逼迫怀公自杀，大臣立怀公孙灵公，经过简公、惠公、出子三朝之乱，庶长改又"迎灵公之子献公于河西而立之，杀出子及其母，沉之渊旁"③。

属于宗室的公子，虽然在春秋时的秦政治中是比较活跃的一群人，他

---

① 林剑鸣：《秦史稿》，上海：上海人民出版社，1981年，第63—71页。
② 胡大贵：《庶长考》，《四川师范大学学报》，1990年第4期；刘芮方：《秦庶长考》，《古代文明》，2010年第4卷第3期，第74—80页。
③ 司马迁：《史记》卷五《秦本纪》，北京：中华书局，1959年，第200页。

们可以出使、带兵作战①，但总体地位并不突出。首先，公子的这些行为，都是代国君而为之，仍是国君意志的表达。其次，公子的政治影响力也是有限的，可举以下两例。第一例为春秋早期的公子白。公子白是武公唯一的儿子，武公死后不得立，所立者为其叔父即武公弟德公，德公重新建都于雍（今陕西凤翔），白被封于旧都平阳（今陕西省宝鸡市陈仓区东）。公子白之封，明显具有"安抚"性质。德公迁都，平阳变为白的封地，说明了平阳公子白一支对君权是有一定"牵扯"作用的。但从近年新的考古资料来看，本支在封平阳之后，政治地位似乎并不高。《史记·秦本纪》记载，平阳从宪公二年（前 714）至武公末年（前 678）为秦都，历宪公、出子、武公三朝凡 36 年。自 20 世纪 60 年代以来，在平阳附近发现了多处墓地和遗址，如秦家沟、西高泉、南阳堡和洪原等墓地，包括太公庙村武公大墓和祭祀遗存，以及西高泉、双碌碡、巩家泉、侯嘴头、宁王等遗址，总面积约 10 平方千米，年代从春秋早期平阳为都时期一直延续到战国。②这个遗址虽然延续时间长、规模大，但除武公大墓之外，最高级别的墓葬只是士一级的三鼎墓，由此可以推测本支的影响力。另一例即春秋晚期的公子鍼（后子鍼）。公子鍼为桓公子、景公的同母弟，被封于徵、衙（今关中东北澄城县、白水一带），有宠于桓公，如同"二君"③，形成尾大不掉之势，楚臣申无宇曾评价道："叔段以京患庄公，郑几不封，栎人实使郑子不得其位，卫蒲、戚实出献公，宋萧、蒙实弑昭公，鲁弁、费实弱襄公，齐渠丘实杀无知，晋曲沃实纳齐师，秦徵、衙实难桓、景。"韦昭注："公子鍼有宠于桓，如二君于景。难，谓侵偪也。"④ 但最后还是害怕景公对自己的清除而逃至晋，直到景公去世才回国。当然，秦史中公

---

① 孙楷著，徐复订补：《秦会要订补》，北京：中华书局，1959 年，第 27–33 页；史党社：《从称谓角度说"秦子"》，《中国历史文物》，2010 年第 4 期。

② 张天恩、庞有华：《秦都平阳的初步研究》，秦始皇帝陵博物院编《秦始皇帝陵博物院 2015》，西安：陕西师范大学出版总社，2015 年，第 54–63 页。

③ 《左传·昭公元年》："秦后子有宠于桓，如二君于景。"[杨伯峻编著：《春秋左传注》（修订本），北京：中华书局，1990 年，第 1214 页。]

④ 徐元诰撰，王树民、沈长云点校：《国语集解》（修订本），北京：中华书局，2002 年，第 498 页。

第二章 秦国早期的政治体制（春秋早期至战国早期）

子鍼这样的例证并不多，毕竟他是因惧怕国君而出逃的。因此，公子鍼的威势，并没有从根本上动摇国君的权威。

早期的秦县，按照毛家坪 M2059 的资料，也可能多由秦公子领治。此墓是一座大夫级别的五鼎墓，年代在春秋中期，墓主是文献中著名的子车氏①，发掘者梁云认为子车氏的身份是秦的同族公子之类②。秦自武公十年设初县邽、冀等地始，至于商鞅变法之前的献公时代，共设约 10 个早期的县。若梁说可信，则早期这些数量较少、地位重要的县，也为秦公子所染指。

秦的异姓贵族群落，文献记载的有来自西戎的由余、子车氏"三良"等人。从考古发现来说，已知春秋时代大夫级别的五鼎墓，与秦同姓的有孙家南头 M191③、毛家坪 M2059、宋村 M3④，异姓的有陕西陇县边家庄墓地的多座墓（如 79LBM1 和 M5）⑤、户县南关 74HNM1⑥、礼县圆顶山 2000LDM4⑦ 等。孙家南头 M191 的年代在春秋中期，所在的墓地往东北距

---

① 甘肃省文物工作队、北京大学考古学系：《甘肃甘谷毛家坪遗址发掘报告》，《考古学报》，1987 年第 3 期；梁云、侯红伟：《早期秦文化研究的又一突破：2014 年甘谷毛家坪遗址发掘丰富了周代秦文化内涵》，《中国文物报》，2014 年 11 月 14 日第 1 版；梁云：《西垂有声：〈史记·秦本纪〉的考古学解读》，北京：生活·读书·新知三联书店，2020 年，第 164-170 页，图 102；早期秦文化联合考古队：《甘肃甘谷毛家坪春秋秦墓（M2059）及车马坑（K201）发掘简报》，《文物》，2022 年第 3 期，图三、五。

② 梁云、张志丹：《甘谷毛家坪出土秦"子车"戈探讨》，《中原文物》，2021 年第 3 期。

③ 陕西省考古研究院、宝鸡市考古工作队、凤翔县博物馆：《陕西凤翔孙家南头春秋秦墓发掘简报》，《考古与文物》，2013 年第 4 期；陕西省考古研究院、宝鸡市考古研究所、凤翔县博物馆：《凤翔孙家南头——周秦墓葬与西汉仓储建筑遗址发掘报告》，北京：科学出版社，2015 年，第 64-74 页，图七一—七八。

④ 陕西省文管会秦墓发掘组：《陕西户县宋村春秋秦墓发掘简报》，《文物》，1975 年第 10 期。

⑤ 边家庄已知五鼎墓在八座以上。参尹盛平、张天恩：《陕西陇县边家庄一号春秋秦墓》，《考古与文物》，1986 年第 6 期；陕西省考古研究所宝鸡工作站、宝鸡市考古工作队：《陕西陇县边家庄五号春秋墓发掘简报》，《文物》，1988 年第 11 期；张天恩：《边家庄春秋墓地与汧邑地望》，《文博》，1990 年第 5 期。

⑥ 曹发展：《陕西户县南关春秋秦墓清理记》，《文博》，1989 年第 2 期。

⑦ 甘肃省文物考古研究所、礼县博物馆：《甘肃礼县圆顶山 98LDM2、2000LDM4 春秋秦墓》，《文物》，2005 年第 2 期。

离秦都雍约 15 公里，是千河边上一处重要的交通要地。毛家坪 M2059 已如上论，其墓主就是秦之同姓公子子车氏。户县宋村春秋早期秦墓 M3，从墓主直肢葬，有腰坑、殉人和车马坑等特征来看，墓主应是秦之宗室。由于没有兵器随葬，梁云推测墓主为嫁到此处封国的秦嬴女子，是有一定道理的①。

户县南关、礼县圆顶山墓地，其中因为都有七鼎墓存在，所以应是秦领域内的封国墓地。其中有五鼎墓的，属于封国内部，不能看作秦的朝中大夫，故不在讨论之列。这样，异姓的五鼎墓，就只剩下边家庄了。

边家庄墓地多座五鼎墓的存在，明确无误地表明秦国中异姓贵族的存在，有的异姓贵族还可能上升到核心统治阶层。从墓地资料来看，五鼎墓虽然有 8 座，但年代集中在春秋早中期②。这说明，作为"周余民"，边家庄墓地的主人曾大量进入秦最高统治阶层中，成为秦统治阶层中的重要力量。这可能与"周余民"的文明程度较高有关，来自西陲的秦嬴自然对其重用和有所依赖。但边家庄墓地的五鼎墓，春秋中期以后少见，不知其因，整个秦地异姓贵族的五鼎墓还是偏少。因此，我们仍然不宜根据考古资料，把异姓贵族在秦最高统治集团中的位置估计得太高。

揆诸历史实际，上述最高统治集团内的几股势力，以庶长对君权的威胁最大，公子、异姓贵族的威胁还是有限的。总结"春秋型"秦政治体制最大的缺点，是君权的相对虚弱，国君对庶长等有权势的贵族无法实现有效控制，更没有一套系统完善的"规则"、制度作为国君核心地位的保证。这就导致了《史记·秦本纪》所说的"君臣乖乱"，即政治内耗，致使国家实力削弱，这也是献公、孝公推行变法运动的直接原因。如《史记·秦本纪》记载孝公变法前说："会往者厉、躁、简公、出子之不宁，国家内忧，未遑外事，三晋攻夺我先君河西地，诸侯卑秦，丑莫大焉。"③ 因此，

---

① 梁云：《西垂有声：〈史记·秦本纪〉的考古学解读》，北京：生活·读书·新知三联书店，2020 年，第 79 页。

② 张天恩：《边家庄春秋墓地与汧邑地望》，《文博》，1990 年第 5 期。

③ 司马迁：《史记》卷五《秦本纪》，北京：中华书局，1959 年，第 202 页。

如何在权力结构中加强君权，使"兵强而主尊"①、"权制独断于君"②，令国君"秉权而立"③，便成为商鞅变法的一个重要目的和理路，也构成了春秋与战国两个时代秦政的最大转折和区别。

第二节 "初县"以治

秦之地方行政系统，与商、周皆有源流关系。

商朝领土广大，东到山东半岛，北到渤海湾，西到晋南、关中，南到淮河流域，中心区域为"大邑商"，即首都朝歌及其附近地区，以此为中心的周边地区，犹如后代的"地方"。根据历史、政治、地理领域学者的研究，商代的中央与"地方"，存在着统属与被统属的关系。商王所居之处，称为"商"，其外的地方称"四方""四土"。商王朝与方国之间，存在着一定的控制关系，这种关系与后世的中央集权制下中央对地方的支配不同。④ 商代的国家政权，有的学者认为是方国联盟的形式。商王既利用血缘亲属关系管理王畿内的民众，又利用军事征服、祭祀等手段控制更多的方国，形成联盟，商王自己就是这个联盟的政治与军事首长。同时，从甲骨文来看，至少在一些情况下，商王还是这个方国联盟的宗教首领。

林沄先生认为，在以军事征服为基础而形成的商朝方国联盟中，商朝是其核心。目前见于甲骨文的方国名，在百数以上。以商王为首的方国联盟之外，还有其他的方国联盟并存，如卜辞中有的"王"，可能就是其他方国联盟的首领。"如果只把商王国看作天下的中心，其他各地都是他的'服'，显然是不符合历史实际的。"⑤ 就是说，天下形势并非如同秦汉以后政治上的大一统，其他各地并非都是商王的势力范围。商王朝之下的方

---

① 蒋礼鸿：《商君书锥指》卷五《君臣》，北京：中华书局，1986年，第132页。
② 蒋礼鸿：《商君书锥指》卷三《修权》，北京：中华书局，1986年，第82页。
③ 蒋礼鸿：《商君书锥指》卷三《壹言》，北京：中华书局，1986年，第61页。
④ 周振鹤、李晓杰：《中国行政区划通史·总论、先秦卷》，上海：复旦大学出版社，2009年，第233-236页。
⑤ 林沄：《商史三题》，台北："中央"研究院历史语言研究所，2018年，第35页。

国，与商朝的关系并不等同于后世的郡县制形成之后的地方与中央，名以"地方"，只是取后世概念约略言之。

据林先生考证，在商朝的方国联盟之下，按照文献及甲骨刻辞记载，有侯、任（男）、田（甸）三种我们通常称之为"诸侯"的方国。按照《尚书·酒诰》之记载，它们都属于"外服"。

侯是诸侯的主体，甲骨刻辞称"多侯"。侯为商朝承担的主要是军事义务，还要贡纳人牲、牲畜，商王可以占用侯之土地以垦田、放牧；反过来，若外敌入侵，商王自然要对侯行保护之义务，对于诸侯国内政局的稳定、死丧之事，商王也要表示关心。

任，即文献及金文中之男，也是诸侯的一种。任和侯的区别是，侯要经常参加商王的军事活动，任则较少参加，而是为商王承担比较单一的任务，多个任称"多任"。到了周代，任之数量不如侯那样多，但犹有遗存，如许（许男鼎）、郑（《左传·昭公十三年》）。

田，即甸，甲骨刻辞犹"多田"。田即专门为商王从事农田耕作的方国，距离商不会过分遥远，负责为商王提供农、副产品。最初形态可能较小，功能单一，后来成为独立的方国和重要的军事力量。西周之曹、晋，初封时都是田侯。

与上述三者相关的，还有卫，按照《尚书》中的《酒诰》《康诰》等文献记载，卫也当是邦伯。此前商代甲骨刻辞中的卫，也有可能是诸侯。[1]

血缘关系作为一种控制地方的手段，被继商而起的周朝发扬光大。不过，周王室所控制的区域十分有限，仅是所谓"王畿"——宗周镐京与成周洛邑之间的部分地区。在广大的东方，则通过分封诸侯加以控制。"侯"的含义犹如斥候，是一个个军事据点，镇守周边不同性质之方国，这些方国就是文献中所谓的附庸。在诸侯国内，周王是没有行政权的，诸侯国的管理、运转，基本掌握在诸侯手中。所以周王只是名义上的天下共主，所谓"溥天之下，莫非王土"，是就此而言的，

---

[1] 林沄：《商代的国家形式》，林沄《商史三题》，台北："中央"研究院历史语言研究所，2018年，第32页。

实际上周王的权力有一定限度。

秦在春秋时期设县,战国中期以后又在县上设郡,统一后又在全国推行郡县。秦之地方行政系统跟商周,特别是西周有着继承关系,县制应来源于周对王畿的管理方式。郡县制度,由于秦之统一,对两千多年的中国历史产生了深远的影响。春秋型与战国型两个时期的秦国地方行政制度,存在着较大差异。

"初县"即在新占领地区设立的县。从武公十年设"初县"始,迄献公时代,秦共设 10 个县,相较于晋、楚等国,数量较少。商鞅变法时所设为 31 个县,后来,随着秦占有魏之上郡、巴蜀、楚及东方之地,县的数目已经很多,统一后数量约在千个。两相比较,前一阶段的秦县有以下特点:一是县为重要的军事基地,是军赋(人力与财)之所出,因此县的实力和多寡,代表的是国家的军事实力之强弱。子车氏"三良"被殉葬穆公后,《左传》作者说"君子是以知秦之不复东征也"①,就是因为子车氏为冀县长官的缘故。二是县之长官为贵族,代行国君管理之权。三是县的内部还存在血缘组织机构。商鞅变法之后,"初县"演变成了典型的郡县之县,周振鹤先生总结郡县之县的四个特点:一、不是贵族大夫之采邑,完全是国君的直属地;二、长官不世袭,可以随时或定期撤换;三、其幅员或范围经过人为的划定,而不纯是天然的形成;四、县以下还有乡、里等组合,不是以血缘来控制的。②

春秋时期秦、晋、楚、齐等都曾设县,县的本质是国君直属地,与封国或采邑有别,这点在县的前后两个历史阶段是一以贯之的,一直到战国以后都没改变。③ 清人赵翼曾经指出,秦仿周制,"初县"邽、冀、杜、郑等地,"盖因周制王畿内有县,故仿之,每得一地即置县,以为畿内也"④。

---

① 杨伯峻编著:《春秋左传注》(修订本),北京:中华书局,1990 年,第 549 页。
② 周振鹤:《县制起源三阶段说》,《中国历史地理论丛》,1997 年第 3 辑。
③ 顾颉刚:《顾颉刚古史论文集》卷五《春秋时代的县》,《顾颉刚全集》,北京:中华书局,2010 年,第 231—274 页;王晖:《西周春秋"還(县)"制性质研究——从"县"的本义说到一种久被误解的政区组织》,《史学集刊》,2017 年第 1 期。
④ 赵翼:《陔馀丛考》卷十六,赵翼撰,曹光甫校点《赵翼全集》,南京:凤凰出版社,2009 年,第 256 页。

按照西周金文，西周"王畿"之内有丰（今陕西西安西南）、郑（今陕西省渭南市华州区，或说陕西凤翔）等县（写作"還"）①，赵说县在"王畿"，点出县直属于国君的性质，可证赵翼惊人的识见。春秋时期秦君的直属地，除了都邑如雍、西，就是上述诸县；平阳、徵、衙那样的地方，还不是国君之地。战国中期以后，上述地方，包括新征服之地，都被设立成新型的郡县之县。自秦惠王前元十年（前328）魏得上郡之后，秦又在县上设郡。早期的郡军事性质突出，后来逐渐演变为一级行政组织。② 通过郡县制，全国都变成了国君属地。因此，郡县化的过程与国君权力的扩大，是一表一里、一体两面的关系。秦统一之后屡有"海内为郡县"之类的矜夸言语，其中自是包含了天下皆为国君（皇帝）所有的意思。郡县制的普遍施行，正是国君集权的重要表现之一。

"初县"之地的管理者，身份是秦之贵族，并应以子车氏那样的异姓贵族为多。他们带着私属，管理以"西戎"（如邽、冀）及"周余民"（如杜、郑）为主的人群，有为秦提供军赋（包括人力和军需）的义务。县的主要形态，应是以一座城为主，周围附属许多邑，以点控面，可以管辖一个相当大的区域。

作为国君直属地的春秋型的县，连同国都中的军队等力量，是国君实力及以国君为代表的国家实力的象征。从春期早期的武公十年（前688）"初县"邽、冀③，直到献公十一年（前374）"县栎阳"④的314年间，秦只设有10个县，相反，与之同时的晋、楚之县，数量都在50个左右⑤，

---

① 李家浩：《先秦文字中的"县"》，《著名中年语言学家自选集·李家浩卷》，合肥：安徽教育出版社，2002年，第15-34页。
② 如游逸飞认为："秦郡早期拥有属吏任免权及兵器监铸权，近于大型军区，郡守地位虽高，但不辖县。直至秦王政以后，郡方获得司法等治民权，此时郡方逐渐辖县。"（游逸飞：《战国至汉初的郡制变革》，台湾大学博士学位论文，2014年，第72页。）
③ 司马迁：《史记》卷五《秦本纪》，北京：中华书局，1959年，第182页。
④ 司马迁：《史记》卷十五《六国年表》，北京：中华书局，1959年，第717页。
⑤ 顾颉刚：《顾颉刚古史论文集》卷五《春秋时代的县》，《顾颉刚全集》，北京：中华书局，2011年，第234-246页；杨宽：《春秋时代楚国县制的性质问题》，《中国史研究》，1981年第4期。

并且县的实力很强,例如楚灭国为县,有的兵力可敌一国,楚之陈、蔡等号称"千乘"①。晋之县也是如此,"成县"(大县)可出兵车百乘,晋卿韩起、叔向二人的"十家九县"有兵力谓为"长毂九百",其余四十县则"遗守四千",各有备守之兵车百乘。② 韩起、叔向都是晋卿,"九县"为其封邑,每个县(邑)都有很强的军事实力③。秦与楚、晋三国实力之差异,单凭县的数量和各县之实力,就表现得非常明显。回过头来,春秋时期至于战国早期秦政治中秦君实力、地位的有限,也同样由此看得出来。

第三节 "霸"下之西戎

春秋早期至于战国早期,秦对"地方"的控制,除设"初县"即设立早期的县之外,至于春秋中期,又出现了另外一种控制方式,即"霸"。"霸"的方式和对象,都与"初县"不同,笔者把它看作秦地方行政制度的一种。因为至少从结果来看,与"初县"之地一样,"霸"下之地,在战国中期商鞅变法后,都演变成了新型的郡县。所以,从地方行政制度史的角度看,二者自然都可以看作郡县化历史上的重要环节。"霸"的主要对象,就是下文的"西戎"。

一、西戎

"西戎"是构成秦人下层的主要来源之一,与嬴姓的秦人上层来源与族群个性都不相同。与秦相关的戎人,主要指的先秦时期生活于今天西北地区的甘肃中东部、宁夏南部,以及陕北的边缘族群。他们生活于秦的侧背,对秦和中原影响巨大,秦建国后对西戎的有效控制,是秦崛起和强大的重要基础。

---

① 杨伯峻编著:《春秋左传注》(修订本),北京:中华书局,1990年,第1340页。
② 杨伯峻编著:《春秋左传注》(修订本),北京:中华书局,1990年,第1269页。
③ 史党社:《从毛家坪的考古发现谈秦的地方行政制度史》,《华南师范大学学报》(社会科学版),2020年第2期。

在东周以后的文献例如《礼记》之中，经常用"西戎"来指代先秦时期西北地区与中原"华夏"政治上对立、文化有差异的人群，人们认为"蛮夷"居住在"华夏"周边，故有东夷、南蛮、西戎、北狄之说。"戎"是西周以来的概念，在更早的商代甲骨文中，西方异族被称作"羌"。近十多年来，在甘肃、宁夏、河南等地，有多处"西戎"文化的考古新发现，相关体质人类学研究也有新的进展，这使我们对"西戎"的族群源流、文化和历史地位有了新的认识。

对于"西戎"族群的成分构成，很多学者认为，"西戎"就是羌系的西北土著，从新石器时代以来即生活于此。他们利用文献、语言、体质特征、考古学文化等多种证据，来论证"戎"来自古羌人，"羌""戎"只不过是同类人群不同时期的称谓而已。现在看来，这个观点还有补充的必要。

生活于甘、青等地的羌系人群，历史上曾向东、西、南多个方向迁移，其中一支到达关中，与北来的姬姓人群结合，形成了西周王朝统治集团。两周之际，羌系的"西戎"大规模地向东南移动，一直进入到中原腹地。自春秋中晚期开始，原来生活在蒙古高原、西伯利亚地区的北亚类型人群（战国以后的匈奴也是如此）也大量南下，进入到华北、西北的"戎狄"之中。例如宁夏固原彭堡于家庄墓地、彭阳王大户墓地，其主人可能是乌氏之戎，种系特征都属于北亚蒙古人种；河西走廊东部的沙井文化，与固原一带的戎人文化联系紧密，其主人也属于广义的"西戎"，也有北亚蒙古人种特征。另外的戎人族群，例如义渠、獂戎，从文化、历史背景来看，虽然目前尚缺乏人骨鉴定资料，但很有可能也属于北亚类型，因为这些人群的文化与本地传统的寺洼文化等面貌差异甚大，而与北方的游牧文化联系紧密。对这些南下的人群，中原人群早年还能分得清楚，名之为"胡"（比如东胡、林胡。匈奴本体也属于"胡"），战国以后则统称为"戎"或"狄"。北亚人群与原来的西北土著，虽然都属于大的蒙古人种，但体质特征存在差异。他们的到来，致使"西戎"人种成分发生变化。至于战国时期"西戎"称谓产生之时，人种构成已经不再单纯，至少包含有羌系的西北土著和南下的北亚人群两类人群。这是近年来对西北、华北以及东北地区古代居民人骨种系特征研究所反映出的一个令人瞩目的事实。①

从西北进入到中原的戎人，春秋以后被秦、晋、楚等大国吞灭。其中，与戎人渊源深厚的秦，在对"西戎"的攻伐中出力最大。秦不但伐灭了关中宗周旧地的戎人，还向西北戎人本土扩展势力，一直到达兰州附近。秦境内的戎人，逐渐被融入到"秦人"之中而成为"华夏"，另外一些则畏秦之威而向西、向南远遁，到达青藏高原北部的河曲和藏西南地区。大约汉代以后，中原内部的戎人已被同化完毕（以与县同级的道的消失为标志）。西北徼外是羌、匈奴等族群，"西戎"也从一个具有实际所指的族群，逐渐蜕变为一个历史名词。

"西戎"文化在西北地区长期发育，由于自然条件、交通地理等原因，具有独特的传统；同时长期受中原周秦文化以及外来文明的影响，东周以后又有北方游牧人群和文化的渗入，经济类型、文化面貌呈现出复合、多元的特征。有的学者简单地把"西戎"称作游牧族群，是不准确的。

"西戎"传统的经济类型，是一种混合经济。从新石器时代晚期到夏商时期，由于气候干冷化等原因，西北、华北地区自然条件发生了很大变化，当地居民的生产类型也随之变化。相较于此前齐家时代以农业为主，商—西周时代的"西戎"采取的是一种混合经济，畜牧在其中占有重要地位，同时也不排斥农业、狩猎等成分。这种经济类型，与南侧的以黍、粟为主的农业经济，以及东周以后出现在北侧草原地带典型的游牧经济都不相同。与黄河中下游广阔的农业地带相比，混合经济地带土地破碎、狭小，可供耕作或从事畜牧、狩猎的区块面积不大，土地承载力有限，不易产生较大的社会组织，所以"西戎"虽然分支众多，但有名的只有所谓的"西戎八国"。不同分支的社会组织

---

① 张全超：《内蒙古和林格尔县新店子墓地人骨研究》，吉林大学博士学位论文，2005年。

发育程度不一、整体水平偏低（陇东庆阳地区的董志塬最为宽阔，造就了义渠那样最为强大、可与秦长期抗衡的戎人政体）。这样的自然条件也使戎人需要在不同的地域间经常转移，以利用更多的资源。同时由于人口压力问题，若再加上天灾人祸，迁徙就成为常态，这应是《左传》中说"戎狄荐居，贵货易土"①的原因。

"西戎"之地处在中原与广阔的欧亚腹地之间，还拥有交通地理优势，不同的文化都把戎地当作扩散的对象或传播的孔道，例如其东南侧的周秦文化、西北方的草原文化，这导致传统的"西戎"混合经济类型发生了变化。周文化在西周时期已经到达泾、渭上游的戎人区域。代周而起的秦文化在西周晚期至春秋早期形成之后，也从陕西关中、甘肃陇南一带向邻近地区传播，特别春秋中期秦穆公霸"西戎"，秦文化因素借用政治力量作为推手，大量进入到"西戎"文化之中，其中的邽、冀、大荔之戎，最后在文化上变得与秦无异；其他支系，随着东周以后"胡"系人群的进入，文化受北方草原文化的影响，与秦文化面貌差别较大。北方草原文化对"西戎"的冲击，至少可分为两次。第一次冲击发生在春秋晚期到战国早期，在传统的混合经济基础上，在"西戎"中的某些支系中，也产生了发达的游牧文化，例如宁夏固原、陕北、甘肃中东部的乌氏、义渠、獂戎，其文化都具有鲜明的游牧色彩，出土器物以短剑等兵器、人体装饰品、车马器、工具为大宗，墓葬多随葬有动物头、蹄，与此前的寺洼文化不同。第二次冲击发生在战国中晚期，此时北方的月氏、匈奴兴起，使这次游牧文化的扩散，有了更加深厚的北方、西方文化背景，近年发掘的十分著名的甘肃省张家川回族自治县马家塬墓地中出土的器物，便可证明这一点。

上述自然条件和生业类型的差异，是西周以后"戎狄"与中原农业族群长期的文化差异和政治对立的原因，也是中原精英人士不断强调"夷夏之辨"的重要基础。

---

① 杨伯峻编著：《春秋左传注》（修订本），北京：中华书局，1990年，第939页。

作为一个古老的族群综合体,"西戎"善畜牧和狩猎,"高上气力"①,勇猛好武,辗转迁徙数千年而不灭。他们曾造成西周的覆亡,充当过文化传播的使者,并"塑造"了后来的许多族群,现在西北、西南的羌、藏等族,都与"西戎"有着割不断的联系。"西戎"与中原在文化、族群方面的交流和融合,不但成就了"华夏",也对后来的汉人、以至于今天中华民族的形成有着较为深远的影响。

"西戎"不但从商周以来长期与秦比邻而居,从文化、习俗等方面深刻影响了秦,而且是构成"秦人"的重要组成部分,给秦提供了大量人口资源,这在天水、陇南、关中的邽、冀等农业族群中表现得最为明显;另外的"胡"系戎人,还为秦提供良马、兵力等战略资源,并参与贸易,给秦提供奢侈品等。所以,秦对"西戎"的行政控制,从秦建国以后就已开始。春秋中期之霸"西戎",是这一时期最为典型的控制方式。

二、"霸":秦"地方"行政制度

"霸",相比于设"初县",也可宽泛地看作秦地方行政制度的一种。"霸"这个治理形式,虽然比设县要更松散,但仍形成了一种十分密切的政治关系。在商鞅变法之后,"霸"下之地顺利地过渡到县、道就是证明,所以"霸"下之地也具有"地方"属性。此前学者多把秦之"霸"与东方诸侯的霸业相比附,对秦"霸"的属性认识不是十分清楚。与设县相比,"霸"的时段、地域、对象、方式都有不同。从时段看,秦之霸业由春秋中期的穆公而起,比"初县"之始晚了半个多世纪,时间延续到战国中期商鞅变法之前。"霸"所涉及的地域,比县更远、更广阔,主要为甘肃东南部、宁夏南部,以及陕西北部偏西地区,对象主要是所谓的"西戎八国",即活动于西北的族群。不过这个地域范围,本质上仍属西周旧地。秦霸"西戎",属于一种"收复"行为,只是尽了作为周室诸侯的本分而已。原来西周的西北疆域,依据考古发现,西可以到甘肃中部的陇西、北

---

① 班固:《汉书》卷二十八下《地理志下》,北京:中华书局,1962年,第1644页。

可以到固原，与秦霸"西戎"之范围也大致重合。固原一带，本周之旧土，如固原中河乡西周早期墓和姚河塬西周城址①、平凉四十里铺庙庄西周早期墓葬②，都说明了周人势力曾到达于泾水上游、甚至清水河流域，这一地区也是周势力的西北极限，东周以后此处正式出现关中四塞之一的萧关，并非偶然。据《史记正义》引《括地志》所说，固原、平凉一带的乌氏戎地，本为"周之故地，后入戎，秦惠王取之，置乌氏县也"③。惠王初置的乌氏县在泾水上游的今甘肃省平凉市东，自然是因乌氏戎旧地而来。惠王称王，与旧有的周王比肩，收周之旧土，是其必然之举。

"霸"的方式，其实就是"威服"，即以武力为后盾、威慑下的征服。《后汉书·西羌传》载："秦孝公雄强，威服羌戎。孝公使太子驷率戎狄九十二国朝周显王。"④ 孝公之"威服"，这个方式与更早的穆公之"霸"，本质上是一个做法，都是以武力建立主臣关系的行为。"霸"下戎人，对秦要纳贡（"赂"）⑤、贡献人力或奴婢；反过来，作为宗主，在武力"威服"的同时，还需要通过盟誓、赏赐等手段笼络戎人上层，并对戎人进行

---

① 甘肃陇西县西河滩遗址，是至今所知最西的周文化遗址。西北方的西周遗址，有固原中孙家庄西周早期墓葬以及新发现的彭阳姚河塬西周城址。西滩遗址资料见甘肃省博物馆：《甘肃古文化遗存》，《考古学报》，1960年第2期；孙家庄墓葬资料见固原县文物工作站：《宁夏固原县西周墓清理简报》，《考古》，1983年第11期。姚河塬资料蒙宁夏回族自治区文物考古研究所马强先生介绍，并可参宁夏回族自治区文物考古研究所、彭阳县文物管理所：《宁夏彭阳县姚河塬遗址铸铜作坊区2017~2018年发掘简报》，《考古》，2020年第10期；宁夏回族自治区文物考古研究所：《宁夏彭阳姚河塬遗址Ⅰ区北墓地西周墓（M42）发掘简报》，《文物》，2023年第7期。

② 魏怀珩：《甘肃平凉庙庄的两座战国墓》，《考古与文物》，1982年第5期。根据文中叙述，1972年甘肃平凉地区展览馆曾在平凉东四十里铺庙庄发掘5座西周早期墓。

③ 司马迁：《史记》卷一百十《匈奴列传》，北京：中华书局，1959年，第2884页。

④ 范晔：《后汉书》卷八十七《西羌传》，北京：中华书局，1965年，第2876页。

⑤ 例如，《史记·秦本纪》记载厉共公二年"蜀人来赂"（司马迁：《史记》卷五《秦本纪》，北京：中华书局，1959年，第199页），《六国年表》记载厉共公六年"义渠来赂"（司马迁：《史记》卷十五《六国年表》，第689页）。所献财货或是珍奇、方物之类，秦墓中经常出土的异域之物，有的可能就是由"西戎"君长贡献的。

控制，对臣服之戎要行保护之义务①，征讨不服从者，手段是刚柔相济、恩威并重的。

不过，作为一种政治与行政手段的"霸"，本身还是一种在天子—诸侯体制存续情况下的政治行为。从理论上来说，秦只不过以诸侯之身份代周天子行使权力。所以，在秦穆公称霸之后，"天子致伯，诸侯毕贺"②；孝公"威服羌戎"、重霸"西戎"之后，"使太子驷率戎狄九十二国朝周显王"。秦霸"西戎"，不仅是"收复"周之旧土，也有在这些地方恢复周之威权的性质。

"霸"的地域范围，主要是"西戎八国"的区域。东周"西戎"分支众多，《史记·匈奴列传》记载春秋时期的"西戎"形势道：

> 秦穆公得由余，西戎八国服于秦，故自陇以西有绵诸、绲戎、翟、豲之戎，岐、梁山、泾、漆之北有义渠、大荔、乌氏、朐衍之戎。……各分散居溪谷，自有君长，往往而聚者百有余戎，然莫能相一。③

与秦交集者，主要是所谓的"西戎八国"，分布在黄河中上游的陕甘宁一带，它们是秦"霸"的主要对象。这与东方齐桓、晋文之"霸"不一样，齐桓、晋文是霸诸侯，秦穆公所霸则是戎族。其中，除了绵诸、绲戎、大荔、朐衍之戎的活动地稍有争议外，其他戎人的活动地都比较明确。

绵诸戎。有人认为《山海经·海内东经》中"居繇"即绵诸，原来跟大夏、月氏都在西北流沙之外。④关于绵诸戎较明确的文献记载，有上

---

① 例如《史记·六国年表》记载厉共公六年"绵诸乞援"（司马迁：《史记》卷十五《六国年表》，北京：中华书局，1959年，第689-690页），秦惠王七年（前331）"义渠内乱，庶长操将兵定之"（司马迁：《史记》卷十五《六国年表》，第728页）。

② 司马迁：《史记》卷五《秦本纪》，北京：中华书局，1959年，第202页。

③ 司马迁：《史记》卷一百十《匈奴列传》，北京：中华书局，1959年，第2883页。

④ 徐日辉：《古代西北民族"绵诸"考》，《西北民族学院学报》（哲学社会科学版），1984年第1期。

引《史记·匈奴列传》所记春秋戎人形势，绵诸为秦所征服的"西戎八国"之一，以及《六国年表》记载战国早期的厉共公六年"绵诸乞援"，二十年（前457）厉共公又"将师与绵诸战"，惠公五年（前395）"伐绵诸"①，等等，此后绵诸不见于传世文献，但又在战国晚期——秦代的封泥中以县名出现②，延续到汉初张家山汉简，其中也有绵诸县，《汉志》记载西汉后期的情况，则作"绵诸道"。秦封泥、张家山汉简中的绵诸县应属陇西郡，《汉志》中的绵诸道则从属于陇西郡分出的天水郡。绵诸县从战国、秦及汉初的县，过渡到西汉后期的道，其中人群的民族属性应发生了变化。

关于东周时期绵诸戎的活动区域，以及秦汉以后的绵诸县（道）所在，《水经注》③《史记正义》④等诸多文献以及时下的学者⑤，皆认为在今甘肃省天水市东麦积区到清水县南部贾川乡一带。此处位于牛头河入渭处附近，地形宽阔，至今还有绵诸的地名，故绵诸在此，应问题不大。

近年来，在天水东北渭河支流葫芦河、牛头河流域上游，发现了多处

---

① 司马迁：《史记》卷十五《六国年表》，北京：中华书局，1959年，第689-690、693、712页。

② 秦封泥有"绵诸丞印"等。见刘瑞编著：《秦封泥集存》，北京：中国社会科学出版社，2020年，第688-691页。

③ 《水经注》卷十七"渭水"条："渭水又东南出桥亭西，又南得藉水口……藉水又东得毛泉谷水，又东径上邽城南……藉水又东入于渭。渭水又历桥亭南，而径绵诸县东，与东亭水合，亦谓之为桥水也，清水又或为通称矣。……清水又西南得绵诸水口，其水导源西北绵诸溪，东南有长思水，北出长思溪，南入绵诸水。又东南历绵诸道故城北，东南入清水。清水东南注渭。"见郦道元著，陈桥驿校证：《水经注校证》，北京：中华书局，2007年，第428-429页。

④ 《史记正义》引《括地志》云："绵诸城，秦州秦岭县北五十六里。汉绵诸道，属天水郡。"（司马迁：《史记》卷一百十《匈奴列传》，北京：中华书局，1959年，第2884页。）

⑤ 徐日辉考订绵诸活动地在今天水市麦积区一带，王世刚、雍际春考订的秦汉绵诸城稍靠北，在清水西南贾川乡林河村灵芝城。参徐日辉：《古代西北民族"绵诸"考》，《西北民族学院学报》（哲学社会科学版），1984年第1期；王世刚：《清水灵子城为绵诸古址新说》，《天水师专学报》（哲社版），1991年第2期；雍际春：《绵诸道城址考》，《中国历史地理论丛》，1992年第1辑。

战国中晚期的戎人墓地,包括张家川马家塬①、清水刘坪②、秦安王洼③墓地(可能还包括没有正式发掘的长沟墓地④),这几个墓地埋藏丰富,文物级别甚高,文化面貌复杂,具有戎、秦、欧亚草原文化的复合特征。赵吴城等学者认为,这应是绵诸戎的遗存。⑤依笔者之见,这样的说法,还存在一定的疑问。

首先,此观点与上述秦汉绵诸县、绵诸道在牛头河下游之说相违背。文献所记绵诸县、道的位置,都在今甘肃天水以东,以《括地志》所说绵诸城在"秦岭县北五十六里"为最北。唐秦岭县在今甘肃省天水市麦积区伯阳镇一带,其北56里,决不会到达今清水县城更北的马家塬地区。牛头河下游,包括其入渭处,与马家塬的直线距离无论如何都在50公里以上,中间还隔有牛头山,在地理位置上并不在同一单元,二者距离偏远。

其次,马家塬地区战国秦汉县、道设置,已知有略阳(很可能是庄浪朱店镇吴家沟遗址⑥)、戎邑两县。在秦封泥中,有略阳县、绵诸县而无戎邑,汉初张家山汉简中有略阳、戎邑县、绵诸县,《汉志》有略阳道、戎

---

① 马家塬墓地相关资料主要有以下一些:甘肃省文物考古研究所、张家川回族自治县博物馆:《2006年度甘肃张家川回族自治县马家塬战国墓地发掘简报》,《文物》,2008年第9期;早期秦文化联合考古队、张家川回族自治县博物馆:《张家川马家塬战国墓地2007~2008年发掘简报》,《文物》,2009年第10期;早期秦文化联合考古队、张家川回族自治县博物馆:《张家川马家塬战国墓地2008~2009年发掘简报》,《文物》,2010年第10期;早期秦文化联合考古队、张家川回族自治县博物馆:《张家川马家塬战国墓地2010~2011年发掘简报》,《文物》,2012年第8期;甘肃省文物考古研究所编著:《西戎遗珍:马家塬战国墓地出土文物》,北京:文物出版社,2014年,第132-133页。

② 李晓青、南宝生:《甘肃清水县刘坪近年发现的北方系青铜器及金饰片》,《文物》,2003年第7期;甘肃省文物考古研究所、清水县博物馆编著:《清水刘坪》,北京:文物出版社,2014年。

③ 甘肃省文物考古研究所:《甘肃秦安王洼战国墓地2009年发掘简报》,《文物》,2012年第8期。

④ 早期秦文化联合考古队:《牛头河流域考古调查》,《中国历史文物》,2010年第3期。

⑤ 赵吴成:《甘肃马家塬战国墓马车的复原——兼谈族属问题》,《文物》,2010年第6期。

⑥ 参吴家沟遗址网络介绍(http://www.bytravel.cn/Landscape/76/wujiagouyizhi.html)。

邑道，也与牛头河入渭处的绵诸道共同出现。略阳、戎邑两县道的位置，清《一统志》等文献认为略阳在秦安县东北90里，戎邑在秦安县东120里①，大致到达今清水—张家川之间的清水河上游支流南河、牛头河上游，谭其骧《中国历史地图集》中的《凉州刺史部》也把略阳道、戎邑道标绘于此②。这说明，在汉代人的心目中，偏北的略阳、戎邑两县道与偏南同时存在的绵诸道生活的人，是不同的两群人。

再次，马家塬地区数个墓地的年代，上限大约在公元前350年（秦孝公十二年）左右，下限可到秦代③，文化面貌也与北侧的游牧文化联系紧密。如从偏洞式墓（带梯级墓道）、盛行的殉牲葬俗、大量的人体及衣服装饰品等方面来看，就与固原杨郎乌氏戎、漳县墩坪獂戎所使用的文化相似。此处的人群，很可能是至迟在战国中期从北侧南下的胡系人群，而非此前的当地土著。这种文化一直延续到了秦代甚或汉初，但其向南的分布界限，是没有到达渭河谷地的，而这恰是处于渭河谷地附近的绵诸在战国时期设县而非道的原因。马家塬地区为什么在战国晚期也设县而非设道，其原因容下论述。

马家塬所在地区，即渭河支流葫芦河、牛头河两河流域（前者偏西而后者偏东）。其地域文化从新时期时代一直到青铜时代，经历了不同类型的变迁。④ 在商与西周时期，此处的文化有属于戎人的寺洼文化，以及中原周系文化。寺洼文化的分布范围，主要为靠西的葫芦河流域，向北大致不过庄浪⑤；东侧的牛头河流域没有分布。西周文化在葫芦河流域影响薄

---

① 王先谦：《汉书补注》，北京：中华书局，1983年，第796页。
② 谭其骧：《中国历史地图集》第2册，北京：中国地图出版社，1982年，第33—34页。
③ 甘肃省文物考古研究所编著：《甘肃重要考古发现（2000~2019）》，北京：文物出版社，2020年。
④ 北京大学考古系、甘肃省文物考古研究所：《甘肃省葫芦河流域考古调查》，《考古》，1992年第11期；早期秦文化联合考古队：《牛头河流域考古调查》，《中国历史文物》，2010年第3期。
⑤ 静宁仁大镇高家沟遗址，内有寺洼文化因素，但该遗址并不比庄浪徐家碾等寺洼遗址更靠北。参张占社主编：《静宁史话》，兰州：甘肃文化出版社，2004年，第30页。

弱，周式陶器主要与寺洼的遗物共出，还有一些有限的采集品①，这应是受周文化影响的结果，是同一人群所使用的不同文化，而非人群直接移入带来的结果。牛头河流域则是除西汉水上游之外的西周文化分布区，在牛头河中游的清水县城上下集中分布，例如河北岸的李崖和南侧的柳树塬遗址②。

东周时期，马家塬地区有大量游牧遗存分布，向北一直可到陇山西侧属于平凉的庄浪③、静宁④，宁夏的西吉⑤、隆德，并与固原、彭阳的同类文化相联系。很显然，马家塬地区的游牧文化，是自北向南扩散的结果。

与马家塬游牧文化同时存在的，还有东周西戎文化，表现特征即铲足鬲的广泛分布。作为东周时期西戎文化的典型器物，铲足鬲从寺洼文化发展而来，分布地主要在渭河上游及其支流葫芦河流域，包括甘谷、天水、清水、庄浪、张川等地（大多是采集品），泾河上游的平凉、庆阳也有分布。如属于葫芦河流域的庄浪堡子坪、较北的静宁李店王家沟村番子坪遗址中多有发现⑥，更北的西吉直至陇山两侧的固原地区比较少见⑦，牛头河流域及其支流的马家塬地区、长沟墓地（张家川回族自治县刘堡镇杜家村）、沟口村遗址（张川镇沟口村）中也有出土⑧。

---

① 李非、李水城、水涛：《葫芦河流域的古文化与古环境》，《考古》，1993年第9期。
② 早期秦文化联合考古队：《牛头河流域考古调查》，《中国历史文物》，2010年第3期。
③ 李晓斌：《庄浪县出土北方青铜器之研究》，王亚斌主编《庄浪史志》（创刊号），2011年，第199-207页。
④ 部分出土物展览于平凉市博物馆。
⑤ 罗丰、韩孔乐：《宁夏固原近年发现的北方系青铜器》，《考古》，1990年第5期。
⑥ 北京大学考古系、甘肃省文物考古研究所：《甘肃省葫芦河流域考古调查》，《考古》，1992年第11期。
⑦ 李非、李水城、水涛：《葫芦河流域的古文化与古环境》，《考古》，1993年第9期；张寅：《铲足鬲的分布、年代及其相关问题研究》，《文博》，2014年第2期。
⑧ 早期秦文化联合考古队：《牛头河流域考古调查》，《中国历史文物》，2010年第3期。

以葫芦河流域为主要分布地的寺洼文化的主人，很可能是绲戎即犬戎。

犬戎在中国历史上名气甚大，曾与申戎联合灭了西周王朝。有如下证据，可证其西周早期的居地在陇山以西。首先，按《诗经》《孟子·公孙丑》的说法，绲戎在商末文王之时，就活动于周原以西，包括陇山西侧。其次，上引《史记·匈奴列传》明确记载春秋时期绲戎是活动于陇山以西的，与《后汉书·西羌传》的记载可以呼应。《西羌传》记载穆王西征犬戎，然后迁戎于"大原"，如果把这个"大原"认定为固原、平凉甚或庆阳一带的大原区域，则犬戎本来的生活地，就应是位于周"西"的，很可能就在陇山西侧。考虑到葫芦河中游的庄浪一带是陇山西侧寺洼文化的集中分布地，但此支戎人却不提其名，想必汉人认为此支戎人名气甚大，不用特别具名罢了。犬戎虽然消亡很久，但其故事仍然留存在后人的记忆里。所以，此处很可能就是商周以来著名的绲戎（犬戎）之地。贾晨光、魏俊舱主编的《庄浪史话》就持这个观点。①

进入春秋时期，《史记·匈奴列传》记载绲戎还在"陇西"即陇山以西，应是因为此处本就是他们的老家，虽然部分人东移，但还是没有舍弃故地，这是葫芦河中上游铲足鬲广泛分布的原因。谭其骧《中国历史地图集》春秋时代图《晋秦》，把犬戎标绘在今天水、定西一带，也是认定春秋时期陇山以西仍是有犬戎分布的。②若不把此处以铲足鬲为代表的寺洼文化的主人想象为绲戎（犬戎），本支戎人的居地就无法落实。到了战国中期，马家塬地区的游牧文化异军突起，与此前以寺洼文化为代表的土著文化差异巨大，这个现象十分令人瞩目。观察这一现象，有一个大的历史背景不能忽视，那就是献、孝二君踵穆公之迹、对陇西诸戎的再次伐灭和征服。《后汉书·西羌传》记载：

---

① 贾晨光、魏俊舱主编：《庄浪史话》，兰州：甘肃文化出版社，2008年，第10-11页。

② 谭其骧主编：《中国历史地图集》第1册，北京：中国地图出版社，1982年，第22-23页。

> 秦献公初立，欲复穆公之迹，兵临渭首，灭狄獂戎。忍季父卬畏秦之威，将其种人附落而南，出赐支河曲西数千里，与众羌绝远，不复交通。……秦孝公雄强，威服羌戎。孝公使太子驷率戎狄九十二国朝周显王。①

此前的战国早期，秦由于内乱，国力衰弱，对西北戎人控制力下降。献、孝二君凭借实力对这些族群的攻伐，性质虽然还有似于春秋中期穆公之"霸"，但却是此后大规模设置县、道以控制这些地域的先声，具有很强的辟土意味。

有意思的是，从上文已提到的秦封泥来看，战国后期直到秦代，秦在葫芦河、牛头河流域所设的基层行政组织，在马家塬地区有略阳县，南侧的牛头河入渭处附近有绵诸县，北侧的静宁一带有阿阳、成纪两县②，都是县而非道。汉初的张家山汉简中，有略阳县、绵诸县，与戎邑并存，而在反映西汉后期政区人口形势的《汉书·地理志》中，除了阿阳、成纪继续为县，戎邑、略阳、绵诸却都设道而非县。从文化面貌上看，马家塬墓地的年代，从战国中期延续到战国晚期甚至秦代，说明这里的族群长期保持了自身的文化传统，其"戎狄性"仍十分强烈，秦不在此设道而全部设县，显示了秦前后此处族群属性的巨大变化。战国晚期此地文化十分繁荣，应考虑马家塬地区重要的沟通东西南北的交通区位优势和畜牧业地位。马家塬多处墓地的主人，应是因此而地位显赫。随着秦西北边境在秦初向更远地区扩展，这里的人群也失去了自身的区位优势而离开此地，本地族群成分发生变化。所以，如同面对此前的乌氏、义渠一样，秦在此处置县而非设道。从现有资料来看，后来迁至此地的人腰缠胡式动物纹大

---

① 范晔：《后汉书》卷八十七《西羌传》，北京：中华书局，1965年，第2875—2876页。

② 秦封泥有"阿阳禁印""成纪丞印"等。阿阳位于今静宁县城南、葫芦河东岸成川镇村子河村（靳寺新村），成纪位于静宁县城约40公里治平镇、葫芦河支流南河西岸、刘河村南。参刘瑞编著：《秦封泥集存》，北京：中国社会科学出版社，2020年，第526、685页；彭曦：《战国秦长城考察与研究》，西安：西北大学出版社，1990年，第47—52、59—68页；张占社主编：《静宁史话》，兰州：甘肃文化出版社，2004年，第32—34页。

带、脖系欧亚草原流行的金银项饰，可能是与北方草原地区联系紧密的游牧人（不能绝对排除就是战国晚期在西北地区十分活跃的月氏人）。战国中期，这些南下的游牧人，一定程度上"填补"了献、孝公之时羌系人群远走后所留的空间，成为此地显赫的人群。

通过以上论述可知，葫芦河中游、牛头河支流后川河流域的马家塬地区，在西周到战国早期的主人可能是绲戎（犬戎），战国中期以后，胡系人群也南下于此。如果说此处的寺洼—铲足鬲（周秦）文化，属于本地土著文化，其主人为绲戎（犬戎）或其后裔，那么马家塬文化的主人应是胡系的游牧人，并非绵诸戎，这应是肯定的。绵诸戎的活动地，应更为偏南，在今天水市东牛头河与渭河相交处一带，与马家塬相距遥远，文化面貌也与北侧的马家塬地区完全不同，应是旧有的西北土著。至于西汉中后期绵诸由县演变为道，应是此地人群的民族成分发生了变化的缘故。

翟戎。即狄戎，生活地在狄道（今甘肃临洮），曾为秦汉陇西郡首县。《水经注·河水》："汉陇西郡治，秦昭王二十八年置。"① 《太平寰宇记》卷一百五十一："狄道县，本秦旧县也，其地故西戎别种所居，秦取以为县。"② 翟戎的文化遗存至今没有被发现，但从设"道"来说，可能与邻近的獂戎一样，都拥有游牧色彩浓厚的文化，人种上也应是南下的胡系人群。

獂戎。《史记正义》引《括地志》："獂道故城在渭州襄武县东南三十七里，古之獂戎邑，汉獂道，属天水郡。"③ 《一统志》载其故城在陇西县东北、渭水北，谭其骧《中国历史地图集》中的《凉州刺史部》从之，故城具体位置大致在今武山县鸳鸯镇附近。秦封泥有"獂道""獂道丞印"。从近些年漳河流域漳县三岔镇发现的墩坪东周戎人墓地来看，獂戎活动的

---

① 郦道元著，陈桥驿校证：《水经注校证》，北京：中华书局，2007年，第47页。
② 乐史撰，王文楚等点校：《太平寰宇记》卷一百五十一，北京：中华书局，2007年，第2928页。
③ 司马迁：《史记》卷一百十《匈奴列传》，北京：中华书局，1959年，第2884页。

地域，或许更广泛，包含了偏西南的榜沙河支流漳河流域①。这样的情形一直持续到元鼎三年（前114）陇西郡分置天水郡为止。

义渠。义渠在今甘肃东部庆阳市一带，核心区为陇东最大、最为宽阔的董志塬，所以义渠也成为西戎中最为强大的一支。从文化②和人种③来看，义渠属于南下的胡系人群，与本地原来羌系的九站寺洼文化的主人西北土著不同。但从临近的子午岭东侧黄陵寨头河战国义渠墓地来看，义渠到达本地后，也逐渐与当地的羌系土著融合。

大荔戎。其活动地按《匈奴列传》旧注在今关中东部陕西大荔县。马孟龙认为在今洛河中上游的黄陵、富县一带。④依鄙之见，关于其具体位置，还有可讨论的余地。

乌氏。也称焉氏。《史记正义》提到乌氏戎时，引《括地志》云："乌氏故城在泾州安定县东三十里。周之故地，后入戎，秦惠王取之，置乌氏县也。"⑤惠王初置的乌氏县在泾水上游的今甘肃省平凉市东，自然是因乌氏戎旧地而来。固原、彭阳一带的春秋战国时期游牧文化，应是乌氏戎的遗存。秦惠王重新夺取此地后置乌氏县，其主要族群，当是秦之移民，曾经的乌氏戎人，被驱逐远徙北方了。

朐衍⑥。旧说多认为在宁夏盐池，马孟龙认为当在甘肃庆阳一带⑦。张

---

① 甘肃省文物考古研究所：《甘肃漳县墩坪墓地2014年发掘简报》，《考古》，2017年第8期；甘肃省文物考古研究所、漳县文物管理所：《甘肃漳县墩坪墓地2015年发掘简报》，《文物》，2019年第3期。甘肃省文物考古研究所编著：《甘肃重要考古发现（2000~2019）》，北京：文物出版社，2020年，第262-275页。
② 刘得祯、许俊臣：《甘肃庆阳春秋战国墓葬的清理》，《考古》，1988年第5期；庆阳地区博物馆、庆阳县博物馆：《甘肃庆阳城北发现战国时期葬马坑》，《考古》，1988年第9期。
③ 庆阳地区义渠存续时间为春秋晚期到战国中期，虽然缺乏人种学的资料，但其文化与西侧的固原地区联系紧密，故应属同类人群。
④ 马孟龙：《朐衍抑或龟兹——宁夏盐池县张家场古城考辨》，《中国边疆史地研究》，2019年第4期。
⑤ 司马迁：《史记》卷一百十《匈奴列传》，北京：中华书局，1959年，第2884页。
⑥ 朐衍：一说"朐衍"。传世文献中多作"朐衍"，秦封泥中县名皆作"朐衍"。
⑦ 马孟龙：《朐衍抑或龟兹——宁夏盐池县张家场古城考辨》，《中国边疆史地研究》，2019年第4期。

家山汉简《秩律》中有昫衍县,应上属北地郡,以汉初边境收缩。昫衍应在"故塞"即战国秦昭王长城之内,故马说有一定道理。

综上所述,此处可给秦"霸"下之地划一个大致的范围:向北主要为泾水上游的庆阳、平凉及固原地区南部,向西为渭水上游的天水、定西地区。渭水下游的关中东部部分地区,是否为大荔戎的活动区域,仍可存疑。

秦"霸"西戎,维持了很长一段历史时期,从春秋中期穆公三十六年(前624)始,一直到战国早期厉共公六年"绵诸乞援"①、"霸"的体系发生动摇之时,整整维持了153年;此后又经历了110年的反叛阶段,到战国中期孝公初年(前361)灭獂戎,"威服羌戎",秦与戎"霸"的体系才恢复稳定。孝公之后,"霸"下之地也过渡到了郡县,成为秦之版图。这种过渡,自然与秦实力上升形成的强大威慑力有关,但秦"霸"西戎所造成的长期的政治影响、文化和族群交融,也是一个重要的原因。

第四节 封公子、异族与"设官司"

春秋时秦的地方行政制度,在"初县"和"霸"两种形式之外,应还有别的形式存在。如上所述,从春秋早期到战国中期,秦县的数量十分有限,只有邽、冀、杜、郑等约10个,但此时秦之政治势力范围,曾经达陇山东侧的平凉和庆阳地区,东则到关中东部达晋陕间的黄河一带。在这样一个广大的区域内,设县数量又少,即使加上"霸"这种方式,也不能覆盖所有地域。同时,历史形势的变迁,也容有别的控制方式存在。现在可知在"初县""霸"之外,至少还应有分封公子、封异族以封国、"设官司"等三种对"地方"的控制和管理方式。

分封公子的例证,如上文所提武公之子公子白封于平阳,一直到穆公霸"西戎"之后,还有桓公同母弟公子鍼的封邑徵、衙。秦人起家的西犬

---

① 司马迁:《史记》卷十五《六国年表》,北京:中华书局,1959年,第689-690页。

丘（今甘肃礼县），推测当由公子级别的亲属加以领治。

封国的证据主要来自考古资料，如户县南关 82HNM1、宁县石家 M216 等七鼎墓、礼县圆顶山 98LDM2 等墓葬资料。户县南关 82HNM1 为南北向，随葬七鼎六簋，属于诸侯一级①，无殉人，器物风格与光绪年间发现于附近的"宗妇"诸器近似，其主人可能是春秋早期的郜国之君②。石家墓地有数座春秋早中期的七鼎墓，有的出土铜器秦文化特征明显，不但可说明此时本地已属于秦，并且还可证明方国的存在③。圆顶山 98LDM2 年代在春秋中晚期，被盗后尚存 6 簋，有殉人 7 个，推测本来与 7 鼎相配④。这几座墓的墓主族属应该有别，南关 82HNM1、石家七鼎墓的墓主应为"周余民"，可能是封国之主；圆顶山 98LDM2 墓主应属被征服的戎人首领，与益门村 M2 的墓主一样，都是穆公霸"西戎"被征服的戎王⑤。这些人都生活在秦之政治版图之内，在秦国应是相对独立而有权势的。

秦"设官司"之地，既不设县也不曾"霸"以治之，也非上述两种封地，但秦对其明显存在管理，这些地方应处于秦的政治版图之内。可为例证的区域，是位于陇山、子午岭之间的平凉、庆阳一带，以及河东山西南部。

考古资料表明关中北侧的平凉、庆阳南部，在春秋中期秦霸"西戎"

---

① 曹发展：《陕西户县南关春秋秦墓清理记》，《文博》，1989 年第 2 期。

② "宗妇"器可确知者，有鼎四、簋三、壶二、盘一，均同铭。参郭沫若《两周金文辞大系图录考释》（一），《郭沫若全集·考古编》第七卷，北京：科学出版社，2002 年，第 404-405 页；《两周金文辞大系图录考释》（二），《郭沫若全集·考古编》第八卷，北京：科学出版社，2002 年，第 404-405 页。按，郭沫若将之断代在西周末年，与本文的春秋早期不同。

③ 如 M216、M218、M6 等都随葬七鼎。前两座 M216、M218 资料蒙甘肃省文物考古研究所张俊民先生告知，并见于 2018 年 1 月 30 日中国文物信息网；M216 资料又见甘肃省文物考古研究所王永安、孙锋，南京大学历史学院杜博瑞：《交流、变迁与融合——甘肃宁县石家及遇村遗址考古新发现》，《中国文物报》，2020 年 9 月 4 日第 8 版；M6 资料见王永安：《泾水悠悠话豳风——甘肃宁县石家墓地 2018 年考古发现与收获》，《大众考古》，2019 年第 9 期。

④ 甘肃省文物考古研究所、礼县博物馆：《甘肃礼县圆顶山 98LDM2、2000LDM4 春秋秦墓》，《文物》，2005 年第 2 期。

⑤ 陈平：《试论宝鸡益门二号墓短剑及有关问题》，《考古》，1995 年第 4 期；赵化成：《宝鸡市益门村二号春秋墓族属管见》，《考古与文物》，1997 年第 1 期。

之前已经归属于秦,但秦在此也未设县。《史记·秦本纪》在叙述秦人春秋早中期的历史之时,只提到了在关中、天水地区的情况,对北侧广阔的黄土大塬、丘陵地带隐而不提。按理来说,本地区位于周之政治版图之内,南侧的灵台百草坡一带有封国㵒,更远的固原东姚河塬一带则有侯国获,只是在西周后期中原政权失去控制权。作为一方之"侯",秦有义务恢复周之旧土,况且这些地方大致都在岐山西北,属于周所赐秦的"岐西之地",战略地位重要,秦人对这一地区不可能视而不见,故《史记·秦本纪》不载,不等于秦在这些地方没有作为。相关资料有灵台景家庄春秋早期秦墓、宁县石家春秋墓地等。

灵台景家庄 M1 为一座春秋早期秦墓,位于岐山北边、关中通泾河谷地的要冲,墓主除随葬有三鼎一甗、戈、铜柄铁剑之外,还陪葬有马坑、车马坑和殉人,墓主若非封国之主,就是被秦派往此处驻守的武士。以墓中发现有大量兵器、车马工具来看,后者最有可能。[1] 西周时期灵台一带是周腹心地区的近旁,因此有大量的西周墓地等遗址,还有姬姓的密国;春秋中期,此处被封给穆公名臣百里奚。秦进入关中继承周制,也设县,并可能还设有不同级别、不同功用的派出人员和机构[2]。

宁县石家墓地,已发现数以百计的春秋早中期墓葬,其中数座七鼎高级别墓所出铜器具有秦之风格,墓葬多屈肢葬和殉狗,车马坑中也有屈肢殉人和殉狗[3],墓主很可能属于"周余民"。这两种资料说明,从春秋早期到中期,泾河中上游地区已经渐次被秦占领。在春秋早中期秦霸"西戎"

---

[1] 梁云即持此观点。见梁云:《早期秦文化探索》,上海:上海古籍出版社,2021年,第96-98页。该墓出土文物资料参刘得祯、朱建唐:《甘肃灵台县景家庄春秋墓》,《考古》,1981年第4期。

[2] 如《尚书·酒诰》:"越在外服:侯、甸、男、卫、邦伯;越在内服:百僚、庶尹、惟亚、惟服、宗工,越百姓里居,罔敢湎于酒。"(孔安国传,孔颖达疏:《尚书正义》卷十四《酒诰》,李学勤主编《十三经注疏》,北京:北京大学出版社,1999年,第378页。)此"诸侯"与"邦伯"并列,侯之外,还有甸、男、卫等不同形式的分封,"邦"则为旧国。

[3] 铜器风格据梁云文及笔者观摩。参甘肃省文物考古研究所王永安、孙锋,南京大学历史学院杜博瑞:《交流、变迁与融合——甘肃宁县石家及遇村遗址考古新发现》,《中国文物报》,2020年9月4日第8版。

之前，本地已属秦之政治版图，秦对这一地区已经有一定形式的管控，但管控的方式却不是设县或霸。按照文献记载，秦在本地较早设置的是乌氏县，时间已晚至商鞅变法后的惠王之时，县的形态也非"初县"之县，而是典型的郡县之县了①。

秦未涉足之前，这里的人群主要有"西戎""周人"两类人。"西戎"是本来就生活于此的，周室在这封侯建国（如申、获），建立防御系统，其中一个重要目的就是震慑、控制当地戎人。从庆阳发现的西周墓葬来看，在宁县一带分布着不少的周系墓葬，出土有许多周式青铜器②，若再考虑新发现的遇村西周晚期以来的城址及墓葬③，则可以肯定，宁县一带是有周人存在的，很可能是西周后期为防御北方而北来的人（也不绝对排除周侯申国人）。这些人在西周灭亡后，又成了"周余民"，即上述遇村遗址及石家遗存的主人。此地的戎人，按照文献推测，虽然在西周后期与周室关系紧张，但仍然处于西周的王化之内（即所谓荒服之类），与更加遥远、与周室只有对立的猃狁不同。

自两周之际，此处大量的戎人向东南移动进入关中等地，如合水九站遗址的主人；另外的一些还是留在当地，包括春秋中期被秦驱逐、后被晋安置在"南鄙"即晋南一带的姜戎以及伊水流域的陆浑戎。

合水九站遗址，是为数不多的经过科学发掘的寺洼文化遗址之一，遗址由南侧的居址和北侧山坡上的墓地构成，居址面积约 16 万平方米，墓地面积在 15 万平方米以上，1984 年发掘了 82 座墓。整个遗址的主体年代，在西周早中期（上限可至先周晚期，下限或可到西周晚期）。墓地主要以南北向带头龛的竖穴土圹墓为主，也有 5 座东西向墓：M26、M48、M72、M73、M74，其中除了 M72 可早至西周晚期外，其余 4 座墓年代都

---

① 《史记正义》引《括地志》："乌氏故城在泾州安定县东三十里。周之故地，后入戎，秦惠王取之，置乌氏县也。"（司马迁：《史记》卷一百十《匈奴列传》，北京：中华书局，1959 年，第 2884 页。）

② 相关资料庆阳博物馆有展示，例如宁县湘乐镇谢家宇村西周墓地、宁县焦村镇西沟徐家西周墓、合水兔儿沟西周墓等出土文物。

③ 甘肃省文物考古研究所王永安、孙锋，南京大学历史学院杜博瑞：《交流、变迁与融合——甘肃宁县石家及遇村遗址考古新发现》，《中国文物报》，2020 年 9 月 4 日第 8 版。

在春秋战国时期，已经具有秦文化的因素。如 M48，除了头朝东，还有方形墓道和拱形洞室，死者葬式为蜷曲特甚的屈肢葬，随葬有两件灰陶细绳纹罐。此外，M73 也是屈肢葬。最为值得注意的是，此处西周以前的墓葬，其数量为 78 座，远远多于东周时期的 4 座，推测这里的戎人在西周中晚期，曾发生过大规模的移徙事件。①

姜戎见于《左传·襄公十四年》等文献记载，再往前就是宣王之时千亩之战的姜氏之戎。春秋时期姜戎与允姓之戎如陆浑戎同居瓜州，姜戎受秦逼迫而被晋惠公所诱迁往"南鄙"，即今山西运城以南地区。由于与秦之对立，后来又在崤之战中配合晋伏击秦军。被秦逐晋诱之前，姜戎的活动地是瓜州，瓜州所在，旧说多在敦煌（今甘肃敦煌），如《左传·昭公九年》载："先王居梼杌于四裔，以御螭魅，故允姓之奸居于瓜州。伯父惠公归自秦，而诱以来。"杜注："允姓，阴戎之祖，与三苗俱放三危者。瓜州，今敦煌。"② 显然秦之势力在春秋中期到不了敦煌，杜预这个说法是有问题的。顾颉刚考证瓜州在关中西部、秦岭北麓，也不妥当③。按，此瓜州在周之边鄙之地，从考古资料和文献来看，周之西北边疆，向北到达"泾洛之间"，即陕北、甘肃东部，西侧最远到陇山西侧、渭水上游的陇西一带，绝对到不了河西走廊西端的敦煌。若再考虑其地近秦、晋，并且春秋中期关中西部已皆为秦地，则瓜州所在，就应在陇东、陕北一带。但陕北一直到战国中期秦惠王十年秦从魏而有上郡之时，一直在晋、魏的政治势力范围或版图中，如在虫坪塬④、张坪⑤、李家崖⑥东周墓地遗存中所反

---

① 北京大学考古学系王占奎、甘肃省文物考古研究所水涛：《甘肃合水九站遗址发掘报告》，《考古学研究》（三），北京：科学出版社，1997 年，第 300-460 页，图版九-四八。
② 阮元校：《春秋左传正义》，《十三经注疏》，台北：艺文印书馆，2010 年，第 799 页。
③ 顾颉刚：《瓜州》，顾颉刚《史林杂识初编》，北京：中华书局，1963 年，第 46-53 页。
④ 陕西省考古研究院、宜川县博物馆：《陕西宜川县虫坪塬春秋遗址发掘简报》，《考古与文物》，2018 年第 2 期。
⑤ 北京大学考古系商周实习组、陕西省考古所商周研究室：《陕西米脂张坪墓地试掘简报》，《考古与文物》，1989 年第 1 期。
⑥ 陕西省考古研究所、陕北考古工作队：《陕西清涧李家崖东周、秦墓发掘简报》，《考古与文物》，1987 年第 3 期；李家崖文化经济形态、遗址自然环境考察参陕西省考古研究院编著：《李家崖》，北京：文物出版社，2013 年，第 319-320、336-337 页。

映的。故瓜州所在，最有可能就在秦、晋西北，即二国共同与之为邻的庆阳、平凉一带。

西周后期，瓜州的戎人外徙，应是受到了猃狁那样强大族群的侵迫。从春秋早期开始，北上的秦人以及南下的乌氏、义渠等族群，控制了陇山至子午岭之间的广大地区。两种势力的地域分布，是秦在南而乌氏、义渠在北。秦在本地采取了有差别的控制政策，偏西的泾河上游一带，应仅采取了设立职官机构的方式（如景家庄春秋早期秦墓所反映的）；偏东的泾河支流马莲河流域庆阳一带，则可能利用了当地"周余民"上层，分封而治（如石家墓地所反映的）。至于春秋中期穆公霸"西戎"，秦控制的区域向更远的地方扩展，更北的乌氏、义渠臣服于秦，秦以"霸"的方式，通过当地社会上层"威服"以治，但仍然没有设县；东侧的马莲河流域，根据石家墓地的年代反映出的春秋晚期的状况，原来续封异族的方式可能还得以维持，与"霸"的方式并存。

秦穆公十六年（前644）"为河东置官司"①，"河东"指的是山西南部运城一带，"置官司"即设立职官机构。借上一年韩原（今陕西韩城）之战的余威，秦恐怕不仅坐拥河西（今关东东部②），还占领了河东部分地区，因此须设立职官。这种职官，应与军事、交通、贸易③等因素有关，笔者颇疑其性质即中央派出的专门的职官④。类似的因地制宜地设立特殊职能的职官机构，后来在战国中期秦有蜀郡之后，在其南侧、北侧的少数民族地区都曾实行过，例如蜀郡南侧沫水（大渡河）—江水（岷江）以南的邛等地区（四川西南、云南北部），以及江水（岷江）上游的冉駹地

---

① 司马迁：《史记》卷十四《十二诸侯年表》，北京：中华书局，1959年，第589-590页。

② 《史记·秦本纪》载："是时秦地东至河。"（司马迁：《史记》卷五《秦本纪》，北京：中华书局，1959年，第189页。）

③ 《史记·货殖列传》载晋南"杨、平阳陈，西贾秦、翟，北贾种、代"，贸易地位重要，也有丰富的盐资源，秦在此置官，可能与这些因素有关。（司马迁：《史记》卷一百二十九《货殖列传》，北京：中华书局，1959年，第3263页。）

④ 工藤元男著，广濑薰雄、曹峰译：《睡虎地秦简所见秦代国家与社会》，上海，上海古籍出版社，2018年，第50-72页。

区（四川西北），而这些少数民族邦国的社会组织——邦（国）也是同时存在的①。

在上文缕述的春秋至战国早中期秦对地方的控制、治理方式中，设县无疑是最为有力、控制最为严密的一种。"初县"之地，是直属于国君的，长官可能是秦之宗室贵族；"设官司"性质与之类似；封国、"霸"比之稍显松散；至于封邑给公子，恐怕在很多情况下应看作一种"分裂"行为。但无论松紧度如何，这些不同层级的控制方式，大多反映了国君威权的存在和逐步扩大，这跟商鞅变法后秦政向国君集权的演变趋势是一致的。这一点构成了商鞅变法的内在动因，是商鞅变法中的集权制在"地方"行政制度演变中的体现。商鞅变法前后两个不同的历史阶段，在政治建设理路上并无本质的不同。

秦立国之后构建地方行政系统，无论是设县，还是"霸"，抑或设官司，都与西周有密切的联系，都没有出西周王化之外。这主要表现在：第一，县制因循西周，如丰、郑等县。第二，无论设县还是"霸"，地域也是因周之旧土，秦之所为，还有为周恢复旧土的意味。至于战国中期商鞅变法，即秦在陕甘宁地区普遍设置典型的郡县之县以前，秦曾经在此地区的不同层级中实行过不同手段的管控方式。从最终效果来看，这些地方后来都顺利过渡到郡县，秦对这些地方的管控是有效的。从文化、族群的角度来看，这种管控无疑促进了秦文化的扩散和更大的"秦人"共同体的形成，促进了文化、族群的地域性融合，为秦政治上更深、更广泛的统一打下了坚实的基础，历史意义是十分重大的。

---

① 《史记·西南夷列传》："秦时常頞略通五尺道，诸此国颇置吏焉。"（司马迁：《史记》卷一百一十六《西南夷列传》，北京：中华书局，1959年，第2993页。）《华阳国志·南中志》："分侯支党，传数百年。秦并蜀，通五尺道，置吏主之。"（常璩撰，刘琳校注：《华阳国志校注》卷四《南中志》，成都：巴蜀书社，1984年，第335页。）秦在这些置吏管理，并非设立郡县，《史记·司马相如列传》记载司马相如语秦在这些地方"为郡县"，应是不可靠的。

第三章
春秋战国时期新型国家体制的起源与发展

秦国的国家体制与政治、经济、文化制度等，是在春秋时代的大变局中逐渐形成的。秦人、秦国、秦文化的发展，为其后孝公时期的商鞅变法，乃至昭王到秦始皇时代的大一统创造了条件。而秦人的发展和秦国的制度建构，也是春秋时代历史环境和各种因素汇聚的结果。可以说秦人从西隅崛起直至发展、壮大，离不开春秋时代特殊的政治、民族环境。尤其是其后所铸成的秦汉大一统国家的制度范式、民族认同与文化形态，都与春秋战国之际的制度变革、族群融合、文化认同有着密切关联。因此，我们在探讨秦汉大一统的国家体制、民族认同时，就须对后西周时代礼崩乐坏的时代大变局及它所推动的其时"中国"的政治、经济、社会、文化制度进行必要的分析、探讨。

秦人从西方崛起的过程，也是古代中国由西周分封制经由春秋、战国时代而向秦国的官僚制、郡县制、编户齐民制过渡的过程。这个历史过程的一个显著特征就是在西周王朝失去对"天下"诸侯的号召力后，西周的"王畿—分封"政治体制出现了礼乐秩序的崩坏，以血缘为基础的"亲""尊"等级制发生了上下凌替的冲突、斗争和博弈。周代标志着等级分层的礼乐制度迅速瓦解，一种新型国家体制则在这种"礼崩乐坏"中逐渐建立起来，而秦国政治体制正是这种宏大政治格局的产物。

春秋时期是一个由西周的王畿—封国制向君主集权的官僚体制转型的时期。这种转型表现为政治与民族两方面：一方面是后西周时代礼制失序，使各诸侯国内的国君、公卿、大夫、陪臣等上下阶层之间发生了激烈的权力斗争，导致西周旧的贵族制逐渐向"国家本位"的新型官僚体制转化；另一方面，西周时期各封国中的血缘族群亦在这种族群与地缘性国家的建构中，不断向华夏民族国家转化。春秋之后的战国时代，本质上是春秋时代初构的新型"国家本位"体制与"诸夏"族群融合趋势的发展期。在战国时期，各诸侯国通过吸取春秋时期的卿族政治与权臣专权的教训，在强化以"国家本位"为基础的君主集权的官僚政治中，不断革新自己国家的政治、经济、法律、文化体制，通过改制、变法铸就一种新型官僚政体。而在这种改革、发展的力量推动下，各地域分散的血缘族群亦通过兼并战争走向地域、族群、文化的整合，开始逐步凝聚成在文化和生业形态上都逐渐趋同的"华夏"民族国家。而僻居西隅的秦国，则在这场列国兼并战争中迅速崛起，并以一种全面、系统、激进的变法方式确立起秦的君主集权官僚政治，由此为秦王朝的大一统奠定了政治、民族、文化的基础。

第一节　从位次失序到新型国家体制的建构

春秋时代最重要的特点便是"霸政迭兴"。清代学者顾栋高认为："春秋二百四十二年，时势凡三大变。隐、桓、庄、闵之世，伯事未兴，诸侯无统，会盟不信，征伐屡兴，戎、狄、荆楚交炽，赖齐桓出而后定，此世道之一变也。僖、文、宣、成四世，齐伯息而宋不竞，荆楚复炽，赖晋文出而后定，襄、灵、成、景嗣其成业，与楚迭胜迭负，此世道又一变也。襄、昭、定、哀四世，晋悼再伯，几轶桓、文，然实开大夫执政之渐，嗣后晋六卿、齐陈氏、鲁三家、宋华向、卫孙宁交政，中国政出大夫，而春秋遂夷为战国矣。"① 顾栋高认为，从平王东迁，周天子失去对天下的号召力起，地处东亚内大陆的各诸侯国就开始面临内外两方面的激烈斗争。鲁国隐、桓、庄、闵四世，正是西周王政解体的礼制崩坏之时，其时霸政未兴，诸侯无统，会盟不兴。故内则诸侯国间征伐屡兴，外则戎、狄、荆楚之骚扰交炽，而自齐桓公"霸政"出天下方才安宁。顾栋高其说甚是。春秋襄、灵、成、景诸世虽与楚互有胜负，但是各诸侯国所面临的激烈的内外斗争，使其整体逐渐进入衰世。晋悼公虽继为霸政，但是这一时期的主要矛盾则转化为各国内的王室与公卿、大夫之争，并开其后晋之六卿、齐之陈氏、鲁之三家等卿族、权臣之争。故至春秋末期，政出大夫，王权易主，而古代中国遂进入战国争雄时代。同时在这种激烈的阶级、阶层矛盾中，民族矛盾也不断出现。故各国内部的权力斗争，与诸夏同戎、狄、荆楚的民族矛盾，共同形成了春秋时代的发展主线。在这两条主线的交叉中，华夏民族国家的雏形开始显现。而春秋时期的霸主政治则在这种诸侯内伐，戎、狄交侵的纷乱环境中，成为凝聚诸夏、维护其时"中国"秩序的重要因素。② 故春秋时期是古代中国的一个十分重要的时代，它在承前启后中使西周的"王畿—封君"的封国体制成功转化为战国秦汉之际的君主集权的官僚政体，也为秦汉大一统奠定了基础。

华夏民族国家建构的历史进程，正是沿着这两大主线展开：其一是通过霸主政治及新文化的兴起而重整西周礼制崩解后的诸侯无统、征伐屡兴的局面，塑造了后西周时代新的列国内外秩序；另一条主线则是通过列国间的同盟，以反戎、狄、夷、蛮交侵的民族生存自救为中心展开。

从塑造后西周时代列国的内外秩序看，一方面，霸主政治重新塑造着一种新的国家交往的外交规则和礼仪秩序。这种外交规则和礼仪秩序既是出于列国之间交往、沟通的需要，例如它通过尊礼重信、会

---

① 顾栋高辑，吴树平、李解民点校：《春秋大事表》，北京：中华书局，1993年，第32页。
② 所谓"霸主"，是指春秋时期先后出现的诸侯之长。霸，谐音"伯"，音转为霸，又称州伯、方伯，即诸侯之长。

盟策书、宴会赋诗、祭祀聘享等方式形成西周王朝礼乐制度崩坏后的新的政治规则，使列国能够在一种相对平等的外事交往中保持着国家间的政治平衡。另一方面，各诸侯国内部矛盾亦呈现激化之势，各邦国内的阶级、阶层的冲突导致政治无序。它具体表现为各诸侯国内上层政治中，国君、公族、卿族、大夫、陪臣等上下阶层之间激烈的权力斗争。各诸侯国在这种斗争中逐步打破西周传统的"王权"与各级封君"治权"相分离的政治体制，集权力于国君，显现出一种悖离西周广域王朝分封制，而以君主集权的"国家本位"为特征的新趋势。这种新型的"国家本位"体制作为对西周"礼乐崩坏"秩序的替代，在春秋后期呈现出一种大趋势，它主要表现为政治权力集中化和国民管理一体化。其时发生在齐国、郑国等诸侯国中，包括"铸刑鼎"等在内的政治、经济、法律制度的改革，正是其滥觞。

从以霸主政治为中心，团结与维护诸夏各国，重构华夏民族的视角看，贯穿着整个春秋时代的诸夏各国以交侵与反交侵的民族生存自救为中心展开的斗争，使诸夏不断改变在西周末期时那种羸弱的状态，并在霸主政治的"继绝兴灭"中，使"华夏化"浪潮不断波及到各国的政治、文化界域。尤其在对后西周时代国家秩序的重构中，这种霸主政治通过团结诸夏国家共同抗击外族侵扰，在华夏族群与戎、狄、夷、蛮的交侵与反交侵的斗争中形成了强大的民族凝聚力。春秋"五霸"的一个重要特征是"尊王攘夷"。"尊王攘夷"之所以能够团结诸侯，其重要原因就是它鲜明地体现了政治与民族这个时代主题。周天子虽有名无实，可他头上象征着国家与民族主权的光环并未褪尽，于是再被拉来做了一次偶像。从政治上来说，"尊王"突出了周代传统的国家主权理念与"诸夏"的族群观念。周天子是传统的华夏政治共同体最高权力的象征，"尊王"实际上就是重塑西周广域王朝"天下"结构的秩序——尽管这种秩序理念已大量渗入了新的内容；同时，"攘夷"又突出了尊崇华夏礼仪的"诸夏"的一种自觉的族别意识，它以划清夷、夏界限，倡导民族认同为主导。因此，霸主政治是春秋时代的"天下"秩序、国家意识和民族认同的一次交汇，它尽管包含着诸多"霸主"的颇具功利色彩的贪欲与权力欲，但它使后西周时代各诸侯国的关系在礼乐秩序失序后的尔虞我诈的丛林法则中得到缓解,并使各诸侯国在政治与民族认同的基础上再次聚集在一面旗帜下。它使历史发展进入一种趋势:政治上打破邦国界限,朝统一的霸业发展;民族上冲决血缘宗族壁障,向华夏大民族观念演进。所谓"裔不谋夏,夷不乱华"①、"内诸夏而外夷狄"②、"德以柔中国,刑以威四夷"③,就是这种大民族理念的体现。

故春秋时期近三百年(前 770—前 481)间,由于西周广域王朝政治层面的失序,形成了几个重要的时代特征:其一,后西周时代霸主政治及新的文化思潮奠定了新的国家间关系。而这种新型国家关系又进一步摧毁了西周宗法性"礼制"传统,促进了各国内部新型国家政治体制建立;其二,各国内部的阶级、阶层的冲突,重构着以君主集权为中心的"国家本位"的政治体制;其三,在与戎、狄、夷、蛮的交侵与反交侵的斗争中,华夏诸国为了生存、自救而形成新的民族自觉意识及行为,这种民族的自觉认同加速了华夏民族融合和民族国家建立。而这几个特征对构建秦汉时期的国家制度、民族关系、文化认同有着重要意义。

一、霸主政治与新型列国关系

从后西周时代霸主政治及由新文化思潮奠定的新型国际关系这个角度来看,自西周礼制秩序崩溃后,各国之间的政治、外交关系开始进入到一个新的时代。西周建立后,在政治、军事布局上处于"内重外轻"的局面,并有效维护着周代的宗法血缘的上下尊卑秩序。④ 但是随着周王朝的衰弱,过去在周王朝政治秩序中取得尊卑位次的大大小小的诸侯们,骤然

---

① 杨伯峻编著:《春秋左传注》(修订本),北京:中华书局,1990 年,第 1578 页。
② 公羊寿传,何休解诂,徐彦疏:《春秋公羊传注疏》,李学勤主编《十三经注疏》,北京:北京大学出版社,1999 年,第 400 页。
③ 杨伯峻编著:《春秋左传注》(修订本),北京:中华书局,1990 年,第 434 页。
④ 例如在西周王朝时期,既采取了"众建诸侯、裂土为民"的分封制,又建立了由周天子直属的西六师和洛邑驻扎的"殷八师",作为王朝统治的基本武装力量。而那些被封诸侯,也须向周王贡献财物,派兵随周王作战。它构成了西周时期周天子维护王朝礼制秩序、保护分封诸侯,和各国诸侯服从周代礼仪尊卑秩序的双向责任与义务。

间失去等级位次，使各诸侯国间的政治、外交关系顿时陷入混乱，"诸侯无统，会盟不信，征伐屡兴，戎、狄、荆楚交炽"①，由此掀起了各国间的掠夺战争。例如齐国在"封师尚父于营丘"时，齐人还错居夷人之间，其国领域亦显得局促。② 其后经过不断征战，齐的领域"自泰山属之琅邪，北被于海，膏壤二千里"③，成为东方大国。晋赵叔虞初封于唐时，唐还在河、汾之东，其地仅方百里。晋景公七年（前593），"晋使随会灭赤狄"④。赵襄子元年（前475），"阴令宰人各以枓击杀代王及从官，遂兴兵平代地"⑤，其后遂成为地方千里的中原大国。秦穆公于周襄王时出兵征伐西戎，灭西戎十二国，开辟国土千余里，遂称霸西戎。而远在长江中游的荆楚亦积极向四方开拓疆土，经过楚武王、文王的对外征伐，"汉阳诸姬，楚实尽之"⑥，楚国领土西至武关，东连江淮，南达荆楚，北通洛邑，成为问鼎中原的大国。这种征伐屡兴的局面，不仅使过去由大大小小诸侯国控制的零星、分散的土地、人口迅速集中，同时也促进了诸夏族群的集聚，使过去华夷混居的情况逐渐减少。

而在诸夏国家的相互征战、攻伐中，以游牧为主的戎、狄等少数民族与诸夏国家的相互攻伐也日益频繁，形成戎、狄、荆楚交炽，华夏"不绝若线"⑦的局面。例如南方楚国的对外征伐，使得汉阳诸姬尽为楚吞并。这使许多诸夏国家面临着内忧外患。春秋霸主政治正是这种环境的产物。

---

① 顾栋高辑，吴树平、李解民点校：《春秋大事表》，北京：中华书局，1993年，第32页。
② 例如《史记·齐太公世家》载武王时，封太公于营丘，"莱侯来伐，与之争营丘。营丘边莱。莱人，夷也"，就是这情况的表现。（司马迁：《史记》卷三十二《齐太公世家》，北京：中华书局，1959年，第1480页。）
③ 司马迁：《史记》卷三十二《齐太公世家》，北京：中华书局，1959年，第1513页。
④ 司马迁：《史记》卷三十九《晋世家》，北京：中华书局，1959年，第1677页。
⑤ 司马迁：《史记》卷四十三《赵世家》，北京：中华书局，1959年，第1793页。
⑥ 杨伯峻编著：《春秋左传注》（修订本），北京：中华书局，1990年，第459页。
⑦ 公羊寿传，何休解诂，徐彦疏：《春秋公羊传注疏》，李学勤主编《十三经注疏》，北京：北京大学出版社，1999年，第213页。

春秋时期的"五霸"有不同说法①，但是从古今文献所载来看，春秋霸主的职责主要为会诸侯、行王道、朝天子，维护着一种后西周时代的国家间关系。霸主政治由齐桓公开其端。齐桓公"九合诸侯，一匡天下"，奠定了霸主地位。其后晋文公的称霸，则开创了晋国长达百年的霸业。②

霸主政治对于重振后西周时代的列国关系有着重要意义。由于当时新的国家关系的出现，因此建构一种相对和谐的诸夏国家之间的联系就成为重要使命。春秋时期虽然诸侯无统，征伐屡兴，但是一方面，西周的宗法序列意识和尚德传统并没完全泯灭，即孔子所谓"兴灭国，继绝世，举逸民，天下之民归心焉"③ 的政治与社会意识还存在着，这使有野心的一些大国必须通过传统的"礼""德"来笼络各国；另一方面，在当时由各诸侯国形成的地域性政治集团林立的情况下，还没有哪一个诸侯国能够单靠武力一统天下，长久地成为诸侯之"霸"。这种政治形势就决定了春秋时期的国家间政治交往，必须通过文、武两种手段来树立大国威权。故齐、晋作为"五霸"，既以其政治、军事实力来威服诸侯，以"兴灭国，继绝世，举逸民"等来继续西周时代的宗法传统，又极力希望在继承、改造西周旧有的礼制规则基础上进行新的国家关系的建构。这种继承、改革旧礼制规则的具体表现就是五霸政治中出现的以"爵""德"驭众的做法，即按爵排序、以德服人。故春秋时代列国同盟的建构是以一种新的礼制规则

---

① 春秋五霸，说法颇多。在诸多说法中，秦穆公也赫然在列。例如孔子删《春秋》，以齐桓公、晋文公、秦穆公、楚庄王、宋襄公为春秋五霸，《孟子》则指为齐桓、晋文、秦穆、宋襄、楚庄公。《风俗通义·五伯》谓："《春秋》说齐桓、晋文、秦穆、宋襄、楚庄，是五伯也。"（应劭撰，王利器校注：《风俗通义校注》卷一，北京：中华书局，1981年，第18页。）《白虎通·号》记："或曰五霸，谓齐桓公、晋文公、秦穆公、楚庄王、吴王阖闾也。"（陈立撰，吴则虞点校《白虎通疏证》卷二，北京：中华书局，1994年，第62页。）而《墨子·所染》则谓"五霸"是指齐桓公、晋文公、楚庄王、吴王阖闾、越王勾践，《荀子·王霸篇》则认为是齐桓公、晋文公、楚庄王、吴王阖闾、越王勾践。

② 晋国称霸时间约为公元前632年—公元前597年，公元前589年—公元前506年。在晋文公继齐桓公称霸后，晋国继续掌握中原国家的霸权，如晋襄公续霸、晋景公复霸、晋悼公称霸。

③ 何晏注，邢昺疏：《论语注疏》，李学勤主编《十三经注疏》，北京：北京大学出版社，1999年，第266页。

和文化方式来建构的，它使各诸侯国间的政治、军事、外交关系有了新变化。各大国一方面以实力兴灭、继绝，御戎抗外，另一方面则在新的国家交往规则下兴起对诗、礼等贵族文化的改革。

从历史事迹看，齐桓、晋文在号召诸侯时就将尊天子、倡"德""信"、行"公""义"作为主要的政治口号。《国语·齐语》记齐桓公之政曰："天下诸侯称仁焉。于是天下诸侯知桓公之为己勤也，是故诸侯归之。桓公知诸侯之归己也，故使轻其币而重其礼。……故拘之以利，结之以信，示之以武，故天下小国诸侯既许桓公，莫之敢背，就其利而信其仁、畏其武。桓公知天下诸侯多与己也，故又大施忠焉。可为动者为之动，可为谋者为之谋，军谭、遂而不有也，诸侯称宽焉。"① 齐桓公作为霸主，存邢、封卫、救燕、伐楚，均表现出他以"德"相招的理念，故孔子以"仁"评价齐桓公和管仲："桓公九合诸侯，不以兵车，管仲之力也。如其仁，如其仁！"② 同时，在霸主政治支配下的诸侯间的会盟、礼聘等，也扬弃了西周传统的宗法文化，使春秋时代的列国关系及文化格局出现了新气象。它使周代宗法文化中强调尊卑、等级，刻板而形式化的祭祀、赐命、冠婚、朝觐、迎宾、丧葬等礼乐文化形式向具有文情的、雅致的《诗》《书》和礼文化的形式转型。这种转型出现的原因，主要因为"霸政"下的诸侯国关系，已经由天子与公卿、大夫的层层隶属关系改变为新的相对平等的盟主与同盟国之间的联盟关系，故使同盟国间的政治、军事、外交礼仪有了新规则，并使新的诗、礼等贵族文化的产生。从文献来看，这种情形在春秋时期诸侯国的会盟、朝问等方面表现得甚为突出，它以一种优雅的风格型塑了一种贵族文化，即在各国外交礼仪和上层社会的人际交往中习以《诗》《书》，熟用古人之言、古代礼仪、历史事迹，来表明自己的态度、立场。这种新文化形式的习用，使熟悉《诗》、《书》、礼仪等成为贵族阶层必不可少的修养和气质。例如《左传》《国语》中记

---

① 徐元诰撰，王树民、沈长云点校：《国语集解》（修订本），北京：中华书局，2002年，第239—240页。

② 何晏注，邢昺疏：《论语注疏》，李学勤主编《十三经注疏》，北京：北京大学出版社，1999年，第191页。

载的外交辞令多引用《诗》、《书》、古人之言、古代礼仪。《左传》载赵衰向晋文公推荐郤縠为帅,其理由为:"臣亟闻其言矣,说礼、乐而敦《诗》《书》。《诗》《书》,义之府也。礼、乐,德之则也。德、义,利之本也。……君其试之。"① 这种文化表现形式及其中蕴含的贵族气质在春秋一代多为文献所叙述,此不赘言。但是,正是从这种崇爵、尚"德",以熟悉《诗》、《书》、礼为时尚的风气,形成了一股文质彬彬、风流活泼、清新文雅的新文化思潮。钱穆先生曾提出春秋时期是古代文化发展的一个新时代。他说:"春秋二百四十二年,一方面是一个极混乱紧张的时期;但另一方面,则古代的贵族文化,到春秋而发展到它的最高点。春秋时代常为后世所想慕与敬重。大体言之,当时的贵族,对古代相传的宗教均已抱有一种开明而合理的见解。因此他们对于人生,亦有一个清晰而稳健的看法。当时的国际间,虽则不断以兵戎相见,而大体上一般趋势,则均重和平,守信义。外交上的文雅风流,更足表显出当时一般贵族文化上之修养与了解……春秋时代,实可说是中国古代贵族文化已发展到一种极优美、极高尚、极细腻雅致的时代。"② 所谓"极优美、极高尚、极细腻雅致",正是对春秋时代新文化思潮的确切概括。事实上,春秋时代的文化变革,与前述之各诸侯国的制度结构范式的变化是相吻合的,也是在重塑列国政治、外交中所形成的一种政治之"仪"。它与西周礼仪文化的区别在于,西周的宗法秩序代表着一种上下等级制度及观念,故它以围绕着上下尊卑等级的祭祀、赐命、冠婚、朝觐、迎宾、丧葬等严谨有序、刻板教条的礼仪为表现形式,其实质是尊贵、崇礼、尚位,这就限制了以《诗》《书》为载体的文化想象的自由驰骋。而春秋时期的"霸政",由于是一种共同体联盟,这就决定了各诸侯国之间的朝聘、宴飨、征伐、盟会、出使等的外交、结盟的相处之道内蕴着纵横捭阖的政治策略,而以《诗》《书》之风及周旋揖让的"仪"为表现形式。因此,与西周礼制相比,春

---

① 杨伯峻编著:《春秋左传注》(修订本),北京:中华书局,1990年,第445-446页。
② 钱穆:《国史大纲》(修订本),北京:商务印书馆,1996年,第68、71页。

秋时代的"仪"更注重对盟主的尊重及各国之间的平等关系，它实质上是西周礼制"体用"的分离，即剥离了西周礼制中宗法血缘等级尊卑的"体"，而泛化了西周礼仪形式之"用"。这种剥离，导致西周"礼制"所贯穿的刻板、繁缛的祭祀、赐命、冠婚、朝觐、迎宾、丧葬等形式得以蜕变。春秋时代的有识之士也看到了这一转变。《左传·昭公五年》记鲁昭公访问晋国，进退周旋皆合于礼数，然女叔齐却批评昭公不懂得礼，"是仪也，不可谓礼。礼，所以守其国，行其政令，无失其民者也。……礼之本末将于此乎在，而屑屑焉习仪以亟，言善于礼，不亦远乎?"①《左传·昭公二十五年》亦记曰："子大叔见赵简子，简子问揖让、周旋之礼焉。对曰：是仪也，非礼也。"② 春秋以"仪"为表现形式的新文化思潮极大推动了诸夏语言、文学的进步和文化的认同。以"仪"为核心的揖让周旋使大国与小国之间既秉承着"秉礼守信"的关系，也发展了华夏文化绚丽多彩的语辞修饰。③ 这种外交辞令，亦引出了春秋时代贵族文化中赋诗、引诗的文学之风。当时各国朝聘、宴飨、征伐、盟会、接待、出使等均以赋诗、引诗为风尚。据《左传》记载，其时赋诗以鲁人、郑人、晋人为最多，而被中原诸侯视为南蛮的楚人，在春秋后期亦多次赋诗、引诗。故钱穆先生亦认为，春秋时代的"外交上的文雅风流，更足表显出当时一般贵族文化上之修养与了解。(当时往往有赋一首诗，写一封信，而解决了政治上之绝大纠纷问题者。《左传》所载列国交涉辞令之妙，更为后世艳

---

① 杨伯峻编著：《春秋左传注》(修订本)，北京：中华书局，1990年，第1266页。
② 杨伯峻编著：《春秋左传注》(修订本)，北京：中华书局，1990年，第1457页。
③ 例如在外交辞令方面，春秋时期的诸侯大夫朝聘宴飨，征伐盟会，相互出使，使春秋时代的列国外交十分活跃。有学者统计，《左传》全书十八万字中记录外交辞令的文字多达两万五千字左右，约占全书总字数的七分之一。(武惠华：《〈左传〉外交辞令探析》，《中国人民大学学报》，1994年第4期。)而行人在其辞令中，或高谈阔论，或含蓄蕴藉；或刚柔并济，或言近旨远。其字斟句酌，雄辩高论，辞浅意深，从容典雅，充分显示了春秋列国之间外交的活跃与外交辞令的艺术成就。故孔子曾高度评价"言"之重要："《志》有之：'言以足志，文以足言。'不言，谁知其志？言之无文，行而不远。"[杨伯峻编著：《春秋左传注》(修订本)，北京：中华书局，1990年，第1106页。]孔子所言，正是对春秋辞令的总结。

称。)"① 故刘知已《史通·言语》曰:"周监二代,郁郁乎文。大夫、行人,尤重词命,语微婉而多切,言流靡而不淫。"② 因此,虽然春秋诸侯仍传承着西周尚"德"崇"礼"之余绪,但是其政治文化中的"德"与"礼"的外延、内涵已有极大改变。

这种以"仪"为核心揖让、周旋的贵族礼仪,维持着一种诸侯、贵族之间的联盟。同时,君主各诸侯国在春秋"不义战"的环境下,亦需以这种周代的"礼制"余绪来维护自己的地位或生存,或防止"霸主"、大国的越"礼"要求。③ 这使得春秋时期新文化形态具有十分重要的政治意义。

二、霸主政治与新型国家体制

西周时期礼崩乐坏后,霸主政治重塑社会结构,形成新型国家机制。由于小国湮灭,贵族阶层下移,过去高高在上、"学在官府"的西周宗法文化逐渐流传民间,士与庶人亦得以受到此类教育,这就动摇了西周礼制秩序的文化基础,而成为陪臣、士等能够进入精英阶层的文化铺垫。孔子在教育中能够"有教无类",应该与这种时代思潮有关;同时,这种"礼崩乐坏"亦导致天子—诸侯—公卿、大夫的位列秩序的变化。例如在一些诸侯国中,有着军功、政绩的公卿、大夫发展起来,势压公室,开始架空

---

① 钱穆:《国史大纲》(修订本),北京:商务印书馆,1996 年,第 71 页。
② 刘知几著,浦起龙通释,王煦华整理:《史通通释》,上海:上海古籍出版社,2009 年,第 138 页。
③ 例如小国与大国相处,动辄得咎,无端被伐,因此常常利用"理"之言辞辩,或通过盟辞誓约之"仪"加以约束,不给大国以侵扰的口实。春秋时这种情形甚多。如《国语·周语》载晋文公请求周襄王允许自己死后能用"隧"礼,襄王不许,解释说"死生之服物采章"为先王定制,不能随便赏赐,并说:"叔父若能光裕大德,更姓改物,以创制天下,自显庸也。而缩取备物,以镇抚养百姓,余一人其流辟于裔土,何辞之与有? 若由是姬姓也,尚将列为公侯,以复先王之职,大物其未可改也。叔父其懋昭明德,物将自至,余何敢以私劳变前之大章,以忝天下,其若先王与百姓何? 何政令之为也。若不然,叔父有地而隧焉,余安能知之?"[徐元诰撰,王树民、沈长云点校:《国语集解》(修订本),北京:中华书局,2002 年,第 52—54 页。] 言辞虽然显得宽大无私,但字里行间却以理相拒,使晋文公打消了使用"隧"礼的念头。故币帛宴飨、礼乐赋诗就成为春秋时期诸侯、贵族交往的另一面相。

公室而执掌国家权力，形成卿族执政、"陪臣执国命"的现象。这些新执政的公卿、大夫，为了防止类似的权臣夺权现象重演，开始不断缩减旧有封君、贵族的封地，削弱其"治权"，集中权力于中央，由此形成与旧有封君制迥然不同的中央集权的新型国家机制。

这种国家机制大约在齐及三晋初萌，并逐渐波及他国。在春秋前期，诸侯国要职多由世族、封君中的显要人物轮流充任，例如鲁之孟、叔、季三桓，齐之国、高、田、崔、庆等公族世家，晋之韩、赵、魏、范、知、中行六卿，郑国之七穆，宋之戴、向、皇等。这些卿族、世家轮流执政的基础本是依据周代以宗法制为基础的"大宗""小宗"的等级体制而来，但是随着春秋"不义战"的发展，诸侯国之间的削弱、兼并，以及导致的领土、人口的重组，使各国的封君制度发生了改变，"王权"与"治权"的权力配置关系开始重组。如春秋早期强大的晋国就发生了长期的公族间的同宗相残。在近70年间，被封于曲沃的小宗曲沃桓叔、曲沃庄伯、晋武公（曲沃武公）祖孙三代杀逐大宗五位国君，灭掉盘踞都城（今山西省翼城东南）的晋国大宗，直接成为了晋国的新主人。这种公族之争激发了晋国内部"大宗"与"小宗"的激烈争斗。"曲沃代翼"不久，又发生了晋献公谋去"桓、庄之族"与"尽杀群公子"的事件，"自是晋无公族"①。故晋国自成公以后，规定非公族的世族可进入执政行列，而公族大夫的选拔范围也发生了改变：献公以前主要限定在公族范围内，成公以后则改为封赐卿的嫡子担任。有学者谓此曰："卿族子弟取代公室宗族而为公族，公族主要由卿族掌管，这就从制度上排除了公室宗族参与政治、军事活动的可能性，是卿族削弱公室的重大步骤。"② 正是在这种公室、公族、卿族的斗争中，"晋之公族尽矣"。随着晋国的同姓公族被削弱或灭

---

① 《左传·宣公二年》载："初，骊姬之乱，诅无畜群公子，自是晋无公族。"杜注："无公子，故废公族之官。"《正义》曰："不畜群公子，故无公族。"（左丘明传，杜预注，孔颖达正义：《春秋左传正义》，李学勤主编《十三经注疏》，北京：北京大学出版社，1999年，第599页。）

② 周苏平：《春秋时期晋国政权的演变及其原因之分析》，《西北大学学报》（哲学社会科学版），1987年第2期。

族，那些远支公族与异姓贵族开始担任要职，并身居六卿高位。《史记·晋世家》记"六卿欲弱公室，乃遂以法尽灭其族。而分其邑为十县，各令其子为大夫"①，并最终导致三家分晋的局面。又如鲁国的卿大夫孟氏（亦称仲氏）、叔孙氏、季氏之三桓凌驾公室，专断国权，"悼公之时，三桓胜，鲁如小侯，卑于三桓之家"②。远在东方的齐国也爆发了在田、栾、国、高、鲍、晏、崔、庆等十几个公卿、大夫宗族之间的激烈斗争。公元前532年，陈国公族田完的四世孙田桓子与鲍氏、栾氏、高氏合力消灭齐国当国的吕氏，之后田氏、鲍氏灭栾、高二氏。公元前481年，田常杀简公而立平公，"割齐自安平以东至琅邪，自为封邑。封邑大于平公之所食"③，从此其子弟"尽为齐都邑大夫"④，最终夺取了齐国政权。在郑、宋、鲁、卫等国也发生了上下凌替的权力斗争。⑤ 因此，"《春秋》之中，弑君三十六，亡国五十二，诸侯奔走不得保其社稷者，不可胜数"⑥。

有意思的是，随着各诸侯国宗法等级与礼乐秩序的颠覆，那些取得国家权力的贵族却反过来对传统世族、封君厉行打压、削弱的政策，剥夺其封地治理权力，使国家对整个社会的控制力不断加强，逐渐形成"君权""治权"统一的新型国家体制。

这种新型国家体制首先在实力强大的晋国出现。晋国作为继齐桓公之后，称霸上百年的诸侯霸主，其国家实力迅速上升，成为中原最大的诸侯

---

① 司马迁：《史记》卷三十九《晋世家》，北京：中华书局，1959年，第1684页。
② 司马迁：《史记》卷三十三《鲁周公世家》，北京：中华书局，1959年，第1546页。
③ 司马迁：《史记》卷四十六《田敬仲完世家》，北京：中华书局，1959年，第1884页。
④ 司马迁：《史记》卷四十六《田敬仲完世家》，北京：中华书局，1959年，第1885页。
⑤ 例如郑国所发生的"七穆夺权"事件。穆公后裔的七家卿大夫家族即驷氏、罕氏、国氏、良氏、印氏、游氏、丰氏在郑国上层政治斗争中，控制了郑国政权，历经郑襄公至郑声公八君主，执政时间前后达一百四十余年。宋国亦发生了华亥、向宁发动叛乱，他们大杀公族，劫持元公，致使君臣交质，宋国由皇氏、灵氏、乐氏"三族共政"。[杨伯峻编著：《春秋左传注》（修订本），北京：中华书局，1990年，第1731页。]
⑥ 司马迁：《史记》卷一百三十《太史公自序》，北京：中华书局，1959年，第3297页。

国。但是随着晋国公族的衰弱，卿族政治迅速发展起来，最终导致了三家分晋事件。三家分晋是春秋战国之际中原国家权力重组与制度重建的标志性事件。从表面来看，三家分晋似乎是诸侯国中卿族势力对国家权力的争夺重组，但在本质上却标志着后西周时代新、旧政治体制与权力结构的转型。三家分晋本来是春秋时代所常见的公卿凌驾于国君之上、陪臣执国命的一种结果，它却于无形中催生了一种新的政治现象。通过分晋而建国的韩、赵、魏三家，在篡权过程中最先认识到旧世族体制和卿族政治的弊病，为了避免重蹈卿族政治尾大不掉的覆辙，防止公室之外的权臣左右国家权力，他们厉行改革，通过对国家机制的改革和权力配置的重组，削弱或废除过去公卿、大夫的封地"治权"，来强化国君集权。这种制度建构和权力重组，一方面表现为削弱、打击卿族、封君势力，并将在政治斗争中失势的旧贵、封君的封地收归国家，同时也收回了这些公卿、大夫的封地"治权"，使封君、旧贵或成为单纯的食禄之君，或"降在皂隶"；另一方面，则是将在兼并战争中新夺取的土地、人口收归国家，由国家设立郡、县等直属行政机构直接管辖，防止新的贵族、封君出现。这种政治变化从主观上看是出于巩固国君权力，但在客观上却催生了一种前所未有的君主集权国家体制，并导致一系列由上至下的连锁性的政治效应。这种新的国家体制与治理机制的重构，在传世文献中虽然少有整体的、清晰的记载，但是当我们对文献进行梳理及探寻时，会看到这种重构，正是春秋、战国之际社会性质转化的真正的、潜隐的原因。它使一些中原国家在君主集权和官僚政治的发展中，不断将这种新型国家体制下的各种制度固化，并最终由量变走向质变。

这种新型国家体制的建构，首先促进了以君主集权为核心的政治制度的改革。虽然诸多诸侯国囿于旧制，仍然对一些世族的封内"治权"予以承认，但是这种承认已经不同于对周代封君制下对"治权"的承认。他们通过不断削弱封君"治权"，形成"君权"统揽各级"治权"的新格局。最先进行这种权力配置改革的是三晋中的魏国。魏国是三晋之中承"晋"之大国，是在卿族政治与传统宗法势力的激烈斗争中建立起来的中原王国。魏国统治者最了解旧的分封制和卿族政治的弊病，故十分警惕新的权臣出现。同时，魏国地处中原核心区，历来为古之"四战之地"，尤其是与不断发动对外战争的秦国接壤，使它更能感受到战争导致的外在压力。所以，自文侯时代始，魏国就试图通过集中君权来控制全国的资源、财力，不再设置有独立"治权"的封邑。即使在文献中所看到的个别新封君，也仅是食禄之附庸，而没有实际的政治、军事权力。① 史载翟璜为魏国相，曾就此事对田子方说："君谋欲伐中山，臣荐翟角而谋得。果且伐之，臣荐乐羊而中山拔；得中山，忧欲治之，臣荐李克而中山治。"② 它一方面说明这时魏国的封地已经不是旧封地的"自治"性质，另一方面也说明其时魏国各职能事务总归于相，权力则致之于君。从朝廷的谋事议政，到领军攻伐、郡县治理，均有专门的官僚职事任事，已初步构成后代君主集权的官僚政治形态。从春秋末期至战国初期，这种国家政治体制由魏国至三晋时期，再逐渐延及各国，国君集权及官僚制度的"国家本位"体制渐成新风，旧时的周代礼制传统、风俗则逐步淡出历史舞台。③

春秋战国之际，一些诸侯国实行的君主集权的体制改革率先从官僚制

---

① 如文侯时惟一的一次分封，是封太子击于中山，但是这次分封中山也只是一种军事征服性质的临时分封，时间并不长久。而太子击也没有直接管理自己的新封邑，中山是由中山相李克管理，可见封君与封邑之间的政治关系已十分淡化，封君主要是食禄性质。

② 王先慎撰，钟哲点校：《韩非子集解》，北京：中华书局，1998年，第294页。

③ 战国时期的官僚制度已逐渐发展，而旧有的"王权"与"治权"相分离的封君制度则基本不复存在。当时除魏国之外，其他各国亦实行以功劳封邑制。如秦孝公封商鞅"於、商十五邑，号为商君"（司马迁：《史记》卷六十八《商君列传》，北京：中华书局，1959年，第2233页）；秦惠王封张仪五邑（司马迁：《史记》卷七十《张仪列传》，第2294页）；秦昭王封魏冉于穰，复益封陶（司马迁：《史记》卷七十二《穰侯列传》，第2325页）；楚考烈王以黄歇为相，号为春申君，赐淮北地十二县（司马迁：《史记》卷七十八《春申君列传》，第2395页）；燕昭王封乐毅于昌国，号昌国君（司马迁：《史记》卷八十《乐毅列传》，第2429页）；等等。但是这些封君以食邑租税为主，而没有政治、司法、军事等特权。如齐孟尝君田文继承父田婴的封邑，"封万户于薛"（司马迁：《史记》卷七十五《孟尝君列传》，第2359页）；齐襄王封田单为安平君，"益封安平君以夜邑万户"（何建章注释：《战国策注释》卷十三《齐策六》，北京：中华书局，1990年，第465页）；吕不韦食蓝田十二县，还因功"食河南、洛阳十万户"（司马迁：《史记》卷八十五《吕不韦列传》，第2509页）；等等。故司马迁谓"封者食租税，岁率户二百，千户之君则二十万，朝觐聘享出其中"（司马迁：《史记》卷一百二十九《货殖列传》，第3272页），反映了战国以来的封君食邑制度。

度着手，即以相国制代替旧时执政之卿"出总戎徒，入秉国钧"的公卿轮流执政体制，这使这些国家的职官制渐趋于统一化、专门化、流官化。春秋时期各国有相，身份为卿，属于宗法贵族政治的范畴。但是从本质上看，春秋后期一些诸侯国的世卿家臣制却成为战国时代相国制的渊源。例如春秋末年晋国的强宗大族为了完善自己的家臣系统，开始设立总管卿族事务的相职。《韩非子·说林上》记载齐国田氏即有"相室"之职："隰斯弥见田成子，田成子与登台四望，三面皆畅，南望隰子家之树蔽之。田成子亦不言。隰子归，使人伐之；斧离数创，隰子止之。其相室曰：'何变之数也。'"①《史记·赵世家》则谓："三国攻晋阳……襄子惧，乃夜使相张孟同私于韩、魏。"② 春秋战国之际，"相室"记载逐渐增多，如《战国策·秦策三》："梁人有东门吴者，其子死而不忧，其相室曰：'公之爱子也……'"③《战国策·赵策三》："公甫文伯官于鲁，病死……其母闻之，不肯哭也。相室曰：'焉有子死而不哭者乎？'"④《战国策·赵策四》记魏国初年宰相范座曾自称："座虽不肖，故魏之免相室也。"⑤ 这时期的"相室"，随着其主执掌国家大权，他们亦由卿族之"相"而上升为国君之辅臣，一人之下、万人之上，成为主持朝政、统领百官的"百官之长"。

至战国初期，诸侯国实行相国制渐成趋势。例如赵国，过去的"卿相""家相"已成为辅佐国君执掌大权之"国相""相国"。再如魏之"支期说于长信侯曰：'王命召相国。'"⑥ 赵"烈侯好音，谓相国公仲连曰：'寡人有爱，可以贵之乎？'"⑦ 这一时期的三晋开始设置直接由国君任免

---

① 王先慎撰，钟哲点校：《韩非子集解》，北京：中华书局，1998年，第181页。
② 司马迁：《史记》卷四十三《赵世家》，北京：中华书局，1959年，第1795页。另，《战国策》记张孟同作张孟谈，即赵襄子之相，其实同为一人。
③ 何建章注释：《战国策注释》卷五《秦策三》，北京：中华书局，1990年，第197页。
④ 何建章注释：《战国策注释》卷二十《赵策三》，北京：中华书局，1990年，第725页。
⑤ 何建章注释：《战国策注释》卷二十一《赵策四》，北京：中华书局，1990年，第781页。
⑥ 何建章注释：《战国策注释》卷二十四《魏策三》，北京：中华书局，1990年，第897页。
⑦ 司马迁：《史记》卷四十三《赵世家》，北京：中华书局，1959年，第1797页。

的相。① 相国制度的建立，使诸侯国官僚制度发生极大变化。相国本是由家臣变化而来，它本质上有着"百官之长"和王室家臣的二重性质，故它与君主的关系，包含着对国家尽职和对君主效忠的公、私关系。这种公、私关系使权力集中于国君或公室，形成了与周代分封制截然不同的早期"家天下"体制及新型君臣关系。例如在政权执掌方面，君主为了避免公卿专权，重用宗室、亲族，重新配置政治权力，战国时的公族、宗室总领国政、率军征伐等情况成为常态。故《荀子·王霸篇》曰："相者，论列百官之长，要百事之听，以饰朝廷臣下百吏之分，度其功劳，论其庆赏，岁终奉其成功，以效于君。当则可，不当则废。"② 再如从总领朝政而言，当时的相国往往执掌具体的事务，上对国君负责，下则统领百官。如赵相国肥义、平原君赵胜、韩相国公仲侈等。这是因为由公族、宗室及其代理人担任相国，代表的是君主家族的利益，与国君休戚与共。所以一般而言，由这些公族、宗室及其代理人担任的相国是受到国君信任的。如赵国平原君"三去相，三复位"③，前后相赵四十八年，历经惠文王、孝成王两朝④。不过，这些执掌权力的相国也时时处于君主的监视和控制，如果失

---

① 赵武灵王时"肥义为相国"（司马迁：《史记》卷四十三《赵世家》，北京：中华书局，1959年，第1812页），赵惠文王时"以相国印授乐毅"（司马迁：《史记》卷八十《乐毅列传》，第2428页）。韩国有相国公仲侈，《史记·周本纪》有"（苏）代见韩相国"（司马迁：《史记》卷四《周本纪》，第164页）。燕国亦设相，《韩非子·外储说左上》有"郢人有遗燕相国书者"（王先慎撰，钟哲点校：《韩非子集解》，北京：中华书局，1998年，第279页），《战国策·秦策三》有"秦客卿造谓穰侯曰：'……君欲成之，何不使人谓燕相国……'"（何建章注释：《战国策注释》卷五《秦策三》，北京：中华书局，1990年，第152-153页），都说明了这种情形。

② 王先谦撰，沈啸寰、王星贤点校：《荀子集解》，北京：中华书局，1988年，第224页。

③ 司马迁：《史记》卷七十六《平原君虞卿列传》，北京：中华书局，1959年，第2365页。

④ 《史记·赵世家》记赵惠文王"十四年，相国乐毅将赵、秦、韩、魏、燕攻齐，取灵丘"（司马迁：《史记》卷四十三《赵世家》，北京：中华书局，1959年，第1816页），《乐毅列传》也说"以相国印授乐毅"（司马迁：《史记》卷八十《乐毅列传》，第2428页）；《史记·赵世家》记赵惠文王十八年"魏冉来相赵"（司马迁：《史记》卷四十三《赵世家》，第1820页）；又记"齐安平君田单将赵师而攻燕中阳，拔之。又攻韩注人，拔之。（赵孝成王）二年，惠文后卒。田单为相"（司马迁：《史记》卷四十三《赵世家》，第1824页）。除此三事之外，皆由平原君相赵。

去君主的信任，即使权势再大，君主也可以任意罢免。

战国时期的这种国家体制也表现在军事制度中，其中以三晋尤甚。例如在出征或征伐中，国君常使太子、公子将兵出征，以使军权掌握在国君手中。魏国就常使太子、公子将兵。魏文侯三十四年（前412），使太子击率军围繁庞；中山之役，虽派乐羊为主将，也命太子击参与征伐。杨宽曾对此评论道："魏惠王沿袭春秋时代贵族亲自指挥作战之遗风，本人既'数被于军旅'，又常使太子、公子为将。"① 杨宽先生的说法甚为有理。但是在太子、公子为将的背后，并不仅仅是"沿袭春秋时代贵族亲自指挥作战之遗风"，而是孕育着一种新的国家机制，即国君已成为"王权"与"治权"合一的最高军事首领。魏国自惠王后，由于战争的激烈和指挥战争的复杂性，太子、公子将兵不如专职将领能更好地处理战事，于是魏国不再实行太子、公子直接掌兵的制度，但是却形成君主以虎符掌控军权的军事制度，来保证军权掌握在国君手中。

纵观整个战国时代，在三晋、齐、燕等国，这种以公族、宗室及其代理人为相执掌大权的政治体制在不断发展。例如魏国信陵君魏无忌，齐国的田忌、田婴、田文、田单，赵国的平阳君赵豹、平原君赵胜，韩国的公仲、公叔等就先后掌握了国家大权，并在国家政治中产生了重要影响。其实，各国公族势力对政治权力的操控，既是在从春秋到战国新旧体制转换中，诸侯国君依靠宗室、亲族掌握、巩固权力的一种必要举措；也是从春秋、战国至秦汉大一统时代，西周广域王权的分封制向大一统的君主专制政体转型的必然环节。正是经过这数百年时间，西周王朝的"王畿—封国"体制才逐渐转型为大一统的秦汉君主集权的官僚政治体制。这说明在春秋战国之际的政治格局中，大一统的君主集权制的建立并非一蹴而就，而有一个国家权力由国君、公族分享，再逐渐向君主手中转移、集中的政治文化现象。从三晋及齐、楚等国来看，这真是一种否定之否定的大轮回。春秋时代的晋国君主大肆杀戮公族，导致"国无公族"、异姓执政的现象。而战国时期三晋各国却依靠公族来巩固王权，致使公族在国家政治

---

① 杨宽：《战国史料编年辑证》，上海：上海人民出版社，2001年，第376页。

生活中十分活跃，这种历史演进中的轮回正是历史的内在逻辑所导致。

战国时代各诸侯国中相国制的设立以及军事体制的变化，也引起了各国官僚机制的重组。这种重组的最重要特征，即君主家臣兼百官之长的丞相制的建立，以及为防范旧贵封君而任用布衣的新风潮，开启后世在官僚系统中选、任官吏之先河。相国作为百官之总领，使国家治权统一到君主手中，官吏的职务分工细化。正如《吕氏春秋·举难》："相也者，百官之长也。"① 例如魏国翟璜向文侯举荐各类人才，其中在中央朝廷就有相、计事内史及其他臣僚等职位。更具意义的变化还在于，这些在政府中任职的各级官吏大都系流官，他们大多数出身士人、平民阶层，打破了旧时世卿世禄的局面。战国中后期，这种现象更为普遍。《战国策·燕策一》记载，苏代与其兄苏秦均为洛阳布衣，然而燕昭王却欲拜他为上卿，苏代反问道："足下以爱之故与，则何不与爱子与诸舅、叔父负床子孙？不得，而乃与无能之臣，何也？"② 故吕思勉先生认为："封建政体的破坏，不但在列国的互相并吞，亦系于一国之中世袭的卿大夫的撤废。卿大夫撤废，皆代之以官僚。灭国而不复封建，而代之以任免由己的守令，亦是如此。所以封建政体灭亡，而官僚阶级就达于全盛。"③ 如战国时期著名军事家孙膑是刑徒，改革家吴起是游士，名将白起、王翦是平民，赵奢是田部吏，名相蔺相如是宦者舍人，申不害则是"故郑之贱臣"④，李斯是郡小吏。此外，如苏秦、张仪、范雎、蔡泽等，或鄙人或贫人。可以说，正是这些下层士人开创了战国以后的布衣将相之局。所以从制度形态上看，战国时期的官僚阶层取代贵族阶层占据了政治领域的主体地位，是从战国初的三晋及齐等国开始的。

这种情形也使国家政治形态发生了极大变化。一方面，国君可以自由

---

① 许维遹撰，梁运华整理：《吕氏春秋集释》，北京：中华书局，2009年，第541页。
② 何建章注释：《战国策注释》卷二十九《燕策一》，北京：中华书局，1990年，第1123页。
③ 吕思勉：《吕思勉中国政治史》，长春：吉林出版社，2013年，第212-213页。
④ 司马迁：《史记》卷六十二《老子韩非列传》，北京：中华书局，1959年，第2146页。

任免官吏，选任和提拔有才干者，使过去长期沉沦于底层的士人有了出人头地的机会，形成了战国时代士子、辩士竞相奔走，"汲汲焉以张君权，抑世族为急务"的情形；另一方面，求仕之士人也有选择"明主"的机会，他们奔走各国，"行不合，言不用，则去之楚、越，若脱屣然"①，各国在选拔机制上逐渐形成举贤与能的现象。这种士子、辩士的奔走附会，使战国形势波澜迭兴、风云变幻。齐思和先生曾评论说："盖平民既得为官，贵族遂失其政治上之垄断。……夫此新登庸之平民，非如贵族之有世袭之爵土，族党之援助，其所恃与贵戚抗衡者，惟国君之宠任耳。人主之势张，则其地位巩固，否则即难立足。故无不汲汲焉以张君权，抑世族为急务。君主亦利用之以扩张其自己之势力，于是君主与平民联合以压抑贵族，而贵族之势遂以衰矣。"②

许倬云先生曾将中国古代社会中具有高度同质性的社会组织即血缘性组织称为"原群"，将具有异质性成分，并由各地域性的原群共同组成的多元的社会基层组织称为"复群"，与之相应的社会则称为原群的社会和复群的社会。当原群社会成为国家基础时，国家的上层统治集团构成就会与原群的社会成分相重合；当社会呈现出异质性时，复群社会与国家权力之间则开始有求取彼此平衡的必要，并在这种政治力量的平衡中催生出新的国家政体。许先生所论在战国时代表现得特别鲜明，其首要表征便是"国家本位"下的复群社会与国家权力配置方式的重塑。例如为了集中国君权力、富国强兵，各诸侯国往往开展政治体制改革运动。这种改革运动虽然涉及政治、经济、军事、法律、文化等各个方面，但是它首先是以围绕着"国家本位"的君主集权为指向的。一个有意思的现象是，战国时代的这种"国家本位"的政治体制改革，并非是在轰轰烈烈的全面改革中开启的，而是在各诸侯国尤其是春秋战国之际卿族政治的夺权进程中逐渐完成的。它并不是一种最初就有意识进行的制度革命，而是由篡夺了旧政权的公卿、大夫为了巩固自己的胜利成果，防范卿族政治的再现而实行的上

---

① 司马迁：《史记》卷四十四《魏世家》，北京：中华书局，1959年，第1838页。
② 齐思和：《中国史探研》，石家庄：河北教育出版社，2000年，228页。

层统治阶级内部的政治制度革新。因此，春秋战国之际的国家体制变革，往往从卿族夺取政权的国家即三晋、田齐等开始。正是在这种国家权力配置体制的改革中，出现了魏国的李悝变法。应该看到，李悝变法虽然是对魏国社会结构的变革，是根据魏国国情而进行的以"国家本位"为目标的改革，但是，它是在魏国公室已经完全取得政权的基础上进行的。从政治制度方面看，它只是对残存的旧有封君世袭制度的最后颠覆，所以，它没有受到像秦、楚那样的国家中世袭贵族、封君的强烈反对。[①] 李悝变法不仅是魏国对新建构的"国家本位"体制的延伸和巩固，同时也是为了在新政权领导下稳定与巩固个体小农经济制度，可以说揭开了战国时期变法运动的序幕。它使魏国国势在文侯时期达到了高峰，并使魏国雄霸天下数十年。所以，战国初三晋、齐等国实行的改革，都是在卿族夺权的前提下，从内部自上而下完成的国家上层体制的改革，然后又逐渐延及到政治、经济、法律、社会结构等领域。尽管这种制度转型在各国的程度不一，但是它已经完成了新型国家制度范式的建构。这种制度建构最终结束了西周以来的封君、世族制度，也为春秋时代"礼崩乐坏"的制度失序即大夫凌国君、陪臣执国命画上了句号。[②] 故战国法家自三晋而起，其原因正在于三晋及齐都已在这一时期实现了国家体制的转型。

战国时代三晋、齐的改制，尽管在改革的广度、深度上有差异，但是毕竟促进了战国时期新型国家体制的发展。尤其是各国建立起的前所未有的流官体制，是一种对旧有政治制度范式的突破。它极大冲击了那种累世执政的世卿世禄的局面，从而在根本上改变了旧制下国君不能制大夫、大夫不能制家臣的权力分离格局。它使政治制度改革成为一时之潮流，并在三晋演变为一种法家思潮。这种改革思潮影响巨大，波及南北东西的各诸

---

① 例如李悝变法主要是正式废除传统的井田制，采取"尽地力之教"的政策，对国家境内的所有土地进行测评，制定合理的税收政策；在全国实行统一的法治政策，建立完备的法律《法经》，以法律的形式肯定和保护国家的法权地位；改革军事制度，建立"武卒"制，按照不同士兵的作战特点，重新进行队伍编排，发挥不同军队的作战优势。李悝变法虽然也涉及取消旧贵族的世袭俸禄，根据能力选拔官吏，等等，但是由于魏国的权力结构已经发生了根本性变化，因此李悝变法并未受到已经失势的旧贵、封君的强烈反对。

② 请参见本书第四章第三节论述。

侯国。其后三晋法家向西入秦，导致秦孝公时代的商鞅变法，而向南至楚的吴起也在楚悼王支持下主持变法。三晋法家的东渐，形成东方齐地的法家"别派"——黄老学派，同时齐国自由思想的土壤也促使法家思想的进一步发展。① 战国中期的这种遍及各国的变法、改革，直接导致了秦国的商鞅变法和"国家本位"体制的建立，也为其后秦国政治、经济、文化制度的发展创造了条件。故从历史发展的大趋势看，春秋战国之际的制度变革为秦王朝的大一统奠定了基础，也是古代中国大一统体制建立的前奏。

第二节 "霸主"政治与民族国家的初构

春秋近三百年历史既有相互征伐，又向着统一方向发展。这种统一，不仅指各诸侯国对外征服和内部君主集权的强化，也指诸夏族群在诸侯国间的冲突、战争中逐渐趋向融合。公元前7世纪楚国崛起，势力从江汉流域北进到淮水流域，并直指黄河流域。西部的秦国在当时也是势力大盛，锋芒东向直指中原。在当时不论情况如何，"有一点是可以肯定的，就是中原地区在春秋初刚刚出现的新制度萌芽将被'蛮夷'的军国政治扼杀，不可能顺利过渡到战国初那种普遍的郡县制社会"②。而正是春秋齐桓公、晋文公的霸政导致了历史的转折。霸政所致力于形成的诸夏国家同盟，不仅团结了黄河、长江等流域正纷争不已的诸夏国家，同时也抗击了戎、蛮、夷、狄族群骚扰、侵犯，形成相对平稳、和缓的政治局面。

正如前述，春秋霸主政治是西周广域王权国家的政治失序后的一种替代现象，它重构了列国之间的新秩序。霸主联盟尽管是脆弱而不可靠的，但正是这个联盟，使西周衰弱后混乱的封国秩序逐渐进入到战国时以"国

---

① 请详见本书第四章第三节。
② 颜世安：《"诸夏"聚合与春秋思想史》，《南京大学学报》（哲学·人文科学·社会科学），2003年第5期。

家本位"为基础的郡县制社会秩序,使由分封、封邑制向官僚制、郡县制的过渡获得了适度的时间与空间。同时,它也符合华夏诸侯国联合起来抵抗戎、蛮、夷、狄侵扰的需要。在这方面,应该说"五霸"的先后崛起不是一个偶然现象,它既是其时政治形势的需要,也是民族生存、发展的需求。东西周交替之际,戎狄势力逐步强盛,加快了对华夏族群的骚扰、侵掠,形成"南夷与北夷交,中国不绝若线"[①]的局面。顾颉刚曾指出:"春秋时,戎族分布于中国内地:在东方者,有鲁西之戎;在北方者,有居今河北、山东、山西三省间之北戎、山戎,及无终氏之戎;在西方者,有居今陕西省之犬戎,骊戎等;至于居今河南省者,最早则有伊雒之戎。"[②]而当时被中原诸夏视为蛮、戎的楚、秦的迅速崛起及向中原的进攻,使中原诸夏国家感受到极大威胁。于是以中原为中心的诸夏各国不仅感受到诸侯无统的政治危机,也深切体会到民族、族群的生存危机。春秋"五霸"在这种情况下应运而生,它不仅通过结盟形成了诸夏各国之间的外交秩序,同时亦阻止了夷狄等族群侵扰中原。因此霸政在当时作为一种临时的盟约制度,既维护着春秋列国的政治秩序,同时又使霸主以盟主身份主持着"攘夷"的大业。故先后持续了二百多年的霸主政治联盟建构了一种超越传统封国、封邑界限的新的国际与民族关系,在诸夏国家的政治、民族、文化认同上起到了极其重要的作用。

这种政治、民族、文化认同在历史演进中又呈现着两条主线。一条主线是在诸国联盟中延续西周传统政治文化的遗留,维持各国之间尊卑上下"爵位"等级,即《论语·尧曰》所谓"谨权量,审法度,修废官,四方之政行焉。兴灭国,继绝世,举逸民,天下之民归心焉"[③],通过恢复已丧失国家权能的那些政治实体,扬弃并延续着传统的政治形态。所谓"继"

---

① 公羊寿传,何休解诂,徐彦疏:《春秋公羊传注疏》,李学勤主编《十三经注疏》,北京:北京大学出版社,1999年,第213页。

② 顾颉刚:《九州之戎与戎禹》,吕思勉、童书业编著《古史辨》(第七册下编),上海:上海古籍出版社,1982年,第118页。

③ 何晏注,邢昺疏:《论语注疏》,李学勤主编《十三经注疏》,北京:北京大学出版社,1999年,第266页。

即延续西周宗法传统,让西周分封制下的列国宗族繁衍、文化传承。它通过联盟在新、旧政治和宗法关系交锋中试图改变诸侯无统的混乱秩序,重新建立起一种盟主式的新格局。同时,一些强大的诸侯国中诞生的新型政治体制因素,正是在这种列国秩序的暂时平衡中孵化的。它使这些强大的诸侯国在短暂的政治平衡中,开始了内部公室与卿族、大夫的权力斗争,由此产生出新的政治关系,并形成取代以血缘关系为纽带的世袭封邑制的地域性行政组织(如郡、县),从而为新型国家体制的萌芽创造了合适的土壤。另一主线则是在诸夏国家的政治、外交、宗法关系的分化中,形成了以"霸政"盟主为首的抗击戎蛮夷狄的民族同盟。我们在文献中可以看到,春秋时期的民族斗争是十分激烈的。由于夷狄对诸夏族群不断的骚扰、交侵,诸夏族群的民族意识不断强化。例如在《左传》《国语》中,"夷狄""戎蛮"和"夏"的连称、对举逐渐增多,"夷"与"夏"、"华"与"戎"的对举屡见不鲜。这种夷夏界限又通过与夷狄的对立和诸夏霸主政治下的会盟、策书、祭祀、聘享等政治和外交礼仪表现出来,从而展现出了"诸夏"前所未有的共同的情感、态度。例如《左传·闵公元年》齐管仲曰:"戎狄豺狼,不可厌也;诸夏亲昵,不可弃也。"① 《国语·周语》周定王云:"夫戎、狄,冒没轻儳,贪而不让。其血气不治,若禽兽焉。"② 《左传·成公四年》记载季文子在谏止鲁成公叛晋归楚时有云:"晋虽无道,未可叛也。国大臣睦,而迩于我,诸侯听焉,未可以贰。史佚之志有之曰:'非我族类,其心必异。'楚虽大,非吾族也,其肯字我乎?"③ 在这里,季文子认为楚为蛮邦,与鲁、晋等国为不同族类,因此鲁不宜叛晋投楚。孔子对齐桓公与管仲的评价褒贬不一,正是从他对当时的政治秩序与民族危机的认识出发的。例如孔子对于管仲"树塞门""有反

---

① 杨伯峻编著:《春秋左传注》(修订本),北京:中华书局,1990年,第256页。
② 徐元诰撰,王树民、沈长云点校:《国语集解》(修订本),北京:中华书局,2002年,第58页。
③ 杨伯峻编著:《春秋左传注》(修订本),北京:中华书局,1990年,第818页。

坫",贬之曰:"管氏而知礼,孰不知礼!""管仲之器小哉!"① 这是从管仲作陪臣行用君主之"仪",从而违"礼"违"仁"的角度加以批评的。而对于管仲"相桓公,霸诸侯,一匡天下,民到于今受其赐",许之为"微管仲,吾其被发左衽矣""如其仁,如其仁"②,则是从管仲相齐桓公、团结诸侯,尊崇"周礼",抗御外敌,维护华夏礼仪文化的民族自觉心理出发的。显然,民族关系的张力导致夷夏界限的出现及民族情绪的外显,使团结诸夏以求生存的忧患意识空前高涨。同时,春秋齐桓、晋文等的"霸主"政治正强化了这种华夏民族的自我意识。

在春秋时期,这两条主线的展开又呈交叉之势,其交叉点就是国家政治与民族认同在新起点上的交汇。国家政治秩序的重建,本质上是对周代"大国小邦"松散盟邦性质的重整。尽管它掺杂着统治者推行霸权的贪欲和权力欲,但各诸侯国之间的新的政治、外交关系的建立,必将导致各国之间尊卑等级结构的有序化,使"不义战"中紧张的列国关系相对平衡,由此加强其对外御侮、反交侵、求生存的能力。而华夏民族意识的觉醒,以及人们为保卫自己国家的同仇敌忾,又成为重建政治秩序、增强国家实力的精神资源和驱动力。故这一时代主题交叉点的坐标定格在"尊王攘夷"这一口号上。如本章第一节所述,"尊王攘夷"鲜明地体现了时代政治与民族这两个大主题,也是西周以后列国政治秩序和诸夏民族认同向新时期转化的旗帜。其时,宗法关系的崩溃与阶级关系的冲突所导致的礼崩乐坏,使人们开始摒弃传统的宗法与邦国限域,不仅开始成为国家的一员(编户齐民),也成为华夏民族共同体的一员;而由戎狄交侵所带来的外在压力,又使华夏诸部的民族意识变得鲜明起来,人们自觉地划清夷、夏之间的民族界限,交侵与反交侵作为华夏民族国家的时代主题被凸显出来。因此,

---

① 何晏注,邢昺疏:《论语注疏》,李学勤主编《十三经注疏》,北京:北京大学出版社,1999年,第42页。
② 何晏注,邢昺疏:《论语注疏》,李学勤主编《十三经注疏》,北京:北京大学出版社,1999年,第191-192页。

"尊王攘夷"确实切中了时代脉搏,齐桓公凭此"九合诸侯,不以兵车",奠定五霸之首的地位,充分说明"尊王攘夷"的时代特征。

故在春秋时代,诸夏既是一种政治共同体,亦是一种族类与文化的共同体,保持着族群内部的政治、文化与族类认同。事实上,当时还并没有"中国"与四边的戎蛮夷狄的称呼,主要还是一种以"夏"自称的民族自觉意识。在先秦典籍中,周人以"夏"自称的记载颇为多见。如《尚书·康诰》:"惟乃丕显考文王,克明德慎罚,不敢侮鳏寡,庸庸,祗祗,威威,显民,用肇造我区夏,越我一二邦以修。"① 实际上,"中国"这一起源于武王时期的称呼即与此有关。1963年在陕西宝鸡贾村出土何尊,其铭文曰:"唯王初迁,宅于成周,……武王既克大邑商,则廷告于天曰:余其宅兹中国,自兹乂民。"② 显然,当时的"中国"并不是指其后国家意义上的"中国",而主要是指一种由中原广域王权国家所形成的一套特有的名物、制度即礼仪体系。③《尚书·梓材》中记载:"皇天既付中国民,越厥疆土,于先王肆,王惟德用,和怿先后迷民,用怿先王受命。"④ 这里的"中国",也主要是指周王朝统治下的"王畿"中的土地和人民⑤,或者指西周京师或王畿所在地⑥。但是,经过春秋时期"尊王攘夷"的霸主政治,诸夏各国及其族群在周天子的名号下逐渐统一起来。其最重要的标志是"中国"名号作为诸夏国家及华夏民族共同尊奉的政治共同体及民族

---

① 孔安国传,孔颖达疏:《尚书正义》卷十四《康诰》,李学勤主编《十三经注疏》,北京:北京大学出版社,1999年,第359-360页。
② 唐兰:《何尊铭文解释》,《文物》,1976年第1期。
③ 参见李禹阶:《"共识的中原"与史前"中原中心"的形成——兼论"最初的中国"的特质》,《中原文化研究》,2023年第3期。另,马承源先生亦认为何尊所谓的"中国"是指天下四方的中心地区,也就是伊、洛之间的洛邑。(马承源:《何尊铭文初释》,《文物》,1976年第1期。)
④ 孔安国传,孔颖达疏:《尚书正义》卷十四《梓材》,李学勤主编《十三经注疏》,北京:北京大学出版社,1999年,第387-388页。
⑤ 王树民:《中华名号溯源》,史念海主编《中国历史地理论丛》第二辑,西安:陕西人民出版社,1985年。
⑥ 胡厚宣:《论殷代五方观念及"中国"称谓之起源》,胡厚宣《甲骨学商史论丛初集》(外一种),石家庄:河北教育出版社,2002年,第281页。

认同的名词而开始出现。① 因此，经过春秋时期几百年的攘夷运动，原来杂居中原的夷狄不是被融合、同化，就是被逐往边远之区。于是，人们开始认为夷夏之间的区别是生业与文化之别，诸夏文化高于四夷文化。《战国策·赵策二》记载公子成反对赵武灵王胡服骑射时说道："中国者，聪明睿知之所居也，万物财用之所聚也，贤圣之所教也，仁义之所施也，诗、书、礼、乐之所用也，异敏技艺之所试也，远方之所观赴也，蛮夷之所义行也。"② 显然，在公子成的眼中，华夏文化远远高于四夷文化，应该为远方所观赴，蛮夷所义行。这种变化导致"诸夏"在政治与民族关系上逐渐形成了自我认知的认同感，在春秋战国时期的华夏族群的意识中较为多见。尤其是当时诸夏各国在会盟中的礼仪，其赋"诗"引"书"等揖让周旋的形式，更能够凸显出华夏与夷狄在文明程度上的差异。《春秋》成公十五年："冬十有一月，叔孙侨如会晋士燮、齐高无咎、宋华元、卫孙林父、郑公子鰌、邾人会吴于钟离。"③《公羊传》释曰："曷为殊会吴？外吴也。何为外也？《春秋》，内其国而外诸夏，内诸夏而外夷狄。王者欲一乎天下，曷为以外内之辞言之？言自近者始也。"④《春秋》"内其国而外诸夏，内诸夏而外夷狄"逐渐成为当时的共同认识。故《论语·八佾》曰："夷狄之有君，不如诸夏之亡也。"⑤

---

① 有学者认为，"中国"一词在《左传》中出现了4次，多与"四夷"相对而称，且开始包括与周王室关系密切的诸侯国。[尹波涛：《略论先秦时期的夷夏观念》，《青海民族大学学报》（社会科学版），2013年第1期。] 如《左传·成公七年》中记载："七年春，吴伐郯，郯成。季文子曰：'中国不振旅，蛮夷入伐，而莫之或恤。无吊者也夫！'"[杨伯峻编著：《春秋左传注》（修订本），北京：中华书局，1990年，第832页。] 此处中国显然和"诸夏"同义。可见，在春秋时期的"霸政"和"尊王攘夷"的发展中，周代的"夏"逐步衍生出了"诸夏""诸华"等族群的词义，而"中国"之词义也从形容西周时期的名物、制度跃升为与周王室关系密切的各诸侯国的共同名词，与"诸夏"同义。可见，春秋时期的秉承周代名物、制度的政治与族类共同体，不管在其国家界域还是在族类认同等方面都发生了深刻变化。
② 何建章注释：《战国策注释》卷十九《赵策二》，北京：中华书局，1990年，第678页。
③ 杨伯峻编著：《春秋左传注》（修订本），北京：中华书局，1990年，第872页。
④ 公羊寿传，何休解诂，徐彦疏：《春秋公羊传注疏》，李学勤主编《十三经注疏》，北京：北京大学出版社，1999年，第400-401页。
⑤ 何晏注，邢昺疏：《论语注疏》，李学勤主编《十三经注疏》，北京：北京大学出版社，1999年，第30页。

这种华夷之间的文化差别，在当时已成为诸夏与其他民族共同认可的标准。例如姜戎首领戎子驹支自称是"四岳"后裔，但他并不认同华夏，为自己辩解时指出夷狄与华夏的文化不同："我诸戎饮食衣服不与华同，贽币不通，言语不达。"① 故从历史事实看，其时的华夷界限与文化标准，正在一种政治、文化的制度、名物中被型塑。例如春秋时期的攘夷运动，使当时诸多国家、族群都在礼仪文化的抉择中，形成"给予"和"被给予"、"选择"与"被选择"的二元结构。这种"给予"和"被给予"、"选择"与"被选择"的二元建构并非单向的由强势文化对弱势文化的消融，而是既包括处于中心地位的诸夏国家通过政治、文化而对四方边缘族群文化的浸染，并使各种多元族群和大小政治体纳入诸夏范围，又包括处于边缘地区的戎、蛮、夷、狄等族群对政治定位和传统文化的自身"选择"。这种选择所包含的对华夏先进文化的吸取，是对该族群未来发展或者维护本族群文化传统的一种生存、发展的需要，因此它往往有着"选择"上的主动性与随机性。如吴国曾长期被诸夏国家视为夷狄，但《左传·哀公十三年》载："秋七月辛丑盟，吴、晋争先。吴人曰：'于周室，我为长。'"② 吴人自称属于"周室"，并在姬姓中"居长"，这是吴人基于自身姬姓血缘关系与华夏文明的主动选择。《国语》中提到了吴人的一段话："天子有命，周室卑约，贡献莫入，上帝鬼神而不可以告……今君非王室不平安是忧，亿负晋众庶，不式诸戎、狄、楚、秦。"③ 吴王视夷狄为外人，显然自认为华夏成员，其理由仍是自身与周室同属姬姓，其目的显然是希望获得诸夏国家的认可，而跻身与华夏文明之中。④ 春秋

---

① 杨伯峻编著：《春秋左传注》（修订本），北京：中华书局，1990年，第1007页。
② 杨伯峻编著：《春秋左传注》（修订本），北京：中华书局，1990年，第1677页。
③ 徐元诰撰，王树民、沈长云点校：《国语集解》（修订本），北京：中华书局，2002年，第550页。
④ 近年来不少学者怀疑吴国与周代姬姓的血缘关系，如台湾学者王明珂就否认吴贵族和华夏人之间存在真实的血缘联系。（王明珂：《华夏边缘：历史记忆与族群认同》，北京：社会科学文献出版社，2006年。）尽管吴国贵族的华夏血统值得怀疑，但也说明了当时吴国观念中所表现的进入华夏族群的强烈愿望。

时代南方楚国也曾在族群利益与文化选择上不断徘徊。历史上的楚国曾长期不认同华夏文化,例如西周时期楚君熊渠曾宣称"我蛮夷也,不与中国之号谥"①。从春秋到战国,楚王室及其贵族就表现出对华夏文化的认同与排斥的两面性。从认同方面看,楚国为了争夺华夏"正统"地位,成为诸夏国家的一员,他们赞同华夏文化及其礼仪。但是另一方面,出于大国尊严与利益的考量,他们往往又会在一定时候显示出与中原诸侯国的文化差异。② 故春秋时期,文化成为戎狄和诸夏之间的分辨标准,即不论是诸侯还是夷狄,若习以华夏礼仪,则不以夷狄待之;若不行礼仪,则以夷狄视之,夷、夏二者之间并没有绝对界限,夷夏互变但以所习文化为标志。特别是春秋时代的新文化风潮促进了诸夏的文化认同,催生着诸夏各国在政治上的认同及民族文化的自信,使该时代成为华夏文化更新、变革的中间时期。鲁宣公十二年(前597),晋、楚发生邲之战。《春秋繁露·竹林》评价此战曰:"《春秋》之常辞也,不予夷狄而予中国为礼,至邲之战,偏然反之,何也?曰:《春秋》无通辞,从变而移。今晋变而为夷狄,楚变而为君子,故移其辞以从其事。"③ 这虽然是汉人的说法,但也确实反映了春秋时人以"礼仪"区别夷夏的观念。故唐代韩愈著《原道》论春秋时夷夏之别,认为"孔子之作《春秋》也,诸侯用夷礼则夷之,夷而进于中国则中国之"④。这种以文化论夷夏之高下的认识,应该说正是起源于春秋时民族危机高涨的时代,它对当时华夏民族的凝聚及民族意识的发展有很大促进作用。同时,以礼仪文化作为族群之分,使当时的华夷之别并不显得那么绝对,其差异仅仅是对华夏文化的态度

---

① 司马迁:《史记》卷四十《楚世家》,北京:中华书局,1959年,第1692页。
② 例如《国语》载春秋后期楚大夫王孙围出使于晋,与赵简子论宝时对晋国视为珍宝的白珩等深不以然:"楚虽蛮夷,不能宝也。"[徐元诰撰,王树民、沈长云点校:《国语集解》(修订本),北京:中华书局,2002年,第525-527页。] 王孙围此语虽有反讽之意,但这说明楚国对华夏文明的认同或排斥,往往出于对国家尊严与利益的考量。
③ 苏舆撰,钟哲点校:《春秋繁露义证》卷二《竹林》,北京:中华书局,1992年,第46页。
④ 韩愈撰,魏仲举集注,郝润华、王东峰整理:《五百家注韩昌黎集》卷十一《原道》,北京:中华书局,2019年,第675页。

而已。①

战国时期，地理上的"内诸夏而外夷狄"局面基本形成。这一时期，产生了东夷、南蛮、西戎、北狄与"中国"的五方四边观念。顾颉刚认为："'诸夏'、'华夏'等名号多用于春秋时期。到战国时，由于民族融合，原先'诸夏'和'夷狄'的对立逐渐消除，因而'诸夏'、'华夏'等名号就很少再用。"② 它说明战国时期的"中国"界域及其民族、文化已经基本成型，并构成了诸夏居中，而东夷、南蛮、西戎、北狄各方四边分布的状态。战国时人认为这种"中国"与各民族分布的格局，并非由于族群的优劣，而是由于自然生态环境。如《礼记·王制》就记载："凡居民材，必因天地寒暖燥湿，广谷大川异制，民生其间者异俗，刚柔轻重，迟速异齐，五味异和，器械异制，衣服异宜。修其教，不易其俗；齐其政，不易其宜。中国戎夷，五方之民，皆有性也，不可推移。东方曰夷，被发文身，有不火食者矣。南方曰蛮，雕题交趾，有不火食者矣。西方曰戎，被发衣皮，有不粒食者矣。北方曰狄，衣羽毛穴居，有不粒食者矣。中国、夷、蛮、戎、狄，皆有安居、和味、宜服、利用、备器。五方之民，言语不通，嗜欲不同。"③ 这里就指出了四夷与华夏民族在生业、环境上的差异。故荀子认为："居楚而楚，居越而越，居夏而夏，是非天性也，积靡使然也。"④

春秋战国时期是中国历史上十分重要的时期，形成了秦汉大一统国家与华夏民族的重要推动力。在这一漫长的历史时期中，既形成了

---

① 例如孟子就说："舜生于诸冯，迁于负夏，卒于鸣条，东夷之人也。文王生于岐周，卒于毕郢，西夷之人也。地之相去也千有余里；世之相后也千有余岁。得志行乎中国，若合符节，先圣后圣，其揆一也。"（赵岐注，孙奭疏：《孟子注疏》，李学勤主编《十三经注疏》，北京：北京大学出版社，1999年，第212-213页。）应该说，孟子的这种说法正是延续了春秋时人对待华夷之际区别的认识。

② 顾颉刚、王树民：《"夏"和"中国"——祖国古代的称号》，史念海主编《中国历史地理论丛》第一辑，西安：陕西人民出版社，1981年，第13页。

③ 郑玄注，孔颖达疏：《礼记正义》卷十二《王制》，李学勤主编《十三经注疏》，北京：北京大学出版社，1999年，第398-399页。

④ 王先谦撰，沈啸寰、王星贤点校：《荀子集解》，北京：中华书局，1988年，第144页。

诸夏国家与民族在地缘、政治、心理和观念上的界限，也形成了华夏族群自身在国家与民族，包括文化上的一致认同。所以，当腐朽的罗马帝国为四面八方涌入的野蛮民族所淹没，截断了它的国家与民族的历史发展进程时，中国则在"不绝若线"的危境中生存自救并日益壮大。这说明中国内部有着十分强大的自我调节和应对挑战的机制。春秋战国的时代剧变及历史演进本质上对华夏国家与民族发展起到了定位作用。一是许多小国在战争进程中被大国兼并，政治一体化进程随之加快，由此产生了由不同族群共同形成的强大的诸侯国；二是华夏民族文化圈进一步向四边疆域扩展，越来越多的夷狄之地被纳入华夏文化范围，许多过去的夷狄之民在主动或被动中融入华夏文化，成为华夏民族的一分子，为其后秦汉大一统奠定了基础。以楚国为例，战国时楚国在对江淮流域的东向兼并中，使大量不同族群、小国加入到楚人的行列中。其时江淮地区既有"申、吕、应、邓、陈、蔡、随、唐"等来自中原的"王之支子母弟甥舅"之国①，也有徐、莒、州来、群舒等过去被中原视为"淮夷""东夷"的南方小国，甚至还有"无君长总统，各以邑落自聚"②的百濮、荆蛮等氏族、部落。楚国在东向成为江淮"霸主"的过程中，一方面争取到各地域内的小国成为自己的附庸；另一方面通过政治、军事力量将散布各处的民族、族群整合到本国的政治版图中，使不同国别、族属的人群通过郡县制和编户齐民的方式在其境内进行了融汇与整合。例如春秋时期的楚县，绝大多数都是楚国在其他小国故地基础上建立起来的。在春秋战国之际，楚国疆域内还出现一类以"州""路"命名的地方行政单元，部分"州""路"是以"国名"为前缀，可看作楚人将他国民众迁至楚境的案例。楚庄王时有"夏州"，"（伐陈国后）乡取一人焉以归，谓之夏州"③。包山楚简中有"羕路"（简41）、"䣙路"（简81、82）、"邶路"（简94）、"白路"（简150），这说明

---

① 郑樵：《通志》卷一百八十一，北京：中华书局，1987年，第2887页。
② 杨伯峻编著：《春秋左传注》（修订本），北京：中华书局，1990年，第617页。
③ 杨伯峻编著：《春秋左传注》（修订本），北京：中华书局，1990年，第715页。

楚国是借助政治力量，以政治认同为族群融合的主要方式。当然，在楚国境内仍然存在着政治上归属于楚，但又未被纳入楚国地方行政单元中的蛮、夷等少数民族。例如分布于楚国江汉平原周边，直至战国后期还存在的"九夷"等。这也是春秋战国时代各国针对不同族群采取的不同相处方式。特别是随着楚国对淮河上游江、黄等嬴姓国家和蔡、息、曾、唐等姬姓国家的征伐战争的展开，这些地区逐渐被纳入楚国的政治版图中，其制度与文化也逐渐"楚制化"，大量南方小国、族群的名称逐渐消失在史籍中。而这些消失的小国与族群，应该即融入到了楚的行政单元及楚文化、楚民族中。故战国时代的汉江与江淮流域出现了对楚国、楚人、楚文化的普遍性认同。原有的他国、他族人虽然保留了一定的故国意识，但是却形成了对楚王、楚国的政治认同，并通过逐渐承担政治、经济、军事等义务转换为与真正的楚人无差别的楚国地方行政单元下的'楚县人'身份；而被楚人移出故地的小国统治阶层，其结果有着转换为楚国大臣、封君等多种结局。① 从全国范围看，在秦、赵、魏、齐、燕等国也存在类似的对周边小国、族群的融合方式。《史记·匈奴列传》记秦国对分布在黄河中上游陕甘一带"西戎八国"的征服，"秦穆公得由余，西戎八国服于秦，故自陇以西有绵诸、绲戎、翟、獂之戎，岐、梁山、泾、漆之北有义渠、大荔、乌氏、朐衍之戎。……各分散居溪谷，自有君长，往往而聚者百有余戎，然莫能相一"②，亦是如此。

应该说，战国时所迸发出的由诸夏向华夏的民族一体化和由邦国向（秦汉）帝国的政治一体化的历史潮流，其滥觞即春秋战国之际国家与民族的体制机制转型。它形成一个由贵族政治及其宗法序列向统一的政治国家及其民族序列演变的重要过渡期，使已分崩离析的西周分封制下的贵族社会重新得到政治上、文化上的整合，形成了与世界其他古老文明国家的不同的历史演进道路。

---

① 参见陈昆：《春秋战国时期楚国"东向"研究——基于政治地理与族群融合的视角》，四川大学博士学位论文，2021年。
② 司马迁：《史记》卷一百十《匈奴列传》，北京：中华书局，1959年，第2883页。

第三节　战国时期新型国家体制建构的不同路径

战国是中国历史上十分重要的时代，它确立了中国古代统一国家演进的大趋势。战国时期，从三晋开始的"国家本位"思潮的蓬勃兴起，使这些诸侯国通过政治上层精英的内部改制，建立起君主集权的新型政体。而远在西方的秦国和江淮流域的楚国等，也在积极探寻富国强兵的策略和方法。这使当时的主要矛盾表现为两个方面：其一是如何在大一统曙光初显的"天下"格局中成为"九州"主宰；其二是如何在各国国内的公室与卿族、君主与权臣的政治斗争中取得主导地位，达到君主对国家权力与资源的全面控制。正如前述，在春秋战国之际，三晋等国都已开始建构以"国家本位"为旨归的新型国家体制。值得注意的是，由于各国的国情不同，三晋等国的这种制度建构，并非遵循着某种单一路径，而是通过不同路径创造由君主集权的官僚政治体制。这种体制以官僚制、郡县制、编户齐民制的三位一体的制度模式形成对国家制度范式的重构，为其后秦汉政治制度奠定了基础。

由于各国在历史传统、生态环境、社会结构上的不同，各国的变法、改制举措存在诸多差异。这些差异使同样进入中央集权的官僚体制的各诸侯国，在战国后期新的政治、军事格局中呈现不同面貌。顾炎武曾总结春秋至战国的变化时说："春秋时犹尊礼重信，而七国则绝不言礼与信矣。春秋时犹宗周王，而七国则绝不言王矣。春秋时犹严祭祀，重聘享，而七国则无其事矣。春秋时犹论宗姓氏族，而七国则无一言及之矣。春秋时犹宴会赋诗，而七国则不闻矣。春秋时犹有赴告策书，而七国则无有矣。邦无定交，士无定主，此皆变于一百三十三年之间。史之阙文，而后人可以意推者也。不待始皇之并天下，而文、武之道尽矣。"① 顾炎武尽管是谈"周末风俗"，但实际上在这种

---

① 顾炎武著，黄汝成集释，栾保群、吕宗力校点：《日知录集释》卷十三《周末风俗》，上海：上海古籍出版社，2006年，第749—750页。

风俗、文化变化的背后，已隐藏着春秋战国之际的政治、经济、法律、文化的变迁，即由春秋时期的严祭祀、重聘享、宗周王、论宗姓、继绝兴灭转型为各国之间赤裸裸的利益纷争、纵横捭阖与领土争夺。这种演变趋势，标志着西周至春秋的"文武之道"及贵族礼仪化的外交关系已不复存在，各国关系正在由"霸主"联盟向新型国家体制下的"王业"发展。确实，经过春秋时代激烈的弑杀公族、宗氏相争、上下凌替后，一批强宗世卿被铲除，而以国君（及公族）为中心的国家体制继以产生。许倬云先生曾经评价道："战国的社会机构，与春秋不同，已经逐渐抽去了世袭贵族一层，剩下的只是君主与被统治者两橛，没有许多中间阶层的逐级分权。"① 这种情况使各国政治体制的改革风起云涌，并形成了不同的变革路径。具体而言，由于各地区生态、人文环境的差异，战国时期各诸侯国的制度改革呈现出温和、渐进与激进、突变几种路径。三晋、齐等诸侯国，由于是以卿族夺权建立的国家，故为了防止权臣执政的再现，注重建构君主集权的官僚体制，但是其改革却走上自上而下的温和、渐进的局部改革道路。这条道路是战国新型国家体制建构的主流路径。而秦国、楚国却因其建国后就一直由公室、公族执政，故其变法既有着"强兵""争霸"的鲜明目的性，又吸取了三晋法家的改制成果，故在国家体制变革中采取了激进、突变的道路。燕国则因国情差异而在制度改革中形成另一种特例。这种情形使战国时代的各国变法、改制呈现出错综复杂的局面。

战国时的国家体制改革，大致分为两种类型：其一，即以春秋战国之际由卿族政治倡兴而夺取旧公室政权的魏、韩、赵及齐国田氏为代表。正如前述，这些诸侯国最了解旧的分封制和卿族政治的弊病，故十分警惕新的权臣出现。因此，虽然他们囿于传统旧制，仍对一些世族的封内"治权"予以承认，但是这种承认已经不同于周代封君制下对"治权"分割的承认，而是通过不断削弱封君"治权"而形成"君权"统揽各级"治权"的新格局。这种剥夺旧贵族"治权"而创造新制度的举措，由于符合新上

---

① 许倬云：《历史分光镜》，上海：上海文艺出版社，1998年，第46页。

位的统治阶层的利益，因此往往是在上层精英集团主导下，对政治、经济、法律、军事等进行的局部性改革，并不会过多触及各阶层利益而引起社会的动荡；其二，即以传统的由公室、公族执掌国家权力的位于边陲的秦、楚、燕等国为代表。这些诸侯国自建立以来就主要由宗室、公族轮流执政，权力一直掌握在公室、公族的手中。这些国家的改革、变法，主要是为了国家生存、发展而进行的富国强兵的改革。故在这些国家中，由于旧制度阻碍了新的生产关系的发展，所以改革目的主要是"强国""足兵"，而改革的涉及面十分广泛，往往伴随着全面、激进的政治制度与社会结构的改造。正是这种大面积的系统变法，触及到各阶层的利益得失，故常常引起保守势力的激烈反对，变法推进多以改革派的悲剧结局为代价。所以，战国时期各国的改革、变法并非都抱持同一目的，走向同一路径。

战国时期的变法，最早可追溯到三晋。自三家分晋后，战国形势发生了较大变化。其时魏、韩分别占有晋南及附近区域，赵国则占据着晋中平原。这些地区农业开发较早，比起齐、鲁、燕、秦、楚等国，农业生产条件更加优越。尤其在三晋立国后，魏、韩、赵依靠原有的疆域优势，不断开疆拓土，吞并了诸多周边小国，占据了中原境内大片土地，这些地域既是战略要冲，又是资源交汇中心、文化交流的长廊，具有优越的地理形势。但是，从另一方面看，此三国又处在中原的"四战之地"中，容易受到各国的攻击、侵扰。这使三晋的招贤纳士、变法图强的要求更加强烈。所以，三晋变法很早就开始了，而早期法家亦得以在三晋这种改革土壤中诞生。三晋法家人物，除魏国的西门豹、吴起、李悝之外，其余如赵国的张孟谈、董安于、尹铎等，魏国的赵葭、韩国的段规及其后的申不害等，都使魏、韩、赵成为早期法家的渊薮，战国时各国的变法举措大都起源于三晋。

三晋变法，最早可上溯到晋的"文公之教""郭偃之法""铸刑鼎"等。晋文公以武力夺取君位，即位之初就在政治、经济、文化等领域进行改革。① 其后又遵循名士郭偃之教，实行"郭偃之法"。② 晋文公的霸业和晋国在春秋中后期的强国地位，都与这两次变法有关。其后，晋国又实行了"夷之蒐"和"铸刑鼎"，《左传·文公六年》载："六年春，晋蒐于夷，舍二军。使狐射姑将中军，赵盾佐之。阳处父至自温，改蒐于董，易中军。阳子，成季之属也，故党于赵氏，且谓赵盾能，曰：'使能，国之利也。'是以上之。宣子于是乎始为国政，制事典，正法罪。辟狱刑，董逋逃。由质要，治旧污，本秩礼，续常职，出滞淹。既成，以授大傅阳子与大师贾佗，使行诸晋国，以为常法。"③ 特别是"铸刑鼎"④，在当时引起了轩然大波。但是，真正将成文法铸于鼎上予以公布的却是郑国子产。《左传·昭公六年》记载："三月，郑人铸刑书。"⑤ 郑国子产"铸刑书"，开创了古代公布成文法的先例。在子产"铸刑书"23年后，赵鞅、荀寅亦将刑书公布出来，意味着传统周礼的礼法秩序开始崩坏。这种由成文法正式公布而导致的法权观念，标志着以"国家本位"为主体的治理方式正在代替西周时代的王权—治权的分治方式，是对传统礼制的颠覆。孔子为

---

① 例如晋文公在经济领域，坚持农业与商业并重，以加强国家经济实力。在政治领域，确立周襄王的地位，赢得天下舆论。在礼法制度领域，选择在被庐举行军事演习，重新确定约束官员的礼法。这些措施的实施，取得了"民听不惑"的预期效果，民众"而后用之"。

② "郭偃之法"文献所载甚少，仅有寥寥数条。例如《商君书·更法》记："郭偃之法曰：论至德者不和于俗，成大功者不谋于众。"（蒋礼鸿：《商君书锥指》卷一《更法》，北京：中华书局，1986年，第2页。）《战国策·赵策四》记曰："燕（偃）郭之法，有所谓桑雍者……便辟左右之近者，及夫人、优爱孺子也。此皆能乘王之醉昏而求所欲于王者也。是能得之乎内，则大臣为之枉法于外矣。故日月晖于外，其贼在于内；谨备其所憎，而祸在于所爱。"（何建章注释：《战国策注释》卷二十一《赵策四》，北京：中华书局，1990年，第792-793页。）但从中也能够看出当时晋文公行"郭偃之法"，变法举措涉及到政治、经济、文化诸领域。

③ 杨伯峻编著：《春秋左传注》（修订本），北京：中华书局，1990年，第544-546页。公元前621年，晋国在夷地举行大规模军事演习，即"夷之蒐"。在这次演习中，赵（盾）宣子开始执政，并颁布了新的改革措施，"使行诸晋国，以为常法"。

④ 《左传·昭公二十九年》："冬，晋赵鞅、荀寅帅师城汝滨，遂赋晋国一鼓铁，以铸刑鼎，着范宣子所为刑书焉。"[杨伯峻编著：《春秋左传注》（修订本），北京：中华书局，1990年，第1504页。]

⑤ 杨伯峻编著：《春秋左传注》（修订本），北京：中华书局，1990年，第1274页。

此曾大为愤慨:"晋其亡乎! 失其度矣。夫晋国将守唐叔之所受法度,以经纬其民,卿大夫以序守之,民是以能尊其贵,贵是以能守其业。……今弃是度也,而为刑鼎,民在鼎矣,何以尊贵? 贵何业之守? 贵贱无序,何以为国?"①显然,这是一场在当时尚称全面的政治、法律制度的改革。随着春秋时期"礼乐征伐自诸侯出"②,由更具地缘管理属性的公开的"成文法"来替代其时以血缘亲疏为尊卑标志的"礼"成为一种趋势。正是因为"法"具有对"礼"的替代作用,故"礼"的影响愈加减弱。对此,维护"礼制"的孔子直接斥之以"晋国之乱制也,若之何以为法"③,就不奇怪了。

总之,地处中原的三晋,在春秋时就有着变法、改制的传统。这既是晋国内部公室、公族与异姓卿族的斗争所致,也与晋国位居中原,历来为古之"四战之地"的战争环境有关。正如前述,韩、魏、赵三家的政治改革主要是建构新型的君主集权的官僚政体,即在中央建立相国制以统领百官,实行军政分离,选任贤能士人为官;在地方则设立郡县制、户籍制等,逐步取消旧有封君的世袭权力,将全国吏民均纳入国家政权的管理之中。这种改革基本上均由上层精英群体采取渐进式方式完成,故三晋改革并没有受到多少政治阻力,也没有带来像秦商鞅、楚吴起变法那样的轰动效应和悲剧性后果。这正是战国历史的诡异之处。

由于战国时期各国变法、改革的不同路径直接关系到秦国"国家本位"体制的建构,故需在这里进行一些必要的探讨。自三家分晋后,魏国是三晋中最大的诸侯国,地处中原核心区,更是交通便利的战略要地。尤其是其西部与不断开疆拓土的秦国接壤,使它深感战争压力。所以,自文侯时代起,魏国就通过集中君权,由国家控制全国的资源、财力,不再设置有独立"治权"的封邑。实际上,在李悝改革中,这种重在社会结构和

---

① 杨伯峻编著:《春秋左传注》(修订本),北京:中华书局,1990年,第1504页。
② 何晏注,邢昺疏:《论语注疏》,李学勤主编《十三经注疏》,北京:北京大学出版社,1999年,第224页。
③ 杨伯峻编著:《春秋左传注》(修订本),北京:中华书局,1990年,第1504页。

土地、赋税方面变革的特征就十分明晰。① 如冯友兰就认为:"(李悝)所讲的'尽地力',着重的并不是农业技术,而是推行封建制的生产关系,以提高农民的积极性,并采取一种措施保证粮价稳定,以保障农民的生活。"② 实际上,早在春秋后期,计口授田、按亩征税等就已开始实行,如鲁国的"初税亩"、秦国的"初租禾"等。李悝变法主要是吸收了春秋时期一些国家已采取的租税改革措施,将它们系统化为国家的土地政策。如果说李悝主张的计口授田、按亩征税等政策在春秋时代还是新生事物,那么,经过李悝的推行,则成为战国时代变法改革的重要内容。在魏文侯的支持下,李悝还在政治制度上提出了"为国之道,食有劳而禄有功,使有能而赏必行,罚必当"③ 的改革举措。李悝痛斥"淫民"的"其父有功而禄,其子无功而食之"④ 的现象,对于这种旧时代的既得利益者,李悝主张"夺其禄",以便吸引和任用"四方之士"。⑤ 在当时的政治环境下,这是一个涉及阶层利益的重大改革。但是李悝对世袭贵族的打击并没有激起那些既得利益者的强烈反抗,也没有像秦国商鞅变法那样,为了破除吏民的疑虑而树木立信。这是因为随着三晋新旧政权的交替,旧卿族与"封君"在魏国已经没有多大势力,新型的君主集权体制已经具有压倒性优势。此外,李悝变法还涉及对法律制度的改革。李悝著有《法经》,虽然其具体条文已佚,但据《晋书·刑法志》:"(李)悝撰次诸国法,著《法经》。以为王者之政,莫急于盗贼,故其律始于《盗》《贼》。盗贼须劾

---

① 据《汉书·食货志》:"李悝为魏文侯作尽地力之教……行之魏国,国以富强。"(班固:《汉书》卷二十四《食货志上》,北京:中华书局,1962年,第1124-1125页。)李悝所讲的尽地力,并不是完全注重农业技术的改革,而是推行新的土地与赋税制度,以保障农民的生活水平和国家的赋税征收。

② 冯友兰:《中国哲学史新编》(第一册),《冯友兰文集》第八卷,长春:吉林出版社,2020年,第228页。

③ 刘向撰,向宗鲁校证:《说苑校证》卷七《政理》,北京:中华书局,1987年,第165-166页。

④ 刘向撰,向宗鲁校证:《说苑校证》卷七《政理》,北京:中华书局,1987年,第166页。

⑤ 刘向撰,向宗鲁校证:《说苑校证》卷七《政理》,北京:中华书局,1987年,第166页。

捕，故著《纲》《捕》二篇。其轻狡、越城、博戏、借假不廉、淫侈、逾制，以为《杂律》一篇。又以《具律》具其加减。"① 可以看出李悝《法经》主要包括了针对盗贼、一般犯罪、官员贪腐、逾制等的律令。这部法典对魏国的基层社会结构仍然有着重要影响。因为在传统社会中，不论是上层社会还是基层乡村，主要依靠血缘宗法关系来维系社会等级和规范。而李悝的法制改革，实际上是以一种具有普适性的国家"法"的准绳去裁定个体与国家、个体与个体之间的关系，从而削弱、淡化了旧有的血缘、尊卑的宗法关系。因此，尽管李悝的法律改革还仅是对旧有社会结构和社会关系的初涉，但由于它首次将全体魏国民众纳入到法律的普适范围中，以国家成文法的形式来约束各阶层的人，故它变相承认了民间个体的独立性及背后隐含的平等地位，有着重要的社会意义。所以，李悝《法经》通过限制上层统治者的法律特权，突破了"刑不上大夫"的血缘宗法传统，限制了魏国内的封君、贵族的"治权"。同时，《法经》通过法律的不分阶层的普适性（即使是表面上的），将全体人民纳入到国家政府的地域属性的管理中，从而维护与巩固了新型国家政体。故李悝变法开战国时政治体制改革的先河。

韩国也有着类似的改革历程。韩国占有旧晋的南部，包括今山西东南部、河南中部等地，东邻魏国，西当函谷大道，与秦、魏比邻，亦可谓四面受敌之国。同时，韩国多山地少平原，物产短缺，在七国中最为弱小，故以生存、自保为要略。战国早期，由魏国牵头组成的三晋联盟②，因魏惠王继位问题而瓦解③。进入战国中期，由于韩国与秦国接壤甚多，是秦国进攻中原的主要攻击对象，因此为了富国强兵，韩国也是较早变法改制的国家。关于韩国的改制，虽然文献未详载，但是我们从诸多零星史料中，也可以看出韩国是战国七雄中很早就进入"国家本位"体制的诸侯国。例如韩国很早就实行了国君集权下的相国制。从文献看，可考的担任

---

① 房玄龄等：《晋书》卷三十《刑法志》，北京：中华书局，1974年，第922页。
② 何建章注释：《战国策注释》卷二十二《魏策一》，北京：中华书局，1990年，第808页。
③ 详见《史记·魏世家》。

韩相之职者约有十四人，其中有六人是韩宗室，如韩累（侠累）、韩珉、韩成、韩纪、公仲和公叔，其余则多为异姓或士人。而出身微贱的申不害受韩昭侯青睐，挂韩相印，相韩十五年，这反映了韩国官僚政体的流动性与开放性，也说明韩国在选拔官吏及用人上不问家世和宗族背景的情形。公元前325年，即魏、齐徐州相王后的第九年，秦、韩相继称王。韩之称王，虽然有着顺应战国时势的因素，可是更重要的则是体现了韩国政治制度的变化，即国君集权与官僚体制正在成为韩国政治制度的中心。韩国君主称"王"，不仅是对国君名号的加尊，更重要的是表现了韩国君主集权的加强。① 这一时期，韩国已具备较为完备的官僚系统。从中央官制看，韩国已设置由国君直接任免的相和将，文武分职形成君主集权制下的军政制衡体制，故《尉缭子·原官》载："官分文武，惟王之二术也。"② 韩国还在地方推行郡县制，由国君亲自任免流官，命地方官长代为镇守国土和治理民众，这使官治事临民而不领土，军政大权最终集中到国君手中。

但是，战国时的"国家本位"体制毕竟是一种初建，尤其像韩国这样四面临敌的弱国，更多的精力则是放在防御外敌上，故韩国政治体制常常表现出矛盾态势。例如在国家治理中，君、相之间常会因为权力的分割而产生矛盾和错位。例如《战国策·韩策二》记"韩傀相韩，严遂重于君，二人相害也"的事件，说明韩国的君权、相权与信臣之间的关系还十分微妙，其君主集权制下文武分职的制衡机制还未完全建立起来，臣下互相制约和监督的问题还没有得到根本解决，这正是君主集权的官僚体制实行初期的情形。③ 但是，总的来看，韩国君主总揽国家权力，以相国统领百官的新型君臣关系正在确立中。

---

① 例如司马迁就谓"王"之称曰："夫擅国之谓王，能利害之谓王，制杀生之威之谓王。"（司马迁：《史记》卷七十九《范雎蔡泽列传》，北京：中华书局，1959年，第2411页。）

② 华陆综注译：《尉缭子注译》卷三《原官》，北京：中华书局，1979年，第41页。

③ 《战国策·韩策二》："韩傀相韩，严遂重于君，二人相害也。严遂政议直指，举韩傀之过。韩傀以叱之于朝。严遂拔剑趋之，以救解。于是严遂惧诛，亡去游，求人可以报韩傀者。"（何建章注释：《战国策注释》卷二十七《韩策二》，北京：中华书局，1990年，第1034页。）

尽管韩国的新型国家体制建立较早，但由于对外战争的压力，韩国自康子、武子、景侯、烈侯直到昭侯即位，约百年间始终没有进行过全面、系统的基层社会结构改革。故其新旧政令常前后矛盾，新法旧法常交织而行。① 但是，在韩昭侯时期，以申不害为代表的一些早期法家人物，便逐渐地聚集在庙堂之中，酝酿强国之事。史载韩昭侯时代，任用法家人物申不害实行改革。申不害本为"郑时贱臣，挟术以干韩昭侯"②。他的治国才能，大约出自黄老之学。《意林·申子》："学本黄老，急刻无恩，非霸王之事。"③《史记·老子韩非列传》："申子之学，本于黄老而主刑名。"④ 在韩昭侯八年（前355），申不害出任韩之相国，在韩昭侯的信任下，为相约十五年，并进行了政治、经济体制的改革。《史记·韩世家》："内修政教，外应诸侯，十五年。终申子之身，国治兵强，无侵韩者。"⑤ 但是《韩非子·定法》认为"（申不害）七十年而不至于霸王"⑥，钱穆则认为"申子相韩，前后当得十九年"⑦。虽然文献所记申不害变法举措不甚详，但从一些零星史料看，变法包括了发展经济、驾驭群臣的权术之道。⑧ 而在战国

---

① 《韩非子·定法》描述了韩国的这种新、旧制度相交的特征，"韩者，晋之别国也。晋之故法未息，而韩之新法又生；先君之令未收，而后君之令又下"（王先慎撰，钟哲点校：《韩非子集解》，北京：中华书局，1998年，第397页）。
② 王天海、王韧：《意林校释》，北京：中华书局，2014年，第194页。
③ 王海天、王韧：《意林校释》，北京：中华书局，2014年，第194页。
④ 司马迁：《史记》卷六十二《老子韩非列传》，北京：中华书局，1959年，第2146页。
⑤ 司马迁：《史记》卷六十二《老子韩非列传》，北京：中华书局，1959年，第2146页。
⑥ 王先慎撰，钟哲点校：《韩非子集解》，北京：中华书局，1998年，第398页。
⑦ 钱穆：《先秦诸子系年》，北京：中华书局，1985年，第238页。另参司马迁：《史记》卷十五《六国年表》，北京：中华书局，1959年，第723页。
⑧ 从申不害发展经济的举措看，他主张治国"必当国富而粟多"，"四海之内，六合之间，曰奚贵，曰贵土。土，食之本也"（严可均校辑：《全上古三代秦汉三国六朝文·全上古三代文》卷四，北京：中华书局，1958年，第33页）；同时进一步废除世族赏赐制度，以功劳决定赏赐。《战国策·韩第一》："申子请仕其从兄官，昭侯不许也。申子有怨色。昭侯曰：'……子尝教寡人循功劳，视次第，今有所求，此我将奚听乎？'"（何建章注释：《战国策注释》卷二十六《韩策一》，北京：中华书局，1990年，第966页。）这些措施对于韩国发展经济，提高民众生产积极性有着重要作用。

法家人物的改革中,申不害最出名的举措是君主驾驭臣下的"术"治之道。他主张法治,强调以"法"的精神来巩固君主集权体制。在新型国家体制中,君主如何驾驭群臣是一个新凸显的重要问题,故他主张重"法"的目的在以"一"治"万","君必有明法、正义,若悬权衡以称轻重,所以一群臣也"①,以"术"治补充"法治"。在申不害看来,"术"的根本精神是君主依据刑(形)名之学,以名责实(形),以上治下,以本治末:"明君如身,臣如手。君若号,臣如响。君设其本,臣操其末;君治其要,臣行其详。君操其柄,臣事其常。为人臣者,操契以责其名。……其名正则天下治。"② 申不害的"术"治思想,既说明韩国已初步建构了新型的君主集权制,也表明如何巩固君权,更好地解决君、臣之道是当时韩国政体中急需解决的问题。③

三晋中的赵国同样也经历着艰难曲折的变法历程。与魏、韩改革前后相继,赵国也有过改革的尝试。赵国地处北方,四面环敌,特别是战国中期以后,北有胡人威胁,内有中山国心腹之患,西部强秦亦常出兵攻伐,外部形势严峻。故赵国的开疆辟土,主要是沿着太行山西麓向北发展,并对当时戎狄居住的荒服地区进行开拓。早在春秋战国之际,晋之强势卿族赵简子成为正卿后,就专权数十年。《史记·赵世家》称之为:"赵(简子)名晋卿,实专晋权,奉邑侔于诸侯。"④ 其后,在赵简子、赵襄子的努力下,与韩、魏共同消灭智氏,夺取政权,建立了赵国。赵国正由于是卿族夺权的国家,深知权臣当道的危害,故自建国以来,极力削弱卿族势力,强化君主集权制。例如赵烈侯七年(前402),"烈侯好音,欲赐歌者

---

① 严可均校辑:《全上古三代秦汉三国六朝文·全上古三代文》卷四,北京:中华书局,1958年,第33页。
② 严可均校辑:《全上古三代秦汉三国六朝文·全上古三代文》卷四,北京:中华书局,1958年,第33页。
③ 例如《韩非子·难三》:"术者,藏之于胸中,以偶众端,而潜御群臣者也。"(王先慎撰,钟哲点校:《韩非子集解》,北京:中华书局,1998年,第380页。)这说明申不害的"术"治实际上主要是解决君、臣的权力配置关系问题。
④ 司马迁:《史记》卷四十三《赵世家》,北京:中华书局,1959年,第1792页。

田，徐越侍以仁义，乃止"①。赵烈侯要赏赐两位喜欢的歌者，相国公仲连则向烈侯举荐了牛畜、荀欣、徐越三位贤者。牛畜侍烈侯以仁义，约以王道；荀欣侍以选练举贤、任官使能；徐越侍以节财俭用，察度功德。"所与无不充，君说。……官牛畜为师，荀欣为中尉，徐越为内史。"② 牛畜、荀欣、徐越三位贤者对赵烈侯所说选练举贤、任官使能、节财俭用等言，均是战国时期各国变法之要义，故此事常被史家视为赵国早期的改革尝试。而在史籍中常见到的改革，则是赵武灵王倡导的"胡服骑射"。武灵王十九年（前307），赵武灵王"初胡服"③。"夫有高世之功者，负遗俗之累；有独智之虑者，任骜民之怨。"④ 所谓"遗俗之累"，主要应来自以武灵王之叔公子成为首的政治保守派。为了使改革能够顺利进行，赵武灵王对公子成等人进行了说服。"夫服者，所以便用也；礼者，所以便事也。圣人观乡而顺宜，因事而制礼，所以利其民而厚其国也。……儒者一师而俗异，中国同礼而教离，况于山谷之便乎？"⑤ 由此获得统治集团的支持。赵武灵王在世十余年间，取得了对三胡和中山国的决定性胜利。但是，限于其生态与政治环境，赵国并没有进行大规模的基层社会结构的变革，这使赵国在获取全国资源的能力上尚有不足。

魏、韩、赵的生态、人文环境的差异，使三国在改革深度、广度上有所不同。但是三晋国家制度改革的共同路径，是在吸取卿族政治的夺权教训中，形成了"王权"与"治权"的合一，并最终导向君主集权的官僚政体。但是，三晋变法由于是由上层精英阶层主持的改革，有着自上而下的特征，故都有着头痛医头、脚痛医脚的局限性。例如韩国的申不害改革，"晋之故法未息，而韩之新法又生；先君之令未收，而后君之令又

---

① 司马迁：《史记》卷十五《六国年表》，北京：中华书局，1959年，第710页。
② 司马迁：《史记》卷四十三《赵世家》，北京：中华书局，1959年，第1798页。
③ 司马迁：《史记》卷十五《六国年表》，北京：中华书局，1959年，第735页。
④ 司马迁：《史记》卷四十三《赵世家》，北京：中华书局，1959年，第1806页。
⑤ 司马迁：《史记》卷四十三《赵世家》，北京：中华书局，1959年，第1808-1809页。

下"①，致使改革措施前后矛盾，难以贯彻。同时，申不害坚持以"术"为主，使这场改革一直停留在统治上层集团的层面，难以触动整个社会机制。赵国改革重点是解决迫在眉睫的军事问题即"胡服骑射"等，在其他方面则浅尝辄止。但是，"三家分晋"后的体制改革毕竟开了各国变法的先河，也奠定了战国七雄的"王业"格局，使中国从此步入了兼并战争的时代。而随着权力的集中，实力的强大，各国国君都相继称王。公元前325年，魏、齐徐州相王后的第九年，秦、韩也相继称王。这不仅表示国家实力的强盛，国君权威的树立，也显示了战国时代的诸侯国在名义上已抛弃了东周王室及其礼制秩序的外衣。②

值得注意的是，战国时的法家思想及其制度设计，虽始于三晋，而对君主集权体制的整体改造、建构却是在西秦，这正是各国根据不同国情变法、改制的结果。三晋位居中原及北地，虽在内部初步解决了君主集权与官僚体制问题，但外部强秦的崛起和戎狄的威胁，使他们不得不首先考虑国家存亡，故他们把政治改革、军事改革的成效放在首位，缺乏涉及社会结构改革的全面、深入思考。这样一来，三晋改革就存在着较大局限性。这种局限性导致三晋变法的不彻底性，故三晋的法家人物大多难以在这里实现自己的政治抱负，纷纷远走他国。所以，最先确立"国家本位"体制的优势，反而变成了三晋的劣势，即在改革中缺乏全面、系统改革的决心，在上层政治体制改革比较顺利的情况下，忽略了基层社会结构改革的重要性，这使它们在获取社会资源的能力方面始终有欠缺。

东方的齐国也与三晋一样，很早就建立起新型的官僚政治体制。齐国

---

① 王先慎撰，钟哲点校：《韩非子集解》，北京：中华书局，1998年，第397页。
② 例如荀子就认为："君者，国之隆也；父者，家之隆也。隆一而治，二而乱。自古及今，未有二隆争重而能长久者。"（王先谦撰，沈啸寰、王星贤点校：《荀子集解》，北京：中华书局，1988年，第263页。）司马迁则认为："夫擅国之谓王，能利害之谓王，制杀生之威之谓王。"（司马迁：《史记》卷七十九《范雎蔡泽列传》，北京：中华书局，1959年，第2411页。）因此战国时代国君"王"号的改变，不仅标志着国君权力的提高，也反映了这些诸侯国积极创造"王业"的独立性。

临海，有着鱼盐之利，但其濒海区域的土壤大多是被海水碱化的"漏卤之地，不生五谷也"，不利于发展农业生产。因此，自齐立国者姜太公起，就把兴国富民的重点放在农业与工商业兼重的经济政策上，这使齐国由原来地薄人少的小国发展成百业兴旺的富强之国。① 春秋时代，齐国继续实行农、工、商并重的经济政策，经过历代国君努力，齐国疆域已扩大到"南至于岱阴，西至于济，北至于海，东至于纪随"②，农业耕地面积大大增加。但是，工商业仍然是齐国赋税中的重要部分。当时，齐国国力因内部争斗而一度衰弱。齐桓公时，重用管仲进行政治、经济等改革。"桓公既得管仲，与鲍叔、隰朋、高傒修齐国政，连五家之兵，设轻重鱼盐之利，以赡贫穷，禄贤能，齐人皆说"③；"管仲既任政相齐，以区区之齐在海滨，通货积财，富国强兵，与俗同好恶。故其称曰：'仓廪实而知礼节，衣食足而知荣辱，上服度则六亲固。'"④ 管仲不仅在经济上提出了"士、农、工、商"四民分业定居的管理思想，还设计了"参其国而伍其鄙"的社会管理体制，保证了工商业的发展。⑤ 管仲还实行"官山海"政策，主张官府强化对以盐铁为主的山海资源的开发、经营的管理。管仲的"官山海"及"参国""伍鄙"等政策，虽然是为富国强兵而制定，却从政治体制方面开始了政府对领土、资源和人口进行全面管理、整合、控制的尝

---

① 例如"大公至国，修政，因其俗，简其礼，通商工之业，便鱼盐之利，而人民多归齐，齐为大国"（司马迁：《史记》卷三十二《齐太公世家》，北京：中华书局，1959年，第1480页）。

② 黎翔凤撰，梁运华整理：《管子校注》卷八《小匡》，北京：中华书局，2004年，第424页。

③ 司马迁：《史记》卷三十二《齐太公世家》，北京：中华书局，1959年，第1487页。

④ 司马迁：《史记》卷六十二《管晏列传》，北京：中华书局，1959年，第2132页。

⑤ "参"，即"叁"。所谓"参其国而伍其鄙"，即指把齐都临淄分为二十一乡，其中，工商之乡又分为三族和三乡，设官职进行管理，并规定从事工、商业之人不得服兵役。同时，还在乡村设商贸集市，"方六里，命之曰暴。五暴命之曰部。五部命之曰聚。聚者有市，无市则民乏"。（姜涛：《管子新注·乘马》，济南：齐鲁书社，2009年，第36页。）

试。① 故管子虽然是从经济与社会管理出发进行改革，却带有对国家政治体制及提升政府获取资源能力的改革趋向。为了强化君主权力，管仲主张改革旧的官吏选拔任免制度，而采取"举善"（取贤与能）制，规定"士无世官"②、官吏由国君任命等。同时，由国家直接对各级官吏实施监督、考核制，有政绩的，继续录用或提升；不称职的则罢黜治罪。例如规定在每年的正月，乡良人和属大夫要向国君汇报治理政绩，国君则根据工作成效来决定任免事宜，"选其官之贤者而复之"③；而对那些"蔽贤""蔽明""下比"者则免官治罪。管仲推行的这套官吏选拔制度，实际上是从旧贵族、卿大夫手中夺取了他们的"世官"治权，把整个国家的"治权"集中到中央政权和国君手中。尽管管仲改革有着较大的历史局限④，但也推动了齐国政治、经济、法律、文化的发展。

齐国进行中央集权的政治体制改革主要体现在三个方面，其一，是对中央政治系统中的权力，尤其是君权与相权的再配置。春秋战国之际，随着国、高等卿族势力的削弱，田氏逐渐强大起来，并取代姜齐政权而建立新的国家。田氏代齐，列为诸侯，贵为王者，但是其亲身经历的夺权过程使他们十分警惕权臣政治的再现。故田氏代齐后，相的职责也逐渐加强。例如当时齐国相权是总揽枢要、辅助国君，但是由于微妙的君相关系，相权内涵也在发生变化。如过去是宰相把持军、政二权，但是战国中后期的齐国却是相、将分立，行政权与军权一分为二，各自操于宰相、将军之

---

① 例如齐国实行的"官山海"政策，打破了贵族、封君对部分山海资源的把持，凸显了国家对经济资源的垄断。而"参国""伍鄙"制度则是国家对基层社会实行全面管理的地方行政体制的改革，由此剥夺了诸多旧贵、封君的"封邑"治权。

② 赵岐注，孙奭疏：《孟子注疏》，李学勤主编《十三经注疏》，北京：北京大学出版社，1999年，第335页。

③ 徐元诰撰，王树民、沈长云点校：《国语集解》（修订本），北京：中华书局，2002年，第226页。

④ 例如管子推行的"参国""伍鄙"制，虽然是按照地域划分、管理人口，区分"国""野"界限，但是"士乡十五。公帅五乡焉，国子帅五乡焉，高子帅五乡焉"[徐元诰撰，王树民、沈长云点校：《国语集解》（修订本），北京：中华书局，2002年，第222页]，势力强大的国、高卿族仍然与国君分治士乡，说明当时国君对于官员的权力约束仍是有限的。

手。齐国的将最初出现在春秋晚期，齐景公时曾任田穰苴为将。据《史记·司马穰苴列传》载："齐景公时，晋伐阿、甄而燕侵河上，齐师败绩。景公患之。晏婴乃荐田穰苴……景公召穰苴，与语兵事，大说之，以为将军，将兵扞燕晋之师。"《史记索隐》曰："谓命之为将，以将军也。……遂以将军为官名。"① 其时将军亦可称为司马。"景公与诸大夫郊迎，劳师成礼，然后反归寝。既见穰苴，尊为大司马。"《史记索隐》："按：穰苴，名，田氏之族，为大司马，故曰司马穰苴。"《史记正义》："田穰苴为司马官，主兵。"② 可见当时齐国的司马与将军有二称互用现象，宰相权力由此大为下降，其任免去留完全听之于君。③ 在中央官制体系中，宰相之下又设文官系统襄助治理，其中最主要的是五官。例如《战国策·齐策一》中田婴对齐威王说："五官之计，不可不日听也而数览。"④ 五官所指，注家解说纷纭。鲍彪注引《曲礼》谓五官是司徒、司空、司马、司士、司寇。缪文远《七国考订补》谓五官是《吕氏春秋·勿躬》和《管子·小国》所说的大田、大行、大谏、大司马和大理。总之，以君主集权为核心的官僚体系的建构，使君相权力此消彼长，国家权力配置出现了新变化。其二，地方行政系统也逐渐向"国家本位"体制过渡。战国时期，齐国的辖区可分为国君直辖区、国家管辖区和封君采邑三部分。齐在国家管辖区实行都县制。其中，"都"是战国时齐国所设的一种特殊的区域行政军事组织，文献中记载

---

① 司马迁：《史记》卷六十四《司马穰苴列传》，北京：中华书局，1959 年，第 2157-2158 页。

② 司马迁：《史记》卷六十四《司马穰苴列传》，北京：中华书局，1959 年，第 2158 页。

③ 《战国策·齐策六》载："王有所幸臣九人之属，欲伤安平君（田单）……异日，而王曰：'召相单来。'田单免冠徒跣肉袒而进，退而请死罪。五日，而王曰：'子无罪于寡人，子为子之臣礼，吾为吾之王礼而已矣。'"（何建章注释：《战国策注释》卷十三《齐策六》，北京：中华书局，1990 年，第 464 页。）齐襄王听信谗言，对宰相田单甚为傲慢，田单则"免冠统徒跣肉袒而进，退而请死罪"，甚为忍辱。这段史迹除了说明宰相的权力被削弱外，还证明齐国君臣关系发生了根本性的变化，即君臣关系已经演变为主仆关系。

④ 何建章注释：《战国策注释》卷八《齐策一》，北京：中华书局，1990 年，第 300 页。

齐有五都，如《战国策·燕策一》："王因令章子将五都之兵。"① 关于"五都"的地望有不同的说法②，但是都属于国君直接掌管的地域是无疑的。五都均驻有常备兵，这些军队构成了齐中央军的主力。后来"都"长官的职责扩大到兼管地方政务，使"都"成为军政合一的地方权力机构。齐国君主对"都""县"的长官有着绝对的生杀予夺权力，例如历史上著名的齐威王重赏即墨大夫而烹阿大夫就是其例。日本学者太田幸男认为："威王对以上两位大夫的不同处理，便体现了变革旧的统治方式而将大夫作为官僚使用的新的统治思想。也就是说，威王所行使的是君主的集权。针对大夫治理其封邑的政策，君主予以赏罚，君主政令下达官僚，这一政治体制与春秋以来的邑制'国家'体制有着本质的区别。""这一事件以后，齐国实际上形成了君主之下的官僚集团。"③ 其三，齐国在官员选拔、任免制度上也进行了改革。当时齐国国君选拔官员的渠道，主要是荐举，包括士人的上书、游说、立功仕进等多种途径。但是这些途径均由国君所掌握。如苏秦曾游说齐王，即被任命为相。这种选官方式，较之世卿世禄制，更适合君主对官僚机构的控制。《史记·六国年表》曾记田氏代齐后六国的政治变化："是后陪臣执政，大夫世禄，六卿擅晋权，征伐会盟，威重于诸侯。及田常杀简公而相齐国，诸侯晏然弗讨，海内争于战功矣。三国终之卒分晋，田和亦灭齐而有之，六国之盛自此始。务在强兵并敌，谋诈用而从衡短长之说起。矫称蜂出，誓盟不信，虽置质剖符犹不能约束也。"④

战国时期的齐国政治，一个显著特征是法家学派在齐国的兴起。但是，齐国法家并不同于三晋法家。它来自三晋，又根据齐国的政治环境而

---

① 何建章注释：《战国策注释》卷二十九《燕策一》，北京：中华书局，1990年，第1105页。
② 例如杨宽认为齐国五都即平陆、高唐、即墨、莒、临淄（杨宽：《战国史》，上海：上海人民出版社，2003年，第229—230页）；韩连琪则认为五都是指边域上的五个重镇即高唐、平陆、南城、阿、即墨。（韩连琪：《春秋战国时代的郡县制及其演变》，《文史哲》，1986年第5期。）
③ 太田幸男著，路英勇译：《田齐的建立》，《管子学刊》，1995年第1期。
④ 司马迁：《史记》卷十五《六国年表》，北京：中华书局，1959年，第685页。

有所变化。黄老学派在战国时期假托黄帝、老子之言为指导思想，尊传说中的黄帝和老子为学说创始人，其代表作为《黄帝四经》《老子》。1973年考古工作者在湖南长沙马王堆三号汉墓考古发掘时，出土了一批极具价值的古代帛书。而在其中的帛书《老子》甲本卷后、乙本卷前，附有四篇古佚书——《经法》《十大经》《称》《道原》。唐兰先生经过考证，认定这四篇古佚书即《汉书·艺文志》所记载的"《黄帝四经》四篇"，是佚失已久的黄老道家的重要经典。① 黄老思想是战国时期法家人物在刑名法术上所本之学。笔者认为，黄老学说并非道家学说，也不是道、法合一之说，而是三晋法家学说在东方齐地的"别派"学说。② 从目前学界的普遍认识来看，出土帛书《黄帝四经》基本代表了战国时期黄老学说的思想。黄老之学虽在本体论上取法道家，但和老子、庄子等人的思想已有着重大区别，带有明显的以"道"喻"法"的特点。而由于道家崇尚"道法自然"的自然天道观，故它对法家学说的自然人性论即性恶论大有裨益，因此常常被先秦时期的法家人物如韩非子等作为其政治思想的本体论、天道观加以引用。同时，黄老学派对法家理论颇有创新。战国法家的"术""势"理论，大约即出自稷下黄老学派的慎到、申不害等人，故司马迁说："慎到，……皆学黄老道德之术，因发明序其指意。"③ "韩非者，……喜刑名法术之学，而其归本于黄老。"④ 所以，当时所谓"黄老"学说，将代表刑名之学的"黄帝"之称放在前面，"老子"称谓则在其后。这种学派称谓并不是随意形成的，而是与其学派的思想体系密切相关的。

从传世文献与出土材料看，战国时期黄老之学中的"黄帝"所代表的学说，并不是以"老子"的"道"为基本内容，而是以实行刑名法术的

---

① 唐兰：《马王堆出土〈老子〉乙本卷前古佚书的研究——兼论其与汉初儒法斗争的关系》，《考古学报》，1975年第1期。
② 关于黄老学说与法家关系的问题，请参见本丛书第三卷《西汉王朝的国家建构与社会整合》第一章《东方法家"别派"：黄老之学与"汉承秦制"之路》。
③ 司马迁：《史记》卷七十四《孟子荀卿列传》，北京：中华书局，1959年，第2347页。
④ 司马迁：《史记》卷六十二《老子韩非列传》，北京：中华书局，1959年，第2146页。

"霸道"为核心。齐桓公是春秋五霸中最早的霸主,也是春秋战国时齐人景仰的先王。而齐人为附会其先祖先王之业绩,故以黄帝为先圣。古器铭《陈侯因𬭚敦》记载:"其唯因𬭚,扬皇考,绍重高祖黄帝,迩嗣桓文。"① 说明黄帝学说在齐国流传久远,并与齐人之霸业思想密切相关。事实上,在其时的上古传说、神话中,齐田氏就与黄帝在血脉、王业上代代相继。如《史记·陈杞世家》记田齐之先祖:"陈胡公满者,虞帝舜之后也……舜已崩,传禹天下,而舜子商均为封国。夏后之时,或失或续。"② 而《史记·五帝本纪》亦载:"嫘祖为黄帝正妃,生二子,其后皆有天下……黄帝崩,葬桥山。其孙昌意之子高阳立,是为帝颛顼也。"③ "虞舜者,名曰重华。……穷蝉父曰帝颛顼,颛顼父曰昌意,以至舜七世矣。"④ 故丁山先生论曰:"是舜为黄帝八世孙,陈为舜后,亦即黄帝后,陈侯因𬭚正黄帝之远孙也。"⑤ 而据中国上古之传说,舜系东夷之人,正与田齐有着渊源依据。这种黄帝与东方齐国君主的世系关系虽然多为附会之论,但也可看出春秋、战国时代东方齐人的一种以"刑名"为主的霸业思想。

正因如此,司马迁著《史记》时就认为"申子之学本于黄老而主刑名"⑥。而战国著名法家人物韩非的"喜刑名法术之学,而其归本于黄老"⑦。故此《史记》把老庄、申韩合为一传,认为"申子之学本于黄老而主刑名。著书二篇,号曰《申子》"⑧,这也是汉代人最早提到"黄老"

---

① 马承源主编:《商周青铜器铭文选》(第四卷),北京:文物出版社,1990年,第561页。
② 司马迁:《史记》卷三十六《陈杞世家》,北京:中华书局,1959年,第1575页。
③ 司马迁:《史记》卷一《五帝本纪》,北京:中华书局,1959年,第10页。
④ 司马迁:《史记》卷一《五帝本纪》,北京:中华书局,1959年,第31页。
⑤ 丁山:《由陈侯因𬭚镈铭黄帝论五帝》,《国立中央研究院历史语言研究所集刊》,国立中央研究院,第3本第4分,1933年。
⑥ 司马迁:《史记》卷六十二《老子韩非列传》,北京:中华书局,1959年,第2146页。
⑦ 司马迁:《史记》卷六十二《老子韩非列传》,北京:中华书局,1959年,第2146页。
⑧ 司马迁:《史记》卷六十二《老子韩非列传》,北京:中华书局,1959年,第2146页。

和"刑名"关系的。而老庄学派本为战国时位于东方的学派，所以两者相互结合，兼杂"道""法"也不是不可能的。郭沫若亦曾说："黄老之术……事实上是培植于齐，发育于齐，而昌盛于齐的。"① 它说明黄老之学生于东方之齐，直至战国中后期都在齐人中有着重要影响，可以说是齐国政治哲学中的重要学派。这一学派由于秉承法家刑名之学，因此在齐国政坛上亦有着重要影响。《史记·孟子荀卿列传》说："慎到，赵人。田骈、接子，齐人。环渊，楚人。皆学黄老道德之术。"这些人广为著述，"慎到著十二论，环渊著上下篇，而田骈、接子皆有著焉"。② 慎道、田骈、接子、环渊等都是在战国时与"黄老"传习有关的学者，甚至连曾担任稷下学宫祭酒一职的荀子也是如此。如《汉书·艺文志》"小说家"类中"《宋子》十八篇"条下，班固注云："孙卿道宋子，其言黄老意。"③ 故有学者认为荀子亦应归属于具有黄老思想背景的学人。郭沫若先生认为，齐国"黄帝"学的兴盛可能与田氏为论证其取代姜齐之合法性而刻意抬高黄帝地位的历史现象有关。④

黄老学说产生于东方滨海之地，其思想虽然源于三晋法家，但是在诸多具体的治理思想上却与商、韩等法家人物有别。这是与齐国的历史文化有关的。到齐威王时代，尽管王权仍然受制于部分有实权的卿大夫，但是总的来看，作为一种制度建构的君主集权及官僚政治体制已初步建立，并已具备较为完备的制度形态。田氏代齐以后，齐国的中央王权就没有停止过强化集权的步履，"亲亲尚恩"的世卿世禄制度被逐渐废除，而"尊贤尚功"则成为一种通行的政治制度。

---

① 郭沫若：《稷下黄老学派的批判》，《十批判书》，上海：东方出版社，1996年，第157页。

② 司马迁：《史记》卷七十四《孟子荀卿列传》，北京：中华书局，1959年，第2347页。

③ 班固：《汉书》卷三十《艺文志》，北京：中华书局，1962年，第1744页。这段史料曾有学者进行详细讨论，认为是荀子用"黄老意"来"道《宋子》"。参见苗润田：《释"孙卿道宋子，其言黄老意"》，《孔子研究》，1993年第1期；白奚：《"孙卿道宋子，其言黄老意"正解》，《中国哲学史》，1996年第4期。

④ 郭沫若：《十批判书》，上海：东方出版社，1996年，第156—191页。

但是，齐国的政治体制与三晋、楚、秦均有不同特质。战国时的田齐对工商业的重视比姜齐更甚。战国时期的齐国，不仅工商致富的观念已深入人心，而且齐国政府为了军赋、税收，采取了更有利于工商业发展的措施。例如田齐政权就通过减免关税、建立完善的驿传制度等措施来优化营商环境，其结果是极大发展了工商业与城市经济。例如齐都临淄，"甚富而实，其民无不吹竽鼓瑟，弹琴击筑，斗鸡走狗，六博蹋鞠者。临淄之途，车毂击，人肩摩，连衽成帷，举袂成幕，挥汗成雨，家殷人足，志高气扬"①，其"家殷人足，志高气扬"的富足与自由风气，与西秦等国的情况相比，真是有千差万别。齐国经济社会的特征，注定了其改革不能像西秦改革那样的全面、激进；而齐国社会富靡的风俗文化难以使国家进入西秦那样的军事战争轨道。这就使齐国的改革只能根据其国情而走向与其他各国不一样的道路。特别是齐国军赋、税收对工商业具有依赖性，故它注重打造良好的营商环境。而工商业所具有的流动性、自由性、开放性特点，使它对社会流动程度有所要求，需要更加宽松的自由贸易环境，因此齐国在国家、社会的治理中不能采取单一的"农战""壹治"政策。故战国时的齐国仍然依循着管仲变法所开启的"四民"政策，其改革循序渐进、由上而下，采取一种温和、宽松的行政管理制度，并没有像西秦商鞅变法那样进行大规模的政治、经济与社会改革。

法家政治思想中极其重要的"术""势"之说，之所以发端于齐之稷下学派，是因为稷下学派有着这种酝酿新思想的自由讨论的土壤。齐国稷下学派虽然可以自由谈论其时君主集权体制下的诸多大家关心的新问题，但是其理论与实践却并没有达成一致。例如稷下学宫是齐国官方建立的学府兼政府智库，稷下学宫在兴盛时期，曾容纳了战国时期诸子百家的几乎各个学派，汇集了天下贤士多达千人，其中著名的学者如孟子（孟轲）、淳于髡、邹子（邹衍）、田骈、慎子（慎到）、申子（申不害）、接子、季真、涓子（环渊）、彭蒙、尹文子（尹文）、田巴、儿说、鲁连子（鲁仲连）、驺子（驺奭）、荀子（荀况）等。稷下学宫的这种特征，使稷下各

---

① 司马迁：《史记》卷六十九《苏秦列传》，北京：中华书局，1959年，第2257页。

学派展开丰富多彩的讨论，涉及话题多种多样，根本宗旨却在为齐国政权的"资治""为政"而服务。由于这种宽松的学术氛围，三晋法家学者大多被吸引并聚集在稷下学宫，通过学派之间的相互探讨而不断深化着法家理论与治国学说。例如法家的著名人物，提倡"术治"的申不害，倡"势"重"权"的慎到，以及韩非、李斯的老师荀子等，就集中于稷下学宫讲道、论学，由此建立了法家"法""术""势"的理论基础。但是从文献来看，其权要纵横之术较少被当政者采用。因此，齐国实行的相对温和、自由的开放政策虽然促使黄老学派理论发展，但是其时的兼并战争环境又使黄老思想无法被真正加以实施。故总的来看，黄老思想仍然是稷下学宫自由讨论的思想产物，没有被运用于齐国的政治实践中。

总之，战国时代三晋及齐的政治制度改革，应该说是源于一种政治的敏感和历史的自觉，所以改革尽管在三晋、齐兴起，但并没有形成涉及整个社会层面的全面改革。但是战国时代各国激烈的开疆拓土的战争，使各大国直接成为疆域相接的比邻国家，并使彼此的战争、冲突日益增加。这就促使各国之间的主要矛盾迅速转化为在大国兼并战争中或求取生存或保持"王业"，或奋发图强以谋求夺取"天下"的斗争。如果说春秋时期尚存"会盟""朝聘"等礼仪制度，那么进入战国时代，各国之间的这种礼仪、尊卑等级制度便被一扫而尽，仅仅存在着关乎存亡的利害关系，形成"邦无定交，士无定主"[①]的局面。

战国时代的楚国，在改革变法上有着曲折的历程。楚国在周礼的文化积淀方面不及三晋深厚，但也是个历史悠久的大国。在当时的中原国家中，鲁国三桓曾三分、四分公室，晋国为三家所分，东方齐国则在公室与卿族斗争中，走向田氏代齐。而楚国的历史却没有这种情况。在春秋时代，楚国公族既占据着统治地位，又枝叶旁分，支系甚多。例如自若敖至成王，绝大多数国君的后人都得以立氏，绵绵不断。同时，部分楚国国君的子孙立氏数量远远超出一般水平。例如春秋楚国公族立氏中，若敖、楚

---

① 顾炎武著，黄汝成集释，栾保群、吕宗力校点：《日知录集释》卷十三《周末风俗》，上海：上海古籍出版社，2006年，第749—750页。

庄王、楚平王后裔立氏分别为 11 个、7 个、8 个，其后裔更是枝叶繁茂，有学者将楚国的这种立氏现象描述为"国力昌盛或国家多难之时往往是姓氏产生高峰期"①。特别是实力强大的斗氏，立氏最多。② 从楚庄王以后，楚公室对公族的控制逐渐加强，它使公族的发展空间相对有限，再也无法重现若敖氏一家独大的局面，也不再可能出现像若敖氏那么多的分支姓氏。因此，在楚国，一方面，王权始终掌握在公族手中，不会受到异姓卿族的威胁③；另一方面，由于大多数国君都在持续不断地立氏，故公族内部存在着错综复杂的枝叶、派系。这些公族内部的派系既联合又斗争，一方面使楚国王权不受外来氏族的威胁，国家权力始终掌握在以国君为代表的公室手中。另一方面，以公族为代表的旧贵、卿大夫的斗争围绕着争夺"治权"、人口、土地等进行，也影响到了楚国国力的凝聚。《左传·成公七年》记楚庄王时，子重（庄王弟，共王时曾任为令尹）以为在围宋之役中有功，请取申、吕两地作为赏田，申公巫臣担心国家减少征收军赋的土地而加以反对，子重于是怀恨在心，在楚共王时伙同子反杀巫臣之族"而分其室"。这种斗争影响到楚国的军赋征收，使楚国不能集中全国资源投入到兼并战争中。后楚国实行"蔿掩书土田"④，其主要内容是在调查楚境内土地收入基础上，计算出不同土地应缴纳的军赋数量，然后编成簿籍，以此来征收军赋。由于"蔿掩书土田"是将"国""野"及封君、贵族封地都作为对国家缴纳军赋的对象，因此它实际上剥夺了旧封君、贵族的一部分政治、经济权力，使封君、贵族的赏田或采地失去了特殊地位。

楚国地大物博，雄踞南方，故在战国时便成为举足轻重的大国，"凡天下强国，非秦而楚，非楚而秦"⑤。但随着各国改革、变法的实施，楚国

---

① 刘秉忠、李丽：《楚国公族姓氏考略》，《江汉考古》，1999 年第 1 期。
② 如斗氏至斗伯比分出伯比氏，至斗文（斗谷於菟）分出斗文氏、班氏，至斗克黄分出箴尹氏、班氏，至蔓成然又分出蔓氏。包括著名的若敖氏亦是从斗氏分化出来。
③ 楚国历史上出现的"白公胜之乱"，其实也属于公族"内争"。
④ 据《左传·襄公二十五年》记，楚康王十二年（前 548），子木当上令尹，让司马蔿掩整治军赋，规划军备，这就是楚国历史上著名的"蔿掩书土田"。[杨伯峻编著：《春秋左传注》（修订本），北京：中华书局，1990 年，第 1107 页。]
⑤ 司马迁：《史记》卷七十《张仪列传》，北京：中华书局，1959 年，第 2290 页。

也面临着巨大的战争压力。例如由于各国争相开疆辟土、纵横捭阖，楚国与各国的关系更加紧张，在战场上楚军也常常败绩。① 这一时期，三晋各国通过体制改革而逐渐强大起来。而楚国由于旧公族枝叶繁茂、封君势力过盛，"大臣太重，封君太众"，使楚国经济资源十分分散。② 于是，为了摆脱内外交困的局面，楚悼王决心进行改革，以振兴国势。公元前387年，吴起遭魏武侯疑忌，离魏投楚，被楚悼王立为宰相，悼王重用吴起改革变法。吴起深谙楚国的弊症，故在变法中，首先试图打击旧贵、封君，收回封君"治权"，使楚国的"王权"与"治权"达到统一。因此吴起在变法之初，"明法审令"，在全国实行法治。在此同时，收减百官和封君子孙的俸禄，减爵禄，废除贵族世卿世禄的封君食邑制，将资源收归国家，以保证军队的给养和训练。"使封君之子孙三世而收爵禄，绝灭百吏之禄秩，损不急之枝官，以奉选练之士。"③ "吴起为楚减爵禄之令。"④ "均楚国之爵，而平其禄。损其有余，而继其不足。"⑤ 同时，大力整顿吏治。吴起认为，"大臣太重"与"封君太众"是楚国政治两大弊端，故在废除贵族特权的同时，削弱大臣威权，"禁明党以励百姓"，禁止大吏结党营私，"罢无能，废无用""塞私门之请，一楚国之俗"⑥，"使私不害公，谗不蔽

---

① 如楚悼王二年（前400），魏、韩、赵举兵攻楚，至乘丘（今山东巨野西南）而还；第二年，楚还榆关给郑；楚悼王十一年（前391），魏、赵、韩又攻楚，再败楚军于大梁、榆关。楚只得以重礼贿赂秦国，使秦出兵攻韩宜阳，才使楚与三晋讲和。

② 尽管楚国也逐渐实行郡县制，但是楚王为对少数功臣、宠戚或宠臣进行封赏、笼络，而继续授予卿大夫等以"君"或"侯"等名号。关于楚国的封君领地制，有学者认为，"吴起变法前后，楚国封君领地的内部建构发生诸多变化。战国前期封君的领地大小与县相当，其内部包括一个或数个城邑，城内划分为诸'里'，城邑之外，环有乡野，乡野可以根据不同标准划分为诸'邑'，邑的规模和大小也有不同"（郑威：《吴起变法前后楚国封君领地构成的变化》，《历史研究》，2012年第1期），封君人数不断增加，使封君在封地内的治权仍然较大。

③ 王先慎撰，钟哲点校：《韩非子集解》，北京：中华书局，1998年，第96-97页。

④ 刘文典撰，冯逸、乔华点校：《淮南鸿烈集解》卷二十《泰族训》，北京：中华书局，1989年，第695页。

⑤ 刘向撰，向宗鲁校证：《说苑校证》卷十五《指武》，北京：中华书局，1987年，第367页。

⑥ 司马迁：《史记》卷七十九《范雎蔡泽列传》，北京：中华书局，1959年，第2423页。

忠，言不取苟合，行不取苟容，行义不固毁誉"①，又徙贵族于边境，以实广虚之地。吴起希望通过这些变法举措，来建立一种新型国家的军事体制。

但是，吴起的变法，显然超出了楚国上层统治集团所能承受的限度。楚悼王支持吴起变法，"要在强兵"②。但是变法毕竟是一种新的利益分配和权力配置，必然会涉及旧贵、封君的政治、经济利益，于是从一开始就受到这些旧贵、封君的阻扰。只是在楚悼王支持下，吴起能够坚持变法。公元前381年，楚悼王病死，旧贵族立即发动叛乱，包围王宫，用乱箭射死了吴起，而楚国变法也就此落下帷幕。但是，吴起变法由于适应了战国争霸战的特点，尤其是促进了楚国贵族政治向官僚政治的转化，故对振兴楚国的效果显著。《韩非子·喻老》曾云："楚邦之法，禄臣再世而收地。"③《淮南子·人间训》："楚国之俗，功臣二世而爵禄。"④ 楚国也一扫过去贫弱局面，国力迅速发展。据《史记·孙子吴起列传》载，吴起相悼王，"却三晋，西伐秦"，在与强国抗衡中，"诸侯患楚之强"⑤。《战国策·秦策三》载，吴起时楚"南收扬越，北并陈蔡"⑥，占领了长江中下游以南的大片土地。《后汉书·南蛮西南夷列传》记："及吴起相悼王，南并蛮越，遂有洞庭、苍梧。"⑦ 出土材料《鄂君启节》上的铭文也证明其时楚国疆域已开拓到湖南、广西一带。

吴起变法终归以悲剧收场，其原因固然很多。楚悼王过早地去世，使吴起失去了政治靠山，变法陷于困境，这是导致其失败的偶然性因素。但吴起变法符合了战国的大趋势，因此虽然吴起个人命运多舛，其变法举措却保持了下来，这是变法成功推行的必然条件。因此对于吴起变法的结

---

① 何建章注释：《战国策注释》卷五《秦策三》，北京：中华书局，1990年，第204页。
② 司马迁：《史记》卷六十五《孙子吴起列传》，北京：中华书局，1959年，第2168页。
③ 王先慎撰，钟哲点校：《韩非子集解》，北京：中华书局，1998年，第157页。
④ 何宁：《淮南子集释》卷十八《人间训》，北京：中华书局，1998年，第1244页。
⑤ 司马迁：《史记》卷六十五《孙子吴起列传》，北京：中华书局，1959年，第2168页。
⑥ 何建章注释：《战国策注释》卷五《秦策三》，北京：中华书局，1990年，第205页。
⑦ 范晔：《后汉书》卷八十六《南蛮西南夷列传》，北京：中华书局，1965年，第2831页。

果，我们应该辩证地看待。

位居北方的燕国是西周王朝分封的姬姓诸侯国，其祖先为西周初年的召公。周武王之灭纣，封召公于北燕。燕国地理环境险峻，民风彪悍，"上谷至辽东，地广民希，数被胡寇，俗与赵、代相类"①。春秋战国时，"外迫蛮貊，内措齐、晋，崎岖强国之间，最为弱小，几灭者数矣。然社稷血食者八九百岁，于姬姓独后亡"②。因燕国早期历史材料匮乏，目前难以对其进行详述。但是燕国从西周初以来，自召公以下九世至惠侯，其后历经数世，由公室执掌政权，尚未出现卿族专制、权臣代政的现象，其政权较为稳定。春秋战国之际，燕国在北方开疆辟土，逐渐成为北方大国。燕易王十年（前323），魏公孙衍发起燕、赵、中山、魏、韩"五国相王"以抗秦，燕国至此称王。这时的燕国已经完成了君主集权的官僚制度改革。例如燕国很早就形成了"相国"（"相邦"）制度，"相国"统领百官，对国君负责。《韩非子·外储说左上》记"郢人有遗燕相国书者"③，说明战国时"相国"已成为燕国的常设制度。从文献看，燕王哙时有子之为相④，燕惠王时有公孙操（成安君）为相⑤，燕王喜时有栗腹为相⑥，这些相国都是位高权重的官僚。在燕国官僚政治发展中，为了平衡君、相的权力关系，燕国又设"将"，分掌军权，由此建立起文武分途的将、相制度。例如文献记载担任过燕将的有燕王哙时的将军市被⑦，燕惠王时的将军公孙操⑧，"袭破走东

---

① 班固：《汉书》卷八十二《地理志下》，北京：中华书局，1962年，第1657页。
② 司马迁：《史记》卷三十四《燕召公世家》，北京：中华书局，1959年，第1561-1562页。
③ 王先慎撰，钟哲点校：《韩非子集解》，北京：中华书局，1998年，第279页。
④ 何建章注释：《战国策注释》卷二十九《燕策一》，北京：中华书局，1990年，第1104页。
⑤ 《史记索隐》引《赵世家》："惠文王二十八年，燕相成安君公孙操弒其王。"（司马迁：《史记》卷三十四《燕召公世家》，北京：中华书局，1959年，第1559页。）
⑥ 司马迁：《史记》卷三十四《燕召公世家》，北京：中华书局，1959年，第1559页。
⑦ 司马迁：《史记》卷三十四《燕召公世家》，北京：中华书局，1959年，第1556页。
⑧ 司马迁：《史记》卷四十三《赵世家》，北京：中华书局，1959年，第1821-1822页。

胡"的燕人秦开等①。另外，乐毅亦曾为燕国的上将军。从考古材料看，在燕下都出土过带有"将军"铭文的铜戈如"将军张"（第107、95号戈）。李学勤《战国题铭概述》记有战国时燕的"左陶尹"和"右陶尹"陶文各四例。②此外，战国时燕的朝廷百官职能已初具。例如燕国在"相国"下设有司工、司寇和司空。司工主要执掌田地、户籍，司寇则执掌刑事、法律，司空则主管土、木工程制造。而在"将军"之下则设有"司马"等职。③

战国时期的燕国已摆脱旧的卿族政治的羁绊而进入到君主集权体制中。虽然文献所记阙如，但是我们可以推定燕国政治制度的改革如三晋改革一样，主要是在上层统治集团内进行的。通过这种改革，燕国的旧贵、封君减少，其世袭特权大都被削弱，而由君主直接治下的、实行俸薪制的流官则成为燕国官吏的主要来源。④战国时燕国已采用"石"来作为官俸的计量单位，如燕王哙"禅让"王位于相国子之时，"王因收印，自三百石吏而效之子之"⑤。同时，燕国在地方行政体制方面设立郡县制。《战国策·秦策五》："赵攻燕，得上谷三十六县，与秦什一。"⑥燕昭王时，燕国贤将秦开袭破东胡，北筑长城，设置了上谷、渔阳、右北平、辽西、辽东五郡。燕国五郡的设置，主要目的是作为军事边郡"拒胡"。而在新占领的土地上，燕国也推行郡县制。燕昭王时，乐毅伐齐，势如破竹，"下齐七十余城，皆为郡县以属燕"⑦。当时燕国的郡、县应该是中央政府直辖的内

---

① 司马迁：《史记》卷一百十《匈奴列传》，北京：中华书局，1959年，第2885-2886页。

② 李学勤：《战国题铭概述》，《文物》，1959年第7期。

③ 如《战国策·齐策六》有"（安平君田单）禽其司马，而反千里之齐"之说。（何建章注释：《战国策注释》卷十三《齐策六》，北京：中华书局，1990年，第465页。）

④ 战国时期各国实行的官俸制有所不同，例如卫用"盆"、齐魏用"钟"、秦用"斗"来计量官吏俸禄，而燕国则采用"石"来作为官俸的计量单位。

⑤ 何建章注释：《战国策注释》卷二十九《燕策一》，北京：中华书局，1990年，第1105页。

⑥ 按，上谷即"上谷郡"。何建章注释：《战国策注释》卷七《秦策五》，北京：中华书局，1990年，第276页。

⑦ 司马迁：《史记》卷八十《乐毅列传》，北京：中华书局，1959年，第2429页。

地与边防的军、政机构，故郡的行政长官"守"主要由武官充任，如赵人赵奢曾经抵罪居燕，"燕以奢为上谷守"①；而县的行政长官是"令"，由文官充任，下设丞、尉等。在出土的官印中，有"司徒""司马""司工""丞"等官名，如"洵城都司徒""文安都司徒""夏屋都司徒""平阴都司徒""方城都司徒""恭阴都左司马""庚都右司马"等。②

尽管文献记载燕国仍然保留了封君制度，但是这一时期的燕国封君仅是燕王根据大臣对国家的功劳而设定的一种赏赐制度。见诸史籍的燕国封君大约有五个，即襄安君、武安君、昌国君、成安君、高阳君。③ 从这些封君的经历来看，他们均是立国有功或君主极其信任者，既有燕国王族，也有出身异国的将领。④ 但是燕国的新体制使王室对官僚政治体制中的异姓大臣十分依赖，乃至出现燕哙王"禅让"的重大事件。据文献记载，燕哙王子之相燕，贵重主断。燕王哙年老不问政事，国事皆决于子之。后燕哙王听信鹿毛寿建议，欲将政权"禅让"于子之，导致燕国长期积累的公

---

① 何建章注释：《战国策注释》卷二十一《赵策四》，北京：中华书局，1990年，第784页。

② 高明：《中国古文字学通论》，北京：北京大学出版社，1996年，第469-470页。

③ 燕国封君中，襄安君是燕国王族，可能系昭王之弟。（马王堆汉墓帛书整理小组编：《战国纵横家书》，北京：文物出版社，1976年，第9、12页。）武安君苏秦系燕昭王时的封君，苏秦在昭王时倡导连横，对燕国立有大功。昌国君系燕昭王、惠王时的封君乐毅、乐闲父子。公元前284年，乐毅统军攻破齐国，下齐七十余城，因功封于齐郡昌国，是为昌国君，位列亚卿。（司马迁：《史记》卷八十《乐毅列传》，北京：中华书局，1959年，第2427页。）成安君是在燕惠王时的封君，受封者公孙操，公元前271年，公孙操杀燕惠王，拥立武成王，由此受封。《史记索隐》："按：《赵世家》'惠文王二十八年，燕相成安君公孙操弑其王。'"（司马迁：《史记》卷三十四《燕召公世家》，第1559页。）《史记·赵世家》则作："（赵惠文王）二十八年，……燕将成安君公孙操弑其王。"（司马迁：《史记》卷四十三《赵世家》，第1821-1822页。）高阳君系燕武成王时宋人荣蚠，史载燕武成王七年（前265），荣蚠率兵攻赵。（何建章注释：《战国策注释》卷二十一《赵策四》，北京：中华书局，1990年，第784页。另见《史记》之《六国年表》《燕召公世家》《赵世家》。）

④ 战国时期的燕国封君，除了上述五位外，还有一位目前尚不确，即刚成君蔡泽。《史记·范雎蔡泽列传》记为"纲成君"，蔡泽曾经游说于赵、韩、魏等国，皆不得志。公元前255年，蔡泽在秦游说范雎退位让贤，范雎因称病辞职，推荐蔡泽接替相位。蔡泽相秦数月，"人或恶之，惧诛，乃谢病归相印，号为刚成君"（何建章注释：《战国策注释》卷五《秦策三》，北京：中华书局，1990年，第2425页）。后因周旋于秦、燕之间，受燕国君主欣赏，亦被燕国封于刚成而号为刚成君。

室、公族与权臣的矛盾爆发，太子姬平联合将军市被发动叛乱，而邻近的中山国亦趁机攻城略地。其后齐宣王趁燕国内乱出兵攻燕，打败燕军，杀死燕王哙和子之，太子平之弟姬职继位，是为燕昭王。对于燕哙王的"禅让"之举属于什么性质，目前尚不能确知。从其前后事实来看，哙王行"禅让"之举，原因可能多种多样①，而从《战国策》《史记》等文献记载来看，其时君、相之间的权力争夺应该是其主要原因。② 例如当时劝导燕哙王"禅位"于相国子之等朝廷大臣如鹿毛寿等，应是朝廷相国子之集团中人。正是他们围绕着燕哙王，为哙王"禅位"子之出谋划策。《史记·燕召公世家》载："或曰：'禹授益而以启为吏，及老，而以启为不足任天下，传之益也。启与支党攻益而夺之天下，是禹名传天下于益，其实令启自取之。今王言属国子之，而吏无非太子人者，是名属子之，而太子用

---

① 关于燕王哙禅让子之的事件，请参见《战国策·燕策》《史记·燕召公世家》以及《韩非子·外储说右下》等文献。此外，马王堆汉墓出土帛书《战国纵横家书》、中山国遗址1号墓出土的中山王方壶铭文，传世文献《孟子》《论衡》等也涉及对"禅让"之说的解释。

② 《战国策·燕策一》："或曰：'禹授益，而以启为吏，及老，而以启为不足任天下，传之益也。启与支党攻益，而夺之天下，是禹名传天下于益，其实令启自取之。今王言属国子之，而吏无非太子人者，是名属子之，而太子用事。'王因收印，自三百石吏而效之子之。子之南面行王事，而哙老不听政，顾为臣，国事皆决之。子之三年，燕国大乱，百姓恫怨。将军市被、太子平谋，将攻子之。储子谓齐宣王：'因而仆之，破燕必矣。'王因令人谓太子平曰：'寡人闻太子之义，将废私而立公，饬君臣之义，正父子之位。寡人之国小，不足先后。虽然，则唯太子所以令之。'太子因数党聚众，将军市被围公宫，攻子之，不克；将军市被及百姓反攻。太子平、将军市被死已殉，国构难数月，死者数万众，燕人恫怨，百姓离意。"（何建章注释：《战国策注释》卷二十九《燕策一》，北京：中华书局，1990年，第1104-1105页。）由此说明，燕国哙王"禅让"之举的原因，可能是其欲予故取，或者是燕国内部子之与太子姬平、将军市被的斗争，但更像是公室与相国及其党羽的权力之争，而非真心"禅让"。故"燕昭王于破燕之后即位，卑身厚币以招贤者。谓郭隗曰：'齐因孤之国乱而袭破燕，孤极知燕小力少，不足以报。然诚得贤士以共国，以雪先王之耻，孤之愿也。先生视可者，得身事之。'郭隗曰：'王必欲致士，先从隗始。况贤于隗者，岂远千里哉！'于是昭王为隗改筑宫而师事之。乐毅自魏往，邹衍自齐往，剧辛自赵往，士争趋燕。燕王吊死问孤，与百姓同甘苦"（司马迁：《史记》卷三十四《燕召公世家》，北京：中华书局，1959年，第1558页）。昭王所谓"然诚得贤士以共国，以雪先王之耻，孤之愿也"，以及燕太子平等人与子之的混战，都说明哙王的"禅让"事出有因，而非单纯地效法三代圣王的事迹。

事．'"从"是禹名传天下于益，其实令启自取之"之言可以看出，哙王之"禅让"，实际是为太子姬平继位的予让予取之策。它可能表明在君主集权体制中，出现了集权体制下常出现的新问题，即君相关系的矛盾激化。这种君相关系的矛盾，使以燕太子平为首的公室与相国子之的官僚集团发生了公开的激烈冲突，"国构难数月，死者数万众，燕人恫恐，百姓离意"①。燕国历史使战国中后期儒、法诸家关于"禅让"的讨论甚为热烈。例如《韩非子·说疑》谓尧、舜、禹"禅让"是一种内部权力的争夺，"舜逼尧，禹逼舜，汤放桀，武王伐纣，此四王者，人臣弑其君者也，而天下誉之"②。《韩非子·说疑》还对燕哙王"禅让"之举评论道："燕君子哙，邵公奭之后也。地方数千里，持戟数十万，不安子女之乐，不听钟石之声，……其勤身而忧世不甚于此矣。然而子哙身死国亡，夺于子之，而天下笑之，此其何故也？不明乎所以任臣也。"③ 韩非子所谓"不明乎所以任臣也"正说明了燕王"禅让"之举在当时属于君臣权力分配关系的缘故。而《孟子·万章》亦曰："（舜）居尧之宫，逼尧之子，是篡也，非天与也。"④ 对三代"禅让"提出了质疑。因此，不论是史籍记载还是战国诸家的评论，都显示出战国时的君主集权体制在刚建立时，如何处理好君主集权与"百官之长"的相国的权力配置是十分重要的问题。《韩非子·内储说下》通过战国时代的君主集权与权臣主政的诸多案例，特别指出君主集权中应该警惕的"六微"："一曰权借在下，二曰利异外借，三曰托于似类，四曰利害有反，五曰参疑内争，六曰敌国废置。此六者，主之所察也。"⑤ 这说明在"国家本位"体制建构过程中，由于君主权力的集

---

① 何建章注释：《战国策注释》卷二十九《燕策一》，北京：中华书局，1990年，第1105页。
② 王先慎撰，钟哲点校：《韩非子集解》，北京：中华书局，1998年，第406—407页。
③ 王先慎撰，钟哲点校：《韩非子集解》，北京：中华书局，1998年，第408—409页。
④ 赵岐注，孙奭疏：《孟子注疏》，李学勤主编《十三经注疏》，北京：北京大学出版社，1999年，第257页。
⑤ 王先慎撰，钟哲点校：《韩非子集解》，北京：中华书局，1998年，第240页。

中，引起了君主与大臣关系的诸多难题，而君相关系则是这个难题中的一个中心问题。故顾颉刚先生曾指出："禅让之说乃是战国学者受了时势的刺激，在想象中构成的乌托邦。"① 战国时关于禅让的传说乃是"墨家因为要宣传他们的主义而造出来的"②，它实际上揭示了在新型国家体制建构中出现的新问题。这种君相关系的权力配置也给其后帝制国家制度建构提供了诸多启示。

战国时燕国哙王的"禅让"之举，不仅未能得到对国家权力欲放而夺的效果，反而招致了燕国内部公室与权臣的激烈内斗，使燕国元气大伤。直到昭王即位，励精图治，招徕人才，使"乐毅自魏往，邹衍自齐往，剧辛自赵往，士争趋燕。燕王吊死问孤，与百姓同甘苦"，燕国由此而形成了一种抵强御辱、复兴燕国的社会思潮，"二十八年，燕国殷富，士卒乐轶轻战"，燕国才逐渐恢复了元气。③ 但是毕竟大势所趋，在战国末期强秦的武力进攻下，燕国最终趋于灭亡。顾炎武《日知录·六国独燕无后》中论曰："春秋之时，楚最强。楚之官，令尹最贵，而其为令尹者皆同姓之亲。至于六国已灭之后，而卒能自立以亡秦者，楚也。尝考夫七国之时，人主多任其贵戚，如孟尝、平原、信陵三公子。毋论楚之昭阳、昭奚恤、昭雎……独燕蔑有。子之之于王哙，未知其亲疏。自昭王以降，无一同姓之见于史者。"④ 在顾炎武看来，战国时，各国国君多用宗室、公族为重臣，而"独燕蔑有"。其原因正在于燕国宗室久已不振，而君主只能依靠和信任权臣和信臣，导致了君相之间的权力斗争。

综上所述，春秋战国之际，各国"国君本位"体制改革的路径正是由其生态环境、国情演绎及制度形态所决定。三晋韩、魏、赵与齐田均由卿族夺国自立，故厉行政策，防范其他卿族、权臣的夺权，务将权力集中于

---

① 顾颉刚编著：《古史辨》第一册，上海：上海古籍出版社，1982年，第133页。
② 吕思勉、童书业编著：《古史辨》（第七册下编），上海：上海古籍出版社，1982年，第63页。
③ 司马迁：《史记》卷三十四《燕召公世家》，北京：中华书局，1959年，第1558页。
④ 顾炎武著，黄汝成集释，栾保群、吕宗力校点：《日知录集释》卷二十二《六国独燕无后》，上海：上海古籍出版社，2006年，第1237页。

公室或公族之手。因此，这些国家的改革虽然是自上而下的内部改革，但亦无大变故。至于楚、燕等国，自建国时便权在公室、公族手中，而无卿族、大夫之挑衅，但其在战国时代的国家体制改革中，反而一波三折。在这个时候，远处地处西部一隅的秦国则与这些国家不同，处于商鞅变法后的秦国正如一辆奔驰呼啸的列车在军事化轨道上疾行，并最终成为中国大一统帝制王朝的创造者。

第四章
商鞅变法与秦国"国家本位"体制

第一节 商鞅变法及其政治理论

秦国商鞅变法,本质上是战国时代各国的"国家本位"体制改革、发展的结果。从春秋晚期一直到战国中期,秦文化已经蔓延、浸染到关中平原的大部地区。尽管这一阶段秦文化也受到较多外来文化的影响,但秦地的政治文化传统及社会结构则相对稳定。① 秦与楚、燕一样,世代公族执政,但是秦的公族枝叶繁茂、派系多出,常常出现公族、旧贵轮流执政的情况。例如在春秋战国之际,秦的国家权力常常保持在由公族担任的庶长手中,他们左右朝政,改易国君,因而秦新立国君常系出亡至魏后,又自魏归来的公子。② 加上秦国先祖系素封诸侯,无西周姬姓诸国那样的"封土""分民"传统,其国土面积的扩张,主要依靠秦人在战争中奋力冲杀、开疆辟地。这样秦国内部的公室、公族势力强大,而其他旧贵、世族大多系依附公室、公族的派系势力。为了在残酷的战争环境中得到发展,秦国

---

① 参见滕铭予:《秦文化:从封国到帝国的考古学观察》,北京:学苑出版社,2002年。

② 如秦献公、简公均是由魏国归国代幼主即位的公子。简公所代为年仅十岁的公子连,即后来的献公;献公所代为二三岁的出子。

每当出现幼主即位时，朝堂大臣多倾向拥立成年公子，以稳定国家形势。①春秋战国之际，秦国也在不断吸收三晋等国的一些先进政治、经济、文化制度。特别是在战国前中期，由于献公、简公皆是由魏国归国即位，目睹魏国变法图强的经过，所以归国后都力主政治变革，向东方的魏国学习。例如秦献公早年流亡魏国时，目睹魏国体制改革的成效，故公元前385年回国继位后，在秦国推行改革，并为其后孝公时的商鞅变法奠定了基础。正是因为秦国缺少周代贵族政治的历史包袱，同时又有着强烈的忧患意识和东出称霸的愿望，因此它的新型国家体制的建构虽然晚于三晋、齐等国，但是它的立足富国强兵的变法冲动，使其比关东诸国更具强烈的改革意愿。

从当时局面看，秦的改革、变法有两个可能的发展趋势：其一，像北方燕国那样进行渐进式的局部改革；其二，进行系统的、全面的、激进的改革，通过建构新的政治体制而提升国家对资源获取的能力，以达到富国强兵、东出争霸的目的。而西秦的生态、民族环境，业使秦国采取了更加全面、激进的变法举措。台湾学者王健文曾指出商鞅变法的特征："商鞅的变法，除了横向地移植诸夏文化的内容外，还纵向地完成时代的蜕变。如果将戎狄与华夏文化看成两条简单的平行线，华夏文化自封建体制式微，也自有其发展的轨迹。因此，商鞅变法中的华夏化成分，带着浓厚帝国新秩序形成期的时代特色。商鞅的新政，是华夏化与法家化双轨进行，而法家化同时是东方诸夏的变革主流。"② 这说明商鞅变法不仅有着政治变革的成分，也根据西域的民族特点进行了民族、族群的整合与融汇。正是在这种全面、激进的改革、变法中，秦国的君主集权政治及社会结构得到极大发展，其民族问题也在这种改革、发展中得以逐步解决。

从秦的变法路径来看，献公自归国即位后，即大力引进魏国制度并进行了政治、经济、社会的改革。献公在位23年，实行了止从死、徙治栎

---

① 杨宽：《战国史料编年辑证》，上海：上海人民出版社，2001年，第232页。
② 王健文：《帝国秩序与族群想象：帝制中国初期的华夏意识》，载甘怀真编《东亚历史上的天下与中国概念》，台北：台湾大学出版中心，2009年，第152页。

阳、行为市、为户籍相伍等改革举措。关于"止从死",有学者认为:"秦武公在位时还实行了以活人从死的殉葬制度,这项制度明显地带有畜牧民文化影响的痕迹,在当时都被认为是一种野蛮的做法。但是,如果作进一步的考察,我们很快就会发现秦国历代许多用于殉葬的活人都是很有权势的贵族或官员。因此我猜测,秦武公所设立的活人殉葬制度可能也是一项加强君权的措施。秦国的殉葬制度直到秦献公时才被废止。这一变动同样也许不是偶然的,因为,此时秦国的法家改革在秦献公的推动下已经初具规模,沿用已久的活人殉葬制度在加强君权方面已经不再具有意义。"[1] 即从秦武公至秦献公时期的以活人从死的殉葬制度,是秦国这一时期加强君权过程中的一种政治博弈方式。其观点虽有可商榷之处,但是其中亦包含合理因素。简公以降,秦国体制转向国君集权制的发展,所以,秦国加强君主权力的过程从简公起一直持续到孝公时代。日本学者吉本道雅曾评论说:"躁公死后直至献公,王位继承持续混乱,表现出世族统治体制已经走到尽头。然而同时,我们也不能忽视矛盾恶化的另一个重要因素,即秦国与魏国的军事紧张。简公的拥立否定了秦国传统的父子继承,显示出世族通过自行选择国君而依附于国君的情形,说明对外危机的进一步深化,同时这一危机也导致了世族支配体制的自行解体。简公以降,持续三代的父子继承遭中断。此后献公即位。就在简公以后的一段时间内,秦国体制转向国君专权制度发展。就此而言,简公继位是具有划时代意义的,因而孝公时期的商鞅变法则可以认为是此前已经萌芽的国君专权的持续发展。"[2] 正是秦国的这种内在改革需求与其他国家提供的改革借鉴,终使秦国成为战国时制度变革深入、全面且激进的新型国家。

《史记·商君列传》:"商君者,卫之诸庶孽公子也,名鞅,姓公孙氏,其祖本姬姓也。鞅少好刑名之学,事魏相公叔座为中庶子。公叔座知其

---

[1] 赵鼎新著,夏江旗译:《东周战争与儒法国家的诞生》,上海:华东师范大学出版社,2006年,第140页。
[2] 吉本道雅:《先秦时期国制史》,见佐竹靖彦主编《殷周秦汉史学的基本问题》,北京:中华书局,2008年,第66页。

贤，未及进。"① 商鞅少好刑名之学，又仕宦在魏，故多受李悝、吴起的遗教。钱穆《先秦诸子系年考辨·商鞅考》详叙此事曰："起之为治，大仿李克。鞅入秦相孝公，考其行事，则李克吴起之遗教为多。史称鞅先说孝公以比德殷周，是鞅受儒业之明证也。其变法，令民什伍相牧司连坐，此受之于李克之《网经》也。立木南门，此吴起偾表之故智也。开阡陌封疆，此李克尽地力之教也。迁议令者边城，此吴起令贵人实广虚之地之意也。……人尽夸道鞅政，顾不知皆受之于李吴。"② 钱穆先生此说甚是。因此，从商鞅变法的思想根源看，应是源于三晋法家，故商鞅变法可以视为中原各国变法思潮的继续与深化。在《商君书·更法》中记商鞅与甘龙、杜挚论辩时说："郭偃之法曰：'论至德者不和于俗，成大功者不谋于众。'"蒋礼鸿注曰："郭偃即卜偃，见《国语·晋语》。韦昭注：'郭偃，晋大夫卜偃也。'又曰：'卜偃，晋掌卜大夫郭偃也。'……商、韩并称道郭偃，以其变法也。"③ 如果我们从整体上审视秦国从简公到孝公时代的政治进程，会发现秦国的改革措施大都与三晋一脉相承、前后相继，是对三晋国家政治体制改革的效法。

据《史记·商君列传》记，商鞅西入秦，通过宠臣景监以求见孝公。商鞅以三代"王道"说孝公，"语事良久，孝公时时睡，弗听"。后商鞅复见孝公，说以"强国之术"。史载："公与语，不自知膝之前于席也。语数日不厌。"后景监问商鞅，何以说中君怀？商鞅回答说："吾以强国之术说君，君大说之耳。然亦难以比德于殷周矣。"④

商鞅对秦孝公所说"强国之术"即战国时期流行的"霸"术。"王""霸"之道应是战国产生的以春秋时新的文化风潮所形成的"德治"和战国时代的新型国家体制的"力治"分界所在。正如前述，春秋时期，天子失序，诸侯无统，以齐桓、晋文等为首的春秋"霸主"政治开始登上历史

---

① 司马迁：《史记》卷六十八《商君列传》，北京：中华书局，1959年，第2227页。
② 钱穆：《先秦诸子系年（外一种）》，石家庄：河北教育出版社，2002年，第260-261页。
③ 蒋礼鸿：《商君书锥指》卷一《更法》，北京：中华书局，1986年，第2页。
④ 司马迁：《史记》卷六十八《商君列传》，北京：中华书局，1959年，第2228页。

舞台。在"霸主"政治的演绎下，构建了新的各诸侯国之间的外交规则和礼仪秩序，并重构了一种"霸主"政治下的贵族文化风潮，使列国间由无序向有序的国际秩序转化。五霸政治既奠定了华夏列国间的政治秩序，凝聚了诸夏的对外抗争，亦对"中国"之诸侯国的内部权力斗争和阶层重组起到催化作用。但是战国时期的春秋"霸政"，其"兴灭继绝"的盟主政治与"德治"主张则是已逝去的"王道"。随着战国兼并战争的扩大，建构"王业"则上升为各国的主流政治态势。这就使战国时代的战争目标已非春秋时的盟主政治，而是疆场之斗、领土相兼。① 所以，商鞅对孝公所谓的"强国之术"，即符合时代之变的强国之术。

  商鞅所谈符合了秦孝公对外征服与对内整治的欲求，所以得到孝公器重，而商鞅也由此发出了秦"然亦难以比德于殷周矣"，即重"力"而轻"德"的慨叹。所以，从秦变法起始，商鞅等法家人物便以三晋为榜样，建构秦国中央集权的官僚政治，打击与削弱旧有的宗法体制和世卿世禄制。劳榦先生在《秦的统一与其覆亡》中说："春秋时代秦、晋两国世为婚姻，秦国的文化方面受到晋国的影响很大。到了战国初年，三家分晋，魏文侯称霸中原，魏文侯所用的李悝，便是中国第一个做成成文法的人，也可以算是中国法家系统的创建人，不仅影响到三晋的制度，而且也影响到秦国政治的方向。秦孝公时代，魏臣卫鞅本想给魏国变法，使魏国更适于法家的理想，成为绝对的君权国家。无奈魏国究竟是一个中原国家，牵涉太多，不是实行法家思想的最好地方，于是卫鞅逃到秦国，大受秦孝公的重用。"② 马非百先生亦指出："其实商鞅变法之重要内容，在东方各国，本已早为推行，商鞅不过携带东方之新空气，使西方人迎头赶上一步。而结果则后来居上，新制度之创建，惟秦为最有功焉。盖商鞅之法重法治，既出于李悝之《法经》六篇。而其废井田，开阡陌封疆，民得买卖，又全

---

  ① 故法家人物虽然称道春秋齐国管仲辅佐齐桓公实行变法，其含义却不同。例如《韩非子·南面》谓："管仲毋易齐，郭偃毋更晋，则桓、文不霸矣。……故郭偃之始治也，文公有官卑；管仲始治也，桓公有武车：戒民之备也。"（王先慎撰，钟哲点校：《韩非子集解》，北京：中华书局，1998年，第120页。）

  ② 劳榦：《古代中国的历史与文化》，北京：中华书局，2006年，第97页。

本于李悝之尽地力之教。至蔡泽及《韩非子》所列举鞅之诸大政治设施，如所谓塞私门之请，遂公家之荣，禁游宦之民，显耕战之士等等，则又吴起在魏、楚所已行之而有效者也。"① 两先生之说甚是。但是，由于秦国与三晋等国不同的生态、人文环境的特点，它的"强国之术"必然是一个更具系统性的改革之举。故商鞅变法所涉及领域辐射到秦国的方方面面，它既包括对宗法性世卿世禄制度的摧毁，也有着对基层社会结构（如编户齐民制度）的重构。例如商鞅在秦国大力推行的二十等爵制，规定依军功授予爵位、田宅，就是秦国一系列社会整合与重构的重要措施。

所以，商鞅在秦国所实行的"强国之术"远比三晋深入和全面。这首先得力于秦国长期以来仍囿于旧的公族执政传统。这种传统使"君权"与"治权"的合一并非难事，而其最难的则是通过政治制度和社会结构的改革，提升秦国政府的资源获取能力。其次，僻居西方的秦国君臣，更具强烈的东向雄心和称霸中原的欲望。这一点和南方楚国不同。秦、楚在战国时代被中原人视为戎、蛮之国。西秦欲扩张土地，雄视天下，唯一的通道是向人口众多、物产丰富的关东及西南的汉中、巴蜀地区发展。而西南的汉中、巴蜀地区仍属偏居一隅之地，与关东区域不可同日而语。因此，战国时代的西秦，其战略目标即定为东向扩展，出关东据三晋，称霸天下，即使遭遇中原诸侯国的联合阻击，其东向发展野心却从来没有动摇过。而楚国却有着向东方江淮流域扩张的空间。虽然楚人在春秋时的几次北向发展均受到中原诸侯国的阻击，加之其后秦人崛起的威胁，使楚国在北方、西南地区处于防守态势，但是楚国东方、东北方毕竟有着广袤的土地及分散、孱弱的江淮群舒等小国及诸多弱小族群，故与秦人相比，楚人有着东向经营的广阔空间。② 商鞅深明这一点，因此对以变法来"强秦"有着思想准备。据《商君书·更法》记，商鞅的改革主张得到孝公支持。为变

---

① 马非百：《秦集史》（上），北京：中华书局，1982年，第144-145页。
② 参见李禹阶、陈昆：《从上博简〈容成氏〉篇看楚人的东方政治地理观》，《西南大学学报》（社会科学版），2021年第1期。

法，商鞅在朝廷与大臣有过一番辩论，即"虑世事之变，讨正法之本，求使民之道""错法务明主长"。尽管甘龙、杜挚等朝廷大夫加以反对，但是商鞅坚持"三代不同礼而王，五霸不同法而霸"，"及至文、武，各当时而立法，因事而制礼……治世不一道，便国不必法古。汤、武之王也，不修古而兴；殷、夏之灭也，不易礼而亡。然则反古者未必可非，循礼者未足多是也"。① 显然，商鞅将即将到来的变法比作"汤武之道"，其变法理想要远远大于三晋、齐、韩的改革者们。商鞅生于卫而长于魏，长久习法家变法之说。据《史记·商君列传》记商鞅所事魏相公叔座临死前向魏王进

---

① 蒋礼鸿：《商君书锥指》卷一《更法》，北京：中华书局，1986 年，第 2-5 页。标点符号有校改。《商君书》，旧题"商鞅撰"，文献记为二十九篇，现存二十四篇。据学者考订，《商君书》除《垦令》《靳令》《外内》等篇为商鞅自撰外，还有一部分系由商鞅后学乃至战国中后期法家人物所著。例如，高亨认为：今本《商君书》即自汉以来相传之本，这部书的内容都符合商鞅的思想实质，没有重大的自相矛盾之处，但各篇并非作于一人，也非写于一时，可以说它是商鞅遗著与其他法家遗著的合编。根据《商君书》中所述及的史实，书中确系商鞅遗著的有《垦令》《靳令》《外内》《开塞》《耕战》等。有五篇很明确是作于商鞅死后，即《更法》《错法》《徕民》《弱民》《定分》。有七篇很明确是作者献给秦君的书奏，即《算地》《错法》《徕民》《赏刑》《君臣》《禁使》《慎法》，这七篇当非出于一人之手，其中《错法》《徕民》非商鞅所作。综合上述，可以得出这样的结论：今本《商君书》是商鞅遗著与其他法家遗著的合编。（高亨注译：《商君书注译·商君书作者考》，北京：中华书局，1974 年。）郑良树认为：《商君书》应是商鞅遗著及与其他法家人物著述的合编。商学派跨越的时间相当长，可能历经数代，后来就汇聚为《商君书》。在《商君书》中，属于商鞅所撰的有《更法》《垦令》《境内》《战法》《立本》《兵守》篇，此外，《农战》《去强》《说民》《算地》《开塞》《壹言》《错法》《靳令》《修权》《徕民》《赏刑》《画策》《弱民》《外内》《君臣》《禁使》《慎法》《定分》十八篇，应该都是商学派的作品，它们作成于不同时代，而其作者也不尽相同。（郑良树：《商鞅评传》，南京：南京大学出版社，1998 年。）张林祥认为《商君书》二十四篇，可以分为五类：商鞅的遗著，如《垦令》《境内》篇；疑为商鞅所作者，如《开塞》《农战》《战法》等；商鞅言行的追记，如《更法》《定分》篇；商鞅后学给国君的上疏，如《算地》《徕民》等；商鞅后学所作相关政论文，如《画策》《修权》。前三类基本反映了商鞅本人的思想，后两种是对商君思想的继承和发展。（张林祥：《〈商君书〉的成书与思想研究》，北京：人民出版社，2008 年。）因此，通观《商君书》全书，其文义前后大致贯通，大都表现了商鞅变法的思想内容。如果我们以《商君书》来研究战国中后期以商鞅为代表的法家思想，应是无大问题的。为了便于论述，本书对于《商君书》中可以明确为前中期的篇章以商鞅思想称之，而对《商君书》后期的篇章则以法家后期人物名之。

言之事，可知商鞅一定有超越李悝、吴起的更不凡的志向、韬略。①

商鞅变法有着一整套理论与举措。如果我们不对商鞅的政治思想进行详细探讨，则不能把握其改革的目的与基础。事实上，在从西周封君制下"王权"与"治权"分离的政治制度向君主集权的官僚政治体制转型的过程中，除了单纯的制度建设、经济措施等，更重要的是从理论上解决国家权力构成、国家与社会关系、农战一体化社会如何建立等问题。国家从本质上说，既是阶级压迫的工具，也有着社会整合的功能，故它往往是以"超越性""中立性"面目而呈现的（即使是表面上的），由此进行阶级整合，缓和阶级、阶层的矛盾、冲突。战国时各个不同思想学派对此有着不同认识。作为法家代表人物的商鞅，为了达到重建新型国家体制的目的，则采取了极端、激进的思想理念，以人性论为基础，提出了"家天下"的国家主义和王权主义学说，由此形成商鞅政治思想中以人性论为基础的国家主义思想。

政治哲学是商鞅政治体制改革思想中十分有特点的内容，也是其改革、变法的理论基础。这首先表现在他的人性论思想。商鞅为了达到以"刑""律"治民的目的，而不惜通过"人性恶"论来论证国家与民众的深刻利益关系，并刻意放大国、民两者间在利益、价值观上的矛盾，将国家与社会、统治者与民众看成对立的两大利益群体。例如《商君书》就首先从"人性恶"论出发，将植根于人性恶基础上的"国、民相胜"理论作为其政治与国家思想的出发点。在他看来，人的本质即"人之性"，尤其是吏民之性，均好逸恶劳，趋乐避苦。"民之性，饥而求食，劳而求佚，

---

① 《史记·商君列传》："鞅少好刑名之学，事魏相公叔座为中庶子。公叔座知其贤，未及进。会座病，魏惠王亲往问病，曰：'公叔病有如不可讳，将奈社稷何？'公叔曰：'座之中庶子公孙鞅，年虽少，有奇才，愿王举国而听之。'王嘿然。王且去，座屏人言曰：'王即不听用鞅，必杀之，无令出境。'王许诺而去。公叔座召鞅谢曰：'今者王问可以为相者，我言若，王色不许我。我方先君后臣，因谓王即弗用鞅，当杀之。王许我。汝可疾去矣，且见禽。'鞅曰：'彼王不能用君之言任臣，又安能用君之言杀臣乎？'卒不去。"由此可见，在魏相公叔座眼中，商鞅有着更大的宏愿与"奇才"。（见司马迁：《史记》卷六十八《商君列传》，北京：中华书局，1959年，第2227页。）

苦则索乐，辱则求荣，此民之情也。民之求利，失礼之法；求名，失性之常。"① 民众本性中普遍存在"六淫""四难"的恶性，他们追求耳、口、鼻、目、身、心之快乐欲望，厌恶务农、力战、出钱捐税、告奸等四苦。吏民这种趋乐避苦的本质特点，决定了国家与普通吏民在利益取向和价值目标上存在尖锐分歧。在这里，商鞅将吏民之性看成人作为动物一面的生物性与自然性，吏民之性本能关注的是各个生物个体求生求佚的生理欲望及其在现实社会生活中的功利欲念。在商鞅看来，这种个人自富求佚的欲念，必然与君主政治下的国家富强目标相抵触、矛盾。故国家治理必先"胜民"之性，由此"制民"。"昔之能制天下者，必先制其民者也；能胜强敌者，必先胜其民者也。故胜民之本在制民，若冶于金，陶于土也。"② 这里的"制民"与"治民"，虽然仅一字之差，却充分反映了商鞅等法家人物的国、民差等思想。

基于这种理念，《商君书》提出了国、民"交相胜"中的"弱民"理论，即民弱国强，民强国弱；民进国退，民退国进："民弱，国强；民强，国弱。故有道之国务在弱民。民朴则弱，淫则强。弱则轨，强则越志。轨则有用，越志则乱。故曰：以强去强者弱，以弱去强者强。"③ 由此主张政治与法律要作民之所恶，倡民之厌，行苛暴之政，制酷重之刑："政作民之所恶，民弱；政作民之所乐，民强。民弱，国强；民强，国弱。故民之所乐，民强，民强而强之，兵重弱。民之所乐，民强，民强而弱之，兵重强。"④《商君书》这种观点构成法家"霸道"思想的理论基础，也是片面、狭隘的。从人性论上看，人除了有着饥而欲食、寒而欲暖的生物性特点外，更重要的是有能够凝聚在一起，进行社会分工、生产、分配、消费的社会属性，有着区别于自然界生物的礼义廉耻的社会本质。战国中后期

---

① 蒋礼鸿：《商君书锥指》卷二《算地》，北京：中华书局，1986年，第45页。
② 蒋礼鸿：《商君书锥指》卷四《画策》，北京：中华书局，1986年，第107页。
③ 蒋礼鸿：《商君书锥指》卷五《弱民》，北京：中华书局，1986年，第121页。原文有错讹，参考注文校改。
④ 蒋礼鸿：《商君书锥指》卷五《弱民》，北京：中华书局，1986年，第125页。原文有错讹，参考注文校改。

的孟子、荀子理论曾对此有着不同论述。在孟子看来，人的根本社会属性在于他的社会性，即人的伦理道德属性，人与动物的根本区别即在于"礼义"而已。荀子虽从"人性恶"出发，却以人"群""分"的"群学""礼学"来阐释人的社会性特征。正是忽视人的社会性这一根本偏颇，使商鞅将人性完全看成自然的生物性特征，其结果就是他将民之性看成有"六淫""四难"的自然生物属性。所以国家要富强，就必须先"胜民""制民"，然后才能够制胜强敌。

在这里，《商君书》凸显了国家、政府与吏民之间在利益、价值观上的深刻矛盾与冲突。政治之道本质上是国与民谁能战胜谁、驾驭谁的问题，这也正是法家政治理论的基石。基于这种国、民"交相胜"理论，《商君书》认为国家要富国强兵，就必须强制吏民，弃其所喜，赴其所恶，实行"恶政""暴政"，达到"政作民之所恶，民弱；政作民之所乐，民强"的效果。因此，"怯民使以刑，必勇；勇民使以赏，则死"，"贫者使以刑则富，富者使以赏则贫。治国能令贫者富，富者贫，则国多力。多力则王"[①]。在这种思想指导下，秦国在治政策略上以重刑制民，以暴政驭民，以严刑卑辱民众，以赏赐驱民于农战，并由此形成了法家重刑主义的理论特征。

商鞅的国、民对立理论开创了法家国家理论的先河。例如其后的法家人物韩非继承了商鞅等早期法家人物的治理思想，将维护国家的中央集权制度看成是消弭战争、完成霸政大业的最好政治体制。为此，韩非处处以君主本位观来思考国家与政治未来的发展走向，并在继承商鞅关于国家治理的思想遗产中，将其连带的国家思想的结构性缺失发展到一个新高度。为了更好地说明君主专制集权的合法性，韩非将君主专制政体上升到法家政治哲学的本体论高度，将之作为宇宙本体、天道规律。他在《韩非子·解老》一文中谈到宇宙、天道的本质、规律以及社会应该遵循的原则时说道："道者，万物之所然也，万理之所稽也。理者，成物之文也；道者，

[①] 蒋礼鸿：《商君书锥指》卷一《去强》，北京：中华书局，1986年，第31页。

万物之所以成也。"① "缘道理以从事者，无不能成。无不能成者，大能成天子之势尊，而小易得卿相将军之赏禄。"② 韩非同商鞅一样，将国家内部的阶级关系看成是一种国与民彼此对立的政治利害关系。他认为，君主专制集权是这个等级政治关系的顶点，社会中一切事物均要以此为中心。只有维护以君主为最高威势的贵贱等级体系，保持集权主义的刑治高压，持续不断地虐民、掠民、胜民，才是国家稳定、发展的前提。韩非所谓"世异则事异……事异则备变"③，"故治民无常，唯法为治。法与时转则治，治与世宜则有功"④，而"当今争于气力"的治民理论与策略，便是继承了商鞅之说，从而更加完善了君主专制集权学说。

商鞅深知任何社会的重构与革新，都是以"人"为主体而展开的。故他十分注重对"人"及其本质"人性"的论证，并将之作为变法理论的基石。在国、民"交相胜"理论基础上，商鞅主张对民众进行深刻的经济权利、思想权利的整合与控制，加大国家与基层社会、政府与民众的权力距离，以此来"卑民""弱民""愚民"，让民众始终处于远离权力的卑贱、贫穷、愚昧状态，让国家权力神化为高高在上、使民仰止、不可企及的政治高峰。"民辱则贵爵，弱则尊官，贫则重赏。以刑治民则乐用，以赏战民则轻死。故战事兵用曰强。"⑤ 人民卑下屈辱，才能看重爵位；民众软弱散漫，才能尊重官吏；人民贫苦无依，才能注重赏赐。"民有私荣则贱列卑官，富则轻赏。"⑥ 人民富裕起来，就会轻视爵位，鄙视官吏，看不起朝廷赏赐。这就是"民胜国""民胜政"的原因。这就与"霸道"之路南辕北辙了。因此，以强力制民，以厉法贫民，以严刑卑辱民，就成为法家国家理论与政府权能思想的基本要义。这种由商鞅开创的"国家本位"

---

① 王先慎撰，钟哲点校：《韩非子集解》，北京：中华书局，1998年，第146-147页。
② 王先慎撰，钟哲点校：《韩非子集解》，北京：中华书局，1998年，第136页。
③ 王先慎撰，钟哲点校：《韩非子集解》，北京：中华书局，1998年，第445页。
④ 王先慎撰，钟哲点校：《韩非子集解》，北京：中华书局，1998年，第475页。
⑤ 蒋礼鸿：《商君书锥指》卷五《弱民》，北京：中华书局，1986年，第124页。
⑥ 蒋礼鸿：《商君书锥指》卷五《弱民》，北京：中华书局，1986年，第124页。

思想，虽然在当时的环境中推进了新旧政治体制的转型，客观上有着进步作用，但是这种理论使国家处于与民众尖锐对立的立场上，由此它一开始就以赤裸裸的阶级性、排他性、功利性代替了以"中立"姿态呈现的国家的社会整合功能。这一政治哲学理论被运用于政治实践，在后代逐渐成为秦王朝专制主义的政治价值观。

第二节 政治、社会体制的激进改革

在战国中后期，随着商鞅变法对政治体制、社会结构的改造，秦汉帝制的诸般特征已开始表现出来。其一，以君主集权为中心的"国家本位"政治结构及其官僚体制，此后则演变为秦汉大一统的君主专制集权政治的基础。其二，彻底消除了西周王朝的"王权"与"治权"的权力配置差异，而代之以国家直接治下的郡县制与编户齐民制。其三，主张从政治一统到文化一统，建构"君权神授"的神权体系，大力倡扬皇帝制度的神圣性、合法性。从商鞅变法中的禁"五蠹"到汉武帝的"罢黜百家，尊崇六经"，正是贯穿其中的主线。其四，建立起国家对全国资源的控制，及相应的财政、赋税制度。所谓"重农抑商""重本抑末"，正是这种思想、政策的体现。

正是在这种变法理念的支配下，商鞅开始其变法历程。商鞅变法共分两次实行。第一次变法是在孝公六年（前356），秦孝公拜商鞅为左庶长，卒定变法之令。《史记·商君列传》载：

> 令民为什伍，而相牧司连坐。不告奸者腰斩，告奸者与斩敌首同赏，匿奸者与降敌同罚。民有二男以上不分异者，倍其赋。有军功者，各以率受上爵；为私斗者，各以轻重被刑大小。僇力本业，耕织致粟帛多者复其身。事末利及怠而贫者，举以为收孥。宗室非有军功论，不得为属籍。明尊卑爵秩等级，各以差次名田宅，臣妾衣服以家

次。有功者显荣，无功者虽富无所芬华。①

商鞅的第二次变法则是在孝公十二年（前350），《史记·商君列传》记曰：

> 于是以鞅为大良造。将兵围魏安邑，降之。居三年，作为筑冀阙宫庭于咸阳，秦自雍徙都之。而令民父子兄弟同室内息者为禁。而集小乡邑聚为县，置令、丞，凡三十一县。为田开阡陌封疆，而赋税平。平斗桶权衡丈尺。②

由上可知，商鞅变法所涉及的虽然包括政治、经济、军事、文化等方方面面，但是其大要表现在两个方面：其一是对国家制度体系的改革，通过军功爵制度等建构一种新的君主集权的官僚政体；其二是对社会结构的改造，将封君制下层层隶属的附庸与民众逐渐纳入到国家的管理体系中，实行编户齐民制度，强化小农经济基础。商鞅变法正是围绕这两大重点实施的。在两次变法中，商鞅大力废除世卿世禄制，实行君主集权的政治体制，建立军功爵制、什伍连坐制、析户制，奖励农耕等，重构了秦国的中央与地方行政、基层乡里制度。

第一，商鞅变法中最重要的举措便是建构"国家本位"的君主集权体制。商鞅变法的重要特点是以"法"治国，不徇私情。商鞅认为这种法律制度的建构，在于国家治理立场的转变，即在"依法"治国中改革旧有体制，建立新的君主集权政治，由此使"王权"与各级"治权"高度结合。因此，商鞅提倡的"法"制，实际上是以"国"、君所定之政治、经济、文化标准为法，本质上是将各级封君治权的自由行使度限定在国家法权框架中。商鞅为此十分注重"法"是全国上下共通原则的立场，人人都须"依法"，君主也不应例外。据《商君书》记，"国之所以治者三：一曰

---

① 司马迁：《史记》卷六十八《商君列传》，北京：中华书局，1959年，第2230页。
② 司马迁：《史记》卷六十八《商君列传》，北京：中华书局，1959年，第2232页。

法,二曰信,三曰权。法者,君臣之所共操也;信者,君臣之所共立也;权者,君之所独制也。人主失守则危"①。"法"是治国之根本,治民之命脉。"法令者,民之命也,为治之本也,所以备民也。"② 而民众要遵从国家号令,以国家为尊,则必须以法律来确定上下名分,形成新的政治等级秩序。"故法者,国之权衡也。"③ 在国家与法律的地位和关系上,要想达到君主集权,使国家稳定、强大,就必须推行法治。所以,《商君书》所载变法中,崇"法"是尊"国"的前提。

商鞅要建立的"国家本位"体制,实际上是一种国家集权制,即通过取消、削弱过去封君、领主的封地治权,而将权力集中在秦的公室手中,这与战国后期秦国的君主集权制是有差别的(此在后述)。在商鞅等法家人物看来,从传统的"王权"与"治权"分离的格局向权力集中在国家、公室手中,就是维护了秦国上层统治集团的集体利益,是当时的历史条件下政治制度改革的一大进步,也是变法的主要使命。这正是由时代特征所决定的。所以,商鞅主张尊"国"崇"法",在他看来,尊"国"崇"法",而尊"君"尚"主",即维护君主权力、权威的效果也就隐含其中了。故在《商君书》中,商鞅主张以尊"国"崇"法"为先,而达到尊"君"尚"主"抑"臣"的目的。"明主之治天下也,缘法而治,按功而赏。"④ "故明主慎法制……故国治而地广,兵强而主尊。此治之至也。人君者不可不察也。"⑤ 国家成文法一旦制定,国家臣民都应该服从这个成文法,国君也不得例外。"故明主慎法制,言不中法者不听也,行不中法者不高也,事不中法者不为也。"⑥ 国君需要按照已经制定的成文法去统一政

---

① 蒋礼鸿:《商君书锥指》卷三《修权》,北京:中华书局,1986年,第82页。
② 蒋礼鸿:《商君书锥指》卷五《定分》,北京:中华书局,1986年,第144-145页。
③ 蒋礼鸿:《商君书锥指》卷三《修权》,北京:中华书局,1986年,第83页。原文无此句,据注释校补。
④ 蒋礼鸿:《商君书锥指》卷五《君臣》,北京:中华书局,1986年,第130页。
⑤ 蒋礼鸿:《商君书锥指》卷五《君臣》,北京:中华书局,1986年,第131-132页。
⑥ 蒋礼鸿:《商君书锥指》卷五《君臣》,北京:中华书局,1986年,第131页。

令、刑赏、思想、文化。故商鞅等法家人物认为：

> 天子置三法官，殿中置一法官，御史置一法官及吏，丞相置一法官。诸侯郡县皆各为置一法官及吏，皆此秦一法官。郡县诸侯一受宝来之法令，学问并所谓。吏民知法令者，皆问法官。故天下之吏民无不知法者。①

从王宫殿堂到郡县，皆置法官及法吏，使天下之吏民都能够遵循国家颁布的成文法。除了在王宫殿堂设置一法官外，御史、丞相府亦皆置法官，以督促国君、官僚、吏民按照成文法行事。法律一经制定，就不能随意改动。

> 法令皆副置。一副天子之殿中。为法令为禁室，有铤钥为禁而以封之。内藏法令。一副禁室中，封以禁印。有擅发禁室印，及入禁室视禁法令，及禁剟一字以上，罪皆死不赦。一岁受法令以禁令。②

如果有随意改变法令者，以皆死不赦的重罪论处。商鞅主张君主也要按照颁布的成文法去治理国家，统一赏罚。"故有明主忠臣产于今世而欲领其国者，不可以须臾忘于法。"③ 这种将法律置于王宫殿堂之上，要求君主与官吏共同循守的做法，使秦之国家成文法有了通法的意义，即尽管按照国家利益及君主思想制定法律，但是一旦制定、颁布，就要求从君主到吏民都依照法律行事，不得随意改变。所以，在尊"国"崇"法"与尊"君"尚"主"的关系上，商鞅是主张前者为重的。他为了树立变法的威信，而在城门竖木悬赏。《史记·商君列传》："……乃立三丈之木于国都市南门，

---

① 蒋礼鸿：《商君书锥指》卷五《定分》，北京：中华书局，1986年，第143-144页。
② 蒋礼鸿：《商君书锥指》卷五《定分》，北京：中华书局，1986年，第142-143页。
③ 蒋礼鸿：《商君书锥指》卷五《慎法》，北京：中华书局，1986年，第137页。

募民有能徙置北门者予十金。"① 这说明商鞅在变法中十分注重"壹"和"信"的原则，即通过崇"法"达到上下统一的壹赏、壹刑、壹教、壹治。《商君书》中所主张的"法"，基本特点是维护国家和君主的意志，是驱民于农、战的律、刑、令。时代局限使然，战国时的法家人物并没有对一般"法"具有的超越、中立的属性（即使是表面上的）有深刻认知，所以商鞅主张的"法"，是以一种赤裸裸的国家与阶级的专断性、功利性和狭隘性表现出来的驱民于农、战的律与令。"官修则有常事，法制明则民畏刑。"② "故胜民之本在制民……民本，法也。故善治民者，塞民以法而名地作矣。"③ 通过严刑峻法震慑、控制官吏和民众的身体言行，构成其"法"的理念和刑治精神的核心。"刑生力，力生强，强生威，威生惠，惠生于力。"④ "行罚重其轻者，轻其重者，轻者不至，重者不来。此谓以刑去刑，刑去事成。"⑤

《商君书》认为，秦僻居西域，要在对六国的战争中取胜，须运用举国之力。如此，就需要壹赏，壹刑、壹教、壹治。"圣人之为国也，壹赏，壹刑，壹教。壹赏则兵无敌，壹刑则令行，壹教则下听上。夫明赏不费，明刑不戮，明教不变；而民知于民务，国无异俗。"⑥ 这种"壹治"理念，实际上是在国家本位思想指导下的一种政治思想，是希望以农、工、商、学四民为"壹"的途径而将国家纳入军事化的轨道，使民众完全按照国家意志思维、行事。所谓"治国者贵民壹。民壹则朴"⑦ 即指这一点。商鞅的崇"法"，目的是制民之所恶，驱民于农、战中，因此在本质上是以重罚为基础的贯彻国家意志的律治、刑治。"凡治国者，患民之散而不可抟也，是以圣人作壹抟之也。"⑧ 它将国家的政治、经济、文化要求作为一种

---

① 司马迁：《史记》卷六十八《商君列传》，北京：中华书局，1959 年，第 2231 页。
② 蒋礼鸿：《商君书锥指》卷五《君臣》，北京：中华书局，1986 年，第 130 页。
③ 蒋礼鸿：《商君书锥指》卷四《画策》，北京：中华书局，1986 年，第 107 页。
④ 蒋礼鸿：《商君书锥指》卷一《去强》，北京：中华书局，1986 年，第 32 页。
⑤ 蒋礼鸿：《商君书锥指》卷三《靳令》，北京：中华书局，1986 年，第 81 页。
⑥ 蒋礼鸿：《商君书锥指》卷四《赏刑》，北京：中华书局，1986 年，第 96 页。
⑦ 蒋礼鸿：《商君书锥指》卷三《壹言》，北京：中华书局，1986 年，第 61 页。
⑧ 蒋礼鸿：《商君书锥指》卷一《农战》，北京：中华书局，1986 年，第 25 页。

单向的、人们必须服从的律规，通过"重刑"与"壹治"，达到统一教化、刑赏、法令的目的，确保国家意志的最大执行力。

第二，通过打击旧有世族力量，强化国君权力。商鞅在第一次变法中即主张"宗室非有军功论，不得为属籍。明尊卑爵秩等级，各以差次名田宅，臣妾衣服以家次。有功者显荣，无功者虽富无所芬华"①，这实际上是涉及战国时代诸侯国政治体制演变的大问题。要建构君主集权的官僚政治体制，必须对旧有世家大族进行遏制。商鞅仕魏就熟知这一变革历史，因此在变法中，商鞅率先将打击世家大族作为目标。但与魏国不同的是，秦国自立国后异姓公卿、世族势力弱小，公族势力强势，以至于公族常常能够废立国君、左右朝政。所以，孝公支持商鞅变法，一个重要目的就是通过制度改革来树立君主权威，通过抑制公族势力来加强君主集权。由于商鞅变法使公族、宗室受到重大打击，国君权力炽盛，故此反对商鞅变法最甚者是秦国公族如公子虔等人。据《史记·商君列传》，商鞅变法多次受到以公子虔为首的公族势力阻扰。如"令行于民期年，秦民之国都言初令之不便者以千数。于是太子犯法。卫鞅曰：'法之不行，自上犯之。'将法太子。太子，君嗣也，不可施刑，刑其傅公子虔，黥其师公孙贾。……行之四年，公子虔复犯约，劓之"。"商君相秦十年，宗室贵戚多怨望者。"而赵良说商鞅，其中有："刑黥太子之师傅，残伤民以骏刑，是积怨畜祸也。……君又南面而称寡人，日绳秦之贵公子。……公子虔杜门不出已八年矣，君又杀祝懽而黥公孙贾。"最终"秦孝公卒，太子立。公子虔之徒告商君欲反，发吏捕商君。……秦发兵攻商君，杀之于郑黾池。秦惠王车裂商君以徇……遂灭商君之家"。② 由此可见，当时反对商鞅变革的主要是秦国的公族势力。这正是商鞅变法与其他各国变法相异之处，不可不引起注意。

商鞅提出建立军功爵制，主要目的在于打乱过去层层分封的封君制

---

① 司马迁：《史记》卷六十八《商君列传》，北京：中华书局，1959年，第2230页。
② 司马迁：《史记》卷六十八《商君列传》，北京：中华书局，1959年，第2231-2237页。

度，而在社会整合的基础上使国家垄断全国的财、赋及土地、人力资源等。这一制度既突出了秦国以农、战为中心的富国强兵思想，更是一种树立国君权威、打击宗室力量、改造国家政治体制的策略。在军功爵制中，不论贵贱贫富，都必须凭借军功获得爵秩、财物等。商鞅所谓"宗室非有军功论，不得为属籍"，即把公族、宗室亦列入凭借军功获得爵秩的制度之中。这就使军功爵制明显针对着秦国公族势力，故挑起了秦国宗室旧贵的不满。

商鞅变法中所实行的军功爵制度的具体举措目前无法详考，但可以肯定的是，这一制度应该是对三晋爵制的继承与发展。早在春秋时期，齐、晋等诸侯国就已经开始建立赐爵制，例如齐庄公实行的勇爵和李悝的政治改革。战国初，李悝在魏国主持变法，建立了"食有劳而禄有功"的任官制度，主张"夺淫民之禄，以来四方之士"，就是一种把爵禄赐给有功之人的制度。① 吴起在魏国亦以军功授爵。《韩非子·内储说上》吴起欲攻秦之小亭，下令曰："明日且攻亭，有能先登者，仕之国大夫，赐之上田上宅。"② 1975年湖北云梦睡虎地出土秦简中有《军爵律》两条，分别规定了军功赏赐的具体政策。《商君书·境内》则明确记载"赏爵一级……乃得人（入）兵官之吏"，规定有爵者才有资格当官。《商君书》所记军功爵十分粗略："能得爵首一者，赏爵一级，益田一顷，益宅九亩，一除庶子一人，乃得人（入）兵官之吏。""故爵公士也，就为上造也。故爵上造，就为簪袅。就为不更。故爵为大夫。爵吏而为县尉，则赐虏六加五千六百。爵大夫而为国治，就为大夫。故爵大夫，就为公大夫。就为公乘。就为五大夫。则税邑三百家。故爵五大夫，皆有赐邑三百家，有赐税三百家。爵五大夫，有税邑六百家者受客。大将御参皆赐爵三级。故客卿相论盈就正卿。就为大庶长。故大庶长就为左更。故四更也就为大良造。"③ 根据学者研究，商鞅最初在秦国所实行的军功爵制大概也十分粗略，但已粗

---

① 朱绍侯：《军功爵制考论》，北京：商务印书馆，2008年，第18-19页。
② 王先慎撰，钟哲点校：《韩非子集解》，北京：中华书局，1998年，第230页。
③ 蒋礼鸿：《商君书锥指》卷四《境内》，北京：中华书局，1986年，第116-119页。

具其后二十等爵制的构架。秦国的军功爵制是在战国兼并战争中不断完善的。而从文献中我们亦可发现秦国的军功爵制与三晋爵制的联系。① 有学者认为,商鞅变法"明确废除了以血缘为根据的'封建亲戚'的原则,规定了以有'军功'者代替'有亲'者。……从春秋早中期时秦文化中就已有因军功进入统治集团的人群来看,战国中期商鞅变法时所规定的奖励军功以及有军爵者才可进入统治集团的政策,并不是导致军功贵族出现的原因,而是将在秦的发展过程中早已出现的这一特定人群的地位给予法律化的结果"②。秦国长期处于战争之中,当时掌握国家、军队权力的大多是公族、封君等,这些人形成一个相对封闭的利益集团。而许多立有军功的军士没有获得与其功劳相应的官职,致使这些人战斗积极性不高。故商鞅变法从法律上肯定了军功与爵位的结合,极大提升这些军士的积极性。

商鞅变法中实行的爵制尽管还比较粗略,但是基本的架构已经组成。这正是商鞅变法在军功爵制构建中的特点。商鞅注重军功爵制的建立,既与秦国举国转入农战体制相关,同时也构建了一种新的政治体制及社会价值观。它对于秦国构建"国家本位"制度模式有着多重意义。其一,军功爵制突出了国家君主的权力,沉重打击了宗室、公族和封君的势力,从根本上破坏了旧贵族的权力基石。其二,军功爵制从军事体制的角度,进一步维护了君主集权体制。在旧体制中,军队都是由居住城中的"国人"组成,居住乡村的"野人"是不能够当兵的。这些"国人"大多数与都邑内宗族性的封君、世族有着千丝万缕的联系,这就使军队成了维护这些世族、封君政治权力的工具。三晋六卿之所以能够凌驾国君,左右国政,正是依靠着自己的"私门""私族"武装。而军功爵制从法律上规定了吏民

---

① 《左传·昭公三年》载叔向论晋国时说"戎马不驾,卿无军行,公乘无人,卒列无长",说明"公乘"是春秋晚期在晋国就已经出现的军事用语。其后在魏国有"公乘""五大夫"的爵位。《汉书·叙传》颜师古注引魏文侯典故时有"公乘不仁举白浮君"。《史记·傅宽列传》曰"以魏五大夫骑将从,为舍人"。这些爵位应该是魏国的官爵,它们也构成了秦国商鞅变法时军功爵制度的层级,说明商鞅变法时的二十等爵制与三晋爵制亦有着密切联系。

② 滕铭予:《秦文化:从封国到帝国的考古学观察》,北京:学苑出版社,2002年,第73-74页。

不论尊卑均以军功获爵授官，这种新的选拔制度使军队中的宗法血缘因素淡化。它也鼓励具有贵族精神的旧贵、封君及其子弟等参与对外的战争，使传统的"私门""私族"武装通过旧贵门第的赐封而改造、转型为新型国家军队，由此改变旧私门武装的性质，进一步从军事上奠定了君主集权的基础。其三，军功爵制极大改变了社会结构及社会价值观念。在贵、庶分明的社会结构中，各阶层有着严格的血缘亲疏与尊卑上下界限，跨越阶层界限的上下流动几乎是不可能的。而军功爵制使普通吏民能够凭借农战、军功跻身上层社会，让广大吏民的政治权益及身份尊卑皆基于农战、军功，这就打通了平民上升的通道，增加了社会阶层的上下流动性，使社会结构由封闭走向开放。例如，在战国中后期，秦国重用客卿，可以专任专信，授予重权，如商鞅、楼缓、张仪、魏冉、蔡泽、吕不韦、李斯等，都对秦国的富国强兵及统一大业做出了杰出贡献。正如明人张燧《千百年眼》卷四所说，"皆委国而听之不疑"①。这种开放政策，进一步削弱或破除了世族、封君的层层"治权"，使有知识、技能的士人阶层获得上升的机会。大量士人涌入社会，也使官僚后备军队伍不断壮大，导致政治体制及制度模式的根本改变。其四，值得注意的是，军功爵制的实行，并不意味着完全废除了秦国的封君、贵族的爵禄、封地制度，而仅仅是对封君治权进行了限制。有学者从考古学的角度对战国中后期获得军功爵的人群进行了分析，从秦地墓葬情况来看，"中小型墓葬中 A 类墓的墓主人至少由两部分人群构成。第一部分是原本就已具有使用青铜礼器权力的人群；第二部分则可能是原来可以使用仿铜陶礼器的人群，通过其在秦文化与外部文化的主要是以军事活动为媒介的交往中，获得了使用青铜礼器的权力。这表明在春秋早中期时出现的进入秦文化统治集团的军事贵族，在这一阶段仍然存在"②。因此，"战国中期商鞅变法时所规定的奖励军功以及有军爵者才可进入统治集团的政策，并不是导致军功贵族出现的原因，而是将

---

① 张燧撰，朱志先校释：《〈千百年眼〉校释》，武汉：武汉大学出版社，2018年，第65页。
② 滕铭予：《秦文化：从封国到帝国的考古学观察》，北京：学苑出版社，2002年，第110页。

早在春秋时期秦文化中就已出现的这一特定人群的地位给予法律化的结果。而到了秦文化发展的这一阶段，由于 A 类墓在整体上表现出不再重视青铜礼器所携带的其原有的表现传统的以血缘关系为基础的礼制和等级的信息，在随葬青铜器上具有了更多的实用主义的倾向，可以推测由于军事行为而不是因血缘关系进入秦文化统治集团的人群，已经成为秦文化中统治集团的主流"①。从史籍可以看出，战国时代秦国的新封君、封地并不少见，其中既有因军功而获封者，亦有贵戚、宠臣等，但是这些新封君对封地的管理主要是食禄性质，而没有西周"领主"所拥有的"封地"治权。因此，军功爵制是在"国家本位"基础上对社会结构进行的一种全方位制度性改革。这种改革造就了范围广大的国家直属的编户齐民，实现了国家对基层吏民的直接统治。

军功爵制的重要特点是爵位开放、下移，军功成为社会各阶层民众都可以进身的台阶。民众取得爵位，并不仅仅是一种荣誉，它还包含诸多方面的实际利益如人身权利及经济利益等。更重要的是，它使整个社会处于国家的掌控之中，往日宗法贵族奴役下的民众，以及社会各阶层的官、吏、民，统统转化为国家的流官及编户齐民，其隶则可以军功取得平民身份。同时，它又具有异乎寻常的开放性特征。这种开放性表现在两个方面：其一，仕途、爵位的流动性。它的不论地位、出身皆以军功论赏罚的赏赐机制，提高了秦国下层民众参与农战的积极性。其二，它的唯才是举、论功行赏的官爵制度，又吸引了其他各诸侯国怀才不遇的士人来秦国寻求致仕的机会，也激发了秦国各阶层、各族群吏民、士人的积极性。这种开放性、流动性使战国时代的秦国迅速出现由血缘向地缘、单一向多元文化发展的趋势。例如从聚落考古中可看到，秦国社会组织"在西周时期是以秦文化为主的聚族而居、聚族而葬；到春秋中晚期以后，开始有秦文化与不同文化传统和来源的人群居住在同一个聚落中，不能肯定他们是否仍然是聚族而居，但却保持着聚族而葬，只是秦文化与其他人群间，或者

---

① 滕铭予：《秦文化：从封国到帝国的考古学观察》，北京：学苑出版社，2002年，第148页。

在文化上各自保持自身传统，或者是其他人群接受秦文化；到战国晚期，则已经出现了不同文化传统和来源的人群，共同居住在同一个聚落中，死后埋入同一个墓地的现象，表明秦文化的社会最基本组织中，来自不同文化传统和来源的人群已经融合在一起。由他们已经不是聚族而葬可以推测，他们亦非聚族而居了，这样的聚落显然已经是一个由地缘关系来维系的地缘组织了"①。因此，商鞅变法实行的军功爵，使国家的"有形之手"延伸、控制到社会的各个角落。它不仅是一种国家剥夺、控制宗法世家财富及特权的手段，也通过其开放性、流动性调动了官、吏、民、隶效忠秦国家的积极性，将举国上下的吏民由过去的宗法世家的层级分治转化为秦国在农战中广泛而坚实的政治基础。

第三，商鞅变法中实行了改造旧秦社会结构的什伍连坐制、告密制。事实上，在商鞅变法之前，秦国已存在什伍连坐制，但是从商鞅变法开始，什伍连坐制才得到厉行。②《韩非子·和氏》有"商君教秦孝公以连什伍，设告坐之过"；《定法》则曰："公孙鞅之治秦也，设告相坐而责其实，连什伍而同其罪。"③《史记》记商鞅变法"令民为什伍，而相牧司连坐"；而出土秦简亦有秦实行什伍连坐制的记载。睡虎地秦简《法律答问》："贼入甲室，贼伤甲，甲号寇，其四邻、典、老皆出不存，不闻号寇，问当论不当？审不存，不当论；典、老虽不存，当论。"④ 意思是，四邻如果不在家，没有听到喊有贼，可以不受连坐处罚。可见什伍连坐制在当时确实是普遍实行的。

《商君书》所载商鞅变法中，基层城乡社会的连坐与告密是其实现国家统治的重要手段。国家对民众社会生活的控制，不仅需要法令，而且需要民众的广泛动员与参与。《史记·秦始皇本纪》所附《秦纪》中有献公

---

① 滕铭予：《秦文化：从封国到帝国的考古学观察》，北京：学苑出版社，2002年，第157页。
② 参见杜正胜：《编户齐民：传统政治社会结构之形成》，台北：联经出版事业公司，1990年，第136页。
③ 王先慎撰，钟哲点校：《韩非子集解》，北京：中华书局，1998年，第97、398页。
④ 睡虎地秦墓竹简整理小组编：《睡虎地秦墓竹简·法律答问释文注释》，北京：文物出版社，1990年，第116页。

十年（前375）"为户籍相伍"的记载①，商鞅即发展了这个制度。据《史记·商君列传》记，商鞅在秦为左庶长，"卒定变法之令。令民为什伍，而相牧司连坐。不告奸者腰斩，告奸者与斩敌首同赏，匿奸者与降敌同罚"②。在《商君书》作者看来，连坐与告奸是实施基层社会控制的重要手段。而这些手段必须和以"奸民"治"善民""良民"相结合。"以良民治，必乱至削；以奸民治，必治至强。"③ "国以善民治奸民者，必乱至削；国以奸民治善民者，必治至强。"④ 在《睡地虎秦简》中，有多条关于告奸和邻居、亲属连坐的刑律处罚条文，比如："夫有罪，妻先告，不收。"⑤ "'盗及者（诸）它罪，同居所当坐。'可（何）谓'同居'？户为'同居'，坐隶，隶不坐户谓殹（也）。"⑥ 这说明商鞅变法中制定的法律条文在秦得到了普遍实行。

商鞅所谓"奸民"，是指不顾宗法情谊、社会道德，为了获取重赏，不惜告发他人甚至亲属之人。其所谓"善民"，则是指循守传统礼仪，注重家族、宗族私情的民众。在商鞅看来，这些顾及宗族私情的所谓"善民""良民"，实际是轻国家之令、藐视国家赏赐、沽名钓誉的人，是与国家法治相违之民。《商君书》对此论述曰："合而复者，善也；别而规者，奸也。章善则过匿，任奸则罪诛。过匿则民胜法，罪诛则法胜民。"⑦ "复"为"覆"，隐匿也；"规"读为"窥"，窥测偷视也。"奸民"虽然无传统的德行，但是有助于国家法令的实行及其对基层社会的治理。因此，国家要依靠这种"奸民"去监视、告发"善民"，达到"法胜民"目的。

---

① 司马迁：《史记》卷六《秦始皇本纪》，北京：中华书局，1959年，第289页。
② 司马迁：《史记》卷六十八《商君列传》，北京：中华书局，1959年，第2229-2230页。
③ 蒋礼鸿：《商君书锥指》卷二《说民》，北京：中华书局，1986年，第36页。
④ 蒋礼鸿：《商君书锥指》卷一《去强》，北京：中华书局，1986年，第30页。
⑤ 睡虎地秦墓竹简整理小组编：《睡虎地秦墓竹简·法律答问释文注释》，北京：文物出版社，1990年，第133页。
⑥ 睡虎地秦墓竹简整理小组编：《睡虎地秦墓竹简·法律答问释文注释》，北京：文物出版社，1990年，第98页。
⑦ 蒋礼鸿：《商君书锥指》卷二《说民》，北京：中华书局，1986年，第36页。

所以,"用善,则民亲其亲;任奸,则民亲其制"①,任用"奸民",则民间罪恶无所藏匿,民众就会转而依附国家,从而达到"以奸民治,必治至强"的效果。

因此,《商君书》所载商鞅等人提倡的连坐制与告密制,以及以"奸民"治"善民",是对传统"善""奸"伦理概念的一种新的价值判断。一方面,这种制度将在国家和社会治理的理论与实践上产生结构性偏颇的危害作用。因为在一个社会控制系统中,单纯强调功利原则,而忽略社会伦理规范的合理性,建立法外监控系统,鼓励人们互相揭发,以对付或威胁潜在的敌人,这容易造成人的社会性的道德缺失与信仰偏歧,形成一种道德信仰危机。另一方面,不可否认,这种体制也有力地维护了国家对于基层乡村社会及边域地区的控制,使国家能够集中各种资源、财力用于对外战争。

从中国帝制几千年的历史看,君主集权正是建立在小农经济基础上的。商鞅在秦国实行析户制,用强制的国家力量来造就一大批小农经济者,是建立君主集权国家的重要举措。它对于其后帝制国家的社会结构有着十分重要的意义。秦汉大一统以后,帝制时代政治矛盾的一个重要方面便是统治集团内部对小生产者及土地资源的争夺。汉晋时代皇权与豪强斗争,隋唐时期实行均田制,目的之一便是维护国家直接控制下的土地与户口。历史上的儒家学者,不论是汉代的董仲舒、仲长统,还是宋代的张载、二程、朱熹等,为维护中央集权,均曾大声疾呼"抑兼并",反对土地集中到少数豪强手中。商鞅变法促使每一个能自立的男子自立门户,各谋生业,避免"余子""惰民"不事生产,正是为全面实行编户齐民制度作准备。在其后的变法措施中实行的田制改革,则完全达到了变封君"附庸"为国家"编户"的目的。

关于《商君书》所载法家思想在秦国范围内的实现程度,可以基本肯定的是,在秦国核心地区,包括都市、交通要道及周围的基层乡村,是严

---

① 蒋礼鸿:《商君书锥指》卷二《说民》,北京:中华书局,1986年,第36页。

格实行的。① 但是，由于技术条件限制及秦国土迅速拓展，商鞅等人所实施的秦法，在秦国的一些边僻地域或新占领新开辟的地区，则可能因旧有社会习俗的抵抗而无法在短时间内贯彻。例如在睡虎地秦简中，同时发现有秦法制资料与占卜书《日书》。工藤元男认为，这两种内容不同的简牍资料反映了墓主所处时代对秦法实施的两种态度。"一种态度是在宽容基层社会习俗的同时，推进秦法的渗透。另外一种态度是拒绝基层社会的习俗，推进一元化统治。……是因为随葬秦简的墓主喜的时代正好相当于秦统治体制的转换期。"② 而喜是楚都陷落、秦设置南郡（前278）以后任命的官吏，死亡时间为秦王政三十年（前217）。在设置南郡61年后，吏民对秦法的实施仍然存在不同态度，可见秦法实施在新占领区域的阻力之大。

第四，对于地方行政机构的改造。秦孝公十二年（前350）商鞅的第二次变法中，进一步加强了对社会结构的改造。《史记·商君列传》载："令民父子兄弟同室内息者为禁。而集小乡邑聚为县，置令、丞，凡三十一县。为田开阡陌封疆，而赋税平。平斗桶权衡丈尺。"③ 可以看出，这一次的变法措施，主要是在巩固第一次变法成果基础上，进一步开展对地方政权和基层社会制度的改革。

商鞅的第二次变法是在徙都咸阳后进行的。徙都咸阳，更能够脱离朝廷内公族、封君势力的束缚，放开手脚推行变法措施。"盖欲摆脱旧贵族传统之束缚，进一步扩大改革之成果，并谋求向东开拓。"④ 商鞅的这次变法主要是对地方行政机构和基层社会机构的深入改造，主要举措是对地方行政体制的改革，即"集小乡邑聚为县，置令、丞，凡三十一县"。本质

---

① 例如前述《史记·商君列传》所记，秦孝公死后，商鞅逃亡而欲舍客舍，"客人不知其是商君也，曰：'商君之法，舍人无验者坐之。'"（见司马迁：《史记》卷六十八《商君列传》，北京：中华书局，1959年，第2236页。）可见当时商鞅倡导的法制在秦许多地区实行着。

② 工藤元男著，广濑薰雄、曹峰译：《睡虎地秦简所见秦代国家与社会》，上海：上海古籍出版社，2010年，第362页。

③ 司马迁：《史记》卷六十八《商君列传》，北京：中华书局，1959年，第2232页。

④ 杨宽：《战国史料编年辑证》，上海：上海人民出版社，2001年，第344页。

上，这仍然是从政治上打击世族势力，巩固君主集权的举措。如本书第一、二章所述，历史上，秦国设县较早，秦武公十年（前688）伐邽、冀戎，初县之，次年县杜、郑。其后秦国在向东开拓的过程中，相继在频阳、陕、蒲、蓝田、善明氏、栎阳设县。但是这些县基本是取戎地、他国地为县，都在秦国的边境，其性质则为防守边地的军事边邑，同时也加强对边境新征服土地的管理①，与其后商鞅变法中在秦所设县的性质是不同的。商鞅变法所设立的县制，与战国初期晋国县制大概是一致的，是诸侯国在内地设立的一种地方行政制度。②三晋县制的扩大，强化了中央集权的官僚政治制度。《左传·昭公二十八年》记晋顷公十二年（前514），"分祁氏之田以为七县，分羊舌氏之田以为三县。司马弥牟为邬大夫，贾辛为祁大夫，司马乌为平陵大夫、魏戊为梗阳大夫，知徐吾为涂水大夫，韩固为马首大夫，孟丙为盂大夫，乐霄为铜鞮大夫，赵朝为平阳大夫，僚安为杨氏大夫。谓贾辛、司马乌为有力于王室，故举之；谓知徐吾、赵朝、韩固、魏戊，余子之不失职、能守业者也；其四人者，皆受县而后见于魏子"③。而地方机构的诸多职能，如三晋所属县实行的上计、行县、监察制度也在不断完善。商鞅在秦国变法，重组地方行政组织，"集小乡邑聚为县，置令、丞"，并在全国设立三十一县。这种"县"显然已非边镇性质的旧县制，而是在全国普遍实行的地方机构。内地县的设立，一方面将过去的血缘关系氏族组织改造成为从户开始经什伍到乡聚再到县的严密的地缘关系组织，使民众成为国家直属下的编户齐民；另一方面，它能更好地贯彻什伍组织，将乡村社会纳入国家政权的直接统治、监管下。这样，秦国的地方制度在商鞅变法前后已具有完全不同的属性，它在打破封君、领主治下的宗族血缘组织及其所依

---

① 杨宽：《杨宽古史论文选集》，上海：上海人民出版社，2003年，第69页。
② 晋国在拓土开疆的发展过程中，随着领土范围的不断扩大，边地县也不断变为国家直属的内地县。在卿大夫蚕食公室领地的过程中，县制就演变为内地的一种行政制度。（参见李孟存、李尚师：《晋国史》，太原：三晋出版社，2014年，第270-271页。）
③ 左丘明传，杜预注，孔颖达正义：《春秋左传正义》，李学勤主编《十三经注疏》，北京：北京大学出版社，1999年，第1493-1495页。

赖的伦理秩序,完成由贵族制向国家直属下乡村社会关系的过渡中起到了重要作用。

《商君书》所载商鞅社会思想中,还有着将全民纳入军事化轨道的倾向。《商君书》记载了这种全民军事化的具体做法:将民众按照男、女、老弱分为三军。其中,"壮男为一军,壮女为一军,男女之老弱者为一军,此之谓三军也。壮男之军,使盛食厉兵,陈而待敌。壮女之军,使盛食负垒,陈而待令。……老弱之军,使牧牛、马、羊、彘,草水之可食者,收而食之,以获其壮男女之食"①。为使这种军事化组织严密、规范,秦法家还提出了男、女、老弱分治即"无相过"的策略:"慎使三军无相过。壮男过壮女之军,则男贵女而奸民有从谋而国亡。……壮男、壮女过老弱之军,则老使壮悲,弱使强怜。悲怜在心,则使勇民更虑而怯民不战。故曰:慎使三军无相过,此盛力之道。"②在《商君书》作者看来,要让三支军队不互相往来。因为壮男到壮女的军中,会使一些人放纵淫荡,军纪松弛,国家军队就会削弱;壮男到老弱军中,老弱会让他们悲伤、怜悯,这种悲伤、怜悯之情会让勇敢的士兵多虑,胆小的士兵怯战。这种全国民众总动员的做法,由于史料无载,其执行情况如何不得而知。但是从商鞅提倡的国、民"交相胜"的"弱民"理论,以及"政作民之所恶,民弱;政作民之所乐,民强。民弱,国强;民强,国弱"③的政治思想看,把国家权力和农战看得高于一切的商鞅等法家人物中,这种按男、女、老弱来分别组织、居住、训练的思想苗头是存在的。通过爵制的赏罚政策和基层社会、乡村组织的结构改造,来驱使全体吏民编练成伍,克服恐惧与悲悯情绪,动员全民参与到战争中,无疑是当时商鞅等人的一种期望。《商君书》所载这种全民准军事化的社会组织结构,在中国古代历史上尚属首次。这是由一种超越现实的王权至上的战争理想走向人性反面的典型例子。

---

① 蒋礼鸿:《商君书锥指》卷三《兵守》,北京:中华书局,1986年,第74-75页。
② 蒋礼鸿:《商君书锥指》卷三《兵守》,北京:中华书局,1986年,第74-75页。
③ 蒋礼鸿:《商君书锥指》卷五《弱民》,北京:中华书局,1986年,第125页。

第五，开阡陌封疆。商鞅在第二次变法中明确提出了"开阡陌封疆"的土地政策。对于"开阡陌封疆"，历史上众说纷纭，有谓创置新制者，也有谓破坏上古以来的阡陌封疆旧制者。① 实际上，不论是创置还是破坏，其中有一层意思是一致的，即对旧有土地制度的破除。只有破除旧制才能开创新制。而各家分歧主要在于破坏后的土地制度的实际内容。《通典·州郡典·雍州风俗》曰："按周制，步百为亩，亩百给一夫。商鞅佐秦，以一夫力余，地利不尽，于是改制二百四十步为亩，百亩给一夫矣。"② 四川青川县出土的秦武王二年《为田律》曰："田广一步，袤八则为畛。亩二畛，一陌道。百亩为顷，一阡道。道广三步，封，高四尺，大称其高。埒，高尺，下厚二尺。"③ 江陵张家山汉简亦有《田律》，作"田广一步，袤二百卌步"④。可见商君新建立的田制是破百步亩制，而行二百多步的亩制。这也是目前诸多学者所认为的。例如杜正胜认为，商君新建立的田制是以二百四十步为亩。这就需要决裂旧封疆、建立新封疆，所以商鞅的田制改革必然需要"为田开阡陌封疆"。⑤ 杨宽先生亦认为："所谓'广封疆，发阡陌'，即推行二百四十步之亩制。此后商鞅在秦变法，'为田开阡陌封疆而赋税平'，亦即推行二百四十步之亩制。"⑥ 这种亩制改造的背景，一方面在于战国时铁器工具的使用大大提高了农夫耕作的效率，过去的百步亩制在授田、力耕等方面都不再适应新的生产力；另一方面则是对赋

---

① 对商鞅的开阡陌封疆，历来存在不同解释，有主张商鞅创置建立阡陌之说，亦有商鞅变法破坏消除阡陌井田之论。如《汉书·地理志下》："孝公用商君，制辕田，开仟伯。"《食货志上》曰："坏井田，开仟伯。"（班固：《汉书》，北京：中华书局，1962年，第1641、1126页。）宋代朱熹则认为是对古代阡陌的破坏，"所谓开者乃破坏划削之意，而非创置建立之名。所谓阡陌乃三代井田之旧，而非秦之所制矣"（见马端临《文献通考》卷一《田赋考》引朱熹《开阡陌辩》）。

② 杜佑撰，王文锦等点校：《通典》卷一百七十四《古雍州下·风俗》，北京：中华书局，1988年，第4563页。

③ 释文参考李学勤：《青川郝家坪木牍研究》，《文物》，1982年第10期。

④ 张家山二四七号汉墓竹简整理小组编著：《张家山汉墓竹简〔二四七号墓〕》（释文修订本），北京：文物出版社，2006年，第42页。

⑤ 杜正胜：《编户齐民：传统政治社会结构之形成》，台北：联经出版事业公司，1990年，第366—367页。

⑥ 杨宽：《战国史料编年辑证》，上海：上海人民出版社，2001年，第110页。

税、徭役的重新审定。商鞅通过改革田制，更便于授田予民、计算赋税，达到尽地力、辟荒土、增加国家赋税的目的。齐思和曾谈到三晋的田制改革曰："余考《左传》僖公二十八年传：'听舆人之诵曰："原田每每，舍其旧而新是谋。"'昔人释原为'高平'之地，说甚迂曲，实则原即'爰'之借字，原田即爰田，亦即辕田也。爰有更换之义，故谓舍其旧而谋其新也。爰田而曰舍旧谋新，则爰田为新辟之田可知。新田肥美，故其草每每然。晋惠公盖以新田赏兵众，故群皆大悦。商君亦辟新田，以尽地力也。"① 其实，开新田、扩田界都是为了扩大耕地面积，以更低的管理成本来增加国家赋税收入。商鞅在秦国变法中采取的田制改革创立了农民分异后的小家庭经济基础，个体小家庭从国家获得一份属于自己使用、占有的土地，又把耕织结合于其中，成为一个较为完备的自给自足的独立的经济体，由此增加缴纳赋税的人、户数量。②

总之，商鞅变法实现的政治体制，是在中国历史上仅此一见的、特殊的一体化体制。它的特殊性就在于，一方面，它以国家对社会极端的"壹治"方式来进行管理，以凌驾于整个官僚和民众头上的"法"为"壹治"工具，并主张"壹法""壹农""壹教""壹赏"，使秦成为一个极端尊"国"崇"法"的国度。这种国家体制的根本特征是：它以一种国家集权方式完成对整个官僚、贵族体系的改造，其统治具有空前的弥漫性和渗透性；并且通过重新整合社会阶层及社会结构，完成了对社会各个场域的系统性整合，由此打破传统宗法制下国家与社会的"治理"边界，使国家不仅管控着政治权力和社会资源，而且将以军功爵为基础的国家政治等级制度作为吏、民日常经济生活中分配、消费的尺度，这就从经济上将吏、民与国家的农、战需求捆绑在一起。可以说，商鞅变法正是在完成秦国家对社会的传统"治理"边界最广泛、最有深度的延伸中，模糊或者消除了除国君等上层统治集团外的"统治者"与"被统治者"的界限，使作为

---

① 齐思和：《商鞅变法考》，《中国史探研》，石家庄：河北教育出版社，2000年，第269页。

② 参见张金光：《秦制研究》，上海：上海古籍出版社，2004年，第478-479页。

"被统治者"的民众也能通过农战与军功,成为参与国家分配、治理的重要因素。另一方面,它又是以对"天下""四方"的开放性、包容性、流动性著称的。商鞅变法中对世袭军功贵族进行打击、削弱,主张用贤与能,按农战功绩授予爵位田宅,这就为"天下"士人、民众打开了向上流动的途径。尤其是不管何国士子,只要能够为秦的富国强兵、兼并战争立下功绩,都可以因功而获爵、得官、致富,由此天下士子均向往之。而从战国时代秦国的墓葬形制、葬式等来看,以咸阳塔儿坡墓地为例,从战国晚期到秦统一,其"在墓葬形制、墓葬方向、葬式以及随葬器物各方面所表现出的多元性,表明埋入塔儿坡墓地的人虽然仍以秦人为主,但已经包含有其他的具有不同文化背景和来源的人群。同样的现象也出现在同时期的其他墓地中,如陇县店子、凤翔高庄、西安半坡等。这些具有不同来源的人群可以埋入同一个墓地,不仅充分表现出秦文化所具有的开放性和包容性,同时也表明这些具有不同来源的人群生前已经与秦人居住在同一个聚落中,已经融入到秦文化社会的最基本组织中"[①]。因此,商鞅变法中,其"壹治"性、封闭性与开放性、包容性构成其相互补充、相互成就的治国方式。这两种方法可以说是二而一、一而二的。只有在进入一统的君主集权的官僚政治条件下,才能使这两个方面达到有机结合,也才能使秦国社会形成真正的以军功而颁爵禄的治理机制。

所以,商鞅变法中的"国家本位"思想,既是以尊"国"崇"法"的国家集权的形式出现,也通过变法中实施的军功爵制及其他相关措施,重新建构着国家体制及其治下的包括城、乡的社会结构。这除了打破贵族、官僚世袭特权的传统等序结构外,还让过去生活在宗法关系或村社结构中的民众变成国家的编户齐民,并且可以通过军功上升到统治者界域。

应该说,秦国由一个普通的宗法制国家过渡为一个严整的国家集权的"法治"国家,商鞅变法是其转折点。商鞅变法在秦国新旧交替的发展道路上,帮助秦国迅速走上国富兵强的道路,同时也使国家力量在对社会的

[①] 滕铭予:《秦文化:从封国到帝国的考古学观察》,北京:学苑出版社,2002年,第157页。

全面渗透和整合中，颠覆了以往的许多社会习俗与道德观念，改革了过去宗法村社的血亲传统，使国家处于整体性的结构转换状态。这种状态打破了社会各层级的特权，通过与之配套的军功爵等级体制来展现国家所垄断的分配权力，使国家君主治下"统治"者与"被统治"者的界限被打破，官吏与平民处于相对平等的竞争态势中，由此产生出古代中国由国家直接控制的编户齐民及层级流动社会。同时，由于商鞅等法家人物对于国家与民众在价值取向中尖锐的理性与非理性矛盾的认知，他们极力主张政治上的"壹治"与法律上的"刑律"精神，将法律视为整合军民行为、进行社会管理的重要手段。在国家力量与"法"的刑治精神的震慑下，来达到驱民于农、战的目的。这种二律背反的情形使秦国政治制度既有积极意义，亦有消极内容。

因此，从某种角度看，《商君书》所载的商鞅变法中所制定、推行的法律制度具有一定的公平意义，符合战国时国家一体化趋势。商鞅大力推行的军功爵制，规定爵位依军功授予，成为秦国进行社会整合的极其重要的措施。这使秦国实行的国家本位政策更有着向平民倾斜的特征，它使秦国内部贵贱之间的差别缩小，贵族社会的特权大大减少。在传世文献和出土古文书中，"吏民"二字多次、反复出现。实际上"吏民"作为当时法律和文书上一个常见概念、用语，反映了秦基层社会中吏与民（区别于隶、罪犯及贱民阶层等）在传统界域中"边界"的淡化或消失状态。这种情况，也易于导致广大民众处于与国家意志、统一战争进程同步的自信与亢奋中。这种社会状态在当时无疑是进步的，它在国家本位基础上产生了古代中国最早的国家与社会的全面融合，是国家直接管理的按照军功进身的军事型社会。它极大地吸引了关东六国有志改革或在他国不得志的颇有才干的士人纷纷进入秦国，成为战国中后期在秦国掌握政治、经济权力的客卿或战场上叱咤风云的将领。例如战国中后期秦国专任客卿，由此极大地促进了秦国的富强及统一六国的战争。这种制度也大大激发了民众从事农、战的积极性。在秦统一六国的过程中，民众加入军队、渴望战斗的激情成为其战场上能够不断取胜的关键。《史记·李斯列传》曾记曰："孝公用商鞅之法，移风易俗，民以殷盛，国以富强，百姓乐用，诸侯亲服，获楚、魏之师，举地千里，至今治强。"①

从另一方面看，商鞅变法中建构的"国家本位"机制，又有着十分消极的影响。因为它对吏、民的治理是在一种令人恐惧的"重刑"制度下进行的。商鞅变法，目的是使国家获得政治、经济、文化的权力，因此他所主张的法制，一方面是为了在秦的国家政体转轨过程中，全国官吏、民众有着以国家利益为出发点的统一的政治、经济、文化制度可循，使臣民能够知公私之分，审利害之地，"奸乃无所乘"；另一方面，却也是与不断强化国家权力的政治结构有关。商鞅在政治哲学上倡导国、民"交相胜"理念，当他将这种理念运用到法治理论与实践中时，其所倡行的法，就变为一种巩固秦国家政体的令与规，一种为秦国农、战而建立的工具性、功利性的统一政令制度。② 由于这些举措的目的是达到国家对人们社会生活的高度整合与治理，其对民众，尤其是受残酷战争波及的民众，伤害也是非常严重的。所以，我们应该辩证地看待商鞅变法积极与消极的二重性质。

第三节 "法"理念与"刑治"精神

由于秦国是在一个特殊时代进行的变法，故其变法具有战国其他诸侯国所没有的全面性、激进性与严苛性。正是在国、民"交相胜"的国家集权基础上，商鞅在"法"理念的实践中十分注重重罚极刑的"刑""律"精神，将法治演化为维护国家秩序的"律"治与"刑"治。商鞅在秦国提倡新法，主张厉行依"法"治国，其目的一方面是为了在秦国家政体的转轨中，全国官吏、民众有着以国家利益为出发点的统一、可循的政治、经济、文化制度。杜正胜曾从政治与社会的情况去分析《晋书》对先秦秦汉法制源流的论述，认为《晋书》之说非无事实依据，应该是当时社会结构转换的体现。"往昔封建时代固然也有生命财产的损失，唯就整个体制

---

① 司马迁：《史记》卷八十七《李斯列传》，北京：中华书局，1959年，第2542页。
② 李禹阶：《论商鞅、韩非的国家思想及"法"理念——兼论商、韩法家理论的结构性缺陷》，《暨南学报》（哲学社会科学版），2015年第1期。

的虽(维)系而言,基本动力在'礼',不在'刑'。而今礼的力量逐渐消退,更多的功能为'法'所取代,法典特别突出盗律和贼律是顺理成章的事,这是社会以编户齐民为主体的必然结果,也是以编户齐民作基础之政府必然采取的措施。"① 而另一方面,也与当时商鞅变法中国、民"交相胜"的政治哲学有关。这种政治哲学理念运用到法治理论与实践中,其所倡行的法,就会变为一种巩固秦君主专制政体的令与规,一种为秦国农战而建立的工具主义性质的统一政令制度。所以这个法,既是商鞅革除旧法,打击贵族世卿世禄特权,"破胜党任"的政治工具;也是促使秦国加速走上农战合一的战时军事体制路径的必要举措。"故有明主忠臣产于今世而散领其国者,不可以须臾忘于法。破胜党任,节去言谈,任法而治矣。使吏非法无以守,则虽巧不得为奸。使民非战无以效其能,则虽险不得为诈。……臣故曰:法任而国治矣。"② 在商鞅看来,民众本性中的"六淫""四难"会导致国家与民众间出现深刻的利益冲突,所以必须要有一种"治具"、治令使民众敢于、乐于去为国家效命,为国家的农、战尽力。这使商鞅主张的法政,事实上是一种以法为工具的治法、治律,而非我们通常所说的"法治",故《商君书》记曰:"今有主而无法,其害与无主同;有法不胜其乱,与不法同。"③ 这种"治法"的特点就是以法为工具,注重法律在维护君主专制和治吏、胜民中的效果,实现秦国统一战争中的功利性追求;其法理依据应该是一种以"律"为式的工具主义。在这样的法理基础上,其所说的"法"实际上就是一种以君主意志和国家利益为中心的"律",其举措以酷刑重罚为主,就不足为怪了。从《商君书》反映的法治思想看,其法的精神实际上是维护国家集权体制的"刑律"精神,而法的形式则是通过严刑峻法使基层社会和民众受到约束,由此构成其"法"的理念和刑治精神的核心。我们从《商君书》中可以发现许多由律治、重刑组成的"刑责论"以及由此构成的"法"理说辞。"重刑而连其

---

① 杜正胜:《编户齐民:传统政治社会结构之形成》,台北:联经出版事业公司,1990年,第249页。
② 蒋礼鸿:《商君书锥指》卷五《慎法》,北京:中华书局,1986年,第137-138页。
③ 蒋礼鸿:《商君书锥指》卷二《开塞》,北京:中华书局,1986年,第58页。

罪，则褊急之民不斗，很刚之民不讼，怠惰之民不游……"① "以刑去刑，国治；以刑致刑，国乱。……刑生力，力生强，强生威，威生惠，惠生于力。"② "故以战去战，虽战可也；以杀去杀，虽杀可也；以刑去刑，虽重刑可也。"③

商鞅主张通过严刑峻法来威慑戒惧民众，其变法的一个重要举措即"改法为律"。公元前359年，商鞅以《法经》为蓝本，制定《秦律》六篇，历史上称为"改法为律"。关于商鞅改法为律的最早记载出自《唐律疏议》："周衰刑重，战国异制，魏文侯师于里悝，集诸国刑典，造《法经》六篇：一、《盗法》；二、《贼法》；三、《囚法》；四、《捕法》；五、《杂法》；六、《具法》。商鞅传授，改法为律。汉相萧何，更加悝所造《户》《兴》《厩》三篇，谓《九章之律》。"④ 在《唐六典》李林甫等所作注中亦提及此事："魏文侯师李悝集诸国刑书，造《法经》六篇：一、《盗法》，二、《贼法》，三、《囚法》，四、《捕法》，五、《杂法》，六、《具法》。商鞅传之，改法为律，以相秦。"⑤ 而在《晋书·刑法志》中亦曰："是时承用秦汉旧律，其文起自魏文侯师李悝。悝撰次诸国法，著《法经》。以为王者之政，莫急于盗贼，故其律始于《盗》《贼》。盗贼须劾捕，故著《网》《捕》二篇。其轻狡、越城、博戏、借假不廉、淫侈、逾制以为《杂律》一篇，又以《具律》具其加减。是故所著六篇而已，然皆罪名之制也。商君受之以相秦。……旧律因秦《法经》，就增三篇，而《具律》不移，因在第六。"⑥

---

① 蒋礼鸿：《商君书锥指》卷一《垦令》，北京：中华书局，1986年，第13页。
② 蒋礼鸿：《商君书锥指》卷一《去强》，北京：中华书局，1986年，第32页。
③ 蒋礼鸿：《商君书锥指》卷四《画策》，北京：中华书局，1986年，第107页。
④ 长孙无忌等撰，刘俊文点校：《唐律疏议》卷一，北京：中华书局，1983年，第2页。
⑤ 李林甫等撰，陈仲夫点校：《唐六典》卷六，北京：中华书局，1992年，第180页。
⑥ 房玄龄等：《晋书》卷三十《刑法志》，北京：中华书局，1974年，第922-924页。

诸多学者亦认为，以律名法典始于公元前 4 世纪中叶商鞅"改法为律"。① 实际上，从《唐律疏议》等文献所载来看，"商鞅传授，改法为律"，最重要的是指商鞅变法中将春秋战国时代的"法"进一步律令化、刑治化，使过去的"法"的意义发生了重要改变，"然皆罪名之制也。商君受之以相秦。……旧律因秦《法经》，就增三篇，而《具律》不移，因在第六"②，亦正如《魏书·刑罚志》所谓："逮于战国，竞任威刑，以相吞噬。商君以《法经》六篇，入说于秦，议参夷之诛，连相坐之法。"③

"法"字，《说文解字》："灋（法），刑也。平之如水，从水；廌，所以触不直者，去之，从去。"④ 故最早的"法"表示法律、法度公平如水。⑤ 但

---

① 参见杨鸿烈：《中国法律发达史》，上海：商务印书馆，1930 年，第 74 页；沈家本撰，邓经元、骈宇骞点校：《历代刑法考》（二），北京：中华书局，1985 年，第 847 页；程树德：《九朝律考》，北京：中华书局，1963 年，第 11 页；刘海年：《云梦秦简的发现与秦律研究》，《法学研究》，1982 年第 1 期；程天权：《论商鞅改法为律》，《复旦学报》（社会科学版），1983 年第 1 期；曾宪义主编：《新编中国法制史》，济南：山东人民出版社，1987 年，第 68-71 页；武树臣等：《中国传统法律文化》，北京：北京大学出版社，1994 年，第 313-315 页；武树臣：《秦"改法为律"原因考》，《法学家》，2011 年第 2 期；等等。尽管有一些学者对此持怀疑态度，认为商鞅"改法为律"的记载出现在离战国近千年的《唐律疏议》中，其说难以"确证"[江必新：《商鞅"改法为律"质疑》，《法学杂志》，1985 年第 5 期；祝总斌：《关于我国古代的"改法为律"问题》，《北京大学学报》（哲学社会科学版），1992 年第 2 期]，但是就大多数学者的意见来看，商鞅变法时"改法为律"应该是一个不争的事实。如武树臣在《秦"改法为律"原因考》一文中的说法就具有一定的代表性："'改法为律'的'法'，盖指李悝在整理诸国法律实践成果基础上编纂的《法经》；'改法为律'的'律'即指秦律。尽管学界对《法经》是否真实存在，以及'改法为律'是否始自商鞅，尚存争议，但否定的意见至今仍提不出可靠的证据。秦国'改法为律'，是将异国之《法经》与秦国具体国情相结合的长期立法司法实践的产物。秦国'改法为律'的开先河者即商鞅。"
② 房玄龄等：《晋书》卷三十《刑法志》，北京：中华书局，1974 年，第 922-924 页。
③ 魏收：《魏书》卷一百一十一《刑罚志》，北京：中华书局，1974 年，第 2872 页。
④ 许慎：《说文解字》，北京：中华书局，1963 年，第 202 页。
⑤ 《说文》："解廌，兽也。似山牛，一角。古者决讼，令触不直。象形，从豸省。凡廌之属，皆从廌。"（许慎：《说文解字》，北京：中华书局，1963 年，第 202 页。）《后汉书志·舆服》亦说："獬豸神羊，能别曲直。"（司马彪：《后汉书志·舆服下》，北京：中华书局，第 3667 页。）在这里，廌为图腾动物，一角之圣兽，代表正直、正义、公正，亦象征着一种社会的普遍、统一的规则、秩序。

是在春秋战国时，其所谓的"法"，不仅具有"刑""律"的意义①，更是泛指国家政治、经济、文化等各方面的政令、方针、政策、治法。如《孟子·公孙丑上》："则文王不足法与？"②《礼记·曲礼下》："谨修其法而审行之。"③《韩非子·五蠹》："不期修古，不法常可。"《韩非子·八奸》："其于诸侯之求索也，法则听之，不法则距之。"④《吕氏春秋·察今》："故治国无法则乱，守法而弗变则悖。"⑤这些所谓的"法"，即指国家的法规、政令等。"律"原为音律之意。音乐只有遵守音律，才能和谐畅耳。其后"律"引申为规则、有序，以及社会规范及行为准则之意。如《管子·七臣七主》："律者，所以定分止争也。"⑥《左传·桓公二年》："百官于是乎戒惧，而不敢易纪律。"⑦《史记·律书》："王者制事立法，物度轨则，壹禀于六律，六律为万事根本焉。"⑧故"律"与"法"不同，它更具有强制性、规则性的束缚人心的意义。《释名·释典艺》："律，累也。累人心，使不得放肆也。"⑨在商鞅改法为律之前，"律"字已具有军律、军纪、军令的含义。特别是在战争年代，军律、军纪、军令等具有极大权威，代表着更加严格的纪律、规则及惩罚。所以，商鞅"改法为律"，虽仅一字之差，却蕴含着十分不同的强制性、规则性的含义。故商鞅"改法为律"虽然由《唐律疏议》提出，但是我们从《魏书·刑罚志》《晋书·

---

① 在先秦时期，"法"字已有狭义之"法""刑"意，如《尚书·吕刑》："惟作五虐之刑曰法。"《管子·心术》："杀僇禁诛谓之法。"《周易·蒙卦·初六》："《象》曰'利用刑人'，以正法也。"《大戴礼记·礼察》："礼者禁将然之前，而法者禁于已然之后。"
② 赵岐注，孙奭疏：《孟子注疏》，李学勤主编《十三经注疏》，北京：北京大学出版社，1999年，第68页。
③ 郑玄注，孔颖达疏：《礼记正义》，李学勤主编《十三经注疏》，北京：北京大学出版社，1999年，第109页。
④ 王先慎撰，钟哲点校：《韩非子集解》，北京：中华书局，1998年，第442、56页。
⑤ 许维遹撰，梁运华整理：《吕氏春秋集释》，北京：中华书局，2009年，第392页。
⑥ 黎翔凤撰，梁运华整理：《管子校注》，北京：中华书局，2004年，第998页。
⑦ 左丘明传，杜预注，孔颖达正义：《春秋左传正义》，李学勤主编《十三经注疏》，北京：北京大学出版社，1999年，第148页。
⑧ 司马迁：《史记》卷二十五《律书》，北京：中华书局，1959年，第1239页。
⑨ 刘熙：《释名》卷六《释典艺》，北京：中华书局，1985年，第100-101页。

刑法志》等古代文献可以看出，古代治律者正是通过"改法为律"看出了商鞅变法中"以律统刑"的非同凡响的"法"理改造。

据 1980 年在四川青川县郝家坪出土的战国秦墓木牍载，秦武王二年（前 309）王命丞相"更修《为田律》"①。由牍文可知，《为田律》在此前已制定颁布。② 这是秦律存在的最早的可靠记载。睡虎地秦墓竹简整理小组在对《法律答问》的"说明"中指出，《法律答问》的"律文应形成于秦称王以前，很可能是商鞅时期制订的原文"③。从前述商鞅变法的整体思路来看，商鞅是希望通过变法将秦国改造为一个严格的军国性质的国家，通过严格执行"壹治"的政策，即在政治、经济、法律、文化等方面都单向度强调国家对社会整合与控制的力度，特别是通过变法、改革的全面性、激进性与严苛性，使秦国军民处于具有工具理性的精确、严密的"刑""律"与"爵""赏"的支配下，使全国吏、民有着统一、可循的制度、规则。故商鞅变法中的"法"，也包括了"法""政""理"等方面意义：其一，其"法""律"的理论依据是奠定在秦国"国家本位"的政治体制之上的，也是为这种政治体制服务的。而商鞅"改法为律"，正是将"法"的本质、意义经过改造后，变为狭义的"刑"与"律"。其二，商鞅所谓的"法"也是一种广义的"法"与"政"，它将所包括的政令、方针、政策、治法律令化，使整个秦国军民都严格按照"壹治"的"农战"目标行事，"圣人之为国也，壹赏，壹刑，壹教。壹赏则兵无敌，壹刑则令行，壹教则下听上。夫明赏不费，明刑不戮，明教不变，而民知于民务，国无异俗"④。故商鞅变法后的秦国迅速走上了军事化轨道。"今版《商君书》中'律'字凡五见：《战法》：'兵大律在谨'；《徕民》：'先王制土分民之律也'，'秦四境之内……不起十年征，著于律也'；《算地》：

---

① 于豪亮：《释青川秦墓木牍》，《文物》，1982 年第 1 期。
② 李学勤：《中华古代文明的起源：李学勤说先秦》，北京：生活·读书·新知三联书店，2019 年，第 315 页。
③ 睡虎地秦墓竹简整理小组编：《睡虎地秦墓竹简·法律答问释文注释》，北京：文物出版社，1990 年，第 93 页。
④ 蒋礼鸿：《商君书锥指》卷四《赏刑》，北京：中华书局，1986 年，第 96 页。

'此先王之正律也','此所谓任地待役之律也'。仅从《商君书》之'律'来看，其已非乐律，乃兼指兵律、法律。这与其它同时代著述之律盖指乐律者不同。此五处之'律'，其一为兵律，其余均为与土地相关之法律，既反映了商鞅变法以《垦草令》为起点，以与土地相关之法律为终点的历史痕迹，更反映了兵律之律与乐律之律并行，最终向法律之律过渡的轨迹。……在连绵不绝的战争年月，军律具有极大权威，它多以战前誓命为形式，鼓舞约束将官战士，它规定着庆赏诛罚的条件，有时还通过审判以定功过。军律施行的必然结果，是不断进行普遍的身份、财产、权利的再分配，从而直接或间接地影响到社会生活的各个领域。因此，在特殊的时期和特殊的国度，军律差不多就等于国家法律了。"① 其三，将具有"法治"意义的"法"加以"刑""律"化。实际上，法律虽然是由国家制定或认可并依靠国家强制力保证实施的，反映由特定社会物质生活条件所决定的统治阶级意志，但仍然有着其社会性和超越性。在阶级社会中，法在实现统治阶级职能的同时，还执行由一切社会需要产生的各种公共事务的职能，由此具有了超凌于各阶层之上的超越性（即使是名义上的），故它在进行社会整合、控制的过程中，能被全体社会成员接受，进而达到制约个人，以利于社会整合的目的。故有学者认为，"商鞅看中了军队中习用的律字……借用军律的极大权威性来强化成文法的地位与作用，使之成为人人必须遵守的准则，以利于贯彻执行他提出的变法措施，这就是商鞅改法为律用意之所在"②。

实际上，商鞅变法之"改法为律"，是将狭义的"法治"改造为"竞任威刑，以相吞噬"的"律""刑"之治，这样就改变了"法"的性质，使"法治"演变成为单纯的"律治""刑治"，并使秦国的"治法"有着更加具体、细致、精确的强制性色彩。

商鞅"改法为律"，当然有其实践效应。"在秦国的法律规范体系中，

---

① 武树臣：《秦"改法为律"原因考》，《法学家》，2011年第2期。
② 吴建璠：《商鞅改法为律考》，韩延龙主编《法律史论集》（第4卷），北京：法律出版社，2002年，第44页。

主要有法、律、令、事四种表现形式。正如《睡虎地秦墓竹简·语书》所谓'凡良吏明法律令事，无不能也'，可证。'法'是战国变法革新运动中既新起同时又被虚拟化的一个字眼，盖泛指国家制度，或特指《法经》之六法；'令'是临时发布的命令，具有不稳定性。如《语书》谓：'法律未足，民多诈巧，故后有间令下者。'可见，令是法律的补充。'事'指"廷行事"，是审判中形成的具有特殊意义的先例、故事，是经过严格程序被确认的规范，也是制定法的补充。……'律'是正式的，比较稳定的，占绝大比重的，也是最重要的法律规范形式。以'某某律'为形式的如《田律》《效律》《军爵律》者，是其所调整的某一社会领域的法律条文的集约化，因此多少带有后世单项法规的色彩。"① 实际上，"改法为律"正是使"法"的公开性、精确性更加突出，它构成了覆盖展现民事、刑事、行政、经济等诸多社会生活领域的成文法的恢恢法网，使秦国的国家力量深入到社会的各个角落。"改法为律"也贯彻了商鞅变法中"以杀去杀，虽杀可也；以刑去刑，虽重刑可也"②的"律""刑"之治的思想。秦国能够从一个僻居西方的偏远小国迅速发展为拥有"虎狼之师"的强国，在很大程度上正是得益于商鞅的这套"律治"与"刑治"。

商鞅"改法为律"，使秦国的治法在其"律"治和"刑"治精神指引下，明确体现出多刑少赏、重刑轻赏的法治实践，这就是商鞅主张的"刑九而赏一"。在商鞅看来，"治国刑多而赏少。故王者刑九而赏一，削国赏九而刑一"③。"兴国行罚，民利且畏……怯民使以刑，必勇。"④ "王者刑九赏一，强国刑七赏三，弱国刑五赏五"⑤，刑多而赏少，就能使官民敬惧刑律，由此树立君主与国家的权威。所以，尽管商鞅主张"明主之治天下也，缘法而治，按功而赏"⑥，要求君主也要按照颁布的成文法进行赏罚，

---

① 武树臣：《秦"改法为律"原因考》，《法学家》，2011年第2期。
② 蒋礼鸿：《商君书锥指》卷四《画策》，北京：中华书局，1986年，第107页。
③ 蒋礼鸿：《商君书锥指》卷二《开塞》，北京：中华书局，1986年，第57页。
④ 蒋礼鸿：《商君书锥指》卷一《去强》，北京：中华书局，1986年，第30-31页。
⑤ 蒋礼鸿：《商君书锥指》卷一《去强》，北京：中华书局，1986年，第31页。
⑥ 蒋礼鸿：《商君书锥指》卷五《君臣》，北京：中华书局，1986年，第130页。

这在表面上看有一种通法意义，但是由于商鞅所主张的"法"在基本点上是位列君主个人意志之下的、为君主个人意志所左右的"律"，是以国家为本位而达到"民壹"这一目的的"法"，即所谓"治国者贵民壹。民壹则朴"①。因此商鞅的"法治"理念本质上是一种以"重罚"为基础的律治理念，而刑治精神则贯穿始终。这种律治理念与刑治精神，把当时秦国发展所需要的政治、经济、文化要求，作为一种单向的要求人们必须服从、遵循的律范，通过"重刑"举措而达到"胜民"目的，达到国家治理。"刑加于罪所终，则奸不去；赏施于民所义，则过不止。刑不能去奸而赏不能止过者，必乱。故王者刑用于将过，则大邪不生；赏施于告奸，则细过不失。"② 在这种刑治精神下，人们会对君主、国家、政府的权威、法令产生深重的畏惧感与无奈感，国家则将其作为进行社会控制与整合的手段。

因此，商鞅所谓的"法"并非是一种长久治世的"良法"，而是基于功利主义立法目的、脱离社会生活实际需要的暴力手段。"法一旦脱离社会生活的实际需要，便会造成法与社会的背离甚至敌对。立法者一旦可以为了功利的目的而不顾及社会的正常要求，法就可能成为统治者手中随意挥舞的大棒。"由此，"背法而治"成为商鞅法治论的当然补充。③ 从政治学意义上看，这个"法"一定是蕴含着不公平、不完善因素的法。而且，施行这种法的社会，一定是人治的社会，其背后潜藏着更加深刻的人治目的。所以，商鞅颁布、实行的"法制"，尽管对当时秦国战时军事体制的农战社会起到了积极的作用，但是它毕竟是剥削阶级国家的集权之法，具有一种以刑治乱的律治主义与刑治精神。

商鞅企图通过以"重罚"为基础的律治来以刑止刑，以重刑制止社会罪恶。其施行的客观效果，就是建立起律治与恐民的联系。以"重刑"的治法恐民，民众即便是轻罪也会被施以重刑，"行刑重其轻者，轻者不生，

---

① 蒋礼鸿：《商君书锥指》卷三《壹言》，北京：中华书局，1986年，第61页。
② 蒋礼鸿：《商君书锥指》卷二《开塞》，北京：中华书局，1986年，第57页。
③ 徐进：《商鞅法治理论的缺失——再论法家思想与秦亡的关系》，《法学研究》，1997年第6期。

则重者无从至矣"①。从文献看，商鞅实行重刑，在秦国达到了极端程度。例如其法令中规定的"刑弃灰于道者"②，将弃灰于道者处以重刑，便是轻罪重刑的典型例子。他主张"刑用于将过"③，强调以重刑控制、扼杀民众可能犯罪的思想念头。显然，商鞅主张的刑治精神已走向与真正的"法治"精神相反的道路，实际上是以法为形式而反法治的"人治"社会。

由于商鞅变法单向度强调刑法的社会整合与控制作用，而忽视了道德与信仰价值系统对于社会建设的作用，这使其国家思想与治世理论有着严重的结构性矛盾。应该说，在社会治理中，仅仅依靠外在、硬性的控制，只能达到民众外在、形式上的服从，而不能使人们主动、自觉地去遵守社会秩序与规范。所以，内在控制手段，即以各种社会规范包括习俗、道德、宗教等代表人们价值观的社会力量来达到社会治理的目的，是必要的。商鞅在国家治理思想中，极端强调刑治精神，忽视民众心理的社会化、政治化、道德化，这正是其国家思想与法治理论在结构上的偏颇。同时，商鞅作为早期法家，为了达到巩固君主集权的目的，而将"法治"狭窄化、限域化了。例如，他除了将普通民众置于与国家对立的立场，为了防止权臣当政，还主张君主对朝廷权贵、官僚等都要给予一种不信任的怀疑态度，将他们视为君主集权的潜在威胁。商鞅认为君臣间存在着赤裸裸的权力、爵禄的交换关系，因此从人性的自利性出发，臣子时刻都在窥视君主的权力，使君位常常处在危险之中。故在朝堂内外，"奸臣鬻权以约禄，秩官之吏隐下而渔民……故大臣争于私而不顾其民，则下离上。下离上者，国之隙也。秩官之吏隐下而渔百姓，此民之蠹也。故有隙蠹而不亡者，天下鲜矣"④。因此，巩固君权就须削弱臣下的权力，使君主成为国家权力结构的最高控制者。处理君臣关系的方法，具体而言之就是谨慎地操持"赏罚"二柄。"夫人情好爵禄而恶刑罚，人君设二者以御民之志而立

---

① 蒋礼鸿：《商君书锥指》卷二《说民》，北京：中华书局，1986年，第37页。
② 司马迁：《史记》卷八十七《李斯列传》，北京：中华书局，1959年，第2555页。
③ 蒋礼鸿：《商君书锥指》卷二《开塞》，北京：中华书局，1986年，第57页。
④ 蒋礼鸿：《商君书锥指》卷三《修权》，北京：中华书局，1986年，第85页。

所欲焉。""人君有爵行而兵弱者，有禄行而国贫者，有法立而乱者，此三者，国之患也。"①

"赏罚"中的"赏"，特别是君主所操持的"壹赏"，是商鞅极力主张的政治控制手段。商鞅变法实行了军功爵制。这个制度，既是为了打击宗法旧贵集团，激励战士、民众的农战积极性，也是为了将最终的赏罚权力从各层级的封君手中收到国君手里，让君主掌握对臣民生死的决断权。"所谓壹赏者，利禄官爵抟出于兵，无有异施也。"②"壹赏"不仅将国家的官爵向所有臣民开放，而且明确宣示了分封制下贵族世卿世禄特权的终结。"宗室非有军功论，不得为属籍。……有功者显荣，无功者虽富无所芬华。"③"壹赏"也包括对官吏的封赏，这不仅有利于君主在更广泛的范围内选拔人才，而且从政治体制上保障了君主集权的实现。"明主之所贵惟爵其实，爵其实，而荣显之。不荣，则民不急。"④这样，根据军功授爵的赏罚体制国家的各级官吏实际上就成为君权控制下的流动的孤立的个体，臣僚的官职爵禄可以根据君权的需要而随时给予升迁或者剥夺，各级臣僚与君权相抗争的能力也就相应大大降低。

商鞅变法中的这种"重刑""壹赏"举措对战国后期的法家人物有很大影响，它实际上打开了君主操持权柄而以"术"制臣的大门。战国末期的法家人物亦继承了商鞅这种思想。例如，韩非就提出了以法（律、刑）治国的重刑论和以"术"制臣的"权术"说。韩非所谓"法"，正与商鞅一样，就是君主国家治国牧民的令、规、律、刑，是君主用来统御臣下、具有与权术同等功效的利器。"人主之大物，非法则术也。法者，编著之图籍，设之于官府，而布之于百姓者也。"⑤法律只是君主御臣、御民之利器，它来自君主之言，发自君主之令，只不过这种言、令是以"治法"的

---

① 蒋礼鸿：《商君书锥指》卷三《错法》，北京：中华书局，1986年，第65页。
② 蒋礼鸿：《商君书锥指》卷四《赏刑》，北京：中华书局，1986年，第96页。
③ 司马迁：《史记》卷六十八《商君列传》，北京：中华书局，1959年，第2230页。
④ 蒋礼鸿：《商君书锥指》卷三《错法》，北京：中华书局，1986年，第65页。
⑤ 王先慎撰，钟哲点校：《韩非子集解》，北京：中华书局，1998年，第380页。

一统形式表现出来的。① 为此，韩非十分看重"刑"在国家治理中的作用，"故先王明赏以劝之，严刑以威之。赏刑明则民尽死，民尽死则兵强主尊"②。民众会因其生死利害关系而屈从于政，卑从于官，这样就能够很好地树立起君主集权制度的威权。不过，韩非对商鞅"法"理念有着很大发展：第一，韩非更加明确地指出了法的确立者和实施者是谁。既然国家机器是君主伸张个人意志的工具，那控制国家政治运行的律令就只能由君主设定和颁布。因此，君主即国家的立法主体。从法理上看，韩非认为法、律的功效既有对民众权利的保障性质，同时更多的是以律治、刑治的形式对民众思想、行为的禁止，法、律是民众的一种义务而非权利，由此最终维护、保障法律制定者的意志和利益。"君无术则弊于上，臣无法则乱于下，此不可一无，皆帝王之具也。"③ "刑重则不敢以贵易贱，法审则上尊而不侵。"④ "使吾法之无赦，犹入涧之必死也，则人莫之敢犯也。"⑤ 民众只有履行所谓"法"的义务而缺乏其对于法律应该享有的权利，这种情况导致此后中国两千多年基层社会民众对"法"的戒惧及由此衍生的"息讼"思想。所以，韩非比商鞅更加明确了法的阶级属性和制民的公众性治法特征。第二，与商鞅相比，韩非进一步提出了以君主专制为中心的集权思想。商鞅承认集权制国家中必然存在君王对法律的独断权，但是，出于对统治阶级整体利益的考虑，商鞅也认为法律一经君主允许并且颁布实施，就是至高无上的。不仅百姓、官吏受它的限制，就连君主自身也要遵循这一规则，不能随意变更。韩非却认为，想利用单纯的"法"维护君主集权是不行的，因为"法"一旦形成，必然要求包括立法者在内的所有人

---

① "令者，言最贵者也；法者，事最适者也。言无二贵，法不两适，故言行而不轨于法令者必禁。"（王先慎撰，钟哲点校：《韩非子集解》，北京：中华书局，1998 年，第 394 页。）所以，忠实执行君主之令，即奉法，"奉法者强则国强，奉法者弱则国弱"（王先慎撰，钟哲点校：《韩非子集解》，北京：中华书局，1998 年，第 31 页）。

② 王先慎撰，钟哲点校：《韩非子集解》，北京：中华书局，1998 年，第 128–129 页。

③ 王先慎撰，钟哲点校：《韩非子集解》，北京：中华书局，1998 年，第 397 页。

④ 王先慎撰，钟哲点校：《韩非子集解》，北京：中华书局，1998 年，第 39 页。

⑤ 王先慎撰，钟哲点校：《韩非子集解》，北京：中华书局，1998 年，第 222 页。

一致遵守，所以势必会制约君权，在一些时候，甚至会转化成君权的对立面。而且由于具体执法者是与君权处于潜在对立状态的官吏，这些官吏一旦通过掌握执法手段而使他们的权力得以加强，便会利用这种权力来谋私利，严重的时候会对君权造成威胁。所以，法应根据时势变化和君主意志而随时变更，由此维护君权独尊的权威。

从某种意义上说，商鞅思想给法家后学留下了由治法向治术演进的空间，在大一统的曙光中，为了进一步确立君主集权政治，商鞅的后继者们更加速了"治法"向"治术"的转变。例如，韩非在对战国中期法家思想和实践的继承和总结中，主张建立一个强有力的君主集权国家。但是，韩非更加注重"治法"与"治术"的相互为用及其共生的功效。在他看来，"法"与"术"均是君主驾驭臣民的"大物"与利器。"人主之大物，非法则术也。""故法莫如显，而术不欲见。是以明主言法，则境内卑贱莫不闻知也，不独满于堂；用术，则亲爱近习莫之得闻也，不得满室"①，"官之重也，毋法也；法之息也，上暗也。上暗无度则官擅为，官擅为故奉重无前，奉事无前则征多，征多故富。官之富重也，乱功之所生也"②。所以，仅仅靠治法，可以驾驭民众，但仍然是不够的。因为执法的各级官吏可以利用其司法、执法权力欺上瞒下，大行其私，使得"法"不为君主、国家所用，出现"主上愈卑，私门益尊"③、奸诈丛生的局面。因此，必须以权术补治法，或者将治法补权术。这样，在"术"成为"法"的内在一面时，"法"的性质进一步发生了变化，即"法"成为"术"的外在一面，而立法、司法则更加依赖君主的个人意志。"今申不害言术，而公孙鞅为法。……此臣之所师也。君无术则弊于上，臣无法则乱于下，此不可一无，皆帝王之具也。"④ 其结果，一是使"法"进一步刑、律化，成为君主手中实行术治的大棒；二是"法"在"术"的内在左右下，性质更加扭曲。十分明显，韩非所说的"法"与"术"相内外，就成为一种

---

① 王先慎撰，钟哲点校：《韩非子集解》，北京：中华书局，1998年，第380页。
② 王先慎撰，钟哲点校：《韩非子集解》，北京：中华书局，1998年，第440页。
③ 王先慎撰，钟哲点校：《韩非子集解》，北京：中华书局，1998年，第81页。
④ 王先慎撰，钟哲点校：《韩非子集解》，北京：中华书局，1998年，第397页。

更具针对性的治臣之具。例如韩非就重新解释了"忠"与"奸"这对伦理范畴,认为"所谓忠臣不危其君"①,忠的界限就是不危害君主,不危及君权。"禁(明)主之道,必明于公私之分,明法制,去私恩。夫令必行,禁必止,人主之公义也。必行其私,信于朋友,不可为赏劝,不可为罚沮,人臣之私义也。私义行则乱,公义行则治,故公私有分。"② 以此为标准,韩非对儒家一贯褒扬的因伐不道而取君位的商汤和周武王提出了疑义,对"汤武革命"作了颠覆性评价。他认为,商纣王以西伯昌好仁义,不听费仲的劝谏而未将其诛杀,结果商亡于周。因此,韩非十分强调君主对权力的独裁和对政治的独断,"事在四方,要在中央。圣人执要,四方来效"③。韩非在"法治"的背后又十分强调运用权术的"术治"。"术者,藏之于胸中,以偶众端,而潜御群臣者也。故法莫如显,而术不欲见。"④ 这样的"法",由于君主意志凌驾于其上,"势"与"术"在它后面起作用,其本质则是君主意志和权力集中的表现形式。这样的治法,对于臣子是一种治术,对于民众则是一种"重刑"之律条。"故商君之法,刑弃灰于道者。夫弃灰,薄罪也,而被刑,重罚也。彼唯明主为能深督轻罪。夫罪轻且督深,而况有重罪乎?故民不敢犯也。"⑤ 所以,由于术的无常性、工具性特征,术完全变为一种驾驭群臣的手段。而以"术治"为背景的"法",也易于失去它的公正性、正义性,成为与"术"同流之"律"。更加重要的是,由于"术"与"法"的共生性,"术"大大削弱了"法"的治世作用,使"法"成为维护统治阶级利益的工具。君主成为"法"与"术"的最后决定者,法的客观标准亦易于失去其固定的内涵,法也就成为权力与权术的组成部分。

---

① 王先慎撰,钟哲点校:《韩非子集解》,北京:中华书局,1998年,第467页。
② 王先慎撰,钟哲点校:《韩非子集解》,北京:中华书局,1998年,第128页。
③ 王先慎撰,钟哲点校:《韩非子集解》,北京:中华书局,1998年,第44页。
④ 王先慎撰,钟哲点校:《韩非子集解》,北京:中华书局,1998年,第380页。
⑤ 司马迁:《史记》卷八十七《李斯列传》,北京:中华书局,1959年,第2555页。

第四节　文化改造与变易民风

鉴于秦国华、戎族群相处的情况，为了实现秦国"壹治"于"法"，通过政治一统而达到思想、文化的一统，商鞅在变法中极力主张对秦文化的改造与移风易俗。

战国中期，秦国民众仍然处于与戎狄的杂处中，其风俗自相互感染，故商鞅十分注重以华夏文化来移易秦地风俗。《史记·商君列传》记商鞅在变法中主张"令民父子兄弟同室内息者为禁"，其目的就在于革除残留的戎狄风俗，而代之以中原的文明教养。商鞅对赵良说："始秦戎翟之教，父子无别，同室而居。今我更制其教，而为其男女之别，大筑冀阙，营如鲁卫矣。"① 但是商鞅变法中的移风易俗，不仅是对戎狄风俗的改革，更重要的是对秦国从上至下蔓延的诸夏国家从春秋至战国时期的相对开放的文化风气与伦理道德的改革。商鞅在变法中主张的文化改革是与其"法制"相适应的变革举措。这些举措也是与商鞅主张的"弱民""愚民""壹教"相配套的。

为了达到"壹治"于"法"，使民于农战的目的，商鞅提出了诸多文化改革、移风易俗的政策。例如，商鞅在变法中极力禁止不符合国家农战政策的各种社会规范，包括禁止他认为与农战相违的各种习俗、道德、宗教层面的社会价值观及相应行为。"法枉，治乱；任善，言多。治众，国乱；言多，兵弱。法明，治省；任力，言息。治省，国治；言息，兵强。故治大，国小；治小，国大。"② 他对于当时秦国社会中民众与士人的"说者成伍，烦言饰辞""道路曲辩，辈辈成群""人聚党与，说议于国"的社会现实予以了抨击，认为"今世主皆忧其国之危而兵之弱也，而强听说者。说者成伍，烦言饰辞而无实用。主好其辩，不求其实，说者得意，道

---

① 司马迁：《史记》卷六十八《商君列传》，北京：中华书局，1959年，第2234页。
② 蒋礼鸿：《商君书锥指》卷五《弱民》，北京：中华书局，1986年，第125页。

路曲辩，辈辈成群。……故民离上而不臣者成群。此贫国弱兵之教也"①。在商鞅等法家人物眼中，这些情况既有损于君主集权制度，也与驱民蹈战的秦国战时军事体制相背离。"是以明君修政作壹，去无用，止浮学事淫之民壹之农，然后国家可富而民力可抟也。"② 国家必须禁止礼乐诗书等于农战无补之学，否则国家就会陷入危险，"故其境内之民皆化而好辩乐学，事商贾，为技艺，避农战。……故其国贫危"③。商鞅及其法家人物反对当时正蓬勃兴起的诸子百家之学，尤其反对孔孟等儒家倡导的《诗》《书》等。"虽有《诗》、《书》，乡一束，家一员，独无益于治也，非所以反之之术也。"④ 由此他们强烈主张在文化与思想领域采取"壹教"政策。"所谓壹教者，博闻、辩慧、信廉、礼乐、修行、群党、任誉、清浊不可以富贵，不可以评刑，不可独立私议以陈其上。"⑤ 在商鞅等人看来，社会上的文人智者辩士说客，犹如"六虱"，应坚决制止。"六虱：曰礼乐，曰《诗》《书》，曰修善，曰孝弟，曰诚信，曰贞廉，曰仁义，曰非兵，曰羞战。国有十二者，上无使农战，必贫至削。"⑥ 只有制止"六虱"即礼乐等的传播，民众思想单一、朴实，国家对社会的控制才更易实施。"故民愚则知可以胜之，世知则力可以胜之。"⑦ 所以在商鞅的治法系统中，有着对官民习学礼乐诗书的严厉禁锢。"国之大臣诸大夫，博闻、辩慧、游居之事皆无得为，无得居游于百县，则农民无所闻变见方。……愚农不知，不好学问，则务疾农。"⑧ 商鞅等法家人物的这种思想应该在战国中后期的秦国得以实行。《睡虎地秦墓竹简》载："游士在，亡符，居县赀一甲；卒

---

① 蒋礼鸿：《商君书锥指》卷一《农战》，北京：中华书局，1986年，第25—26页。
② 蒋礼鸿：《商君书锥指》卷一《农战》，北京：中华书局，1986年，第25页。
③ 蒋礼鸿：《商君书锥指》卷一《农战》，北京：中华书局，1986年，第23页。
④ 蒋礼鸿：《商君书锥指》卷一《农战》，北京：中华书局，1986年，第24页。
⑤ 蒋礼鸿：《商君书锥指》卷四《赏刑》，北京：中华书局，1986年，第104页。
⑥ 蒋礼鸿：《商君书锥指》卷三《靳令》，北京：中华书局，1986年，第80页。
⑦ 蒋礼鸿：《商君书锥指》卷二《算地》，北京：中华书局，1986年，第47页。
⑧ 蒋礼鸿：《商君书锥指》卷一《垦令》，北京：中华书局，1986年，第15页。

岁，责之。有为故秦人出，削籍，上造以上为鬼薪，公士以下刑为城旦。"① 这是对付游士的一条律文，即游士居留而无凭证的，所在县罚一甲；居留满一年的应加责罚；有帮助秦人出走者，削去名籍，上造以上罚为鬼薪，公士以下刑为城旦。这说明秦国政府对不务农战的文人辩士说客有着严格的法律规定。

为了强调"国家本位"的至上性与君主集权的权威性，商鞅等人积极提倡对传统道德与信仰价值的否定性变革，树立以农战为导向的功利性质的价值系统。"国以善民治奸民者，必乱至削；国以奸民治善民者，必治至强。国用《诗》、《书》、礼、乐、孝、弟、善、修治者，敌至必削，不至必贫。"② 为此，《商君书》中提出了任功任利不任善的思想："任功则民少言，任善则民多言。"③ "任善，言多……言多，兵弱。"④ "辩慧，乱之赞也。礼乐，淫佚之征也。慈仁，过之母也。任举，奸之鼠也。……八者有群，民胜其政；国无八者，政胜其民。民胜其政，国弱；政胜其民，兵强。"⑤ 从国、民"交相胜"的矛盾出发，商鞅等法家人物主张变法中的政策出发点是削民、弱民并"政胜其民"。而要"政胜其民"，首先须削弱民智。为此，他们主张国家对即使只是打算犯罪的人也应尽早施刑以避免犯罪行为的发生。"刑加于罪所终，则奸不去……故王者刑用于将过，则大邪不生；赏施于告奸，则细过不失。"⑥ 这实在是其后汉儒董仲舒等所提出的"原心定罪"的滥觞，它开拓了中国古代帝制时代法治理论的另一蹊径。由此也可看出，在中国帝制国家体制中，不论儒、法，形式虽异，其"法"理精神却是一脉相承、本质相通的。

商鞅等法家人物还对华夏古代社会传统的一般伦理规范及道德观念提

---

① 睡虎地秦墓竹简整理小组编：《睡虎地秦墓竹简·秦律杂抄释文注释》，北京：文物出版社，1990年，第80页。
② 蒋礼鸿：《商君书锥指》卷一《去强》，北京：中华书局，1986年，第30页。"不至"前原有"国"字，据原注为衍字，删。
③ 蒋礼鸿：《商君书锥指》卷三《靳令》，北京：中华书局，1986年，第77页。
④ 蒋礼鸿：《商君书锥指》卷五《弱民》，北京：中华书局，1986年，第125页。
⑤ 蒋礼鸿：《商君书锥指》卷二《说民》，北京：中华书局，1986年，第35-36页。
⑥ 蒋礼鸿：《商君书锥指》卷二《开塞》，北京：中华书局，1986年，第57页。

出异见。正如前述,为了打击、削弱当时在基层乡村社会普遍存在的宗法血亲制度,《商君书》在"奸民""良民"的问题上明确提出了"以奸民治善民"论。"以良民治,必乱至削;以奸民治,必治至强。"① "国以善民治奸民者,必乱至削;国以奸民治善民者,必治至强。"② "以奸民治善民"是一个有悖于中国历史上各朝代的政治治理及社会控制的命题,也是一个颠覆传统道德理念的命题。按常识,所谓"奸民",即不法刁钻悖逆之民,应是各个社会中打击的对象;而"善民",也即"良民",是守法循规之民,是任何社会治理中都应依靠、保护的对象。以"奸民"治"善民",按照常识,是难于进行有效的国家治理的。但是,在商鞅等人看来,为了削弱宗法贵族、大夫势力,使国家全面地进行农战,就必须对传统伦理规范进行根本性变革。正如前述,商鞅从当时实际出发,对"奸""善"概念作了不同于以往的阐释。其所谓"善民",是指循守传统礼仪,顾全道义,注重家族、宗族私情的民众。在商鞅看来,这些所谓"善民",实际是轻国家之令,藐视国家赏赐,沽名钓誉,"贱列卑官,富则轻赏"③ 的人。而所谓"奸民",则指不顾宗法情谊,为了获取重赏、官爵而不惜告发他人甚至亲属,以期获利之人。《商君书》对此论述曰:"合而复者,善也;别而规者,奸也。章善则过匿,任奸则罪诛。过匿则民胜法,罪诛则法胜民。""民胜法,国乱;法胜民,兵强。故曰:以良民治,必乱至削;以奸民治,必治至强。"④ 这里,"复"为"覆",隐匿也;"规"读为"窥",窥测偷视也。综合这两段话的意思是:兼顾亲族及他人以致触犯国家法令仍为之掩盖罪恶的"善",将会"亲亲相隐",这将使罪恶不诛,导致"民胜法",国家必会乱至削;而那些不顾社会上孝悌仁义之名节褒贬,监视、窥测他人,并且为了获取赏赐而向官府揭发他人乃至亲属罪行的"奸民",虽然看起来是无德无行,但是有助于国家法令的实行。因此,国家要依靠这种"奸民"去监视、告发"善民",达到"法胜民"的目

---

① 蒋礼鸿:《商君书锥指》卷二《说民》,北京:中华书局,1986年,第36页。
② 蒋礼鸿:《商君书锥指》卷一《去强》,北京:中华书局,1986年,第30页。
③ 蒋礼鸿:《商君书锥指》卷五《弱民》,北京:中华书局,1986年,第124页。
④ 蒋礼鸿:《商君书锥指》卷二《说民》,北京:中华书局,1986年,第36页。

第四章 商鞅变法与秦国"国家本位"体制　161

的。所以,"用善,则民亲其亲;任奸,则民亲其制"①。任用"奸民",则民间罪恶无所藏匿,民众就会转而依附国家,达到"以奸民治,必治至强"的效果。同时,由于民众有趋乐避苦、好逸恶劳的习性,以"奸"治"善",治"狡"治"良",可以起到毁弃礼法、强化国家政策的效用。例如《商君书》就明确记载,以"奸民治善民"可以打击与削弱秦国官场及民间党同伐异的状况。"故治国之制,民不得避罪如目不能以所见遁心。今乱国不然,恃多官众吏。吏虽众,同体一也。夫同体一者相不可。且夫利异而害不同者,先王所以为俫(保)也。故至治,夫妻交友不能相为弃恶盖非而不害于亲,民人不能相为隐。上与吏也,事合而利异者也。"② 意思是,官吏虽众,但立场一致,让他们互相监视、揭发,显然不可行。人们的利与害不同,这才是古代帝王建立清明国家制度的保证。最好的政治,即使恩爱夫妻、最好的朋友都不能互相放任、隐瞒罪恶,但又不会损害彼此的亲情友谊,百姓之间也不能互相隐瞒。君主和官吏的职责是一致的,但他们的利益不同。商鞅用马夫喂马为例说明,"奸民"犹如国家之马匹,官吏、"善民"犹如马夫,由于各自利益不同,让马来监视马夫,马夫就无法掩盖其懒惰和偷料,才能"破胜党任,节去言谈,任法而治矣"③。在这种刑治精神下,那些能揭发同级或上级官长的吏、民,不仅可以自免于罪判,还可以不论贵贱,承袭所告发之官吏、贵族的官位、爵禄、田产。给"奸民"以获取报答的激励空间,由此达到国家政令的推行无阻。"周官之人知而讦之上者,自免于罪,无贵贱尸袭其官长之官爵田禄。故曰:重刑连其罪,则民不敢试。"④

除了"以奸民治善民"的理论外,商鞅还继承了齐国管仲改革时提出的"任法而不任智"⑤的主张,认为任用贤达之人、宣扬其德行对于达到

---

① 蒋礼鸿:《商君书锥指》卷二《说民》,北京:中华书局,1986年,第36页。
② 蒋礼鸿:《商君书锥指》卷五《禁使》,北京:中华书局,1986年,第134-135页。
③ 蒋礼鸿:《商君书锥指》卷五《慎法》,北京:中华书局,1986年,第137页。
④ 蒋礼鸿:《商君书锥指》卷四《赏刑》,北京:中华书局,1986年,第101页。
⑤ 黎翔凤撰,梁运华整理:《管子校注》,北京:中华书局,2004年,第900页。

秦的理想政治目标只会起到相反的作用。在商鞅等法家人物看来，朝廷重贤则必使军功爵制废，使世间之人缺乏是非评判的客观标准。而且，在战国激烈的兼并战争中，让民众致力于农战，就必须有统一的可操作的"法"。"不以法论智、能、贤、不肖者惟尧，而世不尽为尧。是故先王知自议私誉之不可任也，故立法明分，中程者赏之，毁公者诛之。"① 在当时传统宗法道德观主导下，任用贤能就会导致人们结党营私，相互称誉。"世之所谓贤者，言正也；所以为善正也，党也。听其言也，则以为能；问其党，以为然。"② 因此，任用贤德之人与尊君、强兵的目的是相悖的，所谓贤能正是治国之乱源，用贤能治国，必然是小治小乱，大治大乱。"凡世莫不以其所以乱者治，故小治而小乱，大治而大乱。人主莫能世治其民，世无不乱之国。奚谓以其所以乱者治？夫举贤能，世之所治也，而治之所以乱。"③ 因此，他认为秦国要富国强兵，必须"遗贤去知，治之数也"④。

商鞅"以奸民治善民"以及举贤能而"治之所乱"的理论，是战国中期法家学派对"国""民"关系认识的延伸，是对当时传统"善""奸""贤""狡"等伦理概念的一种新的价值判断。实际上，在一个社会控制系统中，单纯强调功利原则，而忽略社会伦理规范的合理性，其理论本身就潜藏着一种系统性信仰危机——大量释放人的自然性和生物性欲望，而抑制人的社会性的道德缺失与信仰偏歧。这种道德缺失与信仰偏歧会导致人的欲望空前扩大，使得国家的赏赐制度最终无法满足这种无限膨胀的需求，整个社会被无法扼制的人欲与刑律充斥。在战国时代的秦国军队按敌军人头行赏的军功爵位制度正是这种现象的集中反映。商鞅变法中的这种伦理立场、道德法则对战国中后期的法家人物有着很大影响。例如，韩非就进一步发展了商鞅的"壹教"思想。在韩非看来，一切思想、行为均以

---

① 蒋礼鸿：《商君书锥指》卷三《修权》，北京：中华书局，1986年，第83—84页。
② 蒋礼鸿：《商君书锥指》卷五《慎法》，北京：中华书局，1986年，第136—137页。
③ 蒋礼鸿：《商君书锥指》卷五《慎法》，北京：中华书局，1986年，第136页。
④ 蒋礼鸿：《商君书锥指》卷五《禁使》，北京：中华书局，1986年，第136页。

是否符合国家的农战及法令为尺度,违背这个尺度则当坚决禁绝之。"明主之国,令者,言最贵者也;法者,事最适者也。言无二贵,法不两适,故言行而不轨于法令者必禁。……夫言行者,以功用为之的彀者也。"① 韩非将世俗所谓文学之士、辩智之士、有能之士等都纳入伪诈之民、离法之民、牟食之民的行列,主张予以坚决禁绝与打击。"学道立方,离法之民也,而世尊之曰'文学之士'。游居厚养,牟食之民也,而世尊之曰'有能之士'。语曲牟知,伪诈之民也,而世尊之曰'辩智之士'。"② 韩非认为,思想统治作为国家进行社会控制的重要手段,应当对与国家法律相悖的思想言行予以坚决扼杀。"杂反之学不两立而治。今兼听杂学缪行同异之辞,安得无乱乎!"③ 对思想言行的放纵,既不利于国亦不利于家。例如,儒家倡导的"仁义"等伦理道德,违背人之性情,无益于国家、社会。"夫严家无悍虏,而慈母有败子,吾以此知威势之可以禁暴,而德厚之不足以止乱。夫圣人之治国,不恃人之为吾善也,而用其不得为非也。"所以,韩非主张"不务德而务法"④。同时,韩非亦主张任法而不任贤。"举士而求贤智,为政而期适民,皆乱之端,未可与为治也。"⑤ 因此,韩非强调"上法而不上贤"⑥,反对朝廷任用贤能之人。事实上,在人类社会中,任何良法、善法都需要人去执行。而作为执法主体的人如果缺乏该社会应有的道德和思想素质,那么任何良法、善法都是无用的,"法"也仅仅是一种机械、教条的工具性存在。因此,从商鞅起始的战国法家人物的文化思想使得秦的国家思想与"法"理念天生就存在着一种价值观上的结构性缺陷,即忽视了法律与道德应有的分野与互补,试图以"法"来代替人类社会的道德伦理。更重要的是,以商鞅为代表的战国法家学派是以法律的技术手段来代替道德的价值取向,例如商鞅主张"圣人必为法令置

---

① 王先慎撰,钟哲点校:《韩非子集解》,北京:中华书局,1998年,第394页。
② 王先慎撰,钟哲点校:《韩非子集解》,北京:中华书局,1998年,第415页。
③ 王先慎撰,钟哲点校:《韩非子集解》,北京:中华书局,1998年,第458页。
④ 王先慎撰,钟哲点校:《韩非子集解》,北京:中华书局,1998年,第461页。
⑤ 王先慎撰,钟哲点校:《韩非子集解》,北京:中华书局,1998年,第464页。
⑥ 王先慎撰,钟哲点校:《韩非子集解》,北京:中华书局,1998年,第466页。

官也置吏也为天下师"①，这种以"法""壹教"的主张在韩非、李斯那里进一步演变为"以法为教""以吏为师"的国家政策，这使秦的社会道德伦理被单一的"法"所同化、替代，伦理道德的作用更加弱化，而法律所覆盖并能够有效运作的领域延伸至一切社会关系。这样，由于缺乏社会道德伦理发挥的空间，人们的一切社会关系最终归结为赤裸裸的利益与律、刑关系。这种价值观与"法"理念，也是秦统一后二世而亡的重要原因，因为它会使统治者的贪欲不可遏制并且走向极端，从而形成一种国家体制上的系统性危机。

　　从政治学的角度看，在政治分析中摆脱道德价值的干预，坚持实证的方法、严守价值中立的立场，是颇具政治理性的，但在政治实践中，将政治、法律与文化、道德分离开来，不考虑其实行的社会基础则是不可取的。任何政治理论与实践，都存在于社会这个大系统中，与其他社会人文条件共存，如果忽略政治理论、实践存在的社会结构和社会基础，简单将政治与社会道德、风俗、习惯等割裂开来，政治最终必然沦为一种单纯的缺乏人之内涵的工具主义实践。商鞅等法家人物在"国家本位"指导下，片面追求一种国家主义的政治理想，即"无书简之文，以法为教；无先王之语，以吏为师；无私剑之捍，以斩首为勇。是境内之民，其言谈者必轨于法，动作者归之于功，为勇者尽之于军"②。他们在变法中割裂法律与道德的关系，忽略道德伦理对社会的功用，而仅仅从国家主义的立场来设计自己的社会、政治目标。故他们积极要求任何社会事务均"一断于法"，以"法""刑"来作为政治理性原则。韩非所谓"有道之主，远仁义，去智能，服之以法"③，正是对商鞅变法以来秦国在社会治理中的指导思想的总结。

　　尽管以商鞅为代表的秦法家为了强化国家政治统治和维护社会稳定，加强了法律对社会与民众的监管和震慑，使秦国的法律犹如网络密布，形

---

① 蒋礼鸿：《商君书锥指》卷五《定分》，北京：中华书局，1986年，第146页。
② 王先慎撰，钟哲点校：《韩非子集解》，北京：中华书局，1998年，第452页。
③ 王先慎撰，钟哲点校：《韩非子集解》，北京：中华书局，1998年，第400页。

成"以法为教""以吏为师"的局面①，但正如后代史家所评判的，重刑苛法的世界将促使臣民产生出强烈的不满、抵触和恨怨，最终导致国家的全面崩溃。秦二世而亡的政治实践，正宣示了法家国家政治理论的结构性缺陷及其教训。

---

① 据出土文献可以看出，秦国在政治、经济、文化、法律等各方面都有细密的法条律令。如云梦秦简所见秦律，就包括《秦律十八种》《效律》《秦律杂抄》，是官府在社会管理中需要的规章制度。这一类律文为李悝《法经》所未有，多是关于经济方面的，如《仓律》《金布律》是关于国家粮食储藏、保管、发放、货币流通的规定。《田律》《厩苑律》是关于农田水利、山林保护、官府牛马饲养方面的规定。《徭律》《司空律》是关于征发徭役、工程建筑、刑徒管理的律条。而《置吏律》《军爵律》《效律》《内史杂》等是关于官吏任免、军爵赏赐以及官吏职务方面的法律。这些说明战国中后期秦国为了有效进行社会整合与控制，实行了一系列十分精细的法律条文。

第五章
编户齐民、军功爵制与秦国国力的提升

在战国时代的兼并战争中，一个国家的国力强弱决定了军事斗争的胜负。这种情况导致商鞅在变法中，将国家对资源的整合、控制作为一项重要的改革内容。在以农为主的西部秦地，其赋税、力役、军役的承担者往往是广大的小生产者。因此，要保证国家的赋税收入及力役征集、军需开支，就必须建立起稳定的小农经济社会。而在秦国的新型国家体制构建中，这种国家与小农经济的关系也形成了国家对"民""户"直接管理的"编户齐民"制度，并形成与"编户齐民"相关的一系列经济思想及其政策实践。

第一节　编户齐民与国家资源获取方式的转型

正如前述，秦国地处中国西部以农业为主的地区，故小农经济成为其赋税、力役、军役的主要来源，而以小生产经济为主的"务农"之家也成为秦国社会的基础。事实上，在战国时期各国的社会发展中，小农经济均是国家获取社会资源的重要来源,也是各国军事力量建构的基础①,因此,构建以小生产者为主体的经济社会结构就成为各国社会改革的重要任务。只不过秦国的生态与人文环境使其更加专注于这种小生产社会结构的建立与巩固。这种以小农经济为主的社会结构,在国家直接管理下,就形成了战国时期各国的"编户齐民"制度。所谓"编户齐民",是指中国古代国家通过户籍方式对社会成员进行管理,并据此核定土地、人口和赋役的制度。"编户齐民"最早见于《淮南子·齐俗训》:"且富人则车舆衣纂锦……贫人则夏被褐带索……故其为编户齐民无以异,然贫富之相去也,犹人君与仆虏,不足以论之。"②"编户"一词,史籍常见,《汉书·高帝纪》颜师古注曰:"编户者,言列次名籍也。"③ 所谓列次名籍,乃指按一定顺序著录于名籍之上。这种以户为单位的名籍即为户籍。"编户之家"则早见于《魏书·高宗纪》所载诏书中:"刺史牧民,为万里之表。自顷每因发调,逼民假贷,大商富贾,要射时利,旬日之间,增赢十倍。上下通同,分以润屋。故编户之家,困于冻馁;豪富之门,日有兼积。为政之弊,莫过于此。"④ 此诏针对的是刺史与富商大贾勾结,致使"编户之家"日益困顿的情形。这里所谓"编户之家",显然是指国家直接管辖下的普通"民""户"。此类群体,史籍亦常称为"编户齐民"。"编户"与"齐民"这两个概念合并到一起,虽然在汉代才提出,但是它的源流可以追溯到春秋战国之际。"编户齐民"可以这样定义:"凡是能独立立户,进入地方户口登记序列的人户,统称为'编户齐民'。编户者,指由国家统一编制;齐民者,指不管是官是民,是农是兵,

---

① 由于农业是当时的主要经济部门,故各国都将粮食储备、存粮多少作为国家是否富强的标准。张仪说楚怀王曰:"秦地半天下……积粟如丘山。"说赵王曰:"(赵)力田积粟,守四封之内。"(司马迁:《史记》卷七十《张仪列传》,北京:中华书局,1959年,第2289、2296页。)苏秦说齐宣王曰:"齐地方二千余里……粟如丘山。"(司马迁:《史记》卷六十九《苏秦列传》,第2257页。)苏秦还说楚威王曰:"地方五千里……粟支十年。"(《战国策·楚策一》)都是其表现。

② 何宁:《淮南子集释》卷十一《齐俗训》,北京:中华书局,1998年,第822-823页。
③ 班固:《汉书》卷一《高帝纪》,北京:中华书局,1962年,第80页。
④ 魏收:《魏书》卷五《高宗纪》,北京:中华书局,1974年,第119页。

在形式上，都是平等的。"① 这里包括了两个要素：其一，即由国家统一进行户口登记的人户，凡是进入户口登记序列的"民""户"则进入由国家管辖的范围，成为国家直接拥有的人口；其二，不管在"国"在"野"，是官是民，是农是兵，都具有相对平等的身份及相应权利与义务，包括承担赋税、力役、军役等。其实，不管是西周分封制或是战国"国家本位"体制，小农自然经济都是其政治统治的基础。例如在周代体制下，尽管周天子的"王权"与各级封建领主的"治权"相分离，但是农民向各级封君、领主交纳地租、承担力役，亦是天经地义的。故古代文献中，常常把划分疆土、制定土田疆界的"制土"与收入赋税、征集力役的"食兆民"相联系。故封建时代从天子到各级封君，"制土""食民"是最重要的维系政权的手段，也是维持封建邦国、领邑长久安平的经济基础。《周礼·小司徒》有"乃均土地，以稽其人民而周知其数"②，《周礼·地官》载乡大夫职谓"以岁时登其夫家之众寡，辨其可任者。国中自七尺以及六十，野自六尺以及六十有五，皆征之"③，说明了民户、人口、土地对国家赋税、力役的重要性。而周代领主制下的村社社会与战国"编户齐民"有着重要区别。战国时代，随着国家与民众直接形成社会的两极，编户齐民作为"国家本位"体制建构的社会基础，是国家直接统治的属民。孟子所谓民有"恒产"，就是指"民"与"土""宅"的合一，其实也就指出了国家与民众的"制土""治民"的基本关系，它说明土地与人口的合一乃是先秦时期不同社会形态的基本规律。在周代分封制模式下，"民""户"依附于土地，并且层层附属于各级封建领主。这不仅使周代分封制形成政治体制上的权力分割，也形成周代国家的各种资源（赋税、军役等）及其分配、消费形态的分层，这导致周代中央政权在资源获取、控制能力上的有限性。故商鞅变法中，打破这种层层分封的传统旧制，建立稳定的编户齐民制，就成为重要而急迫的任务。

---

① 宋昌斌：《中国户籍制度史》，西安：三秦出版社，2016 年，第 397 页。
② 郑玄注，贾公彦疏：《周礼注疏》卷十一《小司徒》，李学勤主编《十三经注疏》，北京：北京大学出版社，1999 年，第 277 页。
③ 郑玄注，贾公彦疏：《周礼注疏》卷十二《乡大夫》，李学勤主编《十三经注疏》，北京：北京大学出版社，1999 年，第 295 页。

其实，早在春秋战国之际，编户齐民就出现并发展起来，成为一种新的调整国家与民众之间政治、经济关系的重要方式。编户齐民制不仅是国家赋税、力役来源的保证，也是实现国家政权稳定的基础，因此，编户齐民制不仅是国家对辖区内人口的身份、职业、迁徙等进行管理的社会管理制度，是国家对社会基层组织进行整合与控制的重要手段，更是保障国家集权的重要措施。而铲除中间的领主阶层，由此垄断全国的赋税、军赋等经济资源，则成为各诸侯国能否在兼并战争中取得胜利的关键因素。一直延续到战国后期，这种资源获取的方式、能力都直接决定着列国战争的胜负与国家的兴亡。《荀子·议兵篇》通过战国时期齐、魏、秦三国的军事制度优劣而道出了其时国家资源获取与配置方式的重要作用。

> 齐人隆技击，其技也，得一首者则赐赎锱金，无本赏矣。是事小敌毳则偷可用也，事大敌坚则焉涣离耳。若飞鸟然，倾侧反覆无日，是亡国之兵也，兵莫弱是矣，是其去赁市、佣而战之几矣。魏氏之武卒，以度取之，衣三属之甲，操十二石之弩，负服矢五十个，置戈其上，冠𩊚带剑，赢三日之粮，日中而趋百里，中试则复其户，利其田宅，是数年而衰而未可夺也，改造则不易周也。是故地虽大，其税必寡，是危国之兵也。秦人，其生民也狭隘，其使民也酷烈，劫之以势，隐之以阸，忸之以庆赏，鳍之以刑罚，使天下之民所以要利于上者，非斗无由也。阸而用之，得而后功之，功赏相长也，五甲首而隶五家，是最为众强长久，多地以正。故四世有胜，非幸也，数也。故齐之技击不可以遇魏氏之武卒，魏氏之武卒不可以遇秦之锐士……①

荀子虽然讨论的是战国后期各国的军事制度，但透露了一个重要信息，即战国时代各国军制均受制于其国家的资源获取与配置方式。东方齐国地少人多，工商业发达，故以金来奖励取得首级的战士。魏国"武卒"

---

① 王先谦撰，沈啸寰、王星贤点校：《荀子集解》，北京：中华书局，1988年，第271—274页。

的招收标准严苛,一旦选取为战士就免除全家徭役,"利其田宅,是数年而衰而未可夺也",这种资源配置方法对人多地少的魏国而言是一种自耗国家赋税的方式,"是故地虽大,其税必寡",不可能持久。秦国地多人少,使民酷严,既用穷困驱民以求取利禄,又用爵禄、严刑强迫民众勇于公战,因此秦国国力能够支撑其进行长期战争。所以,齐国的"技击"不可以用来对付魏国的"武卒",魏国的"武卒"不可以用来对付秦国的"锐士"。荀子之说,实际上说明了在军事制度后面隐藏着的根本问题,即国家资源的获取及储备、配置问题。国家资源不仅是支持长期战争的物质基础,也是决定军事奖惩、激励制度的出发点。故在荀子看来,秦国军事上的胜利,并非基于偶然因素即"幸"也,而是凭借与战争资源相关的规律性即"数"的条件。实际上,从齐、魏、秦三国之兵可以看出,生态、人文环境及国家获取资源的能力决定了军事制度的建构方式,而这种建构方式最终决定着战争的胜负。尽管荀子处于战国末期,但是他对国家资源配置和军事制度、战争潜力的认知应该符合先秦时代战争胜负的基本规律。

春秋战国之际是先秦时期国家体制、社会结构大动荡、大调整、大改革的时期,也是由西周分封制转型为"王权"与"治权"相互合一的新型国家建构的时代。这种国家政体的转型,从根本上看亦是统治者对资源获取方式的改革。编户齐民并非从商周时代就存在,而是有一个逐步建立、完善的过程。从它的滥觞到正式建立,有一个与国家资源获取方式相关的演变、转型过程。而这个过程对我们深入认识编户齐民的特征有着重要价值。

大致而言,从西周末到春秋、战国时期,古代国家在对人口、户籍的管理及国家资源获取方式的改革、转型上经历了三个阶段:

第一阶段:宣王"料民"体现的国家资源获取方式变革。

马端临《文献通考》载:"昔黄帝始经土设井,以塞争端。立步制亩,以防不足。使八家为井,井开四道,而分八宅。……故井一为邻,邻三为朋,朋三为里,里五为邑,邑十为都,都十为师,师十为州。夫始分于井则地著,计之于州则数详,迄乎夏、殷,不易其制。"[①] 这里面可能有后人的想象,但至

---

① 马端临:《文献通考》卷十二《职役考一》,北京:中华书局,2011年,第325页。

第五章　编户齐民、军功爵制与秦国国力的提升　　171

少可以说明以农业为基本生业形态的早期中国对土地、人口的管理很早就开始了。虽然现存文献关于夏商时期国家与社会、国家与民众的管理关系语焉不详，但是由于当时的国家政治形态主要为盟主制下的邦国、方国联盟，因此对土地、人口采取层层分属的分治方式应是无疑义的。《后汉书志·郡国》刘昭注引《帝王世纪》云："及禹平水土，还为九州，今《禹贡》是也。是以其时九州之地……民口千三百五十五万三千九百二十三人。"① 从中可知，对人口的管理是早期国家的基本职能。《史记·殷本纪》记商汤时，"伊尹作《咸有一德》，咎单作《明居》"。所谓"明居"，东汉马融释曰："明居民之法也。"② 这可能是关于人口、户籍的最早法令，它说明商政权已十分重视土地和人口的管理。③ 在殷墟卜辞中有"王其莅藉""王往莅藉"的记载。"藉"亦作"耤"。"耤"，《说文·耒部》："耤，帝耤千亩也，古者使民如借，故为之耤。从耒，昔声。"④ 东汉赵岐《孟子注》："藉者借也，犹人相借力助之也。"⑤ 所谓"王其莅藉""王往莅藉"，既包括受"上天"之旨而亲历躬耕之神事，亦有着代天下百姓，借天下民力躬耕、藉田而重视农业之意。⑥

---

① 司马彪：《后汉书志·郡国》，北京：中华书局，1965年，第3387页。
② 司马迁：《史记》卷三《殷本纪》，北京：中华书局，1959年，第97、98页。
③ 参见宋镇豪：《夏商人口初探》，《历史研究》，1991年第4期。
④ 许慎：《说文解字》，北京：中华书局，1963年，第93页。
⑤ 赵岐注，孙奭疏：《孟子注疏》，李学勤主编《十三经注疏》，北京：北京大学出版社，1999年，第134页。
⑥ 例如"藉"，古有"借"义。《汉书·游侠传·郭解》："以躯藉友报仇。"段注《说文·耒部》曰："郑注《周礼》《诗·序》云：'藉之言借也。借民力治之，故谓之藉田。'韦注《周语》云：'藉，借也。借民力以为之。'按，郑、韦与许同。应劭云：'帝王典藉之常。'臣瓒曰：'蹈藉也。'皆非也。亲耕不能终事，故借民力，而谓之藉田。"（许慎撰，段玉裁注，许惟贤整理：《说文解字注》，南京：凤凰出版社，2007年，第326页。）我们认为这里所谓的"藉"田包括两层意思：其一是天子"耤千亩"，是受"上天"之旨意而亲历躬耕，而民之作田仅仅是天子借民力而承天代耕；其二即天子躬耕，亦是为天下百姓示范之举，而这里所谓天下百姓，也包括了层层分封下封地的村社农民，故亦谓"借"。它说明当时的农业、农民均是在各级领主的分层管理下。故《国语·周语》记："宣王即位，不籍千亩。虢文公谏曰：'不可。夫民之大事在农，上帝之粢盛于是乎出，民之蕃庶于是乎生，事之供给于是乎在，和协辑睦于是乎兴，财用蕃殖于是乎始，敦庞纯固于是乎成，是故稷为大官。'"［徐元诰撰，王树民、沈长云点校：《国语集解》（修订本），北京：中华书局，2002年，第15-16页。］它说明当时天子"耤千亩"，既包括"上帝"神事，亦有着社会和谐和民生足用之意。

由周代商，建立了以天子为中心、以宗法关系为基础的更完备的国家机器，但是从本质上看，西周宗法制度及其文化形态并没有根本改变。西周实行的"王畿—封国"制使西周国家十分注重"量地以制邑，度地以居民"①。例如《周礼·秋官·司民》记曰："司民掌登万民之数，自生齿以上皆书于版，辨其国中与其都鄙及其郊野，异其男女，岁登下其死生。及三年大比，以万民之数诏司寇。"②《周礼》虽然被视为战国及其后的作品，但是一些记载亦应是战国、秦汉时人对周代制度的历史记忆。它说明西周国家对人口、户籍的管理比殷商更加成熟。但是西周国家由分封制所形成的"王权"与"治权"的分离，使周代国家并没有实现对全国资源、人口的全面掌握和管理，人口、赋税仍主要由各封国、封地实行管理。西周王朝尽管凭借驻守京师一带的"周六师""殷八师"实行着"内重外轻"的威慑政策，但是在资源汲取、管理上仍然受到这些封国、封地的影响，特别是随着西周王朝的式微，西周中央政权对全国的物力、人力资源的摄取能力更加弱化。《国语·周语》记周宣王因军事失利，曾在大原（今甘肃镇原一带）料民。所谓料民，从字面意义上看可能系全面的人口普查，其本质却是通过人口、户籍的调查达到增加赋税、力役征收的"民""户"的目的，从而增强西周王朝对资源的获取能力。但是这项措施由于违背了周王朝传统的分封制管理方式，严重损害旧贵、封君的利益，故遭到仲山父等朝廷大臣的反对。史载：

> 宣王既丧南国之师，乃料民于大原。仲山父谏曰："民不可料也。夫古者不料民而知其多少，司民协孤终，司商协民姓，司徒协旅，司寇协奸，牧协职，工协革，场协入，廪协出，是则少多、死生、出入、往来者，皆可知也。于是乎又审之以事，王治农于籍，蒐于农隙，狝于既烝，狩于毕时，耨获亦于籍，是皆习民数者也，又何料

---

① 郑玄注，孔颖达疏：《礼记正义》卷十二《王制》，李学勤主编《十三经注疏》，北京：北京大学出版社，1999年，第401页。

② 郑玄注，贾公彦疏：《周礼注疏》卷三十五《司民》，李学勤主编《十三经注疏》，北京：北京大学出版社，1999年，第942-943页。

焉？不谓其少而大料之，是示少而恶事也。临政示少，诸侯避之。治民恶事，无以赋令。且无故而料民，天之所恶也，害于政而妨于后嗣。"王卒料之，及幽王乃废灭。①

从仲山父谏言中可知，西周国家既有管理人口、赋税的"司民""司商""司徒"等专门职官，同时亦有通过春蒐、夏苗、秋狝、冬狩等举措"习民数"的理民方式。周宣王因为南征失利丧师，故希望通过"料民"扩大其物力、人力资源的补给。关于周宣王"料民"，由于文献阙如，目前学界的研究多有分歧。有学者认为，其内容主要是将过去的普查户主扩大到每户的其他成年人如"余子"等②。亦有学者认为自宣王"料民"始，便产生了一些新的户籍管理办法，如将土地与户口分开登记，形成户籍文书与土地计账两类系统。这些观点均可备为一说。但是，不论是从登记户主名扩大到每户其他人丁，还是将土地与户口分开登记，形成户籍文书与土地计账两类系统，其基本目的都是增加征收赋税的民、户数量，强化国家对劳役、赋税等资源的掌控能力。因此，宣王"料民"不应该仅仅被看作是一种人口、户籍的局部改革，它打破了传统制度，侵害了封君对人口、赋税的所有权，其本质是一种对社会资源所有权的争夺。宣王的"料民"由于打破旧制而受到公卿大夫的公然反对，仲山父甚至称其为"天之所恶也，害于政而妨于后嗣"。从文献记载看，宣王"料民"成为先秦史上一件颇具轰动效应的大事，也成为西周局势由盛至衰的转折点。

宣王不顾公卿大夫的劝谏而坚持"料民"，说明传统分封制已不能承载国家应有的资源获取能力和治理责任，以至于不得不打破旧制而采取新方法。这种制度实践导致周代分封制与国家资源摄取能力之间出现了极大矛盾，也标示着西周的败亡早已存在制度不适的先兆。从周宣王"料民"

---

① 徐元诰撰，王树民、沈长云点校：《国语集解》（修订本），北京：中华书局，2002年，第23—25页。
② 杜正胜：《编户齐民：传统政治社会结构之形成》，台北：联经出版事业公司，1990年，第22—23页。

的例子看，先秦国家对"民数"、赋税的掌握、控制，已经在激烈的内外矛盾中上升成为国家对社会的整合、控制能力实现程度的标志。它充分表现了三代传统的政治、财政体制已不能适应当时的政治、经济环境，而必须进行体制性改革。

第二阶段：春秋战国之际国家资源获取方式的转型。

春秋战国之际，激烈的兼并战争使各诸侯国对政治、经济、军事资源的摄取与争夺也进入到白热化阶段。早在春秋时期，随着劳动工具的改善和农业生产力的发展，各诸侯国相继实行了与政治、经济环境相适应的实物税制度，如鲁国的"初税亩"、齐国的"相地而衰征"、秦国的"初租禾"等，这反映了各诸侯国的赋税征集方式发生了本质性的变化，显示出一种与旧政治体制相异的更广泛的资源获取方式。而这种对人力、物力资源的争夺，又成为春秋时期各国公族、卿族、陪臣激烈斗争的重要方面。如公元前532年，陈国公族田完的四世孙田桓子与鲍氏、栾氏、高氏合力消灭齐国当国的吕氏，之后田氏、鲍氏灭栾、高二氏。田桓子则对齐国公族"凡公子、公孙之无禄者，私分之邑"，对国人"之贫约孤寡者，私与之粟"。① 齐景公时，田乞用大斗借出、小斗回收来收买人心，使齐之民归之如流水，形成"公弃其民，而归于田氏"的情况。② 公元前481年，田常杀简公而立平公，"割齐自安平以东至琅邪，自为封邑。封邑大于平公之所食"，从此其子弟"尽为齐都邑大夫"。③ 这种对"民心"即人口、赋税的争夺，使田氏最终夺取了齐国政权。正是在这种阶层斗争中，春秋时代的"民数""户数"及其军赋等逐渐由旧时的封君、领主所有转向有实力的卿族、大夫阶层所有，并导致各诸侯国的政权更替。

春秋时期各诸侯国对人口及附着其中的赋税的争夺使诸侯国内的人口、土地管理呈现由分散到集中的趋势。如管仲在齐推行参国伍鄙改革中，将齐国划分为"国""鄙"两大部分，"制国以为二十一乡，商工之

---

① 杨伯峻编著：《春秋左传注》（修订本），北京：中华书局，1990年，第1317页。
② 张纯一撰，梁运华点校：《晏子春秋校注》，北京：中华书局，2014年，第202页。
③ 司马迁：《史记》卷四十六《田敬仲完世家》，北京：中华书局，1959年，第1884-1885页。

乡六，士农之乡十五。公帅十一乡焉，高子帅五乡，国子帅五乡，参国故为三军"，并且"五家为轨，轨有长。十轨为里，里有司。四里为连，连有长。十连为乡，乡有良人"。①"参国""伍鄙"制表现了按照地域划分的军民合一制度，但是其时势力强大的国、高卿族仍然和国君一起分治士乡，"士乡十五，公帅五乡焉，国子帅五乡焉，高子帅五乡焉"②。这说明齐桓公时管仲对旧体制的改革并不彻底，国家资源仍分属于公室和有权势的国、高等卿族。在春秋后期及战国之初，各诸侯国内部的阶层斗争更加复杂、激烈，它直接导致许多被消灭或者削弱的封君、领主所掌握的民、户收归国君、权臣所有。《管子·问》篇亦透露了这种历史现象："问国之弃人，何族之子弟也？问乡之良家，其所牧养者几何人矣？问邑之贫人，债而食者几何家？问理园圃而食者几何家？人之开田而耕者几何家？士之身耕者几何家？问乡之贫人，何族之别也？问宗子之牧昆弟者，以贫从昆弟者几何家？余子仕而有田邑，今入者几何人？"③它说明随着封建秩序之紊乱，过去的贵胄、封君子弟身在田畴已为普遍现象，公室之民与封君之民、国人与野人的区别正在消失。同时，由于生产力的发展，耕地资源的紧张，以前完全依赖人口承担赋役开始变为人、地相结合的赋役方式。春秋时期鲁国的"初税亩""作丘甲"，郑国的"作丘赋"，齐国的"相地而衰征"，秦国的"初租禾"，等等，均系以土地为直接或间接征税对象的"因地而税"，由此扩大国家摄取资源的权能，并使当时的社会结构及人身关系产生由"不齐"到"齐"的身份齐平现象。

春秋时期基层社会普遍出现的"书社"，大约就是按照国家要求对民、户进行管理的基层村社组织。《左传·哀公十五年》记："昔晋人伐卫，齐

---

① 黎翔凤撰，梁运华整理：《管子校注》卷八《小匡》，北京：中华书局，2004年，第400页。从学术界目前的研究看，今本《管子》并非当时管仲的原著，而是后代诸家对管子史迹的记述和解读，其中有诸多后人的增添及猜度。但是里面的许多记述仍然保留着齐国管子变法的内容，因此我们可以将之作为管子时代齐国政治改革的参考。

② 徐元诰撰，王树民、沈长云点校：《国语集解》（修订本），北京：中华书局，2002年，第222页。

③ 黎翔凤撰，梁运华整理：《管子校注》卷九《问》，北京：中华书局，2004年，第486—487页。

为卫故，伐晋冠氏，丧车五百。因与卫地，自济以西，禚、媚、杏以南，书社五百。"① 齐桓公重用管仲，遂"立以为仲父……与之书社三百"②。《周礼》中亦有"二十五家为社"的记载。这些"书社"不仅是将分散在田畴的农户聚合起来，对国家、封君承担赋税的集体组织；也是将农民固着在土地上，便于管理、分配的基层单位。从文献看，"国""野""都""鄙"的村社制度起源很早。例如，《周礼》就有记：遂人掌管"以土地之图经田野，造县鄙形体之法。五家为邻，五邻为里，四里为酂，五酂为鄙，五鄙为县，五县为遂，皆有地域，沟树之。使各掌其政令刑禁，以岁时稽其人民，而授之田野"。遂大夫"以岁时稽其夫家之众寡……三岁大比"。县师"掌邦国、都鄙、稍甸、郊里之地域，而辨其夫家、人民、田莱之数……三年大比，则以考群吏"。闾师"掌国中及四郊之人民、六畜之数"等内容。③ 这些内容虽然大多出于战国人的想象，但是综合其他文献来看，应该离西周、春秋时的情况不远。以"书社"赏赐有功者，说明"书社"应是土地加人口的基本计量单位。它使春秋时代的贵族采邑归公渐成风气，公室和权势卿族对土地、人口的控制力不断加强，而"编户齐民"正是在这种政治风气中逐渐成长，并与当时正在兴起的"国家本位"制相伴随行。例如，三家分晋本是春秋时代所常见的公卿凌国君、陪臣执国命的结果，但是它于无形中催生了新型的君主集权与官僚机制的国家，并在官僚体制发展过程中使郡县制与编户齐民制也发展起来，并使土地、民户、赋税的管理逐渐由领主式的封闭走向开放，过去的领主附庸则转化为国家直接管理的农户。尽管一些诸侯国或囿于旧制，或为奖赏立有军功的官僚、将领，仍对一些封地"治权"予以承认，但是这种封地"治权"已经不同于周代分封制下封地内的政治、军事、经济、法律权力的分割，而仅是"食禄"之位。

---

① 杨伯峻编著：《春秋左传注》（修订本），北京：中华书局，1990年，第1693页。
② 王先谦撰，沈啸寰、王星贤点校：《荀子集解》，北京：中华书局，1988年，第107页。
③ 郑玄注，贾公彦疏：《周礼注疏》，李学勤主编《十三经注疏》，北京：北京大学出版社，1999年，第390、399-400、342、339页。

第三阶段：编户齐民与新型国家体制下资源获取制度的确立。

编户齐民制虽然滥觞于春秋时期，其全面发展却是在战国时代。这一时期，随着生产力发展，一家一户为单位的个体农户大量出现，传统血缘村社已逐渐形成地缘性与血缘性相融的社会组织。此外，随着诸侯争霸战加剧，大规模战争对各国战争资源的获取、储备能力的依赖，使国家摄取资源能力成为是否能够支持长期战争以获得最终胜利的基础，故"强国"成为其时各国制度改革的首要目标，国家对全国资源的整合、控制成为评价国家能力的标志。同时，战国中后期全国大一统曙光的显现，导致其时的兼并战争具有更强烈的吞并、灭国的性质。这个时代"诸侯的兼并热度已达到了顶点，不管是同姓异姓，不管是王室所封，或者僭位为君，只要力所能及，便加以吞灭，虽对王室也无所顾忌，毫不客气地一一攫为己有"[①]，故在各国的生死存亡之际，建立一种新型的国家—社会关系，尤其是国家直接介入对民、户管理的编户齐民制就成为各国改革的重点。

正如前述，战国时代的"国家本位"体制由三个相互联系的部分组成：其一，以君主集权为中心的官僚政治体制；其二，国家直接管辖土地、人口的郡县制度；其三，由国家直接管理并承担国家赋税的编户齐民制。这三个方面形成一个统一的整体，它们相互联系，相互补充，缺一不可。可以说，君主集权的官僚体制是这个政治社会结构的上层，它的存在必须依靠郡县制和编户齐民制度。编户齐民制则是新型国家的基础，它决定了君主集权的官僚体制是否能够长期存在。郡县制则是联系官僚体制与编户齐民的中间环节，国家只有依靠直辖郡县，才能完成对全国民、户的直接统治，并通过这种直接管理而获取物力、人力资源。《礼记·大学》所谓"君子先慎乎德。有德此有人，有人此有土，有土此有财，有财此有用。德者本也，财者末也。外本内末，争民施夺。是故财聚则民散，财散

---

① 瞿同祖：《中国封建社会》，上海：上海人民出版社，2005年，第197页。

则民聚"①，说明了战国秦汉时的德、土、人、财的政治、经济及其伦理的辩证关系。东汉徐幹在《中论·民数》中亦曰："治平在庶功兴，庶功兴在事役均，事役均在民数周。民数周，为国之本也。故先王周知其万民众寡之数，乃分九职焉。九职既分，则劬劳者可见，怠惰者可闻也，然而事役不均者未之有也。事役既均，故民尽其心而人竭其力，然而庶功不兴者未之有也。庶功既兴，故国家殷富，大小不匮，百姓休和，下无怨疚焉，然而治不平者未之有也。"②主张国家的政治体制、财政制度与社会管理，如果能够按照等级、职能而均平"事役"，使广大百姓尽其心而竭其力，天下的治平也就指日可待了。徐幹的这种说法，虽然出自东汉，但是也说明了职官制度与编户齐民制对维护大一统国家和君主集权官僚体制的价值。

因此，君主集权的官僚制非郡县不立，非编户齐民不立，而编户齐民也只有在国家集权体制中才能稳定与巩固。郡县制则是联系两端必不可少的中间链条。但是，当国家通过政治力量实现编户齐民制时，却产生了另一重要的结果，即它在推进地域化的社会结构重组时，亦推动着各诸侯国中心与边缘地域的契合，形成相互错杂的不同族群、民族的融合潮流，最终导致古代民族国家的演进。正如前述，在春秋战国时期的国家体制改革中，其政治潮流也带动了各地族群的地域化，导致华夏民族国家的初构。严格来说，中国古代民族国家是世界文明中一种特殊的民族形态，它是将国家、民族、文化融合为一体的结果。吕思勉曾对"民族"定义道："民族，是具有客观条件，因而发生共同（对外即可称为特异）的文化；因此发生民族意识，由此意识而相团结的集团。"③在吕先生看来，一个民族的重要特征就是其文化趋同性，通过地理、宗教、文化等趋同，组成更为广泛的族群趋同。而战国时代的

---

① 郑玄注，孔颖达疏：《礼记正义》卷六十《大学》，李学勤主编《十三经注疏》，北京：北京大学出版社，1999年，第1601页。
② 徐幹撰，孙启治解诂：《中论解诂》，北京：中华书局，2014年，第364页。
③ 吕思勉：《中国民族史两种》，上海：上海古籍出版社，2008年，第263页。

编户齐民制正是直接通过国家政治力量对不同族群、民族的人、户的地域性组合，强力推进了这种文化趋同和族群趋同。从古代民族国家的演变看，战国时代由"诸夏"转化而来的华夏民族具有与早期诸夏族群的不同点，先秦"诸夏"是三代时"万邦""万国"的继承形态，其社会基础则来自以血缘族群为核心的政治共同体①，由此形成由血缘为纽带的政治与族群相互混一的社会结构。战国郡县制及编户齐民制，则较为彻底地打乱了这些分散的血缘氏族共同体，通过政治力量的整合与经济、文化的交流而使各血缘与地域性组织形成为新的以郡县为界域的行政区划，并逐渐消融着郡县内夷狄族群与华夏族的差异，由此加速了"夷汉相错而居"向统一华夏民族的转型。这种转型主要出自两个方面的引力：一方面，它来自新型的君主集权国家对全国资源整合、控制的需求；另一方面，它来自汉文化对其他不同族群的吸引。

在战国秦汉时期，以编户为特征的大规模的民族与文化融合在各诸侯国内频繁发生。例如，楚国在东向成为江淮"霸主"的过程中，一方面争取到各地域内的小国附庸于己；另一方面通过政治、军事力量将散布各处的民族、族群整合到本国的政治地理版图中，使不同国别、族属的人群通过郡县制和编户齐民的方式在其境内进行了融汇与整合。特别是随着楚国对淮河上游古老的江、黄等嬴姓国家和蔡、息、曾、唐等姬姓国家的征伐战争，这些地区的制度与文化逐渐"楚制""楚县""楚地"化。故战国时代的汉江与江淮流域出现了对楚国、楚人、楚文化的普适性认同，并在编户齐民的地域性管理下成为楚国地方行政单元下的"楚县人"。从全国范围看，在秦、赵、魏、齐、燕等国都存在类似的处理方式。因此，战国时期"国家本位"体制及其引领的一系列政治、社会制度对华夏民族的聚

---

① 钱穆先生认为早期中国的"邦""国"中，"一国之元首，即一族之宗子……是一国即一宗一族之异称"（钱穆：《秦汉史》，北京：生活·读书·新知三联书店，2005年，第3页），即史前时代，族即国，国即族。"文武吉甫，万邦为宪"（毛亨传，郑玄笺，孔颖达疏：《毛诗正义》，李学勤主编《十三经注疏》，北京：北京大学出版社，1999年，第640页）即描述了当时"万邦"林立的政治体与血缘族群相互融汇的现象。

合、发展起到重要作用。正是这种由政治力量带来的各区域的族群、民族的融合，为秦王朝大一统民族国家奠定了坚实基础。①

所以，如果将战国时代的编户齐民制放在一个宏大视野看，可以看出它是战国时代通过政治体制改革而推动民族国家建立的一项重要举措。它实际上是在君主集权制引领下的对西周、春秋以来社会结构的重组，通过改变过去以宗族血缘团体为基本社会细胞的制度模式，而建立起地域性的新型国家社会结构，并使国家权力直接突破了族群、宗族的外壳，其政治触觉亦延伸至每一个村社、家庭，在让国家获得了强大的资源整合与控制能力的同时，也铸造着一种统一国家及实体民族的双重结构。因此，编户齐民制既是出于各国精英阶层实现对人口、赋税的整合、控制的需要，也在客观上改变了各国原有的民族、文化特征。

第二节 秦民身份变化与"编户"制

商鞅对秦国社会结构的改革，不仅是政治制度上的，其旧有的与戎狄杂处的民族问题也在编户齐民制的建构中得以解决。可以说，商鞅变法所

---

① 自秦汉大一统，这种大规模的政治、民族、文化的融合亦多次出现，其中重要的有两次：其一是在秦统一后，"秦王政立二十六年，初并天下为三十六郡，号为始皇帝"（司马迁：《史记》卷五《秦本纪》，北京：中华书局，1959年，第220页），并在东南和南方、闽越等地设闽中郡，岭南越地设桂林郡、南海郡、象郡，"西北斥逐匈奴。自榆中（今陕西北部与河套地区）并河以东，属之阴山，以为四十四县，城河上为塞"（司马迁：《史记》卷六《秦始皇本纪》，第253页）。这使西至甘肃，北至内蒙古，东至海及辽河以东，南至岭南，都包括在统一的帝制王朝的郡县行政单位中，使诸多族群、部落逐渐编户化，促进了古代民族国家的发展。其二是汉武帝"外事四夷"和民族一统。武帝在对匈奴、南越、朝鲜、西域、西南等地区的经营与开拓中，采取了将控制的边地郡县化政策，复置原来秦所设郡县，如岭南的桂林郡、南海郡、象郡，并在原郡县的基础上增设或新设郡县，如在西域陆续新设了武威郡、张掖郡、酒泉郡、敦煌郡等"河西四郡"，在辽东、朝鲜半岛之间设乐浪、玄菟、真番、临屯四郡，等等。汉朝廷还在这些地区移民拓边、屯田，使这些地区的诸多旧族群编户化。这些措施都有力地夯实了秦汉大一统国家的社会基础，并为汉民族壮大做出了贡献。因此，秦汉民族国家的形成，根源在春秋战国时代，尤其是战国时期各诸侯国推行的编户齐民制，使不同血缘、地域、族群的民、户走到了一起，其身份也由"不齐"到"齐"，进入到国家直接管理的编户序列。

建构的编户齐民制，和他在行政、经济、法律、文化领域的改革一样，既符合了当时社会改革的大趋势，也为秦汉大一统王朝的"民""户"及赋役管理制度提供了借鉴。

商鞅变法的后发优势使其更具有政治理性的特征，它所秉持的政治哲学与制度建构都具有一种工具主义的强调效率、成本的精细、严谨的操作方式。商鞅所采取的激进的社会改革方式，正是对"国家本位"体制下政府的资源摄取与配置能力的回应。这种回应包括两方面：其一，在激烈的兼并战争中，要维持秦国内部强大的社会组织和战争机器的运行，必须要有统一、精细的组织、整合、调度全国资源包括土地、人口、赋税的机制，由此为秦国战争机器的长期运转提供充足的物力、人力保障。《商君书·去强》篇提出，欲国强，必知13个数字，即"竟内仓口之数，壮男壮女之数，老弱之数，官士之数，以言说取食者之数，利民之数，马牛刍藁之数"①。这些数字，应该是各官府年终向中央"上计"的内容。故商鞅在秦国大兴"农战"，"急耕战之赏"。如《商君书·农战》谓："国待农战而安，主待农战而尊。夫民之不农战也，上好言而官失常也。"② 其二，要使民众致力于"农战"，就需要建立"壹务"的机制和相应的激励、惩罚手段，摈除对于"农战"而言多余而无效的"五蠹"之民，将编户齐民制建构为有利于"农战"的制度体系，积蓄争霸中原的战争资源。"常官则国治，壹务则国富。国富而治，王之道也。故曰：王道作外身作壹而已矣。"③ 因此，建构强有力的对基层社会的组织、管理能力，就是商鞅变法中对编户齐民制的基本要求。商鞅与秦孝公对话中所谓"强国之术"，实际上就包括了这种以编户齐民为基础的社会组织重构及秦国整合、积蓄、配置全国资源的能力。

事实上，如果我们仔细分析战国时期各国经济思想，可以看出，古代以小农经济为基础的经济思想及财政政策一般建立在两个条件上：一是对

---

① 蒋礼鸿：《商君书锥指》卷一《去强》，北京：中华书局，1986年，第34页。
② 蒋礼鸿：《商君书锥指》卷一《农战》，北京：中华书局，1986年，第22页。
③ 蒋礼鸿：《商君书锥指》卷一《农战》，北京：中华书局，1986年，第22页。

小生产者的生存及人口再生产的保障；二是最大限度获取小农经济的剩余价值物，以利于庞大的国家财政收支需求。而这两个看似相互矛盾的问题，早在春秋战国时就成为统治者对财政、赋税及所涉及的社会问题的重点思考对象，并被作为政治、经济关系研究、实践的逻辑起点。其实，早在春秋时期，就出现了"强之劫弱，众之暴寡"的现象。《墨子·兼爱》针对其时社会状况曰："若大国之攻小国也，大家之乱小家也，强之劫弱，众之暴寡，诈之谋愚，贵之敖贱，此天下之害也。"[1] 正是这种情况使各诸侯国中的血缘宗法组织因为财富两极分化而分裂及衰弱。故在春秋末期的孔子便提出了关于宗法社会中政治、经济相互依存的观点，"有国有家者，不患寡而患不均，不患贫而患不安，盖均无贫，和无寡，安无倾"[2]。严格来说，这正是孔子及儒家学派对于当时社会"礼崩乐坏"的政治经济关系的焦虑和思考。在孔子看来，春秋中后期的生产力发展和激烈的阶层斗争使各诸侯国内外的政治经济关系出现了新趋势：一方面，邦国、宗族的团结和睦需要依靠均平的经济手段来维护，否则，由贫富两极分化所引起的阶级矛盾和阶级对立很可能导致国、家的内部分裂和削弱、破坏，聚敛财富造成"贫""寡""倾"的局面，最终导致邦国、宗族的颠覆、毁灭；另一方面，春秋时期的"礼崩乐坏"，使各诸侯国中公卿大夫宗族的社会地位往往与其宗族实力呈现高度的一致性，在一荣俱荣、一损俱损的情况下，只有保持内部的团结和睦，才能维持宗族的强大，在激烈的政治斗争中获得胜利。所以，不论从政治或经济的角度看，经济上的"贫""寡"并不可怕，只要"邦""家"能够保持"均"与"和"，取得"尊""显"的社会地位，就会凭借其宗族地位和实力获得相应的权力、爵次，也就不愁财富的"贫"和"寡"。孔子的均平思想是奠基于其时以族类（公族、宗族、家族）为本位的以强凌弱、以众暴寡的社会土壤之上的，应当说有着重要现实意义。孔子试图以财富均平来消解邦国、宗族内部因贫富的分

---

[1] 吴毓江撰，孙启治点校：《墨子校注》，北京：中华书局，1993年，第175页。
[2] 何晏注，邢昺疏：《论语注疏》，李学勤主编《十三经注疏》，北京：北京大学出版社，1999年，第221页。

化、经济利益的冲突而造成的宗族、家族矛盾与阶级、阶层的危机，希望以经济均平作为维护政治稳定的手段。这种以均平致其"和""安"的思想，本质上是以否定经济竞争和延缓生产力发展为代价的一种政治经济关系的认知，是一种社会矛盾的经济消解论。

战国时代，孔子提出的平均主义经济消解论不仅为孟、荀等儒家派别所继承，并上升为儒家特有的经济伦理思想。值得注意的是，孔子的这种以平均主义为基础的政治经济关系学说却在战国中期为法家所重视并嫁接，成为法家维护中央集权专制政治的重要经济措施。商鞅变法，从建构秦国"国家本位"体制出发，亦充分认识到在国家官僚体制之外的工商领域发展给集权制官僚体系带来的灾难性后果，即这些以工商业致富的商人、豪强群体有可能形成一种与传统等级分配制度（包括军功爵和秩禄制）相游离的非组织社会力量，这股社会力量对官僚机构进行腐蚀、破坏，从而于无形中消解秦国的农战政策。在商鞅等法家人物看来，政治上的异己力量可以通过严厉打击来消除；文化上的异端可以通过"声服无通于百县，则民行作不顾，休居不听"[①]的思想政策加以禁锢；而经济上在崛起的这股无序社会力量以及它对官僚体制的异化、腐蚀单凭赤裸裸的行政手段无法解决，必须用另一种妥善办法来处理。故商鞅等法家人物吸取了孔子平均主义的经济消解论，并将之转化为一种"重农抑商"的国家经济干涉学说，规定农民严守土地，不得随意流动、迁徙；实行户籍、连坐制，"重刑而连其罪"[②] 等。在商鞅看来，国家直接管理下的编户齐民制度正是巩固小生产自然经济基础的最好办法。因此商鞅等人极力主张扩大以小生产自然经济为主的编户齐民制度，并且通过"重本抑末""重农抑商"的国家经济干涉主义及其政策实践，来维护和巩固编户齐民制。出于这个目标，商鞅变法中对土地、民、户及赋税的改革具有诸多特点。

---

① 蒋礼鸿：《商君书锥指》卷一《垦令》，北京：中华书局，1986年，第10页。
② 蒋礼鸿：《商君书锥指》卷一《垦令》，北京：中华书局，1986年，第13页。

一、民、户身份由"不齐"而"齐"

民、户身份在法权上的齐、平,是编户齐民制构成的基本条件。台湾学者杜正胜认为:"人民自生齿以上无不著录于户籍,汉代乃称作'录民'(《盐铁论·未通》);户籍创制后,举凡著录之人的法律身份一律平等,故谓之'齐民'。高诱注《吕氏春秋》'齐民'曰'凡民'(《谨听》),包括国家所有的人口。这是中国史一件值得大书特书的大事情。"① 事实上,早在春秋时期,随着西周宗法等级和礼乐制度的破坏,在各地民间社会已经出现了贫富两极分化及"大家之乱小家也,强之劫弱,众之暴寡"的现象。《管子·山国轨》所载桓公与管子的对话中就提到了这种现象:

> 桓公曰:"善。"
> "吾欲立轨官,为之奈何?"管子对曰:"盐铁之策,足以立轨官。"桓公曰:"奈何?"管子对曰:"龙夏之地,布黄金九千。以币赀金,巨家以金,小家以币。周岐山至于峥丘之西塞丘者,山邑之田也,布币称贫富而调之。周寿陵而东至少沙者,中田也,据之以币,巨家以金,小家以币……"
> ……管子曰:"盐铁抚轨。谷一廪十……去其田赋,以租其山。巨家重葬其亲者,服重租。小家菲葬其亲者,服小租。巨家美修其宫室者,服重租。小家为室庐者,服小租。上立轨于国,民之贫富如加之以绳,谓之国轨。"②

所谓"巨家",即豪富之家,它表明当时的民间社会财富已出现两极分化。豪强对平民的掠夺,对宗法制血缘组织造成极大的破坏。

不论是宗法血缘制下以"亲疏"定"尊卑"的民之"不齐",还是社

---

① 杜正胜:《编户齐民:传统政治社会结构之形成》,台北:联经出版事业公司,1990年,第34页。
② 黎翔凤撰,梁运华整理:《管子校注》卷二十二《山国轨》,北京:中华书局,2004年,第1291-1297页。

会上贫富两极分化导致的民之身份、财富的不等,以及"大家"对乡村社会赋税的隐瞒、侵夺,都不利于集权制国家的资源整合。因此,战国时期的新型国家对重要资源的控制,关系到激烈的兼并战争中各国的生存与发展。故强化编户齐民制,将过去的封君、领主的领地收入统统变成国家的赋税,打击豪强对小民的侵夺,就成为各国财政策略和实践。当然,各国由于政治环境不同,对工商、豪富的打击是有差别的。但是,总体来看,与春秋时期封君制下的民众相比,战国时期编户齐民制下"民""户"的身份、地位受宗法亲尊等级的影响更小,郡县制下"民""户"的身份也更加平等。大多数国家直接管理的人、户,在身份、法权上大致具有相同性,这正是新型国家体制中郡县社会的积极现象。而在商鞅变法中,这种普通民、户的身份齐平亦是社会结构改革的重点。

商鞅变法提出了"訾粟而税,则上壹而民平。上壹则信,信则臣不敢为邪。民平则慎,慎则难变。上信而官不敢为邪,民慎而难变,则下不非上,中不苦官。下不非上,中不苦官,则壮民疾农不变"①。在商鞅等法家人物看来,根据粮食产量来计算田赋,那么国家的田赋制度就会统一,而百姓承担的赋税才会公平。百姓有了公平就会认真从事农耕,这样土地才能被开垦。人民身份的齐平,是国家通过郡县制度统治民众、扩大赋税来源的重要环节。因此,要扩大承担赋税的小生产经济,就要建立民、户相对平等的体制,让每一个小生产者都有机会享受到国家的农战政策带来的爵位赏赐,这样才能激励小农耕战的积极性。在旧封君、领主制下,民众归属的不均所导致其身份的不等,使天子、国君权力不能直接下沉到具有领主"封域"性质的乡里社会,故争夺农户成为获取政治权力的重要手段。② 由

---

① 蒋礼鸿:《商君书锥指》卷一《垦令》,北京:中华书局,1986年,第6—7页。
② 例如春秋时期,一些有实力的公卿大夫以优厚条件吸引、争夺"民""户"加入到自己的都邑、封地中,以扩大其赋税来源。公元前562年鲁作三军,三桓瓜分鲁公民人而各占其一,并重编为自己的领民。"季氏使其乘之人,以其役邑入者无征,不入者倍征。孟氏使半为臣,若子若弟。叔孙氏使尽为臣,不然不舍。"[杨伯峻编著:《春秋左传注》(修订本),北京:中华书局,1990年,第987页。]季氏分得鲁公三分之一的民人,为季氏服兵役者免征税,否则向他们加倍征敛,这些人于是归于季氏。孟氏仅取其民人之半,其余仍归公家;叔孙氏则尽取公室民人而后已。

此，战国时期各诸侯国在社会阶层的重组中，去掉多余的社会阶层，使国家权力直接下沉到社会的最底层，构成国君与民众的两极，使赋税直接由国家征收，就成为编户齐民制构建中需要解决的重要问题。"民见上利之从壹孔出也，则作壹；作壹，则民不偷营。民不偷营则多力，多力则国强。"①

综上，编户齐民制度的建立需要国家权力对小农经济直接控制，打击、抑制传统的封君、领主势力，去掉多余的社会中间阶层，废除领主、封君对民众的人身控制。因此，一方面，秦国的户籍制与授田制相结合，就成为维护编户齐民制稳定的基础。张家山汉简《二年律令·户律》明确规定："未受田宅者，乡部以其为户先后次次编之，久为右。""诸不为户，有田宅，附令人名，及为人名田宅者，皆令以卒戍边二岁，没入田宅县官。""所分田宅，不为户，得有之，至八月书户。"②《二年律令·户律》距离秦代不久，应该反映了秦代国家授予民众田宅的实际情况，即户籍制与授田制密切联系，以编制户籍先后为授田主要依据，立户是合法占有田宅的首要条件。这种举措对小农生产者具有极大吸引力。同时，由于户籍上所载人口、户数清楚，官府在征收赋税时降低了清查、管理的成本，强化了国家对资源的整合、控制。另一方面，商鞅变法中着力打击旧有领主、封君势力，维护、稳定编户齐民制，不仅是再造国家对全国资源控制的举措，也是走向大一统之路的长远策略。"国之大臣诸大夫，博闻、辩慧、游居之事皆无得为，无得居游于百县，则农民无所闻变见方。农民无所闻变见方，则知农无从离其故事，而愚农不知，不好学问。愚农不知，不好学问，则务疾农。"③ 这里所谓"大臣诸大夫"，即过去的封君、领主，他们通过诡异之智蛊惑人心，使民游手好闲，由此破坏着国家的壹农、壹战政策。"是故豪杰皆可变业，务学《诗》、《书》，随从外权，上可以得显，下可以求官爵；要靡事商贾，为技艺；皆以避农战。具备，国

---

① 蒋礼鸿：《商君书锥指》卷一《农战》，北京：中华书局，1986年，第20页。
② 张家山二四七号汉墓竹简整理小组编著：《张家山汉墓竹简〔二四七号墓〕》（释文修订本），北京：文物出版社，2006年，第52、53、54页。
③ 蒋礼鸿：《商君书锥指》卷一《垦令》，北京：中华书局，1986年，第15页。

之危也。"① 故秦自商鞅变法后，打击、抑制地方豪强与社会游侠成为其一贯政策，也开辟了其后秦汉大一统国家厉行打击豪强、旧贵的先河。

齐平民、户身份，也是秦国在战争时期争取关东六国士、吏、民众的策略。秦与魏、赵等国接壤，常常出现因战争胜负而引起的领土和附庸其上的民人属籍的变动。随着战争的胜利，秦国领土的扩张，许多不录户籍的民、户新纳入秦的版图。《商君书·徕民》篇即根据秦国千里沃野、地广人稀的特点，主张大量招徕韩、魏之民。"诸侯之士来归义者，今使复之，三世无知军事，秦四竟之内陵阪丘隰不起十年征者，于律也足以造作夫百万。……今利其田宅而复之三世，此必与其所欲而不使行其所恶也。然则山东之民无不西者矣。且非直虚言之谓也。不然，夫实旷土，出天宝，而百万事本，其所益多也，岂徒不失其所以攻乎？"② 这种徕民思想及策略，虽然在商鞅变法举措的基础上有所增删，但是它符合当时秦国的国情，在秦国对战争资源的积蓄、储备中起到了重要作用。

二、"户""籍"管理与乡里社会功能

在商鞅变法中，秦国通过"析产""立户"建立起由广泛的身份"齐""平"的小生产者构成的社会组织。"户"的本义是基层社会的一个居住单位，《说文》释"户"曰："户，护也。半门曰户，象形。"③《史记·高祖功臣侯者年表》载："天下初定，故大城名都散亡，户口可得而数者十二三，是以大侯不过万家，小者五六百户。"④《后汉书·东夷列传》载，三韩"大者万余户，小者数千家"⑤。这说明"户"是秦汉时期编户齐民的基本单位。"户"与编户齐民制有着密切关系，"户"作为编户齐民的基本单位，也是战国时期各国建立户籍制度的基础。

---

① 蒋礼鸿：《商君书锥指》卷一《农战》，北京：中华书局，1986年，第20页。
② 蒋礼鸿：《商君书锥指》卷四《徕民》，北京：中华书局，1986年，第90-92页。
③ 许慎：《说文解字》，北京：中华书局，1963年，第247页。
④ 司马迁：《史记》卷十八《高祖功臣侯者年表》，北京：中华书局，1959年，第877页。
⑤ 范晔：《后汉书》卷八十五《东夷列传》，北京：中华书局，1965年，第2818页。

秦国所据关中大地，地域广阔，沃野千里，河渠纵横，春秋战国之际铁农具的普遍应用给农业生产力带来了飞速发展。战国末期荀子入秦，曾赞誉秦国地理生态环境之美，"其固塞险，形埶便，山林川谷美，天材之利多，是形胜也"①。可是在这一百多年前的秦国，虽然沃野千里，但基层社会的宗法力量强大，这对于扩大赋税征收是不利的。为了打破基层乡村长期存在的宗法血缘的社会关系，也为了扩大承担赋税的"民""户"数量，商鞅变法明确要求过去的父子兄弟聚居的大家庭分家，规定"民有二男以上不分异者，倍其赋"②。其实，"析产"立户，加快建立小生产经济的步伐，是与秦国的地理生态环境息息相关的。秦国僻居西隅，关中地区千里沃野，是主要的农业产粮区，支撑秦国征战的资源主要是农业及从事农业的"民""户"。商鞅正是看到这一点，于是大量培育小生产者，并以政治力量推动、维护小农经济的发展。杜佑《通典·食货四》说："夫夏之贡，殷之助，周之藉，皆十而取一，盖因地而税。秦则不然，舍地而税人，故地数未盈，其税必备。"③ "税人"正是小农性质的家、户经济支撑国家财政的基本政策。在这种经济政策下，尽可能多的"民""户"入籍载册，成为秦国征税派役的主要渠道，而国家的户籍赋税功能亦获得空前强化。正因如此，秦国务行重农之教，加强农业管理。例如云梦秦简中有《田律》，其中规定"百姓居田舍者毋敢酤酒，田啬夫、部佐谨禁御之，有不从令者有罪"④，禁止农民饮酒误农事，田啬夫及部佐要负责管理，有不从令者则以罪加之。《田律》还规定："入顷刍稿，以其受田之数，无垦不垦，顷入刍三石、稿二石。"⑤ 无论耕种与否，皆照收税不误。云梦秦简《仓律》则对种籽用量都有明确规定："种：稻、麻亩用二斗大半斗，禾、麦亩一斗，黍、荅（小豆）亩大半斗，菽（豆类）亩半斗。"⑥ 由此可见，

---

① 王先谦撰，沈啸寰、王星贤点校：《荀子集解》，北京：中华书局，1988年，第303页。
② 司马迁：《史记》卷六十八《商君列传》，北京：中华书局，1959年，第2230页。
③ 杜佑撰，王文锦等点校：《通典》，北京：中华书局，1988年，第77页。
④ 陈伟主编：《秦简牍合集〔壹〕》，武汉：武汉大学出版社，2014年，第50页。
⑤ 陈伟主编：《秦简牍合集〔壹〕》，武汉：武汉大学出版社，2014年，第47页。
⑥ 陈伟主编：《秦简牍合集〔壹〕》，武汉：武汉大学出版社，2014年，第69页。

秦国对农业的管理是十分精细的。

秦国政府对户籍登记有相关规定，对隐匿、作伪等行为也有相应的惩处措施。例如，《傅律》① 规定："匿敖童，及占癃不审，典、老赎耐。百姓不当老，至老时不用请，敢为诈伪者，赀二甲；典、老弗告，赀各一甲；伍人，户一盾，皆迁之。"② 根据秦律，户民徙居应向官府报告，重新登记户口，叫作"更籍"。"更籍"是基层官吏治政中的一件大事，官吏对此不得有丝毫失误。秦律《效律》："人户、马牛一以上为大误。"违犯此律受到的惩罚是"人户、马牛一，赀一盾；自二以上，赀一甲"。③ 睡虎地秦简时代虽早晚不同，但大致可以确定为秦昭王到秦始皇三十年所作。它说明商鞅变法确立起的国家对小农生产的社会组织及人口、户数的管理法律，在百余年后仍在实行。

商鞅变法特别强调对户籍制度的强化。户籍在秦汉时被称为"名数""版籍""名籍"等，如《汉书·万石卫直周张传》载："元封四年，关东流民二百万口，无名数者四十万，公卿议欲请徙流民于边以适之。"颜师古注曰："名数，若今户籍。"④《后汉书·仲长统列传》："明版籍以相数阅，审什伍以相连持。"⑤ 由于当时户籍写在竹简或木牍上，故称户籍为"版籍"。《史记·商君列传》载，商鞅变法"集小乡邑聚为县，置令、丞，凡三十一县"，县令为一县之长，县丞掌民政。县以下设乡，令乡民五家为伍，十家为什，什伍之家"相牧司连坐"，"舍人无验者坐之"。⑥ 秦国按五家一伍、十家一什将户籍单位联结起来，组成什伍连坐的法律制

---

① 所谓"傅"，《汉书·高帝纪上》颜师古注曰："傅，著也。言著名籍，给公家徭役也。"见班固：《汉书》卷一上《高帝纪上》，北京：中华书局，1962年，第38页。
② 陈伟主编：《秦简牍合集〔壹〕》，武汉：武汉大学出版社，2014年，第183页。
③ 陈伟主编：《秦简牍合集〔壹〕》，武汉：武汉大学出版社，2014年，第164页。
④ 班固：《汉书》卷四十六《万石卫直周张传》，北京：中华书局，1962年，第2197、2198页。
⑤ 范晔：《后汉书》卷四十九《王充王符仲长统列传》，北京：中华书局，1965年，第1653页。
⑥ 司马迁：《史记》卷六十八《商君列传》，北京：中华书局，1959年，第2232、2230、2236页。

度,即所谓"什伍连带""什伍互保"。只要一户犯法,其他户承担连带责任,以至于"奔亡者无所匿,迁徙者无所容。不求而约,不召而来,故民无流亡之意,吏无备追之忧"①。这种以什伍连坐为基础的编户齐民制,既有效加强了秦国郡县、乡邑对"民""户"的监督、管控,又减轻了国家对基层社会的治理成本,形成一种无所不在的法网。战国时期各国户籍登载内容不一,但一般包括人口数、性别、居所、财产等是无疑问的。如《管子·问》中的数十问就反映了各国户籍记载情况。②但是,秦国商鞅变法中户籍登记的规范化、精细化则是他国所不及的。秦简《封守》的"乡某爰书"记述了被审讯人的户籍状况。"封有鞫者某里士五(伍)甲家室、妻、子、臣妾、衣器、畜产。甲室、人:一宇二内,各有户,内室皆瓦盖,木大具,门桑十木。妻曰某,亡,不会封。子大女子某,未有夫。子小男子某,高六尺五寸。臣某,妾小女子某。牡犬一。"③其中对于户主姓名、性别、婚姻、职业、居所、爵位、身高、户内人口,以及家庭的房产、奴婢、牲畜等都有较详细的记载。在秦国早期户籍制度中,以身高确定人的年龄,比如以六尺五寸为成年人的身高下限,这显然不适应当时形势。故秦始皇"十六年九月,发卒受地韩南阳假守腾。初令男子书年"④。秦始皇十六年,秦国政府已经认识到这个问题,因此明令在民的户籍上写上男子的年龄,要求男子成年后即履行对国家的赋税义务。

秦国的户籍制度与"里""乡"的建制紧密相关。一般而言,里代表着自然聚落,设有里长。十里组成一乡,乡有三老、啬夫、游徼,共同维

---

① 黎翔凤撰,梁运华整理:《管子校注》卷十七《禁藏》,北京:中华书局,2004年,第1023页。

② 如《管子·问》中的数十问,就包括:"问死事之孤,其未有田宅者有乎?问少仕而未胜甲兵者几何人?……问独夫、寡妇、孤寡、疾病者几何人也?……"(黎翔凤撰,梁运华整理:《管子校注》,北京:中华书局,2004年,第486-487页。)虽然目前关于《管子》的写作时代尚有各种说法,但是它表明的齐国户籍中对于口数、性别、身体状况以及田地等情况的记载,与云梦秦简中的秦律等是能够相互对应的。

③ 睡虎地秦墓竹简整理小组编:《睡虎地秦墓竹简·封诊式释文注释》,北京:文物出版社,1990年,第149页。

④ 司马迁:《史记》卷六《秦始皇本纪》,北京:中华书局,1959年,第232页。

持乡村社会的秩序。通过乡里制度，国家将家户单位进一步整合起来，使之成为国家严密控制的对象。"'分家立户'……是帝制时代国家治理体系的基础，皇权从中央，经由郡县，到达乡里，一直延伸到家户，大大提升了国家对社会的纵向渗透和控制能力。"① "通过郡县、乡里和户籍以及连坐、告奸等制度，千万小农被纳入了政府的紧密控制之下了。"②

实际上，乡里、户籍以及连坐、告奸等制度的设立，根本上是为了更有效地加强对民众的管控，也是为了更好地建立井然有序的编户齐民制。中国古代王朝本身是"家天下"的王朝，它使国家治理与乡村"家""户"治理具有一种"家国"结构的天然的共生性与趋同性。"家""户"是古代小农经济社会结构的基本单元，构成了社会组织的基础。所以，在国家政治资源充足的情况下，直接以政府力量渗透、整合、管理"编户"制下的"家""户"，将使国家的政治、法律更加有效地实现对乡村社会的治理，更加有效地掌控赋税资源，同时也易于培育民众对国家的驯顺。正如费正清所言，"在家庭生活中灌输的孝道和顺从"，使中国古代的家庭成为"培养一个人以后忠于统治者并顺从国家现政权的训练基地"。③ 家户治理与国家治理本身有着密切关系，因此商鞅在变法中十分注重这一方面。商鞅在对社会结构的改造中，实施的一个重要的配套措施是严格管理户籍人口，不允许"民""户"自由迁徙。根据秦律，户民徙居他地应向官府报告，重新登记户口则为"更籍"。《商君书·垦令》："使民无得擅徙，则诛愚乱农农民无所于食而必农；愚心躁欲之民壹意，则农民必静。农静，诛愚，则草必垦矣。"④ 这里所提出的不让百姓随便迁徙，包括了两方面意思：一方面强调了在安土重迁导致的狭小局促的环境下所产生的愚昧迟钝对社会稳定的重要性；另一方面则是通过刚性的不迁不徙原则使

---

① 徐勇：《关系中的国家（第二卷）：地域—血缘关系中的帝制国家》，北京：社会科学文献出版社，2020年，第208页。
② 阎步克编著：《波峰与波谷：秦汉魏晋南北朝的政治文明》，北京：北京大学出版社，2017年，第11页。
③ 费正清著，张理京译：《美国与中国》，北京：世界知识出版社，1999年，第22页。
④ 蒋礼鸿：《商君书锥指》卷一《垦令》，北京：中华书局，1986年，第13-14页。

"愚心躁欲之民壹意"，由此达到"壹农"之效。云梦秦简《游士律》有秦国乡里"游士在，亡符，居县赀一甲；卒岁，责之"① 之责罚。张家山汉简有民众占有田宅而不立户籍，或者为别人占田宅，要受到处罚的律令。这种户籍律令显然与秦律有继承关系。如秦律《效律》有记"人户、马牛一以上为大误"，"人户、马牛一，赀一盾；自二以上，赀一甲"② 的律令，即与汉律有前后相继之效。睡虎地秦简大致可确定为秦昭王到秦始皇三十年所作，这也说明秦国的户籍管理制度在战国后期正在形成完整的民、户、乡、县的编制。

通过乡里制度，国家将家、户进一步整合起来，使之成为国家严密控制的对象，也使各个小生产家庭及其户、里组织成为稳定的家户共同体。故有学者认为，秦王朝的"直系个体小家庭成员间相互依存性最强，血缘关系简单，亲情甚为笃厚，彼此亲合度达到了最高点，父家长权、夫权降到最低点，因而也是最稳定的一种家庭形态"③。这种体系化的乡里制度通过上通下达，使各乡、里的"民""户"数及应该承担的赋税层层上达中央，与国家的行政、财政管理体系结合为一体，形成以"户"为基础的国家财政体制与社会治理环节。因此，商鞅变法后的秦国，其所实行的基层社会制度，对治理民众、整合资源是有效的。

第三节　军功爵与编户齐民制

前面已经从政治改革的角度对秦国军功爵制进行了探讨，其实，秦国军功爵制能够有效建立的最根本原因是它具有广泛的社会性，即严整的编户齐民的社会结构支撑。军功爵制早在西周、春秋时期就存在着。《国

---

① 睡虎地秦墓竹简整理小组编：《睡虎地秦墓竹简·秦律杂抄释文注释》，北京：文物出版社，1990 年，第 80 页。
② 陈伟主编：《秦简牍合集〔壹〕》，武汉：武汉大学出版社，2014 年，第 164 页。
③ 张金光：《秦制研究》，上海：上海古籍出版社，2004 年，第 519 页。

语·晋语》记叔向曰:"爵以建事,禄以食爵。"① 但是西周、春秋时代的爵禄制是在封建宗法血缘的亲尊等级中实施的,它只是按照由血缘亲疏远近划分的等级尊卑而授予相应爵位、封邑,故它是一种封闭的爵、官体制,是仅限于贵族、封君内部世代承袭的官禄系统。战国时期,各国在新型国家体制的建构中,通过编户齐民制构成国家与民众直接的二元关系,在破除世卿世禄制的同时,也使传统的军功爵制获得新的内涵,即成为国家直接封赐的开放性爵禄封赐制度。

军功爵制在秦孝公及其以后时期,逐渐发展成一种秦国特有的社会体制。秦人的政治地位、生活待遇,几乎决定于有爵无爵和爵位的高低。从汉代简牍记载中可以看出,汉代户籍中的一项重要内容是人们有无爵位及爵位的级别。由于秦人对军功爵制的重视及其一整套规定和措施超过汉代,秦代军功爵制与土地、田宅的结合即军功爵的实际价值也超过汉代,因此,我们可以大致断定秦的户籍制度也将有爵无爵、爵位的级别作为其重要登记内容。"从《睡虎地秦墓竹简》的研究中,我们发现,在秦代的治狱文书中,凡提到与案件有关的人员,不论是罪犯、受害者,或是证人,都要写明有无爵位和爵位的级别。仅以秦简《封珍式》(治狱案例)为例,在这一组治狱文书中,共有二十三个案例,涉及到的罪犯、受害人和证人共四十七名。其中有爵者九人,无爵者三十一人,身份不明者七人。在有爵位的九人中,公士八人,五大夫一人。身份不明者,是由于涉及到的对象来历不明,无法查清其政治面貌。"② 可见,秦的官府文书对有无爵和爵位级别也有清楚反映。

军功爵制的实施必须有其条件:一是民众身份在法权上的相对平等;二是民众对国家所承担义务和享有权利的平等。身份平等,国家才能按照一定规则征收赋税,否则就会损失赋税,同时在征收时花费极高成本;民

---

① 徐元诰撰,王树民、沈长云点校:《国语集解》(修订本),北京:中华书局,2002年,第436页。
② 朱绍侯:《军功爵制在秦人政治生活中的地位》,《河南师大学报》(社会科学版),1980年第6期。

众的权利、义务平等，才能在全国通过统一的法制规定有效的政策，既激发民众的农战积极性，也使军功爵制度能够实行。在战国各国的爵制中，只有秦国军功爵制系最严整的制度，这是因为秦国实行严格的编户齐民制。一方面，编户齐民为军功爵提供了广阔的社会基础。正是有着大量由国家直接管辖的身份齐平的致力农、战的"民""户"，才会有行之有效的军功爵制。秦国为了维护与稳定编户齐民制，必然要限制工商、文学、豪侠等"末业"。另一方面，编户齐民制是刚性官僚政治体制的制度基础。刚性的官僚政治体制对基层社会的管理，必然要在一种全国普遍的法权、信誉的基础上才能够实现。否则，秦国实行的军功爵制会很快因为官僚的腐败、失职而失去赏罚的权能。编户齐民以其相互联系的奖惩制、什伍制、连坐制等构成了一套对基层社会的有效控制制度，它使军功爵制的计功原则、田宅赏赐、爵位升降都有一套刚性的制度规定。这套制度将民众的社会生活纳入到国家政治体系中，将"民""户"的生产、分配、消费等活动纳入到等级奖励、惩罚制度体系里，使军功爵制能够全面深入到民众的公、私社会生活中。《荀子·议兵篇》曰："齐人隆技击，其技也，得一首者则赐赎锱金，无本赏矣"；"魏氏之武卒，以度取之……复其户，利其田宅"；秦人则能够"功赏相长也，五甲首而隶五家，是最为众强长久，多地以正。故四世有胜"。所以，"齐之技击不可以遇魏氏之武卒；魏氏之武卒不可以遇秦之锐士"。① 这背后的原因，正是秦国军功爵制所依靠的社会基础即"编户"与齐、魏之"编户"的重大差异。

　　编户齐民制对军功爵制意义重大，反过来军功爵制亦对维护编户齐民制有着重要作用。军功爵制使秦人纳入到一个军农合一的系统中，他们在经济上的分配、消费，以及社会地位尊卑、犯罪抵折等方面都与军功爵制发生着关系。这种做法更加巩固了秦式的"编户"制。例如，秦国允许用爵位抵折罪责，在动辄重刑的环境下，这对秦民众无疑具有很大吸引力。《商君书·境内》："其狱法……爵自二级以上有刑罪则贬，爵自一级以下

---

① 王先谦撰，沈啸寰、王星贤点校：《荀子集解》，北京：中华书局，1988年，第271—274页。

有刑罪则已。"①《汉官旧仪》则说:"秦制二十爵。男子赐爵一级以上,有罪以减,年五十六免。无爵为士伍,年六十乃免者,有罪,各尽其刑。"②说明在商鞅变法时,已经存在以爵位减刑免罪的条例。《商君书》的说法在秦简文中也得到证实。例如,云梦秦简已证明在秦代有爵人享有减刑、免刑和赎罪的优待。《法律答问》记有:"可(何)谓'赎鬼薪鋈足'?可(何)谓'赎宫'?臣邦真戎君长,爵当上造以上,有罪当赎者,其为群盗,令赎鬼薪鋈足;其有府(腐)罪,赎宫。其它罪比群盗者亦如此。"③即臣邦真戎君长,相当于上造以上爵位,有罪应准赎免,如为群盗,判为赎鬼薪鋈足;如犯有应判为宫刑的罪,令其赎宫。其他与群盗相同的罪,也照此处理。这条材料反映了秦时以爵位减刑免罪的事例,上造以上爵位的人可以爵赎罪。又如,"将上不仁邑里者而纵之,可(何)论?当系作如其所纵,以须其得;有爵,作官府"④。押送在乡里作恶的罪犯而将其放走,如果押送者没有爵位,应像被他放走的罪犯那样拘禁劳作,直到捕获罪犯为止;如果押送者有爵位,则可在官府服役。"内公孙毋(无)爵者当赎刑,得比公士赎耐不得?得比焉。"⑤即没有爵位的宗室子孙应判处赎刑的,可以像公士那样减判赎耐。"公士以下居赎刑罪、死罪者,居于城旦舂,毋赤其衣,勿枸椟欙杕。鬼薪白粲,群下吏毋耐者,人奴妾居赎赀责(债)于城旦,皆赤其衣,枸椟欙杕,将司之;其或亡之,有罪。"⑥获有公士以下爵位的人,以劳役抵偿刑罪、死罪,服劳役时可以不穿囚服,不施刑具。但是鬼薪、白粲,下吏而不加耐刑的人以及私家奴婢

---

① 蒋礼鸿:《商君书锥指》卷五《境内》,北京:中华书局,1986年,第120页。
② 孙星衍等辑,周天游点校:《汉官六种》,北京:中华书局,1990年,第53页。
③ 睡虎地秦墓竹简整理小组编:《睡虎地秦墓竹简·法律答问释文注释》,北京:文物出版社,1990年,第120页。
④ 睡虎地秦墓竹简整理小组编:《睡虎地秦墓竹简·法律答问释文注释》,北京:文物出版社,1990年,第108页。
⑤ 睡虎地秦墓竹简整理小组编:《睡虎地秦墓竹简·法律答问释文注释》,北京:文物出版社,1990年,第137页。
⑥ 睡虎地秦墓竹简整理小组编:《睡虎地秦墓竹简·秦律十八种释文注释》,北京:文物出版社,1990年,第51页。

被用以抵偿赀赎债务而服城旦劳役的人要穿囚服、戴刑具。

　　为了进一步巩固"编户"制，秦代法律还允许以爵位为亲属抵罪，这种做法使处在严酷刑律环境下的秦人更增加了以军功获取爵位的激情。秦简中关于司空职务的法律有曰："百姓有母及同性（生）为隶妾，非適（谪）罪殹（也）而欲为冗边五岁，毋赏（偿）兴日，以免一人为庶人，许之。或赎辠（迁），欲入钱者，日八钱。"① 即允许无爵百姓以戍边赎免亲人为奴婢。秦代《军爵律》还规定："欲归爵二级以免亲父母为隶臣妾者一人，及隶臣斩首为公士，谒归公士而免故妻隶妾一人者，许之，免以为庶人。工隶臣斩首及人为斩首以免者，皆令为工。其不完者，以为隐官工。"② 即退还二级爵位可以赎免身为奴婢的亲生父母一人为庶人；隶臣立军功获得公士爵位者，可以交还公士爵位，用来赎免现为奴婢的妻子一人为庶人。除了以爵抵罪，不同级别爵位在其他方面的待遇也有显著差别。《法律答问》有这样一条文："大夫寡，当伍及人不当？不当。"③ 问大夫数少，是否与其他人合编一伍。答复是"不应当"。这就说明大夫已成为超出一般人之上的特殊人物。这是对有爵人在里伍编制上的不同对待。从睡虎地秦墓竹简《传食律》中，我们可以看到秦国对有爵、无爵的各级官吏及随从、仆隶在公出中的不同生活待遇："御史卒人使者，食粺米半斗，酱驷（四）分升一，采（菜）羹，给之韭葱。其有爵者，自官士大夫以上，爵食之。使者之从者，食粝米半斗；仆，少半斗。"④ 不同级别官吏的生活待遇差别很大，等级森严，且爵位越高，生活待遇就越好。"不更以下到谋人⑤，粺米一斗，酱半升，采（菜）羹，刍稾各半石。宦奄如不

---

① 睡虎地秦墓竹简整理小组编：《睡虎地秦墓竹简·秦律十八种释文注释》，北京：文物出版社，1990年，第54页。
② 睡虎地秦墓竹简整理小组编：《睡虎地秦墓竹简·秦律十八种释文注释》，北京：文物出版社，1990年，第55页。
③ 睡虎地秦墓竹简整理小组编：《睡虎地秦墓竹简·法律答问释文注释》，北京：文物出版社，1990年，第129页。
④ 睡虎地秦墓竹简整理小组编：《睡虎地秦墓竹简·秦律十八种释文注释》，北京：文物出版社，1990年，第60页。
⑤ 注释认为"谋人"当为秦爵第三级簪袅的别称。

更。""上造以下到官佐、史毋（无）爵者，及卜、史、司御、寺、府，粝米一斗，有采（菜）羹，盐廿二分升二。"① 从中可以看出秦代爵制对官吏、民众的社会地位和日常生活的重要作用。

正如前述，秦国军功爵是一种由国家规范的法则，政府不轻易赐爵、卖爵，必须立有军功、事功的人才能获得爵位。它与三晋及齐、楚等国的爵制相比，有着独特的特征。战国时期军功爵制在各国大都实行过，其成效却各有不同。《商君书·徕民》曾比较秦与三晋："三晋之所以弱者，其民务乐而复爵轻也。秦之所以强者，其民务苦而复爵重也。"② 指出朝廷对赋税、爵位的重视程度是秦与三晋产生强弱之别的重要原因。而在其他诸侯国中，编户齐民制由于受到各种政治、文化、经济因素的干扰，其实行力度及成效也不及秦国。在"其民务苦而复爵重"的环境中，秦国社会上下均以爵制划分尊卑秩位，由此形成以爵位等级为尊的"序长"位次秩序。日本学者西嶋定生曾经对秦汉之际的二十等爵制进行研究，颇有见地。他认为汉代国家爵制秩序，随着和平时期的日久，在基层乡里社会中助长了以传统宗法制"序齿"（以长幼为序）的位次趋势。"从实质上来说，则是把来自齿位的序列，通过赐爵而使之变为显在的秩序，给潜在于民间的秩序形成之可能性，依靠赐爵而使之明朗化了。"③ 自生的乡里秩序的齿位，与来自外部作用的他律的国家秩序即以"长"序位的爵等制度是可以同时存在的。正是爵位授予制度的宽松化，使过去流行于乡里的传统"齿位"显性化、明朗化起来。从西嶋定生的研究中我们可以看出，军功爵制在不同的社会环境中具有不同的特点，尤其在承平社会，军功爵制的弱化是不可避免的。同时，正如有学者研究的，编户齐民与军功爵制实际上也有很大的人身等级差异。尽管军功爵制区分了基层社会民、吏的富贵贫贱，可是军功爵制所实行的官爵与民爵的划分仍然使官、民之间有着一道深深的鸿沟。"秦汉时期，二

---

① 睡虎地秦墓竹简整理小组编：《睡虎地秦墓竹简·秦律十八种释文注释》，北京：文物出版社，1990年，第60页。
② 蒋礼鸿：《商君书锥指》卷四《徕民》，北京：中华书局，1986年，第89页。
③ 西嶋定生著，武尚清译：《中国古代帝国的形成与结构——二十等爵制研究》，北京：中华书局，2004年，第421页。

十等爵制逐渐由军爵（在军队中施行）转化为民爵（在民间也普遍实行），但爵制内部的等级原则却被继承，其中最重要的一点就是有爵者为士、吏，爵位高低与官秩吏禄的等级存在一定的对应关系，但这种对应不是绝对的。吏民占有的爵位，如刘劭《爵制》所言，'不得过公乘'，公乘是'军吏之爵最高者也'。"① 关于官爵与民爵的位次区别问题，尽管目前学界仍然存在较大分歧，但不能否认，这种位次区别在一定程度上是存在的。例如，在居延汉简服役吏、卒档案中，具有公乘以下爵位者甚多，但五大夫以上的高爵完全不见。这说明在剥削阶级社会，即使采取不分贵贱、唯军功为据的军功爵制度，民众从民爵到官爵的跨越仍然有着一定难度，这也充分证明了秦国军功爵制维护统治阶级利益的阶级属性。

第四节 "编户齐民"与国家—社会的二元差异
——以秦"新地"为考察对象

鲁西奇认为，"由'乡''里'构成的乡村控制制度，是王朝国家立足于统治的需要而建立的、县级政权以下的、直接或间接地控制乡村民户与地域，以最大程度地获取人力与物力资源，建立并维护乡村社会秩序的控制制度"②。作者为此区分了"乡村自治制度"与"乡里控制制度"，强调"前者是在诸种形式的乡村豪强力量的主导下，建立并维护乡村社会的秩序，其目标在于最大可能地占有乡村经济与社会资源；而后者则是王朝国家权力自上而下地控制乡村社会，建立并维护国家统治的秩序"③。这种体制对战国中后期的秦国具有重要作用，它不仅维护了国家对乡里社会的整合、控制，也使秦国的基层社会处于令行禁止、尊法守度的秩序中。

荀子曾游历秦国，对秦国的乡里社会大为称赞。他认为，秦国地理位置优越，自然资源丰富，进可攻，退可守，这是地利。但荀子又认为，秦国的

---

① 刘敏：《秦汉时期"吏民"的一体性和等级特点》，《中国史研究》，2008年第3期。
② 鲁西奇：《中国古代乡里制度研究》，北京：北京大学出版社，2021年，第6页。
③ 鲁西奇：《中国古代乡里制度研究》，北京：北京大学出版社，2021年，第14页。

军事胜利与它的民风淳朴和社会治理有着重要关系:"其声乐不流污,其服不挑,甚畏有司而顺,古之民也。""百吏肃然莫不恭俭、敦敬、忠信而不楛,古之吏也。""士大夫,出于其门,入于公门,出于公门,归于其家,无有私事也,不比周,不朋党,倜然莫不明通而公也,古之士大夫也。""观其朝廷,其间听决百事不留,恬然如无治者,古之朝也。"① 在荀子看来,秦境内百姓朴实,音乐不淫荡卑污,服装不轻佻妖艳,人们畏惧并驯服于官吏。而秦国吏治良好,各类官吏谦恭节俭,敦厚谨慎,忠诚守信。国都里的士大夫不互相勾结、拉党结派,而卓然超群,明智通达,廉洁奉公,政令简约而周详,政事不烦而有功。秦国之所以能够四代强盛,并不是侥幸的事。

荀子的观察可以说是比较可靠的,它说明战国后期的秦国在法家思想引导下处在上下有"度"而政令周详的状态,这种情形与秦施行有效的编户齐民制应该有重要联系。可是,随着秦在军事上的节节胜利,秦王朝对新征服地域的管理却跟不上其领土扩张的步伐,而新地的编户齐民制也在发生着改变。这使新、旧秦地在采用秦制进行管理时,其效果有较大区别。在战国中后期,秦每占领一地,都试图用治理老秦地的方式即通过对民、户的整编来治理新地。"由于户籍、赋税等核心制度皆有赖郡县制运转,故设立郡县实为巩固一方的当务之急。史载秦兼并六国过程中,每征服一地,辄置郡县……目前公布的里耶秦简释文,已确证秦在今湘西及周边广大地区有洞庭郡、苍梧郡以及迁陵、酉阳、零阳等一批县的设置。当地县以下的基层行政体系,势必要被改造为秦制下的乡里。而乡里一旦固定下来,又涉及对各乡里户籍的重新编造和什伍的编制……透过里耶秦简却可以看到,秦对楚地基层社会的改造,基本实现了整齐划一的'秦制'。"② 但是由于关东各地与关中等地区在传统政治文化与人文习俗上的区别,在关中等旧秦地能够有效实施的编户齐民制在秦的新地运用就产生了诸多问题。尤其是当秦从公元前229年开始,用十年时间摧枯拉朽地兼

---

① 王先谦撰,沈啸寰、王星贤点校:《荀子集解》,北京:中华书局,1988年,第303页。
② 张梦晗:《"新地吏"与"为吏之道"——以出土秦简为中心的考察》,《中国史研究》,2017年第3期。

并六国领土,实现大一统后,秦国对新占领土地、人口的治理出现了"空心化"现象,它表现在以下方面:

第一,秦王朝在新占领地域的基层官吏、吏员的严重不足,使缺吏现象在新地普遍存在。

据张梦晗研究,里耶秦简中有两处关于迁陵县缺吏现象的记载。其中一处载吏员总数101人,实有51人,其余既包括实际所缺的吏员15人,也包括因为"徭使"而不在署的吏员35人;另一处载吏员总数104人,实有50人,缺吏35人,另有19人大概也是被派出徭使了。① 作为一个被占领不久的楚县,迁陵县的吏员编制,一方面体现了秦在基层社会中动用了相当大的力量来实行其"壹治"政策,说明秦对新地治理的重视②;另一方面也体现了秦在新地所遇到的困境。里耶秦简中所载迁陵县的吏员编制也给我们进一步认识秦基层社会的政权建设提供了材料,即不论在旧秦地还是新占领区域,秦政府用于管理、控制基层社会的官吏、吏员都是落实到县一级,县以下的乡里社会的管理主要依靠乡里的长老、豪杰,基层乡里社会的政令宣达主要是依靠这些长老、里吏的文书宣教与口头传播。③

---

① 张梦晗:《"新地吏"与"为吏之道"——以出土秦简为中心的考察》,《中国史研究》,2017年第3期。

② 例如张梦晗通过对迁陵县吏员编制的探讨,认为"假如迁陵县真的是户数五万多的人口大县,动辄出现大面积的缺吏,难免有殆及统治的危险,对一个新近占领的地区而言,显然不符合常理。因此,比较合理的解释或许是,迁陵县超过百人的吏员编制,是秦为了确保有绝对充足的力量,推行秦制和秦文化所做的规划"(张梦晗:《"新地吏"与"为吏之道"——以出土秦简为中心的考察》,《中国史研究》,2017年第3期)。

③ 秦国对基层乡里社会的政令宣达主要是依靠文书与口头的传播。有学者认为,简牍作为此时主要的文字载体,在便捷性上存在缺陷。比如简牍的容字相对有限,简牍自身又较为笨重。同时,抄写是这一时期主要的文书复制方式,秦汉时期的基层乡亭成千上万,一条政令传播至基层所需要的文书传抄量相当大。比如县道丞及其令史、乡啬夫准备征发民众服役时,要将政令信息以大书的形式悬挂在城邑、离乡的市场的门口和墙壁上,让广大民众都明白和知晓此事。此外,传达政令时,需要乡啬夫和令史前往里中宣读,如公布政令不规范,相关官吏要受到责罚,县令、丞负连带责任;政令公布后经查访,吏员、里典、伍长贯彻不佳也要受到处分。官吏不仅要在基层的里中宣读政令,还要在人到齐的"户时"重申政令,从而保证最大限度地扩大政令在基层的传播。建立官方咨询渠道,在基层宣读政令,是官府以口语方式实现政令传播的主要措施。(参见王越:《论秦汉时期乡里的政令传播》,《山东社会科学》,2023年第4期。)

这些乡里的基层管理成员不是国家的正式官员，无品无秩；同时，其中的绝大多数人也不可能由此进入官僚队伍与官方组织体系，这就使秦国的每一层次政权所拥有的权力不一致。从人员和事务的配置上看，基层乡里社会的治理与国家的成文法治理仍然有着较大差异，虽然国家政令之实施、赋役之征发等均由县以下各级机构在实施，但是它们毕竟不是一个上下能够严密整合的系统，仍然形成了在战国后期就存在的"君主本位"的官僚体制下的国家、社会的对立和统一。在这种体制下，国家权力到达县一级政权，并主要通过乡里的相对自治和遵守国家法令而实现国家的政令实施、赋役征发等任务。因此，即使在商鞅变法之后的秦国，基层社会的治理仍然需要一套严格的统治措施。这也是秦国将军功爵制与编户齐民制有机结合的重要原因。而随着秦的快速扩张，一方面，新地的基层社会治理显然与秦国有着较大区别，另一方面，大量缺乏能够泯除这种差异的具有秦法知识及实施技能的吏员，难以满足新地基层政权建设的需求，这种情形就严重干扰了秦王朝从军事占领到行政统治的转变，并阻扰秦王朝对新占领区域的稳定、控制。为此，秦采取了两个办法来解决这种缺吏之忧。

方法之一是从旧秦地或征服已久的地域中征集秦官吏到新征服地域中任职。从传世文献及简牍材料中均可以发现，秦任命的"新地吏"，或是因军功擢用的官吏，或是从秦原有统辖地区受到贬黜的官吏。故新地吏群体中不乏在故秦地有从政或从军经验者，也不乏政治或业务素质低下者。例如，《史记》中就有秦国迁徙罪人到新地的记载："（秦昭襄王）二十五年，拔赵二城。……二十六年，赦罪人迁之穰。……二十七年，（司马）错攻楚。赦罪人迁之南阳。……二十八年，大良造白起攻楚，取鄢、邓，赦罪人迁之。……三十四年，秦与魏、韩上庸地为一郡，南阳免臣迁居之。"① 于振波认为："对于秦'谪发'吏民戍边或迁往新地的事例，我们只是将其视为对有罪者或具有某些特定身份（比如市籍、赘婿）者的惩罚措施，至于秦统治者是如何利用这些人来开发新占领地区的，所知甚少。尤其是，在内地因某些不法行为而被免职甚至废黜的官吏，并不是简单地

---

① 司马迁：《史记》卷五《秦本纪》，北京：中华书局，1959年，第213页。

作为普通庶人迁往新地，而是被任用为'新地吏'，这是我们以前所不知道的。根据新发现的秦律令，我们知道，这些被迁往新地的吏民，有的获得赐爵，有的被免除了赋税和徭役（获得赐复），有的被赦免，因而具有不同的身份和等级。这些人被迁往新地后，有的被任用为官吏，有的虽为庶人，却成为秦赖以监视、控制新占领地区居民的可靠力量。这类法令大概是在秦不断蚕食、兼并关东诸国的过程中逐渐形成的。"① 关于秦的"新地吏"问题，有诸多学者进行了较为深入的探讨和研究②，这些研究充分说明了秦在新地中对县及以下的乡里社会试图实行有效统治的雄心与无奈。被派往新地的官吏通常担任令、丞、尉等长吏，由于语言、文化、风俗等方面存在诸多障碍，且其数量远远少于从"新黔首"中选拔的吏员，故往往难以融入新地的政治文化圈子并发挥作用，其施政大多需仰仗本地吏员，吏民关系十分糟糕。③ 这就使秦在新地基层社会的管理并不能达到其在旧秦地的统治水平。

方法之二则是在新占领区域大量征召当地熟悉文法、做事谨密的人员担任吏员。例如刘邦生活的沛县，除了沛令，其余如萧何、曹参等小吏几乎都是本地人。从出土文献中亦可看到，秦新地有大批"新黔首"为县治吏员，如睡虎地秦简《置吏律》有"啬夫之送见它官者，不得除其故官佐、吏以之新官"④。卜宪群据此认为：不除故官佐吏，自然要在新任之地

---

① 于振波：《秦律令中的"新黔首"与"新地吏"》，《中国史研究》，2009年第3期。

② 例如于振波：《秦律令中的"新黔首"与"新地吏"》《中国史研究》，2009年第3期；王子今：《秦王朝关东政策的失败与秦的覆亡》，《史林》，1986年第2期；张梦晗：《"新地吏"与"为吏之道"——以出土秦简为中心的考察》，《中国史研究》，2017年第3期；董飞：《秦王朝"新地"治理研究——以故楚地为中心》，西北大学博士学位论文，2021年；等等。

③ 例如，王子今将秦糟糕的吏民关系之产生根源归结为"新地吏"中多是因某些不法行为而被免职或废黜的官吏以及吏多出身军人导致的蛮横。（王子今：《秦王朝关东政策的失败与秦的覆亡》，《史林》，1986年第2期。）张梦晗认为秦新地官吏不惜使用暴力以强化法治的原因之一是上级对吏员事无巨细的考课。（张梦晗：《"新地吏"与"为吏之道"——以出土秦简为中心的考察》，《中国史研究》，2017年第3期。）

④ 睡虎地秦墓竹简整理小组编：《睡虎地秦墓竹简·秦律十八种释文注释》，北京：文物出版社，1990年，第56页。

除吏，其中可能就包含秦吏也要用本地人的含义。① 而秦政府征收这些新吏员的重要标准便是"毋害"。岳麓书院藏秦简《尉卒律》明确将"毋害"作为遴选里典、三老的标准之一：

> 里自卅户以上置典、老各一人，不盈卅户以下，便利，令与其旁里共典、老，其不便者，予之典而勿予老。公大夫以上擅启门者附其旁里，旁里典、老坐之。置典、老，必里相谁（推），以其里公卒、士五（伍）年长而毋（无）害者为典、老，毋（无）长者令它里年长者。为它里典、老，毋以公士及毋敢以丁者，丁者为典、老，赀尉、尉史、士吏主者各一甲，丞、令、令史各一盾。毋（无）爵者不足，以公士，县毋命为典、老者，以不更以下，先以下爵。其或复，未当事戍，不复而不能自给者，令不更以下无复不复，更为典、老。②

所谓"毋害"，便是遵守秦法，做事慎密，办事没有疵病。③ 而由新地选拔的旧六国属民所担任的基层官吏，由于对新王朝缺乏认同感，在施政行事中缺乏责任感或将自己的利益放在第一位，因此常有利用吏员权力而谋求己利者。睡虎地秦简《语书》中对此专门有警示：

> 故腾为是而修法律令、田令及为间私方而下之，令吏明布，令吏民皆明智（知）之，毋巨（讵）于罪。今法律令已布闻，吏【民】犯法为间私者不止，私好、乡俗之心不变。自从令、丞以下，智

---

① 卜宪群：《简帛与秦汉地方行政制度史研究》，《国学学刊》，2010 年第 4 期。
② 陈松长主编：《岳麓书院藏秦简（肆）》，上海：上海辞书出版社，2015 年，第 115—116 页。
③ 岳麓书院藏秦简的整理者引颜师古注《后汉书》之说释"毋害"，认为"毋害"指的是吏员个人能力方面"无比""无能胜害"[陈松长主编：《岳麓书院藏秦简（肆）》，上海：上海辞书出版社，2015 年，第 166 页]。而陈伟等学者在讨论睡虎地秦简中的"毋害"时认为其意思为"办事没有疵病"（陈伟主编：《秦简牍合集〔壹〕》，武汉：武汉大学出版社，2014 年，第 137 页）。他们的说法虽在表述上有所区别，但意思大体是一致的，即遵守秦法，做事慎密，办事没有疵病。

（知）而弗举论，是即明避主之明法殹（也），而养匿邪避（僻）之民。

　　恶吏不明法律令，不智（知）事，不廉洁，毋（无）以佐上，緰（偷）随（惰）疾事，易口舌，不羞辱，轻恶言而易病人，毋（无）公端之心，而有冒柢（抵）之治，是以善斥（诉）事，喜争书。争书，因恙瞋目扼揩（腕）以视（示）力，讦询疾言以视（示）治，誈訆丑言麃斫以视（示）险，阮閈强肮（伉）以视（示）强，而上犹智之殹（也）。故如此者不可不为罚。①

从中可以看出，在秦占领的南郡仍然存在较多"吏民犯法为间私者不止，私好、乡俗之心不变""恶吏不明法律令，不知事，不廉洁"的行为。②这些在当地选拔的基层吏员，有许多人并没有认真遵守秦法，而是为所欲为，占公为私，无羞耻之心。南郡守腾向南郡各县、道长吏发布《语书》，要求他们对本辖区的吏民严加管理，对违令者不得"知而弗举论"，说明这种情形是较为严重的。尽管秦东方官员对这种情况严厉督责，但秦吏往往还是默许或放纵本地吏员的违法乱纪之举。特别是在刘邦、项羽等楚人起义中，秦吏们往往也对本地吏员与"新黔首"参与反秦战争采取了随顺的态度。这就严重损害了秦对"新地"的管理，使秦王朝在新占领区域中

---

① 陈伟主编：《秦简牍合集〔壹〕》，武汉：武汉大学出版社，2014年，第30、34—35页。

② 战国中后期的秦国及其新占领地区，违反秦法的情况众多，商鞅变法时实行什伍连坐，奖励告奸，严惩不告奸者，从而导致"士伍"相互揭发犯罪，不良之徒诬告善良、制造冤狱甚多，故秦律专门规定了对诬告的惩罚，即以所诬告他人的罪处罚诬告者。秦简《法律答问》即云："'伍人相告，且以辟罪，不审，以所辟罪罪之。'……今甲曰伍人乙贼杀人，即执乙，问不杀人，甲言不审，当以告不审论，且以所辟？以所辟论当也。"（陈伟主编：《秦简牍合集〔壹〕》，武汉：武汉大学出版社，2014年，第233页。）"以所辟罪罪之"，即以所诬告他人的罪名处罚诬告者。秦律中还特别制定了对诬告之人的惩罚条例："何谓'州告'？'州告'者，告罪人，其所告且不审，又以它事告之。勿听，而论其不审。"（陈伟主编：《秦简牍合集〔壹〕》，武汉：武汉大学出版社，2014年，第234页。）"州告"就是控告他人有罪，所控告的罪名已属不实，又以其他的事控告。这样的告状，不应该受理，而且要以所告不实的罪行论其罪。这说明秦国存在较严重的诬告现象。

对编户的管理实际上处于一种松弛的局面。

第二,"新地吏"与"新黔首"间普遍存在着矛盾。

"新黔首"毕竟不同于"故黔首",战国中后期秦国与六国的长期战争,特别是新、故地域之间的亡国者与战胜者的关系,使亡国者有着强烈的屈辱感,亡国者因为秦军的强大而隐忍不发,但是其反抗情绪并没有消除。而秦吏对"新黔首"的占领者状态,对征服地域民众的欺凌与折辱,使关东民众对秦人并无好感,以致秦政府不得不专门制定法令禁止此类事件的发生。岳麓书院藏秦简有曰:"新地吏及其舍人敢受新黔首钱财酒肉它物,及有卖买叚(假)赁貣于新黔首而故贵赋〈贱〉其贾(价),皆坐其所受及故为贵赋〈贱〉之臧(赃)、叚(假)赁费、貣息,与盗同法。"① 这一条禁止"新地吏"接受"新黔首"的酒肉逢迎以及在买卖中少付账等行为,说明这些行为在秦新地出现较多。另外,岳麓书院藏秦简有"譔詢訾新黔首赀一甲殴笞赀二甲丞令弗得坐之减焉(2028)""诸吏为非以免去吏者卒史丞尉以上上御史属尉佐及乘车以下上丞相丞相御史先予新地远辇(?)(1866)"②,都说明这一类情况较为普遍。

传世文献中体现"新地吏"与"新黔首"之间矛盾的资料颇多。例如,《史记·樊郦滕灌列传》载,楚汉战争时,刘邦欲拜军中故秦骑士重泉人李必、骆甲为骑将,"必、甲曰:'臣故秦民,恐军不信臣,臣愿得大王左右善骑者傅之。'"③《史记·项羽本纪》记章邯率秦军向项羽投降后的秦卒境遇:"诸侯吏卒异时故繇使屯戍过秦中,秦中吏卒遇之多无状,及秦军降诸侯,诸侯吏卒乘胜多奴虏使之,轻折辱秦吏卒。秦吏卒多窃言曰:'章将军等诈吾属降诸侯,今能入关破秦,大善;即不能,诸侯虏吾属而东,秦必尽诛吾父母妻子。'……于是楚军夜击坑秦卒二十余万人新

---

① 陈松长主编:《岳麓书院藏秦简(伍)》,上海:上海辞书出版社,2017年,第51-52页。

② 于振波:《秦律令中的"新黔首"与"新地吏"》,《中国史研究》,2009年第3期。

③ 司马迁:《史记》卷九十五《樊郦滕灌列传第三十五》,北京:中华书局,1959年,第2668页。

安城南。"① 从文中可以看出，不论是旧时秦军吏卒对关东六国吏卒的轻辱，还是项羽军吏卒对秦军吏卒的"奴虏使之"，都说明秦与关东六国军民有极大的仇恨与矛盾。这种仇恨、矛盾最终导致了楚军"夜击坑秦卒二十余万人"的惨剧。

第三，"新地"的管理与旧秦地有着重大差别。

正如前述，关东六国各有自己的生态、人文环境特征，它使各个区域的风俗、文化习性等都有所区别，因此自春秋至战国时代，各国对基层社会的整合、控制的方式亦有差异，尤其是编户齐民制度，虽然都是通过国家力量对乡里社会的民、户、土地的控制而构成国家对全国资源的控制及维护社会稳定，但具体方式是不同的。例如三晋与齐国，由于民众生业方式及国家获取赋税方式存在差异，所以政府对民、户、土地管理的宽严程度大相径庭。三晋与齐的军功爵制相对松弛，对民众的约束力有限，在民、户管理上势必不能达到战国中后期秦对基层社会的治理水平。秦统一六国，试图用西秦"农战""壹治"之策去对关东、楚地等进行社会的整合、控制。据岳麓书院藏秦简记载，秦在楚地仍然厉行西秦法律，例如：

> 律曰：黔首不田作，市贩出入不时，不听父母笱若与父母言，父母、典、伍弗忍告，令乡啬夫数谦（廉）问，捕系【献廷】，其罪当完城旦以上，其父母、典、伍弗先告，赀其父若母二甲，典、伍各一甲。乡啬夫弗得，赀一甲，令、丞一盾。有【犯律者】辄以律论及其当坐者，乡啬夫弗得，以律论及其令、丞，有（又）免乡啬夫。②

在岳麓秦简中记载的这条秦律规定民人必须以农耕为主业，从事商业的市贩要按时出入里门，如有违犯，他们的父母以及所在伍的伍长、所在里的里典都有检举的义务，若不检举，都将受到重罚。这些法律令文超出

---

① 司马迁：《史记》卷七《项羽本纪》，北京：中华书局，1959年，第310页。
② 陈松长主编：《岳麓书院藏秦简（伍）》，上海：上海辞书出版社，2017年，第228页。

了新地民众所能承受的限度，就易于形成秦与关东地区基层社会的冲突与矛盾，使秦在新地的基层社会管理困难重重。

事实上，国家治理是一个系统过程，它由诸多因素构成。正如前述，在战国中后期的秦国，军功爵制与编户齐民制共同构成了秦政权对基层社会的有效统治，这种统治在关东诸地却不能有效实行。这种秦与关东各地在文化传统与社会治理上的差异，使秦国要在新占领区域实行统一的"农战"政策，必然会处于新旧矛盾中。一方面，由于秦的新征服领土的迅速扩张，秦政权并没有对这些地区进行有效管理的人力、物力等条件；另一方面，由于关东各国国情不同，在西秦行之有效的严格的编户齐民制在新地会出现新问题。这种情形使秦王朝对大多数新地的整合、控制处于薄弱的"空心"状态。因此，在秦王朝刚刚完成对天下的大一统后，秦王朝在基层社会的诸多问题就逐渐表现出来。

从文献上看，尽管秦王朝统一天下，采取了迁豪富、徙贵族、用秦人充实新占领地区的政策，但是秦新占领区域的基层社会治理相对松弛。《史记·留侯世家》载："留侯张良者，其先韩人也。……韩破，良家僮三百人，弟死不葬，悉以家财求客刺秦王，为韩报仇，以大父、父五世相韩故。良尝学礼淮阳，东见仓海君。得力士，为铁椎重百二十斤。秦皇帝东游，良与客狙击秦皇帝博浪沙中，误中副车。秦皇帝大怒，大索天下，求贼甚急，为张良故也。良乃更名姓，亡匿下邳。"① 《史记·项羽本纪》曰："项梁杀人，与（项）籍避仇于吴中。吴中贤士大夫皆出项梁下。每吴中有大繇役及丧，项梁常为主办，阴以兵法部勒宾客及子弟，以是知其能。"②《史记·黥布列传》："黥布者，六人也，姓英氏。……布已论输丽山，丽山之徒数十万人，布皆与其徒长豪桀交通，乃率其曹偶，亡之江中为群盗。"③《史记·张耳陈馀列传》则记："秦灭魏数岁，已闻此两人魏之名士也，购求有得张耳千金，陈馀五百金。张耳、陈馀乃变名姓，俱之

---

① 司马迁：《史记》卷五十五《留侯世家》，北京：中华书局，1959年，第2033－2034页。
② 司马迁：《史记》卷七《项羽本纪》，北京：中华书局，1959年，第296页。
③ 司马迁：《史记》卷九十一《黥布列传》，北京：中华书局，1959年，第2597页。

陈，为里监门以自食。……秦诏书购求两人，两人亦反用门者以令里中。"① 而彭越则"常渔巨野泽中，为群盗"②。从上述诸人经历可看出，秦刚完成大一统时，社会治安极不稳定，关东地区多匿亡、为盗之人，贵族与刺客、豪杰私相交通的情形常可见到。以沛县为例，"秦二世元年秋，陈胜等起蕲……诸郡县皆多杀其长吏以应陈涉。沛令恐，欲以沛应涉。掾、主吏萧何、曹参乃曰：'君为秦吏，今欲背之，率沛子弟，恐不听。愿君召诸亡在外者，可得数百人，因劫众，众不敢不听。'乃令樊哙召刘季。刘季之众已数十百人矣"③。从上可知，当时仅沛县匿亡、避仇、为盗山野者即有数十百人，说明秦基层政权治理松弛。其时，无论是沛县的亭长刘邦、主吏萧何，还是会稽守通仰仗的项梁等，在当地吏民中都拥有相当的影响力，而这种影响力往往超过了朝廷所派的守、令。正是在这种情况下，至秦二世时陈胜起义，"诸郡县苦秦吏者，皆刑其长吏，杀之以应陈涉……当此时，楚兵数千人为聚者，不可胜数"④。故褚少孙引贾谊评论曰："然而陈涉瓮牖绳枢之子，氓隶之人，而迁徙之徒也。材能不及中人，非有仲尼、墨翟之贤，陶朱、猗顿之富也。蹑足行伍之间，俯仰仟佰之中，率罢散之卒，将数百之众，转而攻秦。斩木为兵，揭竿为旗，天下云会响应，赢粮而景从，山东豪俊遂并起而亡秦族矣。"⑤ 秦王朝之大厦顷然倒下。

学界评价秦王朝灭亡的原因，常常责之以秦的严刑酷法。严刑酷法固然是秦王朝灭亡的重要原因，但是如果从历史与逻辑的进程看，任何王朝的兴亡都是各种系统性因素合力作用的结果。军力强大的秦王朝在秦末大起义中，竟然在关东地区无军可调，无兵可守，致使秦关东地区呈现豪

---

① 司马迁：《史记》卷八十九《张耳陈馀列传》，北京：中华书局，1959 年，第 2572 页。
② 司马迁：《史记》卷九十《魏豹彭越列传》，北京：中华书局，1959 年，第 2591 页。
③ 司马迁：《史记》卷八《高祖本纪》，北京：中华书局，1959 年，第 349 页。
④ 司马迁：《史记》卷四十八《陈涉世家》，北京：中华书局，1959 年，第 1953 页。
⑤ 司马迁：《史记》卷四十八《陈涉世家》，北京：中华书局，1959 年，第 1964 页。

杰、"少年"等"皆杀其守尉令丞反"①的局面，昔日强大的秦王朝数月之间土崩瓦解。应该说，这种情况既与秦王朝上层统治者继续履行法家的苛暴政策有关，同时也与秦在关东地域所实行的编户齐民制的失败以及国家与社会二元关系的断裂有关。秦在商鞅变法后建构的国家与编户两大层面的直接衔接抽空了国家与编户之间的中间势力，由此形成秦王朝上下两大层面的制度性缺陷，即秦王朝缺乏一个能够凝聚社会的中间力量，这种中间力量在西周时期由基层乡里社会的宗法血缘组织承担。秦国在政治体制的改革中，通过打击基层社会的宗法势力，分家析户而使乡里社会直接受政府管理，由此建构起纯粹的国家—社会的国家集权体制。这种模式在关中一隅尚可实行，但是实施到广大的新征服土地上后，就会使秦王朝的政治资源立即呈现短缺之势，而使秦王朝失去对关东基层社会的整合、调节、控制的能力。这使秦王朝诸多的郡县对乡里社会的控制如漂浮之萍，无根可依。故秦王朝大厦的顷刻倒塌，既是出乎世人预料，亦是历史与逻辑的必然。但是，秦王朝的一朝覆灭为其后的汉代国家在编户齐民制的建构及对基层社会的整合、管理、控制上提供了深刻教训。汉代初兴，即采取"继秦政"与"复周文"的"法治"与"德化"的双重方略，通过"以孝治天下"而重新建构汉代地方乡里社会的宗法组织的自治系统，由此使秦代断裂的国家—社会关系重新得到弥合。

第五节　编户齐民与"重本抑末"

中国古代小农经济一般建立在两个条件上：一是对小生产者的生存及人口再生产的保障；二是最大限度获取小农经济的剩余价值物，以利于庞大的国家财政收支需求。而这两个看似相互矛盾的问题，却早在春秋战国时就成为统治者对财政、赋税及所涉及的社会问题的重点思考对象。例如春秋末期的孔子便提出了关于宗法社会中政治、经济关系相互依存的观点，"有国有家者，不患寡而患不均，不患贫而患不安。盖均无贫，和无

---

① 司马迁：《史记》卷六《秦始皇本纪》，北京：中华书局，1959 年，第 269 页。

寡，安无倾"①。孔子的均平思想试图以财富均平来消解邦国、宗族内部因经济利益的冲突、贫富的分化而造成的宗族矛盾与阶级危机，以经济均平作为维护政治稳定的手段，这是基于当时形势而采取的缓和利益对抗的举措。本质上是以否认经济竞争与延缓生产力发展为代价的一种政治经济关系的认知，是一种社会矛盾的经济消解论。战国时代，孔子提出的平均主义经济消解论不仅被孟、荀等儒家学派继承，也在战国中期为法家所重视，并嫁接成为法家维护中央集权专制独裁的重要经济措施。商鞅变法从建构秦国"国家本位"体制出发，充分认识到在国家官僚体制之外的工商领域发展所积累的巨大财富，以及这种巨大的财富给集权制官僚体系带来的灾难性后果，故商鞅在经济政策中吸取了孔子平均主义的经济消解论，并将之转化为一种"重农抑商"的国家经济干涉学说。在商鞅看来，强化编户齐民制与抑制"末"业，正是巩固小生产自然经济基础的最好办法。

以商鞅为首的秦法家在政治、经济、文化上提倡"壹治"政策，其根本点就是强化编户齐民制。在商鞅看来，工商、文学、游侠等不事农、战之人，其活动领域与社会影响同国家致力于农、战的目标是相反的。由于这些人在衣食、俸禄等经济利益的分配、消费上脱离了秦国政治体制的约束，故他们的壮大必将削弱正在走向战争轨道的秦国"农战"政策的实施，形成与秦的国家体制相游离、对抗的力量，而这种力量也会对秦国的编户齐民制进行消蚀。要扩大小生产者的经济基础，就必须排斥各种负面因素，大力建立民间经济的平均秩序，用军功、农战的奖惩政策去整合社会力量，以行政措施去干预、消解民间经济的无序发展，就是保证秦国战争资源的必由之路。从这个角度看，法家的经济干涉主义与儒家的经济平均主义有异曲同工之妙。

严格来说，法家对这个问题的认知既是出于农、战的实际需要，也是与他们关于国与民、贫与富的认识密切相关的。出于建立"国家本位"体制的需要，法家人物认为从经济上消解民众中可能崛起的对国家"农战"

---

① 何晏注，邢昺疏：《论语注疏》，李学勤主编《十三经注疏》，北京：北京大学出版社，1999年，第221页。

政策的离心力量，是国家长治久安的重要保证。《商君书·弱民》就提出，"民弱，国强；国强，民弱。故有道之国务在弱民"①。所谓"弱"，既包括政治上的压迫，也包含从经济上对民众经济生活加以干预，防止部分民众通过其他非农战渠道致富，导致不致力于农战而富与贵的弊端。"民贫而力富，力富则淫，淫则有虱。故民富而不用。"② 所以，国家必须对民众的社会生活实行限制措施，如果任由工商繁滋，豪富渔民，那么民众就不会为国所用，不会去争取军功、爵禄，国家就危险了。"民辱则贵爵，弱则尊官，贫则重赏。"③ 人民地位卑辱，就重视爵位；无势少力，就遵从治道；贫穷，就希冀政府奖赏。如此，就能保证国家"壹治"政策的实行。所以，孔子与商鞅尽管处于不同时代，但是由于古代中国的宗法制特色，其思想本质上颇有相通之处。例如在孔子眼中，维护古老的宗法血缘制度，要从经济上通过平均主义消解贫富分化引起的宗族内部的对立；而在商鞅等人看来，要稳定中央集权专制国家，必须通过重农抑商来防止民间经济的两极分化，由此阻扰贫富两极分化带来的离心力，巩固小生产自然经济的基础。这就促使儒、法两家在政治经济学说上形成一致——都主张以平均主义、重农抑商去消解民间的贫富分化，使民众固着在狭小的宗法范围或乡里地域中，为国家提供致力于农、战的赋税、力役、兵役，达到社会上"中"与"和"的局面。故春秋战国时期的经济转型一开始就具有儒法合流的特质。

  商鞅为首的秦法家大力倡导工、商、学、技之人皆国之乱源的思想。"国有事，则学民恶法，商民善化，技艺之民不用，故其国易破也。"④ 这种思想为其后的法家人物所沿袭。例如韩非入秦，就把儒者、工商、游侠等作为危害社会的"五蠹"，主张"明王治国之政，使其商工游食之民少而名卑，以寡趣本务而趋末作"⑤。在商、韩等法家人物看来，"民不贵学

---

① 蒋礼鸿：《商君书锥指》卷五《弱民》，北京：中华书局，1986年，第121页。
② 蒋礼鸿：《商君书锥指》卷五《弱民》，北京：中华书局，1986年，第122页。
③ 蒋礼鸿：《商君书锥指》卷五《弱民》，北京：中华书局，1986年，第124页。
④ 蒋礼鸿：《商君书锥指》卷一《农战》，北京：中华书局，1986年，第23页。
⑤ 王先慎撰，钟哲点校：《韩非子集解》，北京：中华书局，1998年，第455页。

则愚，愚则无外交。无外交，则国勉农而不偷。民不贱农，则国安不殆"，"壹山泽，则恶农、慢惰、倍欲之民无所于食"①，通过严厉限制民间的流动，抑制末业发展，就能消除经济上的无序现象，杜绝不法工商业者对官僚系统的腐蚀和对百姓的侵渔，就能保持君主集权政治的稳定。

为此，商鞅等法家人物提出国家干预经济秩序的经济政策，主张国家对经济领域实行全面的干预、管理及控制，以行政力量垄断全国的山林、水泽、土地等经济资源，并将之集中用到农、战上。"故为国者，边利尽归于兵，市利尽归于农。边利尽归于兵者强，市利尽归于农者富。故出战而强，入休而富者王也。"② 在商鞅等人看来，"治法明则官无邪，国务壹则民应用，事本抟则民喜农而乐战"③。商鞅主张秦国吏民均应从事农、战事业，特别是作为以农为主要生业形态的秦国，农业作为长期支持战争的重要经济资源，必须放在国民经济的首位。"故治国者欲民之农也。国不农，则与诸侯争权，不能自持也，则众力不足也。故诸侯挠其弱，乘其衰，土地侵削而不振，则无及已。"④ 为此商鞅等法家人物提出了诸多政治、经济、法律举措，如："重刑而连其罪，则褊急之民不斗，很刚之民不讼，怠惰之民不游，费资之民不作，巧谀恶心之民无变也。五民者不生于境内，则草必垦矣。"⑤ "禄厚而税多，食口众者，败农者也。则以其食口之数赋而重使之。则辟淫游惰之民无所于食。民无所于食则必农。农则草必垦矣。"⑥ "善为国者，仓廪虽满，不偷于农；国大民众，不淫于言，则民朴壹。民朴壹，则官爵不可巧而取也。不可巧取，则奸不生，奸不生则主不惑。"⑦ 商鞅还提出以官爵、禄位作为唯一的致富途径来刺激农民从事农业的积极性，规定凡不在农战上建立功勋者，均不能致富贵，获爵禄，包括旧时的封君、贵族亦如此。"凡人主之所以劝民者，官爵也；国

---

① 蒋礼鸿：《商君书锥指》卷一《垦令》，北京：中华书局，1986年，第7、12页。
② 蒋礼鸿：《商君书锥指》卷五《外内》，北京：中华书局，1986年，第129页。
③ 蒋礼鸿：《商君书锥指》卷三《壹言》，北京：中华书局，1986年，第60页。
④ 蒋礼鸿：《商君书锥指》卷一《农战》，北京：中华书局，1986年，第24-25页。
⑤ 蒋礼鸿：《商君书锥指》卷一《垦令》，北京：中华书局，1986年，第13页。
⑥ 蒋礼鸿：《商君书锥指》卷一《垦令》，北京：中华书局，1986年，第8页。
⑦ 蒋礼鸿：《商君书锥指》卷一《农战》，北京：中华书局，1986年，第21页。

之所以兴者，农战也。今民求官爵皆不以农战，而以巧言虚道，此谓劳民。劳民者，其国必无力；无力，则其国必削。"①

为了控制"末业"，商鞅还制定了具体的国家经济干预政策：其一，由政府控制重要的山林、矿产资源，统一山泽之利，使民离农、战则无所食。"壹山泽，则恶农、慢惰、倍欲之民无所于食。无所于食则必农。"② 其二，取消农民流动、迁徙的权利，惩治不听从政令的乱民，将农民世代束缚在土地上来发展农业生产。"使民无得擅徙，则诛愚乱农农民无所于食而必农；愚心躁欲之民壹意，则农民必静。农静，诛愚，则草必垦矣。均出余子之使令，以世使之，又高其解舍，令有甬官食概，不可以辟役，而大官未可必得也，则余子不游事人，则必农。农则草必垦矣。"③ 其三，排斥"游食"之徒，杜绝奇技淫巧之"技艺"，加强对各地旅店的盘查，限制、查处商人的自由经商活动。"废逆旅则奸伪、躁心、私交、疑农之民不行，逆旅之民无所于食，则必农。"④ 其四，加重商业流通税收，"重关市之赋，则农恶商，商有疑惰之心"⑤。加强对民间奢侈品的价格控制，"贵酒肉之价，重其租，令十倍其朴"⑥。其五，对不从事农、战的宗法贵族、工商业者、游侠处士等，不许雇工，不许建缮高屋大堂，由此驱使他们从事农、战。"无得取庸，则大夫家长不建缮，爱子不惰食，惰民不窳而庸。民无所于食，是必农。大夫家长不建缮，则农事不伤；爱子惰民不窳，则故田不荒。农事不伤，农民益农，则草必垦矣。"⑦ 其六，贬低、打击工商业者。商鞅认为在秦国的战时轨道下，工商业者与游侠处士等只是多余的、惰性的消费性人口，在政治、军事上有百害而无一益，所以应该用各种办法贬低这些人的地位，如"以商之口数使商，令之厮舆徒重者必

---

① 蒋礼鸿：《商君书锥指》卷一《农战》，北京：中华书局，1986年，第20页。
② 蒋礼鸿：《商君书锥指》卷一《垦令》，北京：中华书局，1986年，第12页。
③ 蒋礼鸿：《商君书锥指》卷一《垦令》，北京：中华书局，1986年，第13-15页。
④ 蒋礼鸿：《商君书锥指》卷一《垦令》，北京：中华书局，1986年，第11-12页。
⑤ 蒋礼鸿：《商君书锥指》卷一《垦令》，北京：中华书局，1986年，第17页。
⑥ 蒋礼鸿：《商君书锥指》卷一《垦令》，北京：中华书局，1986年，第12页。
⑦ 蒋礼鸿：《商君书锥指》卷一《垦令》，北京：中华书局，1986年，第10-11页。

当名，则农逸而商劳"①，等等。总的来看，商鞅变法对工商业者是排斥、抑制的，他主张"三官生虱六……商有淫利，有美好伤器。……六虱成俗，兵必大败"②就是其例。

商鞅这种经济干预思想，有着基于秦国现实的深层次的考量：其一，秦国要富国强兵，就要维护"壹治"的政治格局，采取以政治爵禄等级为主体的"壹孔"获利的分配、消费渠道，从国家军功爵的按功赏赐制度中获得财产、田宅。所谓"壹孔"，即由国家垄断民众分配、消费的渠道，以军功确定编户的生活水平。其二，在秦国地广人稀、资源贫乏、以农为主的生业环境中，要保证国家自然资源与人力资源应用到农、战，就需要在经济政策上鼓励民众致力农、战，防止工商、游说、文士等末业干扰国家的农、战事业，即以"崇本抑末""重农贱商"的经济政策来作为保障。其实，在关东各国，战国时代正是民间工商业发展的黄金时期。随着交通日益便利，货物流通的需求加大，许多诸侯国都利用山海铜铁、鱼盐之利，获得大量赋税收入，并成为各国富国强兵的经济基础。例如，齐在滨海带山的自然条件下，"膏壤千里，宜桑麻，人民多文彩布帛鱼盐"③，使鱼盐之利成为齐国的重要赋税来源。这种经济制度显然与僻处西隅、资源贫乏、务农为主的秦国国情不相适应。在商鞅看来，民间工商、游侠、文学之人不事农、战，却获利高于战士、农夫，且工商、豪强挟资千金，富比王侯，由此易形成三弊：一是使社会风气奢靡、腐败，使战士、农夫无励志农、战之心，而有经商逐利之诱惑，最终"国必削"。"商有淫利，有美好伤器。官设而不用，志行为卒。六虱成俗，兵必大败。"④"今境内之民皆曰农战可避而官爵可得也，是故豪杰皆可变业……要靡事商贾，为

---

① 蒋礼鸿：《商君书锥指》卷一《垦令》，北京：中华书局，1986年，第17-18页。
② 蒋礼鸿：《商君书锥指》卷五《弱民》，北京：中华书局，1986年，第124-125页。
③ 司马迁：《史记》卷一百二十九《货殖列传》，北京：中华书局，1959年，第3265页。
④ 蒋礼鸿：《商君书锥指》卷五《弱民》，北京：中华书局，1986年，第125页。

技艺；皆以避农战。……民以此为教者，其国必削。"① 二是扰乱国家"壹孔"出的爵禄层级分配制度，形成在政治等级、爵禄制度之外的另一分配渠道，使吏民轻爵贱禄，亦会导致"国削"。"民资重于身，而偏托势于外，挟重资，归偏家，尧、舜之所难也。故汤、武禁之，则功立而名成。"② 在商鞅看来，这些通过经商或侠义致富的豪富之家，常率性而为，特立独行，勾结游侠处士，扰乱社会秩序，必将成为一种偏离国家的政治离心力。即使是尧、舜、汤、武等圣王在世，欲禁亦难。强化以军功爵为中心的分配、消费的制度，是通过对社会财富的管理、控制，掌握社会资源的分配及流向，使秦国吏民经济生活纳入国家政治爵禄等级的一体化手段。故严厉打击这种"挟重资"、"归偏家"、轻爵贱律、作奸犯科之徒，就是与国家提倡的农、战政策相辅相成的另一面。三是一些不法商人、游侠处士为谋求暴利，挟资致富，势必与官吏勾结，官吏利用权力寻租，商人则利用官员权力，占有、窃取公室的山林、水泽、土地等公共资源，形成民间、官场之腐败乱俗，即使重刑亦不能禁。"夫曲主虑私，非国利也，而为之者，以其爵禄也；下卖权，非忠臣也，而为之者，以末货也。"③ 更有个别心存异念的不法分子，在秦国阶级、阶层利益冲突激烈的情况下，与世族、权贵相混为一，阴蓄死士，成为国家之毒瘤。有此三弊，即使古之圣王再世，也难于平治天下。因此，商鞅等秦法家主张必须加强经济政策上的"壹治"，禁止不法商人和社会游侠等结党营私，形成与国家政治等级、爵禄制度相游离的新的无序力量。"善为国者，其教民也，皆作壹而得官爵。是故不官无爵。国去言，则民朴；民朴则不淫。民见上利之从壹孔出也，则作壹；作壹，则民不偷营。民不偷营则多力，多力则国强"④，由此而"建本抑末，离朋党，禁淫侈，绝并兼之路"⑤。

但是也应看到，商鞅等人虽然极力反对民间工商业的发展，但并非反

---

① 蒋礼鸿：《商君书锥指》卷一《农战》，北京：中华书局，1986年，第20-21页。
② 蒋礼鸿：《商君书锥指》卷二《算地》，北京：中华书局，1986年，第47页。
③ 蒋礼鸿：《商君书锥指》卷一《农战》，北京：中华书局，1986年，第21页。
④ 蒋礼鸿：《商君书锥指》卷一《农战》，北京：中华书局，1986年，第20页。
⑤ 王利器校注：《盐铁论校注》，北京：中华书局，1992年，第78页。

对经济领域士农工商的社会分工，也未忽视民间工商业经济对富国强兵的重要作用。事实上，随着战国时期社会经济的发展，工商业已经成为各国财政收入以及农战资源的重要来源。"农商官三者，国之常食官也。农辟地，商致物，官法民。"① 故商鞅主张抑制民间工商业的政策、措施主要实行在秦国官营工商业容易发展的中心地域，而在国民经济的一些领域，如交通不便的边鄙地区或开采成本过高的盐、铁、丹砂等特殊行业，仍然允许并鼓励民间工商业者的参与。特别是在战国中后期，随着秦对巴蜀地区的占领，西部、西南部成为秦国军事资源的重要来源地，故秦国政府鼓励在巴蜀等地的民间工商业活动。《史记·货殖列传》记秦国形势曰："南则巴蜀。巴蜀亦沃野，地饶卮、姜、丹沙、石、铜、铁、竹、木之器。南御滇僰，僰僮。西近邛笮，笮马、旄牛。然四塞，栈道千里，无所不通，唯襃斜绾毂其口，以所多易所鲜。天水、陇西、北地、上郡与关中同俗，然西有羌中之利，北有戎翟之畜，畜牧为天下饶。然地亦穷险，唯京师要其道。"② 可见，当时秦的重要军事资源的开发、获取主要集中在巴、蜀、天水、陇西、北地、上郡等偏僻地区。这些地区的畜牧、矿冶、木材等行业，即因交通不便或开采成本过高而允许民间私人资本的投入。如《史记·货殖列传》载："乌氏倮畜牧，及众……畜至用谷量马牛。秦始皇帝令倮比封君，以时与列臣朝请。而巴寡妇清，其先得丹穴，而擅其利数世，家亦不訾。……秦皇帝以为贞妇而客之，为筑女怀清台。夫倮鄙人牧长，清穷乡寡妇，礼抗万乘，名显天下，岂非以富邪？"③ 此外，秦灭六国之时，将大量的六国豪强、贵族或富商大贾迁入关中、巴蜀。《华阳国志·蜀志》记载："秦惠文、始皇克定六国，辄徙其豪侠于蜀，资我丰土。"④ 这些中原"迁虏"徙入巴蜀，带来了中原的先进技术。例如汉代

---

① 蒋礼鸿：《商君书锥指》卷五《弱民》，北京：中华书局，1986 年，第 124 页。按，"商致物"，原文无"致"字，据注释加。
② 司马迁：《史记》卷一百二十九《货殖列传》，北京：中华书局，1959 年，第 3261–3262 页。
③ 司马迁：《史记》卷一百二十九《货殖列传》，北京：中华书局，1959 年，第 3260 页。
④ 常璩撰，刘琳校注：《华阳国志校注》，成都：巴蜀书社，1984 年，第 225 页。

临邛著名的富豪卓氏，其先人就是迁徙入蜀的"迁虏"。《史记》对此有较详细的记载：

> 蜀卓氏之先，赵人也，用铁冶富。秦破赵，迁卓氏。卓氏见虏略，独夫妻推辇，行诣迁处。诸迁虏少有余财，争与吏，求近处，处葭萌。唯卓氏曰："此地狭薄。吾闻汶山之下，沃野，下有蹲鸱，至死不饥。民工于市，易贾。"乃求远迁。致之临邛，大喜……①

从上可知，这些"迁虏"大都有着一定的生产或经营技艺，故他们可以凭借这些技艺，加上身边不多的"余财"，而力于工商致富。再如汉代临邛的程郑是当地的一大富豪，据记载，他祖先是"山东迁虏"。这里所说的"山东"，是泛指战国时代除秦国以外的关东六国。程氏很有可能是与卓氏一同迁入临邛的。可见商鞅变法后，秦国并非完全取消了经济领域的各类工商业活动，而是根据战争需求和资源分布、生产成本等情况来区别对待。

战国后期，列国战争激化，军事性支出大幅增加，法家人物对这种国家经济干预思想的表述也更加明确。例如，韩非认为，要巩固小生产经济基础，驱民于农战，就必须杜绝民众通过非官僚爵禄及军功爵的渠道取得富贵。"凡人之生也，财用足则隳于用力，上治懦则肆于为非。财用足而力作者神农也，上治懦而行修者曾、史也，夫民之不及神农、曾、史亦已明矣。"② 他还进一步主张："国有无功得赏者，则民不外务当敌斩首，内不急力田疾作，皆欲行货财，事富贵，为私善，立名誉，以取尊官厚俸。"③ 在他看来，"民不外务当敌斩首，内不急力田疾作"将成为国家之忧，会使"奸私之臣愈众，而暴乱之徒愈胜，不亡何待！"④ 韩非还认为，

---

① 司马迁：《史记》卷一百二十九《货殖列传》，北京：中华书局，1959年，第3277页。
② 王先慎撰，钟哲点校：《韩非子集解》，北京：中华书局，1998年，第421页。
③ 王先慎撰，钟哲点校：《韩非子集解》，北京：中华书局，1998年，第104页。
④ 王先慎撰，钟哲点校：《韩非子集解》，北京：中华书局，1998年，第104页。

大量财富积存于不法私家，必将削弱国家政权，"公家虚而大臣实……可亡也"①，"群臣之太富，君主之败也"②。所以，韩非主张强硬的经济干预政策，主张卑下不法商工游食之人的名誉，屈辱其地位，重税其产业，"使其商工游食之民少而名卑，以寡趣本务而趋末作"③。只有"利"出"壹孔"，使秦国的社会财富通过政治等级和爵禄制来进行分配，才能真正形成民众勇于"公战"，以军功获取爵禄的风气，这才能走向帝王之路。"故明主之治国也，适其时事以致财物，论其税赋以均贫富，厚其爵禄以尽贤能，重其刑罚以禁奸邪……此帝王之政也。"④

商鞅等法家人物的国家经济干预思想及其实践，在秦国欲富国强兵、称霸中原、一统九州的情况下，有其积极意义与消极作用。从积极层面看，秦国处于西方一隅，地势荒僻，以农为主，在当时激烈的兼并战争形势下，秦国必须尽快进入战时轨道，集中全国人力、物力用于战争。而秦国正是通过商鞅变法才得以富国强兵，从而逐鹿中原，傲视六国。从消极层面看，商鞅厉行打击民间工商业活动，"重关市之赋"、"废逆旅"、"重其租，令十倍其朴"，实际上是否认社会经济的多元化发展，弱化了社会财富分配、消费的多样性，而走向不符合经济规律的狭窄、单一的发展道路。所以，战国时期法家人物的国家经济干预思想，既是秦国战争的产物，也是秦国"国家本位"在经济领域的表现。这种国家经济思想开创了中国历史上重农贱商、重农抑商、重本抑末的先河。从秦汉开始，在整个帝制时代，尤其是唐宋以前，重农贱商、盐铁官营等成为历代王朝政治经济思想的主流。

从长期历史进程看，商鞅等法家人物主张的抑制"末"业思想与实践的政治意义更加显明。自秦商鞅变法，规定基层社会宗族血缘大家庭析户分居，到两汉时期儒法合流，"秦制""周文"并举，大力提倡以孝治天下，汉代乡村社会的大家庭制度逐渐复兴，古老的家族同居制又逐渐演变

---

① 王先慎撰，钟哲点校：《韩非子集解》，北京：中华书局，1998年，第112页。
② 王先慎撰，钟哲点校：《韩非子集解》，北京：中华书局，1998年，第24页。
③ 王先慎撰，钟哲点校：《韩非子集解》，北京：中华书局，1998年，第455页。
④ 王先慎撰，钟哲点校：《韩非子集解》，北京：中华书局，1998年，第422页。

为基层社会家庭的重要形态。① 这种家庭形态的分合、大小转化,给古代中国社会带来了极大影响。这种影响突出表现为两点:其一,两汉政权在经济政策和意识形态上极力倡导经济上的平均主义与重农抑商,大力主张强化小农自然经济基础;其二,通过对秦制的"农战"政策的继承,两汉政权又主张政府对社会经济尤其是对工商业经济的强力干预,力求实行国家经济干涉主义,通过重农抑商,使汉代经济继续沿着小生产自然经济轨道前行。汉代国家经济思想的变化,使其经济政策与实践进入到一种二律背反的状态:一方面,从其时国家的财政收入与资源获得情况看,大力发展小生产自然经济,强化编户齐民制,通过扩大征收赋税、徭役的民户数量来增加国家的财政收入,提升国家获取资源的能力,是当时的重要任务。同时,通过对工商阶层的抑制,防止盲目发展的民间工商业腐蚀、破坏君主集权制的官僚体制国家,由此强化以政治等级为主体的对广大吏民的生产、生活资源的分配、消费手段。另一方面,由于民间工商业在国家经济中的重要作用,对它的抑制势必会减少国家财政收入并削弱资源获取能力。例如齐、楚滨海之地的鱼盐、冶炼等工商业经济对国家财政具有重要贡献,对其的抑制将弱化汉代国家的资源攫取能力。这就使汉王朝的决策者在经济问题上面临着两难困境。汉代工商业的发展使握有巨资的富商巨贾涌现,司马迁称这个新崛起的阶层为"素封"之家,指出他们"皆非

---

① 在汉代,由于统治者对秦代家庭制度的改变,家庭同居制度逐渐兴起。长沙尚德街东汉简牍中一载有汉灵帝光和四年的诏书木牍,有"庶人不与父母居者,为仕伍,罚作官寺一年"(长沙市文物考古研究所编:《长沙尚德街东汉简牍》,长沙:岳麓书社,2016年,第220页)的记载。从中可以看出,当时国家对于基层社会的家庭政策有了重大改革,不与父母同居的民众将受到惩处。这一诏令说明汉代家庭结构较秦代而言有了重大转变,以家族形态建构乡里家庭组织,已成为西汉后期的常态。从西汉后期至东汉,这种情况甚多。例如《后汉书·崔骃列传》记崔瑗事迹曰:"初,瑗兄章为州人所杀,瑗手刃报仇,因亡命。会赦,归家。家贫,兄弟同居数十年,乡邑化之。"(范晔:《后汉书》卷五十二《崔骃列传》,北京:中华书局,1965年,第1722页。)《后汉书·独行列传》记缪肜事迹:"(缪肜)少孤,兄弟四人,皆同财业。及各娶妻,诸妇遂求分异,又数有斗争之言。肜深怀愤叹,乃掩户自挝曰:'缪肜,汝修身谨行,学圣人之法,将以齐整风俗,奈何不能正其家乎!'弟及诸妇闻之,悉叩头谢罪,遂更为敦睦之行。"(范晔:《后汉书》卷八十一《独行列传·缪肜》,北京:中华书局,1965年,第2685-2686页。)

有爵邑奉禄弄法犯奸而富……若至力农畜，工虞商贾，为权利以成富，大者倾郡，中者倾县，下者倾乡里者，不可胜数"①。在司马迁看来，这些人在政治爵禄系统中属"白丁""末业"，但他们通过工商业拥有的财富，使其与王侯同乐，与郡守县令共出入，形成在政府官僚秩禄外的另一"富且贵"的势力。而在财富引诱下，官僚群体开始腐蚀、分化。"封君皆低首仰给"②，"礼抗万乘，名显天下"，"聘享诸侯，所至，国君无不分庭与之抗礼"③。东汉仲长统则从正统儒家立场对这些"素封"之家进行批判。他指出，这些依靠工商业起家的"大户"，其"荣乐过于封君，执力侔于守令。财赂自营，犯法不坐。刺客死士，为之投命"；"连栋数百，膏田满野，奴婢千群，徒附万计。船车贾贩，周于四方；废居积贮，满于都城。琦赂宝货，巨室不能容；马牛羊豕，山谷不能受。妖童美妾，填乎绮室；娼讴伎乐，列乎深堂。宾客待见而不敢去，车骑交错而不敢进。……此皆公侯之广乐，君长之厚实也。苟能运智诈者，则得之焉；苟能得之者，人不以为罪焉。源发而横流，路开而四通矣。"④ 为此，仲长统提出打击工商豪强，反对土地兼并，恢复古代井田制，加强农耕等措施。因此，从春秋时期到汉代国家的经济思想及政策实践，经历了一个否定之否定的阶段轮回。这个大轮回使其后的帝制国家获得了较丰富的处理政治、经济关系的经验，为以小农自然经济为主要赋税、力役、兵役来源的古代国家财政和资源控制提供了基础。这种经济思想与政策实施上的否定之否定的循环中点，则是商鞅等法家人物在秦国的变法，正是商鞅变法及其经济思想和实践使这个问题得以凸显。

---

① 司马迁：《史记》卷一百二十九《货殖列传》，北京：中华书局，1959年，第3281-3282页。

② 司马迁：《史记》卷三十《平准书》，北京：中华书局，1959年，第1425页。

③ 司马迁：《史记》卷一百二十九《货殖列传》，北京：中华书局，1959年，第3260、3258页。

④ 范晔：《后汉书》卷四十九《王充王符仲长统列传》，北京：中华书局，1965年，第1651、1648页。

附论　商、韩经济思想对中国古代社会的影响

　　商鞅变法所奠定的国家经济政策及其实践基础，在秦统一六国过程中起到了重要作用。秦王朝虽二世而亡，其建立的君主集权的官僚政体却在刘邦政权的"汉承秦制"中被扬弃，与周代礼制相互交融，熔铸为新的大一统王朝的"汉家制度"。汉代中期，武帝罢黜百家，独尊儒术，董仲舒法儒交融的大一统思想被确立为官学。此后，孔子所倡导的平均主义经济消解论被引入到国家经济思想和人关于"义""利"问题的理性自觉中，并被抽象与提升为一种道德原则，要求以道德的"义"而非物质性的"利"为人生价值评判的标准，"正其谊不谋其利，明其道不计其功"[①]；同时，商鞅等法家人物主张的国家经济干涉主义也被视为汉代政府经济思想纲要，作为稳定小生产自然经济基础的法则流传下来。故汉代国家经济举措，基本沿袭着儒家平均主义与法家"重本抑末"的经济思想。汉初承秦制而迁豪富、抑商人，规定商人不得衣丝乘车，以维护、巩固小生产自然经济基础。西汉中期的盐铁会议应该是儒法经济思想与政策实践的合璧。汉昭帝采取桑弘羊的意见，主张盐、铁等重要产品官营。推行这种经济思想与政策实践虽有种种理由，但最根本的是能对小农经济社会起到稳定、整合作用。桑弘羊认为："民大富，则不可以禄使也；大强，则不可以罚威也。"[②] 所以，"一盐、铁，非独为利入也，将以建本抑末，离朋党，禁淫侈，绝并兼之路也"[③]。这就提出了经济政策中所关系到的政治制度和社会基础的稳定问题，也即传统的利义公私问题。如果求利而不顾义，让盐铁私营，使富民"聚深山穷泽之中，成奸伪之业，遂朋党之权，其轻为非亦大矣"[④]。因此，作为一种国家经济政策，有官员提出，"敢私铸铁器

---

① 班固：《汉书》卷五十六《董仲舒传》，北京：中华书局，1962年，第2524页。
② 王利器校注：《盐铁论校注》卷一《错币》，北京：中华书局，1992年，第56页。
③ 王利器校注：《盐铁论校注》卷一《复古》，北京：中华书局，1992年，第78页。
④ 王利器校注：《盐铁论校注》卷一《复古》，北京：中华书局，1992年，第78-79页。

煮盐者，釱左趾，没入其器物。郡不出铁者，置小铁官，便属在所县"①。

在《盐铁论》中，桑弘羊是以政治家的眼光看经济发展问题，他强调经济对政治的稳定作用，是对儒家平均主义与法家重农抑商的制度化实践。这种对私营经济发展的批判在当时亦蔚成风气。例如，司马迁虽然同情民间工商业者，但亦对当时日益崛起的豪强巨富提出了严厉批评。在司马迁眼里，富商巨贾与地方豪强"浮食奇民欲擅管山海之货，以至富羡，役利细民"②，通过聚敛财富而与王侯交通、同乐，与郡守县令共出入，并日益蚕食国家山海林野资源。在他们引诱下，官僚群体也开始腐蚀、分化，"封君皆低首仰给"③。故两汉时代的思想家对这种平均主义与"重本抑末"儒法合流的思想基本持肯定态度。例如，东汉思想家仲长统从正统儒家立场提出对社会现状的忧思，对豪强、巨商等进行批判，提出打击工商豪强，反对土地兼并，恢复古代井田制，加强农耕等措施，并具体提出十六条救世政务纲领：

> 明版籍以相数阅，审什伍以相连持，限夫田以断并兼，定五刑以救死亡，益君长以兴政理，急农桑以丰委积，去末作以一本业，敦教学以移情性，表德行以厉风俗，核才蓺以叙官宜，简精悍以习师田，修武器以存守战，严禁令以防僭差，信赏罚以验惩劝，纠游戏以杜奸邪，察苛刻以绝烦暴。④

十六条政务纲领尽管有其合理之处，但根本要旨是将儒家经济消解论与法家经济干涉主义相结合，向往一个寓政治等级秩序与小生产自然经济相合一的宗法性的农业社会，主张强化小农经济基础。这正是对董仲舒思想的继承，也是漫长的中国古代社会意识形态对经济、土地问题的一种颇

---

① 司马迁：《史记》卷三十《平准书》，北京：中华书局，1959年，第1429页。
② 司马迁：《史记》卷三十《平准书》，北京：中华书局，1959年，第1429页。
③ 司马迁：《史记》卷三十《平准书》，北京：中华书局，1959年，第1425页。
④ 范晔：《后汉书》卷四十九《王充王符仲长统列传》，北京：中华书局，1965年，第1653页。

有影响的经学阐释。汉以后，历代统治者在遵行以儒家思想为主体的法儒合流的意识形态时，在经济政策上基本都遵循平均主义与重农抑商方针，并从思想上、政策上、伦理教化上将之视为处理、把握经济问题的圭臬。西晋占田制、隋唐均田制以及历朝厉行的对农牧工商业主（豪强、巨富）的打击，就是对这一问题的最好注解。这种指导思想使小生产自然经济长期存在，散居各地的宗法村社及官僚体制中的宗法性品格获得了最深厚的土壤与基础。

汉代儒法的合流，是由周至汉的一种政治、经济思想的轮回。它形成了一种新的政治、经济关系，即将建构庞大的小生产经济的编户齐民群体作为历代国家的重要职能，其结果则是使中国小生产自然经济与宗法血缘村社长期保持，长盛不衰，并使工商业经济在秦汉魏晋时代始终处于起伏不一的发展状态。这是因为：

其一，它促使血缘与地缘相结合的村社组织顽强保持着一个个自然经济共同体形式，"排斥同一生产过程内部的分工，排斥对自然的社会统治和社会调节，排斥社会生产力的自由发展。它只同生产和社会的狭隘的自然产生的界限相容"[1]。这些村社共同体按照自己极低的需求进行生产活动，自己纺纱、织布、建房、榨油、酿酒，"稼穑而食，桑麻以衣。蔬果之畜，园场之所产；鸡豚之善，埘圈之所生。……闭门而为生之具以足"[2]。除了极少数必需品如盐、铁，很少与外界发生交换关系。这些社会活动与生产方式只与狭隘的自然（血缘）界限相适应，劳动分工与生产资料积聚不能超越自然村落界限。它表现为一种自觉的"明版籍以相数阅，审什伍以相连持，限夫田以断并兼，定五刑以救死亡……去末作以一本业，敦教学以移情性"[3]的儒法交织的宗法村社的理想化社会图景。表现在宏观经济结构中，是各地区商品经济、交换贸易关系的落后。它导致中

---

[1] 中共中央马克思恩格斯列宁斯大林著作编译局编译：《马克思恩格斯文集》第五卷《资本论》，北京：人民出版社，2009年，第872页。

[2] 王利器：《颜氏家训集解》卷一《治家》，北京：中华书局，1993年，第43页。

[3] 范晔：《后汉书》卷四十九《王充王符仲长统列传》，北京：中华书局，1965年，第1653页。

古时期工商业的数次极度衰弱。中国古代社会中数次货币的废除，"一取布帛为租，以通天下之用"①，以及长期以来实物地租法权的保存，正是这种经济政策的体现。

平均主义与重农抑商导致的经济伦理思想，使秦汉时期的广大国人以整体的物欲克制代替对财富增长的需求，把人们的眼光局限在宗族、村社、乡里的心理凝聚与现实狭窄的自然经济界域中，束缚了远离现实的哲理思辨以及因人们生活需求增长引起的对生产进步的刺激，阻碍了科学思维发展和生产力技术提高。土地占有虽然有不断集中的趋向，但是"富者田连阡陌，贫者无立锥之地"②，"馆舍布于州郡，田亩连于方国"③ 的超经济剥削使土地兼并和大规模农民起义不断发生，致使这种土地集中趋向不断被打断、破坏。同时，小生产经济建立在小农手足胼胝的小土地经营上，"今农夫五口之家，其服役者不下二人，其能耕者不过百亩……"④"一人跖耒而耕，不过十亩"⑤，不论北方的粗种与南方的细作，地力始终保持在人力粗耕的范围内。这种大土地占有形式下的小土地经营直接制约着土地的集中，它使小生产者不能抵御天灾人祸，易沦为替人耕作的雇农；又反复刺激小生产者的土地要求，导致农民战争与土地周期性均平，使土地占有形式在历史发展与阶级斗争中不断向集中——瓦解——分散——集中的周期性集散状态转化。它使小生产自然经济长期保存，也使固着于上的血缘宗法村社长盛不衰。

其二，形成平均主义、重本抑末的思想定式。它使人们将目光固着在土地上，安土重迁，加剧了宗族别子均财制度的发展。平均主义和重农抑商是与秦汉国家制度始终联系在一起的，是古代自给自足的小生产自然经济的产物。正是这个基础决定了秦汉国家的基本经济思想与政策实践，即

---

① 范晔：《后汉书》卷四十三《朱乐何列传》，北京：中华书局，1965 年，第 1460 页。
② 张烈点校：《两汉纪》（上），北京：中华书局，2002 年，第 219 页。
③ 范晔：《后汉书》卷四十九《王充王符仲长统列传》，北京：中华书局，1965 年，第 1651 页。
④ 班固：《汉书》卷二十四上《食货志上》，北京：中华书局，1962 年，第 1132 页。
⑤ 何宁：《淮南子集释》卷九《主术训》，北京：中华书局，1998 年，第 684 页。

将发展小生产自然经济当作立国基础,并将其作为国家赋役的主要来源,而把工商业当成"末业"来加以抑制。早在汉初,统治者便继承了秦代的重农抑商政策。例如,汉高祖刘邦为鼓励农业生产,鼓励生育,让士兵复员还乡务农,颁布释放奴婢令,轻徭薄赋,改善水利。同时,汉初厉行抑商政策。规定商人另立户籍即"市籍",有市籍者一律不准衣丝乘车,不得携带兵器,子孙不得任官;商贾要交纳加倍的人口税等。再如,武帝时推行算缗、告缗令,使"商贾中家以上大率破",加重了国家与中小阶层地主的矛盾,特别是告缗令的实行,成为一些官员打击报复、假公济私的手段,"中家以上大抵皆遇告"①。它说明商鞅变法时所确立的"重本抑末""重农抑商"已成为秦汉时期奉行的不变之策。

在中国的宗法传统中,"别子为祖,继祢为宗。继祢者为小宗。有百世不迁之宗,有五世则迁之宗"②。这种思想亦对秦汉时期的政治经济关系形成了很大影响。例如,汉武帝为了削弱诸侯王势力,实行"推恩令"。《汉书·武帝纪》载元朔二年春正月诏曰:"梁王、城阳王亲慈同生,愿以邑分弟,其许之。诸侯王请与子弟邑者,朕将亲览,使有列位焉。""于是藩国始分,而子弟毕侯矣。"③"推恩令"规定除了嫡长子可以继续承袭爵位,其余庶子也能够以列侯的方式获得土地,新分割出来的土地统归郡县管辖,封国无权过问。这项政策并没有受到诸侯王的一致反对,反而执行无阻,消弭了宗室、诸王的矛盾,在历史上对保障中央集权制起了很大作用。究其根本,汉代诸侯王接受甚至欢迎这项政策,是因为它是中国古代固有宗法血缘传统及经济思想的体现。汉武帝通过一系列的限制措施有效地孤立和削弱了诸侯王的军事实力和政治势力。《汉书·诸侯王表》论及此事曰:"景遭七国之难,抑损诸侯,减黜其官。武有衡山、淮南之谋,作左官之律,设附益之法,诸侯惟得衣食税租,不与政事。至于哀、平之

---

① 司马迁:《史记》卷三十《平准书》,北京:中华书局,1959年,第1435页。
② 郑玄注,孔颖达疏:《礼记正义》卷三十四《大传》,李学勤主编《十三经注疏》,北京:北京大学出版社,1999年,第1008页。
③ 班固:《汉书》卷六《武帝纪》,北京:中华书局,1962年,第170页。

际，皆继体苗裔，亲属疏远，生于帷墙之中。"① 武帝颁布的"推恩令"在无形中削弱了各诸侯国的政治、经济力量，朝廷以此"置内史以治其地，则封建之地，悉为郡县矣"②，形成"齐分为七，赵分为六，梁分为五，淮南分三，及天子支庶子为王，王子支庶为侯，百有余焉"③ 的局面。故司马迁赞其策曰："汉郡八九十，形错诸侯间，犬牙相临，秉其院塞地利，强本干，弱枝叶之势，尊卑明而万事各得其所矣。"④ 此后，各诸侯王后代逐渐没落，终汉一朝，诸侯王势力再未对皇权形成大的困扰。而随着宗法世系的推移，族产包括土地不断重新调整、分配，并且代代产生出新的族产单位。这使汉代社会的宗族土地及其他财产不断由大划小，处于不停分割、转让、出卖之中，形成与大土地占有相反的另一道趋势，不断产生出新的自耕农与自然经济体。⑤ 它使商鞅变法中主张的"重本抑末""重农抑商"思想对两汉及其以后朝代不断产生重要影响，使极度分散、长期保存的小生产自然经济与经济伦理上的平均主义、重义轻利的思维方式顽固地保持着。

值得一提的是，与上述极度分散的小生产自然经济互为补充的，则是秦汉时代高度集中的工商业官营经济。中国的自然经济，桑麻蔬果自产，"闭门而为生之具以足，但家无盐井耳"⑥。在盐铁等日用品上，必须依赖社会商品经济的补充。这使得在秦汉时期，尤其是工商业逐渐发展的汉代，民间工商业经济及个体工商业者的势力，通过重要的山海资源如盐铁等的摄取，有着发展壮大、冲决宗法等级特权的可能。"豪强大家，得管

---

① 班固：《汉书》卷十四《诸侯王表》，北京：中华书局，1962 年，第 395-396 页。
② 马端临：《文献通考》卷二百七十五《封建考十六》，北京：中华书局，2011 年，第 7524 页。
③ 司马迁：《史记》卷十七《汉兴以来诸侯王年表》，北京：中华书局，1959 年，第 802-803 页。
④ 司马迁：《史记》卷十七《汉兴以来诸侯王年表》，北京：中华书局，1959 年，第 803 页。
⑤ 杜宇石主编：《中国宪法经济制度》，武汉：武汉大学出版社，2005 年，第 113 页。
⑥ 王利器校注：《颜氏家训集解》卷一《治家》，北京：中华书局，1993 年，第 43 页。

山海之利，采铁石鼓铸，煮海为盐。一家聚众，或至千余人，大抵尽收放流人民也。远去乡里，弃坟墓，依倚大家，聚深山穷泽之中，成奸伪之业，遂朋党之权，其轻为非亦大矣！"① 由此形成"不为编户一伍之长，而有千室名邑之役"② 的局面。为了排除这股破坏宗法等级贵贱和编户齐民制的无序力量，维护"小不得僭大，贱不得逾贵"③ 的等级秩序，汉代统治者"重本抑末""重农抑商"抑制民间富商大贾的发展。这种抑制，除了直接的打击手段如"算缗""告缗"，"令贾人不得衣丝乘车，重租税以困辱之"④，"事末利及怠而贫者，举以为收孥"⑤，还采取对主要日用品的生产、流通加以控制并独占的禁榷、专卖、官工业制度，"笼天下盐、铁诸利，以排富商大贾"⑥。这种禁榷、专卖、官工业的独占，是以皇权为首的地主阶级精英阶层对社会财富的占有，实际上是垄断了社会资源的分配及流向，只允许社会资源及财富的分配在宗法等级秩爵内进行，形成与宗法等级秩爵制相统一的政治经济趋向，正如桑弘羊所谓"建本抑末，离朋党，禁淫侈，绝并兼之路"⑦。为此，秦汉政府自己设置作坊、手工工场冶铁、煮盐，制造开销巨大的皇家御用物、军用品，通过行政干涉及权力垄断人为造成宗法制下"以人身的奴役关系和统治关系为基础的地产权力和非人身的货币权力之间的对立"⑧。这种榷盐铁、抑工商的举动，本质上是在剥削阶级的秦汉国家统治下实行弱民富国、弱民强国、民贫国强的政策的结果，是对人民进行整体的超经济的剥夺，并用国家政权力量将社会经

---

① 王利器校注：《盐铁论校注》卷一《复古》，北京：中华书局，1992年，第78-79页。
② 仲长统撰，孙启治校注：《昌言校注·损益篇》，北京：中华书局，2012年，第279页。
③ 班固：《汉书》卷九十一《货殖传》，北京：中华书局，1962年，第3679页。
④ 司马迁：《史记》卷三十《平准书》，北京：中华书局，1959年，第1418页。
⑤ 司马迁：《史记》卷六十八《商君列传》，北京：中华书局，1959年，第2230页。
⑥ 王利器校注：《盐铁论校注》卷三《轻重》，北京：中华书局，1992年，第179页。
⑦ 王利器校注：《盐铁论校注》卷一《复古》，北京：中华书局，1992年，第78页。
⑧ 中共中央马克思恩格斯列宁斯大林著作编译局编译：《马克思恩格斯文集》第五卷《资本论》，北京：人民出版社，2009年，第171-172页。

济纳入宗法品秩轨道。这使秦汉自然经济法则与和它相适应的宗法品秩制顽固结合起来。一方面，秦汉社会的主要生产部门农业长期处于小生产的自然经济状态，农民是附着于土地、受乡村宗法村社支配的劳动力；另一方面，工商等活跃的经济部门也受自然经济法则支配，在官僚衙门统治下，做着违反经济发展规律的事。例如汉代的铸铁业，"县官鼓铸铁器，大抵多为大器，务应员程，不给民用。民用钝弊，割草不痛，是以农夫作剧，得获者少，百姓苦之矣"①，且"用费不省，卒徒烦而力作不尽"②。可见官营生产效率低下，成本高昂，管理混乱，严重抑制了工商业及农业的发展。

同时，汉代高度集中的官营工商业本身又加固了国家经济的自然经济形式，加强了小生产自然经济因素。第一，最高皇权及贵戚勋爵依靠少府、将作大监、庄园林苑等国家直属经济机构，生产自己所需的大多数物品，成为秦汉国家最大的自给自足的宗法性经济体。秦汉时的三公九卿，有半数以上部门是专门为最大的宗法地主——皇室的用度服务的。西汉时期的财政分为国家财政与帝室财政。大司农"掌谷货"，负责国家财政收支；少府"掌山海池泽之税，以给供养"，负责皇族开支。《汉官旧仪》云："算民，年七岁以至十四岁出口钱，人二十三。（二十钱）以食天子。其三钱者，武帝加口钱，以补车骑马。"③ 显然，除三钱归军用外，其余二十钱都归入少府，作为皇家私藏。其后汉代国家的财政制度虽有演变，但中央财政及下属官工商业、苑林山泽为皇权服务这一主旨始终未能改变。同时，汉代国家财政收入主要为皇室下属的官僚系统、军队、外交服务，形成以秩爵等级为消费、分配标准的经济系统。以西汉为例，"汉宣以来，百姓赋钱，一岁为四十余万万"④。据文献记载，官俸与军费就占了财政收

---

① 王利器校注：《盐铁论校注》卷六《水旱》，北京：中华书局，1992 年，第 429 页。
② 王利器校注：《盐铁论校注》卷六《水旱》，北京：中华书局，1992 年，第 430 页。
③ 孙星衍等辑，周天游点校：《汉官六种》，北京：中华书局，1990 年，第 50 页。
④ 桓谭著，白兆麟校注：《桓谭新论校注》，合肥：黄山书社，2017 年，第 44 页。

入大部或全部，而其他费用（包括工程费、救贫救灾费、社会发展支出等）却很少。很明显，大司农主管的国家财政开支主要发挥维持地主阶级的官僚秩禄及军队开支的功能，而不是通过社会交换、资源流动，还之于社会，给整个工商农牧业输入活力，使之走上良性的开放型轨道，振兴社会经济。

第二，自商鞅变法之后，以营造小生产经济基础为主的政策，使"男耕女织"的自然经济模式更加凸显。它使广大小生产者在主要生产、生活用品方面自给自足，而不需要在更大区域进行较大规模的物品交换、经济交流。秦汉时代的对外经济活动，主要是统治者为政治需要而形成的朝觐型进贡、赏赐等活动，以及为满足皇室贵戚需求的奢侈品搜寻活动。这种情况显然容易限制各地区的经济交流和技术更新。因此，秦汉时期的小生产自然经济与官营工商业经济，正是法家人物通过吸取孔子儒家学派的平均主义经济思想和法家的国家经济干预政策有机结合的结果。它希望通过以整体有组织的力量消释、缓解民间部分不法商人和游侠、处士等社会力量对国家的竞争与挑战，防止由此产生的对乡村自然经济形式的破坏和冲击，以及对以皇权为核心的整个官僚秩爵系统的腐蚀与瓦解。它的结果是使秦汉国家的经济形式（地租、货币、贡赋）一直保持着平静的、缓慢的自然经济态势。在这种情况下，土地开始成为秦汉时代人们可靠的传世财物。商鞅变法主张的以军功爵赐土地、田宅的政策得到广大吏民的拥护，其原因就在于只有土地是能够使广大吏民获得温饱、世代传递、具有确定性的不动产。这种环境使得汉及其以后的古代中国人的"叶落归根"情感更多的是现实政治、经济形势下的一种选择。"重农抑商""重本抑末"限制了民间对工商业的重视与参与，而传统宗法观念的"光宗耀祖"只有通过获取官僚秩爵的途径才能达到，于是导致秦汉时期人们价值观念的狭窄化。这种价值观念的窄化抑制了人们对科学技术、文化艺术探索创新的激情，导致秦汉时代的科学技术虽然仍有突出的发展，但主要局限在宫廷、朝堂中，民间普遍缺乏创造、创新的热情。

此外，极其分散的小生产自然经济和高度集中的工商业官营经济的结合,导致商鞅等法家人物所希望的"民辱则贵爵,弱则尊官,贫则重赏"①的效应。民位卑辱就重视爵位,无势少力就遵从治道,贫穷就希冀政府奖赏,由此产生人们对"国家本位"体制的官僚品秩的依附与屈从。但是,由于秦汉之际的时势变化,这种"重农抑商""重本抑末"政策导致了秦汉时期的不同效应。例如,汉武帝兴师讨伐匈奴,征战多年,收复大量北方边地,获得巨大成功。但是,长年征战也给国家财政与民众造成了极大的困难,引发豪富与国家之间的巨大利益分歧。史载武帝讨伐匈奴,"屯戍而备之,暴兵露师,以支久长,转输粮食无已,使边境之士饥寒于外,百姓劳苦于内"②。大量军士作战、驻扎之处"多斥不毛寒苦之地……转仓廪之委,飞府库之财,以给边民。中国困于徭赋,边民苦于戍御。力耕不便种籴,无桑麻之利,仰中国丝絮而后衣之,皮裘蒙毛,曾不足盖形……中外空虚"③。诸多豪富、商贾却以消极形式进行反抗,"皆争匿财","天子既下缗钱令而尊卜式,百姓终莫分财佐县官,于是告缗钱纵矣"④。对此,汉武帝采取强硬策略,任用张汤为御史大夫,"汤承上指,请造白金及五铢钱,笼天下盐铁,排富商大贾,出告缗令,锄豪强并兼之家,舞文巧诋以辅法"⑤。由此可见,高度分散与高度集中的经济方式,在维护、保持国家赋税、力役的承担基石——小农经济的同时,也引起了不同社会阶层的异议或反对。

其三,分散的小生产自然经济和高度集中的工商业官营经济对中国古代城乡关系产生了重要影响。先秦时期的城市本质上是周代"宗子维城""大宗维翰"的延续。"国"即城市在古代作为政治性、地缘性、血族性、军事性并存的,由实力强大的统治者宗族占据的政治、军事据点,是国家

---

① 蒋礼鸿:《商君书锥指》卷五《弱民》,北京:中华书局,1986年,第124页。
② 王利器校注:《盐铁论校注》卷一《本议》,北京:中华书局,1992年,第2—3页。
③ 王利器校注:《盐铁论校注》卷三《轻重》,北京:中华书局,1992年,第180页。
④ 司马迁:《史记》卷三十《平准书》,北京:中华书局,1959年,第1432、1434页。
⑤ 班固:《汉书》卷五十九《张汤传》,北京:中华书局,1962年,第2641页。

统治的物质化体现。例如周代，政治共主、天下大宗的周王室，定都于天下之"中"的洛邑，周边领土则由同姓子孙或异姓甥舅关系的诸侯的"国""都""邑"串联起来的大宗、小宗的城屏蕃、拱卫，构成以王畿为中心、"邦畿千里"的政治与宗法统治体系。散处各宗子、诸侯盘踞的城之四周的乡村便是"野"。"野"是一片广大辽远的乡野地带。据"野"的人，大多为"亡王之后"，即传统的古老部族被征服的后裔或世居其地的土著族群，他们大多为文明发展滞后者。显然，"国""野"之间存在着重要的质的区别。

《周礼》是古代一部重要政典，它提出的"体国经野，设官分职"，对"国""野"作出了统治与被统治、剥削与被剥削的区别。这种区别既表现在它对六官的职能划分中，也表现在对城市政治中心与宗法中心地位的确定和描述中。总的来看，两周时的"国"中以士为主体，通过士的宗族军事化集团实行对"野"的控制；而"野"以广大宗法血缘性村社为主体，起着向"国"交纳贡赋养活国人的作用，并且不得形成军事单位及参加战争等军事活动（东周以后例外）。《周礼》的"体国经野，设官分职"，从某种角度上看，应该是战国、秦汉时人对两周时期"国""野"政治、经济、军事、宗法关系的追述，它虽然有着大量理想化色彩，但是参考其他文献，可以认为其中也蕴涵着当时社会的一些真实状况。

商鞅变法是对周代社会体制的大规模改革，它虽然在"国""野"之吏、民的身份、赋税等方面有了显著改变，并通过军功爵制度给予了普通民众以农战获得身份、土地、田宅等的权利与义务，但是在传统社会中，"国""野"的部分特性保存下来。它使当时的城市主要是作为政治、军事、文化的中心，发挥对全社会尤其是乡村社会的资源整合、调节的功能。自秦以后，汉统治者通过超经济的税收、租赋、禁榷盐铁、专卖政策等，使乡村产品源源不断地流入城市，在城市中进行加工与流通。当时对产品的再加工和对资源的调节、集中，主要目的是维持皇室的开支、官员的俸禄，以及军事、赈济、治河等方面的需要，故对乡村摆脱自然经济形态缺乏应有的作用。总的来看，汉代城市的生产、流通、消费主要表现在以下几方面：（1）皇室、贵戚、勋臣的奢侈用品如走马吠犬、羽毛齿革、黄金水银、绢绸绫缎、蜡漆纸扇、宫室居屋、珍馐异馔等；（2）军需品及官僚俸禄、行政用品如武器、甲仗、官舍、赏赐等；（3）民间日常用品如"中国人民所喜好、谣俗被服饮食奉生送死之具"①等。这些民间日常器具只是传统民间工艺技术的继续，作为乡村自然经济中男耕女织的家庭手工业的补充而存在。正是由于上述原因，汉代的城市尽管有着很大的发展，甚至成为东亚地区的繁荣之都，但总体仍然缺乏科学技术创新的原动力，故不能成为社会经济起飞的基地。

秦汉国家的强大与城市的发展息息相关，但是由于当时城市的经济功能的局限，小生产自然经济的乡村产品呈现向城市的单向流动趋势。大量的稻、麦、菽、丝、麻通过赋、税集中到官廪，然后通过城市官工商业的加工或流通，以货币或实物形式成为维持国家财政开支的资源。而乡村不断地输出产品与力役，却不能得到相应的经济上的补偿与回报，致使汉代城乡之间存在一定的剪刀差，小生产者转而陷入更分散与孤立无助的社会氛围中，由此也加剧了这些小生产者对皇权、清官的依赖心理。汉代的乡村整合与控制，正是通过乡里的以"孝"为先的伦理道德的建构，而试图建立一种稳定的乡村治理系统。于是，重建或巩固乡村宗法的"孝""悌""节"的三纲五常制，就成为当时的儒家学者大声疾呼的乡村建设事宜。从孔子奠定宗法性的伦理道德起，其后的孟子、荀子、董仲舒、仲长统等人，无一不将改造或重建乡村宗法制度作为制度改革的重点之一。此后，在这种乡村宗法性社团里，"一门千指，家法严肃，男女异序，少长辑睦，匦架无主，厨馔不异"②，"冠昏丧葬必相助，贫穷患难必相恤"③。基层乡里通过一系列公共活动，以及血缘、族规、家法，将人们联系起来，形成上下有序、"辑睦相亲"的村社组织。而村社豪富、士绅则

---

① 司马迁：《史记》卷一百二十九《货殖列传》，北京：中华书局，1959年，第3254页。
② 脱脱等：《宋史》卷四百五十六《颜诩列传》，北京：中华书局，1977年，第13413页。
③ 陈淳：《食燕堂记》，曾枣庄、刘琳主编《全宋文》第296册，上海：上海辞书出版社；合肥：安徽教育出版社，2006年，第71页。

在乡里通过兴修水利、开发土地、管理集市、教化民众、团聚宗族、操办社会救济及慈善事业等获得一定人望，也缓解了那些小生产者因超经济的苛重剥削导致的不满。

所以，商鞅变法后的经济思想与政策，通过自秦至汉的一个大轮回，使汉代国家又回到了一种新的儒法合流的态势。这种合宗法、教化、赋役等为一体的乡村治理与整合政策，由于寓政治、社会和血缘为一体，有着模糊小农生产者的阶级视野的作用，使村民们在汉代政府的重税急赋下有着一种平衡的从众心理。这使汉代及之后的乡里、村社常常有着强烈的宗法性与平均主义色彩，并有着剥削阶级国家进行压迫、剥削的"社会减震器"的功能，阶级压迫、社会压力、族内剥削所导致的不满都在这种"温情脉脉"的将家法、国法、专制和人文一体化的宗法性外壳内获得缓解。

第六章
秦代县职能与乡治理

在秦甚至整个古代中国的历史上，商鞅变法都是一个革命性的事件，影响巨大而深远。战国时代的秦政治，是商鞅变法后初步建立起来的。商鞅变法，以"农战"为核心①，"内务耕稼，外劝战死之赏罚"②，实行军功爵制，对血缘旧贵族产生了沉重的打击，也使君权得到加强，产生了"主尊"③而"独制"④的效果。君权不断加强和演变的最终结果，就是帝制的诞生。应该说，战国时的秦制与春秋时的秦制，其最大的差异，就在权力分配上。春秋—战国早期的经常出现的君弱臣强，一变而为以国君为核心的君臣关系。有时虽有权臣、权力很大的宦官出现，如昭王时之"四贵"⑤、秦王政时的吕不韦、二世时的赵高，甚至还可以使皇权旁落，皇帝反受制于权臣，但国君的核心地位，以及人们对国君核心地位和皇帝神圣

---

① 《商君书·农战》有"国之所以兴者，农战也""国待农战而安，主待农战而尊"之语，点出了商鞅变法的核心。见蒋礼鸿：《商君书锥指》卷一《农战》，北京：中华书局，1986年，第20、22页。

② 司马迁：《史记》卷五《秦本纪》，北京：中华书局，1959年，第203页。

③ 蒋礼鸿：《商君书锥指》卷五《君臣》，北京：中华书局，1986年，第132页。

④ 蒋礼鸿：《商君书锥指》卷三《修权》，北京：中华书局，1986年，第82页。

⑤ 何建章注释：《战国策注释》，北京：中华书局，1990年，第181页。按，"四贵"是指昭王时的四个权臣——穰侯、华阳君、高陵君及泾阳君，穰侯、华阳君为昭王舅，高陵君、泾阳君为昭王弟。

化的认识，最终至秦代，还是建立起来了。

这种秦政治的特色，是国家体制的军国化及国君权力的极大增强。钱穆先生指出："春秋以至战国，为中国史上一个变动最激剧的时期。政治方面，是由许多宗法封建的小国家，变成几个中央政权统一的新军国。"①军国化即把全国的政治、经济、军事全部纳入到战争轨道②，用商鞅自己的话说："民之欲富贵也共阖棺而后止。而富贵之门必出于兵，是故民闻战而相贺也，起居饮食所歌谣者战也。"③ "民之见战也，如饿狼之见肉。"④ 军国体制虽有利于战胜他国，但利弊并存：它既带来了初步统一的政治局面，也导致了中国封建社会两千年政治上的君主专制和集权传统。造成军国制的原因，与秦和东方诸国在结构性对立下所形成的竞争关系密切相关。这种竞争，对列国来说关乎生死存亡。在这个前提下产生的秦制，自然带有明显的先天不足。

第一节 战国时秦国的地方行政

战国早期至战国中期，各国政治在内外张力之下，都发生了革命性的变化。其最明显的转折标志，就是列国的变法运动。变革后的诸国，对于地方社会的治理，方式也发生了变化，主要表现就是在新的中央集权下的地方行政、官僚系统得到确立。秦并非这个变革的首创者，但它成就最大、变革最为彻底，统一天下后又把地方治理模式推广到全国，产生了长远的历史影响。本节以秦为例，叙述战国后期以来地方社会治理方式的变化。

社会治理方式，包括以管理为核心的一系列政策、措施。秦在战国至秦汉期间地方社会治理方式的最大变化，就是代表新型中央集权的郡县乡

---

① 钱穆：《国史大纲》（修订本），北京：商务印书馆，1996年，第92页。
② 于琨奇：《商鞅变法性质之再探讨》，《安徽师大学报》（哲学社会科学版），1984年第3期。
③ 蒋礼鸿：《商君书锥指》卷四《赏刑》，北京：中华书局，1986年，第105页。
④ 蒋礼鸿：《商君书锥指》卷四《画策》，北京：中华书局，1986年，第108页。

里制度向地方的迅速推广①，改变了原来触角式、点状的权力分布状态，理论上实现了国家权力对境内的全覆盖。相较于战国早期以前，这种治理方式对地方的控制更加严密。同时，这种地方治理模式，还含有华夏与非华夏的"戎"与"蛮夷"的地区差别。

一、郡县制

商鞅变法在地方上最主要的措施之一，就是"集小乡邑聚为县，置令、丞，凡三十一县"②，实行县制，县上置郡。新的县制与在商鞅变法前所实行的早期县制不同。实行县制的主要措施不是改变旧有的人口分布状态，而是编制社会组织，置县、乡、里三级组织，改变原来以邑聚为行政单位的状态，实行与春秋时期不同的管理方式。

置县的方式，可归结为两种：一是把旧都、旧县改造为新型的县，二是新置县。第一种即对旧有的邽、冀、杜、郑等约10个县份的改造，第二种新设置的县份，应多在关中、天水、陇南即上述10个旧县附近。至于春秋中期以来穆公"霸"下之地，其置县设道，是商鞅变法以后逐渐进行的，所设之县不可计入商鞅所置三十一县之中，这反映了郡县制实施的历史进程。下面略作论述。

商鞅变法所置县之数目，有三十一和四十一两说③，现在看来，应作三十一县。商鞅变法时的秦版图，包括后来的内史以及临近的天水、陇南部分地区，其改设新型之县，也必在这一区域之内。根据周振鹤主编《中国行政区划通史·秦汉卷》统计，秦代内史主要辖今陕西关中及商洛部分地区，下属县有38个：咸阳、频阳、重泉、宁秦、下邽、栎阳、高陵、杜、芷阳、云阳、废丘、蘩、美阳、临晋、好畤、漆、栒邑、丽邑、杜阳、胡、上雒、槐里、蓝田、商、衙、汧、武城、邰阳、戏、鄠、雍、

---

① 卜宪群：《秦汉乡里社会演变与国家治理的历史考察》，《中国社会科学》，2022年第3期。
② 司马迁：《史记》卷六十八《商君列传》，北京：中华书局，1959年，第2232页。
③ 三十一县之说见《史记》之《六国年表》《商君列传》；四十一县之说见于《史记·秦本纪》。

虢、郿、怀德、郑、夏阳、漆垣、船司空等。① 其中关中东部洛、黄之间的地区，时称"河西地"，孝公之时还属于魏，故"河西地"及其附近的夏阳、郃阳、临晋、船司空，包括宁秦、武城都不属于秦。丽邑作为陵县，置于秦王政十六年（前231），漆垣还属于魏之上郡，一直要到惠王更元十年（前315）才归于秦。这样除去此8个县，共得30个县，想来这30个县中，应该还有个别为后来所置之县，故实际数量当不及30个。后属陇西郡的邽、冀两县，商鞅也不可能置之不顾，变法置县之数，还应算此二县。西县为秦人老家，考虑秦的旧都雍都设立为县，则西也当在商鞅变法之时置县。如此，商鞅变法所置秦县的数量，上限大约为33个，约略与三十一县之说相合，而与四十一县之说相去较远，故前说当为历史真实。

商鞅置三十一县之后，郡县化的过程还在进行，首先自然是春秋以来穆公的"霸"下之地。这些地区在邽、冀等县的外围，包括后来北地、陇西两郡的大部分地区，即今甘肃的天水、陇南、定西、平凉等地。当时在这些地区周边，还有魏之上郡，其中还有义渠、乌氏等实力强大的戎族政体存在。推测商鞅之后秦在穆公"霸"下旧地置县，最初应主要在甘肃平凉、庆阳南部，天水北部，定西东部一带。其中渭水上游、洮河流域的狄、獂之戎，献公时期就被秦所灭，可能较早置县、道管辖。乌氏之地在惠王时归秦而置县，义渠置县在昭王时。乌氏、义渠之地，置县之时，伴随着这些游牧人群被逐，故两县所辖并非游牧的乌氏、义渠人。予道不知所在，后来属陇西郡，昭王三十三年（前274）诏事戈有置用地"予"即予道。至于昭王三十六年（前271）灭义渠之后，上郡之西的穆公"霸"下旧地，就全为秦所有了。不过，置县的过程可能还在进行，秦最终设置了北地、义渠两郡，而关中也终成郡级的内史。

孝公时秦土不大，局限在关中等地，故不必采取郡、县二级制，县上没有郡这一级地方行政组织。秦惠王前元十年（前328）自魏得上郡之后，

---

① 周振鹤、李晓杰、张莉：《中国行政区划通史·秦汉卷》，上海：复旦大学出版社，2015年，第61—63页。

秦始在县上设郡,此年也是关中之地后来成为内史的理论年代的上限。随着统一带来的秦土扩大,秦在新地逐步设郡,如灭巴、蜀、苴而置巴、蜀两郡,攻灭楚置汉中郡、南郡、黔中郡、会稽郡,灭义渠而置北地、陇西郡,攻灭魏国而置河东郡、砀郡、东郡,灭两周及韩而置三川、颍川郡,攻灭赵而置太原、雁门、云中、九原、邯郸、巨鹿、代等郡,攻灭燕而有上谷、渔阳、右北平、辽西、辽东等郡。秦始皇二十六年(前221)灭六国之后,则分天下为三十六郡,又继续北驱匈奴和西羌,扩展上郡、九原、云中、北地、陇西诸郡的边界,击"百越"而新置闽中、南海、桂林、象郡,通"五尺道"等道路,并置吏管辖蜀郡外侧的"西南夷"地区。计最终的秦郡之数,约五十个,县、道约一千个。① 早期的郡军事性质突出,后来逐渐演变为一级功能齐全的行政组织。②

郡县是新的地方行政体系的核心,这种新型的地方管理制度,是从春秋时代演绎下来的。

春秋时代,秦、晋、楚、齐等都曾设县,这些县的本质,都是国君直属地,与贵族封地或采邑有别,这点在县的前后两个历史阶段是一以贯之的,一直到战国以后都没改变。③ 春秋时期秦君的直属地,除都邑如雍、西之外,就是上述诸县,如平阳、徽、衙那样的地方。商鞅变法后的新型之县,不同于秦行政体系中春秋型的"初县"之县,而是典型的郡县之县。

郡、县两级地方行政组织,有一套分工细密的职官系统。郡有守,负责管理整个郡的运行,守下还有丞、尉、监御史,丞为其佐,尉掌军事,监御史负责监察一郡的治理情况。郡下设县,县的长官万户以上为令、万户以下为长,还有县尉,掌一县的军事与治安。县下设乡、里,还有负责

---

① 周振鹤、李晓杰、张莉:《中国行政区划通史·秦汉卷》,上海:复旦大学出版社,2015年,第12-47、59页。

② 如游逸飞认为:"秦郡早期拥有属吏任免权及兵器监铸权,近于大型军区,郡守地位虽高,但不辖县。直至秦王政以后,郡方获得司法等治民权,此时郡方逐渐辖县。"(游逸飞:《战国至汉初的郡制变革》,台湾大学博士学位论文,2014年,第72页。)

③ 顾颉刚:《顾颉刚古史论文集》卷五《春秋时代的县》,《顾颉刚全集》,北京:中华书局,2011年,第231-274页;王晖:《西周春秋"还(县)"制性质研究——从"县"的本义说到一种久被误解的政区组织》,《史学集刊》,2017年第1期。

治安的亭。乡有三老、啬夫、游徼，三老掌教化，啬夫管理狱讼和赋税，游徼负责治安。亭以区域（部）划分，大率十里一亭，设有亭长（校长），下有亭父、求盗①。里中居民，又分什伍，同什伍之人，平时相互监视，犯法则连坐，与军中什伍相类。县中居民，实行户籍制，作为赋役征发、治安管理的基本依据。户籍中有年龄、土地及爵级等内容，傅籍（登记）和削籍（注销）都有严格的规定。

与"春秋型"秦之行政系统相比，战国时代的地方管理制度从以不同区域采取不同管理方式，变成了分设常官分层级管理的方式。职官制度由原来的贵族担任与政、军、财不分，走向分工更细、职责更专门而明确的官僚制度，郡之守、尉、监以及县之令、长、丞、尉，即所谓的"长吏"，皆由中央任免，而守、令之下的属吏，除了秦地派遣过来的，也由守、令任命当地人士担任②。计课、监察制度则是新起的创设。这套体系随着秦之统一推广到了全国，使以国君（皇帝）为代表的中央政府，对地方政治、军事、财富具有绝对的管辖权和分配权。

需要说明的是道的情况。

道是与县同级的地方行政机构。对于道与县，此前多认为二者有别。根据新公布的岳麓秦简等简牍资料，至少到了秦代，道与县在行政制度上，已经没有多大差异③，在管理方式上并无本质的不同，有的只是民族成分的差异④，原来学者们曾推测道下不设乡、里，现在看来是不符合事实的⑤。

---

① 沈刚：《秦简所见地方行政制度研究》，北京：中国社会科学出版社，2021年，第4-9页。
② 沈刚：《秦简所见地方行政制度研究》，北京：中国社会科学出版社，2021年，第4-9页。
③ 苏家寅：《汉代道制政区的起源》，《史学月刊》，2021年第5期。
④ 有的学者根据县、道行政制度等方面的相似，否定二者的族群成分差异，是不对的。见苏家寅：《汉代道制政区的起源》，《史学月刊》，2021年第5期。
⑤ 周振鹤：《西汉县特殊职能探讨》，复旦大学中国历史地理研究所编《历史地理研究》第1辑，上海：复旦大学出版社，1986年，第81-103页；于豪亮：《秦王朝关于少数民族的法律及其历史作用》，中华书局编辑部编《云梦秦简研究》，北京：中华书局，1981年，第316-323页。

《汉书·百官公卿表》记载，县"有蛮夷曰道"①。此外，秦文字资料中同名县、道（如朐衍、雕阴）的存在，无可辩驳地说明县、道之别，就是基于二者民族成分的不同。道最初产生于西北秦之本土附近，多在春秋以来秦"霸"下之地。根据学者针对秦封泥、简牍等出土文献的最新研究，西北上郡有雕阴道、翟道，陇西郡有獂道、氐道，薄道、故道、予道，北地郡有朐衍道等，共八道；灭蜀、巴后置僰道、宕渠道，拔楚设南郡而有夷道、荆山道（或认为属巴），共四道，至秦代道的总数量，大约十多个，不到二十个②。

道之职官设置，与县类似。睡虎地秦简《语书》中有"南郡守腾谓县、道啬夫"的记载，其中县、道长官都称啬夫，差异不大。秦封泥中既有道之长官印，也有其副贰即丞印，一如县之情况，如"獂道"—"獂道丞印"、"薄道"—"薄道丞印"、"氐道"—"氐道丞印"、"朐衍道印"—"朐衍道丞"、"雕阴道印"—"雕阴道丞"、"翟道"—"翟道丞印"③。简牍等资料中也记载道下还有乡、里之什伍等组织，如岳麓秦简中关于"中县道"，有如下内容：

> 典、伍不告，赀典一甲，伍一盾。不智（知）其请（情），主舍，赀二甲，典、伍不告，赀一盾。舍之过旬乃论之，舍，其乡部课之，卒岁，乡部吏弗能得，它人捕之，男女无少长，伍（五）人，谇乡部啬夫；廿人，赀乡部啬夫一盾；卅人以上，赀乡部啬夫一甲，令丞谇，乡部吏主者，与乡部啬夫同罪。④

简文记载，道与县一样，其下也有乡部啬夫、典（里典即里正）、伍老

---

① 班固：《汉书》卷四《文帝纪》，北京：中华书局，1962 年，第 114 页。
② 马孟龙：《出土文献所见秦汉"道"政区演变》，《民族研究》，2022 年第 2 期。
③ 刘瑞编著：《秦封泥集存》，北京：中国社会科学出版社，2020 年，第 687-688、693-696、702-704、721-722、724-725 页。
④ 陈松长主编：《岳麓书院藏秦简（肆）》，上海：上海辞书出版社，2015 年，第 56-57 页。

（伍长），这也是县、道基层组织无别的表现。

不过，这种县、道无别的情况，也不是绝对的。有的道中还保留有原来少数民族的组织，一直到汉代，青衣道中还有"夷邑"及其长官，邑是道中与乡、里不同的基层单位。考古发现中可以举为例证的，有马家塬墓地、漳县墩坪东周墓地。

马家塬墓地有数十座高级别的墓葬，其中级别最高的大型墓葬有数座，年代在战国中晚期。与之相关的有张家川回族自治县马家塬、清水刘坪、秦安王洼三墓地，还有马家塬东侧的长沟墓地。跟马家塬等墓地年代相接、处于同一地区的上袁家秦墓，从墓葬级别和文化面貌来看，其主人也应是少数民族"君长"之类；从其形制、殉牲等葬俗特征来看，墓葬的主人无疑是马家塬文化的承继者，与马家塬墓地的主人应是同一或同类人群。

漳县墩坪东周至汉代墓地，其中也有高级别的墓葬。墓地位于甘肃漳县三岔村北、渭河支流漳河北岸的坡状台地上，东西长约1000米，南北宽150米，总面积约15平方米。台地南侧为堆积较厚的齐家与寺洼文化遗址，共发现墓葬300余座，2014—2019年共清理东周、汉、宋及寺洼文化时期墓葬319座。墓地的年代从春秋晚期一直延续到汉代，墓地的整个文化面貌具有明显的游牧文化色彩，例如三叉格青铜剑等遗物、竖穴偏洞室墓和殉牲（多以马、牛、羊的头蹄），与西北、华北东周游牧文化十分相似，但还是可以看到明显的中原影响，如甲字形的墓葬形制（如M69）、棺椁（如M26、M17、M28、M34、M51、M40、M49）、中原式的戈（如M21∶9、M40∶2）、马衔（如M49∶22）等。这种影响从战国晚期开始，一直延续到汉代，直至中原文化基本占领了此地，北方游牧文化基本消亡。如从战国晚期开始，墓地的竖穴土坑墓及偏洞室墓，逐渐在竖穴土坑墓之外，又流行带斜坡墓道的竖穴土坑墓；殉牲数量急剧减少；随葬品也从原来的铜车马器、兵器和服饰品，演变为中原式的实用陶器，西汉中期以后又有以灶具为代表的明器①。

墩坪墓地的主人，发掘者认为是"西戎八国"中的獂戎。獂戎的活动地，在今甘肃中部定西的陇西、武山、漳县一带，处于渭河中游及其支流榜沙河流域，包括榜沙河支流漳河流域。秦在战国中期献公时灭掉獂戎，后来又在其地设獂道。獂道位于今陇西县城东南渭河之东，墩坪墓地与獂道所在直线距离不到50公里，只隔了一个渭河与漳河之间的分水岭，故发掘者认为墩坪墓地的主人为獂戎，是可信的②。

墩坪墓地虽然中间被现代道路分割，分为西区和东区，实际可看作一个墓地，墓葬排列有序，无打破关系。其中有高级别的墓葬，在西区和东区都有发现。已公布可以肯定的有西区的竖穴土坑墓 M26、M28、M34、M51，竖穴偏室墓 M10、M21。这几座墓都规模较大，墓葬殉牲数量多，特别是殉牲中除了羊，都有马、牛头骨，另有车马器或整车、兵器、身衣装饰品等，都表示了墓主较高的身份，应即"君长"之类人物。另外一些零星的物品，也可肯定出自这样的墓葬中。例如在漳县博物馆展陈的 3 件璜形金项饰③，与内蒙古和林格尔新店子墓地（M43：1）④、北京延庆军都山文化玉皇庙墓地所出 3 件（YYM151：7、YYM174：7、YYM250：5）、西梁垙所出 1 件（YXM1：1）同类金项饰形制相似，年代也应相近，约在春秋晚期至战国早期，玉皇庙的三件金项饰，主人被认为是"男性首领级人物"⑤。除了年代靠前的西区的 M26 等墓葬，战国晚期已知的高级别墓

---

① 甘肃省文物考古研究所：《甘肃漳县墩坪墓地 2014 年发掘简报》，《考古》，2017 年第 8 期；甘肃省文物考古研究所、漳县文物管理所：《甘肃漳县墩坪墓地 2015 年发掘简报》，《文物》，2019 年第 3 期；毛瑞林：《墩坪墓地》，甘肃省文物考古研究所编著《甘肃重要考古发现（2000~2019）》，北京：文物出版社，2020 年，第 262-275 页。

② 甘肃省文物考古研究所：《甘肃漳县墩坪墓地 2014 年发掘简报》，《考古》，2017 年第 8 期。

③ 按此 3 件金项饰为当地政府打击盗掘走私所获，出自墩坪墓地（展板作"东坪"）。

④ 内蒙古文物考古研究所：《内蒙古和林格尔县新店子墓地发掘简报》，《考古》，2009 年第 3 期，图版肆：1。

⑤ 北京市文物研究所编著：《军都山墓地：玉皇庙》，北京：文物出版社，2007 年，第 894-899 页；《军都山墓地：葫芦沟与西梁垙》，北京：文物出版社，2010 年，第 507 页。

葬有西区偏东带斜坡墓道的竖穴墓 M69。这种墓葬自战国晚期开始出现，延续至汉代，是东区占比约一半的同类型汉墓的先声，其出现是秦文化传播的结果。

M69 规制较大，平面整体呈"甲"字形，总长 13.92 米，墓道位于墓室西侧略偏南，西窄东宽，口长 8.92 米、宽 2.14-2.94 米，由上至下逐渐内收，底长 9.22 米、宽 2.14-2.52 米。墓道坡度自西向东由缓渐陡，近墓室处较平，深 0.44-2.98 米，底部高出墓室底 0.22 米。墓室平面呈长方形，上大下小，口长 5.06 米、宽 4.64 米，底长 4.72 米、宽 4.3 米，深 3.2 米。墓主有棺椁，墓室随葬羊头骨 13 个和数十个蹄骨，以及罐、鬲、盆、瓮等陶器和海贝、料珠等。①

从 M26、M69 等级别较高的墓葬以及整个墩坪墓地来看，从春秋晚期一直到战国晚期，獂道地域的人群，虽然其文化面貌发生了变化，但内部仍有"君长"存在；獂戎的不同分支聚族而居，死后也葬在一起，旧的社会组织仍然没有完全破裂解散。

二、"臣邦"制

秦在战国中期以后，随着统一六国及南北拓土等行为，领土逐渐扩大，最后形成了一个统一的多民族王朝。秦境内的少数民族，主要包括西北上郡之"翟"（狄同），北地、陇西两郡内的"戎"，蜀郡的"西南夷"，巴、南郡、洞庭、苍梧等郡的"南蛮"，会稽、闽中及南海三郡的"百越"等族群。这些族群的分布地域和形态存在一定差异，这造成了秦以至后来的汉对这些族群控制方式的不同。进入到秦政治版图中的"戎狄""蛮夷"，在秦的历史中扮演了重要角色。秦统治者在管理少数民族方面，也做出了很多探索性实践。在制度层面，秦的创设，除道之外，还有属邦、君长制等重要内容。

秦对少数民族实施管理，在中央设有专门机构——属邦。已发现的兵

---

① 甘肃省文物考古研究所、漳县文物管理所：《甘肃漳县墩坪墓地 2015 年发掘简报》，《文物》，2019 年第 3 期，图二二。

器铭文、封泥中的"属邦",多指这个机构。中央机构属邦所辖,自然为少数民族之"邦",即"臣邦"。《汉书·百官公卿表》记载:"典属国,秦官,掌蛮夷降者。"① 其中的"典属国",就是秦之中央属邦的沿革产物。不过,结合兵器铭文、秦简,以及属邦产生于战国末期这个历史背景,再结合汉代典属国的职掌,秦之中央属邦,其性质应是武职,所管辖的应是军事事务,在中央应属于武职系统而或上从属于太尉(见下),在地方主要负责"臣邦"少数民族的军事事务。"臣邦"的其他事务,则归郡县系统管理。如汉代的中央属国徐悍,就与中尉周亚夫、郎中令武等武官安葬文帝,自己为将屯将军,主司监视各军,其身份为将军,由此可上溯秦之中央属邦的身份,也是如此。

又如里耶秦简 8-657 记载:

☐亥朔辛丑,琅邪叚(假)【守】☐敢告内史、属邦、郡守主:琅邪尉徙治即【默】☐琅邪守四百卅四里,卒可令县官有辟、吏卒衣用及卒有物故当辟征逯☐告琅邪尉,毋告琅邪守。②

这个属邦,当指中央属邦,通过它给下面的"臣邦"发布军事方面的命令。如《岳麓书院藏秦简(柒)》简 001 载:

尉议:中县有罪罚当戍者及杨平吏卒当戍者,皆署琅邪郡;属邦、道当戍东故徼者,署衡山郡。☐它如令。绾请,许。③

所言"中"即中部地区讲县、道、属邦戍守的情况。尉为太尉,上书

---

① 班固:《汉书》卷十九上《百官公卿表上》,北京:中华书局,1962 年,第 735 页。
② 陈伟主编:《里耶秦简牍校释(第一卷)》,武汉:武汉大学出版社,2012 年,第 193 页。
③ 陈松长主编:《岳麓书院藏秦简(柒)》,上海:上海辞书出版社,2022 年,第 61 页。

请示的是丞相王绾。太尉与中部地区的属邦不可能直接沟通，而只能通过中央属邦来发布戍守方面的命令。结合这条资料再去看里耶秦简 8-657，可知后者中的"属邦"，就是作为中央机构的属邦，其上归太尉管辖。①

在地方上，秦对少数民族的管理，在郡县之外，还有"臣邦"制。

在西北地区，"戎"多聚族而居，分布相对集中，较早成为秦政治版图的一部分。秦在其地的管理方式，是在郡之下设县、道的同时，还设有少数民族组织"臣邦"，通过"君长"控制其族群。

"君长"即不同级别的"戎""蛮夷"首领，他们居住在大小不等的"邑"中。从秦政府的角度看，这些社会组织是以"邑"为单位的，所以邑也是"蛮夷"的基层行政单位。君长制主要存在于县、道之外的"蛮夷"之区以及道之内，是具有自治性质的。秦政府即以大小"君长"，控制着县、道之外的广大地区。"臣邦"则是这些"蛮夷"最为高级的社会组织的称呼，显然是承继春秋以前"邦"的概念而来，分布地在上文西北的核心地区即商鞅三十一县的外围。

长江中上游及南方地区，进入秦的政治版图较晚，"蛮夷"分布地广大而分散，故设道较少，主要以郡和少量的县来控制，同时秦也利用大量少数民族君长治之。西南蜀郡以外的地区，只是"置吏"管辖而已。秦在北方、南方，都大量利用少数民族自身的君长的威权，令其控制各自的族群。这些君长由秦政府重新任命，具有行政官员性质，又具有土官的自治性质。西汉中期以后在南方、西南地区所设的十七个初郡，郡下也继承了这个方式。唐宋所谓的羁縻制度，元以后的土司制度，大致从此而来。②

从战国后期开始，"臣邦"制及与之相关的君长制就已在秦诞生。《后汉书·西羌传》中记载："秦孝公雄强，威服羌戎。孝公使太子驷率戎狄九十二国朝周显王。"③ 孝公时秦国势大升，对"戎狄"重新"威服"，但

---

① 如汉代的属国都尉，与中央属国属于一个系统，皆称"尉"，其与太尉的关系值得重视。

② 吴永章：《中国土司制度渊源与发展述略》，中国民族史学会编《中国民族史学会第二次学术讨论会论文集》，北京：改革出版社，1990 年，第 40-49 页。

③ 范晔：《后汉书》卷八十七《西羌传》，北京：中华书局，1965 年，第 2876 页。

按《西羌传》的表述，这些"戎狄"的社会组织仍被称为"国"（邦），说明在商鞅变法之后，其旧有的社会组织尚存。除了《西羌传》的记载，近些年公布的简牍资料，也能说明一直到秦代，县、道之外还有少数民族"邦""蛮夷"之区的存在。

在1975年著名的云梦M11出土的秦简中，有两条简文如下：

> "臣邦人不安其主长而欲去夏者，勿许。"可（何）谓"夏"？欲去秦属是谓"夏"。
>
> "真臣邦君公有罪，致耐罪以上，令赎。"可（何）谓"真"？臣邦父母产子及产它邦而是谓"真"。可（何）谓"夏子"？臣邦父、秦母谓殹（也）。①

两条简文都见于《法律答问》，都提到"臣邦"与夏（秦）的差别，可惜此前许多论者的理解都有偏差。按照云梦秦简，"臣邦"分为"臣邦"和"外臣邦"，"臣邦"在秦境内，"外臣邦"与诸侯一样，都在秦的境外。简文中受秦律约束者，自然是境内"臣邦"，若是境外的"外臣邦"，那么这种离去就是越境逃亡了，就不是准许不准许的问题，而是犯罪了。整理者认为，"秦属"意为秦的属境。张金光认为，"秦属"指秦的属邦。秦以"夏"自居，自战国以来，法律上有夷、夏之辨，"去夏"之文为早期秦律，"夏"指秦直接的统治区域。后来答问出时，秦之属邦也谓夏而不准随意离开了。②邹水杰认为县、道为"秦"即"夏"，自不必说，"臣邦"则是县、道之外独立的区划，"只有当臣邦为属邦之下在边徼独立设置的区划时，逃离臣邦就可能意味着脱离秦的控制，即'去秦属'"③。

以上诸说，都把"臣邦"之地与"夏"认为是秦的土地，这是正确

---

① 睡虎地秦墓竹简整理小组编：《睡虎地秦墓竹简·法律答问释文注释》，北京：文物出版社，1990年，第135页。

② 张金光：《秦制研究》自序，上海：上海古籍出版社，2004年，第49-50页。

③ 邹水杰：《秦代属邦与民族地区的郡县化》，《历史研究》，2020年第2期。但邹水杰认为"属邦"同时是郡级地方行政机构、"臣邦"是与道同级的行政机构，则有不妥。

的。但张金光认为"臣邦"之地也是"夏",臣邦人所去者,是其少数民族首领,则是不妥的。岳麓秦简的资料证明,直到秦代,秦之县、道这样的直接控制区,与"臣邦"之地在法律、行政制度层面还是有别的,县、道之地为"秦"地即"夏","臣邦"之地在其之外,与之不同。《岳麓书院藏秦简(肆)》2065+0780:

> 诱隶臣、隶臣从诱以亡故塞徼外蛮夷,皆黥为城旦舂;亡徼中蛮夷,黥其诱者,以为城旦舂;亡县道,耐其诱者,以为隶臣。①

这条律文中的"故塞徼",指的是西北地区的战国秦长城、西南蜀郡与"西南夷"之"故徼"、南郡与衡山郡之间的"东故徼"那样曾经作为国界的塞徼。律文制定之时,"故塞徼"内外都已是秦的属境了,这正是秦统一后的情况,所谓的"蛮夷",在"故塞徼"内外都有存在。律文中"蛮夷"之地与县、道相对而别,说明上述云梦秦简所记"臣邦"与秦(夏)之别,至秦代仍然存在,所谓"秦""夏",指的就是县、道。

这个情况也出现在《岳麓书院藏秦简(柒)》简001中,其中的县、道、属邦并列,显示了县、道与属邦的差异。与之牵涉的有"中"这一地区名词,关于其所指,《岳麓书院藏秦简(肆)》简2106、1990有记载:

> 郡及襄武、上邽、商、函谷关外人及罨(迁)郡、襄武、上邽、商、函谷关外
> 男女去、阑亡、将阳,来入之中县、道,无少长,舍人室,室主舍者,智(知)其请(情),以律罨(迁)之。②

"中县"即陇西郡之襄武(今陇西)——函谷关中间地带之县,在地域上已

---

① 陈松长主编:《岳麓书院藏秦简(肆)》,上海:上海辞书出版社,2015年,第72页。
② 陈松长主编:《岳麓书院藏秦简(肆)》,上海:上海辞书出版社,2015年,第56-57页。

经把秦代的内史包括进去。简 001 "中县有罪罚当成者及杨平吏卒当成者，皆署琅邪郡；属邦、道当成东故徼者，署衡山郡"，其中的属邦、道承上文，也指的是"中"即中部地区之臣邦和道。"南郡、上党、属邦、道当成东故徼者，署衡山郡"①，南郡较为明确的只有一个道——夷道，有属邦尚有可能；上党郡早已华夏化，既无"属邦"也无道，故此"属邦、道"，并不会属于上文之"南郡、上党"两郡，与两郡是并列的关系，所指当如简 001 中的属邦、道一样，都是"中"县、道，即襄武—函谷关之间之县、道。

境内夷、夏的这种地域差别，一直延续到汉代。如胡家草场简《蛮夷律》：

> 亡道外蛮夷及略来归、自出，外蛮夷人归薵（义）者，皆得越边塞徼入。（1272）②

简文明显记载有"外蛮夷"，属"边塞"之外即境外"蛮夷"。"外蛮夷"指境外人群，与之相对应的，一定就会有境内"蛮夷"，即上文《岳麓书院藏秦简（肆）》简 2065+0780 所说的"蛮夷"。

县、道上属于郡，属于郡县系统，本质上是守、令长代替国君管辖的直管行政区。县、道之外的"蛮夷"之区，其社会组织发育较高者，就是"臣邦"，即少数民族邦国。由岳麓秦简等简牍来看，秦在对少数民族地区实现郡县化的过程中，还采用与县、道不同的治理方式。从行政、法律等层面来看，县、道与"蛮夷"之区，还存在明显的区别，是不同的行政区。郡县制，是秦地方社会治理的最重要的方式；郡县化，也是战国秦汉地方行政组织主要的发展趋势和脉络。

需要强调的是，郡县制，即在郡下设置县、道，仍是管理少数民族的

---

① 陈松长主编：《岳麓书院藏秦简（柒）》，上海：上海辞书出版社，2022 年，第 61 页。

② 荆州博物馆、武汉大学简帛研究中心编著：《荆州胡家草场西汉简牍选粹》，北京：文物出版社，2021 年，第 196 页。

最重要的方式之一，君长制与之并存，而非此前所认为的以道为主。县中也经常有少数民族成分，特别是"西南夷"、"南蛮"、百越所在的长江、珠江流域。如里耶秦简中有征收嫁布（8-998）、羽赋（8-1735）之记载，明显属于"蛮夷"赋税之列，说明迁陵县民也有"蛮夷"成分。又如张家山 336 号墓汉简记载，汉初"武都道、羌道、平乐皆蛮夷"，其中平乐在张家山 247 号墓《秩律》简文中也是县而非道。其县中"蛮夷"是大量存在的，推测在更早的秦时也当如此。

下文续辨"臣邦"之内君长制的更多内容。

（一）"君长"名号。

在《史记》《汉书》及出土文献中，少数民族首领统称为"君长"。但"君长"有不同的级别，最高的有君、公、侯，较低者也称君长。睡虎地秦简有"臣邦君公"，属于君长的上层；爵级不高的"臣邦真戎君长"的君长，则属于较低的一类。文献中可举《史记·秦始皇本纪》的记载，秦王政九年（前 238），"长信侯毐作乱而觉，矫王御玺及太后玺以发县卒及卫卒、官骑、戎翟君公、舍人，将欲攻蕲年宫为乱"①。"君公"当从中间点断，作君、公。秦简中的"戎翟君公"，对比《史记·秦始皇本纪》中的"戎翟君公"，显然是同类人。称"侯"者例有蜀侯。公元前 316 年秦灭蜀，稍后置蜀郡，又封三代蜀公子为蜀侯，直到昭王三十年（前 277）废蜀侯制度而只置蜀守。②《后汉书志·百官志》记载："四夷国王，率众王，归义侯，邑君，邑长，皆有丞，比郡、县。"③ 所记汉代情况，也可作为简文中属邦侯显、侯丞的注脚。又如巴被灭后，其王族被封于枳，称"巴废子"，秦昭王二十七年（前 280）又被楚襄王灭国，封于今重庆西北

---

① 司马迁：《史记》卷六《秦始皇本纪》，北京：中华书局，1962 年，第 227 页。

② 《华阳国志·蜀志》："疑蜀侯绾反，王复诛之，但置蜀守。"（常璩撰，刘琳校注：《华阳国志校注》卷三《蜀志》，成都：巴蜀书社，1984 年，第 200 页。）其所置蜀侯，皆旧蜀王之子而非秦公子，参童恩正：《古代的巴蜀》，成都：四川人民出版社，1979 年，第 142-143 页；于豪亮：《秦王朝关于少数民族的法律及其历史作用》，中华书局编辑部编《云梦秦简研究》，北京：中华书局，1981 年，第 316-323 页。

③ 范晔：《后汉书》，北京：中华书局，1965 年，第 3632 页。

合川、铜梁一带，为"铜梁侯"①。君、公、侯，是少数民族中地位最高者，故可参与最高宫廷事务，有罪可以金、钱、布帛赎刑。②

战国时代，秦既有国君称君者，如惠文君；又有大臣称君者，如商君、华阳君；也有大臣称公者，如庶公。以"君"称国君，是未称王前的秦制，如惠王称王前就称惠文君，商鞅位比国君，也称商君。后来随着实力的增长，惠王时君主改称王，至秦统一后，国君称皇帝。君、王、皇帝的名号，具有不同的含义，呈现为上升状的等差。名号的变更，是当时的大事，如称王曾成为战国时的一种政治运动；秦王政称皇帝，也经过了廷议才得实现，秦的陵寝等制度也因称号改易而发生变化③。少数民族首领统称为"君长"，分称为君、公、侯、君长，显然是比附秦制而为的，君、公、侯，地位相当于王侯，君长则是小的首领，是邑君、邑长之类，身份地位较低。"臣邦"之中，其首领为君、公、侯，下则有（邑）君、（邑）长即小邑长，就是睡虎地秦简中的"君长"，爵位也较低，经常是不更④。

秦与后来的汉的最大的区别，就是"蛮夷"君长不能称"王"，即不允许邦国形态的少数民族组织存在，不同层级君长直接向秦政府负责。如《后汉书·南蛮西南夷列传》记载秦惠王时灭蜀、巴，以蜀公子为侯，巴氏则降为"蛮夷君长"。蜀、巴氏之"侯""君长"并非泛称，而是相对于此前的蜀、巴之"王"而言的。又如《史记·东越列传》记载，秦灭浙江南部、福建一带的瓯越、闽越，皆废其王以为"君长"，后来其王摇、无诸佐汉有功，汉初才被重封为东海王、闽越王。《史记·货殖列传》中记载乌氏倮因与"戎王"贸易牛马，被秦始皇嘉许而位列朝请。乌氏倮为秦乌氏县人，族属不可考，但十分可能为秦故地移民；"戎王"既称"王"，则自然是境外异族首领了，是一定不会在秦境内的。从名号来看，

---

① 段渝：《论秦汉王朝对巴蜀的改造》，《中国史研究》，1999 年第 1 期。
② 刘海年：《秦律刑罚考析》，中华书局编辑部编《云梦秦简研究》，北京：中华书局，1981 年，第 171-206 页。
③ 焦南峰、孙伟刚、杜林渊：《秦人的十个陵区》，《文物》，2014 年第 6 期。
④ 唐俊峰：《新见荆州胡家草场 12 号汉墓〈外乐律〉〈蛮夷律〉条文读记与校释》，周东平、朱腾主编《法律史译评》（第八卷），上海：中西书局，2020 年，第 72-93 页。

秦境内的少数民族君长，只有称君、公、侯、(邑)君、(邑)长数种。

（二）"君长"的权力。

"君长"的权力来自秦政府的封赐，当然还有自身已有的在本族内的权威，政府只是重新"认定"而已。"君长"的本质，已经是经过中央任命的地方官员，但与郡县体系内的县道之官，还是有所区别。毕竟他们既是国家的官员，又是本族首领，国家要通过他们才能控制不同的族群，他们的身份并非由中央任命的县、道令长。对于这些多生活在边远山区、与中原文化传统差异甚大的人群，需要采取不同的治理策略。这些策略，与春秋—战国早期秦霸"西戎"一样，自然还是以强大的国家政权为背书。参考传世文献及简牍所记，可知国家对"君长"的控制方式，除了赐名号、印绶、盟誓以承认他们的君长地位，还有其他的一些怀柔性的措施，如在赋税、法律层面有所优待，赐以酒食、绢帛等。盟誓如秦有巴后，对巴郡的夷人，昭王曾与之刻石约盟，使秦、夷互不侵犯①。赐以酒食的方法，除了文献所记汉代就流行②，实则很早就已存在。如马家塬战国墓中所发现的铜茧形壶，华丽精美，器上刻一"鞅"字③，风格与商鞅诸器铭文中的同字非常接近，故此壶当是秦以权倾一时的商鞅名义赐给这里的戎人君长的，目的自然是亲和二者的政治关系的。

政府对"君长"的控制，考虑其实际需求并参考汉代情况，除了中央

---

① 《后汉书·南蛮西南夷列传》："巴郡阆中夷人，能作白竹之弩，乃登楼射杀白虎。昭王嘉之，而以其夷人，不欲加封，乃刻石盟要，复夷人顷田不租，十妻不算，伤人者论，杀人者得以倓钱赎死。盟曰：'秦犯夷，输黄龙一双；夷犯秦，输清酒一钟。'"（见范晔：《后汉书》卷八十六《南蛮西南夷列传》，北京：中华书局，1965年，第2842页。）

② 如《史记·司马相如列传》载："邛筰之君长闻南夷与汉通，得赏赐多，多欲愿为内臣妾，请吏，比南夷。"（司马迁：《史记》卷一百一十七《司马相如列传》，北京：中华书局，1959年，第3046页。）又如《后汉书》卷八十六《南蛮西南夷列传》记《远夷乐德歌》言"多赐缯布，甘美酒食"；又记"和帝永元十二年，旄牛徼外白狼、楼薄蛮夷王唐缯等，遂率种人十七万口，归义内属。诏赐金印紫绶，小豪钱帛各有差"（范晔：《后汉书》卷八十六《南蛮西南夷列传》，北京：中华书局，1965年，第2856、2857页）。秦的情况类似。

③ 甘肃省文物考古所编著：《西戎遗珍：马家塬战国墓地出土文物》，北京：文物出版社，2014年，第132-133页。

的"属邦",应还是以郡、县、道控制。另外,给"臣邦""蛮夷"之区制定专门的法律,也是极为重要的管理手段。如睡虎地《属邦律》:

> 道官相输隶臣妾、收人,必署其已禀年日月,受衣未受,有妻毋(无)有。受者以律续食衣之。①

(三)"君长"控制下的族人。

"蛮夷"君长控制下的社会下层,要为秦提供赋役、人力,这是秦政府控制"蛮夷"的主要目的。赋税的证据,如《后汉书·南蛮西南夷列传》记载巴郡的情况:"秦惠王并巴中,以巴氏为蛮夷君长,世尚秦女,其民爵比不更,有罪得以爵除。其君长岁出赋二千一十六钱,三岁一出义赋千八百钱。其民户出幏布八丈二尺,鸡羽三十镞。"② 前引迁陵县所属的洞庭郡"蛮夷",也是如此。提供赋役的证据,如前引岳麓秦简"中县有罪罚当戍者及杨平吏卒当戍者,皆署琅邪郡;属邦、道当戍东故徼者,署衡山郡","臣邦"中的人众,是需要戍守的,颇疑中央"属邦"之设,也在战国末期的秦王政前后,此时正是秦统一的最后阶段,需要大量西北"臣邦"的兵员③。而"蛮夷"既然以"邑"为单位,社会组织未破,则其戍守也可能是以族维系、集体进行的。如胡家草场汉简记载长江流域的安陆(今湖北云梦)一带,有"戎翟邑"(简 1582)存在④,考古发现的战国汉初秦移民墓葬,也是聚集在一起的⑤,而这些人中有的就是来自西

---

① 睡虎地秦墓竹简整理小组编:《睡虎地秦墓竹简·秦律十八种释文注释》,北京:文物出版社,1990年,第65页。
② 范晔:《后汉书》卷八十六《南蛮西南夷列传》,北京:中华书局,1965年,第2841页。
③ "属邦"器的年代集中在秦王政前后,如三十年诏事戈,有说早至昭王三十年(前277)。参王辉、王伟编著:《秦出土文献编年订补》,西安:三秦出版社,2014年,第62页。
④ 荆州博物馆、武汉大学简帛研究中心编著:《荆州胡家草场西汉简牍选粹》,北京:文物出版社,2021年,第90、196页。
⑤ 湖北省文物考古研究院、云梦县博物馆:《湖北云梦县郑家湖墓地2021年发掘简报》,《考古》,2022年第2期。张锐、夏静:《湖北云梦郑家湖墓地:大一统历史进程的生动注解》,《光明日报》,2022年4月29日第9版。

北的秦将士，他们生前是以聚集的族群形态存在于秦的南郡内的。

第二节 秦县职能及对地方的治理

县是秦实现统治和治理的基础，因此稳固秦朝统治、维持地方安定、协调地方秩序、实现地方治理是县最重要的职能。尤其在秦朝统一时间不长、地方远未稳定的情况下，秦王朝更为重视县在国家统治和治理中不可替代的作用。

一、秦县对地方的治理

秦县的这一职能的重要性在"新地"表现得尤为突出。所谓新地就是秦的新占领区。以楚地为例，秦在楚之新地指的是秦王政二十五年（前222）灭楚后新占领的土地。[①] 秦对新地的统治一方面要依靠军事镇压来实现。楚国虽然灭亡，楚地的反秦活动却一直未停息。例如张家山汉简《奏谳书》案例十八记载了秦始皇廿七年苍梧郡攸县利乡叛乱案，秦王朝征发了三批"新黔首"才最终平叛。"义等将吏卒新黔首击反盗，反盗杀义等，吏、新黔首皆弗救援，去北"，"新黔首恐，操其假兵匿山中，诱召稍来，皆摇恐畏，其大不安，有（又）须南郡复者即来捕"[②]。可见，"新黔首"对秦王朝并不认同，楚人恐惧秦的法家统治方式。再如岳麓秦简《奏谳书》也有"绾等畏耎还走案"，同样反映了秦王朝在新地面临的统治危机。

在平叛的过程中，县是秦王朝行动的主体，例如前引"苍梧郡攸县利乡叛乱案"的主体就是攸县。里耶秦简也为我们展现了迁陵县在稳固秦朝地方统治中的作用，例如：

[①] 张梦晗：《"新地吏"与"为吏之道"——以出土秦简为中心的考察》，《中国史研究》，2017年第3期。

[②] 张家山二四七号汉墓竹简整理小组编著：《张家山汉墓竹简〔二四七号墓〕》（释文修订本），北京：文物出版社，2006年，第103-104页。

> 廿六年六月癸丑，迁陵拔讯桼蛮、衾□（12-10a）
> 鞫之：越人以城邑反，蛮、衾、害弗智□（12-10b）
> 廿六年十一月辛丑，迁陵□（14-831a）
> 鞫之：试以城邑反，亡奔□（14-831b）①

迁陵县在秦始皇二十五年才置县，第二年迁陵县就发生了越人叛乱。迁陵县要直接对叛乱负责，通过询问当地民众了解越人谋反的详细情况。岳麓秦简相关内容也显示了县主官在平叛过程中的主要责任：

> 告道故塞徼外蛮夷来为间及来盗略人、以城邑反及舍者，令、丞必身听其告辞，善求请（情），毋令史②

这段令文与迁陵县的具体操作相合。作为秦王朝行政终端的县级政府，首先要把叛乱的情况了解清楚。秦王朝要求县主官，即县令和县丞必须亲自询问，形成文书上报。针对逃亡的从反者，秦王朝要求：

> 诸治从人者，具书未得者名族、年、长、物色、疵瑕，移谳县道，县道官谨以谳穷求，得辄以智巧潜讯。其所智（知）从人、从人属、舍人，未得而不在谳中者，以益谳求，皆捕论之。③

秦王朝把包含逃亡从人年龄、身高、肤色等具体外貌特征的通缉文书下达给县道，要求县道执行追捕。作为维护秦王朝地方统治的基础，县道官担负具体执行的任务。

---

① 里耶秦简博物馆、出土文献与中国古代文明研究协同创新中心中国人民大学中心编著：《里耶秦简博物馆藏秦简》，上海：中西书局，2016年，第199、205-206页。
② 陈松长主编：《岳麓书院藏秦简（伍）》，上海：上海辞书出版社，2017年，第128页。
③ 陈松长主编：《岳麓书院藏秦简（伍）》，上海：上海辞书出版社，2017年，第45页。

再如里耶秦简 9-1112 号所录文书透露了县是如何进行平叛的：

【廿】六年二月癸丑朔丙子，唐亭叚（假）校长壮敢言之：唐亭旁有盗可卅人。壮卒少，不足以追。亭不可空。谒遣【卒】索。敢言之。二月辛巳，迁陵守丞敦狐敢告尉、告卿（乡）主，以律令从吏（事）。①

从上文可见，迁陵县置县第二年时境内盗贼叛乱规模不小，唐亭附近有三十人为盗，以至于亭无力追捕。唐亭的校长只得上报，请求县尉派遣吏卒追捕。可见在处理叛乱的过程中，根据叛乱规模的不同，秦县利用各级暴力机关进行镇压。亭就是其末梢单元，负责预警，并在叛乱群盗规模不大的情况下对其予以处置。当叛乱规模升级，亭无力处理时，由县尉调配吏卒加以处置。

以上材料也透露出秦初叛乱频发、群盗出没的现象，这严重威胁着秦的统治。针对这种局面，秦王朝急需稳定地方，建立新的社会秩序。

睡虎地秦简《语书》是秦始皇二十年（前 227）南郡守腾对下辖县、道颁布的教令，从中可以发现秦王朝试图以秦法建立地方的统治秩序。

廿年四月丙戌朔丁亥，南郡守腾谓县、道啬夫：古者，民各有乡俗，其所利及好恶不同，或不便于民，害于邦。是以圣王作为法度，以矫端民心，去其邪避（僻），除其恶俗。法律未足，民多诈巧，故后有间令下者。凡法律令者，以教道（导）民，去其淫避（僻），除其恶俗，而使之之于为善殹（也）。今法律令已具矣，而吏民莫用，乡俗淫失（泆）之民不止，是即法（废）主之明法殹（也），而长邪避（僻）淫失（泆）之民，甚害于邦，不便于民。故腾为是而修法律令、田令及为间私方而下之，令吏明布，令吏民皆明智（知）之，毋

---

① 陈伟主编：《里耶秦简牍校释（第二卷）》，武汉：武汉大学出版社，2018 年，第 260 页。

巨（讵）于罪。今法律令已布闻，吏【民】犯法为间私者不止，私好、乡俗之心不变。自从令、丞以下，智（知）而弗举论，是即明避主之明法殹（也），而养匿邪避（僻）之民。如此，则为人臣亦不忠矣。若弗智（知），是即不胜任、不智殹（也）。智（知）而弗敢论，是即不廉殹（也）。此皆大罪殹（也），而令、丞弗明智（知），甚不便。今且令人案行之，举劾不从令者，致以律，论及令、丞。有（又）且课县官独多犯令而令、丞弗得者，以令、丞闻。以次传；别书江陵布，以邮行。①

《语书》中南郡守腾把当地的习俗斥为"恶俗"。秦的南郡，原为楚国郢都江陵，秦昭王二十九年（前278）白起"取郢为南郡"，至秦王政二十年已达半个世纪之久，但南郡仍然"法律令已具矣，而吏民莫用，乡俗淫泆之民不止，是即废主之明法也，而长邪僻淫泆之民，甚害于邦，不便于民"。针对这种局面，南郡守把这种局面归咎于县、道官吏不胜任、不知、不廉，因此南郡把考核的对象定位在县、道官员身上，尤其以长吏令、丞为主。由此可见，秦王朝治民的基础在县一级，郡作为中央的派出机构起到对县的监督、领导作用。

秦王朝试图通过"匡饬异俗"，革除楚地旧有风俗，建立秦的礼法秩序。但是南郡尚且如此，其他被秦兼并更晚的"新地"则更为严重。楚人对秦法、秦俗的抵触情绪是"新地"叛乱频发的重要原因之一。

综上可见，不论平叛还是"匡饬异俗"，在维护秦王朝统治中，县是真正的执行政区。相对于郡而言，县、道是治民政区。秦之中央律令、郡之地方法令的落地所依靠的就是秦王朝两千余个县级政区，县才是秦地方行政的中心。郡对县级机构的管理侧重于下发文书、文告，并兼以派遣属吏进行监督等手段。由此而言，县是维护秦王朝统治、革除六国戎狄"异俗"，建立秦统治秩序的基础。

---

① 陈伟主编：《秦简牍合集〔壹〕》，武汉：武汉大学出版社，2014年，第30页。

二、秦县的征税和财政管理

县是地方行政的中心，同时也是秦代地方财政运作的中心。在县的财政运作过程中，诸官中的少内和列曹中的金布曹是两个主管县财政的机构。与郡相比，秦的县是一个个独立的经济单元。在大部分情况下，秦中央直接与县联系处理经济与财政问题，而不需要通过郡。

下面主要从征税与财政管理审视秦县的财政职能。

秦代财政分为国家财政和皇室财政两部分，县级财政收入是国家财政收入的重要组成部分，是国家财政来源的基础之一。沈刚先生将秦代县级财政收入分为租赋类、日常生产经营类和其他收入三大类，我们认同此观点，故相似内容不再展开论述，仅就部分内容予以补充。

首先来看田租，田租是古代农业社会中政府的主要财政收入之一。随着秦汉简牍的大量公布和研究，秦汉民田田租的征收方式已得到了解释。尤其是龙岗秦简、里耶秦简、岳麓秦简、北大秦简、张家山汉简等相关资料公布后，我们对秦至汉初的田租征收方式了解得更为详细。里耶8-1519号简是秦始皇三十五年（前212）迁陵县的垦田、田税统计文书：

> 迁陵卅五年垦田舆五十二顷九十五亩，税田四顷□□
> 户百五十二，租六百七十七石。率之，亩一石五；
> 户婴四石四斗五升，奇不率六斗。
> 启田九顷十亩，租九十七石六斗。
> 都田十七顷五十一亩，租二百卅一石。
> 贰田廿六顷卅四亩，租三百卅九石三。
> 凡田七十顷卅二亩。租凡九百一十。①

关于其中的"舆"与"税田"，岳麓秦简《数》相关简牍已揭示其内涵：

---

① 陈伟主编：《里耶秦简牍校释（第一卷）》，武汉：武汉大学出版社，2012年，第345–346页。

租误券。田多若少，耤令田十亩，税田二百卅步，三步一斗，租八石。今误券多五斗，欲益田。其述（术）曰：以八石五斗为八百。

禾舆田十一亩，【兑】（税）二百六十四步，五步半步一斗，租四石八斗……①

其中，"舆田"就是在垦田中确定实际耕种农作物范围或面积的垦田②，里耶秦简中的"垦田舆"即当年开垦的土地总量，"税田"即应税之田，是开垦的"舆田"中应纳税的那部分土地③，其全部产量即"舆田"应缴纳的田税。因此，秦代民田的税率应为税田与舆田之商，是典型的分成租。我们可以发现秦洞庭郡迁陵县的税率约为十二税一，除却四舍五入造成的误差，秦朝对迁陵县田税征收很可能规定为十二税一，北大秦简《田书》中也均为十二税一④。此外，岳麓秦简中还有十一之税。以上即税田的亩数税率，只要确定了舆田的面积，税田面积可以较容易计算出来。因此，勘测"舆田"面积是确定"税田"亩数的关键，这就是"程田"。张家山汉简《户律》提到"田比地籍、田命籍、田租籍"，整理者解释为"记录田地比邻次第的簿籍"⑤，这就是西汉初年官府掌握的每户百姓"舆田"的位置、数量，以及缴纳的田租。由于耕地存在新垦、废弃、易主、新授、还授等情况，因此"舆田"调查、"田籍"编造需要年年进行，该工作主要由田及乡中基层官吏负责，里中典、老很可能会予以协助。

岳麓书院藏秦简《为吏治官及黔首》有"部佐行田"⑥，这里的部佐显然是乡部、田部的官吏，例如乡佐、田佐等。关于"行田"，学界一般

---

① 朱汉民、陈松长主编：《岳麓书院藏秦简（贰）》，上海：上海辞书出版社，2011年，第38、53页。
② 晋文：《睡虎地秦简与授田制研究的若干问题》，《历史研究》，2018年第1期。
③ 晋文：《睡虎地秦简与授田制研究的若干问题》，《历史研究》，2018年第1期。
④ 韩巍：《北大秦简中的数学文献》，《文物》，2012年第6期。
⑤ 张家山二四七号汉墓竹简整理小组编著：《张家山汉墓竹简〔二四七号墓〕》（释文修订本），北京：文物出版社，2006年，第54页。
⑥ 朱汉民、陈松长主编：《岳麓书院藏秦简（壹）》，上海：上海辞书出版社，2010年，第28页。

理解为"授田"。但我们认为把"行田"之"行"理解为"授"当然没有问题,但此处的"授田"不应片面理解为授予编户土地,我们还要注意"授田"中有必不可少的土地调查。例如前引里耶8-1519号简之"五十二顷九十五亩"的"垦田舆"就是经官吏勘察后汇总的全县的新开垦的"舆田"数,这其中自然有每个编户的新垦数。里耶8-1519和9-2350号简所记就是"黔首"新垦"草田"的自报文书,当然这还需要官府的审定和复查。① 张家山汉简《二年律令·田律》所记"县道已垦田,上其数二千石官,以户数婴之,毋出五月望"②,反映了汉初也有相似的制度。旱滩坡东汉简云"乡吏常以五月度田,七月举畜害,匿田三亩以上坐"③,"度田"即核实各地的垦田数量和清查户口,反映了东汉时期国家对掌握、核实全国田籍的重视。

此外,根据睡虎地秦简《田律》,在调查舆田的过程中,基层官吏还要剔除水淹田、病害田、无苗田等农业减产甚至无产的田地数。例如《后汉书·刘般传》载明帝永平年间刘般言:

> 又郡国以牛疫、水旱,垦田多减,故诏敕区种,增进顷亩,以为民也。而吏举度田,欲令多前,至于不种之处,亦通为租。可申敕刺史、二千石,务令实核,其有增加,皆使与夺田同罪。④

可见,地方官为了营造垦田政绩,虚报田亩,把受灾无苗地列入垦田数,因此刘般建议明帝"其有增加,皆使与夺田同罪",以减少对灾民的田税征收。

---

① 晋文:《新出秦简中的授田制问题》,《中州学刊》,2020年第1期。
② 张家山二四七号汉墓竹简整理小组编著:《张家山汉墓竹简〔二四七号墓〕》(释文修订本),北京:文物出版社,2006年,第42页。
③ 武威地区博物馆:《甘肃武威旱滩坡东汉墓》,《文物》,1993年第10期。
④ 范晔:《后汉书》卷三十九《刘赵淳于江刘周赵列传》,北京:中华书局,1965年,第1305页。

再者，张家山汉简《田律》还规定"田不可垦而欲归，毋受偿者，许之"①，这些减少的舆田数也要在土地调查中记录下来。因此，舆田的增减、变动都是授田的题中之义。土地调查、授予、登记等工作由基层官吏负责，由县一级汇总，再逐级上报，最终中央可以掌握全国的舆田数，为全国的税收工作打下基础。

确定税田的产量税率，即"程禾"，产量税率乘以税田面积所得的积即田税。这种税率变化较大，包括三步一斗、五步一斗、八步一斗、廿步一斗等，即测算一斗田租的田亩步数。② 这个测算过程称作"取程"或"程租"，岳麓秦简《数》和张家山汉简《算数书》多有记载，兹不赘述。岳麓秦简中有"度稼得租"③。秋收前后，田部和乡部官吏巡视民田，一要看作物类型，二要看作物长势，通过这种"度"达到对产量的预判，继而确定产量税率，最终就可以"得租"，即测算田税。

作物产量是影响"取程"的关键，影响作物产量的因素体现在以下几个方面：第一，耕地质量。地势平坦、土壤肥沃、灌溉条件好的耕地自然产量高，则"取程"较高，反之，"取程"较低。例如，《后汉书·循吏列传》载秦彭"兴起稻田数千顷，每于农月，亲度顷亩，分别肥塉，差为三品，各立文簿，藏之乡县"④。秦彭所为即对耕地质量的评级，同时可见东汉时期某些地方官把土地调查与评级放在同一时间进行。第二，气候条件的年度变化。气候条件好的年份，作物长势好、产量高，自然"取程"较高，反之，"取程"较低。第三，作物类型。张家山汉简《算数书·并租》载：

---

① 张家山二四七号汉墓竹简整理小组编著：《张家山汉墓竹简〔二四七号墓〕》（释文修订本），北京：文物出版社，2006年，第42页。

② 杨振红：《从新出简牍看秦汉时期的田租征收》，武汉大学简帛研究中心主办《简帛》第三辑，上海：上海古籍出版社，2008年，第331—342页。

③ 朱汉民、陈松长主编：《岳麓书院藏秦简（壹）》，上海：上海辞书出版社，2010年，第113页。

④ 范晔：《后汉书》卷七十六《循吏列传》，北京：中华书局，1965年，第2467页。

禾三步一斗，麦四步一斗，荅五步一斗，今并之租一石，问租几何。得曰：禾租四斗卌七分【斗】十二，麦租三斗【卌七】分【斗】九，荅租二斗【卌七】分【斗】廿六。①

不同的作物"取程"完全不同，这与其不同的产量密切相关。禾的产量高于麦、荅的产量，自然"取程"较高，反之，"取程"较低。

可见，合理"取程"是征税的关键，确定"程"的工作自然落到基层官吏头上，这种制度设计的目的在于以下两个方面：其一，可以区分土地肥瘠和作物类型，防止一刀切；第二，可以根据当年的水旱、灾疫情况灵活确定税率，丰年适当提高税率，荒年降低税率。

然而，这种做法大大增加了政府的行政成本，需要国家培养大量掌握农业知识和数学技能的基层官吏。秦汉简牍中大量出现的"数"类文献，以及《九章算术》等传世的数学典籍，与培养基层官吏的行政技能息息相关，例如我们这里提到的"程田""程禾"都需要基础的数学技能。再者，这种制度使基层官吏在田税征收中起到了关键性作用，龙岗秦简150号简载："租者且出以律，告典、田典，典、田典令黔首皆智（知）之，及☐"②，基层官吏把民户应交田税告知里典、田典，再由其告知里中民众。其中，百姓不知田税计算过程，只能被动接受。再加上在"程租""程禾"中，无人监督基层官吏，他们可以上下其手，有较大的操作空间。因此，基层官吏的个人素质直接影响国家的田税能否按规定完成征收，影响秦汉时期国家的收益。我们发现，在田税征收中，官吏存在诸多徇私舞弊的现象。例如睡虎地秦简中提到了"盗徙封""匿田"③，龙岗秦简中提

---

① 张家山二四七号汉墓竹简整理小组编著：《张家山汉墓竹简〔二四七号墓〕》（释文修订本），北京：文物出版社，2006年，第137页。

② 中国文物研究所、湖北省文物考古研究所编：《龙岗秦简》，北京：中华书局，2001年，第122页。

③ 睡虎地秦墓竹简整理小组编：《睡虎地秦墓竹简·法律答问释文注释》，北京：文物出版社，1990年，第108、130页。

到了"虚租希（稀）程""租笄索不平一尺以上，赀一甲"① 等，旱滩坡东汉简也有"匿田三亩以上坐"，体现了在"程田（度田）""程禾"时基层官吏的欺上瞒下、徇私舞弊行为。正如《后汉书·刘隆传》所载：

> 是时，天下垦田多不以实，又户口年纪互有增减。十五年，诏下州郡检核其事，而刺史太守多不平均，或优饶豪右，侵刻羸弱，百姓嗟怨，遮道号呼。②

基层官吏可以通过"匿田"，少报"舆田"面积来侵吞农民部分田税，还可与地方豪右暗通款曲，帮助隐匿土地，以获取赃款。另外，在"程禾"过程中他们也容易作手脚，如故意提高税率就可以达到隐匿田税、中饱私囊的目的。通过在土地面积、税率上作手脚，减少了国家的田税收益，把豪右大族的田税转嫁到农民头上，这正是秦汉田税难以避免的制度缺陷。

综上所述，县、道是战国至秦田租征收的关键一层，那么在田租的存储、考核等方面，县与中央、郡的关系如何呢？在战国末期，郡仍具有军区性质，县的财政直接与中央对接，相关证据可见睡虎地秦简：

> 稻后禾孰（熟），计稻后年。已获上数，别粲、穤（糯）秝（黏）稻。别粲、穤（糯）之襄（酿），岁异积之，勿增积，以给客，到十月牒书数，上内【史】。
>
> 县上食者籍及它费大（太）仓，与计偕。都官以计时雠食者籍。③

---

① 中国文物研究所、湖北省文物考古研究所编：《龙岗秦简》，北京：中华书局，2001 年，第 116、119 页。

② 范晔：《后汉书》卷二十二《朱景王杜马刘傅坚马列传》，北京：中华书局，1965 年，第 780 页。

③ 睡虎地秦墓竹简整理小组编：《睡虎地秦墓竹简·秦律十八种释文注释》，北京：文物出版社，1990 年，第 28 页。

工藤元男指出秦内史通过廥籍管理全县的县仓,通过其下配置的太仓和大内管理县和都官的粮食和财货。其中,地方粮仓的粮食来源很大一部分就是田租。① 可见在战国末期,地方粮仓的粮食出入和分配要直接与内史及其属官对接,在对田租的出入管理中,我们未看到郡的参与。但到了里耶秦简中,我们发现洞庭郡通过公文、文书的方式对属县的仓储粮食等物资进行管理。如:

卅三年正月壬申朔戊戌,洞庭叚(假)守□谓县啬夫:廿八年以来,县所以令糴(籴)粟固各有数,而上见或别署或弗居。以书到时,亟各上所糴(籴)粟数后上见存,署见左方曰:若干石、斗不居日。□署主仓发,它如律令,县一书。以临沅印行事。

二月壬寅朔甲子,洞庭叚(假)守□追县,亟上勿留。眂手。以上衍印行事。(12-1784)

三月丙戌日中,邮人□以来。□发。歇手。(12-1784背)②

这是一封洞庭郡守下发至迁陵县的下行文书,文书要求下属诸县呈报近几年的"籴粟数",也就是买进粮食的数量。再如里耶秦简另一份材料也提到"及令它县当输粟迁陵□□□(12-1516)"③,"□□沅陵输迁陵粟二千石书(8-1618)"④,这两份也应是洞庭郡下发至迁陵县的文书。这几份文书虽然与田租征收无关,但涉及仓储粮食的管理。可见,在秦统

---

① 当然在某些地区,由于环境和农业生产技术的局限,民田产量有限,田租所占比例并不高,尤以迁陵县为代表。据晋文考证,迁陵县所垦田数量不多,截止到始皇三十五年,迁陵新增舆田"租六百七十七石",原有舆田"租凡九百一十"石,总共才有1587石(晋文:《里耶秦简中的积户与见户——兼论秦代基层官吏的量化考核》,《中国经济史研究》,2018年第1期)。

② 里耶秦简牍校释小组:《新见里耶秦简牍资料选校(三)》,简帛网(http://www.bsm.org.cn/? qinjian/6449.html),2015年8月7日。

③ 里耶秦简博物馆、出土文献与中国古代文明研究协同创新中心中国人民大学中心编著:《里耶秦简博物馆藏秦简》,上海:中西书局,2016年,第134页。

④ 陈伟主编:《里耶秦简牍校释(第一卷)》,武汉:武汉大学出版社,2012年,第369页。

一后，国家由战时状态转向日常治理状态，县、道数量庞大、事务繁杂，原先的内史—县道体系也无力应对，郡下辖县的格局应运而生，"中央遂逐渐将民政、人事、财政等权力下放至郡，与县道之间建立起相对完整的行政关系，郡一级的地方政府因此形成"①。但同时我们要看到，秦郡下辖县格局虽然已基本完成，但县与秦内史的关系仍然十分密切。在不少事务中，县仍然与内史直接对接，而郡更多起的是传递、下发文书、公文以指导的作用。例如里耶秦简中有不少简牍提到了兵器"委输"的事务，例如：

> 今洞庭兵输内史及巴、南郡、苍梧，输甲兵当传者多。节（即）传之，必先悉行乘城卒、隶臣妾、城旦舂、鬼薪白粲、居赀赎责（债）、司寇、隐官践更县者。②

该文提到了洞庭郡将兵器输送到内史和巴郡、南郡、苍梧郡。洞庭郡对承担"委输"的人员提出了具体要求，要求属县按照城卒、隶臣妾、城旦舂、鬼薪白粲、居赀赎债、司寇、隐官践更县者为序征调人员。可见具体承担者是洞庭郡下属诸县，自然迁陵县也被分配有任务。里耶秦简中有不少文书也反映了迁陵县把物资输送到内史的内容，例如：

> 廿七年三月丙午朔己酉，库后敢言之：兵当输内史，在贰春□□□□五石一钧七斤，度用船六丈以上者四楼（艘）。谒令司空遣吏、船徒取。敢言之。☒（8-1510）
> 三月辛亥，迁陵守丞敦狐告司空主，以律令从事。……昭行

---

① 郭涛：《出土简牍所见秦代地方行政运行的空间结构》，《学术月刊》，2023年第4期。
② 里耶秦简博物馆、出土文献与中国古代文明研究协同创新中心中国人民大学中心编：《里耶秦简博物馆藏秦简》，上海：中西书局，2016年，第68页。

三月己酉水下下九，佐赺以来。釦半。(8-1510 背)①
迁陵余完可用当予洞庭县，不当输内史者。(9-42)
☐迁陵敝当粪不当输内史者。(9-200)
☒【陵】敝可补缮当输内史者。☒ (9-1616)②

正如小林文治所言，"虽然洞庭郡应统管'输内史'的任务，但县级以下的任务，如物资管理及分选承担人员等，是由迁陵县负责的"③。秦内史承担财政管理职责，县仍然承担了输送兵器的任务，郡的任务主要以文书行政为主。可见，县仍然是秦行政的重心所在。

其次为户赋，我们从户赋的征收和管理入手进行论述。岳麓秦简《金布律》规定：

出户赋者，自秦庶长以下，十月户出刍一石十五斤；五月户出十六钱，其欲出布者，许之。十月户赋，以十二月朔日入之，五月户赋，以六月望日入之，岁输泰守。十月户赋不入刍而入钱者，入十六钱。吏先为？印，敛，毋令典、老挟户赋钱。④

再来看张家山汉简《田律》："卿以下，五月户出赋十六钱，十月户出刍一石，足其县用，余以入顷刍律入钱。"⑤ 由以上两条律文可知，秦至汉初的户赋均分两次征收，一次为五月，一次为十月。五月户赋征钱，十月

---

① 陈伟主编：《里耶秦简牍校释（第一卷）》，武汉：武汉大学出版社，2012年，第341页。
② 陈伟主编：《里耶秦简牍校释（第二卷）》，武汉：武汉大学出版社，2018年，第50、86、336页。
③ 小林文治：《秦代物资输送形态试析——以"委输"为切入点》，《中国经济史研究》，2021年第6期。
④ 陈松长主编：《岳麓书院藏秦简（肆）》，上海：上海辞书出版社，2015年，第107页。
⑤ 张家山二四七号汉墓竹简整理小组编著：《张家山汉墓竹简〔二四七号墓〕》（释文修订本），北京：文物出版社，2006年，第43页。

正值秋收之后，征收刍稿。当然根据岳麓秦简所载，十月户赋也可缴钱。其实，汉初十月户赋已径称"户刍"，所谓户赋单指五月户赋。田租为国家财政毋庸置疑，而户赋为何分两次征收？为何五月户赋要"岁输泰守"？朱圣明提出的观点值得我们思考，他认为"秦及汉初的五月户出钱应由本县全数输往郡守呈送帝室或存于地方，属帝室财政；十月户出刍则在本县留足用度后输往郡守缴作国用，归国家财政"①。我们来看张家山汉简《二年律令·金布律》：

> 官为作务、市及受租、质钱，皆为缿，封以令、丞印而入，与参辨券之，辄入钱缿中，上中辨其廷。质者勿与券。租、质、户赋、园池入钱县道官，勿敢擅用，三月壹上见金、钱数二千石官，二千石官上丞相、御史。②

再如岳麓秦简《金布律》规定：

> 金布律曰：官府为作务、市受钱，及受赍、租、质、它稍入钱，皆官为缿，谨为缿空（孔），娶（须）毋令钱能出，以令若丞印封缿而入，与入钱者叁辨券之，辄入钱缿中，令入钱者见其入。月壹输缿钱，及上券中辨其县廷，月未尽而缿盈者，辄输之，不如律，赀一甲。③

可见，秦及汉初律令对户赋在内的地方收入的收取、存储要求严格。尤其是在十月户赋的（户刍）征收过程中，为了防止里典、里老中饱私囊，律

---

① 朱圣明：《秦至汉初户赋再考察——兼论复合型赋税的存在与分化》，《中国经济史研究》，2023年第3期。
② 张家山二四七号汉墓竹简整理小组编著：《张家山汉墓竹简〔二四七号墓〕》（释文修订本），北京：文物出版社，2006年，第67页。
③ 陈松长主编：《岳麓书院藏秦简（肆）》，上海：上海辞书出版社，2015年，第108页。

令要求国家职官系统的官吏用"印"来收取,并且将户赋等收入置于缿中,以县令、丞印封,同时制作三辨券入其中。每月把缿钱和上券中辨交到县廷中。相关内容还可参见:

> 田律曰:吏归休,有县官吏乘乘马及县官乘马过县,欲贲刍稾、禾、粟、米及买菽者,县以朔日平贾(价)受钱,先为钱及券,缿以令、丞印封,令、令史、赋主各挟一辨,月尽发缿令、丞前,以中辨券案雠(雠)钱,钱辄输少内,皆相与靡(磨)除封印,中辨臧(藏)县廷。①

过路官吏购买粮食、粮草的费用应该属于稍入钱②,这笔费用的缴纳就采用前述的流程,其中我们需要注意"钱辄输少内"。里耶秦简中也有不少金钱出入的文书与少内相关,少内是秦代县级财物的官吏机构③。县少内作为县级财政机构,负责全县金钱等财物的出入,受到县廷的监督和考核,所以我们在前揭岳麓秦简中看到"月壹输缿钱,及上券中辨其县廷",县廷通过金布曹利用三辨券来实现对少内的核查和监督④。

通过秦汉简牍材料,我们发现县的钱款收入来源大致包括官府为作务、市钱,包括租钱、质钱、赘钱、户赋、园池收入等几个方面,其中"租、质、户赋、园池入钱",这几笔收入都属于"县道官勿敢擅用"的"禁钱"⑤。租、质、户赋、园池收入由县、道官上交二千石官(包括郡守),再由二千石官上报丞相、御史。当然县把这几种收入上交的期限是不同的,租、质等自然可以每三个月上交郡,而户赋、园池之入很难遵守

---

① 陈松长主编:《岳麓书院藏秦简(肆)》,上海:上海辞书出版社,2015年,第104—105页。
② 关于"稍入钱",参看郭浩:《秦汉时期现金管理刍议——以岳麓秦简、居延汉简"稍入钱"为例》,《中国社会经济史研究》,2013年第3期。
③ 王四维:《秦县少内财政职能及其管理制度》,《史学月刊》,2020年第11期。
④ 王四维:《秦县少内财政职能及其管理制度》,《史学月刊》,2020年第11期。
⑤ 朱圣明:《秦至汉初户赋再考察——兼论复合型赋税的存在与分化》,《中国经济史研究》,2023年第3期。

这条规定，其中户赋应该如岳麓秦简所言"五月户赋，以六月望日入之，岁输泰守"，而园池之入可能也采用一岁一上交的方式。在这几种收入之外的官为作务市钱、赏钱等其他收入显然可供县自己用度，这也是少内支出的主要来源。

与之相比，十月户赋（户刍）首先要满足的是县的用度，如张家山汉简《二年律令·田律》规定："卿以下，五月户出赋十六钱，十月户出刍一石，足其县用，余以入顷刍律入钱。"这是十月户赋（户刍）与五月最大的不同点。

众所周知，汉代财政分为帝室财政和国家财政两个系统，这就是《史记·平准书》所言："量吏禄，度官用，以赋于民。而山川园池市井租税之入，自天子以至于封君汤沐邑，皆各为私奉养焉，不领于天下之经费。"① 另如卫宏《汉官旧仪》记述："民田积刍稿，以给经用，备凶年。山泽鱼盐市税，以给私用。"② 再如《后汉书志·百官三》"少府"条注引《汉官》曰："少者小也，小故称少府。王者以租税为公用，山泽陂池之税以供王之私用。"③ 当然汉代这两套财政系统不会是无本之木，从户赋的征收就可以发现这种财政二分系统的端倪。不过我们需要关注的是，在这种财政系统中，秦代的县和郡究竟扮演了何种角色。

毫无疑问，不论是在帝室财政收入还是国家财政收入中，县的财政收入是最为重要的来源，前面我们关注了县财政收入中的租、质、户赋、园池收入是为"禁钱"，属于帝室财政的一部分，也就是《史记·平准书》中所说的"山川园池市井租税之入"。我们注意到作为"禁钱"的五月户赋是直接上交郡，再由郡上交丞相、御史等中央机构，县不能擅自使用租、质、户赋、园池收入等禁钱。可见，秦对包括户赋在内的"禁钱"要求非常严格，县是征收机构，而郡是监督机构，最终要由郡上交中央。而与之相对的，十月户刍在秦被视为户赋，而顷刍稿则被视为田租的一部

---

① 司马迁：《史记》卷三十《平准书》，北京：中华书局，1959年，第1418页。
② 孙星衍等辑，周天游点校：《汉官六种》，北京：中华书局，1990年，第50页。
③ 范晔：《后汉书》，北京：中华书局，1965年，第3592页。

分，十月户刍同顷刍稿一样，首先要满足县的用度，而不是郡的用度，由此体现了县在秦经济运行中的基础性作用。而郡在帝国经济中并不占主要地位，郡是承宣中央法令，监督、指导所辖诸县的一层政区，经济职能并非秦郡的主业。甚至我们看到，战国末期秦县刍稿的仓储收纳还要接受内史的监督和管理①，此后，郡的经济职能才逐步增加。从这个方面来看，秦郡仍然处于从战时军区向和平时的政区演变的过程中。换而言之，秦是郡从帝室（王室）直辖向基层政区转变的关键时期。

第三节　秦县的土地管理和农业调控

秦代极为重视农业和土地，"理民之本，在于地著"，因此土地的开垦与农业的开展就成为秦县最为重要的经济职能之一。例如岳麓秦简言：

> 郡及关外黔首有欲入见亲、市中县【道】，【毋】禁锢者殹（也），许之。入之，十二月复，到其县，毋后田。田时，县毋□入殹（也）。而澍不同，是吏不以田为事殹（也）。或者以澍穜时繇（徭）黔首而不顾其时，及令所谓春秋试射者，皆必以春秋闲时殹（也）。今县或以黔首急耕、穜、治苗时已乃试之，而亦曰春秋试射之令殹（也），此非明吏所以用黔首殹（也）。丞相其以制明告郡县，及毋令吏以苛繇（徭）夺黔首春夏时，令皆明焉。以为恒，不从令者，赀丞、令、令史、尉、尉史、士□吏、发弩各二甲。②

这条"毋夺田时令"明确要求外地进入中县道的民众必须在农忙季节回乡务农，各县官署不得以春秋试射和徭役影响农时。这类律令在睡虎地

---

① 例如睡虎地秦简《秦律十八种·仓律》规定："入禾稼、刍稿，辄为廥籍，上内史。"见睡虎地秦墓竹简整理小组编：《睡虎地秦墓竹简·秦律十八种释文注释》，北京：文物出版社，1990年，第27页。

② 陈松长主编：《岳麓书院藏秦简（肆）》，上海：上海辞书出版社，2015年，第216—218页。

秦简中也多有发现。作为治民的县是秦王朝推行重农政策的关键，因此秦王朝对县的官员要求严格。这里规定如果违反了该条法令，县令、县丞以下各级官吏都要罚二甲。

除了"毋夺田时"外，秦王朝非常重视田地开垦，并作为考核官吏的重要标准。例如里耶秦简记载：

> 迁陵卅五年垦田舆五十二顷九十五亩，税田四顷□□
> 户百五十二，租六百七十七石。率之，亩一石五；
> 户婴四石四斗五升，奇不率六斗。
> 启田九顷十亩，租九十七石六斗。
> 都田十七顷五十一亩，租二百卌一石。
> 贰田廿六顷卅四亩，租三百卅九石三。
> 凡田七十顷卌二亩。租凡九百一十。
> 六百七十七石。①

再如：

> 卅四年六月甲午朔乙卯，洞庭守礼谓迁陵丞：丞言徒隶不田，奏曰：司空厌等当坐，皆有它罪，耐为司寇。有书，书壬手。令曰：吏仆、养、走、工、组织、守府门、刜匠及它急事不可令田，六人予田徒四人。徒少及毋徒，薄（簿）移治房御史，御史以均予。今迁陵廿五年为县，廿九年田廿六年尽廿八年当田，司空厌等失弗令田。弗令田即有徒而弗令田且徒少不傅于奏。及苍梧为郡九岁乃往岁田。厌失，当坐论，即如前书律令。七月甲子朔癸酉，洞庭叚（假）守绎追迁陵。歇手。以沅阳印行事。②

---

① 陈伟主编：《里耶秦简牍校释（第一卷）》，武汉：武汉大学出版社，2012年，第345—346页。

② 陈伟主编：《里耶秦简牍校释（第一卷）》，武汉：武汉大学出版社，2012年，第217页。

前者是秦始皇三十五年迁陵县新开垦农田的统计，总数为五十二顷九十五亩，文书最后的"凡田七十顷卅二亩"是包括三十五年开垦数在内的历年垦田合计。从"户婴四石四斗五升"中，我们推测该文书应该统计的是民田的开垦面积。后者从"徒隶不田"可以看出这里说的是公田开垦，这则文书是迁陵县司空厌等因开垦公田不力而获罪。从这两则文书中我们可以看到，秦重视土地开垦，而且对县及以下官吏的考核不仅仅局限于民田开垦，对公田的开垦亦有要求。张家山汉简《二年律令·田律》规定："县道已垦田，上其数二千石官，以户数婴之，毋出五月望。"①可见汉初仍然要求县、道将每年开垦土地的亩数上报郡一级，其规定与上引里耶秦简的资料可相互印证。

秦实行国家授田制，县级政府就是秦王朝实现授田的基层机构。里耶秦简中的两则材料为我们展现了县是如何授予百姓土地的：

卅三年六月庚子朔丁巳，守武爰书：高里士五（伍）吾武自言谒狠（垦）草田六亩武门外，能恒籍以为田。典缦占。九【月】丁巳，田守武敢言之：上黔首狠（垦）草一牒。敢言之。衔手。

卅五年三月庚寅朔丙辰，贰春乡兹爰书：南里寡妇憗自言谒狠（垦）草田故桒（桑）地百廿步，在故步北，恒以为桒（桑）田。三月丙辰，贰春乡兹敢言之，上。敢言之。诎手。②

从上引两条简文中，可以了解普通百姓如何经官府认可占有田地的具体情况。晋文先生总结了授田登记与管理的规定和程序，"迁陵的授田登记大致有自报、审定和复查三个环节。简文所说的'谒垦'即为自报，是受田人向官府申请垦荒。而负责基层授田的人员则为乡、里的主事，如乡啬夫、乡佐和里典等。在'行田'过程中，通常均由他们来丈量'谒垦'

---

① 张家山二四七号汉墓竹简整理小组编著：《张家山汉墓竹简〔二四七号墓〕》（释文修订本），北京：文物出版社，2006年，第42页。

② 里耶秦简博物馆、出土文献与中国古代文明研究协同创新中心中国人民大学中心编著：《里耶秦简博物馆藏秦简》，上海：中西书局，2016年，第194、179页。

的草田面积,并和受田人一起划定田界,造册登记,此即审定。然后再报送主管垦田的机构——'田'——复查与备案,田守还要汇总、上报近期民户的'垦草'情况"①。县内田地分为民田和公田,民田适用的就是秦的授田制度。从里耶秦简可以发现,迁陵县授予高里士伍吾武的田地是草田,即未经开垦的可耕地,这也是秦授田的基本面。在授田过程中,县的各级机构均参与其中,从最底层的里典到乡吏再到县的田,最终到县廷汇总、审核、上报。通过军功爵制建立起来的名田制是秦国推行农战的基础。秦统一后,秦王朝通过授田逐步建立起全国规模的"名田宅制",秦始皇三十一年"使黔首自实田",实际上确认了现有土地的占有情况。这就为稳定政局、安抚六国百姓提供了经济前提,同时也为土地管理和赋税征收奠定了基础。② 由之,维护土地占有制度成为县的重要工作之一,目的就是使耕者有其田。因此,秦人极为重视土地规划,划定阡陌,明确耕地归属,相关内容可见青川秦牍:

> 田广一步,袤八则,为畛。亩二畛,一百(陌)道。百亩为顷,一千(阡)道。道广三步。封高四尺,大称其高。捋(埒)高尺,下厚二尺。"
>
> 以秋八月,修封捋(埒),正彊(疆)畔,及癹千(阡)百(陌)之大草。九月,大除道及阪险。十月,为桥,修波堤,利津梁鲜草。离(虽)非除道之时,而有陷败不可行,辄为之。③

亦可见龙岗秦简:

> 侵食道,千(阡)郎(陌)及斩人畴企(畦)赀一甲(120)

---

① 晋文:《新出秦简中的授田制问题》,《中州学刊》,2020年第1期。
② 杨振红:《秦汉"名田宅制"说——从张家山汉简看战国秦汉的土地制度》,《中国史研究》,2003年第3期。
③ 李均明、何双全编:《秦汉魏晋出土文献散见简牍合辑》,北京:文物出版社,1990年,第51页。

盗徙封，侵食冢庐，赎耐；☐☐宗庙叕（堧）☐（121）

黔首皆从千（阡）佰（陌）彊（疆）畔之其☐（154）①

可见，秦对侵夺他人疆界和田地的行为处以"赀一甲"的罚款，并对私自改动田地疆界的行为处以耐刑，主要目的就在于维护当前的土地占有制，要求百姓"皆从阡陌疆畔"。

睡虎地秦简《法律答问》中也可以看到秦对破坏田地疆界的处罚："'盗徙封，赎耐。'可（何）如为'封'？'封'即田千佰。顷半（畔）'封'殹（也），且非是？而盗徙之，赎耐，可（何）重也？是，不重。"② 对田亩疆界进行定期维护属于县的日常工作之一，其主要目的是确定田亩归属，维护土地占有，防止出现土地纠纷，为下一步的田租征收奠定基础。

在授田的过程中，亦要防止出现徇私舞弊现象，例如龙岗秦简载："廿四年正月甲寅以来，吏行田赢律（？）詐（诈）☐""田不从令者，论之如律。☐"③ 这些工作由县下的田负责，田的长官为田啬夫，其中设置在县治的为都田啬夫，总管全县的民田事务。全县的田分为几个田部，例如里耶秦简中就有"左田""右田"之说④。田部长官叫田啬夫，属于都田的"离官"⑤。故都田啬夫下辖田部啬夫、田佐、史、田典等。田部的官职设置非常接近于乡部，乡部可视为县设在县下管理民众的分支机构，田部为都田设在各乡邑的分支机构。⑥ 从职责上来看，以田为中心，与田相

---

① 中国文物研究所、湖北省文物考古研究所编：《龙岗秦简》，北京：中华书局，2001年，第111、112、124页。

② 睡虎地秦墓竹简整理小组编：《睡虎地秦墓竹简·法律答问释文注释》，北京：文物出版社，1990年，第108页。

③ 中国文物研究所、湖北省文物考古研究所编：《龙岗秦简》，北京：中华书局，2001年，第109、110页。

④ 详见陈伟主编：《里耶秦简牍校释（第二卷）》，武汉：武汉大学出版社，2018年，第134页。

⑤ 陈伟主编：《秦简牍合集（壹）》，武汉：武汉大学出版社，2014年，第162页。

⑥ 李勉：《再论秦及汉初的"田"与"田部"》，《中国农史》，2015年第3期。

关的事务均为田负责。当然在具体操作过程中，例如确定、修正田地疆界和授田，田要和乡部官吏以及里典相互配合。值得注意的是，睡虎地秦简《田律》："百姓居田舍者毋敢䤂（酤）酉（酒），田啬夫、部佐谨禁御之，有不从令者有罪。"① 岳麓简也有相关规定："黔首居田舍者毋敢䤂（酤）酒，不从令者罨（迁）之，田啬夫、吏、吏部弗得，赀各二甲，丞、令、令史各一甲。"② 针对百姓在田舍中"酤酒"的约束，主要负责的是田啬夫，可见乡与田有明确的分工职责。乡主管邑中百姓，田负责田中事务，百姓在田中的活动不由乡部而由田部负责管理。这反映了秦代已形成分工明确、职责清晰的科层化官僚体系。除了授田、垦田等工作外，农田的维护、水利设施的修建也是县日常工作的重点之一，此自不必赘述。

第四节　秦县的派出机构——乡治理

秦代的县是最低一级的、拥有完整权力的政区。那么我们该如何看待乡在秦代县以下机构中的地位呢？为何乡作为治理百姓的基层组织却不能被视作一级政区？在秦代科层化官僚体系下，以治民为主要职能的乡，与其他官啬夫有何同异？秦乡的设置体现了秦人何种治理理念？

一、秦代乡的工作和职能

> 大率十里一亭，亭有长。十亭一乡，乡有三老、有秩、啬夫、游徼。三老掌教化。啬夫职听讼，收赋税。游徼徼循禁贼盗。县大率方百里，其民稠则减，稀则旷，乡、亭亦如之，皆秦制也。……凡县、道、国、邑千五百八十七，乡六千六百二十二，亭二万九千六百三

---

① 陈伟主编：《秦简牍合集〔壹〕》，武汉：武汉大学出版社，2014年，第50页。
② 陈松长主编：《岳麓书院藏秦简（肆）》，上海：上海辞书出版社，2015年，第106、161页。

十五。①

这里所列乡的吏员包括：三老、有秩、啬夫、游徼，此为汉武帝之后的乡制。秦代乡吏由乡啬夫和佐、史构成，无三老和游徼，同时只有啬夫，没有有秩。

里耶秦简中有一份"迁陵吏志"：

> 迁陵吏志：吏员百三人。令史廿八人，【其十】人繇（徭）使，【今见】十八人。官啬夫十人。其二人缺，三人繇（徭）使，今见五人。校长六人，其四人缺，今见二人。官佐五十三人，其七人缺，廿二人繇（徭）使，今见廿四人。牢监一人。长吏三人，其二人缺，今见一人。凡见吏五十一人。②

学界争议较大的就是十名官啬夫（简称"十官"）的组成，沈刚对此有所汇总。加上沈刚的意见，我们将学界对"十官"的研究情况列表如下：

迁陵县"十官"研究情况表③

研究者	"十官"构成情况									
单印飞	司空	少内	仓	畜官	田官	库	厩	发弩	田	
水间大辅	司空	少内	仓	畜	田（官）	库	厩	发弩	船	

---

① 班固：《汉书》卷十九上《百官公卿表上》，北京：中华书局，1962年，第742-743页。
② 陈伟主编：《里耶秦简牍校释（第二卷）》，武汉：武汉大学出版社，2018年，第167-168页。
③ 参考沈刚：《秦汉县级诸官的流变：以出土文献为中心的讨论》，《社会科学》，2023年第1期。

(续表)

研究者	"十官"构成情况											
邹水杰	司空	少内	仓	畜官	田(官)	船官	尉	都乡	启陵	贰春		
刘鹏	司空	少内	仓	畜官	田官	库	尉	发弩	田	厩		
孙闻博旧说	司空	少内	仓	畜官	田(官)	库	尉	发弩	船官	厩	司马	狱	三乡
金钟希	司空	少内	仓	畜官	田官	库	尉	发弩	田	厩		
孙闻博新说	司空	少内	仓	畜官	田官	库	田	都乡	启陵	贰春		
沈刚	司空	少内	仓	畜官	田官	库	田	都乡	启陵	贰春		

其实我们很难将迁陵县十名官啬夫一一对应,例如学界对田与田官系统就有不少争论,田官系统是否可纳入县下诸官之列,是否属于县廷直辖,这些问题尚需讨论。因此,我们需要从县下诸官的职能出发,思考乡的性质。秦至汉初,县下吏员官曹分立,可分为两个系统,分别为县下诸官和县廷列曹。其中主持县廷列曹的令史担负着审计、文书、监督等工作,此外还有参与乡官事务、代理乡部啬夫等职责。[①] 而县下诸官担负着日常行政工作,仓、库二官是毋庸置疑的县下诸官,他们分别负责粮仓和库房的管理工作。我们再来看乡的职能。乡的主要职责在于对编户齐民的管控,包括征发赋税、兴发徭役、户籍管理、乡里治安等。例如岳麓秦简《徭律》规定:

> 岁兴繇(徭)徒,人为三尺券一,书其厚焉。节(即)发繇(徭),乡啬夫必身与典以券行之。田时先行富有贤人,以闲时行贫者,皆月券书其行月及所为日数,而署其都发及县请(情)。其当行而病及不存,署于券,后有繇(徭)而聂(蹑)行之。节(即)券繇(徭),令典各操其里繇(徭)徒券来与券以异繇(徭)徒,勿征赘,勿令费日。其移徙者,辄移其行繇(徭)数徒所,尽岁而更为券,各

---

① 孙闻博:《令史与秦及汉初的县乡行政》,《河北学刊》,2022年第3期。

取其当聂（蹑）及有赢者日数，皆署新券以聂（蹑）。①

在兴徭过程中，乡啬夫要亲自参加，"必身与典以券行之"，不能只让里典单独处理，体现了乡的兴徭职能。岳麓秦简《徭律》还规定：

> 兴繇（徭）及车牛及兴繇（徭）而不当者及擅傅（使）人属弟子、人复复子、小赦童、弩，乡啬夫吏主者，赀 147 各二甲，尉、尉史、士吏、丞、令、令史见及或告而弗劾，与同罪。弗见莫告，赀各一甲。148②

兴徭的主要责任人是乡啬夫和吏主者（主要为乡吏），而后面的尉、尉史等人要负监管责任。因此，兴发徭役是乡的工作和职能。

在户赋征收中，乡吏负有主要责任，如岳麓秦简《金布律》曰：

> 出户赋者，自泰庶长以下，十月户出刍一石十五斤；五月户出十六钱，其欲出布者，许之，十月户赋，以十二月朔日入之，五月户赋，以六月望日入之，岁输泰守。十月户赋不入刍而入钱者，入十六钱。吏先为？印，敛，毋令典、老挟户赋钱。③

令文明确规定，在户赋的征收过程中，吏要用印来征敛，这里的吏只能是乡吏。由于典、老并非官吏，所以禁止典、老"挟户赋钱"。里耶秦简 8-518 载：

---

① 陈松长主编：《岳麓书院藏秦简（肆）》，上海：上海辞书出版社，2015 年，第 149—150 页。

② 陈松长主编：《岳麓书院藏秦简（肆）》，上海：上海辞书出版社，2015 年，第 116—117 页。

③ 陈松长主编：《岳麓书院藏秦简（肆）》，上海：上海辞书出版社，2015 年，第 107 页。

> 卅四年，启陵乡见户、当出户赋者志：☐见户廿八户，当出茧十斤八两。☐①

在日常政务运行中，户赋也是由乡来征收、统计上交县廷的。里耶秦简8-1454+8-1629载：

> ☐都乡柀不以五月敛之，不应律。都乡守芇谢曰：乡征敛之，黔首未肎（肯）入☐□史。☐之写上敢言之。华手。②

根据前引岳麓秦简《金布律》"五月户出十六钱"及张家山汉简《二年律令》"卿以下，五月户出赋十六钱，十月户出刍一石"，可推知"以五月敛之"很可能指的就是户赋的征收，这里明确了户赋是由"乡征敛之"。

田租也是如此，例如：

> 迁陵卅五年垦田舆五十二顷九十五亩，税田四顷☐☐
> 户百五十二，租六百七十七石。率之，亩一石五；
> 户婴四石四斗五升，奇不率六斗。
> 启田九顷十亩，租九十七石六斗。
> 都田十七顷五十一亩，租二百卅一石。
> 贰田廿六顷卅四亩，租三百卅九石三。
> 凡田七十顷卅二亩。租凡九百一十。③

---

① 陈伟主编：《里耶秦简牍校释（第一卷）》，武汉：武汉大学出版社，2012年，第172页。
② 陈伟主编：《里耶秦简牍校释（第一卷）》，武汉：武汉大学出版社，2012年，第331页。
③ 陈伟主编：《里耶秦简牍校释（第一卷）》，武汉：武汉大学出版社，2012年，第345—346页。

迁陵县的垦田和田租统计以乡为单位，说明垦田簿和田租簿是由乡来进行统计、归总、编造并上交县廷的。

在户籍管理中，里耶秦简有"乡户计"，里耶秦简 8-1236+8-1791 为都乡的户籍统计资料，其内容为：

> 今见一邑二里：大夫七户，大夫寡二户，大夫子三户，不更五户，□□四户，上造十二户，公士二户，从廿六户。①

显然户籍统计也是由乡吏完成，以乡为单位上报县廷的。张家山汉简《二年律令·户律》载：

> 恒以八月令乡部啬夫、吏、令史相杂案户籍，副臧（藏）其廷。有移徙者，辄移户及年籍爵细徙所，并封。留弗移，移不并封，及实不徙数盈十日，皆罚金四两；数在所正、典弗告，与同罪。乡部啬夫、吏主及案户者弗得，罚金各一两。②

八月户籍的编造要由乡啬夫、乡吏和令史来负责，其原始记录在乡中，副本藏于县廷。另外，里耶秦简 16-9 载：

> 廿六年五月辛巳朔庚子，启陵乡廑敢言之：都乡守嘉言：渚里□☑劾等十七户徙都乡，皆不移年籍。令曰："移言。"今问之劾等徙□书，告都乡曰：启陵乡未有牒（牒），毋以智（知）劾等初产至今年数。□□□□，谒令都乡具问劾等年数，敢言之。☑迁陵守丞敦狐告都乡主：以律令从事。建手。□☑甲辰，水十一刻[刻]下者十刻，

---

① 陈伟主编：《里耶秦简牍校释（第一卷）》，武汉：武汉大学出版社，2012 年，第 297 页。
② 张家山二四七号汉墓竹简整理小组编著：《张家山汉墓竹简〔二四七号墓〕》（释文修订本），北京：文物出版社，2006 年，第 54 页。

不更成里午以来。隸手。①

启陵乡下辖渚里劾等十七户迁徙都乡，未按规定移送年籍，都乡将此事上报县廷责问启陵乡。启陵乡回复说：本乡没有年籍（牒），不知道劾等人的年龄，请求都乡自行询问他们的年龄。根据这段简文可知，迁陵县、启陵乡并不掌握民户的年籍。张荣强先生认为这可能是秦统治楚地伊始制度不完善的表现。② 王彦辉先生认为这十七户的户籍已经随人移送，否则都乡不会单独索要年籍。③ 但是从中我们可以发现，乡部是户籍编造工作的主要责任者，户籍的原始记录应保存在乡中，故都乡通过县廷向启陵乡要求这批迁徙于都乡的编户的年籍。

除此之外，在乡里秩序、治安管理中，乡啬夫也负主要责任，例如岳麓秦简载：

> 律曰：黔首不田作，市贩出入不时，不听父母笱若与父母言，父母、典、伍弗忍告，令乡啬夫数谦（廉）问，捕系【献廷】，其罪当完城旦以上，其父母、典、伍弗先告，赀其父若母二甲，典、伍各一甲。乡啬夫弗得，赀一甲，令、丞一盾。有【犯律者】辄以律论及其当坐者，乡啬夫弗得，以律论及其令、丞，有（又）免乡啬夫。廷甲十一
>
> 诸犯令者，其同【居】、典、伍或□告相除，除其当坐者；同居、典、伍弗□告，乡啬夫得之，除乡啬夫及令、丞，□论其典、伍

---

① 湖南省文物考古研究所等：《湖南龙山里耶战国——秦代古城一号井发掘简报》，《文物》，2003年第1期；马怡：《里耶秦简选校》，中国社会科学院历史研究所学刊编委会编辑《中国社会科学院历史研究所学刊》第四集，北京：商务印书馆，2007年，第137-138页。
② 张荣强：《汉唐籍帐制度研究》，北京：商务印书馆，2010年，第20页。
③ 王彦辉：《出土秦汉户籍简的类别及登记内容的演变》，《史学集刊》，2013年第3期。

> □□，乡【部啬夫】……论其乡部啬夫及同居、典、伍。廷甲十四①

典、老、伍、同居、伍人等由于与当事者密切接触，是第一责任人，而乡啬夫负有监管职责，因此对乡啬夫的处罚与典、老等相同。

在对编户齐民的日常管理中，乡啬夫也是主要责任人，例如岳麓秦简《尉卒律》曰：

> 为计，乡啬夫及典、老月辟其乡里之入毂（穀）、徙除及死亡者，谒于尉，尉月牒部之，到十月乃比其牒，里相就殹（也）以会计。黔[首]之阑亡者卒岁而不归，其计，籍书其初亡之年月于结，善臧（藏）以戒其得。②

乡啬夫、典、老要统计每月乡里的粮食生产、编户齐民的迁徙与死亡情况，把簿籍上报县尉。

因此，从以上职能来看，秦代乡啬夫的工作主要与编户齐民的管理相关。那么乡啬夫属于县下诸官还是独立的治民官呢？岳麓秦简几份资料可作研究依据：

> 田律曰：租禾稼、顷刍稿，尽一岁不臑（毕）入及诸贷它县官者，书到其县官，盈卅日弗入及有逋不入者，赀其人及官啬夫、吏主者各一甲，丞、令、令史各一盾。逋其入而死、亡有罪毋（无）后不可得者，有（又）令官啬夫、吏代偿。③

---

① 陈松长主编：《岳麓书院藏秦简（伍）》，上海：上海辞书出版社，2017年，第133—134、136—137页。
② 陈松长主编：《岳麓书院藏秦简（肆）》，上海：上海辞书出版社，2015年，第114页。
③ 陈松长主编：《岳麓书院藏秦简（肆）》，上海：上海辞书出版社，2015年，第103页。

前文已明，田租是以乡为单位进行征收的。该令文言：如果田租、刍稿未足额征收或借贷给其他官府，文书下达到官府超三十日未补全者，要处罚负责人和官啬夫、吏主者。该令文使用的"官啬夫"一词，显然是笼统称法，因为田租征收是田部和乡部合作完成的，如果使用专称，至少应该包括田啬夫、乡啬夫，吏主者包括乡吏和田部吏。再如：

> 田律曰：毋令租者自收入租，入租贳者不给，令它官吏助之。不如令，官啬夫、吏赀各二甲，丞、令、令史弗得及入租贳不给，不令它官吏助之，赀各一甲。①

这里的官啬夫应该也包括乡啬夫。由乡啬夫的职责可推知里耶秦简《迁陵吏志》中的官啬夫应该包括都乡、启陵乡、贰春乡三乡的乡啬夫。高震寰提出，将《迁陵吏志》与其他里耶秦简比较，可以发现其存在大量官吏泛称与专名并行的情况，而泛称又往往与部分专名相同。②官啬夫是职务的泛称，乡啬夫是职务的专名。

二、从乡啬夫看秦代的基层治理理念

学界多从"廷—官"模式分析县乡关系，尤以孙闻博的研究为代表。所谓啬夫，本指从事农业生产的官吏，秦代成为主管某项具体行政事务的吏员的称呼。例如田啬夫主管全县与农田相关的事务，仓、库啬夫主管粮仓、库房的管理工作等。乡啬夫自然与田、仓、库、司空等县下诸官有所差异。后几类官啬夫管理事务较为单一明确，但乡啬夫作为县下乡部的官吏，其事务较为复杂。以管理对象来说，在乡里的民户、农田、刑徒、粮草等事务中，乡啬夫均扮演着极为重要的角色。因此，从表面来看，乡啬夫与其他诸官啬夫是一种"块块"与"条条"的区别。其他官啬夫属于

---

① 陈松长主编：《岳麓书院藏秦简（肆）》，上海：上海辞书出版社，2015年，第125页。
② 高震寰：《对里耶秦简〈迁陵吏志〉的另一种假设》，周东平、朱腾主编《法律史译评》（第九卷），上海：中西书局，2021年，第37-57页。

县至乡里自上而下的管理系统,而乡啬夫则承担针对"属地"与"辖区"的管理;前者属于职能管辖,后者属于地域管辖。因此,乡啬夫自然与其他诸官啬夫存在较多职权上的重叠。到这里,我们就要思考,秦人为何将乡啬夫这样一个地域管辖的吏员与一众职能管辖的啬夫均视作县下诸官呢?

秦县内的"块块"不止乡部,还有田部、亭部。但田除了具备地域属性,仍然有都田啬夫作为整个系统的主官,其下再分为各田部,因此田这个系统属于职能管辖与地域管辖兼具的官职。但由于田的主要职责在于管理田地,总体而言它仍应被视作职能管辖,而非地域管辖。亭部亦是如此。亭的主要职责在于维持治安,当然还兼具邮驿传递之功能。另外仓也存在都仓和离邑仓。因此我们可以发现,乡啬夫与其他诸官啬夫最大的不同点在于乡啬夫属于地域管辖,其事务较为繁杂。这与县与郡下其他诸官的区别极为相似,县为治民之官,乡亦是。

既然如此,回到我们之前的提问,为何秦代的乡也属于官啬夫而未成为一级行政单位呢?严耕望先生指出,"县(道侯国)为最基层之地方行政单位……乡则县之区分而治者耳,不能算是一级行政单位,乡吏亦即县廷属吏之出部者"①。对严先生的观点,新出秦简资料予以了证实,乡的确属于县的派出机构。乡是治民之官不假,但乡不具备完整的行政权力。虽然乡的事务繁杂,但很多事务必须与其他诸官相互配合,相关案例学界已有研究,不再赘述。作为秦官僚系统最基层的分支,乡的主要职责在于治民,赋税、徭役、户籍、治安等均与民户息息相关,正因为民户事务的繁杂性,才导致了乡职务的复杂性。所以我们认为秦把乡啬夫列入官啬夫,秦人认为乡啬夫与其他诸官一样,都是管理某项事务的吏员。乡啬夫主管的就是编户,编户与刑徒、田粮、兵器、牲畜、金钱等物资一样,并无差别。而编户附着的乡里地域是乡啬夫兼掌的对象,故在田租征收、授田、刑徒管理、徭役征发等过程中,乡吏并非主管吏员。这种制度体现了自商

---

① 严耕望:《中国地方行政制度史:秦汉地方行政制度》,上海:上海古籍出版社,2007 年,第 57 页。

鞅以来，秦人一以贯之的统治理念。

  秦之统治理念在商鞅变法时就已初步成型，在此后的发展过程中，商鞅的治国理念逐步落地，成为秦的统治政策。在秦统治者眼中，国与民是二元对立的关系，例如商鞅《弱民》开篇说："民弱，国强；国强，民弱。故有道之国务在弱民。"① 就是因为"民辱则贵爵，弱则尊官，贫则重赏"，而相反，"民有私荣则贱列卑官，富则轻赏"②。在商鞅眼中，国与民是此消彼长的关系，民弱则国强。他认为民弱则贵爵、尊官、重赏，民强则"贱列卑官""轻赏"。因此，只有面对弱民，国家才可以利用官爵、名利、赏赐等资源、手段加以诱惑，利用刑法去治民，驱民耕战，为国出力。所以商鞅的众多措施都是以"弱民"为目标的，其目的就是通过弱民而强国，即"有道之国务在弱民"。这些弱民措施归纳起来就是"政作民之所恶，民弱；政作民之所乐，民强。民弱，国强；民强，国弱"③，意思是为了弱民，国家必须制定臣民厌恶的政策制度，例如农战就是臣民所恶之政，用商鞅的话说"羞辱劳苦者，民之所恶也"④，"凡战者，民之所恶也"⑤。

  商鞅治国的最终目的是国治、地广、兵强、主尊⑥，在商鞅的政治理想中并不包含民富。他认为"民贫则弱""民贫则力""弱则有用"，所以商鞅推崇"家不积粟"⑦，若"农有余食，则薄燕于岁"⑧；如果出现"民有余粮"，则"使民以粟出官爵"⑨。正如《弱民》篇中所言：

---

① 蒋礼鸿：《商君书锥指》卷五《弱民》，北京：中华书局，1986年，第121页。
② 蒋礼鸿：《商君书锥指》卷五《弱民》，北京：中华书局，1986年，第124页。
③ 蒋礼鸿：《商君书锥指》卷五《弱民》，北京：中华书局，1986年，第125页。
④ 蒋礼鸿：《商君书锥指》卷二《算地》，北京：中华书局，1986年，第49页。
⑤ 蒋礼鸿：《商君书锥指》卷四《画策》，北京：中华书局，1986年，第108页。
⑥ 蒋礼鸿：《商君书锥指》卷五《君臣》，北京：中华书局，1986年，第131-132页。
⑦ 蒋礼鸿：《商君书锥指》卷二《说民》，北京：中华书局，1986年，第39页。
⑧ 蒋礼鸿：《商君书锥指》卷五《弱民》，北京：中华书局，1986年，第125页。
⑨ 蒋礼鸿：《商君书锥指》卷三《靳令》，北京：中华书局，1986年，第78页。

> 民贫而力富，力富则淫，淫则有虱。故民富而不用，则使民以食出各必有力，则农不偷。农不偷，六虱无萌。故国富而民治，重强。①

从这段话可以清楚得知，商鞅认为只有不断使民处于贫困之中，民才会努力耕田，为国出力，这样国家才会富强。很明显，商鞅把国与民置于对立面，只有通过弱民才能达到国家强大与人主尊贵。所以，从某种意义上说，民彻底成为国强和主尊的工具。在这个过程中，秦并不在乎民的利益，不把民看做人，亦不在乎人性。商鞅和秦只在乎民是否有用，是否对强国有利。所以商鞅推崇愚民、弱民、狠民、恶民②，否定"辩慧、礼乐、慈仁、任举"③ 等人性之善，反对"礼乐、《诗》《书》、仁义、修善、孝弟、贞廉、诚信、非兵、羞战"等"六虱"④。

从战国到秦代，商鞅的思想虽然在现实政策中有变化，但总体来说"法家思想的推行在秦国一以贯之，区别主要在执行的程度差异"⑤。战国末期，韩非的思想深刻影响了秦王朝，"韩非同商鞅一样，将国家内部的阶级关系看成是一种国与民彼此对立的政治利害关系"，"只有维护以君主为最高威势的贵贱等级体系，保持集权主义的刑治高压，持续不断地虐

---

① 蒋礼鸿：《商君书锥指》卷五《弱民》，北京：中华书局，1986年，第122页。
② "民之见战也，如饿狼之见肉，则民用矣。凡战者，民之所恶也；能使民乐战者王。强国之民，父遗其子，兄遗其弟，妻遗其夫，皆曰：'不得，无返。'"（蒋礼鸿：《商君书锥指》卷四《画策》，北京：中华书局，1986年，第108页。）
③ "辩慧，乱之赞也。礼乐，淫佚之征也。慈仁，过之母也。任举，奸之鼠也。乱有赞则行，淫佚有征则用，过有母则生，奸有鼠则不止。八者有群，民胜其政；国无八者，政胜其民。民胜其政，国弱；政胜其民，兵强。故国有八者，上无以使守战，必削至亡；国无八者，上有以使守战，必兴至王。"（蒋礼鸿：《商君书锥指》卷二《说民》，北京：中华书局，1986年，第35-36页。）
④ "六虱：曰礼乐，曰《诗》《书》，曰修善，曰孝弟，曰诚信，曰贞廉；曰仁义，曰非兵，曰羞战。国有十二者，上无使农战，必贫至削。……是故兴国不用十二者，故其国多力而天下莫能犯也。"（蒋礼鸿：《商君书锥指》卷三《靳令》，北京：中华书局，1986年，第80页。）
⑤ 孙闻博：《商鞅"农战"政策推行与帝国兴衰——以"君—官—民"政治结构变动为中心》，《中国史研究》，2020年第1期。

民、掠民、胜民，才是国家稳定、发展的前提"①。例如韩非所言："故举士而求贤智，为政而期适民，皆乱之端，未可与为治也。"② 韩非认为治理国家不能顺应民众。在前文中，韩非以婴儿之心比喻民智，实际上是偷换概念，民智并非婴儿之心，两者不可同日而语，他借此非常片面地认为"民智之不足用"，所以他说"治民无常，唯治为法。法与时转则治，治与世宜则有功"。③ 可见，韩非的思想与商鞅是一脉相承的，都将国与民放在对立的位置上，需要运用国家机器对民进行思想的扼制、行为的控制和经济的剥夺，以达到国家强盛的目的。秦王朝的重农抑商、纳粟拜爵、以法为教、以吏为师、焚书坑儒、资源官营、重赋重役、刑罚严苛、二十等爵制、二男分异④等一系列政策的核心都是国、民的二元对立关系。以二男分异政策为例，秦统一后，在东方名山树立多处刻石，宣扬秦人对东方的征服和秦始皇的一统天下。刻石中虽然对男女秩序进行了大幅训诫，但"相比于《诗经》中对夫妻、父母、兄弟、宗亲等系列人伦关系的重视，刻石聚焦于以夫妻为代表的男女关系是有明显缩略的"⑤。商鞅最早提出"民有二男以上不分异者，倍其赋"⑥，这种分户政策从战国时期到汉初一直推行，其目的就是用以夫妻为主的核心家庭取代宗族聚居、同户共籍的联合家庭。通过这种变革，秦人可以打破大家族对乡里社会的垄断，更顺利地把统治的触角深入乡里社会。同时分户包含别籍和析产，为秦征发赋税徭役提供了保障。秦的分异政策实际上是对当时宗族、人伦关系的否定，完全没有考虑民的情感、经济和社会需求，虽然秦王朝大力推行分异令，但直到汉初，主干家庭和联合家庭占比仍然很高。由此可见，以分异

---

① 李禹阶：《论商鞅、韩非的国家思想及"法"理念——兼论商、韩法家理论的结构性缺陷》，《暨南学报》（哲学社会科学版），2015年第1期。
② 王先慎撰、钟哲点校：《韩非子集解》，北京：中华书局，1998年，第464页。
③ 王先慎撰、钟哲点校：《韩非子集解》，北京：中华书局，1998年，第464、475页。
④ 胡铁球：《商鞅构建农战之国的理念及其影响——以〈商君书〉为中心讨论》，《社会科学》，2016年第1期。
⑤ 李腾煜：《故事与新政之间——秦始皇刻石新考》，《古代文明》，2022年第4期。
⑥ 司马迁：《史记》卷六十八《商君列传》，北京：中华书局，1959年，第2230页。

令为代表的秦政并不得民心。

秦把最亲民的乡啬夫列入与田、仓、库等同类的官啬夫之中，而并未赋予其更多的行政权力，使之无法具备一级政区的地位，这就是国、民二元对立关系的反映。秦人认为编户与刑徒、田粮、兵器、牲畜、金钱等一样，都属于秦帝国所有的物资，是秦帝国庞大战车上的部件，而并非代表一个个鲜活的、富有人性的社会中的人。两汉时期，除乡啬夫外的诸官逐步内缩至县廷，诸官与列曹合而为一，县下诸曹格局逐步形成①。反观乡的事务却愈加繁杂，地位不断提高。为了更好地管理乡的事务，两汉对乡的管理方式也发生了变化，其一是县廷委派县吏直接干预乡的事务，其二是增加乡中吏员的种类②。秦汉县乡关系的变化一方面和乡的规模存在一定关系③，另一方面也和郡制在地方的确立有关④，但除此之外，我们也要看到，秦汉的统治理念在一定程度上发生了变化。源于国、民二元对立的认识，法家和秦王朝普遍存在将百姓物化、工具化的倾向。而经历秦崩的西汉王朝逐渐认识到民和乡里社会的力量，其统治理念逐步由黄老之学向儒家理论转变，儒法合一的治理观念最终落脚到了乡里社会。

西汉晚期尹湾汉简的《东海郡吏员簿》载：

> 郯吏员九十五人：令一人秩千石，丞一人秩四百石，尉二人秩四百石，狱丞一人秩二百石，乡有秩五人，令史五人，狱史五人，官啬夫三人，乡啬夫六人，游徼三人，牢监一人，尉史三人，官佐九人，乡佐七人，邮佐二人，亭长卅一人。凡九十五人。⑤

---

① 参见邹水杰：《简牍所见秦代县廷令史与诸曹关系考》，杨振红、邬文玲主编《简帛研究·2016》（春夏卷），桂林：广西师范大学出版社，2016年，第146页。

② 张新超：《论秦汉时期乡的规模和管理方式的变迁》，《内蒙古大学学报》（哲学社会科学版），2020年第2期。

③ 张新超：《论秦汉时期乡的规模和管理方式的变迁》，《内蒙古大学学报》（哲学社会科学版），2020年第2期。

④ 姚立伟：《从诸官到列曹：秦汉县政承担者的转变及其动因考论》，《史学月刊》，2020年第1期。

⑤ 连云港市博物馆等编：《尹湾汉墓简牍》，北京：中华书局，1997年，第79页。

根据廖伯源的分析，大致可以分为令、丞、尉为主的"长吏"，由"有秩""斗食""佐史"三秩阶组成的属吏。"有秩"包括"官有秩"与"乡有秩"。"斗食"包括令史、狱史、官啬夫、乡啬夫、游徼。"佐史"包括牢监、尉史、官佐、乡佐、邮佐、亭长。① 可见，西汉晚期官啬夫与乡啬夫已分开记载，两者的职务分化更为清晰。如此看来，西汉晚期已经把管理编户齐民的乡啬夫和管理物资财产的官啬夫区别看待，背后折射的是秦与汉对民的认识存在极大差异。汉人已经认识到，物只能被役使，而民可以被道德教化。乡啬夫与官啬夫职务的分化与专名出现，体现了汉人的治国理念发生了变化。汉代将秦人效率优先，以刑罚、纪律和去人格化行政的法家治理理念与以人为本，以仁政、德治和道德教化为主要治国手段的儒家治理理念相结合，形成儒法合一的治理理念。

在汉代，皇帝、官员逐步出现"为民父母""父母官"的称谓，例如《汉书·文帝纪》载文帝元年春三月诏："方春和时，草木群生之物皆有以自乐，而吾百姓鳏寡孤独穷困之人或阽于死亡，而莫之省忧。为民父母将何如？其议所以振贷之。"② 皇帝下诏书要求官员讨论如何赈济鳏寡孤独的百姓，直接自称"为民父母"。《史记·孝文本纪》记载了文帝下诏废除肉刑。诏曰："今人有过，教未施而刑加焉，或欲改行为善而道毋由也。朕甚怜之。夫刑至断支体，刻肌肤，终身不息，何其楚痛而不德也，岂称为民父母之意哉！其除肉刑。"③ 这里也自称"为民父母"。在"盐铁会议"上，大夫曰："县官之于百姓，若慈父之于子也：忠焉能勿诲乎？爱之而勿劳乎！故春亲耕以劝农，赈贷以赡不足……"④《汉书·循吏传》记载，西汉末元帝时，南阳郡（今南阳市）太守召信臣，"视民如子"，他在南阳数年，"郡中莫不耕稼力田，百姓归之，户口增倍，盗贼狱讼衰

---

① 廖伯源：《简牍与制度：尹湾汉墓简牍官文书考证》（增订版），桂林：广西师范大学出版社，2005年，第58-59页。
② 班固：《汉书》卷四《文帝纪》，北京：中华书局，1962年，第113页。
③ 司马迁：《史记》卷十《孝文本纪》，北京：中华书局，1959年，第428页。
④ 王利器校注：《盐铁论校注》，北京：中华书局，1992年，第423页。

止。吏民亲爱信臣，号之曰召父"①。另外东汉初年的南阳太守杜诗被称为"杜母"。汉代把教化作为考核地方官的主要内容之一，而民成为被教化的对象，因此皇帝和各级官员以"民之父母"自居，百姓成为"子民"，诚如阎步克所言："学人或称中国的君主专制在相当程度上来源于父家长制，但这父家长制除强调父权之外还强调着父爱，这就影响了由之演生的君权的性质——被统治者多少也有权利以'子民'身份向之要求'父母'式的恩爱，贤明的君主也在着意承担起为父之责，施予这种父爱，因为这与其统治的合法性息息相关。"②

---

① 班固：《汉书》卷八十九《循吏传》，北京：中华书局，1962年，第3641、3642页。
② 阎步克：《士大夫政治演生史稿》，北京：北京大学出版社，1996年，第92-93页。

第七章
官民之间：从典、老设置
看秦代的里中治理

战国中期的秦国，虽然在商鞅变法后，通过军功爵制等措施进一步弥合了"编户"制中的国家—社会的二元对立，使秦的国家与乡里社会的矛盾得到了缓解，但它仍然不能从根本上解决中国古代社会国家行政中资源不足与庞大的官僚政治体系间的矛盾。这导致了一个史学界至今仍然争论不休的问题，即国家政权是否对县以下的乡里基层社会具有直接性与间接性的管理、控制，也即皇权是否能够下县。从本质上来说，国家与社会非此即彼的二元对立思路，容易把"治理问题变成局限于与民间社会对立的政府正规机构"[1] 是否存在的问题。学界在讨论皇权能否下县时，极易割裂国家与社会的关系，简单地将政府机构能否直接介入作为国家、皇权能否对乡里社会进行有效控制的判断条件，而忽视了国家、皇权可以通过一种中间力量——民间力量，形成国家—社会的二元对立统一的关系。

事实上，经过战国时期的长期发展，秦王朝已建立起了一套较为完备的科层化官僚体系。但它并未满足于此，仍试图继续深化对乡里社会的控

---

[1] 黄宗智：《集权的简约治理：中国以准官员和纠纷解决为主的半正式基层行政》，黄宗智主编《中国乡村研究》（第五辑），福州：福建教育出版社，2007年，第1—23页。

制。秦人并未一味将国家正规官僚机构延伸到县下,而是试图利用民间力量充实县下权力空间。正如前述,里耶秦简中的"迁陵吏志"正说明了这一点:

> 吏员百三人。令史廿八人,【其十】人繇(徭)使,【今见】十八人。官啬夫十人。其二人缺,三人繇(徭)使,今见五人。校长六人,其四人缺,今见二人。官佐五十三人,其七人缺,廿二人繇(徭)使,今见廿四人。牢监一人。长吏三人,其二人缺,今见一人。凡见吏五十一人。①

"吏员百三人"显示了此份统计为秦代县级官吏的员额,换作当前的话来说,就是编制。在这份记录中我们可以发现县属官吏覆盖了从县令、丞、尉的长吏到官佐、牢监这样的少吏,而未包括汉代所谓的"里吏"。那么,秦的"里"中权力又是如何分配的?国家又是如何将"里"纳入到国家权力控制之下的呢?秦王朝的这种措施是否有效?这是本章拟探讨的问题。

第一节　秦代典、老的选任与职责

要真正认识秦代的国家—社会二元关系,我们还得从秦代基层社会治理的民间力量进行分析。据文献记载,秦代在基层乡里社会的治理主要依靠里典、里老等无品无秩的人员。这些在里中具有威信的人员的选拔有着一定的法律规定,岳麓秦简《尉卒律》对典、老的选任要求做了详细的规定:

> 里自卅户以上置典、老各一人,不盈卅户以下,便利,令与其旁

---

① 陈伟主编:《里耶秦简牍校释(第二卷)》,武汉:武汉大学出版社,2018年,第167—168页。

里共典、老，其不便者，予之典而勿予老。公大夫以上擅启门者附其旁里，旁里典、老坐之。置典、老，必里相谁（推），以其里公卒、士五（伍）年长而毋（无）害者为典、老，毋（无）长者令它里年长者。为它里典、老，毋以公士及毋敢以丁者，丁者为典、老，赀尉、尉史、士吏主者各一甲，丞、令、令史各一盾。毋（无）爵者不足，以公士，县毋命为典、老者，以不更以下，先以下爵。其或复，未当事成不复而不能自给者，令不更以下无复不复，更为典、老。①

里典与里老是官方认可的里中领袖，根据《尉卒律》所言，秦代重视里典、里老的设置与选拔。为了便于对这份材料进行深入分析，我们首先需要对其进行详细解读，这篇律文可以分成以下几个层次：

第一，典、老以三十户作为设置标准，里中满三十户设置典、老各一人，不满三十户与邻近的里共同设置典和老。如果受限于距离问题，则设典不设老。可见，里典比里老更加符合行政管理者的身份。

第二，关于典、老的选拔方式，《尉卒律》规定典、老由里中推举。

第三，关于典、老的选任年龄和爵位，要以"公卒、士伍年长而毋害者为典老"。首先看爵位，优先以无爵的公卒、士伍担任典、孝，其次以低爵位公卒、士伍，公士不足则以不更以下者，总之要以低级爵位者优先。其次，关于典、老的年龄，根据爵位，学界认为应在六十六岁以上。

第四，关于典、老的任期，典、老一般为里中推举。若遇到特殊情况，"令不更以下无复不复，更为典、老"，就要采取轮替的方式。

总的来看，秦代的典、老，优先由里中推举公卒、士伍中的无爵、年长"毋害"者担任。如果本里没有人选，则由它里合适人选担任。若本县没有人选，则由不更以下者轮替担任，然要以低爵者优先。

在我们以前的认识中，典、老拥有免役、免赋的优待，尤其是里老，更是里中有声望的老人。岳麓秦简《尉卒律》则为我们展示了秦代行政和

---

① 陈松长主编：《岳麓书院藏秦简（肆）》，上海：上海辞书出版社，2015年，第115—116页。

官僚体系中的典、老并非是一种优待,而具有差役的性质。同时,律文明确规定:"毋敢以丁者,丁者为典、老,赀尉、尉史、士吏主者各一甲,丞、令、令史各一盾。"秦朝高度重视丁的服役,这是秦代国家得以运转的关键,典、老要负责里中事务,管理里中民户,承担担保、协助县乡官吏处理行政事务等复杂而又繁重的工作,并且一旦里内出现问题,典老还要面临惩罚,或受连坐之罪。为了确保丁能够按时、足时服役,秦朝把里中工作交由年长"毋害"者承担,这种安排不会冲击徭役的征发,不会影响秦王朝国家机器的正常运转。

里典、里老的职责包括以下几个方面,第一,是兴发徭役,例如岳麓秦简《徭律》规定:

> 岁兴繇(徭)徒,人为三尺券一,书其厚焉。节(即)发繇(徭),乡啬夫必身与典以券行之。田时先行富有贤人,以闲时行贫者,皆月券书其行月及所为日数,而署其都发及县请(情)。其当行而病及不存,署于券,后有繇(徭)而聂(蹑)行之。节(即)券繇(徭),令典各操其里繇(徭)徒券来与券以畀繇(徭)徒,勿征赘,勿令费日。其移徒者,辄移其行繇(徭)数徒所,尽岁而更为券,各取其当聂(蹑)及有赢者日数,皆署新券以聂(蹑)。①

该律文规定了兴发徭役的具体程序和方式,其程序包括"为券""发徭""券徭"三部分②。整理者认为,"三尺券"或为"叁辨券"之误,或是对文书行制上的规定③。我们认为,此处不应解释为"叁辨券",例如《史记·杜周传》:

---

① 陈松长主编:《岳麓书院藏秦简(肆)》,上海:上海辞书出版社,2015年,第149—150页。
② 王彦辉:《秦汉时期的"更"与"徭"》,《中国社会科学》,2022年第2期。
③ 陈松长主编:《岳麓书院藏秦简(肆)》,上海:上海辞书出版社,2015年,第173页。

> 客有让周曰:"君为天子决平,不循三尺法,专以人主意指为狱。狱者固如是乎?"周曰:"三尺安出哉?前主所是著为律,后主所是疏为令,当时为是,何古之法乎!"①

裴骃《集解》引《汉书音义》曰:"以三尺竹简书法律也。"《汉书·朱博传》:

> 文学儒吏时有奏记称说云云,博见谓曰:"如太守汉吏,奉三尺律令以从事耳,亡奈生所言圣人道何也!……"
> (博)谓曰:"……然廷尉治郡断狱以来且二十年,亦独耳剽日久,三尺律令,人事出其中……"②

由上可见,"书其厚焉"中的"厚"应理解为重视,正是因为重视徭役征发,所以特别采用三尺简牍来书写。三尺简为秦汉律令所用简牍形制,以三尺表示尊崇。

征发徭役时,由乡啬夫亲自与里典根据券书来发徭。每次"发徭"结束,都要在徭卒持有和官府存档的徭券上记录其行徭的月份和天数,而且要"署其都发及县请"。都发和县请分别为外徭和地方徭役③。关于征发的具体方式,我们可参考湖北荆州 47 号木牍《南郡卒更簿》:

> 秭归千五十二人,九更,更百一十六人,其十七人助醴阳,余八人。
> 醴阳八十七人,参更,更四十二人,受秭归月十七人,余十二人。

---

① 司马迁:《史记》卷一百二十二《酷吏列传》,北京:中华书局,1959 年,第 3153 页。
② 班固:《汉书》卷八十三《薛宣朱博传》,北京:中华书局,1962 年,第 3400-3404 页。
③ 王彦辉:《秦汉时期的"更"与"徭"》,《中国社会科学》,2022 年第 2 期。

屏陵百八人，参更，更百四十六十人，不足五十一人，受宜成五十八人，临沮三十五人。

宜成千六百九十七人，六更，更二百六十一人，其五十八人助屏陵，余八十九人。

临沮八百三十一人，五更，更百六十二人，其三十五人助屏陵，二十九人便侯，余三十一人。

邔侯国二千一百六十九人，七更，更二百八十一人，其四十一人助便侯，二十九［人］轪侯，余二百二人。

便侯三百七十一人，参更，更百八十六人，受邔侯四十一［人］，临沮二十九［人］，余二十三人，当减。

轪侯四百四十六人，参更，更百七十人，受邔侯二十九人，余二十三［人］，当减。①

关于这里的"更"，学界有"轮更说""编更说""造假说""平均数说"等，限于篇幅，本节不准备对此展开。王彦辉先生认为："秦汉时期县为'恒事'或'上请'兴徭的次数本无定制，国家只是规定了'田时'不得擅兴徭、徭卒每年服役的时间总量控制在一个月等原则，具体行徭的次数则由县邑道侯国根据实际需要自行安排。"② 此说较确，地方发徭具有临时性，《南郡卒更簿》很可能是为年终统计需要而制作的数据"簿"。岳麓秦简中的"书其厚"，体现了秦代国家对徭役的重视程度。另外，秦代地方兴徭更具有临时性，次数较多，很多地方的杂务都要由编户民来无偿承担，例如行书、吏养、廪人、捕鸟等③，并明确规定里典必须在乡啬夫在场的情况下才能以券征发。乡啬夫才是发徭的直接责任人，例如岳麓秦简《徭律》简：

---

① 彭浩：《读松柏出土的四枚西汉木牍》，武汉大学简帛研究中心主办《简帛》（第四辑），上海：上海古籍出版社，2009 年，第 340-341 页。
② 王彦辉：《秦汉时期的"更"与"徭"》，《中国社会科学》，2022 年第 2 期。
③ 冉艳红：《典、老选任与秦代国家统治的赋役逻辑——岳麓秦简〈尉卒律〉"置典老"条试释》，《中国社会经济史研究》，2023 年第 3 期。

兴䌛（徭）及车牛及兴䌛（徭）而不当者及擅傅（使）人属弟子、人复复子、小敖童、弩，乡啬夫吏主者，赀各二甲，尉、尉史、士吏、丞、令、令史见及或告而弗劾，与同罪。弗见莫告，赀各一甲。①

安徽天长纪庄木牍《算簿》也为我们显示了同样内容，其文曰：

集八月事算二万九，复算二千卅五。
都乡八月事算五千卅五，
东乡八月事算三千六百八十九，
垣雍北乡户八月事算三千二百八十五，
垣雍东乡八月事算二千九百卅一，
鞠（？）乡八月事算千八百九十，
杨池乡八月事算三千一百六十九。
右八月
集九月事算万九千九百八十八，复算二千六十五。②

该木牍先记载东阳县八月共征发事役和复除的数量，再按乡来统计数据，未细化到里，可知文帝晚年到景帝初年，县级的事役是由下属的乡分别统计最后汇总而成的。所以，在征发徭役过程中，由于熟悉里中情况，谁为"富有贤人"，谁为"贫者"，谁享受"复除"等，里典更加清楚，因此要由里典协助乡啬夫来完成发徭的工作，但真正负责的是乡啬夫。例如江陵凤凰山10号汉墓简有算人起役文书，例如："邓得二、任甲二、宋

---

① 陈松长主编：《岳麓书院藏秦简（肆）》，上海：上海辞书出版社，2015年，第116-117页。
② 天长市文物管理所、天长市博物馆：《安徽天长西汉墓发掘简报》，《文物》，2006年第11期。

则二、野人四，凡十算遣一男一女，男野人女惠。"① 邓得、任甲、宋则、野人四户经过核准，有十人符合应役标准，可能在核准过程中，里典因对里中情况熟悉，起到了重要的辅助作用。

我们发现在征发徭役的过程中，主要由里典协助乡吏，未出现里老的身影，再如睡虎地秦墓竹简《法律答问》：

> 可（何）谓"逋事"及"乏繇（徭）"？律所谓者，当繇（徭），吏、典已令之，即亡弗会，为"逋事"；已阅及敦（屯）车食若行到繇（徭）所乃亡，皆为"乏繇（徭）"。②

此简亦申明"吏、典已令之"，可见，里老并不负有发徭之职责。虽然"公卒、士伍年长而毋害者为典、老"，但在具体工作中，典、老的职责并不一致，里典承担任务较之里老为更多，下文亦可窥知一二：

> 繇（徭）律曰：毋敢傅（使）假（假）典居旬于官府；毋令士五（伍）为吏养、养马；毋令典、老行书；令居赀责（债）、司寇、隶臣妾行书。③

第二，看赋税的征收。来看户赋，岳麓书院藏秦简《金布律》规定：

> 出户赋者，自泰庶长以下，十月户出刍一石十五斤；五月户出十六钱，其欲出布者，许之。十月户赋，以十二月朔日入之，五月户赋，以六月望日入之，岁输泰守。十月户赋不入刍而入钱者，入十六钱。

---

① 湖北省文物考古研究所编：《江陵凤凰山西汉简牍》，北京：中华书局，2012年，第113页。
② 陈伟主编：《秦简牍合集〔壹〕》，武汉：武汉大学出版社，2014年，第262页。
③ 陈松长主编：《岳麓书院藏秦简（肆）》，上海：上海辞书出版社，2015年，第119页。

吏先为？印，敛，毋令典、老挟户赋钱。①

在征收户赋的过程中，里典、里老肯定参与其中，协助乡啬夫的征收工作。但根据"毋令典、老挟户赋钱"条，典、老不能经手所征收的户赋钱，户赋的征收应由乡吏凭借官印来征敛②。关于户刍与户赋，相关出土文献与论述详见本书第六章，这里再略作申说。朱圣明认为"十月户出钱"要官吏用印进行封缄。如第六章所引张家山汉简《二年律令·金布律》："官为作务、市及受租、质钱，皆为缿，封以令、丞印而入，与参辨券之，辄入钱缿中，上中辨其廷。"③

再如岳麓秦简《田律》（简 1284、1285、1281）与《金布律》（简 1411、1399、1403）中所载内容。相关律令规定，官府从事商业经营收费、市场经营税、官府借贷、租赁以及其他零星现金收入，要用"缿"来收取。《说文解字》释"缿"为"受钱器也"，段玉裁引颜师古《汉书注》注曰："缿，若今盛钱藏瓶，为小孔，可入而不可出。"④ 应为《西京杂记》卷五所记："扑满者，以土为器，以蓄钱具，其有入窍而无出窍，满则扑之。"⑤ 姜力华为我们展示了疑似为汉代扑满的实物。⑥

将钱装满"缿"后，封以县令或县丞之官印，并且要采用三辨券作为核对，入钱者、令史和县令各持一辨。最后月底由县廷来开启（摔碎）"缿"，根据辨券核实钱数。户赋钱的收取很可能也采取这种方式。

秦律明确规定"谨为缿孔，须毋令钱能出"，再加上令、丞的封印和

---

① 陈松长主编：《岳麓书院藏秦简（肆）》，上海：上海辞书出版社，2015 年，第 107 页。
② 李勉、俞方洁：《秦至汉初户赋的性质、征收与管理》，《重庆师范大学学报》（社会科学版），2018 年第 2 期。
③ 张家山二四七号汉墓竹简整理小组编著：《张家山汉墓竹简〔二四七号墓〕》（释文修订本），北京：文物出版社，2006 年，第 67 页。
④ 许慎撰，段玉裁注，许惟贤整理：《说文解字注》，南京：凤凰出版社，2007 年，第 399 页。
⑤ 刘歆等撰，王根林校点：《西京杂记（外五种）》，上海：上海古籍出版社，2012 年，第 37 页。
⑥ 姜力华：《秦汉时期的扑满——"钱缿"》，《中国钱币》，2013 年第 5 期。

三辨券制度，能很好阻止官员私藏所收之钱。而秦时户赋钱的收取亦有"吏"持"印"介入（"吏先为印，敛"）。可见，秦代对里典和里老并不信任，通过禁止里典与里老"挟户赋钱"，杜绝了二者吞户赋钱的可能性。

值得注意的是，西汉前期的江陵凤凰山十号墓所出4号木牍，有西乡的赋税征收记录，载有赋税流转情况及税额，可与秦代的情况形成对比。4号木牍正面：

市阳二月百一十二算算卅五钱三千九百廿正偃付西乡偃佐缠吏奉（俸）𠂇受正忠（？）二百卌八

市阳二月百一十二算算十钱千一百廿正偃付西乡佐赐　口钱𠂇

市阳二月百一十二算算八钱八百九十六正偃付西乡偃佐缠传送𠂇

市阳三月百九算算九钱九百八十一正偃付西乡偃佐赐

市阳三月百九算算廿六钱二千八百卌四正偃付西乡偃佐赐

市阳三月百九算算八钱八百七十二正偃付西乡偃佐赐

市阳四月百九算算廿六钱二千八百卌四正偃付西乡偃佐赐

市阳四月百九算算八钱八百七十二正偃付西乡偃佐赐

4号木牍背面：

市阳四月百九算算九钱九百八十一正偃付西乡偃佐赐

市阳四月百九算算九钱九百八十一正偃付西乡偃佐赐　四月五千六百六十八

市阳五月百九算算九钱九百八十一正偃付西乡佐𧧄

市阳五月百九算算廿六钱二千八百卌四正偃付西乡佐𧧄

市阳五月百九算算八钱八百七十二正偃付西乡佐𧧄　五月四千六百八十七

市阳六月百廿算算卅六钱四千三百廿付囗得奴

郑里二月七十二算算卅五钱二千五百廿正偃付西乡偃佐缠吏奉𠂇

郑里二月七十二算算八钱五百七十六正偃付西乡佐佐缠传送𠂇

郑里二月七十二算算十钱七百廿正偃付西乡佐赐口钱卩

5号木牍正面：

当利正月定算百一十五

正月算卅二给转费卩

正月算十四吏奉卩

正月算十三吏奉卩

正月算□传送卩

正月算□□虎（？）即卩

当利二月定算百

二月算十四吏奉卩

二月算十三吏奉卩

二月算廿□□□缮兵卩

三月算十四吏奉卩

三月算十三吏奉卩

三月算六传送①

在这里，市阳里、郑里的算赋是由里正偃交给西乡佐赐的。

居延汉简 45.1 记载：

秋赋钱五千。东利里父老夏圣等，教数。西乡守有秩志臣、佐顺，临。②

居延汉简 526.1 记载：

---

① 裘锡圭：《湖北江陵凤凰山十号汉墓出土简牍考释》，《文物》，1974年第7期；湖北省文物考古研究所编：《江陵凤凰山西汉简牍》，北京：中华书局，2012年，第97-101页。

② 中国简牍集成编辑委员会编：《中国简牍集成》第5册，兰州：敦煌文艺出版社，2001年，第127页。

秋赋钱五千。□□里父老□□。正安择数□。啬夫京、佐吉受。①

两枚封检都以5000钱为单位，这并非偶然。陈侃理认为："这个数目很可能既是赋钱输送的标准单位，也是里吏手中可以暂存的最高额度。"②此论有合理之处。但根据海昏侯墓出土材料，将5000钱视作汉代封缄铜钱的标准单位更为合理。例如，海昏侯墓出土铜钱采用了特殊的封检形式，每封均为5000钱，封检上书"海昏侯家钱五千"。可见至少在海昏侯生活的年代，汉代已经采用5000钱一封的封缄标准。居延汉简21.1"广秋乡赋五千"封检，简49.2"七月秋赋钱五千"③，也都是以5000钱为单位。通过分析上引几则居延汉简，可知西汉后期依然延续此制度。

简45.1的内容为荥阳西乡东利里秋季征收赋钱，在西乡有秩和乡佐监临下，里父老夏圣等人核校了钱数。简526.1更为全面地为我们展现了乡里征收秋赋的程序，里父老与里正分工合作，最后清点无误上缴乡官。可见，汉代的里父老和里正承担了征缴赋税的主要任务。从题署中也可以发现，里父老和里正是赋税征收的主要责任人。如果钱数有出入，肯定首先问责里父老和里正。因此，不论秦之里典、里老还是汉之里正和里父老，都具有差役化的倾向。相对于秦代对里典和里老的严加防范，汉代对里父老和里正逐渐信任。凤凰山汉简是西汉前期的一份资料，里正交给乡官的算赋少则五百，多则四千。居延汉简"秋赋钱五千"，并非是小数目，很难在短时间内征收完毕，自然会在征收过程中出现赋钱短期滞留于里典、里父老手中的现象。因此，从此细微的角度，我们可以发现秦、汉对里中典、老的不同态度。更加重要的是，秦代的里典、里父的差役化倾向，使这些基层社会的里中典、老退化成纯粹为秦政府办理赋税、力役及维持乡里治安并受到国家力量约束的行政小吏，缺乏周代基层乡里宗法性

---

① 中国简牍集成编辑委员会编：《中国简牍集成》第8册，兰州：敦煌文艺出版社，2001年，第193页。
② 陈侃理：《秦汉里吏与基层统治》，《历史研究》，2022年第1期。
③ 中国简牍集成编辑委员会编：《中国简牍集成》第5册，兰州：敦煌文艺出版社，2001年，第58、138页。

组织中掌管聚族、祭祀、教化等的凝聚力。故秦代乡村基层社会组织的行政化，使之缺乏内聚性，故极易导致秦基层政权的"空心化"。

第三，里典与里老承担了治安管理的职能。睡虎地秦简《法律答问》载：

> 贼入甲室，贼伤甲，甲号寇，其四邻、典、老皆出不存，不闻号寇，问当论不当？审不存，不当论；典老虽不存，当论。①

里中有贼入室伤人，里典、里老虽不在家，仍应论罪，可见里老跟里典一起对里中治安负责。再如：

> 甲诬乙通一钱黥城旦罪，问甲同居、典、老当论不当？不当。②

甲诬告乙行贿，问甲的同居、里典、里老应否论罪，可知典老对里中居民的违法行为负有一定的责任。

冉艳红曾对岳麓秦简和睡虎地秦简中秦代律令所见里内相关犯罪人员受罚情况进行了详细统计，指出："里老需承担责任的事务要少一些，但为何是这些事务，似乎也缺乏'规律性'。"③ 关于该问题，前引岳麓秦简《尉卒律》规定三十户以上的里设置典、老，而三十户以下的里根据具体情况设置。如果便利，与其旁里共设典、老，如果不便，则只设典而不设老。两里邻近，尤其是城中之里，如果两里各自不满三十户，可共设典。但像里耶秦简所录迁陵县的里，未满三十户，但各里之间相距较远，如果共设典、老，甚为不便，因此这种情况下，只设典，不设老。可见田典必须设置，而里老则要根据具体情况而定。由于迁陵县的各里大多不满三十

---

① 陈伟主编：《秦简牍合集：释文注释修订本（壹）》，武汉：武汉大学出版社，2016年，第219页。
② 陈伟主编：《秦简牍合集：释文注释修订本（壹）》，武汉：武汉大学出版社，2016年，第253页。
③ 冉艳红：《秦代行政体系中的里及其典、老》，《史学月刊》，2022年第11期。

户，且相距较远，所以我们在里耶秦简中未见里老。张金光根据睡虎地秦简推断，秦代里的编制可能以二十五户为常规。① 裘锡圭先生根据江陵凤凰山汉简《郑里廪簿》推测，汉初的郑里户数即使超过二十五户，也只能是超过不多的几家。② 秦代里的规模可能多数在三十户以下，故秦代存在众多不设里老的里。在涉及里内犯罪连坐处罚的令文中，出现的里老少于里典，很可能就源于秦代较多的里不设里老，只设里典。面对这种情况，自然没有处罚里老的需要。在这类人数较少的里中，顶替里老受罚的是伍长，根据沈刚的分析，"在连坐的场合，'伍'和'老'不同时出现"，"'伍'承担的是'老'在连坐方面的责任"。不设里老的里中，伍长具备里老的管理职责。③ 岳麓秦简中有多则记载可资考证。例如：

> 主匿亡收、隶臣妾，耐为隶臣妾，其室人存而年十八岁者，各与其疑同法，其奴婢弗坐，典、田典、伍不告，赀一盾，其匿□□归里中，赀典、田典一甲，伍一盾，匿罪人虽弗敝（蔽）狸（埋），智（知）其请（情），舍其室，□□□吏遣，及典、伍弗告，赀二甲。④

又如：

> 郡及襄武、上雒、商、函谷关外人及罨（迁）郡、襄武、上雒、商、函谷关外男女去，阑亡、将阳，来入之中县、道，无少长，舍人室，室主舍者，智（知）其请（情），以律罨（迁）之。典、伍不告，赀典一甲，伍一盾。不智（知）其请（情），主舍，赀二甲，典、伍不告，赀一盾。舍之过旬乃论之。舍，其乡部课之，卒岁，乡部吏

---

① 张金光：《秦制研究》，上海：上海古籍出版社，2004年，第599页。
② 裘锡圭：《湖北江陵凤凰山十号汉墓出土简牍考释》，《文物》，1974年第7期。
③ 沈刚：《伍长的变迁：秦汉基层社会治理的一个视角》，《中原文化研究》，2023年第5期。
④ 陈松长主编：《岳麓书院藏秦简（肆）》，上海：上海辞书出版社，2015年，第39-40页。

弗能得，它人捕之，男女无少长，伍（五）人，赀乡部啬夫；廿人，赀乡部啬夫一盾；卅人以上，赀乡部啬夫一甲，令丞谇，乡部吏主者，与乡部啬夫同罪。其亡居日都官、执法属官、禁苑、园、邑、作务、官道畍（界）中，其啬夫吏、典、伍及舍者坐之，如此律。免老、小未傅、女子未有夫而皆不居偿日者，不用此律。

盗贼䢔（遂）者及诸亡坐所去亡与盗同法者当黥城旦舂以上及命者、亡城旦舂、鬼薪、白粲舍人室、人舍、官舍，主舍者不智（知）其亡，赎耐。其室人、舍人存而年十八岁者及典、田典不告，赀一甲。伍不告，赀一盾。当完为城旦舂以下到耐罪及亡收、司寇、隶臣妾、奴婢阑亡者舍人室、人舍、官舍，主舍者不智（知）其亡，赀二甲。其室人、舍人存而年十八岁以上者及典、田典、伍不告赀一盾。以故捕，除。①

律曰：黔首不田作，市贩出入不时，不听父母笱若与父母言，父母、典、伍弗忍告，令乡啬夫数谦（廉）问，捕系【献廷】，其罪当完城旦以上，其父母、典、伍弗先告，赀其父若母二甲，典、伍各一甲。乡啬夫弗得，赀一甲，令、丞一盾。有【犯律者】辄以律论及其当坐者，乡啬夫弗得，以律论及其令、丞，有（又）免乡啬夫。廷甲十一②

【自】今以来，殴泰父母，弃市，夬诟詈之，黥为城旦舂。殴主母，黥为城旦舂，夬诟詈之，完为城旦舂。殴威公，完为【舂，夬】诟詈之，耐为隶妾。奴外妻如妇。殴兄、姊、段（假）母，耐为隶臣妾，夬诟詈之，赎黥。同居、典、伍弗告，乡啬夫

☐廷甲十三

☐诸犯令者，其同【居】、典、伍或☐告相除，除其当坐者；同

---

① 陈松长主编：《岳麓书院藏秦简（肆）》，上海：上海辞书出版社，2015年，第58-60页。

② 陈松长主编：《岳麓书院藏秦简（伍）》，上海：上海辞书出版社，2017年，第133-134页。

居、典、伍弗□告，乡啬夫得之，除乡啬夫及令、丞，□论其典、伍□□，乡【部啬夫】……论其乡部啬夫及同居、典、伍。廷甲十四①

根据沈刚分析，记载中出现的"伍"即"伍长"，伍长与里典共同承担相应惩罚。同时，记载中还出现了田典和同居。其中在处理舍匿罪人事时，典和田典处罚一致，而伍长处罚相对较轻。同时，上述与田典相关的令文主要为舍匿罪人。很可能田典主管里中农田事务，而田中存在不少田舍，例如睡虎地秦简《田律》："百姓居田舍者毋敢酤（酤）酉（酒），田啬夫、部佐谨禁御之，有不从令者有罪。"② 岳麓秦简也有相关规定："黔首居田舍者毋敢醯〈醯（酤）〉酒，不从令者罨（迁）之，田啬夫、吏、吏部弗得，赀各二甲，丞、令、令史各一甲。"③ 可见，百姓在田舍中买卖酒是由田啬夫系统中的官员来制止的。再如睡虎地秦简《封诊式》：

贼死

爰书：某亭求盗甲告曰："署中某所有贼死、结发、不智（知）可（何）男子一人，来告。"即令令史某往诊。……男子死所到某亭百步，到某里士五（伍）丙田舍二百步。令甲以布幕剃狸（埋）男子某所，侍（待）令。以襦、履诣廷。④

其中某里士伍丙拥有田舍，可见秦代百姓为了耕作和看管农田方便，在田中建有田舍。而这些田舍容易被逃亡、流浪、犯罪者占据，此类事自然由田典这一田啬夫系统的官吏负责。此外战国秦汉时期百姓"弃邑野居"的

---

① 陈松长主编：《岳麓书院藏秦简（伍）》，上海：上海辞书出版社，2017年，第135-137页。

② 陈伟主编：《秦简牍合集：释文注释修订本（壹）》，武汉：武汉大学出版社，2016年，第47页。

③ 陈松长主编：《岳麓书院藏秦简（肆）》，上海：上海辞书出版社，2015年，第106页。

④ 陈伟主编：《秦简牍合集：释文注释修订本（壹）》，武汉：武汉大学出版社，2016年，第285-286页。

现象非常普遍，例如睡虎地秦简《魏户律》载：

> 廿五年闰再十二月丙午朔辛亥，告相邦：民或弃邑居野，入人孤寡，徼人妇女，非邦之故也。自今以来，假（假）门逆吕（旅），赘婿后父，勿令为户，勿鼠（予）田宇。三枼（世）之后，欲士士之，乃署其籍曰：故某虑赘婿某叟之乃（仍）孙。①

因此战国时期的魏国就存在百姓"弃邑野居"的现象。总之，里典负责里中秩序，而田典负责田中秩序，伍长在里中地位次于里长。故在出现舍匿罪人等事时，对田典的处罚要重于伍长，与里典一致。

另外，我们发现在典、老同时出现的令文中，对典、老的处罚一般较重，例如：

> 舍室为里人盗卖马、牛、人，典、老见其盗及虽弗见或告盗，为占质，黥为城旦，弗见及莫告盗，赎耐，其伍、同居及一典，弗坐。卖奴卑（婢）、马、牛者，皆以帛书质，不从令者，赀一甲。卖半马半牛者，毋质诸乡。②

又如：

> 诸治从人者，具书未得者名族、年、长、物色、疵瑕，移谳县道，县道官谨以谳穷求，得辄以智巧潜讯。其所智（知）从人、从人属、舍人，未得而不在谳中者，以益谳求，皆捕论之。敢有挟舍匿者，皆与同罪。同居、室人、典老、伍人见其挟舍匿之，及虽弗见，人或告之而弗捕告，皆与挟舍匿者同罪。其弗见及人莫告，同居、室

---

① 陈伟主编：《秦简牍合集：释文注释修订本（壹）》，武汉：武汉大学出版社，2016年，第321页。
② 陈松长主编：《岳麓书院藏秦简（肆）》，上海：上海辞书出版社，2015年，第135—136页。

人，罪减一等。典老、伍人皆赎耐，挟舍匿者人奴婢殹（也），其主坐之如典老、伍人。所求在其县道官畍中而脱，不得，后发觉，乡官啬夫、吏及丞、令、令史主者，皆以论狱失罪人律论之。执法、执法丞、卒史主者，罪减焉一等，当坐者或偏捕告，其所当坐者皆相除，或能捕或诇告从人、从人属、舍人及挟舍匿者，死罪一人若城旦舂、鬼薪白粲罪二人，购钱五千。捕城旦舂【鬼薪白粲罪一人若䙴（迁）耐罪二人】，购钱二千五百。捕䙴（迁）耐罪一人，购钱千二百。皆先予，毋以次。从人之属、□人或能构（拘）捕，捕从人死罪一人若城旦舂、鬼薪白粲辠二人者，除其罪以为庶人。捕城旦舂、鬼薪白粲罪一人若䙴（迁）耐罪二人，皆减其罪一等。谨布令，令黔首、吏、官徒隶、奴婢明智（知）之，毋巨（讵）罪。十五①

捕以城邑反及非从兴殹（也），而捕道故塞徼外蛮夷来为闲，赏毋律。今为令：谋以城邑反及道故塞徼外蛮夷来欲反城邑者，皆为以城邑反。智（知）其请（情）而舍之，与同罪。弗智（知），完为城旦舂。以城邑反及舍者之室人存者，智（知）请（情），与同罪，弗智（知），赎城旦舂。典、老、伍人智（知）弗告，完为城旦舂，弗智（知），赀二甲。廷卒乙廿一②

以上令文中，"舍室为里人盗卖马、牛、人"，典、老根据不同情况处以"黥为城旦"或"赎耐"。舍匿从人，根据具体情况，典、老处以与舍匿者同罪、赎耐等罪。舍以城邑反者，典、老处以"完为城旦舂"等。

为何此类令文中明确标明里老与里典承担同样的责任，而未像其他令文中只列里典和伍长呢？我们推测，这几条中典、老双设，所以主要针对人口众多的里，这些里主要分布在关东地狭人稠之地。这些地方是秦朝时时提防反叛的区域，"从人""以城邑反"也主要出现在这些地方。此外，

---

① 陈松长主编：《岳麓书院藏秦简（伍）》，上海：上海辞书出版社，2017年，第45-48页。

② 陈松长主编：《岳麓书院藏秦简（伍）》，上海：上海辞书出版社，2017年，第124-125页。

盗卖马、牛、人的现象很可能多出现在人口稠密、经济发达的地方。因此，这些区域需要里老参与治理社会治安问题，令文要明确里老的治理责任。

第二节 军功爵制与里中秩序

前已述及，军功爵制与编户齐民制有着密切联系，是战国时代的秦实行严格的民、户和土地管理的基本形式。这也使军功爵制与秦代的乡里社会管理有直接关系，尤其是里中秩序，受军功爵制影响甚大。岳麓秦简中有这样一则令文：

> 里人令军人得爵受赐者出钱酒肉歙（饮）食之，及予钱酒肉者，皆赀戍各一岁。其先自告，赀 典、老□各一甲，弗智（知），赀各一盾，有不从令者而丞、令、令史弗得，赀各一盾，以为恒。①

令文禁止"里人令军人得爵受赐者出钱酒肉饮食之"，若出现这样的现象，典、老均要承担责任。该令文规定，在战争中获得军功爵并受到赏赐的军人归乡后，里人不得要求他们出钱、出酒肉宴请同里之人。陈侃理认为："秦律这条规定旨在阻止军功带来的爵制身份转换成社会身份，防止得爵者转化为地方豪强。"② 此或为一种解释，但未免有过分诠释之嫌。该令文更可能是针对当时社会出现要求军人归乡宴请的普遍现象。当时战乱刚刚结束，天下逐渐安定，这种出钱、出酒肉的宴饮是获得军功者的极大负担。岳麓秦简另一份相似令文也证实了这一点：

> 材官、趋发、发弩、善士敢有相责（债）入舍钱酉（酒）肉及

---

① 陈松长主编：《岳麓书院藏秦简（肆）》，上海：上海辞书出版社，2015年，第220—221页。

② 陈侃理：《秦汉里吏与基层统治》，《历史研究》，2022年第1期。

予者，捕者尽如此令，士吏坐之，如乡啬夫。赀丞、令、令史、尉史各一甲。丞相下，尉布，御史议，吏敢令后入官者出钱财酒肉，入时共分歓（饮）食及出者，皆【赀】二甲，责费。①

令文禁止材官、趋发、发弩、善士互相索取或给予"入舍钱、酒、肉"，禁止"后入官者出钱财酒肉"。这则禁令大概是为禁止老兵或先入官者压榨后入舍或后入官者，保护官场新人的利益。"士吏坐之，如乡啬夫"，显然依照的是前引令文。由此可见，"里人令军人得爵受赐者出钱酒肉饮食之"简也应该是从军人得爵者的利益考虑。

相似的现象也出现在汉初，例如《汉书》载高帝五年诏曰：

> 七大夫、公乘以上，皆高爵也。诸侯子及从军归者，甚多高爵，吾数诏吏先与田宅，及所当求于吏者，亟与。爵或人君，上所尊礼，久立吏前，曾不为决，其亡谓也。异日秦民爵公大夫以上，令丞与亢礼。今吾于爵非轻也，吏独安取此！且法以有功劳行田宅，今小吏未尝从军者多满，而有功者顾不得，背公立私，守尉长吏教训甚不善。其令诸吏善遇高爵，称吾意。且廉问，有不如吾诏者，以重论之。②

汉初社会出现这样一种怪现象，有功的将士、因军功而获高爵者分不到田宅，而未尝从军的小吏却田宅"多满"，刘邦要求"诸吏善遇高爵"，否则"以重论之"。可见，西汉初年也存在这种现象，即享有军功而获封高爵的军人并不一定是里中豪强，尤其是爵位未跨越官民界限者更是如此。这些军人反而被乡里小吏所控制，手中的封赏被小吏劫持。不过刘邦可能只看到了基层小吏，未注意到小吏横行依靠的是背后的乡里豪强。本节所引第一则令文中的"里人"很可能就是秦代的乡里豪强，不然无人有

---

① 陈松长主编：《岳麓书院藏秦简（肆）》，上海：上海辞书出版社，2015年，第221页。

② 班固：《汉书》卷一下《高帝纪下》，北京：中华书局，1962年，第54页。

此胆量要求受到封赏的军人出钱、出酒肉。因此，这则岳麓秦简的令文并非防止高爵者通过宴饮转变为地方豪强，而是出于保护复归乡里的受到封赏的军人的需要。因此，从此角度来看，该令的制定是出于维护复原军人的利益，维护以军功封爵者的利益，更是出于维护秦朝军功爵体系的需要。睡虎地秦简《法律答问》载："大夫寡，当伍及人不当？不当。"① 秦国不把大夫列入伍人之中，主要原因就在于伍人要承担连坐责任，而这种职责和相应的处罚不利于维护大夫的地位、保障大夫的利益，与军功爵体系的主旨不符。按《商君书·境内》的说法：

> 吏自操及校以上，大将尽赏行间之吏也。
> 故爵公士也，就为上造也。故爵上造，就为簪袅。就为不更。故爵为大夫。爵吏而为县尉，则赐虏六加五千六百。②

秦人将公士、上造、簪袅、不更、大夫视为"行间之吏"，拥有公士以上爵位者即拥有任吏的资格。当然，不可能所有有爵者均能担任官吏，那些有爵而不任官者就成为"行间之吏"，作为国家的后备吏员。显然在秦人看来，有无爵位是区别吏民的天然分野，即使最低一级的"公士"也拥有任吏的资格。里人要求军人宴饮，体现了秦初里中存在豪强势力，一方面威胁军功爵者的根本利益，影响军功爵制的推行，而军功爵制正是秦王朝得以统一天下的根基。另一方面，这不利于秦王朝整合乡里秩序，凸显吏民分野，影响"弱民"政策的推行。结合前文所引岳麓秦简《尉卒律》中关于典、老的设置问题，典、老优先选择无爵者就体现了这种政策导向，也从侧面反映了秦代所设典、老不同于汉代"三老"，并非是出于对"父老"的尊崇，而是秦便于对里中管理而设置的非吏差役。

那么，典、老由无爵者担任，其差役化的目的是有意降低典、老地

---

① 睡虎地秦墓竹简整理小组编：《睡虎地秦墓竹简·法律答问释文注释》，北京：文物出版社，1990年，第129页。
② 蒋礼鸿：《商君书锥指》卷五《境内》，北京：中华书局，1986年，第116页。

位，还是维护军功爵制呢？值得注意的是，出土文献中对里典还有一种解释。睡虎地秦简《法律答问》有"率敖"一说：

可（何）谓'衛（率）敖'？'衛（率）敖'当里典谓殹（也）。①

整理者认为"率敖"即"帅豪"，不少学者也沿用了相似观点，认为里典是由豪帅一类的基层社会领袖担任。因此，结合岳麓秦简《尉卒律》，学界倾向于里典在战国至秦代存在地位下降的趋势②。但"率敖"能否解释为"帅豪"，需进一步论证。

根据《说文解字》："敖，出游也。从出、从放。"③ 另有"敖民"一词，如《汉书·食货志》："圣王量能授事，四民陈力受职，故朝亡废官，邑亡敖民，地亡旷土。"颜师古注曰："敖谓逸游也。"④ "敖民"就是"游民"，例如《礼记·王制》："无旷土，无游民，食节事时，民咸安其居，乐事劝功，尊君亲上，然后兴学。"⑤ 游民指脱离土地、不事农业、四处游荡之民。显然"率敖"不能释为游民之率（帅）。"敖"还可释为"壮、大"之意，例如陶安认为"敖"可换读为"势"，《说文解字注》将"势"释为健、伉，陶安认为"敖"与"癃"作为对立的概念，分别指健康的未成年人与残障儿⑥。秦简中常出现"敖童"一词。如睡虎地秦简《秦律杂抄》：

匿敖童，及占瘴（癃）不审，典、老赎耐，百姓不当老，至老时

---

① 陈伟主编：《秦简牍合集〔壹〕》，武汉：武汉大学出版社，2014年，第276页。
② 陈侃理：《秦汉里吏与基层统治》，《历史研究》，2022年第1期。
③ 许慎：《说文解字》，北京：中华书局，1963年，第84页。
④ 班固：《汉书》卷二十四上《食货志上》，北京：中华书局，1962年，第1118、1119页。
⑤ 郑玄注，孔颖达疏：《礼记正义》卷十二《王制》，李学勤主编《十三经注疏》，北京：北京大学出版社，1999年，第401页。
⑥ 陶安：《秦汉刑罚体系的研究》，东京：东京外国语大学アジア・アフリカ言语文化研究所，2009年，第475-476页。

不用请，敢为酢（诈）伪者，赀二甲；典、老弗告，赀各一甲；伍人，户一盾，皆迁（迁）之。傅律。①

《法律答问》：

> 可（何）谓"匿户"及"敖童弗傅"？匿户弗繇（徭）、使，弗令出户赋之谓殹（也）。②

关于这两条文字中的"敖童"，学界已有较多解释。我们认为，"敖"字应采用陶安的解释，"敖童"应属于强健的未到傅籍年龄者，这类"未成年人"可能身高较高、身体健壮，接近成年人。由此"率敖"不应训为"帅豪"，而应解读为健全人的统领。把"率敖"训为"帅豪"，进一步联系后世文献中的"渠帅""豪帅"，不免陷于以后出文献释先出史料之嫌。秦的这种"率敖"制度，体现的是秦代对健全者和残障者的管理方式并不相同。松柏汉墓出土的《南郡罷癃簿》就为我们展示了西汉对"罷癃"群体的统计情况。秦代"罷癃"群体可能也有专门的"罷癃簿"，例如里耶秦简载"八月为□、老、死"，校释云："'为'下一字，原释文未释。字从'疒'作，疑为'癃'或其他表示重大残疾的字。"③"罷癃"群体因身体残疾无法从事正常的徭役，这就是东方朔所说的"无益于县官，耕田力作固不及人，临众处官不能治民，从军击虏不任兵事，无益于国用，徒索衣食"④。秦对徭役极为重视。针对这样一个无法正常服役的群体，秦按照"可事"与"不可事"，将其划入特殊群体。因此，睡虎地简《法律答问》将"率敖"释为"里典"，很可能是从承担赋役角度，把里典视作率

---

① 睡虎地秦墓竹简整理小组编：《睡虎地秦墓竹简·秦律杂抄释文注释》，北京：文物出版社，1990年，第87页。
② 睡虎地秦墓竹简整理小组编：《睡虎地秦墓竹简·法律答问释文注释》，北京：文物出版社，1990年，第132页。
③ 陈伟主编：《里耶秦简牍校释（第一卷）》，武汉：武汉大学出版社，2012年，第392-393页。
④ 班固：《汉书》卷六十五《东方朔传》，北京：中华书局，1962年，第2843页。

领"壮丁"服役的里中代表，其主要职责就是把国家的赋税、徭役具体分摊到每个"壮丁"头上。至于"罷癃"，秦默认该群体不属于国家赋役的天然承担者，换句话说，秦不认为"罷癃"是里中正常的"编户齐民"。

因此，从以上分析可见，从战国到秦代，秦对里典的态度并未发生变化，秦代的基层治理理念也未发生明显变化。差役化的里典、里老体现了军功爵制体系下的吏民分野问题，秦人希望通过让无爵者担任典、老，将繁重的里中职责转嫁于无爵、不役的典、老身上。秦人试图借此维护有爵者的权益，减免有爵者的差役负担，提高有爵者的地位，构建里中以爵位为基础的秩序。这就是刘邦所说的"异日秦民爵公大夫以上，令丞与亢礼"①。他早年成长于乡里之中，对秦人的各种政令非常熟悉，因此非常清楚秦人的这种"重爵轻民"的里中秩序。

第三节 关于典、老设置问题的思考

迈克尔·曼的理论非常有助于我们理解国家与社会的关系。迈克尔·曼讨论过四种权力的来源，即经济的、意识形态的、军事的和政治的。②在四种社会权力来源中，他认为只有政治权力是国家特有的权力，并进一步依据国家与社会互动的不同方式对国家权力的类型进行了区分。

首先是国家的专制权力（despotic power），指的是由国家精英控制民间社会各阶级和社会集团的权力，这种权力是自主的、甚至是不受限制的，因为统治者无需跟被统治者协商。其次是国家的基础性权力（infrastructural power），指的是一个中央集权国家的制度能力，一种"贯穿"社会的"权力"，是国家通过税收等活动向民间社会渗透的能力。③

国家可以依靠两者中的任何一种权力来源而变得强大，但两者之间却

---

① 班固：《汉书》卷一下《高帝纪下》，北京：中华书局，1962年，第54页。
② 迈克尔·曼著，刘北成、李少军译：《社会权力的来源》（第一卷），上海：上海人民出版社，2007年，第28-36页。
③ 迈克尔·曼著，陈海宏等译：《社会权力的来源》（第二卷），上海：上海人民出版社，2007年，第68-71页。

不存在必然相关性，即基础性权力的增强并不一定导致国家专制性权力的增强。①

基于专制性权力和基础性权力，曼构建了四种理想的国家类型：专制性权力和基础性权力俱弱的国家类型为"封建国家"；基础性权力弱而专制性权力强的类型为"帝国国家"；基础性权力强而专制性权力弱的类型为"官僚国家"；两种权力都强的类型为"威权国家"。②

回到秦的里中治理。从典、老的设置理念可以发现，从战国到秦代，秦人的统治理念均以军功为先，优先保障有爵者的利益。作为最基层管理者的典、老并非是一种优待，而是一种繁重且危险的差役，故优先选择无爵者担任典、老，体现了秦着力在乡里构建以军功爵制为基础的秩序，塑造爵位优先的尊崇体系。同时，典、老选择不服役的"老"来担任，一方面是体现效率优先，争取赋役的最大化；另一方面是期望依靠典、老在"民"中的口碑和地位推行秦政。但是秦的这种策略显然并未成功。

毫无疑问，秦王朝拥有强大的专制性权力，皇权通过科层制的官僚体系得以从上至下贯通。但秦的基础性权力却相对较弱，这也是秦王朝"土崩瓦解"的原因之一。当然，其原因并非如迈克尔·曼根据波斯、罗马这样的西方帝国所总结的，地方贵族势力强大导致帝国难以深入基层社会。秦王朝试图通过典、老加强对基层社会的控制，通过典、老强化从基层社会获取资源和人力的能力。然而典、老不属于官僚系统，没有俸禄，繁重的任务和职责使典、老走向差役化。这导致无人愿为典、老，秦王朝只能强迫并采取轮替的方式。典、老虽然为无爵者或低爵者，但由于自里中推举，自然拥有一定的声望，不过这样的群体竟然只能采取轮替的方式。可见，秦王朝并未充分认识到典、老在乡里的人际网络和影响社会舆论的作用，仅仅明确其责任，却缺乏尊崇其地位和保障其利益的相关措施。秦王朝针对典、老的职责和处罚规定，削弱了典、老对秦文化和秦政的认同。

---

① 史焕高：《权力与国家：评迈克尔·曼〈社会权力的来源〉》，《政治与法律评论》，2010年卷。

② 迈克尔·曼著，刘北成、李少军译：《社会权力的来源》（第一卷），上海：上海人民出版社，2015年，第69页。

即使是秦本土的"父老"也不认同秦法。在反秦斗争中,基层的"父老"反而成为了反秦的主力之一。因此,秦人这种制度设计并未换来地方尤其是乡里社会的认同,反而造成了地方、乡里与中央的割裂。乡里典、老的离心,父老群体的不认同,使秦朝很难强化其基础性权力。在这种情况下,秦的专制性权力越强大,基层乡里社会越反感。乡里居民围绕在"父老"周围,逐渐成为对抗秦统治的乡里关系共同体。

在国家官僚体系与基层民间社会之间,权力和组织存在一个由国家向社会过渡的灰色地带。这个权力和组织的间隙,往往成为新的权力组织和人际网络形成之处。黄宗智在分析清代基层治理时提出在国家与社会之间的"第三领域"概念,他认为:"处在官方政府机构县衙门和民间社会调解机制之间的乡保也体现了清代治理中的'第三领域'。"① 处于官民之间的典、老,正是"第三领域"或权力与组织的"灰色领域"。

诚然,作为制度的"里父老"和作为社会角色的"父老"存在差异。② 秦代的"里老"和汉代的"里父老"虽然在严格意义上而言并非吏,但仍然明显带有官方的性质,而"父老"则代表着乡里的民意领袖,两者必然有所区分。官方性质的"里老"代表着专制权力向下的延伸,社会性质的"父老"代表着社会力量向上的生长。两者均处于官民之间,是一种国家和社会之间的"第三领域"。秦汉国家的专制权力并非无孔不入,在国家与社会之间存在着众多权力的缝隙,而官民之间的典、老和父老恰好填充了国家与乡里之间的空隙。在乡里的权力场域中,典、老和父老的力量不可忽视。秦人之失就在于过分信赖科层化的官僚体系,忽视了"第三领域"在乡里的作用。而刘邦领导的政权总结了秦统治的经验教训,注意利用"父老"在乡里社会中的威望,给予"父老"应有的尊重,因而得以通过"父老"进入乡里基层的人际网络,使汉代政权能够迅速获得包括秦在内的所占领地方的认可。汉代国家正是通过里中场域的国家与社会

---

① 黄宗智:《集权的简约治理:中国以准官员和纠纷解决为主的半正式基层行政》,黄宗智主编《中国乡村研究》(第五辑),福州:福建教育出版社,2007年,第13页。
② 高震寰:《试论秦汉"父老"的两个面向》,《"中央"研究院历史语言研究所集刊》第94本第3分,2023年,第479-523页。

组织成分的组合与互构，最后使国家权力渗透入里中社会，使国家与社会在里这个空间形成权力的博弈、互动与融合，共同完成里中治理。在这个过程中，国家利益与里中利益自然存在矛盾与冲突，里中精英首先是乡里利益的代理人，同时国家也希望他们成为国家利益的代理人，那么调和这种矛盾的关键就在于处理好国家与社会的权力。毫无疑问，秦的制度是有问题的，而汉代则较好地处理了这种矛盾。

第八章
"秦人"共同体与匡正"异俗"

第一节 典型"秦人"及秦民族

一、"秦人"共同体的初步形成

"秦人"是一个历史名词,是有实指的一个群体。若把"秦人"当作一个具有民族含义的族群来看,其从西周中期孝王时代(约前891—886[①])得名为"秦"开始,至少延续到秦亡(前206),历时约680年。这么长的"秦人"历史,可划分为以下几个阶段。

第一阶段:家族阶段。时段从西周中期非子到立国前。此时的"秦人",主要为嬴姓分支秦、骆两支,是来自东方的"秦人"本体,立国后成为秦的统治阶层,生活于今天甘肃省陇南市礼县、甘肃省天水市至于陕西省宝鸡市一带。他们到西北的原因,当如清华简《系年》所记,就是以家族为单位,为周室服役,具体来说即守边(其养马驾车的传统也未失去)。此间有周宣王赐予七千兵马伐戎之事,也应对"秦人"的成分构成产生了影响。

[①] 夏商周断代工程专家组编著:《夏商周断代工程1996—2000年阶段成果报告(简本)》,北京:世界图书出版公司北京公司,2000年,第88页。

第二阶段：典型"秦人"形成阶段。时段从春秋早期秦国建国到春秋中期。

秦建国后，活动地从甘肃东南部扩展到关中，那些被征服的戎人以及"周余民"，都成了"秦人"的成分。春秋中期秦霸西戎，地域扩展到更加遥远的外围地带。这些地方的戎人，也有一些进入到"秦人"之中。至迟到春秋中期，"秦人"逐渐形成了一个成分相对稳定、族群个性和文化特征鲜明的共同体。历史上在很多情况下，所谓的"秦人"，指的就是本阶段的秦人，即"典型"秦人。春秋晚期到战国早期，是其稳定发展阶段。

第三阶段：从商鞅变法到秦亡，是更大的"秦人"共同体构建阶段。本阶段由于秦的"徕民"政策以及地域的扩张，不同的人群进入到"秦人"之中，更大的"秦人"共同体正在构建，但这个共同体直至秦亡都未最终完成。以六国旧贵族为代表的势力，还存在强烈的分离之心。本阶段的"秦人"，主要是指在政治（行政）强力"捏合"下的秦国人、秦朝人。

秦祖从西周中期非子被封为附庸，又加伐戎有功，地位逐渐上升，秦仲被封大夫，庄公为西垂大夫，直至春秋初年襄公封侯立国。西周时期，"秦人"主要指嬴姓的秦人。非子之后其有两个分支，非子一支生活在秦（今甘肃清水或陕西宝鸡市区东），其兄成的一支生活在西犬丘（今甘肃礼县），后者厉王时代被灭族不存，后来的"秦人"，实际上是非子一支的后裔。故西周时期的"秦人"，主要指生活于甘肃东南部、关中西部的嬴姓分支。此时的秦祖，是拥有贵族身份的，是周之臣。① 所谓"秦人"，在非子及其后人之外，还当包括他们的私属。不可忽视的是，周宣王送与秦庄公伐戎的七千兵马，应如西周时期被派往西北守御的东方夷人一样，来自

---

① 《诗·车邻》毛序："美秦仲也。秦仲始大，有车马礼乐侍御之好焉。"孔疏："言秦仲始大者，秦自非子以来，世为附庸，其国仍小，至今秦仲而国土大矣。由国始大，而得有此车马礼乐，故言'始大'以冠之。"（毛亨传，郑玄笺，孔颖达疏：《毛诗正义》，李学勤主编《十三经注疏》，北京：北京大学出版社，1999年，第408页。）"车马礼乐侍御"皆西周贵族特权。

东方，后来也成了"秦人"的组成部分。具体情况，已不可详知。

不过，宝鸡市陈仓区西高泉春秋早期秦墓 M1 的考古发现，或可给七千兵马的来源提供线索。

根据多年考古资料的累积，葬俗（广义的葬俗，包括墓葬形制、葬式、头向、人殉、随葬品等，而不仅指人骨形态）已经成为区别"秦人"不同身份的重要指标。从西周中晚期到战国早期，"秦人"上层秦嬴一支的葬俗，典型特征有：东西向的竖穴墓（国君一级多为中字形墓），带腰坑（殉狗），墓主葬式为头西向的直肢葬，有殉人，随葬成套的青铜礼器等。被秦征服而成为"秦人"的戎人墓葬，则采用屈肢葬，等级较高的也有人殉和青铜礼器。关中等地的秦人中的"周余民"，墓向则经常为南北向，墓主采用直肢葬，等级较高的也使用青铜礼器，但无殉人。

M1 墓墓主的葬式，据说是屈肢，墓向与同一墓地的 M2、M3 一致，都是南北向。同出的有甬钟、壶、豆、削、斧、剑、戈、尖角状器、车马器等铜器 22 件，另有陶器若干。铜甬钟、壶、豆的年代上限可至西周晚期。其与春秋秦器风格不同，其中豆铭文中所见"周生"，西周晚期铜器铭文数见。剑刃十分锋利，有中脊，断面作菱形，身上刻一兽面，茎部中空，纹饰

M1 出土铜剑拓片

为四个对称的老虎一类（原简报称"人面"），残长 22.5 厘米。[①] 杜正胜已经指出，此剑形制及动物纹饰，与宁城南山根 M101 所出 I 式剑[②]、宁城

---

① 宝鸡市博物馆、宝鸡县图博馆：《宝鸡县西高泉村春秋秦墓发掘记》，《文物》，1980 年第 9 期。

② 辽宁省昭乌达盟文物工作站、中国科学院考古研究所东北工作队：《宁城县南山根的石椁墓》，《考古学报》，1973 年第 2 期，图五：1、图版陆：7。

汐子北山嘴 M7501 所出剑①，以及瑞典东方博物馆藏剑②十分类似。这座墓的主人，杜正胜不排除是其他族群的可能性③，陈洪则推测很可能是北方的"戎狄"人士④。

按宁城南山根、汐子北山嘴出工式剑的 M101、M7501 墓，墓主为山戎人士；西高泉 M1 墓向与秦不似，但又采用屈肢葬，可以否定墓主为"西戎"的可能，应是为周守卫西北边疆的山戎之人在埋葬时采用了秦之葬俗。西高泉 M1 墓的主人采用屈肢葬，位置又在西周核心区，推测埋葬年代只能是春秋早期秦进入关中以后，埋葬时仿照了作为"秦人"下层的重要部分——戎人之俗。

但若要确定西高泉 M1 墓的主人是宣王赐予庄公的七千兵马中人，年代方面还有疑问。宣王赐予庄公七千兵马的时间，在秦仲死后庄公初继之时。《史记·秦本纪》记载，庄公在位 44 年、襄公建国前在位 7 年，由此上推庄公初继的时间约在宣王六年（前 822），这样就跟 M1 墓的年代有 50 年左右的差距；若墓主属于七千兵马之一，则年龄显得过大。所以，现在只能认为，M1 墓墓主应是更晚时候到达西北地区的东北方人士，至于是否是周室赐予而随秦祖征战，则无法肯定。

但是，由西高泉 M1 墓的例证可知，春秋以后"秦人"的构成，还有小部分的北方、东北方的"戎狄"成分。这也可约略作为七千兵马来源的旁证。

春秋早期，秦人建国后，从甘肃东进，对甘肃东部、关中西周旧地的

---

① 文物编辑委员会编：《文物资料丛刊》（9），北京：文物出版社，1985 年，第 23-58 页。

② 杜正胜：《周秦民族文化"戎狄性"的考察——兼论关中出土的"北方式"青铜器》，《周秦文化研究》编委会编《周秦文化研究》，西安：陕西人民出版社，1998 年，第 514-515 页，图二。

③ 杜正胜：《周秦民族文化"戎狄性"的考察——兼论关中出土的"北方式"青铜器》，《周秦文化研究》编委会编《周秦文化研究》，西安：陕西人民出版社，1998 年，第 515 页。

④ 陈洪：《中型秦墓墓主族属及身份探析——以渭水流域中型秦墓的葬俗为视角》，《郑州大学学报》（哲学社会科学版），2011 年第 4 期。

戎人进行了长时间的征伐，其过程主要集中在襄、文、宪、武四朝。此间被征伐的戎人，史有其名的，按照《史记·秦本纪》的记载，有西安附近的荡社①，关中东部白水一带的彭戏氏②，关中西部宝鸡陈仓区的小虢③与甘肃天水附近的邽、冀之戎④。秦对这些戎人采取了攻伐、设县等举措，攻伐可使戎人被征服，也可使其远遁。另外的"周余民"，则成了"秦人"的重要组成部分，秦在关中所设杜、郑两县，主要的控制对象即为"周余民"。与天水地区的邽、冀不同，后者显然控制的对象是两支戎人。

通过对戎人、"周余民"的驱逐与控制，秦在关中站稳了脚跟。作为秦嬴最主要的两个控制对象，戎人与"周余民"成为秦国最早的民众。相比此前西周中晚期以家族形态存在的、以秦嬴为主的阶段，"秦人"成分发生了明显变化，变成了以秦嬴宗室为主，再加上"周余民"和"戎狄"的格局。这个群体的成分相对稳定，生活于共同的地域之中，都受秦政府管辖，经济形态相似，文化习俗接近，标志着"秦人"共同体在春秋早期已初步形成。

二、"秦人"共同体的发展

春秋中期至战国早期，是春秋早期形成的"秦人"共同体的发展时期。

上节所论"秦人"共同体，就是文献常说的典型"秦人"，在同时代的东方诸侯眼里，以及汉以后人们所言的"秦人"，无不以此为主体。这个群体形成之后，也历经了春秋晚期到战国早期漫长的发展过程，直至战

---

① 《史记·秦本纪》载宁公二年，"遣兵伐荡社"。集解引徐广曰："荡音汤。"索隐曰："西戎之君号曰亳王，盖成汤之胤。"（司马迁：《史记》卷五《秦本纪》，北京：中华书局，1959年，第181页。）

② 《史记正义》："戏音许宜反，戎号也。盖同州彭衙故城是也。"（司马迁：《史记》卷五《秦本纪》，北京：中华书局，1959年，第182页。）

③ 《史记正义》："小虢，羌之别种。"（司马迁：《史记》卷五《秦本纪》，北京：中华书局，1959年，第183页。）

④ 《史记集解》："《地理志》陇西有上邽县，应劭曰：'即邽戎邑也。'冀县属天水郡。"（司马迁：《史记》卷五《秦本纪》，北京：中华书局，1959年，第182页。）

国中期商鞅变法后，才发生了较大变化。由于这个原因，我们对历史上所言的典型"秦人"，继续加以申述。

按照民族、族群理论，本章对"秦人"的界定参照以下几个视角：一是政治归属，主要指的是这些族群与秦的关系；二是文化，这是具有"民族"含义的族群的核心要素，秦文化在春秋早期形成后，向其他族群不断传播，处于都、县之中的戎人和"周余民"，是秦文化的主要传播对象，"霸"下戎人也受秦文化传播的影响，但这个过程的大规模进行，要到商鞅变法之后了；三是与其他族群的互动关系以及由此而来的族群认同。这些族群，在典型"秦人"形成之后，主要有"霸"下之"西戎"，以及东方列国人士，构成了典型"秦人"形成与发展的主要动力。下文将立足族群关系、族群政治，即"霸"下戎人与秦的关系、秦与东方人群的关系加以论述。

（一）"霸"下戎人对典型"秦人"形成的作用

民族、族群理论认为，具有"民族"含义的族群，是不同族群互动、结构性对立的结果。具体说来，这样的族群的形成，取决于族群内部的人群关系，以及与其他族群的互动关系。"霸"下之戎人，从来就未被看作"秦人"，在行政、法律等意义上，与典型"秦人"不同，这个差别一直延续到秦代。

春秋中期的秦穆公是个有为的君主，他东灭周系的梁、芮两国，取晋"河西地"、征服大荔戎，使秦土向东扩至关中东部河洛之间，向西北则征服了以朐衍、义渠、乌氏、绲、䋐诸、獂、狄为主的诸戎。秦之政治版图扩大了，从今渭河中上游的关中中西部和甘肃天水、西汉水上游陇南北部的礼县一带，扩大至宁夏南部固原、甘肃中部的定西地区。"秦人"所控制的人群，也随之急剧扩大，其中既有梁、芮那样的"夏"人，也有"西戎八国"那样的"蛮"[①]人。这些人士，多数属于为秦提供人力、财货的下层民众，少数则可进入到秦的统治阶层，成为统治阶级的一部分。他们

[①] "蛮夏"见秦公簋铭文。王辉、王伟编著：《秦出土文献编年订补》，西安：三秦出版社，2014年，第25—26页。

的生活地，前者在关中、陇东南一带；后者即秦穆公所霸之"西戎"，则在其外围地区。

从穆公霸"西戎"到献、孝时期，约为260年，"霸"下之戎人虽与秦之关系在战国早期有所反复，但仍长期处于秦的控制之下，在政治上结成了控制和被控制的密切关系。所谓"西戎八国"，就是"邦国"，是春秋时代存在的边缘族群高级社会组织。这些邦国乃秦之附庸，因此在战国以后被称作"属邦"。但是在典型"秦人"的心目中，他们仍是与前者有差异的人群；东方列国也没有把他们当作秦人，例如义渠在东方诸国心目中即非秦人①。从文化、人种层面来看，戎人分为两种，一是羌系的西北土著，其文化特征在东周时期以铲足鬲为代表；一是南下的"胡"系人群，所拥有的是游牧文化，如义渠、乌氏、獂戎，在今甘肃庆阳、宁夏固原，以及甘肃天水马家塬地区、漳县墩坪等地发现的上述"胡"系戎人的多数遗存，都具有典型的游牧文化特征。胡系戎人的游牧文化特征，一直延续到战国末期到秦代都有所体理，如墩坪墓地、秦安上袁家墓地②所见。无论是铲足鬲文化还是游牧文化，与秦文化的差别都十分明显，我们自然无法从中得出这样的人群会拥有"秦人"认同的结论。"西戎"内部的文化差异，也造成了秦及东方列国对其态度的不同：羌系人群的"戎狄之俗"，如"同居""私斗"等，都是被看不起的，所以商鞅变法之时，理所当然被当作了革除的对象；"胡"系的游牧文化，因为对于"战胜"中原列国可提供帮助，如提供良马、骑兵，则被中原各国——包括秦所接纳和仿效，如著名的"胡服骑射"。

这些戎人的社会组织，直到战国中期仍然没有破散，如《后汉书·西羌传》记载："及忍子研立，时秦孝公雄强，威服羌戎。孝公使太子驷率戎狄九十二国朝周显王。"③ 其中"戎狄"各支，仍被称"国"，就是其社

---

① 《史记·张仪列传》载陈轸语秦昭王："义渠君者，蛮夷之贤君也，不如赂之以抚其志。"（司马迁：《史记》卷七十《张仪列传》，北京：中华书局，1959年，第2303页。）

② 甘肃省文物考古研究所：《甘肃秦安上袁家秦汉墓葬发掘》，《考古学报》，1997年第1期。

③ 范晔：《后汉书》卷八十七《西羌传》，北京：中华书局，1965年，第2876页。

会组织仍然存在的证据。上述地区考古资料的主人，也自然包含在这些"戎狄九十二国"之中。

所以，从春秋中期到战国早期，无论在秦社会内部，还是东方诸国的心目中，"霸"下之戎人并非"秦人"，而是与典型"秦人"相对应而存在，对二者相似或差异性的强调，恰是"秦人"构成的重要张力。

（二）东方人士对典型"秦人"形成、发展的作用

如果说"霸"下之戎人曾长期被置于秦之政治版图之内，但并不被看作"秦人"，却是构成典型"秦人"的重要张力，那么同样，作为与"秦人"并存、互动的东方人群，对于塑造"秦人"也具有重要作用。

东方列国多封于西周初年，经过数百年的发育，与秦相比，文化高度发达，政治、军事实力强大，如齐、晋等国。秦则起于西陲，至春秋早期才封为侯，进入天子—诸侯的天下体系，但国力弱小，又多染"戎狄"陋俗，因此长期被东方诸国轻视。东方诸国与秦的关系，既有联系，又有对立。联系主要表现在天子—诸侯体系内的政治往来，如朝会、盟誓之类，还有婚姻、经济及军事联系等方面；对立则主要表现为秦与东方诸国的政治、军事争夺。在与东方诸国的并存、竞争关系中，"秦人"作为秦国的主体，难免与东方之民发生互动乃至碰撞。这种关系一定会塑造、改变着"秦人"对东方国民以及自身的看法，从而作为一种外部力量，"打造""秦人"共同体。

在内外力量的作用下，凭借政治的力量，"秦人"即秦国人，形成了一个比较稳定的人群共同体。东周时期所谈的"秦人"，大多数情况下，就指的是这个共同体，《商君书》称作"故秦"①、云梦秦简叫作"故秦人"。这个人群共同体有以下特征：

首先，若按照现在的族群概念去界定，即从第三者的视角看，从霸"西戎"一直到商鞅变法，这个群体的成分结构基本不变，即由秦嬴、周系人群、戎三部分为基本人众。这个人群构成伴随在商鞅变法后施行"徕民"政策，以及秦之扩张不断有人众进入其中之后，才发生变化。

---

① 蒋礼鸿：《商君书锥指》卷四《徕民》，北京：中华书局，1986年，第92页。

其次，这一共同体的文化共性形成并得以凸显（不包括"胡"系的义渠、䝠、乌氏等支）。这个具有共性的文化共同体的文化特征，主要由秦文化与"戎"中的西北土著的文化交融而成。其中前者的文化来自周系文化；而来源于西北土著的文化成分，造成了秦人被东方诸侯鄙夷的局面，在战国时代的变法运动中（包括商鞅变法）被逐渐革除。

再次，这个"秦人"共同体的地域比较固定。秦穆公霸"西戎"后，从控制的松紧度来看，"秦人"的地域，指的主要还是陕西关中以及甘肃陇南礼县、天水一带，这里曾长期作为秦的本土。"秦人"生活地的外围，即天水、庆阳、平凉和宁夏固原一带，是秦的征服者朐衍、义渠、乌氏、绲、䝠诸、䝠、狄诸戎之居住地。这个"外围"区域有所反复，但核心的部分，即秦本土，在这个相当长的时间内，是没有变化的。

最后，从族群并存、互动的角度，即站在与秦互动的东方人众的眼光来看，所谓"秦人"，是一个由上述不同人群构成的有鲜明特征的综合体。东方人众对秦的爱与恨、鄙视与恐惧，都是基于把函谷关西侧的"秦人"即秦国人，当作一个整体来看的。

第二节　考古例证中秦文化的形成与传播

上文论述了典型"秦人"形成过程中的行政归属、族群政治等力量的作用，下文主要论述文化的作用。

一、秦文化的形成（西周晚期至春秋早期）

东周时期，由于政治分裂，形成了因国别而不同的地域文化。秦作为最后一个被封的大国，其文化在春秋早期迅速形成，并传播到其他族群，形成了一个更大的文化体。至少从考古遗存等物质的层面来看，这个文化体与东方诸侯判然有别。在商鞅变法后，这种类型的秦文化才告消亡，被一种新的文化形态所代替。第二章我们曾以商鞅变法为界，把前后两阶段的秦政治和行政制度分为"春秋型"和"战国型"，其实秦文化也可以按此时间节点，分为"春秋型"和"战国型"两种。

"春秋型"秦文化,产生于秦与中原、"戎狄"文化的互动过程中。从物质的层面去观察,具有自身特征的秦文化,大约在西周晚期至春秋早期形成。

从西周晚期到战国早期,秦文化发展的基本脉络是中原化,同时还有另一条线索即"戎狄"化;战国中期以后,则以东方化为主要线索。前后两个阶段之间存在联系,也存在十分明显的"断裂"。例如商鞅变法,就是对东方文化的大规模借鉴和学习,并对"戎狄"以及旧传统加以革除的一个革命性过程。

在前一阶段中,文化上的中原化,使秦获得了一定程度的中原认同,取得了政治上的成效,这是秦政治上崛起的文化原因;但同时存在的"戎狄"化倾向,却使秦在政治上受到东方诸国鄙视。在政治强力等因素的作用下,进入到"秦人"之中的戎人与"周余民",对秦文化影从学习,形成了秦文化的一时之盛;但秦文化在春秋晚期以后,明显存在衰落的倾向,这是当时社会变革的反映。

后一阶段的东方化进程,本质上属于东方文化,即以齐鲁和三晋为代表的地域文化向西传播和融合的过程,这是秦统一天下的最重要的原因之一。这一点在思想、学术(法、兵[①]、墨、神仙、阴阳五行等家,以及东方"统一"思想的影响)的诸多方面都可观察得到,这个过程一直延续到西汉早中期。这个东方化过程,给秦带来了思想、学术方面的变革,更重要的则是制度层面的;再加上秦人在物质、技术层面硬实力的进步,为秦统一天下创造了重要前提和条件。

西周晚期至于春秋早期,秦文化的形成以秦嬴即秦宗室的文化形成为标志。之后秦宗室文化传向了"秦人"中的异族,这个传播的过程在考古资料上有很多反映。本节所叙述的,就是"春秋型"秦文化的形成和扩散,以及它的衰落和变迁。

从文献记载和考古资料来看,秦与中原商周王朝曾有密切的关系,秦

---

① 黄朴民:《秦汉兵学文化的主要成就及其显著特征》,《军事历史》,2020 年第 3 期。

文化也发源于商周文化的母体之中。从物质层面去观察，秦文化的个性至迟在西周晚期已初露端倪。

西周中后期，作为家族形态存在的秦人，主要活动于今甘肃西汉水上游的陇南地区、天水一带，拥有西犬丘（今甘肃礼县）及秦（今甘肃清水或陕西宝鸡）两个聚居点。考古发现上述地区除了有西周晚期的城址，可以肯定为与秦人宗室有关的遗存还有西山M2003墓，稍晚则有春秋早期的大堡子山秦君墓及其小型秦墓、平阳秦君陵园及其小型墓。

西山遗址位于礼县县城西侧、西汉水北岸的山坡之上，是一处两周时期的大型周秦文化遗址，并且大致是西汉水上游周秦文化与寺洼文化的分界点，已发现有城址、灰坑、墓葬、动物坑等遗迹，出土大量陶器、青铜器遗物，另有丰富的史前遗存以及寺洼文化遗物。遗址内的墓葬最早可追溯到西周，M2003墓是已知最早的高级别的秦人墓葬。此墓之形制为长方形竖穴，有腰坑及殉狗，墓主直肢、头西向，有棺椁和二殉人，随葬有三鼎二簋以及剑、戈等兵器和陶、玉器等物品。从葬式和葬俗来看，墓主被认为是秦人，陪葬有不同风格配成的三鼎，应属士一级，当为秦之宗室。①

大堡子山位于礼县县城东、西汉水谷地一地形狭窄的要害处，是第一座秦君陵园所在。此处已发现城址、建筑遗址、两座"中"字形大墓、车马坑、祭祀遗存，以及中小型墓400余座。② 其中两座"中"字形大墓M2、M3，规模巨大，年代在春秋早期前后。M2墓东西全长88米，墓主头向西，身下有腰坑，葬一狗和玉琮，二层台上有7个殉人、西墓道填土中有12个殉人，虽被盗掘一空，文物流散世界各地，但仍可知随葬有青

---

① 赵丛苍、王志友、侯红伟：《甘肃礼县西山遗址发掘取得重要收获》，《中国文物报》，2008年4月4日第2版；王志友：《早期秦文化研究》，西北大学博士学位论文，2007年，第66页；郭军涛：《礼县地区中小型秦墓的分期及相关问题研究》，西北大学硕士学位论文，2010年，第12—14页。

② 戴春阳：《礼县大堡子山秦公墓地及有关问题》，《文物》，2000年第5期；早期秦文化考古联合课题组：《甘肃礼县大堡子山早期秦文化遗址》，《考古》，2007年第7期；早期秦文化联合考古队：《2006年甘肃礼县大堡子山21号建筑基址发掘简报》，《文物》，2008年第11期；早期秦文化联合考古队：《2006年甘肃礼县大堡子山祭祀遗迹发掘简报》、《2006年甘肃礼县大堡子山东周墓葬发掘简报》，《文物》，2008年第11期。

铜鼎、壶、戈、刀等青铜器以及石磬、陶器等。M3 墓全长 115 米，墓的形制、葬式类似 M2 墓，二层台上有殉人、西墓道有 7 个殉人。①两座小型秦墓ⅠM31、ⅠM32，年代在春秋早期，ⅠM32 随葬三鼎。两处墓葬具有头西向、直肢、腰坑殉狗、有殉人和随葬秦式青铜礼器等诸多秦墓的特征，与早年甘肃考古所在此处发掘的 9 座中小型秦墓特征一致②，其主人也被认为是秦之宗室成员。③

太公庙村武公大墓的详细资料因墓未发掘而不可详知，但我们还是可以调查其一些基本情况。武公大墓为"中"字形的东西向大墓，墓室加上东西两墓道全长 132 米，西南侧有乐器祭祀坑，主墓道（东墓道）南侧有"凸"字形车马坑，加上疑似陵园兆沟的壕沟，构成了武公陵园。陵园的上述特征，都与大堡子山等秦公陵园类似。④ 与此陵园相关的，还有南阳村发现的数座春秋早期秦墓，如其中的 M2 墓随葬 3 件铜鼎、M3 墓随葬 5 件铜鼎，从葬式等特征看，两墓的主人无疑属于秦之宗室成员。⑤

从西山到大堡子山，再到太公庙村，从这三处秦宗室墓地的资料中我们可以看到秦宗室墓葬相对固定的特征。我们也可以通过墓葬的实例，通过物质层面看到秦文化形成的过程。这个过程，还从制度等其他层面表现出来，如上文所说的襄公立畤祭天、与诸侯"聘享之礼"，文公设官分职（如史官）、建立常备军、订立"三族之罪"那样的法律，武公"初以人从死"⑥，等等。如果说物质层次的秦文化，某些方面还是西周以来传

---

① 戴春阳：《礼县大堡子山秦公墓地及有关问题》，《文物》，2000 年第 5 期。
② 戴春阳：《礼县大堡子山秦公墓地及有关问题》，《文物》，2000 年第 5 期。
③ 秦文化与西戎文化联合考古队：《甘肃礼县大堡子山秦墓及附葬车马坑发掘简报》，《文物》，2018 年第 1 期。
④ 张天恩、庞有华：《秦都平阳的初步研究》，秦始皇帝陵博物院编《秦始皇帝陵博物院 2015》，西安：陕西师范大学出版社，2015 年，第 54-63 页；陕西省考古研究院、宝鸡市考古研究所、宝鸡市陈仓区博物馆：《陕西宝鸡太公庙秦公大墓考古调查勘探简报》，《考古与文物》，2021 年第 1 期。
⑤ 宝鸡市考古工作队、宝鸡市博物馆：《陕西宝鸡县南阳村春秋秦墓的清理》，《考古》，2001 年第 7 期；宝鸡市陈仓区博物馆：《陕西宝鸡市南阳村春秋秦墓清理简报》，《考古与文物》，2005 年第 4 期。
⑥ 司马迁：《史记》卷五《秦本纪》，北京：中华书局，1959 年，第 183 页。

统的自然延续（如陶器、葬式）的话，那么从制度层次去观察，则更见其为现实作用的结果：在国家层面，这些都是秦立国以及在诸侯间立足的需要；对个人来说，礼器、人殉，无非是贵族阶层社会地位和身份的体现。这个特点鲜明的秦文化，来源于西周文化的母体，并吸收了东方文化的因素而形成。总之，至于春秋早期，具有自身特色的秦文化确已基本形成。

二、秦文化的传播（春秋时期）

秦文化的拥有者和使用者，首先自然是作为最高统治阶层的秦之宗室，然后再扩展到进入这个阶层的"周余民"及戎狄人士。在一个社会中，文化的传播经常是"上行下效"，即社会上层首倡而又以"稀释"的形态被下层所效仿，然后形成一个更大的同质性的文化体。从考古资料来看，秦文化形成之后的这个扩散、传播过程，是极为明显的。

下面按墓主的族属，分"周余民"和"戎狄"两部分举例讨论。

秦文化在"周余民"中的传播，可举边家庄墓地为例。[①]

边家庄位于陇县东南约4公里的千河西南岸台地上，西依陇山，东望凤翔塬，此处自古以来是交通陕甘的要道。20世纪20年代、特别是70年代以来，此处曾发现大量春秋铜器墓，总计在33座，5鼎墓有8座以上。东南3里之磨儿塬村，曾有一处春秋城址，有学者认为，此处即皇甫谧《帝王世纪》所云"襄公都汧"之都城[②]，墓地即附属于汧。[③] 这个墓地的年代集中在春秋早中期，从出土器物来看，其形制、组合基本与同时代典型秦墓无别，但从葬俗看，则具有自身特色，如墓主葬式虽为直肢，却南北向而无腰坑，级别虽高却无殉人，故可以断定墓主既非秦人宗室贵族，

[①] 尹盛平、张天恩：《陕西陇县边家庄一号春秋秦墓》，《考古与文物》，1986年第6期；陕西省考古研究所宝鸡工作站、宝鸡市考古工作队：《陕西陇县边家庄五号春秋墓发掘简报》，《文物》，1988年第11期。

[②] 《史记正义》引《括地志》："故汧城在陇州汧源县东南三里。《帝王世纪》云秦襄公二年徙都汧，即此城。"（司马迁：《史记》卷五《秦本纪》，北京：中华书局，1959年，第179页。）

[③] 张天恩：《边家庄春秋墓地与汧邑地望》，《文博》，1990年第5期。

亦非"戎狄"。

边家庄经正式发掘的墓葬有79LBM1、M5两座，年代大约在春秋早期偏晚。79LBM1墓共出土铜器15件，计有镬鼎1、列鼎5、簋4、壶2、盘1、盉1、甗1，另有兵器铜矛2、戈4、镞71，车马器车軎2、马衔6、节约1，还有铃7、环4、伞弓帽2、铺首1、工具铜斧2，以及石管、石贝等若干。M5墓随葬礼器计列鼎5（纹饰分蟠螭、窃曲两型）、簋4、壶2、盘1、盉1、甗1及陶磬等，另有车器及玉、石、骨饰、椁饰若干，木椁上随葬有双木俑挽车1辆。与边家庄墓葬在礼器方面最可比较的是孙家南头M191，此墓随葬有镬鼎1、列鼎5、簋4、壶2、盘1、匜1、甗1、敦1，另有戈1、铃8、泡1，及铁剑1把，陶罐5件及玉、石、骨器若干。四周壁龛有殉人6位，附属车马坑随葬3车10马，在每辆随葬车下又有殉人1位。① 边家庄79LBM1墓与孙家南头M191墓两墓年代接近，都在春秋早中期，都随葬镬鼎1、列鼎5，鼎之数量搭配及形制、纹饰，都与同时期的秦器无别，两墓墓主属于同一礼制下同一级别的大夫，但前者出身"周余民"，后者头西向而直肢，墓葬带有腰坑，陪葬有殉人，则是秦之宗室。② 不同来源的人群遵从同一礼制，这自然是"秦礼"传播的结果。孙家南头墓地地处渭河支流汧河东岸、秦都雍城西南，水陆交通地位突出，所以有不同的人群生活、埋葬于此，这从发掘的6座铜器墓中即可看得十分清楚。边家庄人群构成则相对单纯，都属于"周余民"，可以说秦文化的传播塑造了整个边家庄墓地呈现形态。

由此扩展开去，春秋早中期属于"周余民"的墓葬，例证还可举陕西户县南关74HNM1、82HNM1墓③，宝鸡洪塬村M1④墓，秦家沟M1、M2⑤

---

① 陕西省考古研究院、宝鸡市考古工作队、凤翔县博物馆：《陕西凤翔孙家南头春秋秦墓发掘简报》，《考古与文物》，2013年第4期。
② 田亚岐、刘爽：《孙家南头秦国春秋铜器墓的相关问题》，《考古与文物》，2013年第4期。
③ 曹发展：《陕西户县南关春秋秦墓清理记》，《文博》，1989年第2期。
④ 王志友、董卫剑：《陕西宝鸡市洪塬村一号春秋秦墓》，《考古》，2008年第4期。
⑤ 陕西省文物管理委员会：《陕西宝鸡阳平镇秦家沟村秦墓发掘记》，《考古》，1965年第7期。

墓等，这些墓葬集中在关中中西部西安、宝鸡一带。有的墓葬随葬有戈、矛等兵器及车马，说明以武力服役于秦，是"周余民"从异族蜕变为"秦人"的重要方式。另外在秦国成为某种职官（如史），恐怕也是"周余民"之所长，也当是他们进入到"秦人"之中的重要渠道。"周余民"的部分人士成为秦之贵族，反映的应是这个群体基本的政治和族群认同。可见春秋早中期关中中西部的"周余民"在文化上已经整个被"秦人"所同化。

秦文化在"戎狄"中的传播，可举甘谷毛家坪墓地为例。毛家坪遗址，本书在论证秦之地方行政制度史等处屡有提及，原因是这个墓地非常重要，可作为在不同层面论证的"典型"，这里仍是如此。

20世纪80年代，考古工作者在毛家坪遗址发掘了33座土坑墓①，加上2012年以后的重新发掘，前后共发掘了约200座土坑墓，新发掘的资料没有完全公布，但这个墓地的情况已可以基本了解。这里分布的约千座墓葬，大多为典型的东西向、屈肢葬、头西向的土坑墓，是典型的中小型秦墓。这种墓葬多随葬鬲、盆、豆、罐等陶器，年代从西周晚期延续到战国。② 根据历来的考古发现可知，他们的主人就是本源于"西戎"的"秦人"。已公布的级别较高的，是3座铜礼器墓M2059、M2058、M1049③。M2059墓随葬5件铜鼎等礼器，并有殉人和车马坑（K201）。通过随葬铜戈铭文，证明墓主就是历史上著名的子车氏。M2058墓随葬鼎3簋4、壶2、甗1、匜1、盘1、盂1，陶器8件，以及漆木器、石圭、陶圭等若干，有女性殉人1位、车马坑1座（K203），内置三车十马，中部的2号舆内

---

① 甘肃省文物工作队、北京大学考古学系：《甘肃甘谷毛家坪遗址发掘报告》，《考古学报》，1987年第3期。

② 梁云：《秦文化重要遗址甘谷毛家坪》，《大众考古》，2013年第5期；梁云、侯红伟：《早期秦文化研究的又一突破：2014年甘谷毛家坪遗址发掘丰富了周代秦文化内涵》，《中国文物报》，2014年11月14日第1版。梁云、侯红伟：《甘肃甘谷毛家坪遗址2013年考古收获》，国家文物局主编《2013中国重要考古发现》，北京：文物出版社，2014年，第60-63页。

③ 另外也有一些零星的资料，此不备举。如GMM211，似乎也是三鼎一甗，年代在春秋晚期。参甘肃省文物考古研究所等编著：《秦与戎：秦文化与西戎文化十年考古成果展》，北京：文物出版社，2021年，第262-265页。

外有箭矢 1 捆、铜戈 2 件、弓 2 把、曲内戈 1 件、短矛 1 件，还有凿、锛、削刀等工具至于舆内。3 号舆前也有弓、镞等武器。M1049 墓，随葬有铜鼎 3、甗 1、戈 1、斧 1。① 这 3 座墓，M2059 墓年代在春秋中期，M2058 墓、M1049 墓在春秋晚期，墓主都是头向西的屈肢葬，基本可以肯定出自"西戎"，包括 M2059 墓的墓主子车氏。M2059、M2058、M1049 等数座墓，墓主属于冀县的统治阶层，他们带着私属（殉人之类），掌握着冀县的控制权，以冀为据点，为秦君镇守此地，威服"西戎"，并将之作为东征之基地。这些人作为秦之大夫、上士一级的贵族，自然会采用秦文化，这表现了秦文化在"西戎"的传播。处于下层的、作为控制对象的，是占大多数的中小型墓的主人——冀戎，秦文化向此阶层广大人众的传播，主要体现在陶器方面。西周以前本地"西戎"所使用的文化，最具代表性的是寺洼文化，陶器主要以夹砂灰褐陶为主②；春秋以后的冀戎，主要使用的则是秦式的细泥灰陶器，器类多是周秦系的鬲、罐等器物（战国中期以后则有所谓的"B 组遗存"）。所以，我们从中仍然可以看到秦文化的传播。

第三节　多族融合与匡正"异俗"

一、多族共居与融合

（一）战国中后期"秦人"成分的变化

战国中后期，"秦人"成分发生了新变化，新的"秦人"共同体一直在缓慢的构建过程中。虽然一直到秦亡，这个共同体都未完全形成，但其发生、发展的过程，是切实进行的。商鞅变法后，有两个方面的因素，促使"秦人"成分发生了变化。一是稍早的"徕民"政策，二是秦统一使东方民众大量加入到"秦人"之中。

---

① 梁云、侯红伟：《早期秦文化研究的又一突破：2014 年甘谷毛家坪遗址发掘丰富了周代秦文化内涵》，《中国文物报》，2014 年 11 月 14 日第 1 版。

② 张长寿、殷玮璋主编，中国社会科学院考古研究所编著：《中国考古学·两周卷》，北京：中国社会科学出版社，2004 年，第 507-510 页。

"徕民"政策使秦的社会中有大量"游士"①、"新民"②、"客"③ 存在，这些人大多当属六国之人。虽然从考古学的实证层面，我们无法看清"徕民"政策的实效，简牍资料的记载对此却有证明。《商君书》的《徕民》与《境内》篇有关于"客"的记载，前者记载秦有"民客之兵"，"客"即山东之人在秦服兵役者；后者曰："能攻城围邑斩首八千已上则盈论，野战斩首二千则盈谕。吏自操及校以上，大将尽赏行间之吏也。……爵五大夫，有税邑六百家者受客。"④ 这里的"客"，当指列国在秦之客民。除了在秦服兵役，"客"还有从事农业者，如《徕民》说，"以故秦事敌，而使新民事本"，"令故秦兵，新民给刍食"⑤，即令秦本土的人服兵役，让"新民"即"客"从事农业或运送粮草。"客"在睡虎地秦简中也有涉及，如《法律答问》："'邦客与主人斗，以兵刃、投（殳）梃、拳指伤人，辠以布。'可（何）谓'辠'？辠布入公，如赀布，入赘钱如律。"注释认为"邦客"为秦国以外的人。⑥ 按《商君书》的说法，秦简中的"客"就是来自东方列国的人士，可能是作为俘虏或因其他原因成为秦民的附庸，估计人口数量不小，故得制定专门的法律以约束之。

另外一个特殊的阶层就是"游士"。云梦秦简《游士律》中有"游士"，与"故秦人"即秦本土居民相对而言。律曰："游士在，亡符，居县赀一甲；卒岁，责之。有为故秦人出，削籍，上造以上为鬼薪，公士以

---

① 如《史记·秦始皇本纪》记载："吕不韦为相，封十万户，号曰文信侯。招致宾客游士，欲以并天下。"（司马迁：《史记》卷六《秦始皇本纪》，北京：中华书局，1959年，第223页。）秦简也有专门的法律《游士律》。战国游士多属六国，《史记·留侯世家》载张良说"今复六国，立韩、魏、燕、赵、齐、楚之后，天下游士各归事其主"（司马迁：《史记》卷五十五《留侯世家》，第2041页）。由此可知游士多六国人。
② 蒋礼鸿：《商君书锥指》卷四《徕民》，北京：中华书局，1986年，第92页。
③ 蒋礼鸿：《商君书锥指》卷四《徕民》、卷五《境内》，北京：中华书局，1986年，第94页。
④ 蒋礼鸿：《商君书锥指》卷五《境内》，北京：中华书局，1986年，第116—117页。
⑤ 蒋礼鸿：《商君书锥指》卷四《徕民》，北京：中华书局，1986年，第92页。
⑥ 睡虎地秦墓竹简整理小组编：《睡虎地秦墓竹简·法律答问释文注释》，北京：文物出版社，1990年，第114页。

下刑为城旦。"① 战国游士多为六国之人。他们为了功名利禄，游走天下，秦自在其视野之中，况且秦还是主动招徕他们的。与对"客"的管理一样，秦之《游士律》说明这个阶层人士的大量存在。游士在秦不被重用则各归其国，其在秦的存在多是临时性的。不过他们的影响不容小视，如《商君书·农战》所言，民众若"见言谈游士事君之可以尊身"，则"必避农"②而从事言谈游士之事，故得加以禁止。《游士律》之制定无疑与此思想和社会现象有关。

商鞅变法后"秦人"成分的最大改变，还是东方人众的加入。秦自惠王称王开始，即有"王"天下的野心，此后秦对六国的战争，也具备了兼并统一的战争性质，与春秋争霸之战争完全不同。随着统一进程的进行，东方列国之民，包括南方、东南"百越"之族，西方之羌人，西南之夷人，都被纳入秦的版图之内，成为政治意义上的"秦人"。东方列国旧地被称为"新地"，秦在其地置郡县以治，其民众被称为"新黔首"。"故秦"（即秦本土之民），与"新黔首"构成了统一之后"秦人"的主要成分。

（二）出土文献所反映的人群流动

商鞅变法后，随着秦一统天下以及统一后的国家治理过程的进行，在秦版图之内有以官方主动移民为主的大规模人群流动现象产生。这个现象带来了多族共居的局面，在统一的国家之内多族融合也在发生和进行之中。

秦在统一天下的过程中就曾频繁移民，把移民当作控制新地的重要手段。这包括两个方面，一是以赐爵之方式迁移秦国平民或迁移罪犯到新地，二是把六国之民强制迁往他处。秦统一后，延续了此前的民族政策，通过移民达到削弱反对势力、加强边防等效果，前一类被迁者多是富豪，后一类则多平民。

从人群来源划分，我们把秦之移民主要分为三类：第一类是秦本土的

---

① 陈伟：《秦简牍合集〔壹〕》，武汉：武汉大学出版社，2014年，第169页。
② 蒋礼鸿：《商君书锥指》卷一《农战》，北京：中华书局，1986年，第25页。

平民或罪犯，其主要移民方向是新地、百越及西北边疆，职责是任新地官吏或戍卒；第二类是东方富豪、民众迁移到关中及其他地方；第三类属于秦本土之外的人群迁移。

1. 秦本土之民向外的迁移。

秦本土民众的成分在商鞅变法之后不断扩大。秦国通过设立县道或"臣邦"，重新控制了原来春秋"霸"下的西北戎人，地域已经远在商鞅变法重设的三十一县所属的邽、冀等西边县份之外。这些西北地区的"戎狄"人士与关中之民一样，也成了秦统一天下的重要资源。

再如西南巴蜀地区，与关中比邻但交通不便，其地形封闭、土地肥沃，边缘有大量少数民族存在，所以是流放罪犯和安置移民的合适地方。秦灭巴蜀后第三年，鉴于此处少数民族势力尚强，即移民万家于此。① 嫪毐之乱后，参与叛乱的一些人被迁蜀。另如赵之卓氏，秦破赵后迁之于此，卓氏以冶铁致富；山东迁虏程郑亦以冶铸贾椎髻之民，富比卓氏。② 秦统一之后，继续把巴蜀作为移民之地，曾将上郡之民迁往临邛（四川邛崃），可能造成了邛人从雅安一带往西昌的南迁③；在云梦秦简中也有迁中原之民于蜀的案例④。蜀郡周边的冉駹、邛、筰之地，即今四川西北、南部地区，有些地方成为秦之郡县；云南地区，秦修"五尺道"以通之，置吏管辖，想必这里都有不少中原移民的存在。

又如秦向南越之地的移民。这类移民可分为两个部分，一是邦尉屠睢率领的士兵和尉佗的增援人员，例如尉佗向秦始皇要求的"为士卒衣补"

---

① 常璩撰，刘琳校注：《华阳国志校注》卷三《蜀志》，成都：巴蜀书社，1984年，第194页。

② 司马迁：《史记》卷一百二十九《货殖列传》，北京：中华书局，1959年，第3277—3278页。

③ 《华阳国志·蜀志》："临邛县，郡西南二百里。本有邛民，秦始皇徙上郡实之。"（常璩撰，刘琳校注：《华阳国志校注》卷三《蜀志》，成都：巴蜀书社，1984年，第244页。）

④ 睡虎地秦墓竹简整理小组编：《睡虎地秦墓竹简·封诊式释文注释》，北京：文物出版社，1990年，第155页。

的女子一万五千人①；二是秦始皇三十三年（前214）征发去的"亡人、赘婿、贾人"以及派去的戍卒②。中原的移民主要集中在南海郡的番禺（今广东广州）以及交通要道上，与越人杂处，逐渐发展并改变了越地的经济和社会风俗。秦亡后兴立的南越国，就是在此基础上建立的。③

2. 迁徙六国之民。

咸阳是秦都所在，但关东地区由于经济发达、人口集中，为了加强政治控制、增强经济实力等，秦始皇二十七年（前220），"徙天下豪富于咸阳十二万户"④。按照每户5人计算，大约有60万人，大大增加了咸阳的人口数量。到了秦始皇三十五年（前212），又徙丽邑3万家，云阳5万家。丽邑在秦始皇陵之北，秦始皇十六年（前231）置县⑤，是古代第一个因陵而设的县，汉初刘邦曾建宫舍安置其父于此，后改称新丰；云阳即咸阳之北的淳化，是直道的起点。迁徙到这两地的人口，很可能来自咸阳，作为扩建国都、疏散人口的一种手段，后来云阳逐渐发展为秦汉陪都性质的政治中心。

3. 其他东方之民的迁移情况。

如秦始皇三十二年（前215）起，秦派蒙恬将众三十万人北逐匈奴、西驱诸戎，略取"河南地"（今内蒙古自治区河套以南临近黄河的区域）、河北之阳山（内蒙古自治区狼山）、北假（内蒙古自治区巴彦淖尔市乌梁素海一带）等地，秦界扩至黄河与阴山一线。占领这些地方后，秦从榆中（甘肃兰州）至阴山，沿河设了44（一说34）座县城以为塞防，在阴山上修筑了远通辽东的"万里长城"，并贬谪民众至以上44个县戍守。秦始皇

---

① 司马迁：《史记》卷一百一十八《淮南衡山列传》，北京：中华书局，1959年，第3086页。
② 司马迁：《史记》卷六《秦始皇本纪》，北京：中华书局，1959年，第253页。
③ 《汉书·高帝纪》记载汉高帝十年诏曰："粤人之俗，好相攻击，前时秦徙中县之民南方三郡，使与百粤杂处。会天下诛秦，南海尉它居南方长治之，甚有文理，中县人以故不耗减，粤人相攻击之俗益止，俱赖其力，今立它为南粤王。"（班固：《汉书》卷一下《高帝纪下》，北京：中华书局，1962年，第73页。）
④ 司马迁：《史记》卷六《秦始皇本纪》，北京：中华书局，1959年，第239页。
⑤ 司马迁：《史记》卷十五《六国年表》，北京：中华书局，1959年，第754页。

三十六年（前211），又迁三万家于北河、榆中（按此为河套一带。榆中亦在河套附近，与上文榆中不一）。此外，陆续还有有罪的官吏、商人及其家属、"闾左"等穷人被迁往西北边疆。这些人众之中，许多是旧有的山东之民。

又如对于旧有瓯越中心区域的越人，秦不仅置会稽郡加以管辖，还通过大规模移民来巩固统治。其主要手段是，把瓯越核心区大越（浙江绍兴）一带的越民，迁往余杭（浙江余杭）、乌程（浙江湖州东）、黟（安徽黟县东北）、歙（安徽歙县）、芜湖（安徽芜湖）、於潜（浙江临安西）等地区，大致在今浙江西北和安徽东南的山区地带，改大越之名为山阴，然后把来自中原的移民安置在山阴及其东南方向，"以备东海外越"，即东方海岛上的越人。① 秦在这一带所设置的县，除山阴外，还有上虞（浙江上虞）、余姚（浙江余姚）、句章（浙江余姚东南）、鄞（浙江奉化东南）、鄮（浙江宁波东）等，其人众为外来的中原移民，周围的山区与东海海岛一样，仍以越人为主。②

秦移民之情况，不但有上述传世文献记载的移民资料，还有近年公布的简牍资料作为证据。

例如里耶秦简记载有洞庭郡迁陵县多族混居的情况。迁陵县在今湖南西北龙山县里耶镇一带，周围是"南蛮"的分布区，县中长吏等人应是来自关中的移民，其所属三乡，也当多为移民而非此地"蛮夷"。秦简所示迁陵县的情况，恰好反映了秦移民与"蛮夷"共居的现象。如简9-2299："都乡黔首毋濮人、杨人、臾人。"其中濮人、臾人也见于简9-1145载，

---

① 《越绝书》卷二载："乌程、余杭、黝、歙、无湖、石城县以南，皆故大越徙民也。秦始皇帝刻石徙之。"卷八载："徙大越民置余杭、伊攻、故鄣。因徙天下有罪适吏民，置海南故大越处，以备东海外越。乃更名大越曰山阴。已去，奏诸暨、钱塘，因奏吴。上姑苏台，则治射防于宅亭、贾亭北。年至灵，不射，去，奏曲阿、句容，度牛渚，西到咸阳，崩。"（李步嘉校释：《越绝书校释》，北京：中华书局，2013年，第36、230页。标点有校改。）

② 葛剑雄主编，葛剑雄著：《中国移民史（第二卷）》，福州：福建人民出版社，1997年，第75-77页。

陈伟等释濮人、杨人、奥人为非华夏的部族之名①，此说当是。王勇认为，濮人、杨人、奥人都被称作"黔首"，所以这些部族的部分成员，应处在迁陵县即秦政府的管辖之下。鄙人之见，濮人等人群，并不一定生活在迁陵县已知的三乡之中，而是在三乡之外。不过他们受迁陵县管辖是无疑的，如里耶秦简9-557有"☐首皆变（蛮）夷，时来盗黔首、徒隶田蔺者，毋吏卒☐"②的记载。这些"蛮夷"，应属徼内非华夏的人群，居住在迁陵县三乡以外的边缘地区，其法律、行政身份与三乡的黔首有别。又如简8-998："幏布四丈七尺。卅五年四月乙未朔乙酉，少☐☐。"陈伟等注引《说文》："幏，南郡蛮夷賨布也。"并引《后汉书·南蛮西南夷列传》："其民户出幏布八丈二尺，鸡羽三十镞。"③

《后汉书》所载为"秦惠王并巴中"后所定之规，并言汉兴后，仍依秦时旧制。两处文献中，都有战国至秦汉时期本地"蛮夷"以幏（賨）布或钱、鸡羽为赋的记载。还有简8-1735"廿七年羽赋二千五【百】☐"④等记载。迁陵县的"蛮夷"赋税，无疑是由迁陵县府收取的，这自然是其管辖权的反映。

另外还可举汉初胡家草场简作为例证。秦自昭王二十八年（前279）白起拔郢后，长江中游的楚西部即为秦所有，秦于此置南郡，并有各种秦本土移民迁徙至此，其中包括西北"戎狄"。至于汉初，移民仍然与当地人差异明显。胡家草场简1582记载：

蛮夷长以上，其户不賨；其邑人及戎翟（狄）邑，岁出賨，户百

---

① 陈伟主编：《里耶秦简牍校释（第二卷）》，武汉：武汉大学出版社，2018年，第466-467、268页。
② 陈伟主编：《里耶秦简牍校释（第二卷）》，武汉：武汉大学出版社，2018年，第155页。
③ 陈伟主编：《里耶秦简牍校释（第一卷）》，武汉：武汉大学出版社，2012年，第259页。
④ 陈伟主编：《里耶秦简牍校释（第一卷）》，武汉：武汉大学出版社，2012年，第384页。

一十二钱，欲出金八朱（铢）者，许。①

其中有"戎翟邑"，可知简文所载律令就是针对战国以来从西北移民至长江中游南郡一带的"戎翟"而制定的。这些"戎翟"之人所出赋税，如"南蛮"一样也称作"賨"。《后汉书·南蛮西南夷列传》记载："秦昭王使白起伐楚，略取蛮夷，始置黔中郡。汉兴，改为武陵。岁令大人输布一匹，小口二丈，是谓賨布。"② 賨，注引《说文解字》曰："南蛮赋也。""戎人"赋税也以賨布缴纳，必然是生活在"蛮夷"之区的，而不是他们的老家西北。其居地称"邑"，说明他们虽然与南方"蛮夷"生活在一起，但应是聚居的，并如南方"蛮夷"一样，以邑为行政单位。汉朝对其采取了同样的管理模式，其渊源自然可以追溯到战国及秦代。

(三) 战国中后期的匡正"异俗"

战国中后期，秦国社会的人群分布、成分、组织都经过了一个大的变化，至秦统一天下，这些方面基本定型。例如经过长期的官方主导的移民等人群流动过程，华夏的不同分支、非华夏的不同来源的人群，共同生活在秦的领域之内，其基本形势还是延续了战国以来的内华夏而外"蛮夷"的格局，并且在秦国都及边疆地区又呈现为夏（秦）、夷混居的复杂局面。

如何整合秦与六国之民、"蛮夷"以及不同族群，直至形成以乡里为单位的基层社会，以达到统一并利于统治的目的，是秦统治者面临的重大问题。因此，以国家力量为主导，秦自商鞅变法之后，特别是统一战争开始的惠王（前337—前311）之后，即对扩大了的国内民众进行了有效的治理和整合；统一天下之后，又把战国以来的措施扩大到了全境。

秦进行社会整合的手段有多种，除了上述移民措施，还有郡县化、编户、授爵（包括给非华夏者授爵）、移风易俗等。

---

① 荆州博物馆、武汉大学简帛研究中心编著：《荆州胡家草场西汉简牍选粹》，北京：文物出版社，2021年，第196页。

② 范晔：《后汉书》卷八十六《南蛮西南夷列传》，北京：中华书局，1965年，第2831页。

郡县化即设置郡县乡里组织，是秦整合基层社会的最主要手段。由于秦短祚，同时历史、民族形势复杂，所以秦在不同地区施行郡县化的措施、进程并不一致。整体来看，在黄河中下游的核心区，华夏化进程较早、水平较高的地区，郡县化即社会整合的程度更为彻底，在西南、南方地区，则与之相反。

以郡县设置数量来说，民族地区与中原核心区具有明显的不平衡性。根据周振鹤等《中国行政区划通史·秦汉卷》的统计，县份极少的郡有如下一些。

东南今浙江南部至福建闽越之地，秦并天下废其王为"君长"，置闽中郡，但可置县份只有东冶（今福建福州）一县。南海三郡中，南海郡已知有番禺（广东广州）、龙川（广东龙川）两县，桂林郡有布山（不知所在）一县，象郡有镡城（湖南道县）一县。还有广阳、渔阳、辽西、辽东、鄣等郡，《中国行政区划通史·秦汉卷》所列都不过三县。①

这些置县数量较少的郡，除辖地较小之外，大多是因为处于边疆非华夏地区，所以郡县化程度较低，很多地区还是以自治的非华夏的"君长"所控制。

即使像长江上游巴郡那样的地区，也是如此。巴郡为巴人和板楯蛮的分布区，前者为蛮夷上层，后者为被统治者。巴在被秦所灭前已经称王，《后汉书·南蛮西南夷列传》记载秦惠王时秦灭巴后，"以巴氏为蛮夷君长"②。直到秦统一之后，可以肯定已置的县份，上文所引周书有江州（今重庆）、枳（今重庆涪陵）、朐忍（今重庆云阳）、僰道（今四川宜宾）、阆中（今四川阆中）五县，数量较少。③ 很明显，在更加广大的地区还是"蛮夷君长"代理行政的。

---

① 周振鹤、李晓杰、张莉：《中国行政区划通史·秦汉卷》，上海：复旦大学出版社，2015 年，第 61-97 页。

② 范晔：《后汉书》卷八十六《南蛮西南夷列传》，北京：中华书局，1965 年，第 2841 页。

③ 周振鹤、李晓杰、张莉：《中国行政区划通史·秦汉卷》，上海：复旦大学出版社，2015 年，第 68 页。

在郡县化的过程中，秦主要利用国家的力量进行社会整合，例如在基层职官设置中，不设汉代三老那样掌教化的吏员。①

编制户籍，是商鞅变法后社会整合的重要手段。这项制度在"夏"及"蛮夷"之区存在着差别，后者的编户，可能是逐步施行的，不是铁板一块静止不动的。非华夏族群的民户数量，也由国家掌握，以服徭戍、征赋税。

在编制户籍的基础上，秦在乡里之下为民户编制什伍，把军事编制扩充为普通的百姓组织，把百姓的日常生活和法律责任以什伍的方式连接在一起，充分显示了什伍之制的来源和战争属性。如睡虎地秦简《法律答问》：

> 贼入甲室，贼伤甲，甲号寇，其四邻、典、老皆出不存，不闻号寇，问当论不当？审不存，不当论；典老虽不存，当论。
> 可（何）谓"四邻"？"四邻"即伍人谓殹（也）。②

其中民户编为"伍"，其首领称"伍老"。面对法律案件，伍老的责任要重于同伍之人。笔者十分怀疑"伍老"是由里居中年长并有德行之人担任的。非华夏地区的区域则保留了原来的社会组织。

县道之民是授爵的，非华夏的"戎"或"蛮夷"人众，从已知材料来看，至少其首领是有爵位的。如《后汉书·南蛮西南夷列传》记载："秦惠王并巴中，以巴氏为蛮夷君长，世尚秦女，其民爵比不更，有罪得以爵除。"刘敔认为，"其民爵"之"民"字为衍文，是正确的看法。③

移风易俗，也是社会整合的重要手段。风俗反映的是社会伦理，故整肃风俗是维护社会秩序的重要手段，早年即受到秦统治者的重视。战国中

---

① 沈刚：《秦简所见地方行政制度研究》，北京：中国社会科学出版社，2021年，第3页。
② 睡虎地秦墓竹简整理小组编：《睡虎地秦墓竹简·法律答问释文注释》，北京：文物出版社，1990年，第116页。
③ 王先谦：《后汉书集解》，北京：中华书局，1984年，第994页。

期商鞅变法，曾对父子同室而居致男女无别、"私斗"等落后的"戎狄"习俗，从法律上加以革除，以达到"国无异俗"① 的效果。这样的措施，主要为了达到驱民归战、提升国力的现实目的，而非为了摆脱六国的鄙视。六国对秦鄙视而以"夷翟"遇之，主要是由于秦国力的虚弱。长期来看，商鞅变法也有变风易俗的作用，如《汉书·贾谊传》记载贾谊之言："商君遗礼义，弃仁恩，并心于进取，行之二岁，秦俗日败。"② 秦俗日败的表现，则是"家富子壮则出分，家贫子壮则出赘。借父耰锄，虑有德色；母取箕帚，立而谇语。抱哺其子，与公并倨；妇姑不相说，则反唇而相稽"③。可见，商鞅变法前后，秦社会的风俗发生了明显变化。

百里不同俗。风俗差异对于构建统一的社会秩序是极为不利的。秦在统一前后，不同地区、不同风俗的人群被纳入统治之下，以法律手段"匡饬异俗"，成为秦对六国旧地极为重要的社会治理和整合手段。

例如南郡（治郢，今湖北江陵）。南郡昭王二十九年（前278）白起拔郢后在此置郡，至秦王政，时间已长达半个世纪。根据云梦秦简《语书》记载，此前秦政府颁布有"去其邪避（僻），除其恶俗"的法律，但此时在南郡，仍然是"吏民莫用，乡俗淫失（泆）之民不止"。④ 楚之男女淫泆旧俗屡禁不止，南郡守被迫把相关法律重新公布于各县。

越地的情况与楚类似。相传越王勾践为了越人繁盛，不禁淫泆，其风气至战国之末犹存。⑤ 秦始皇三十七年（前210）第五次出巡时，南至会稽，在所立刻石文中记女人有子另嫁、弃夫而嫁及男人"寄豭"（与他人通奸）的淫泆之俗。秦对此都立法禁止。

齐地受周文化滋润多年，其风俗清正，与楚、越对比明显。如秦始皇二十八年（前219）第二次出巡所立泰山刻石云："贵贱分明，男女礼顺，

---

① 蒋礼鸿：《商君书锥指》卷四《赏刑》，北京：中华书局，1986年，第96页。
② 班固：《汉书》卷四十八《贾谊传》，北京：中华书局，1962年，第2244页。
③ 班固：《汉书》卷四十八《贾谊传》，北京：中华书局，1962年，第2244页。
④ 陈伟主编：《秦简牍合集〔壹〕》，武汉：武汉大学出版社，2014年，第30页。
⑤ 顾炎武著，黄汝成集释，栾保群、吕宗力校点：《日知录集释》卷十三《秦纪会稽山刻石》，上海：上海古籍出版社，2006年，第751页。

慎遵职事。昭隔内外，靡不清净，施于后嗣。"① 对"男女礼顺"的好风俗加以赞颂和提倡。

秦之移风易俗，重在匡正"异俗"，即变易六国旧俗，使其与秦俗相合。至于秦本土的风俗，经过商鞅变法，早已因守法而变得素朴、顺从，不淫放轻佻，如荀子入秦观其风俗后言："其百姓朴，其声乐不流污，其服不挑，甚畏有司而顺，古之民也。"② 荀子究其原因，认为是"畏有司"即害怕官府的结果，这是秦法律严苛的反映，符合当时的实情，其言是可信的。至于贾谊所说商鞅变法后"秦俗日败"，是带有偏见的，一是他站在儒家立场说秦摒弃礼义，二是因为他是站在中原人的立场上的。

总结秦在统一过程及统一后对社会的整合，国家力量始终处于主导地位，社会、家族等力量的表现十分微弱，这与战争背景密切相关。只有当战争平息、社会进入到和平阶段，地方士绅、精英人士对社会整合的作用才会凸显。由于秦将社会分化为小的家庭，大的家族尚未形成真正的社会势力，所以在其中的作用也十分有限。十分值得提及的是，非华夏的"君长"在当地管理、治理方面的作用，他们也是参与社会整合的重要力量。实际上，从东周以来，"戎狄君公"之类就参与秦政治事务，甚或最高级别的政治争斗，如嫪毐之乱中戎狄上层的参与，就是很好的例子。他们在边疆治理、维护社会秩序、保持族群间的团结和平衡方面，起到了不可替代的作用。

二、考古资料中的多族共居与融合

商鞅变法后，秦文化在对东方文化的学习甚至"复制"中，改变了面貌，成为"战国型"秦文化，与自身的传统在很多层面都发生了"断裂"。这种文化的变迁，内容涉及很多方面，例如政治和行政制度、思想学术、军事等，在文物考古资料例如礼器、墓葬等方面，也有真切典型的表现。

---

① 司马迁：《史记》卷六《秦始皇本纪》，北京：中华书局，1959年，第243页。
② 王先谦撰，沈啸寰、王星贤点校：《荀子集解》，北京：中华书局，1988年，第303页。

商鞅变法，本质上是一场重大的社会变革。在列国竞争的战争背景之下，以国为单位的华夏诸族，发生了激烈的碰撞、交流和融合；变化着的秦境内外，还有羌、匈奴、"南蛮"、"西南夷"、百越等异族，他们也与秦人发生了密切的关系，是秦控制或驱逐的对象。秦对社会的整合，无非是建立在秦与华夏、秦与"蛮夷"关系基础上的对多族统一性的重新建构。下文将例举文物考古资料，对战国中期以后的社会面貌加以描述，以期对秦社会整合的历史加以说明。

我们所选的例证，是具有代表性的西部的毛家坪，核心区的秦都咸阳，北部边疆的广衍、福路塔等相关遗址。这几处遗址的文化和人种资料，是可以和传世、新出文献资料相对应的。这数处墓葬的主人都有共性，他们是西北秦本土的人群，被移民至国都、边疆等地，从事戍守等工作。

（一）毛家坪遗址

毛家坪遗址位于甘肃省天水市甘谷县磐安镇毛家坪村，东距甘谷县城25公里，位处渭河南岸的二级台地上，面积约 50—60 万平方米。遗址中部有南北向自然冲沟，将遗址分为沟东和沟西两部分。

沟西的北部及西部为居址区，中南部为墓葬区。1982—1983 年，北京大学考古学系和甘肃文物工作队在北部发掘了 22 座土坑墓和 200 平方米的居住遗址。① 2012—2014 年，有多家单位组成的早期秦文化联合考古队，对此遗址进行了大规模的调查和发掘，又在 20 世纪 80 年代发掘地点的南侧，勘探出 294 座墓葬。其中偏北的部分（简报称北区）有墓葬 212 座，发掘 140 座墓葬，车马坑 3 座，墓葬都是东西向竖穴土坑墓，墓主头多西向或西北向。除了葬式不明者，共有 125 座墓墓主葬式为屈肢葬，1 座直肢葬。偏南约 150 米的区域（简报称南区），勘探出墓葬 82 座，虽未进行发掘，但墓葬形制大都是直线式竖穴洞室墓，墓室开在竖穴墓道短边的外侧。②

---

① 甘肃省文物工作队、北京大学考古学系：《甘肃甘谷毛家坪遗址发掘报告》，《考古学报》，1987 年第 3 期。
② 早期秦文化联合考古队：《甘肃甘谷毛家坪遗址沟西墓地 2012~2014 年发掘简报》，《考古与文物》，2022 年第 3 期。

沟西发掘有高级别春秋秦墓 M2059，随葬 5 鼎，殉 6 人，出土有著名的"子车"铭文戈，对于探讨冀县等秦地方行政制度史意义重大。①

沟东为墓葬区，共勘探出墓葬 731 座，发掘墓葬 52 座，车马坑 2 座，其中竖穴土坑墓 42 座（除 M1004 南北向外，其余皆为东西向），直线洞室墓 8 座，偏洞室墓 2 座，墓主皆为屈肢葬式，除 M1004 墓外，墓主均头向西。墓地年代与沟西约略一样，从春秋晚期延续到战国时期。②

沟西、沟东的墓葬，都是典型的秦墓，其分布呈现出大分散、小聚集的状态，例如沟东区的 E 点、J 点附近，以及 E、J 两个区域之间的区域，就是如此。③ 沟西区则更为明显，北区 212 座土坑墓分布密集，形成一处相对独立的墓地，南、东侧边缘则发现有围沟。④ 南区的 82 座墓，绝大多数为洞室墓，分布密度虽较小，但错落有致，明显经过规划，形制也单一，构成了另一处单独的墓地。

毛家坪的洞室墓，从已知情况来看，在整个墓地中占少数，沟东沟西都有分布，年代集中在战国中晚期，形制分平行式和直线式两种，以直线式为主，平行式（洞室开在竖穴墓道长边一侧）次之。与墓地中占大多数的竖穴土坑墓相比，洞室墓除了墓主葬式、头向与之存在相似之处外，在分布位置、墓葬年代、随葬器物方面，都与竖穴土坑墓存在明显差别。其分布、年代已如上述，随葬器物方面，如已发掘的沟东 M1024 墓既为直线式洞室墓，又随葬铲足鬲；M1024 墓随葬"B 组遗存"铲足鬲。沟西未发掘的 82 座中的直线洞室墓，推测也应与此两墓情况类似。

洞室墓，春秋以来秦西北本土邽、冀的非华夏族群，春秋战国时期胡人与羌系的戎人都有这样的墓葬形制。当然，同时期他们还使用竖穴墓，

---

① 参史党社：《从毛家坪的考古发现谈秦地方行政制度史》，《华南师范大学学报》（社会科学版），2020 年第 2 期。
② 早期秦文化联合考古队：《甘肃甘谷毛家坪遗址沟东墓地 2012~2014 年发掘简报》，《考古与文物》，2022 年第 3 期。
③ 早期秦文化联合考古队：《甘肃甘谷毛家坪遗址沟东墓地 2012~2014 年发掘简报》，《考古与文物》，2022 年第 3 期，图二。
④ 早期秦文化联合考古队：《甘肃甘谷毛家坪遗址沟西墓地 2012~2014 年发掘简报》，《考古与文物》，2022 年第 3 期。

如胡系的游牧文化甘肃永昌蛤蟆墩沙井文化墓葬、包头西园春秋墓地[①]、固原杨郎和彭堡于家庄、彭阳张街和王大户、和林格尔新店子[②]和小双古城[③]、漳县墩坪等。马家塬那种带阶梯墓道的洞室墓，只不过是此种洞室墓的变形而已。

戎系的洞室墓例证，有仅距毛家坪墓地西边仅3公里的东旱坪墓地，以及礼县的六八图墓地。

东旱坪墓地位于武山县洛门镇裴家庄行政村西南渭河南岸的台地上，共有战国墓3座，秦汉墓34座。战国秦汉墓葬形制，以带斜坡墓道的竖穴土坑墓为主，共有26座，其次是竖穴土坑墓，有7座，竖穴洞室墓和砖室墓各2座。这处墓地在战国晚期才出现，最早的两座墓M42、M43，形制为直线式竖穴洞室墓，出土的泥质灰陶罐与普通秦墓出土的相同，但两墓墓主葬式都是仰身直肢，与下层秦墓不同，所出双耳罐（M43：11）也颇具西北地方特色。所以，墓主为外来人士的可能性是很大的。[④] 两座墓在墓地中年代最早，可能正寓示了墓地的主人是与毛家坪附近本土居民来源不同的人群。

六八图遗址，位于与毛家坪相对的西秦岭南侧的礼县红河乡六八图村、西汉水支流红河北岸的台地上。遗址共发现各类遗迹744处，其中墓葬538座。2018年，甘肃文物考古研究所对墓地进行了发掘，共发掘墓葬32座，包括竖穴土坑墓28座，偏洞室墓4座，年代都在战国晚期，属于级别较低的平民墓葬。除了葬式、泥质灰陶器等与秦墓一致外，此墓地的许多文化特征具有战国西北戎人的文化因素，如偏洞室的墓葬形制、带有地方特色的红褐色夹砂陶器铲足鬲、夹砂双耳红陶罐等。发掘者判断，这

[①] 内蒙古文物考古研究所、包头市文物管理处：《包头西园春秋墓地》，《内蒙古文物考古》，1991年第1期。

[②] 内蒙古文物考古研究所：《内蒙古和林格尔县新店子墓地发掘简报》，《考古》，2009年第3期。

[③] 内蒙古文物考古研究所：《内蒙古凉城县小双古城墓地发掘简报》，《考古》，2009年第3期。

[④] 甘肃省文物考古研究所：《甘肃武山县东旱坪战国秦汉墓葬》，《考古》，2003年第6期。

支人群是一支深受秦文化影响的戎人,曾长期居住在西方,后来受秦统治并逐渐接受了秦文化。①

通过对毛家坪、东旱坪、六八图墓地文化因素的分析,我们不难把胡、戎两系洞室墓的主人区分开来,前者是南下的游牧人,后者则是羌系的西北土著,与邽、冀等戎虽然同系,但华夏化较晚。胡、戎两系洞室墓的墓葬形制是大同小异的,并无本质的区别,差别在于前者拥有殉牲习俗等游牧文化的系列特征,后者则不流行殉牲等葬俗(但不是绝对的,羌系戎人墓葬中也不排除殉牲);分布地也是前者更加遥远,处于羌系洞室墓分布地的西北外围地区。由于胡系洞室墓的年代整体偏早,可上溯至春秋时期,而羌系洞室墓年代集中于战国中晚期,则羌系人群使用洞室墓的习俗受胡系人群影响而来,也是显而易见的。

相较而言,从已知的马家塬地区、墩坪墓地,以及更加遥远的鄂尔多斯等地的考古资料来说,胡系人群在东周时期地位较高,文化发达,分布、影响广泛;羌系的西北戎人,即铲足鬲文化的主人,则多处于社会的下层,文化上也不显山露水,较少有高级别的遗物出土,地盘也大量被南下的胡人所侵夺。但是,他们仍是"秦人"的重要构成部分,是秦县道中的主要控制对象。秦向东统一六国、北取南进,都有他们的身影,在秦旧都咸阳附近、河南三门峡、山西、长江中游的湖北地区,以及更加遥远的内蒙古鄂尔多斯等地,都有戎人的墓地、遗物被发现。下文继续举证文物考古资料。

(二)咸阳塔儿坡及关中监狱墓地

秦自孝公十三年(前349)自雍徙都咸阳,直至秦亡后,咸阳为都城共145年,随着国势的发展,咸阳的面积越来越大、宫室愈多。咸阳本在渭水之北,后来逐渐向渭河以南发展。渭河以北,除朝宫即咸阳宫之外,秦每破诸侯,还仿六国宫室,建宫于咸阳北阪之上,把所得列国美人、钟鼓充入其中。秦始皇穷奢极侈,大修宫殿。他嫌先王宫廷狭小,又在渭南

---

① 侯红伟:《六八图遗址》,甘肃省文物考古研究所编著《甘肃重要考古发现(2000~2019)》,北京:文物出版社,2020年,第216-221页。

上林苑中建阿房宫，加上渭南的兴乐宫、章台宫、甘泉宫与诸庙，以及上林苑，形成咸阳"渭水贯都，以象天汉；横桥南渡，以法牵牛"①的布局。

秦对咸阳的经营，包括移民这样的措施，在文物考古资料中都有所反映。在渭北宫殿区即秦都今咸阳西郊、市区北部，发现有大量的、数以千计的平民墓葬，其中塔儿坡、关中监狱两墓地明显属于秦西北移民的墓地。

1995 年，咸阳市文物考古研究所在塔儿坡一带清理战国至秦代墓葬381 座，墓葬形制分竖穴土坑墓与洞室墓两类，其中竖穴墓 100 座，平行洞室墓 66 座，直线洞室墓 215 座，直肢葬 45 座，屈肢葬 268 座。② 这片墓地实际与其东 800 米左右的关中监狱墓地及再往东 1000 余米的任家咀秦墓是一个墓地，由西向东扩展。三个墓地行政隶属都是咸阳市渭城区渭城镇碱滩村，所以有学者建议就叫碱滩墓地。关中监狱墓地 2010 年发掘，共发掘战国秦墓 278 座，墓葬分布密集，排列有序，个别墓葬有相互打破现象，表明墓地延续了较长时间。278 座战国秦墓中竖穴墓 40 座，洞室墓 236 座，其中直线洞室墓 86 座，平行洞室墓 150 座，另有瓮棺葬 2 座，洞室墓还是占了大多数，葬式以屈肢葬为主。③

除洞室墓这样的特征之外，墓地所发现的具有戎人风格的双耳罐，都说明了这些人群的外来属性，同时塔儿坡洞室墓使用木板封门，与毛家坪洞室墓如出一辙。根据人骨所作的食谱分析，关中监狱墓地主人食物结构中除了粟类，肉食占比高于宝鸡建河墓地和凤翔孙家南头墓地，这也是塔儿坡、关中监狱墓地人口西来的证据。④ 这样的移民墓地，与比邻的任家

---

① 陈直校证：《三辅黄图校证》，西安：陕西人民出版社，1980 年，第 6 页。
② 咸阳市文物考古研究所编著：《塔儿坡秦墓》，西安：三秦出版社，1998 年，第 2、5 页。
③ 刘卫鹏：《关中监狱战国秦墓群发掘概况》，梁安和、徐卫民主编《秦汉研究》第六辑，西安：陕西人民出版社，2012 年，第 76-83 页；刘卫鹏：《关中监狱战国秦墓群的发掘》，秦始皇帝陵博物院编《秦始皇帝陵博物院 2012》，西安：三秦出版社，2012 年，第 96-109 页。
④ 凌雪、王奕舒、岳起等：《陕西关中监狱战国秦墓出土人骨的碳氮同位素分析》，《文博》，2019 年第 3 期。

咀秦墓地形成了鲜明比较,后者的主人为春秋中期以来形成的咸阳当地土著,242 座墓中墓葬形制竖穴墓 231 座,占了绝大多数,洞室墓只有 11 座。①

这些外来移民,从墓葬集中连片有序分布来看,可能在咸阳处于聚居状态。但根据墓葬中多出带"里"字的陶文来看,这样的人群也被编入乡里,成为咸阳的正常居民,原来的社会组织已经破散或在破散之中。文化上,从器物来看,虽然保留着自己的传统,但也正处于中原化的过程之中。

(三) 广衍及福路塔墓地

毛家坪属于秦本土,咸阳是秦之首都,其中的文物资料具有典型性。两个地点的例证,证明有许多非华夏族群在商鞅变法之后进入到秦本土,并融入到了"秦人"及秦文化之中。北方边疆广衍、福路塔两墓地的例子,证明的则是秦本土人群向北方边境地带的迁移和文化融合状况。

广衍位于内蒙古自治区准格尔旗西南纳日松镇(旧称川掌公社)、窟野河支流犄牛川上游瓦尔吐(旧称勿尔图)沟南岸,南面是瓦尔吐沟另一支流碾坊渠,地势险要。考古工作者1975—1976 年调查了城址及 5 个地点的墓葬,发掘了其中两个地点的 18 座墓。城址的年代,从战国晚期延续到昭帝前后。城内的采集物有秦式的方格网纹、叶纹、对兽纹圆瓦当,汉代云纹及"千秋万岁""长乐未央"瓦当,铜环首削及箭头,制作弩机、铺首、箭镞的泥范和石范等。墓葬皆为长方形竖穴土坑墓,大多数有生土二层台,16 座呈东西向,2 座南北向,2 座带壁龛,葬具多有棺,少数的有椁,墓主葬式大多头向东,11 座为秦式的屈肢葬,6 座为直肢葬,1 座不明,出土有陶、铜、铁、骨、石、蚌、木、漆器等多件,还有丝、麻等织物。墓地被分为五期,从战国晚期延续到新莽时期,与城址年代大体一致。由出土兵器、陶器上的"广衍"字样,城址被认定为秦、汉之广衍县城。②

---

① 咸阳市文物考古研究所编著:《任家咀秦墓》,北京:科学出版社,2005 年,第 7 页。

② 崔璿:《秦汉广衍故城及其附近的墓葬》,《文物》,1977 年第 5 期。

广衍为秦上郡最北的一个县,从大家熟知的秦昭王十二年(前295)"上郡守寿"戈知其至迟于此年属秦。广衍西临秦昭王长城,北侧为赵长城。由广衍与赵、秦长城的相对位置看,其文化内涵应与赵关系不大,城址和墓葬的出土物证明了此点。如Ⅰ-Ⅲ期墓葬中的10座屈肢葬墓,属于秦文化的对兽纹瓦当、小口缶等陶器,以及兵器铭文等;属于汉文化的Ⅳ-Ⅴ期墓葬中,较为舒展的屈肢葬,还有小口陶缶等实用器物,以及文字瓦当、钱币等,都与关中同期同类墓葬中的因素无别。总体上看,是从秦文化过渡到汉文化,并不见赵文化的因素。这些都印证了在战国、秦汉时期,广衍一直由秦、汉中央管理,而与赵无关的事实。

在广衍遗址中,还存在有北方畜牧文化因素,例如墓葬中用牛首、牛蹄以及牛羊肉随葬,以及骨刷柄上的马首饰件等。这些墓葬的主人,应主要为秦之移民,由此可看到北方畜牧文化的影响,故广衍也应是秦从畜牧族群手中开辟出来的土地。

福路塔墓地位于内蒙古自治区鄂尔多斯市准格尔旗薛家湾镇柳树湾村福路塔社新村东北约300米处的坡地上,战国赵长城内侧的赵、秦九原郡地域内[①],2017—2018年发掘了131座墓,是一处以秦文化为主体的墓地。部分墓有生土二层台,3座墓有壁龛(用以放置殉牲)。墓向既有东西向,又有南北向,前者数量约是后者的两倍。东西向墓死者头多朝东,南北向墓墓主头多向南。大多不见葬具。葬式多样,以仰身直肢葬数量最多,屈肢葬次之。46座墓有羊、牛、狗等殉牲。随葬器物有陶、铜、铁等类,但以陶器类瓮、罐、缶、壶、釜、豆、钵等为主。铜器包括生活用具、武器、饰品、钱币等类,数量不是很多。铁器主要是生产工具、生活用具、马具、武器、饰品等。

发掘者初步认为,福路塔墓地以秦文化为主体,年代大体在战国晚期至西汉早期,墓葬的主人多为秦人,这些秦人多来自"西戎",另外也可能有长城沿线北方民族的后裔。以上都是合理的认识,但发掘者可能对于鄂尔多斯附近战国长城的认识稍显模糊。他们认为墓地在战国至西汉早

---

① 福路塔墓地出土陶文有"武都当里"字样,器主应是来自九原郡武都县的人士。

期，位于秦昭王长城内侧，而不提赵长城。① 鄙人认为，福路塔墓地虽与西沟畔墓地一样位于赵长城内侧，但二者的年代、族群与文化归属都不相同。西沟畔墓地的主人属先后归顺了赵、秦的北方游牧族群，畜牧文化色彩浓厚。福路塔墓地则与广衍遗址相似，同属中原族群和文化系统。细究起来，广衍遗址的年代上限应早于福路塔墓地，前者的上限可至公元前295年之前秦初有广衍，后者则不早于秦夺赵云中、九原两郡之年，即公元前234年。战国晚期至秦代，广衍一直为秦地；公元前234年前后，赵之九原、云中两郡也由赵而属秦，福路塔所在地也经历了这一过程。延续至汉初，其间虽有秦越过战国赵、秦长城北逐匈奴，以及秦汉之际匈奴重新占领"河南地"的反复过程，但广衍、福路塔地区一直属于中原王朝的土地。这不但有传世文献、张家山汉简等依据②，也可得到广衍以及福路塔新出考古材料的证明。

上面我们列举的秦旧土西边一带（毛家坪、东旱坪、六八图）、咸阳（塔儿坡、关中监狱）及北部边疆上郡及云中一带（广衍、福路塔）的多处遗址，重点关注了其中的洞室墓的情况，以期说明秦土西部人群进入到秦本土，以及为秦作战、戍守的情况。在考古资料以外，出土文献中也有证据。

例如本书第六章曾引的里耶秦简8-657、《岳麓书院藏秦简（柒）》简001-007关于"中"县、道、属邦的记载。这些"属邦"的族群成分，至少包括大量非华夏的羌系西北土著。商鞅变法前后，秦献公、孝公都向西进取，《后汉书·西羌传》记载："时秦孝公雄强，威服羌戎。孝公使太子

---

① 胡春佰等：《内蒙古准格尔旗福路塔战国秦墓地2017年发掘简报》，《考古与文物》，2019年第6期；内蒙古自治区文物考古研究院、鄂尔多斯博物馆等：《内蒙古准格尔旗福路塔战国秦墓地2018年发掘简报》，《考古与文物》，2024年第7期。

② 《汉书·韩信传》："汉王收诸侯，还守成皋、荥阳，下蜀、汉之粟，深沟壁垒，分卒守徼乘塞。"（班固：《汉书》卷三十四《韩信传》，北京：中华书局，1962年，第1884页。）汉所守卫之"塞"，就是北边的战国赵、秦长城。年代在汉初的张家山汉简《二年律令·秩律》，也证明汉初这条防线并未被放弃。参辛德勇：《张家山汉简所示汉初西北隅边境解析——附论秦昭襄王长城北端走向与九原云中两郡战略地位》，《历史研究》，2006年第1期。

驷率戎狄九十二国朝周显王。"① 这些人群，大部分在春秋中期穆公霸"西戎"的时代曾经臣服于秦，孝公时代被重新征服。以地域分布来说，其分布地就在邽、冀两县以外、战国秦长城内侧，包括后来的陇西、北地、上郡三郡的部分地方。他们的社会组织号称"九十二国"，即有多个的"邦"，其中一部分也处在"中"部地区，即襄武及昭王长城之内。商鞅变法后，秦在这些地方，既设县道，又置"属邦"，双管齐下以控制之。这里的人群，跟邽、冀以东秦旧土人群一样，在秦统一天下的过程中，起了很大作用。

上举里耶、岳麓秦简所记"属邦"、道中人群，东去的主要原因是犯罪而被派戍守。作为秦控制下的人众，他们迁移的原因应该还有很多，例如像无弋爰剑那样被拘执为奴，但最终的结局恐怕也是相似的。

为什么在秦本土县、道的人众之外，是羌系的"臣邦"之人（即羌系的戎人），会被大量派往全国各地参与统一战争和戍守，而非胡系人群？笔者揣测原因如下：从已知考古资料来看，胡系人群在秦的压力之下，应是大量败走北逃，所余人众不多。就拿著名的"西戎八国"来说，已知的义渠、乌氏、大荔等戎，国灭后即北徙，而朐衍、獂虽同为游牧人群，却留了下来。从秦封泥、张家山汉简《二年律令》记载来看，秦至西汉早期，绵诸一直是县，则此地人很可能为羌系人群，其国被灭后允许留在当地。

秦对这些地方羌系人群的征服、管理、迁移，最终都造成了这些人群与其他人群的交往、交流和交融，"秦人"也渐成为更大的华夏共同体的一部分。而他们原来的文化传统，在战国晚期也曾如回光返照般凸显，例如洞室墓和铲足鬲，至于西汉中期，则完全融入汉文化的大海之中了。这些人群的经历，只不过是秦代族群共居、融合的一个缩影，他们与其他各族交融的历史，呈现出了秦以国家力量整合社会的必然结果。

---

① 范晔：《后汉书》卷八十七《西羌传》，北京：中华书局，1965年，第2876页。

第九章
从"国家本位"到"王朝"体制的初构

商鞅变法后,秦国国力得到了空前加强,其后历经秦惠王、秦武王、秦昭王、孝文王、庄襄王、秦始皇六世,国力日盛,一方面秦国在历次战争的胜利中建立了对关东六国的巨大优势,"天下"大一统曙光初显;另一方面,秦国内部的政治体制也随之发生着剧烈变化。这种变化主要表现在上层政治体制中,由商鞅所建构的"国家本位"体制向战国末期的"君主本位"体制转型。这种"君主本位"体制使秦国政治结构亦发生着重要变化,并使秦国上层统治者的矛盾呈现多样化、复杂化趋势。在这种内外政治格局的演变中,秦国的政治、经济、文化政策也发生着新的变革,并为其后秦王朝的"天下"大一统局面奠定了基础。

第一节 战国中后期历史演进与秦的政治格局

战国中后期,秦国政治格局发生了深刻的变化,这就是由商鞅变法时所建构的"国家本位"政治体制向战国中后期"君主本位"政治体制的转型。这个转型奠定了秦代大一统国家体制与政治制度的基础。

自商鞅变法后,秦国的战略形势发生了深刻变化。秦惠王嬴驷年十九即位,以宗室多怨,车裂商鞅。但是,嬴驷在巩固政权后,并没有废除商鞅之法，而是进一步巩固之。故秦惠王当政期间，秦国国力得到进一步发展。公元前330年，秦国大良造公孙衍破魏军于雕阴（今陕西甘泉县南），魏以河西地予秦。公元前329年，秦军攻魏，取河东的汾阳（今山西万荣县西南）、皮氏（今属山西河津市）、焦（今河南三门峡市西南）、曲沃（今河南三门峡市西南）。次年秦军乘胜攻魏，取魏蒲阳（今属山西隰县）。魏国在秦军数次强大的进攻之下，被迫割让上郡15个县（区域在今陕西东北部地区）给秦。从此，秦国不仅把魏国黄河以西的地盘全部吞并，而且在黄河东岸建立了东进的阵地。公元前325年，惠王称王，改元为更元元年。公元前313年，惠王遣张仪赴楚，诱使楚国绝齐，又设计激怒楚怀王，诱使楚国冒险出兵攻秦，使秦军在丹阳（今陕西、河南二省间的丹江以北地区）大败楚军，得楚地汉中，解除了楚国对秦国本土和秦新占巴蜀地区的威胁，楚国从此一蹶不振。这一时期，秦军北扫义渠，西平巴蜀，东出函谷，南下商於，对六国形成了居高临下的军事优势，为后来秦的大一统奠定了基础。

惠王之后，秦先后有秦武王、秦昭王、孝文王、庄襄王为国君。这段时期，秦国得到进一步发展。尤其是秦昭王嬴则（前306—前251）时期，秦国继续扩张，先后开展了决定秦国命运的数次大战。① 这几次战争，尤以发生在昭王十四年（前293）的伊阙之战、昭王三十四年（前273）的华阳之战、昭王四十五年（前262）的长平之战最为著名。伊阙之战中，秦军在白起的指挥下战胜了韩、魏联军，使韩国再无力抵抗秦国。而在华

---

① 据《商君书·徕民》："今三晋不胜秦四世矣。""（秦）三世战胜而天下不服。"又称："周军之胜，华军之胜，秦斩首而东之……且周军之胜，华军之胜，长平之胜，秦之所亡民者几何？"（蒋礼鸿：《商君书锥指》卷四《徕民》，北京：中华书局，1986年，第90、92、94页。）学界认为《商君书·徕民》为长平之战后秦法家的著作，而此处"三世战胜"中的"三"应该是"三"（四）的讹误。例如仝卫敏认为，"四世"应该是指秦国国君的世数，分别是秦孝公（前361—前338）、秦惠王（前337—前311）、秦武王（前310—前307）以及秦昭王（前306—前251）（仝卫敏：《〈商君书·徕民篇〉成书新探》，《史学史研究》，2008年第3期）。尤锐亦认为"秦四世有胜"应该是秦昭王时代比较常见的说法，如《荀子》的《议兵》和《强国》两篇即有相关记载（尤锐：《从〈商君书·徕民〉看商鞅学派的思想变迁——兼论战国晚期秦国人口及军事变化》，《江淮论坛》，2021年第6期）。本书从之。

阳之战中，"白起攻魏，拔华阳，走芒卯，而虏三晋将，斩首十三万。与赵将贾偃战，沈其卒二万人于河中"①。秦国获胜，进而占领魏国大片城池，魏国从此一蹶不振。而决定秦、赵两国命运的长平之战，更是为秦国征服东方各国奠定了基础。长平之战因秦、赵争夺韩国上党郡而起。从公元前262年开始，秦、赵两军在长平（今山西高平西北）相持了三年。秦昭王把秦河内十五岁以上的壮丁悉数征发到长平，并绝断赵的粮道。四十多天以后，饥饿乏食的赵军溃败，四十多万人全都被俘。据《史记·白起列传》记载，白起将四十多万赵国战俘"尽坑杀之"②。赵国经此一战，元气大伤，再也无力与秦争锋，秦国由此加速了统一六国的进程。

昭王时期，还发生了一件大事，即秦、齐分别在东、西称帝，其后果是，在此后不久的秦、齐与其他诸侯国的战争中，两国胜败结果的不同改变了战国中后期东西平衡的政治大格局。公元前288年10月，秦昭王在宜阳自立为西帝，并派魏冉尊齐湣王为东帝，以争取与齐联盟，同时联合魏、韩、燕共同攻赵。③ 但是在同年12月，齐宣布废去帝号，并派苏秦游说韩、魏，约定五国合纵攻秦。次年（前287），赵、齐、燕、韩、魏五国联军攻秦。秦在五国联军压力下，被迫废除帝号。恰在此时，齐国出军攻宋，引起了韩、魏、赵等国不满。于是公元前284年，与齐国素有仇隙的燕国联合秦、赵、魏、韩共同讨伐齐国。五国联军短时间内攻占齐国70余座城，直入齐都城临淄。此战以后，此前雄踞东方的齐国一蹶不振，秦、齐两强东西对峙的格局也彻底转变，秦国成为战国七雄中的最强者。

但是，秦国虽然取得了几次大战的胜利，可非但没有因此扩大秦国的土地、扩充民人，还损失了不少人口、兵卒。《商君书·徕民》指出当时

---

① 司马迁：《史记》卷七十三《白起王翦列传》，北京：中华书局，1959年，第2331页。

② 司马迁：《史记》卷七十三《白起王翦列传》，北京：中华书局，1959年，第2335页。

③《战国纵横家书·苏秦献书赵王章》："且五国之主尝合衡（横）谋伐赵，疏分赵壤。"（马王堆汉墓帛书整理小组编：《战国纵横家书·苏秦献书赵王章》，北京：文物出版社，1976年，第92页。）

情势:"且周军之胜,华军之胜,长平之胜,秦之所亡民者几何?"① 这种情况的出现,与当时秦国内部政治格局的重大变化有着密切关联,即在中国君主集权体制下首次出现的外戚干政。

秦自商鞅之后,政局发生重要变化。武王即位后,喜欢在自己周围的戚、僚中选拔文武人才。魏冉,芈姓,楚国人,系秦昭王母宣太后弟,武王、昭王母舅。魏冉与武王性情相投,在秦朝廷任职用事。公元前307年,秦武王在同力士孟说举鼎时折断胫骨,病笃而卒。这时昭王年仅19岁,又在燕为人质。于是他利用母舅魏冉等的力量打败诸公子,得继王位。昭王即位后,由母亲宣太后主政,魏冉为将军,任咸阳都城的卫戍部队统领,同时对秦诸公子中不服从者进行了翦灭。《史记·穰侯列传》:"武王卒,诸弟争立,唯魏冉力为能立昭王。昭王即位,以冉为将军,卫咸阳。诛季君之乱,而逐武王后出之魏,昭王诸兄弟不善者皆灭之,威振秦国。"② 由此可见武王、昭王之时,秦国在王位继承上发生了惨烈的斗争。③ 在这场斗争中,太后、王后及诸公子皆各自结党,图谋篡立,而昭王母舅魏冉由于有掌握京城卫戍部队的实力,屠戮诸公子,放逐惠文后,确立了昭王的地位。魏冉也成为一人之下、万人之上,威震秦国的权臣。

"诛季君之乱,而逐武王后出之魏,昭王诸兄弟不善者皆灭之"④,是秦国历史上从未有过的事情。它说明过去长期由公族执政的秦国,在政治体制演变中,其君主威权被极大强化了。此后,秦国进入了太后、外戚辅政时期。"昭王少,宣太后自治,任魏冉为政"⑤,穰侯魏冉及同母异父弟华阳君芈戎势力急剧膨胀,控制了秦国军政大权。这一时期秦国在政治、

---

① 蒋礼鸿:《商君书锥指》卷四《徕民》,北京:中华书局,1986年,第94页。
② 司马迁:《史记》卷七十二《穰侯列传》,北京:中华书局,1959年,第2323页。
③ 关于季君之乱,同传《索隐》记:"按:季君即公子壮,借立而号曰季君。穰侯力能立昭王,为将军,卫咸阳,诛季君及惠文后,故本纪言'伏诛'。又云'及惠文后皆不得良死',盖谓惠文后时党公子壮,欲立之,及壮诛而太后忧死,故云'不得良死',亦史讳之也。又逐武王后出之魏,亦事势然也。"(司马迁:《史记》卷七十二《穰侯列传》,北京:中华书局,1959年,第2324页。)
④ 司马迁:《史记》卷七十二《穰侯列传》,北京:中华书局,1959年,第2323页。
⑤ 司马迁:《史记》卷七十二《穰侯列传》,北京:中华书局,1959年,第2323页。

军事上的胜利,魏冉大都参与之。例如昭王十四年的伊阙之战,由魏冉推荐白起代昭王亲信向寿为大将,大败韩、魏军于伊阙,斩首 24 万;十六年,魏冉又出任丞相,封之于穰,又封于陶;又四年,魏冉为秦大将,率大军攻魏,魏献河东四百里,冉拔魏之河内,取大小城邑六十余座;昭王三十二年,魏冉再相秦,并于同年率兵攻打魏国,击败大将芒卯,围困大梁。又二年,魏冉攻赵、韩、魏,大败芒卯于华阳,斩首 10 万。魏冉从昭王七年(前 300)至昭王四十一年(前 266),曾多次出任丞相,时间达 25 年之久,是秦国历史上任丞相时间最长的一位。同时,他多次率大军出征韩、赵、魏,屡建功勋,也因此揽下了秦国大部分军权。这样,内有太后把握宫廷权力,外有魏冉等外戚掌握军政大权,秦内外军政事务完全控制在宣太后一家手里,以致"今自有秩以上至诸大吏,下及王左右,无非相国之人者"①。魏冉等外戚为了长久地执掌政权,一反秦国任用客卿的制度,"恶内诸侯客"②,而将本家族的人如华阳君芈戎、高陵君嬴悝、泾阳君嬴市等人安插在重要军政职位上。《史记·范雎蔡泽列传》记范雎说秦王曰:"闻秦之有太后、穰侯、华阳、高陵、泾阳,不闻其有王也。夫擅国之谓王,能利害之谓王,制杀生之威之谓王。"芈氏外戚家族权势煊赫,合称"四贵",主持国政,以至于"太后擅行不顾,穰侯出使不报,华阳、泾阳等击断无讳,高陵进退不请"③,秦国的外交、军事等方面均由魏冉一族擅自裁断。

由于魏冉封地在陶(今山东定陶西北),因此他一再主张"越韩、魏而伐齐纲寿"④,使秦舍近求远,造成战略上的失误。而外戚一族在朝堂上盘根错节,权势越来越大,"穰侯之富,富于王室"⑤。这就导致了秦统治阶级内不同利益集团的冲突。公元前 268 年,魏国人范雎入秦。他通过秦谒者王稽进见昭王,指出"夫穰侯越韩、魏而伐齐纲寿","少出师则不足

---

① 司马迁:《史记》卷七十九《范雎蔡泽列传》,北京:中华书局,1959 年,第 2412 页。
② 司马迁:《史记》卷七十九《范雎蔡泽列传》,北京:中华书局,1959 年,第 2403 页。
③ 司马迁:《史记》卷七十九《范雎蔡泽列传》,北京:中华书局,1959 年,第 2411 页。
④ 司马迁:《史记》卷七十九《范雎蔡泽列传》,北京:中华书局,1959 年,第 2404 页。
⑤ 司马迁:《史记》卷七十二《穰侯列传》,北京:中华书局,1959 年,第 2325 页。

以伤齐，多出师则害于秦"①。公元前266年，昭王亲政，听从客卿范雎之言，免掉魏冉相位，"四贵"则相继失势。魏冉免相后，被逐出国都，回到自己的封地陶邑。其余宣太后亲族如高陵、华阳、泾阳诸君也被赶出关外，各回封邑，秦昭王时期的外戚干政至此结束。

宣太后与魏冉等芈氏戚属以外戚身份侍从于秦，以丞相、将军职务号令诸侯，专断秦政，是中国古代史上第一个具有正式意味的外戚干政。它说明自商鞅变法后，随着"国家本位"体制的建构、君主集权的发展，秦国政治格局已经有了重大变化，即秦国的君主集权政治在不断发展并趋于成熟的过程中产生了新的问题。众所周知，作为皇帝的母族或妻族的外戚，在中国古代政治舞台上扮演重要角色的基础一定是君主集权体制的成熟。《史记·外戚世家》曾指出："自古受命帝王及继体守文之君，非独内德茂也，盖亦有外戚之助焉。"② 我们从史籍中能发现从夏商周一直到战国前期，君王外戚活动的记载。但夏商周时期的后妃外戚，包括其父兄等，虽然偶尔在王朝政治舞台上发挥作用，可是并没有形成外戚执掌国政的政治局面。只有在君主集权政治比较成熟的体制中，外戚才能在帝王支持下，总枢机之政，握兵戎之要，专擅国政，执国权柄。

为什么说外戚政治（也包括宦官干政）与君主集权体制有着强烈的关联性呢？这是因为外戚（宦官）干政既是中国君主集权政治的一种必然现象，也是中国王权政治中的一种统治形式。它表面上表现为非正常的干政与外戚（宦官）取得官禄的途径，实际上却是与国家文官制度并立的一种政治统治形式与外戚（宦官）进身渠道。如果从帝制时代来看，皇权结构了以某一特定家族君临天下的"家天下"政体，而这种政体形式也决定了由宰相佐领的官僚政治既有着与皇权的一致性，也有着对皇权的离心力。于是作为皇权政治的必然补充，在帝制时代的上层精英集团里，往往是官僚宰辅、外戚、宦官、宗室几种政治势力并行，皇权则在这几股政治力量中纵横捭阖，通过几股政治力量的平衡而使皇权处于稳定状态。这既是君

---

① 司马迁：《史记》卷七十九《范雎蔡泽列传》，北京：中华书局，1959年，第2409页。
② 司马迁：《史记》卷四十九《外戚世家》，北京：中华书局，1959年，第1967页。

主集权体制下君权与相权、皇权与官僚的矛盾、斗争所致,也是皇权试图利用内官(内朝)势力来制约外朝,保持"家天下"政治稳定的基本策略。战国中后期的秦国虽还处于太后、外戚干政的初期阶段,但是它所表现出的种种现象,已经显现出君主集权政治体制的特征。

在中国古代社会,由于"家天下"中国与家在建构上的同一性,在皇权(王权)的发展过程中,血缘、裙带关系绝不是一种简单的亲缘关系,而是一种复杂的政治与社会关系。这是因为在以父系血统为主的父终子继的体制中,一方面,由于其血统继位制,同姓皇子都有着继承皇权(王权)的天然权利,故皇位继承常出现各种难题,如皇子幼龄继位、子幼母壮,或皇位难产、外嗣入主等;另一方面,由于百官制度是以丞相作为行政首领,故具有很强的独立操控行政的权力。因此,在君权与相权之间,有一个你增我减、你进我退的权力博弈问题。在这种情况下,以皇权为核心的集权政体就务必需要通过另一条路径来遏制宰相权力。而在君主集权体制的最高层面,除了皇家宗室血亲关系外,婚姻的裙带关系从来就是一种普遍被认为具有合理性的共享政治、经济利益特权的关系。基于此,皇帝个人所能运用的最好办法就是将自己信任的母系、妻系的父兄子弟等外戚,或者宫内家奴——宦官,来作为自己的私党势力,对宗室、官僚等进行监督、操控。尤其是作为皇帝的母族、妻党的外戚,比起皇室子孙、诸王及三传、四传之后的皇室支系来说,关系既亲密又可靠。① 外戚(或宦官)与诸王、官僚不同,缺乏一个持久稳固的权力基础,只能依附在帝王身上。故它受着君主的制约,在一般情况下,可由君主一言而兴,一言而衰。故在君主集权体制下,皇权喜欢利用自己的母族、妻党辅助执政。所以,外戚政治本来就只能在君主集权已形成制度性结构的情况下才能形成。秦国权势滔天的魏冉等外戚权贵,多次出将入相,突出地反映了秦国君主集权体制正在不断地发展、壮大,以至于建构成一种君主独大的政治

---

① 这是因为皇室的同姓子弟,从理论上看都有继承皇权(王权)的权利,故并不能得到君主信任;而当君主权力过大时,君相之间的权力博弈又使得帝王不断增加其猜疑与警惕,不能放心交权给百官之首的宰相,因此只能开辟另一条非正式的官僚选拔渠道(如拔选外戚、宦官等)。一直到科举制发达的宋元明清时代,仍然如此。

体制。同时，炙手可热的魏冉外戚集团，仅以范雎数言便失宠罢归封地，富贵尊荣顷刻间烟消云散，这说明外戚政治对皇权的依附性和外戚权力的脆弱性、不稳固性。因此，秦国魏冉外戚政治的出现，说明秦国政治体制正在发生着重大转型，即由商鞅时代的"国家本位"体制向秦昭王、孝文王、庄襄王时期的"君主本位"政治体制过渡。

第二节 从"国家本位"向"君主本位"的转型

商鞅变法时实行的政策，毕竟是以实现富国强兵、东出争霸为目的，故其政策实施是建立在以"霸业"为内核的秦国"国家本位"基础上。这种政治体制固然对僻在西隅的秦国强盛有着极其重要的价值，但是它面对战国时期"天下"局势的转换，尤其是在"国家本位"体制中权力配置所产生的惯性作用并没有体现出深刻的认知。实际上，在商鞅等法家人物看来，法律主要是保证"农战"政策在秦国的实施，法令虽出自君之意志，但是一经成文颁布，就连国君也要按照既定的法律行事。[1]"明主之治天下也，缘法而治，按功而赏。"[2] "故明主慎法制。言不中法者不听也，行不中法者不高也，事不中法者不为也。……故国治而地广，兵强而主尊。此治之至也。人君者不可不察也。"[3] 前述商鞅等法家人物主张从王宫殿堂直到郡、县，皆置法官及法吏，使天下之吏民都能够遵循国家颁布的成文法，实际上是对君主权力的一种制约。"法令皆副置。一副天子之殿中。为法令为禁室，有铤钥为禁而以封之。内藏法令。一副禁室中，封以禁印。有擅发禁室印，及入禁室视禁法令，及禁剟一字以上，罪皆死不

---

[1] 从《商君书》所反映的国家思想来看，商鞅认为变法重新建构国家体系的重要手段就是"法"。"法"是治国之根本，治民之命脉。不仅民众要遵从国家号令，国君和各级统治者也要以法律来确定上下名分，形成新的政治等级秩序。"故法者，国之权衡也。"（蒋礼鸿：《商君书锥指》卷三《修权》，北京：中华书局，1986年，第83页。）
[2] 蒋礼鸿：《商君书锥指》卷五《君臣》，北京：中华书局，1986年，第130页。
[3] 蒋礼鸿：《商君书锥指》卷五《君臣》，北京：中华书局，1986年，第131—132页。

赦。一岁受法令以禁令。"① 如果有随意改变法令者，皆以死不赦的重罪论处。这里虽然有理想化成分，但是不可否认的是商鞅变法时国家的集权性质。正是这种"国家本位"，使所有人遵守成文"法令"。这种将法律置于王宫殿堂之上，要求君主与官吏共同循守的做法，使秦之国家成文法有着一种通法的意义。《商君书》所表现出的这种政治理念，实际上仍然有着春秋时期"霸主"政治的遗留。例如春秋晋文、齐桓争霸，本质上是以改革来强化自己的国家实力，达到凌驾诸侯、为诸侯盟主的目的。这在战国中期各国实力尚在伯仲之间时，是十分自然且切实的。

可是，由于秦国在孝公时代所实行的全面且激进的变法举措，使秦国迅速进入全面的军事轨道，成为一个强大的军事国家，在诸侯国中具有显著的优势。② 这种情况也使商鞅变法的许多举措显得不适应战国中后期列国的战争局势，也逐渐超越了商鞅时代所设定的以"国家"为本，强调国家集权的政治制度。尤其是秦国在昭王时期取得的政治上、军事上的巨大成功，使秦国的君主集权体制的目标已由"霸业"而向实际上的"帝业"转化，而逐渐越过了商鞅变法所拟定的政治界限，凸显出一种新的"君主本位"体制下建构"帝业"的趋势。例如日本学者工藤元男就认为长平之战中秦灭了赵降兵40余万人，因此秦统一六国迅速成为现实。公元前259年，秦采用帝号。这一称号虽然没有对外公布，但是在秦内部一直保持着。昭王四十九年（前258），因为帝号的采用，秦即开始规划一元化统治。这种力倾天下的态势，使秦国的统一理念不断发展。③ 这也使战国后

---

① 蒋礼鸿：《商君书锥指》卷五《定分》，北京：中华书局，1986年，第142-143页。

② 如《战国策·赵策四》记秦昭王时秦攻魏，夺取宁邑，诸侯皆往秦祝贺，秦昭王却拒不接见赵国使臣，"赵王使往贺，三反，不得通"。赵王惧秦进攻，而与大臣商议办法，左右曰："使者三往不得通者，必所使者非其人也。曰谅毅者，辨士也，大王可试使之。"赵臣推荐谅毅为使，谅毅到了秦，秦王果然接见了他，并"受其弊而厚遇之"，可以看出其时秦国的声势之大。（何建章注释：《战国策注释》卷二十一《赵策四》，北京：中华书局，1990年，第794-795页。）

③ 工藤元男著，广濑薰雄、曹峰译：《睡虎地秦简所见秦代国家与社会》，上海：上海古籍出版社，2010年，第365页。

期的秦国在政治格局上出现了重大变化,即由"国家本位"向"君主本位"政治体制转型,并形成其后秦国统一"天下"的"帝业"主体形态。

如果我们将《商君书》与战国后期秦法家思想进行比较,可以明显看出这种权力配置关系的转变。"君主本位"的政治体制与商鞅时代的政治体制相比有着重要差异。例如在过去以体现君主、宗室、显贵等整体利益的"国家本位"体制中,"法"是治国之根本,治民之命脉。只要法律一旦公布,不论何人都需要遵守法度。而在"君主本位"体制下,则凸显为以"天子执一"为特征,以郡县制为基础的官僚政治体系。"天子"既是国家的象征,又凌驾于整个官僚体系之上,成为天下的独尊者,其地位俨然高于国家法律。这种情形导致了秦国政局的两重性:一方面,君主独揽大权,一反秦国长期以来的公族执政传统,能够对可能危害国君权位的秦宗室诸公子给予毁灭性打击。例如前述昭王即位,就是依靠母舅魏冉等的力量打败诸公子,得继大位;另一方面,君主为了维持自己的权威,还会大量任用自己的外家戚属如魏冉等人担任要职,使权力掌握在外戚手里。《史记·穰侯列传》所谓"秦所以东益地,弱诸侯,尝称帝于天下,天下皆西向稽首者,穰侯之功也"①,正是这种情况的反映。《荀子·强国篇》曾论述天下大势,认为其时君主已不同于战国前中期的国君。其权力的不受制约性,带来利与害的不同后果。

> 力术止,义术行。曷谓也?曰:秦之谓也。威强乎汤、武,广大乎舜、禹,然而忧患不可胜校也,諰諰然常恐天下之一合而轧己也,此所谓力术止也。曷谓乎威强乎汤、武?曰:汤、武也者,乃能使说己者用耳。今楚父死焉,国举焉,负三王之庙而辟于陈、蔡之间,视可、司间,案欲剡其胫而以蹈秦之腹,然而秦使左案左,使右案右,是乃使仇人役也,此所谓威强乎汤、武也。
>
> 曷谓广大乎舜、禹也?曰:古者百王之一天下、臣诸侯也,未有过封内千里者也。今秦南乃有沙羡与俱,是乃江南也,北与胡、貉为

---

① 司马迁:《史记》卷七十二《穰侯列传》,北京:中华书局,1959年,第2330页。

邻，西有巴、戎，东在楚者乃界于齐，在韩者逾常山乃有临虑，在魏者乃据围津，即去大梁百有二十里耳，其在赵者剡然有苓而据松柏之塞，负西海而固常山，是地遍天下也。威动海内，强殆中国，然而忧患不可胜校也，諰諰然常恐天下之一合而轧己也。此所谓广大乎舜、禹也。然则奈何？曰：节威反文，案用夫端诚信全之君子治天下焉，因与之参国政，正是非，治曲直，听咸阳，顺者错之，不顺者而后诛之。若是，则兵不复出于塞外而令行于天下矣；若是，则虽为之筑明堂于塞外而朝诸侯，殆可矣。假今之世，益地不如益信之务也。①

荀子的认识虽然仍具有局限性，将以"文"化成天下看成一统天下的法宝，具有极大的理想化色彩，但是他对于天下大势和秦的政治格局的深入分析及深刻认知却少为后人所识。在荀子看来，秦已具备一统天下之优势，其国力、军力远超三代之舜禹、汤武，秦之君主有着莫大的威权，"南乃有沙羡与俱，是乃江南也，北与胡、貉为邻，西有巴、戎，东在楚者乃界于齐，……负西海而固常山，是地遍天下也。威动海内，强殆中国"。它使君主的思想、道德、操守对天下的义利观念有重要影响，影响着国家的王霸与危亡。所以，"粹而王，驳而霸，无一焉而亡。此亦秦之所短也"②。但是，荀子也及早看到了秦国在未来一统天下后的存亡关键。在他看来，秦国行将完成中国的一统"帝业"。但是秦国的"帝业"不能停留在以"力""诈"为内涵的"霸道"思想阶段上，这势必不能真正地完成对天下的征服，不能让六国百姓心服口服。所以秦应该改变其政治理念及制度文化，以仁义之道的"义术"治理天下，这才是一统天下的"帝业"。如果以"力术"相长，延续着战国纵横、厮杀时代的"霸政"，那么这种"霸政"虽然能够使秦以军事实力并吞六国，征服天下，却存在"忧患不可胜校也，諰諰然常恐天下之一合而轧己也"的问题。故以"霸

---

① 王先谦撰，沈啸寰、王星贤点校：《荀子集解》，北京：中华书局，1988年，第300—302页。

② 王先谦撰，沈啸寰、王星贤点校：《荀子集解》，北京：中华书局，1988年，第304页。

主"心态完成天下一统之"帝业",是一种外"帝"内"霸"之道,并非建构天下"帝业"之道,将带来新的大一统"帝业"在政治文化和制度结构上的致命缺陷。故荀子要求在天下即将一统的情况下,秦国君臣能够秉权执中,"节威反文,案用夫端诚信全之君子治天下焉,因与之参国政,正是非,治曲直,听咸阳,顺者错之,不顺者而后诛之。若是,则兵不复出于塞外而令行于天下矣";"假今之世,益地不如益信之务也"。荀子的思想可以说十分深刻而理性,尽管尚存春秋战国之际乌托邦式的理想化成分,却预言出了当时秦国君主集权体制和其治理天下的内"霸"外"帝"之道所具有的积极与消极影响的辩证关系。

在战国中后期,各诸侯国在新型国家体制的建构中都具有这种由"国家本位"向"君主本位"体制过渡的惯性特征。但是由于关东六国在合纵连横,尤其是与秦国军队的相互攻战中不断败绩,趋于劣势,自顾不暇,因此其宗室、公族集团往往相互联结,以应对当前局势,不能形成君权独大的局面。例如战国四公子信陵君魏无忌、平原君赵胜、春申君黄歇和孟尝君田文,他们礼贤下士、结交宾客,为了抵抗强秦的侵掠而结成为国家尽力的贵族团体。他们先后掌握军政大权。如信陵君魏无忌曾两次大破秦军,曾为关东诸侯军队的统帅,名震天下。《战国策·楚策四》记朱英谓春申君曰:"君相楚二十余年矣,虽名为相国,实楚王也。"① 同时,战国时期养士之风盛行,像著名的四公子等,其门下都有食客数千人。这种情形大大强化了各国公族及贵族集团的势力,使关东诸国中宗室、公族等贵族集团形成荣辱与共的局面,使这些诸侯国很难从"国家本位"中完全蜕化出来,建构纯粹的君主集权体制。故宋人洪迈在《容斋随笔·秦用他国人》中指出:"六国所用相,皆其宗族及国人,如齐之田忌、田婴、田文,韩之公仲、公叔,赵之奉阳、平原君,魏王至以太子为相。独秦不然,其始与之谋国以开霸业者,魏人公孙鞅也。其他若楼缓赵人,张仪、魏冉、范雎皆魏人,蔡泽燕人,吕不韦韩人,李斯楚人,皆委国而听之不疑,卒

---

① 何建章注释:《战国策注释》卷十七《楚策四》,北京:中华书局,1990 年,第 593 页。

之所以兼天下者，诸人之力也。"① 而在这一时期，秦国通过昭王时期的几次大胜，外在压力已显著减轻，而内部君主权力不断膨胀，这就导致其国家政治体制开始发生鲜明变化，为其向"君主本位"过渡提供了条件。这种情况在战国后期十分明显，并导致秦国的官僚、外戚、宦官依附在君权周围，初步形成其后"帝制"时代才有的官僚、外戚、宦官等几大集团围绕君权纵横捭阖的政治格局。② 例如秦始皇时代的吕不韦、嫪毐等即依靠宫中太后势力而发迹，权倾宫内外。而王翦统领六十万大军伐楚，出征时向秦王请美田宅园池、请为子孙置业等行为，都说明这一时期秦国的君主集权已达到相当大的程度。

这种围绕君主权力而展开的统治集团最高层的权力纷争引起了不少思想家的注意，更引起了韩非等法家人物的忧虑。"今有国者虽地广人众，然而人主壅蔽，大臣专权，是国为越也。……今大臣执柄独断而上弗知收，是人主不明也。"③ "是以国地削而私家富，主上卑而大臣重。故主失势而臣得国，主更称蕃臣，而相室剖符。此人臣之所以谲主便私也。"④ 韩非所指，即昭王时期秦权相魏冉一生四任秦相，独揽大权，借秦军力

---

① 洪迈撰，孔凡礼点校：《容斋随笔》卷二《秦用他国人》，北京：中华书局，2005年，第23页。

② 在战国中后期法家人物的思想中，这种现象尤为突出。例如法家关于"术""势"的理论，就主要产生在这个时代。法家崇"势"的代表人物慎到，齐宣王时曾长期在稷下讲学，是稷下学宫中最具影响力的学者之一。慎到重"势"，把君主和权势分别比喻为飞龙和云雾，飞龙依靠云雾腾飞，云雾散去，飞龙就成为地上的蚯蚓。所以，有"势"，即使为夏桀依然能号令国家；没有权势，即使为尧，响应其命令者也不会超过十人。再如法家崇"术"的人物申不害，就十分提倡君主集权并崇尚以"权术"巩固权力，驾驭臣下。申不害认为，在战国诸侯争霸的情形下，君主专制是国家一体化政治的最佳形式，但是由于君臣之间的离心力，君主必须通过"权术"即"阳术"和"阴术"来控制臣子，防止权臣揽权、篡权、专权。慎到、申不害重"势""术"的理论，是君主集权政治在当时的反映。它表现了战国中后期在国家一体化过程中法家人物对中央君主权力掌控问题的关注。这些理论虽然出现在当时称雄东方的齐国，但是代表了法家人物及学派对君主集权政体的担忧。而韩非著作中针对秦国君主集权体制中权臣、外戚、后妃、宠臣篡夺权力、架空君主的理论，更说明这一时期诸侯国，尤其是秦国的国家政治体制与格局正在发生明显的变化。

③ 王先慎撰，钟哲点校：《韩非子集解》，北京：中华书局，1998年，第82页。

④ 王先慎撰，钟哲点校：《韩非子集解》，北京：中华书局，1998年，第84页。

专注攻齐，夺取陶邑，扩大己势，为己加封的情况。这种情况一定会形成对最高权力阶层政治关系的重塑。它说明当时由"国家本位"向"君主本位"转型，在秦国已成为不以人的意志为转移的官僚体制演进的大趋势。

韩非的思想集中体现在《韩非子》这部著作中。① 《史记·老子韩非列传》："韩非者，韩之诸公子也。喜刑名法术之学，而其归本于黄老。"② 韩非虽为韩国公子，但是其学说关注的却是战国后期天下大势。这是因为韩非曾与李斯俱事荀卿，从荀子学习帝王之术与治国理政之学③，对于战国时代的天下形势及各国政治、经济、文化可以说了若指掌。特别是其师荀子，虽为赵人，但其一生游学列国，思想广博，为各国君主、公族所尊崇。荀子曾著《非十二子篇》，对先秦各学派代表人物它嚣、魏牟、陈仲、史鳝、墨翟、宋钘、慎到、田骈、惠施、邓析、子思、孟轲十二人进行评价，批判道："一天下，财万物，长养人民，兼利天下，通达之属，莫不从服，六说者立息，十二子者迁化，则圣人之得执者，舜、禹是也。"④ 可见荀子是以"一天下，财万物，长养人民，兼利天下"为己任而进行学术批判的。韩非与李斯俱为荀子高足，荀子的思想及经历对他们的影响十分大。而据《史记》本传，韩非对于荀子治政之学的研习水平更居李斯之上，故其后受李斯嫉妒被迫害至死。所以，应该说韩非早已超越地域局

---

① 学界一般认为，《韩非子》是韩非所撰，在其逝世后，由后人辑集而成。《汉书·艺文志》著录《韩非子》五十五篇，《隋书·经籍志》著录二十卷，张守节《史记正义》引阮孝绪《七录》（或以为刘向《七录》）亦曰"《韩非子》二十卷"，其篇数、卷数皆与今本相符，可见今本并无残缺。因此，《韩非子》为韩非所著是无疑义的。

② 司马迁：《史记》卷六十二《老子韩非列传》，北京：中华书局，1959年，第2146页。

③ 《史记》本传记李斯"乃从荀卿学帝王之术"（司马迁：《史记》卷八十七《李斯列传》，北京：中华书局，1959年，第2539页），李斯后来的"帝王之术"在秦的实践，可以说正是跟随荀子学习的结果。北宋苏轼在《荀卿论》中曾说："荀卿明王道，述礼乐，而李斯以其学乱天下。"说明荀子学说是以政治学说及帝王权术为主。（孔凡礼点校：《苏轼文集》，北京：中华书局，1986年，第101页。）

④ 王先谦撰，沈啸寰、王星贤点校：《荀子集解》，北京：中华书局，1988年，第97页。

限,体现出与其师一样的关注天下大势及政治思潮的远大胸襟。正因如此,《韩非子》甫一出现,即受到各国君主、士人的关注。据《史记》本传,时人或传韩非所著书至秦,"秦王见《孤愤》《五蠹》之书,曰:'嗟乎,寡人得见此人与之游,死不恨矣!'……秦因急攻韩"①。可见韩非思想切中秦国政治要害,以至于秦王专门起兵进攻韩国,而欲获取其人其学。

从政治学的角度看,概念与观念体系的变化往往在一定程度上反映了政治体制的变化、发展。如果我们比较《商君书》与《韩非子》两书之别,会发现其在一些概念上已经表现出很大区别。这种区别出现的主要原因是《商君书》是围绕"国家本位"的政治思想,而《韩非子》则大多表现出"君主本位"的政治视野。

从语义学角度比较看,《商君书》与《韩非子》在"国"与"君"的出现频率与概念阐释中,已经有了很大差异。首先从其出现频率看,《商君书》中"国"字共出现295次,"君"字共出现89次(其中包括"君上"1次,"人君"10次,"君人"2次)。"人主"一词出现10次,"君主""明主"之词汇则没有出现。②"国"与"君"(包括"人主")出现的比例约为1∶0.34。在《韩非子》中,"国"字一共出现591次,"君"字共出现1209次,其中包括"君"826次,"人主"一词233次,"明主"一词90次,"人君"19次,"君人"27次,"君主"4次,"君上"10次。"国"与"君"(包括"人主")出现的比例约为1∶2.05。也就是说,《韩非子》中"国"与"君"的出现频率比例是《商君书》中出现频率的6倍左右,这说明了两书论述的重点已有所差异。其次,如果我们对两书"国""君"概念进行对比,就会发现,《商君书》中的"国"为其政治思想理论的重心。在《韩非子》一书中,情况则相反,"君"为其政治思想的核心,"国"处于附属地位。同时,《韩非子》中开始出现"君主""君上""明主"等褒扬性词汇,其"人主""明主"等词竟多达323次。而

---

① 司马迁:《史记》卷六十三《老子韩非列传》,北京:中华书局,1959年,第2155页。
② 此数字分别检索自蒋礼鸿所撰《商君书锥指》(北京:中华书局,1986年)。

《商君书》中，则主要是"君""人君""人主"等较为写实的称呼。再次，从篇目反映的内容上比较，两书亦有较大不同。《商君书》现存26篇，其中两篇存目无文或有录无文，实存24篇。①这24篇的内容基本是讲变法、农、战等，无一篇讲君主权术之事。②但是《韩非子》55篇，十余万言，其中论述君主南面之术及君臣关系者，约占19篇，如《主道》《有度》《扬权》《二柄》《八奸》《奸劫弑臣》《亡征》《备内》《南面》等；兼及君臣之道者有16篇，如《爱臣》《十过》《孤愤》《饰邪》《八说》《观行》《外储说右下》等，两者大约占《韩非子》全书55篇的五分之三。《韩非子》讲论法制与农、战的篇目相比讲君臣、权术之道的却甚少。总之从两书的概念表述及相关篇目内容看，其政治思想重心的转移一目了然。因此，在《韩非子》中，以"君主本位"为基础的"尊君尚术"和"崇法重刑"的思想已十分明显。

所谓"尊君尚术"，即无限抬高君主权力与地位，通过"尊君"，来抑制大臣的声望、权力，将君主威望、权力提升至最高点。为此，《韩非子》提出了君主地位的至上性。例如在君权问题上，《韩非子》注重君主权力对国家官僚体制的超越及君主驭臣权术的运用。在《韩非子》中，君主与宰相等大臣之关系，如渊与鱼的关系。而维持这种关系的，则是君主之"势"。"势重者，人主之渊也；臣者，势重之鱼也。"③ "今以国位为车，以势为马，以号令为銮，以刑罚为鞭策，使尧、舜御之则天下治，桀、纣御之则天下乱，则贤不肖相去远矣。"④ 在这个比喻中，国家官僚体制及法、术、势均是君主运用来巩固君权、治理天下的工具。只有把持着这个工具，才能达到理想的政治治理效果。因此，在"尊君"与国家的关

---

① 《四库全书总目》载《汉书·艺文志》著录《商君》二十九篇，《三国志·蜀书·先主传》注所引《诸葛亮集》中始有《商君书》之名，《隋书·经籍志》又称《商子》；现存26篇，其中第16篇存目无文，第21篇有录无文，实存24篇。（永瑢等撰：《四库全书总目》卷一〇一《子部·法家类》，北京：中华书局，1965年，第848页。）

② 《商君书》有《君臣》篇，但是其内容主要讲变法、农、战，而未涉及君主驾驭臣下之权术。

③ 王先慎撰，钟哲点校：《韩非子集解》，北京：中华书局，1998年，第244页。

④ 王先慎撰，钟哲点校：《韩非子集解》，北京：中华书局，1998年，第390页。

但是当秦国已然确立对关东六国的优势，即将进入大一统时期时，这些政策显然就不再适应形势了。例如前述由"国家本位"向"君主本位"体制转化的问题；在秦不断获得军事胜利时，面临的对新占领的大片领土、人口的处置问题；等等。故秦国如何更好地适应当时天下大势，如何在开疆辟土后，改革商鞅变法中已然过时的政治传统，都涉及政治方略的调整。事实上，秦昭王时代发生的一件大事使秦国的政治地位得到了进一步提升。即前述齐湣王和秦昭王东西相继称帝，韩、魏、赵、燕、秦五国联军征伐，齐军大败于济西，湣王遭弑。这使秦昭王在此后三十年之间专心经营并扩大其领土。特别是经过对赵国长平之战的胜利，秦国已成为在列国中一支独大的强国。所以，自昭王之后，随着秦军的节节胜利，如何适应这种新的政治制度与经济结构的变化，成为秦国君臣面临的重要问题。

历史总是在二律背反中发展。事实上，秦国的"东出"征服之路也是崎岖不平的。昭王时期，秦国不断东出征战，在人口、资源上的损失很大。"今秦虽破长平军，而秦卒死者过半，国内空。"① "秦虽大胜于长平，三年然后决，士民倦。"② 《战国策·中山策》引秦昭王话曰："前年（长平之役最后一年）国虚民饥。"③ 这表明秦国政治、经济、军事面临新的问题：一方面，秦国外戚魏冉等执掌大权，秦夺地后徒增权臣封地，自身并没有获得多少利益，反而颇显疲态；另一方面，旷日持久的战争所占领的大量新领地，并不能单纯依靠商鞅变法时制定的旧秦地的"出其人"政策来充实民众，否则势必会脱离政治、经济实际，而使秦国境内的"耕战之士"和资源储备无法承担这种大规模的长期战争消耗。例如在秦惠王和昭王前期，秦国对新占土地大多采取"取地而出其人"的政策，"秦惠王八年，爵樗里子右更，使将而伐曲沃，尽出其人，取其城，地入秦"④；秦惠

---

① 司马迁：《史记》卷七十三《白起王翦列传》，北京：中华书局，1959年，第2336—2337页。
② 许维遹撰，梁运华整理：《吕氏春秋集释》，北京：中华书局，2009年，第504页。
③ 何建章注释：《战国策注释》卷三十三《中山策》，北京：中华书局，1990年，第1250页。
④ 司马迁：《史记》卷七十一《樗里子甘茂列传》，北京：中华书局，1959年，第2307页。

系上,《韩非子》认为君主权力本质上处于国家机器的最高点,而驾驭国家的关键在于君主对权力的独控,即所谓"事在四方,要在中央。圣人执要,四方来效"①。圣人执要,四方来效,是天下大治的核心。"故明君操权而上重,一政而国治。"② 但需要注意的是,这里《韩非子》不仅提出君主独执大权的观念,而且也提出了君主乃权力与道德、声望合一的"圣人"的思想。《韩非子》还认为,在君主对官僚的驾驭中,"术"是重中之重。君臣之间乃是智力与爵禄的交换关系和虎与狗的利害关系。"且臣尽死力以与君市,君垂爵禄以与臣市。君臣之际,非父子之亲也,计数之所出也。"③ "夫虎之所以能服狗者,爪牙也。使虎释其爪牙而使狗用之,则虎反服于狗矣。人主者,以刑、德制臣者也。"④ 由于君主与官僚的利益取向不同,因此君主驾驭天下应该将重点放在对中央权力的掌控上。而这种掌控只能依靠权术的手段来达到。"故无术以用人,任智则君欺,任修则君事乱,此无术之患也。明君之道,贱德义贵,下必坐上,决诚以参,听无门户。"⑤

为此,《韩非子》提出了一系列君主在统治顶层应采取的权术手段。例如借老子"虚静无为"而提出的君主制臣之道:"是以明君守始以知万物之源,治纪以知善败之端。故虚静以待令,令名自命也,令事自定也。"⑥ "道在不可见,用在不可知;虚静无事,以暗见疵。"⑦ 君主不表现出喜怒哀乐等七情,臣下则不知君主之好恶,故能够"虚则知实之情,静则知动者正"⑧。《韩非子》特别强调君主对权力的独掌,认为"权势不可以借人,上失其一,臣以为百。故臣得借则力多,力多则内外为用,内外

---

① 王先慎撰,钟哲点校:《韩非子集解》,北京:中华书局,1998年,第44页。
② 王先慎撰,钟哲点校:《韩非子集解》,北京:中华书局,1998年,第472页。
③ 王先慎撰,钟哲点校:《韩非子集解》,北京:中华书局,1998年,第352页。
④ 王先慎撰,钟哲点校:《韩非子集解》,北京:中华书局,1998年,第40页。
⑤ 王先慎撰,钟哲点校:《韩非子集解》,北京:中华书局,1998年,第424页。
⑥ 王先慎撰,钟哲点校:《韩非子集解》,北京:中华书局,1998年,第26页。
⑦ 王先慎撰,钟哲点校:《韩非子集解》,北京:中华书局,1998年,第28页。
⑧ 王先慎撰,钟哲点校:《韩非子集解》,北京:中华书局,1998年,第26页。

为用则人主壅"①,还说"六微:一曰权借在下,二曰利异外借,三曰托于似类,四曰利害有反,五曰参疑内争,六曰敌国废置。此六者,主之所察也"②。《韩非子》认为在君主执政中有几大忌讳,即把权势借给臣下、臣下借用外力谋私、臣下假托它事蒙骗君主、等级名分上下混乱而导致内部争权夺利、敌国设谋按他们的意图任免大臣等。所以,君主应该对官僚大夫"散其党,收其余,闭其门,夺其辅,国乃无虎"③。否则,"不谨其闭,不固其门,虎乃将在。不慎其事,不掩其情,贼乃将生。弑其主,代其所,人莫不与"④。由此可见,《商君书》与《韩非子》两书,由于其所处时代和政治格局的变化,其作品内涵就存在重要区别。

《韩非子》除了强调君主集权体制下君主权力的独尊,还强调君主应对人臣、宦官、外戚等有防范、戒备。由于战国末天下大一统前夕,君臣关系的张力,秦当时的矛盾已经由对六国的战争转向上层统治集团对最高权力的争夺。因此《韩非子》特别提出对君主身边人物与国家高层官僚的提防,如《八奸》《备内》等篇。在韩非看来,人臣之所道成奸者有八术:一曰在同床,二曰在旁,三曰父兄,四曰养殃,五曰民萌,六曰流行,七曰威强,八曰四方。⑤ 例如以夫妻关系言,"何谓同床?曰:贵夫人,爱孺子,便僻好色,此人主之所惑也。托于燕处之虞,乘醉饱之时,而求其所欲,此必听之术也。……此之谓'同床'"⑥。诸如此类,皆会招致祸端,所谓"爱臣太亲,必危其身;人臣太贵,必易主位;主妾无等,必危嫡子;兄弟不服,必危社稷"⑦。因此,秦一统天下,贱公子,防后宫,建立起君主专政的中央集权制。近人章太炎在《秦政记》中指出:

---

① 王先慎撰,钟哲点校:《韩非子集解》,北京:中华书局,1998年,第240页。
② 王先慎撰,钟哲点校:《韩非子集解》,北京:中华书局,1998年,第240页。
③ 王先慎撰,钟哲点校:《韩非子集解》,北京:中华书局,1998年,第29页。
④ 王先慎撰,钟哲点校:《韩非子集解》,北京:中华书局,1998年,第28页。
⑤ 王先慎撰,钟哲点校:《韩非子集解》,北京:中华书局,1998年,第53-55页。
⑥ 王先慎撰,钟哲点校:《韩非子集解》,北京:中华书局,1998年,第53页。
⑦ 王先慎撰,钟哲点校:《韩非子集解》,北京:中华书局,1998年,第24页。

"秦皇负扆以断天下，而子弟为庶人。……后宫之属，椒房之嬖，未有一人得自遂者。""秦皇以贱其公子、侧室，高于世主。夫其卓绝在上，不与士民等夷者，独天子一人耳。"①

所以，《韩非子》除继承了《商君书》中的国家一体化的"壹治"思想外，更体现出了战国中后期秦国政治体制的转型。由于商鞅变法的基本思想与政策是以"霸政"为基础的，因此战国后期的法家人物韩非的政治思想亦以法家的"霸政""霸业"为核心。故由"国家本位"体制向战国末期"君主本位"制度的转型，实际上是以"霸政"之思行"帝业"之举的政治体制的过渡。它使《韩非子》所表现的主题，更多地阐释出在即将到来的大一统政治局势下，如何以"力术"而非"义术"去治理天下的理念，正如荀子所谓"假今之世，益地不如益信之务"。所以，在《韩非子》中，君主如何操弄权势，如何警惕周围权臣、后妃、外戚、宦官、宠臣等对最高权力的篡夺，如何以"术""势"去"驭臣""治下"，等等问题，就成为中央集权下君主应该防范的大难题。而这些问题在战国末期的秦国确实已表现得十分突出。例如秦昭王时宣太后及外戚魏冉等的干政，战国末秦庄襄王、始皇时期的大商人吕不韦的权倾内外，嫪毐武装叛乱的发生，都说明随着君主集权政治的强化，新的问题在不断出现。这也是战国后期秦国政治体制转型的重要历史背景。

事实上，在韩非的时代，随着秦对六国战争的节节胜利，秦的极权举措也在各地不断实施，但是这些极权措施都是以君主集权及其"霸政"为基础的。这种情形在战国后期秦国的官僚机构职能上也有所表现。卜宪群认为，战国后期秦国在君主集权强化的情况下，开始实行的三公九卿制不仅具有管理皇室私家事务的功能，而且也有着管理国家事务的功能。九卿与皇权关系密切，并有参与中枢、节制中枢的职能。在丞相为中枢的时代，皇权直接起用九卿参与决策，使丞相形同虚设。显然这是皇权运用九

---

① 上海人民出版社编：《太炎文录初编》，《章太炎全集》（四），上海：上海人民出版社，1985年，第71页。

卿来调节、控制中枢的一种手段。① 事实确实是这样。当时的中枢已经被赵高等宦者掌握。据文献记载，秦二世时的许多重大决策，都是赵高以郎中令身份参与决定的，而作为丞相的李斯反而被排除在决策中枢之外，为赵高所制。② 秦对新征服地域的统治也大致采取了秦地的强制性管理方式。云梦睡虎地11号秦墓中出土的《语书》，就是南郡守腾在秦始皇二十年对县、道官员发布的告示，其中充分表现了秦法贯彻极权统治的措施与决心。③ 所以，从思想观念层面看，《韩非子》的君主本位思想既继承了《商君书》关于"农战""刑治"的主题，又凸显了君主专制政治的发展，可以说是君主本位与国家主义两者的思想合流。正因如此，《韩非子》中的君主本位思想，更有着《商君书》所没有的专权性质。因为从政治学角度上看，国家本位的一体化政治与君主专制的集权体制既有同一性，也有差异性。从同一性上看，两者都主张国家相对社会处于强势地位，主张国

---

① 卜宪群在所著《秦汉官僚制度》一书中认为，战国后期秦国在君主集权强化的情况下，开始实行三公九卿制。三公九卿制度虽然继承了春秋战国时期的公卿制，但是亦有很大变化。例如通常认为的九卿中的六卿不仅具有管理皇室私家事务的职能，而且也有着管理国家事务的职能。皇权可以利用给九卿加官的方式，使其入中朝决策。这时九卿的作用自然不能以其本来的职掌来衡量。这种情况在汉代更加突出。(参见卜宪群：《秦汉官僚制度》，北京：社会科学文献出版社，2002年。) 由于秦王朝建立时间短，史料所记语焉不详，但是从中，我们仍能看出随着秦代君主集权政治的强化，官僚机构也围绕君主集权而在职能上有所变革。

② 关于秦代的九卿设置问题，由于史料的不足征，学界有较大争议。尽管如此，在秦代已经存在一个庞大的类似于九卿职能的行政官员群体却是无疑的。沈刚认为："进入战国，卿作为行政官员的一面愈发显得突出，同时也因为这时各国间人员的自由流动，他开始摒弃了来自同一家族的血缘身份限制。""实际上见于记载的'九卿'在秦代尚有郎中令、卫尉、廷尉和少府诸官，并且他们都各负责一部分行政事务 (尽管这种分野有时显得有些模糊)。这种情况说明，经过战国时期的政治变动，'九卿'在秦代作为一个官僚阶层已经初露端倪，只是在官僚制度形成的初始时期，尚不完备。"(沈刚：《秦代列卿问题发微》，《秦文化论丛》，2006年10月。)

③ 例如《语书》有曰："凡法律令者，以教道(导)民，去其淫避(僻)，除其恶俗，而使之之于为善殹(也)。今法律令已具矣，而吏民莫用，乡俗淫失(泆)之民不止，是即法(废)主之明法殹(也)，而长邪避(僻)淫失(泆)之民，甚害于邦，不便于民。"(睡虎地秦墓竹简整理小组：《睡虎地秦墓竹简·语书释文注释》，北京：文物出版社，1990年，第13页。) 从中可以看出当时的乡俗与秦法的对立及秦官吏推行秦法的决心。

家对社会的全面的、系统的整合、控制。而从差异性来看：一方面，秦的国家本位体制是出于当时兼并战争需要，是对周代分封制、封君制的否定，从生产力上解放了千百万小农生产者，所以拥有广泛而深厚的社会基础。因此商鞅变法后，秦巨大的国家号召力与惊人的战争能力，使之很快相对六国居于压倒性的优势地位。实际上，在中国古代的小农经济社会中，小农是赋税、力役、兵员的主要来源，是国力增强与军事力量发展的基础。《荀子·议兵篇》通过战国时期齐、魏、秦三国军事制度的优劣比较，提出了国家实力在战争中至关重要的基础作用，"故四世有胜，非幸也，数也"[1]。从这个意义上看，在战国名将如廉颇、孙膑、田单、李牧、赵奢、乐毅等如云并立的情况下，秦国良将如白起、王翦、蒙骜、蒙恬、王贲等能够为统一天下建功立业，其真实原因却是其背后秦国的制度效应所带来的强盛的国力和丰富的资源。同时，《商君书》中倡导的国家本位，重点在打破旧有世袭贵族制的分配制度，农、战是获得军功爵与社会地位的依据，这使秦国能够尽快富国强兵。此外，商鞅变法重点强调国家的集权及富强，对于"法"的施行程度更加彻底，"法"亦包括君主的持守。另一方面，韩非主张的"君主本位"体制是战国后期秦国君主集权体制的产物。在这种体制下，国君总揽大权，主张君主以法、术、势三者结合以驾驭官僚与民众，要求君主以维持权力为要义。它不仅要求各级官僚和吏民对君主绝对忠诚、服从，还主张在君主集权制下展开国家对社会的全面渗透、整合、控制。这种思想尽管有诸多缺陷，但在当时符合了秦自商鞅变法以来的社会历史演进趋势，亦是一种根据其时形势产生的对秦国体制新发展的指导，也为秦的大一统创造了条件。这正是两者之间的差异。

韩非的思想由于符合战国末期秦国的政治格局和统一天下的大势，自然受到秦君主的高度赞赏和推崇。但是，随着秦的一统天下，这种以君主本位为核心的专制主义的政治设计仍然没有消除其诸多弊端。《史记·秦始皇本纪》记其时始皇与公卿、大臣的关系："丞相诸大臣皆受成事，倚

---

[1] 王先谦撰，沈啸寰、王星贤点校：《荀子集解》，北京：中华书局，1988年，第274页。

辨于上……天下之事无小大皆决于上。"① 君主集权制下的"独尊""重术""抑臣",使君主一人难以承担起国家千头万绪的事务,势必依靠内廷与身边亲随,这就容易形成权力架空、佞臣执政的局面。秦二世宠臣赵高等宦者架空二世胡亥,执掌大权,翻云覆雨,最终使秦王朝一朝覆亡,便是其深刻教训。秦王朝大一统后,继续秦法家治理政策,"繁刑严诛,吏治刻深;赏罚不当,赋敛无度"②,没有及时由战国时期的"霸业"政治向大一统和平年代以文治国的"帝业"政治转移,没有使秦王朝由战时轨道转向和平局面。大一统虽然有重大的历史意义,但是秦王朝的一系列滥用民力、重刑苛政的举措并没有给大统一后的六国民众带来美好生活,反而使天下失望,缺少广泛的群众基础。因此,秦"君主本位"的建构具有显著的正面意义和负面影响。它使秦结束了战国后期各国攻伐不止的政治局面,并实现了中国的大一统;但是,秦统一后王朝上下矛盾亦很快表现出来并不断激化,最终导致秦二世而亡。

第三节 一统趋势下秦国政策的再调整

战国中后期,各国政治一体化机制不断完善。这种一体化趋势昭示着古代中国的"天下"一统大势。尤其在秦国,君主集权制度的发展、对关东六国战争的不断胜利,标志着"九州"一统的"天下"观也逐渐产生。从传世文献尤其是诸子书中,我们可以看到一统天下的大"九州"、"天下"一体的思想理念及意识的不断普及。如《墨子·非攻下》:"古之仁人有天下者,必反大国之说,一天下之和,总四海之内。"③《墨子·尚同中》则曰:"选择天下贤良圣知辩慧之人,立以为天子,使从事乎一同天下之义。"④《老子》说:"贵以身为天下,若可寄天下;爱以身为天下,

---

① 司马迁:《史记》卷六《秦始皇本纪》,北京:中华书局,1959年,第258页。
② 贾谊撰,阎振益、钟夏校注:《新书校注》,北京:中华书局,2000年,第15页。
③ 吴毓江撰,孙启治点校:《墨子校注》,北京:中华书局,1993年,第218页。
④ 吴毓江撰,孙启治点校:《墨子校注》,北京:中华书局,1993年,第116页。

若可托天下。""圣人抱一,为天下式。""执大象,天下往。"①《庄子·天道》:"帝道运而无所积,故天下归。""帝王天子之德也。""以此进为而抚世,则功大名显而天下一也。"②《庄子·逍遥游》则说:"德合一君。""治天下之民,平海内之政。"③ 如果说《墨子》《老子》《庄子》对天下的理解主要还是从地理空间(或宇宙)的概念角度,说明贤良圣知之人体"道"而"抱一"、"一同天下之义"的圣哲精神,那么在战国中后期,诸子所谓"天下"观就有比较明确的政治空间或政治文化的内涵指向。如《易·系辞上》谓圣人"能通天下之志","成天下之务","冒天下之道","定天下之业"。④ 而齐阴阳学派则将神州大地视为"中国"之界域,邹衍所谓"中国名曰赤县神州。赤县神州内自有九州……中国外如赤县神州者九,乃所谓九州也"⑤。《荀子》一书中亦多见对"天下"的治理思想,如《王制篇》所谓"四海之内若一家"⑥;《不苟篇》:"总天下之要,治海内之众,若使一人,故操弥约而事弥大。"⑦《非十二子篇》则谓:"一天下,财万物,长养人民,兼利天下,通达之属,莫不从服。"⑧

有意思的是,战国中后期秦国的上层精英亦对"天下"观表现出极大的兴趣。据王子今研究,战国后期《韩非子》一书中出现"天下"一语

---

① 王弼注,楼宇烈校释:《老子道德经注校释》,北京:中华书局,2008年,第29、56、87页。

② 郭庆藩撰,王孝鱼点校:《庄子集释》卷五《天道》,北京:中华书局,1961年,第457-458页。

③ 郭庆藩撰,王孝鱼点校:《庄子集释》卷一《逍遥游》,北京:中华书局,1961年,第16、31页。

④ 王弼注,孔颖达疏:《周易正义》,李学勤主编《十三经注疏》,北京:北京大学出版社,1999年,第285-286页。

⑤ 司马迁:《史记》卷七十四《孟子荀卿列传》,北京:中华书局,1959年,第2344页。

⑥ 王先谦撰,沈啸寰、王星贤点校:《荀子集解》,北京:中华书局,1988年,第161页。

⑦ 王先谦撰,沈啸寰、王星贤点校:《荀子集解》,北京:中华书局,1988年,第49页。

⑧ 杨倞注:"通达之属,谓舟车所至,人力所通者也。"(王先谦撰,沈啸寰、王星贤点校:《荀子集解》,北京:中华书局,1988年,第97页。)

凡267次，成书于秦地的《吕氏春秋》中的"天下"概念出现281次。①
这些著作对"天下"的理解已不限于单纯的理论之"道"或地理空间的
"宇宙"之义，而更多关注如何兼并六合、治理"天下"。如《韩非子》
一书中，《解老》有"进兼天下"，《饰邪》有"强匡天下"，《制分》有
"令行禁止于天下"等。吕不韦集门客撰《吕氏春秋》，公开宣扬天子执
一、天下一统的理论。"王者执一，而为万物正"，"天下必有天子，所以
一之也。天子必执一，所以抟之也。一则治，两则乱"。②《吕氏春秋·先
己》有"取天下"，《孝行》有"定天下"，《勿躬》有"一匡天下"等词
汇。如果我们比较战国中期与后期的法家著作的内容，亦能看出这种区
别。例如《商君书》诸篇，目前可以认定为商鞅所作，或者基本是与商鞅
在时间上相隔不久的作品，其"国"字出现的频率很高，而"天下"概
念则很少见到。但是在目前所能勘证的《商君书》后期作品即战国后期的
商学派论著中，这种情况则相反。例如郑良树先生在对《商君书》的
"国"与"天下"概念进行比较时指出，"商学派作品除了《算地》《开
塞》《靳令》《修权》《徕民》《赏刑》《画册》及《君臣》等八篇'国'、
'天下'同时出现外，其它十几篇都只出现'国'字而已"③。如果我们对
这八篇中的"国"和"天下"概念的出现频率再进行统计，可以看出商
学派晚期作品中，"国"与"天下"概念出现频率基本相等或更加偏重强
调"天下"的概念。④这种情形充分显示出战国后期秦法家对国家、"天
下"的思想已经发生了重要转变，而这种转变的背景既与秦国相对关东六
国的强大优势有关，也与秦国逐渐变化的政治体制有关。

在六合一统、"四海之内若一家"的态势日益明显的情况下，只有秦

---

① 王子今：《"一天下"与"天下一"：秦汉社会正统政治意识》，《贵州社会科学》，2020年第4期。
② 许维遹撰，梁运华整理：《吕氏春秋集释》，北京：中华书局，2009年，第469页。
③ 郑良树：《商鞅评传》，南京：南京大学出版社，1998年，第248页。
④ 例如大约为昭王晚期的《商君书·徕民》，其"国"与"天下"的概念分别出现2次。尤其是可能为秦刚统一时所作的《商君书·定分》，则更是以"天下"概念为主而论及秦的立法与行法。

国具备消灭齐、楚、魏、赵等敌国而一统天下的能力。正如前述,《荀子·强国篇》曾论述天下大势,认为"人君者,隆礼尊贤而王,重法爱民而霸,好利多诈而危,权谋倾覆幽险而亡","力术止,义术行,曷谓也?曰:秦之谓也。威强乎汤、武,广大乎舜、禹,然而忧患不可胜校也。諰諰然,常恐天下之一合而轧己也,此所谓力术止也"。① 在荀子看来,一方面,秦已具备天下一统之优势,其国力、军力远超三代之舜禹、汤武,天下各诸侯国对强秦畏而事之;另一方面,君主集权已经成为秦政治体制的主体。君主的思想、道德、操守对国家社稷兴衰甚至天下大势具有重要影响。荀子这种天下一统、君主秉权执中的思想,正是当时天下政治态势的反映。

此外,在韩非的时代,这种一统大势已经非常明显,以至于到了需要对商鞅变法时所制定的政治、军事、经济政策进行再调整的地步。正如工藤元男主张的,秦昭王四十九年(前258)为秦法治主义的分界与转换期。② 此后,秦开始规划统一天下的一元化统治。而佐藤将之则主张昭王五十一年(前256)始,秦国以其压倒性的军事力量和农业生产力的优势凌驾于其他六国。③ 纵观战国后期形势,秦昭王后期确应是秦国由"霸业"向"帝业"转化的分水岭。尤其是昭王时期先后获得"周军之胜,华军之胜,秦斩首而东之"④,并在长平之战中打败了最大的劲敌赵国,取得了对关东六国的绝对优势。同时,秦国也在新的形势下面临新的问题,需要做出新的决策。商鞅变法由于是以图强为主,故在一些政策上具有国家主义的保守倾向。这种保守倾向在战国中期保持七国实力的平衡有积极意义,

---

① 王先谦撰,沈啸寰、王星贤点校:《荀子集解》,北京:中华书局,1988年,第300页。

② 工藤元男著,广濑薰雄、曹峰译:《睡虎地秦简所见秦代国家与社会》,上海:上海古籍出版社,2010年,第365页。

③ 秦昭王灭周,将周室九鼎搬移到咸阳。自此开始,先秦中国的政治角力虽然由战国"七雄"——楚、齐、赵、魏、韩、燕以及秦等诸侯展开,但是秦国已相对于六国取得绝对优势。佐藤将之:《后周鲁时代的政治秩序:成为天子的秦王》,《科学·经济·社会》,2020年第4期。

④ 蒋礼鸿:《商君书锥指》卷四《徕民》,北京:中华书局,1986年,第93页。

王十三年,"使张仪伐取陕,出其人与魏"①;秦昭襄王二十一年,"(司马)错攻魏河内,魏献安邑,秦出其人,募徙河东赐爵,赦罪人迁之"②。由于秦国本土人口数量有限,在秦国攻城略地,领地规模不断扩大的情况下,由秦境内民户来充实新占领地区,必然会导致秦本土无人可迁的局面。因此如何构建一种能够打破此局限的新政策,就成为秦国自昭王到始皇帝的重要任务。③ 在这种情形下,秦国开始在一些重要政策上转向。此外,在其他方面也出现了政治、经济、文化等问题。例如秦国在军事上的节节胜利,使"天下"大一统曙光初现。如何面对当时"天下"即将统一的时势,如何应对这种旷古未有的新事件,都是需要慎重考虑的。而吕不韦集门客撰写《吕氏春秋》,正是这种历史背景的反映。

《商君书·徕民》可以说是解决前一个问题的作品。有学者考证,《商君书·徕民》应作于长平之战后的昭王晚期。如《徕民》所谓"周军之胜,华军之胜,秦斩首而东之。东之无益亦明矣,而吏犹以为大功,为其损敌也"④ 等语句,既说明秦国正在经历着一种新的"东之无益"的政治、军事问题,也表明《徕民》所作时间应在长平之战后。⑤ 这个时期正是秦国政治体制处于新旧交替的摇摆期。虽然其时的秦国在军事上取得了

---

① 司马迁:《史记》卷五《秦本纪》,北京:中华书局,1959年,第206页。
② 司马迁:《史记》卷五《秦本纪》,北京:中华书局,1959年,第212页。
③ 参见尤锐:《从〈商君书·徕民〉看商鞅学派的思想变迁——兼论战国晚期秦国人口及军事变化》,《江淮论坛》,2021年第6期。
④ 蒋礼鸿:《商君书锥指》卷四《徕民》,北京:中华书局,1986年,第93页。
⑤ 关于《商君书·徕民》的成书时间,目前学术界一般认为是秦昭王晚期。例如刘汝霖认为:"这篇虽不是商君之书,但也不是后人有意伪造。篇内说:'今三晋不胜秦四世矣。'里面又屡王称臣,可知是秦昭王时秦臣论政的话。"(刘汝霖:《周秦诸子考》,北京:文化学社,1929年,第286页。)郑良树认为本篇作于昭王末年,是激进派的法家为了配合时代的需要,应付日益频仍的战争及日渐增长的战线而作。(郑良树:《商鞅及其学派》,台北:台湾学生书局,1987年,第86页。)尤锐认为此篇成书年代应该在长平之役胜利至稍后邯郸之役失败间的时期,正是这些战役对秦统治者造成了极大的挑战,故秦法家提出了要求革新的思想。(尤锐:《从〈商君书·徕民〉看商鞅学派的思想变迁——兼论战国晚期秦国人口及军事变化》,《江淮论坛》,2021年第6期。)张觉认为此篇应该作于秦昭王晚年,即公元前260—公元前251年之间,应该是某大臣向秦昭王的上书。(张觉校注:《商君书校注》,长沙:岳麓书社,2006年,第115页。)

重大胜利，但是在几次大战中也损失不小。① 而且在魏冉等左右下，秦国未能得到土地、民人的好处，利归外戚等权臣。

实际上，《徕民》集中表现了当时秦国土地、人口等资源的变化。例如："地方百里者，山陵处什一，薮泽处什一，溪谷流水处什一，都邑蹊道处什一，恶田处什二，良田处什四。以此食作夫五万，其山陵、薮泽、溪谷可以给其材，都邑、蹊道足以处其民。先王制土分民之律也。"② 有学者通过与《商君书·算地》的比较，认为《徕民》篇提出的人口密度与商鞅时代的《算地》中的计算已不同，人口的密度有明显的增加。③ 特别是在公元前3世纪，秦国的地域扩大，水利灌溉工程如都江堰、郑国渠等显著提高了土地生产力，但是其不断进行战争的结果，却是使劳动力与土地耕作的矛盾凸显出来，出现"人不称土地"的情况。因此，尽管生产力在发展，但是秦国仍然存在"地过人"现象，"其土之不足以生其民"。这从战争资源和军事制度角度上来说，都对秦国所进行的长期战争不利。④ 在这种情况下，《徕民》篇作者提出调整商鞅变法时期所拟定的"农战"政策，将商鞅变法中重点针对秦境内民众的以军功爵为基础的"农战"政

---

① 如前所引《史记》《战国策》《吕氏春秋》所言，秦虽胜长平之战，而"死者过半，国内空""国虚民饥""士民倦"，说明秦国在长平之战以后，国内也出现了物匮人倦的状况。

② 蒋礼鸿：《商君书锥指》卷四《徕民》，北京：中华书局，1986年，第86-87页。

③ 如尤锐认为如果把《徕民》与更早的《算地》相比较，"《徕民》篇提出的人口密度与《算地》篇完全不同。据其文，'地方百里……以此食作夫五万'。'作夫'这个概念在先秦、秦汉文献几乎看不见，其含义在诠释者之间虽然存在分歧，但大概是指所有当役的成年男女（15-60岁），占整个人口四分之三左右。按此推算，'地方百里'的秦国人口，在公元前250年前后达到了65,000—70,000，比公元前4世纪中晚期增加了30%左右。这证明秦国'富国强兵'的政策基本上是有效的，尽管存在着不断的流血冲突，但人口的密度还是有明显的增加，这应该是与农用铁器普遍化、水利灌溉工程的开发等生产技术的进步和荒地的开垦都有关系"。(《从〈商君书·徕民〉看商鞅学派的思想变迁——兼论战国晚期秦国人口及军事变化》，《江淮论坛》，2021年第6期。)

④ 从秦国军事制度来看，"总的来说，秦国的军事成功（领土扩张）弱化了商鞅所建立的以农兵为核心的军事结构。但军队的职业化是一个长期的过程，……而这一过程的萌芽在秦昭襄王时代就已经出现了。《徕民》篇的作者正好意识到了这一未来趋向，尽管该篇并未提出职业军队的主张，但是它具有将军队职业化的趋向"。(尤锐：《从〈商君书·徕民〉看商鞅学派的思想变迁——兼论战国晚期秦国人口及军事变化》，《江淮论坛》，2021年第6期。)

策,改变为对新占领地域的土地、民人的、更加灵活的事"农"而非事"战"的政策。"今三晋不胜秦四世矣。自魏襄以来,野战不胜,守城必拔,小大之战,三晋之所亡于秦者,不可胜数也。若此而不服,秦能取其地,而不能夺其民也。"① 只有实行新的政策,才能引三晋之民入秦,扩大其耕地人口、民户数量。因此,在形势已发生剧烈变化的情况下,如果再局限于传统的"取其地,而不能夺其民"的战略思想,势必会导致秦国战略资源的匮乏,使大量土地无人开垦耕种。"夫秦之所患者,兴兵而伐则国家贫,安居而农则敌得休息。此王所不能两成也,故三世战胜而天下不服。今以故秦事敌,而使新民作本,兵虽百宿于外,竟内不失须臾之时,此富强两成之效也。"② 在此基础上,《徕民》篇提出了占其地而用其民的新主张:

> 今王发明惠:诸侯之士来归义者,今使复之三世,无知军事;秦四竟之内,陵阪丘隰,不起十年征。者(著)于律也,足以造作夫百万。……今利其田宅,而复之三世,此必与其所欲而不使行其所恶也,然则山东之民无不西者矣。且直言之谓也,不然。夫实扩土,出天宝,而百万事本,其所益多也,岂徒不失其所以攻乎?③

所谓"利其田宅,而复之三世""复之三世,无知军事",其结果则是"山东之民无不西者矣"。它根本改变了商鞅以军功、农战为基础的治理思想,以免三世赋税、不事兵事招徕"新民"。

在《徕民》作者看来,"今秦之地,方千里者五,而谷土不能处二,田数不满百万。其薮泽、溪谷、名山、大川之财物货宝又不尽为用,此人不称土也"④。如果继续执行商鞅时期的"农战"政策,则土地广而农民寡,尤其是关东之民众畏惧西秦之法,本就避之不及。这使秦国既不能增加其战争

---

① 蒋礼鸿:《商君书锥指》卷四《徕民》,北京:中华书局,1986年,第90页。
② 蒋礼鸿:《商君书锥指》卷四《徕民》,北京:中华书局,1986年,第92页。
③ 蒋礼鸿:《商君书锥指》卷四《徕民》,北京:中华书局,1986年,第91—92页。原文标点及文字有校改。
④ 蒋礼鸿:《商君书锥指》卷四《徕民》,北京:中华书局,1986年,第87页。

资源，也不能削弱关东诸国的力量。因此，即使秦拥有"薮泽、溪谷、名山、大川之财物货宝"等富饶的资源，但是在小农经济社会中，当"人不称土地"时，这些宝贵资源也是无法被利用的。而将老秦民与"新地"居民在"农"与"战"上区别开来，让大量的"新地"民众成为三世"无知军事"、脱离战争的单纯的农民，即"以故秦事敌，而使新民作本，兵虽百宿于外，竟内不失须臾之时，此富强两成之效也"①。根据文献材料，随着时间推移和秦国征服领土的扩大，秦的"新地"也在不断转化为"故地"，而新占领区域又成为"新地"。如秦惠王时期吞并的地域，与战国后期秦国占领的六国地域，以及始皇帝在全国大一统时占领的土地，就有一个"新地"与"故地"的概念转换。例如秦始皇时"新占楚地称'荆新地'、'故荆'，官吏称'新地吏'、'新地守'，民众称'新黔首'"②。这实际上说明秦在不断根据实际情况改变自己的迁民政策，其中不乏对商鞅农战政策及迁民措施的改造。事实上，正是这种"取其地"而"夺其民"的政策，在秦国的长期战争中发挥了重要作用。

值得注意的是，在"故地"与"新地"转换中不断改革迁民政策，也更好地激发与利用了"新地"民众的积极性。它不仅使秦国获得了大量三晋等国的劳动力，而且也有效地化解了"新地"民众的反抗情绪③。它说明了秦国君臣在新形势下的政策变革不仅为秦国取得了新的战略资源，

---

① 蒋礼鸿：《商君书锥指》卷四《徕民》，北京：中华书局，1986年，第92页。
② 孙闻博：《秦汉帝国"新地"与徙、戍的推行——兼论秦汉时期的内外观念与内外政策特征》，《古代文明》，2015年第2期。
③ 例如据里耶秦简中的记载，秦占领楚地后，"（秦）始皇廿六年五月辛巳朔壬辰，酉阳翻敢告迁陵主：或诣男子它。辞曰：士五（伍），居新武陵軝上。往岁八月击反寇迁陵，属邦候显、候丞【不】智（知）名。与反寇战，丞死。它狱迁陵，论耐它为侯，遣它归。复令今史畸追环（还）它更论。它击狱府，去亡。令史可以书到时定名吏（事）里、亡年日月、它坐论报赦（赦）罪云何，或（又）覆问毋有。遣识者，当腾腾。为报，勿留。敢告主。五月戊戌，酉阳守丞宜敢告迁陵丞主：未报，追。令史可为报，勿留。敢告主。航手。六月癸丑，迁陵守丞敦狐以此报酉阳：已以五月壬寅、戊申报曰：它等未击，去亡。其等皆狱迁陵，盗戒（械）传谒迁陵。逸手。/即令走起以送移旁。有前在其前狱"。［陈伟主编：《里耶秦简牍校释（第二卷）》，武汉：武汉大学出版社，2018年，第453页。］它说明秦在故楚地占领区，仍然有着激烈的反抗行动，以至于秦需要从邻近的武陵调集军队前来镇压。

而且所涉及的问题更加深入、广泛。如果说在昭王中前期，秦国还主要局限于征服六国的战争需求，那么在昭王后期，随着秦国军事上的胜利，秦国的战争目的已由"强国"称霸转向争夺"天下"。同时，秦在"新地"的政策也开创了秦急速发展的新格局。它实际上是秦国在对国力与资源等至关重要的问题上，为了建构"帝制"而对前法进行的改革。

在长平之战后的秦昭王晚期，秦国政治、经济、文化政策正在发生较大变化。据《史记·周本纪》："周君、王赧卒，周民遂东亡。秦取九鼎宝器，而迁西周公于憨狐。"①《史记·鲁周公世家》："顷公二年，秦拔楚之郢，楚顷王东徙于陈。"②《韩非子·存韩》有"韩事秦三十余年""内臣之韩"等语③。韩非正是那个时代的人，因此其说应该具有一定的真实性。而从《韩非子·存韩》中"事秦三十余年"，我们可以认为韩国从公元前260年左右就处于臣服于秦国的状态。按照当时的实际情况看，即使其余六国联军，实行合纵连横，也很难打败具有函谷关之固的秦军。何况韩、赵、魏、燕、楚、齐等经过数十年的战争，已经军力疲惫，不能抗击秦军。日本学者佐藤将之认为，自公元前256年秦昭王取西周，获得西周君的三十六个城邑和三万住民④，取九鼎宝器移秦，秦主实际上正"努力将自己的地位从'实际上'（de facto）的'天子'提升为新天子，为此，秦廷似乎追求'间接支配周边诸侯和天下人民'的统治模式"⑤。随着秦国逐渐形成对关东六国的战略性优势，秦国君臣怀抱着的已经不再是治理西方一隅的理想，而是征服"天下"的大一统野心，并且已在开始酝酿大一统下的治理问题。只是这个问题的提出与发展却颇富于戏剧性。

---

① 司马迁：《史记》卷四《周本纪》，北京：中华书局，1959年，第169页。
② 司马迁：《史记》卷三十三《鲁周公世家》，北京：中华书局，1959年，第1547页。
③ 王先慎撰，钟哲点校：《韩非子集解》，北京：中华书局，1998年，第13页。
④ 《史记·周本纪》："五十九年，秦取韩阳城负黍，西周恐，倍秦，与诸侯约从，将天下锐师出伊阙攻秦，令秦无得通阳城。秦昭王怒，使将军摎攻西周。西周君奔秦，顿首受罪，尽献其邑三十六，口三万。秦受其献，归其君于周。"（司马迁：《史记》卷四《周本纪》，北京：中华书局，1959年，第168—169页。）
⑤ 佐藤将之：《后周鲁时代的政治秩序：成为天子的秦王》，《科学·经济·社会》，2020年第4期。

第四节　秦统一前关于"天下"治理理念的博弈

"天下"一统前的局面，引出了一统后如何治理的政治思考，这也是当时秦的一部分官僚、士人进行的思想上、政策上的准备。这种思想与政策准备在当时的秦国，实际存在两种不同理念的博弈：其一是主张以"仁礼""义行"治理天下的"王霸"派，他们要求按照关东诸国的实际情况进行治理。权臣吕不韦及《吕氏春秋》的作者群体，就属于这一派。他们对新的大一统形势下的"帝业"的治理理念，可以说与商鞅法家学说扞格不合。而另一派则是以韩非、李斯等为代表的秦后期法家。他们对以商鞅为代表的战国中期秦法家思想进行了扬弃，主张用以"力术"为核心的"霸道"政治去面对新的"天下"格局。这说明在昭王以后，在新的"天下"一统曙光初显时，秦国上层精英集团已在思想、政策上出现了两条路线的博弈。因此，秦昭王后期至始皇时期，秦在思想、政策上面临新的政治抉择，而这种抉择则决定了秦王朝统一"天下"的新走向。

在秦昭王至秦始皇的时代，一个颇有权势的人物吕不韦在秦国历史上起到了重要作用。吕不韦不仅直接领导了战国末期秦国的政治、军事、文化发展，而且还颇具眼光地提出了新的大一统的治理理念，几乎改变了商鞅变法以来秦国传统政治。吕不韦虽然是阳翟大贾人，年轻时依靠贩贱卖贵，家累千金，但是他并非一个简单地囤积居奇的商人，而是一位有着雄才大略、远大抱负的政治家与思想家。[①]《史记·吕不韦列传》载吕不韦编

[①] 据《史记·吕不韦列传》等传世文献记载，吕不韦，阳翟大贾人，家累千金。秦昭王四十年，太子死。四十二年，以其次子安国君为太子。安国君立其爱姬为正夫人，号曰华阳夫人。华阳夫人无子。安国君中男名子楚，子楚为秦质子于赵。吕不韦乃善待子楚，并亲身进说华阳夫人以子楚立为嗣子。此后，吕不韦取邯郸诸姬绝好善舞者与居，知有身，献其姬与子楚。姬自匿有身，至大期时，生子政。子楚遂立姬为夫人。秦昭王五十六年薨，太子安国君立为王，华阳夫人为王后，子楚为太子。秦王立一年，薨，谥为孝文王。太子子楚代立，是为庄襄王。庄襄王元年，以吕不韦为丞相，封为文信侯，食河南洛阳十万户。庄襄王即位三年，薨，太子政立为王，尊吕不韦为相国，号称"仲父"。此后嫪毐事连吕不韦，秦王十年十月，免相国吕不韦，出文信侯就国河南，吕不韦恐诛，乃饮鸩而死。（司马迁：《史记》卷八十五《吕不韦列传》，北京：中华书局，1959年，第2505—2513页。）

纂《吕氏春秋》：

> 是时诸侯多辩士，如荀卿之徒，著书布天下。吕不韦乃使其客人人著所闻，集论以为八览、六论、十二纪，二十余万言。以为备天地万物古今之事，号曰《吕氏春秋》。布咸阳市门，悬千金其上，延诸侯游士宾客有能增损一字者予千金。①

严格来说，吕不韦在政治上的发展本身亦是秦国"君主本位"体制的产物。吕不韦以重金助力在赵国为人质的秦公子子楚登上王位，结好华阳夫人，私通嬴政母等，成为秦国权倾一时的权臣，掌握军政大权。他由内宫而至外朝，由内宠而达丞相之位，是君主一言以显达，一言以丧邦的制度下的产物。吕不韦的这种经历本身就说明秦国政治制度中君主集权的专断性特征。因此，《吕氏春秋》的撰写脱离不了当时秦国君主集权体制的实际背景。但是，由于他有对"天下"大势的独到见解，特别是《吕氏春秋》的撰写正处于秦国强盛于六国的态势中，以商鞅为代表的法家思想的缺陷日益暴露，因此其书撰写也就具有强烈的经世致用的目的。《史记·吕不韦列传》："太子政立为王，尊吕不韦为相国，号称'仲父'。……吕不韦以秦之强，羞不如，亦招致士，厚遇之，至食客三千人。是时诸侯多辩士，如荀卿之徒，著书布天下。吕不韦乃使其客人人著所闻……号曰《吕氏春秋》。"② 其实，司马迁关于吕氏著述目的的论述并不全面。从战国末期的政治形势看，除秦国外，各诸侯国都处于生存自保的境地中，故魏之信陵君、楚之春申君、赵之平原君、齐之孟尝君广招天下士人，既是巩固权位之行，更是在当时形势下求取天下人才的保国之举。而吕不韦与战国四公子所不同处，在于吕氏既非试图在文章上与四公子争雄，亦无忧国之患，而是有着更高的志向，即忧"天下"之思。关于《吕氏春秋》

---

① 司马迁：《史记》卷八十五《吕不韦列传》，北京：中华书局，1959年，第2510页。

② 司马迁：《史记》卷八十五《吕不韦列传》，北京：中华书局，1959年，第2509-2510页。

的思想主题，自古以来学者们各抒己见、莫衷一是。但是大都认为《吕氏春秋》乃是杂家著述，故《汉书·艺文志》将之列于杂家之流。① 也有学者如郭沫若先生等有不同认识。② 如果仅仅从表面上看，该书具有包罗万象、广纳诸子学说的杂家特征。如果从思想本质与内容上看，《吕氏春秋》实则是一部颇具思想性、为即将到来的秦王朝大一统治理作准备的政治书籍。正如牟钟鉴先生所言："吕不韦和刘安写书的志向都很远大，都想凭借学界集体力量，给先秦诸子文化作一次系统全面的总结，并以此为基础进而构造一个能贯通天地人的庞大理论体系，以便为统一的封建帝国提供较为完备的理论学说和治国方案。"③ 实际上，《吕氏春秋》一书的主旨，可以说是在坚持"君主本位"集权体制下，根据新形势建构"天下"、国家的治理观念体系，为统一的"帝制"大业提供一种较为完备的理论学说和治国方案，故它在政治理念与理论阐释上早已超越了战国时期诸子的社会理想与政治见识。《史记·秦始皇本纪》："吕不韦为相……招致宾客游

---

① 如在《汉书·艺文志》中，《吕氏春秋》位列杂家，这成为后世以"杂家"来论述其思想的源流。故《四库全书总目提要》载《吕氏春秋》："大抵以儒为主，而参以道家、墨家。"（纪昀总纂：《四库全书总目提要》卷一百九《子部》，石家庄：河北人民出版社，2000年，第3035页。）卢文弨《书吕氏春秋后》说："《吕氏春秋》一书，大约宗墨氏之学而缘饰以儒术。"（卢文弨著，王文锦点校：《抱经堂文集》卷十，北京：中华书局，1990年，第148页。）现今学界的诸多学者亦认为《吕氏春秋》属杂家之流。如冯友兰就认为"《吕氏春秋》的方法不是对各家在更高的水平上加以综合，而用一种拼凑式的方法加以综合。这是《吕氏春秋》的杂家思想的要点"（冯友兰：《中国哲学史新编》（上），北京：人民出版社，1998年，第800页）。

② 对于《吕氏春秋》的思想要点，学者也有不同认识。例如郭沫若就认为，《吕氏春秋》"并不'杂'，它是有一定的权衡，有严正的去取。在大体上它是折衷着道家与儒家的宇宙观和人生观，尊重理性，而对于墨家的宗教思想是摒弃的"（郭沫若：《十批判书》，北京：人民出版社，2012年，第312页）。熊铁基认为《吕氏春秋》"是一个正在形成的新的思想体系"，"《吕氏春秋》的兼合各家，实际上是要在新的历史条件下，探索新的政治主张，建立新的思想体系，以适应即将出现的统一国家的需要。它兼容并包，并不偏袒哪一派，也并不攻击哪一派"（熊铁基：《重评〈吕氏春秋〉》，《江汉论坛》，1979年第4期）。

③ 牟钟鉴：《〈吕氏春秋〉与〈淮南子〉思想研究》"序言"，济南：齐鲁书社，1987年，第2-3页。

士,欲以并天下。李斯为舍人。"①"欲以并天下"正说明了吕不韦与战国四公子的不同及其对"天下"的抱负。所以,《吕氏春秋》是站在一个更高的"天下兴亡"和"中国"统一的高度,对各家在更高水平上加以综合,展现了重新规划与定义新的"天下"治理之道的宽广情怀。如果将《吕氏春秋》与法家后期人物代表作例如《韩非子》的政治思想比较,可以说《吕氏春秋》更宏大而开明,更具有包揽"天下"的气魄。

《史记》所载《吕氏春秋》分为《八览》《六论》《十二纪》,这个次序反映了《吕氏春秋》各部分的不同功能。《八览》重在集览先秦政治与思想资源,并批评秦政得失;《六论》则论述、阐释关于理想社会的基本原则;《十二纪》则是其主要部分,是为即将到来的"天下"一统设计治国纲纪,并论述其政治哲学的理论基础。《吕氏春秋》最重要的特征,便是在吸收各家思想的基础上,通过构建自己新的思想体系,形成新的"天下"治理思想。以《十二纪》来看,《吕氏春秋》的政治哲学思想具有统一性和较高独立性。

《吕氏春秋》的基本思想,正如前述,仍然是维护君主集权政治体制的,故十分强调君主集权与"法治"的重要性,主张"天子必执一,所以抟之也"②。"权钧则不能相使,势等则不能相并。"③"权威分移,不可以卒,不可以教,此亡国之风也。"④ 这说明《吕氏春秋》是主张维护业已形成的君主集权制,亦倡导法家的"霸政"理念的。但是,吕不韦并不像申不害和韩非那样,把君权至上及法家的"霸道"思想推到极端,而是主张根据时势灵活运用治理之术。⑤ 故《吕氏春秋》对传统"法治"的认识

---

① 司马迁:《史记》卷六《秦始皇本纪》,北京:中华书局,1959年,第223页。
② 许维遹撰,梁运华整理:《吕氏春秋集释》,北京:中华书局,2009年,第469页。文字有校改。
③ 许维遹撰,梁运华整理:《吕氏春秋集释》,北京:中华书局,2009年,第460页。
④ 许维遹撰,梁运华整理:《吕氏春秋集释》,北京:中华书局,2009年,第433页。
⑤ 如《吕氏春秋》记曰:"治国无法则乱,守法而弗变则悖,悖乱不可以持国。世易时移,变法宜矣。"(许维遹撰,梁运华整理:《吕氏春秋集释》,北京:中华书局,2009年,第392页。)

是:"威不可无有,而不足专恃。"① 在这种认知下,形成了《吕氏春秋》一书的重要特点,便是主张改革自商鞅变法以来秦法家的政治哲学及治国之理,以"天下"的眼光为即将到来的大一统重新规划治理方略。在几个重要方面,《吕氏春秋》提出了自己独到的思想。

首先,《吕氏春秋》打破了从商鞅时代创立的秦法家狭隘的政治哲学,而大量吸收关东六国的宇宙观念,试图建构一种新的宇宙观与社会观。自商鞅到韩非,入秦的法家人物莫不将政治哲学局限在"天人之际"的自然法则上,而这种自然法则本身就带有极大的局限性。他们论证的核心,是通过"天人"的自然之理,说明人性内涵之恶,即强调人性中的生物性,也就是与自然界的所有动物相似的本质特征。如商鞅、韩非等法家人物都主张"人性恶"。商鞅变法中的"国、民相胜"理论正是在人性恶的基础上建立起来,并被作为政治学与国家治理理论的出发点。在商鞅看来,"民之性,饥而求食,劳而求佚,苦则索乐,辱则求荣,此民之情也。民之求利,失礼之法;求名,失性之常"②。民众本性厌恶务农、力战、出钱捐税、告奸等,由此决定了国家与普通吏民在利益取向和价值目标上存在尖锐分歧。在这里,商鞅将吏民之性看成人作为动物一面的生物性与自然性,而这种好逸恶劳、趋乐避苦的"民之性",使茫茫众生关注的是其作为生物个体的生理欲望及功利欲念。故在商鞅看来,由于民众的这种欲念,国家治理就必以严刑峻法胜民之性,"昔之能制天下者,必先制其民者也;能胜强敌者,必先胜其民者也"③。此后,韩非写《解老》《喻老》,将商鞅政治哲学上升到宇宙论高度。但是韩非借道家宇宙观来阐释其政治哲学的目的,并非是对宇宙观、本体论的探讨,而是为了继承商鞅之学,以老子的自然天道观来论证自然人性的生物法则,以此说明法家以"赏罚""壹治"构成的治民理论。例如韩非认为自然之性仍然是"民之性"的本质,故吏民皆以趋乐避苦、贪而好争为本性。即使是矫性之礼,亦可

---

① 许维遹撰,梁运华整理:《吕氏春秋集释》,北京:中华书局,2009年,第526页。
② 蒋礼鸿:《商君书锥指》卷二《算地》,北京:中华书局,1986年,第45页。
③ 蒋礼鸿:《商君书锥指》卷四《画策》,北京:中华书局,1986年,第107页。

起争端。"众人之为礼也,人应则轻欢,不应则责怨。今为礼者事通人之朴心,而资之以相责之分,能毋争乎?有争则乱,故曰:'夫礼者,忠信之薄也,而乱之首乎!'"① 因此,"人莫不欲富贵全寿,而未有能免于贫贱死夭之祸也。心欲富贵全寿,而今贫贱死夭,是不能至于其所欲至也"②。故治理应该对民施以酷刑,诱以爵赏。由此来看,商鞅、韩非等法家人物在政治哲学上均未能超越"国民相克"的范围。

《吕氏春秋》则打破了秦法家的这种狭隘的政治哲学,通过吸纳战国中后期各国的哲学本体论及宇宙观,试图以一种接纳"天下"的模式来重塑对"天下"哲理及宇宙规律的认知。《吕氏春秋》试图以东方齐地的"五行相生"论来阐释天地、宇宙乃至人间帝王之世的变化。他说:"天地有始,天微以成,地塞以形。天地合和,生之大经也。以寒暑日月昼夜知之,以殊形殊能异宜说之。……天有九野,地有九州,土有九山,山有九塞,泽有九薮,风有八等,水有六川。"③ 在《吕氏春秋》的作者看来,天地乃是一体的,天地合和,为宇宙万物生生不已之大经。故从"天下"的视域看,"天有九野,地有九州,土有九山,山有九塞,泽有九薮,风有八等,水有六川",各有区别。何谓九野、九州、九山、九塞、九薮、八等、六川,《吕氏春秋》各有阐释。如以地上六川而言,"何谓六川?河水、赤水、辽水、黑水、江水、淮水。凡四海之内,东西二万八千里,南北二万六千里,水道八千里,受水者亦八千里,通谷六,名川六百,陆注三千,小水万数"④。很明显,《吕氏春秋》显然是吸收了东方齐国阴阳学派的理论,通过包罗甚广又貌似无稽的"六川"臆想表现出东方阴阳家邹衍式的猜想。

事实上,这种对九州、六川等的想象,反映的是《吕氏春秋》的作者试图突破秦法家将政治哲学局限于"国、民相胜"的"霸业"理念的桎梏,

---

① 王先慎撰,钟哲点校:《韩非子集解》,北京:中华书局,1998年,第134页。
② 王先慎撰,钟哲点校:《韩非子集解》,北京:中华书局,1998年,第136-137页。
③ 许维遹撰,梁运华整理:《吕氏春秋集释》,北京:中华书局,2009年,第76页。
④ 许维遹撰,梁运华整理:《吕氏春秋集释》,北京:中华书局,2009年,第281页。

而以一种更大的胸怀去阐述新的"天下""九州"理念。其所阐释的九野、九州、九山、九塞、九薮、八等、六川等,不过是《吕氏春秋》企图建构的一种超越秦法家理念的更宏大的"天下"观与更广袤的地理蓝图而已。

基于此,《吕氏春秋》对天地变化、王朝更替做了论证。[①] 它认为,自古以来,人类社会便是以"五行相生"的模式在运转。例如黄帝之时为"土气胜",禹之时为"木气胜",汤之时为"金气胜",文王之时为"火气胜";而到了战国时代,则到了"水气胜"的时候。而秦正应"水气胜"的时机,依"天命"代"周"。"代火者必将水,天且先见水气胜。水气胜,故其色尚黑,其事则水。"如果秦国不抓住这个时机,则"水气至而不知数备,将徙于土",这真是对秦国君臣的警示。所以,《吕氏春秋》正是运用宇宙论与"五行说",为秦国的改运变制制造舆论。这里表现了《吕氏春秋》在本体论上的两个特征:其一,广泛运用当时各家各派的学术理论,尤其是本体论、宇宙论来建构新的"天下"学说;其二,以这种"天下"论为基础,依据不同的地区、风俗、民情提出新的治理方略。从这一点来看,《吕氏春秋》中所体现出的胸怀、格局是大大高于商鞅、韩非等秦法家的。

其次,《吕氏春秋》以儒家、道家为治国理念的重要补充,以改变酷烈的法家治民之论。吕不韦应该知道,秦法家的根本内涵是春秋战国以来的"霸道"思想与强国之术,故它在秦国建立的根深蒂固的政治传统不适应对"天下"的治理。正因如此,吕不韦主张融合法家、儒家、道家、阴阳家等百家之言,取其精华而去其糟粕。他十分欣赏儒家学说的"王道"政治主张,认为儒家学说强调"德"与"仁",主张"圣人"说。尤其孔孟以尧、舜、禹、汤、文王、武王、周公为代表,推三代圣王为理想君

[①] 如《吕氏春秋·有始览》:"凡帝王者之将兴也,天必先见祥乎下民。黄帝之时,天先见大螾大蝼,黄帝曰:'土气胜。'土气胜,故其色尚黄,其事则土。及禹之时,天先见草木秋冬不杀,禹曰:'木气胜。'木气胜,故其色尚青,其事则木。及汤之时,天先见金刃生于水,汤曰:'金气胜。'金气胜,故其色尚白,其事则金。及文王之时,天先见火赤乌衔丹书集于周社,文王曰:'火气胜。'火气胜,故其色尚赤,其事则火。代火者必将水,天且先见水气胜。水气胜,故其色尚黑,其事则水。水气至而不知数备,将徙于土。"(许维遹撰,梁运华整理:《吕氏春秋集释》,北京:中华书局,2009年,第284页。标点有校改。)

主。荀子虽法后王、隆礼重法，但在这个问题上也与孔孟相似。"圣也者，尽伦者也；王也者，尽制者也。两尽者，足以为天下极矣。"① 故《吕氏春秋》主张在新的大一统国家中将儒、法相融，使"王""霸"互补，按照孔孟学说的"德""仁"治理国家，强调尚德的仁政、王道思想，认为"五帝先道而后德，故德莫盛焉。三王先教而后杀，故事莫功焉。五伯先事而后兵，故兵莫强焉。当今之世，巧谋并行，诈术递用，攻战不休，亡国辱主愈众。所事者末也"②，主张"为天下及国，莫如以德，莫如行义，以德以义，不赏而民劝，不罚而邪止，此神农、黄帝之政也"③。此外，它大力提倡君臣、父子、兄弟、朋友、夫妇五伦之情，提出"孝""悌"等宗族血缘关系乃是人性中蕴含的"理"。④这种以德为本，以孝、悌为质的思想，与法家非仁毁义、以耕战为本的思想是根本对立的。

再次，《吕氏春秋》强调"利群"的重要性，缓和"国民相克"的对立局面。比较而言，商鞅、韩非等法家人物极力主张"强国""弱民"，伸君抑臣，《吕氏春秋》则弱化了这种主张。在吕氏看来，人的本性是"群"，群居是人类征服自然、避免危险的最有效的方式。从社会起源上看，"凡人之性，爪牙不足以自守卫，肌肤不足以扞寒暑，筋骨不足以从利辟害，勇敢不足以却猛禁悍。然且犹裁万物，制禽兽，服狡虫。寒暑燥湿弗能害，不唯先有其备，而以群聚邪。群之可聚也，相与利之也。利之出于群也，君道立也，故君道立则利出于群，而人备可完矣。……圣人深见此患也，故为天下长虑莫如置天子也，为一国长虑莫如置君也。置君非以阿君也，置天子非以阿天子也，置官长非以阿官长也。德衰世乱，然后

---

① 王先谦撰，沈啸寰、王星贤点校：《荀子集解》，北京：中华书局，1988年，第407页。

② 许维遹撰，梁运华整理：《吕氏春秋集释》，北京：中华书局，2009年，第71-72页。

③ 许维遹撰，梁运华整理：《吕氏春秋集释》，北京：中华书局，2009年，第517页。

④ 例如《吕氏春秋》主张："孝子之重其亲也，慈亲之爱其子也，痛于肌骨，性也。"（许维遹撰，梁运华整理：《吕氏春秋集释》，北京：中华书局，2009年，第220页。）"故父母之于子也，子之于父母也，一体而两分，同气而异息。"（许维遹撰，梁运华整理：《吕氏春秋集释》，北京：中华书局，2009年，第214页。）

天子利天下，国君利国，官长利官，此国所以递兴递废也，乱难之所以时作也"①。在这里，《吕氏春秋》提出了与商、韩完全不同的社会发展理论。在《吕氏春秋》中，由于人所处的自然界的险恶，因此人必须"群聚"才能战胜野兽虫豺等，于是设立君主、国家。而君主、国家的建立不是为了少数人的利益，而是为了"利民""利官""利国"乃至"利天下"。因此"置天子非以阿天子也，置官长非以阿官长也"，设立天子、建立国家的目的正是"利群"，即"利之出于群也，君道立也，故君道立则利出于群，而人备可完矣"。这就从政治哲学上显现出与商、韩之流的差异。从这一点看，《吕氏春秋》对"君道""民本"的思想以及对国家建构的价值目标、利益需求等，都有自己的独特见解，与秦法家有着重要区别。

最后，《吕氏春秋》综合各家，取法各个学派，但其中心意旨仍是十分突出的，即对即将到来的"天下"一统做出"大策""大略"。例如《吕氏春秋》取孔孟儒家的"德""义"学说，主张用儒家的"礼义"、教化来补救秦任法而治、不重道德伦理的结构性缺陷。② 同时，《吕氏春秋》赞成墨家学说，认为墨家兼爱、尚贤、兴义兵的思想都有着一定合理性。《吕氏春秋》还对道家"无为"思想大加赞赏，认为道家"无为"乃是"圣王"治国之要，"得道者必静，静者无知。知乃无知，可以言君道也"③；从"天人"观的高度，认为"'天无形而万物以成，至精无象而万物以化，大圣无事而千官尽能。'此乃谓不教之教，无言之诏……君也者，

---

① 许维遹撰，梁运华整理：《吕氏春秋集释》，北京：中华书局，2009年，第544、546页。

② 例如《吕氏春秋·离俗览》极力倡导儒家的"德""义"之治，曰："为天下及国，莫如以德，莫如行义。以德以义，不赏而民劝，不罚而邪止。此神农、黄帝之政也。以德以义，则四海之大，江河之水，不能亢矣；太华之高，会稽之险，不能障矣；阖庐之教，孙、吴之兵，不能当矣。故古之王者，德迥乎天地，澹乎四海，东西南北极日月之所烛，天覆地载，爱恶不臧，虚素以公，小民皆之。其之敌而不知其所以然，此之谓顺天。"（许维遹撰，梁运华整理：《吕氏春秋集释》，北京：中华书局，2009年，第517—518页。）

③ 许维遹撰，梁运华整理：《吕氏春秋集释》，北京：中华书局，2009年，第438页。

以无当为当，以无得为得者也，……故善为君者无识，其次无事"①。主张人主应该处无为之事，行不言之教，清静而不动，因循而任下。但尽管如此，《吕氏春秋》仍然强调了法家"法治"理政的重要性，主张将"法"寓于国家治理中，"听群众人议以治国，国危无日矣……有金鼓所以一耳。必同法令所以一心也。智者不得巧，愚者不得拙，所以一众也。勇者不得先，惧者不得后，所以一力也"②。尤其重要的是，《吕氏春秋》仍然强调君主集权体制的权威，主张"王者执一"，君主集权是"天下"一统获得大治的根本保证，认为"乱莫大于无天子，无天子则强者胜弱，众者暴寡，以兵相残，不得休息"③，"国必有君，所以一之也。天下必有天子，所以一之也。天子必执一，所以抟之也"④。因此，从"天下"一统，国家"壹治"的局面看，强调"一则治，异则乱；一则安，异则危"⑤。当然，如前所述，《吕氏春秋》与商、韩法家所著之书不同的是，它不仅强调君主集权体制的重要性，也主张君主政治需要实施"王"者之"道"。"帝也者，天下之适也。王也者，天下之往也。"⑥"王者厚其德，积众善，而凤皇圣人皆来至矣。"⑦ 因此，《吕氏春秋》虽然从根本上仍然维护战国时新型的君主集权国家政体，但是其政治内涵已发生重大变化。

综上所述，《吕氏春秋》综融各家学说，试图为秦的一统天下建构起形而上与形而下相结合的哲学本体论与"天下"治理思想体系。从其思想主旨来看，《吕氏春秋》仍然是以战国时代新建构的"君主本位"集权体制为出发点，但是它针对即将到来的"天下"一统提出区别于商鞅、韩非等法家人物思想的新"帝业"思想，试图通过融合儒、法、道各家学说来

---

① 许维遹撰，梁运华整理：《吕氏春秋集释》，北京：中华书局，2009年，第439-440页。
② 许维遹撰，梁运华整理：《吕氏春秋集释》，北京：中华书局，2009年，第467、468页。
③ 许维遹撰，梁运华整理：《吕氏春秋集释》，北京：中华书局，2009年，第296页。
④ 许维遹撰，梁运华整理：《吕氏春秋集释》，北京：中华书局，2009年，第469页。
⑤ 许维遹撰，梁运华整理：《吕氏春秋集释》，北京：中华书局，2009年，第468页。
⑥ 许维遹撰，梁运华整理：《吕氏春秋集释》，北京：中华书局，2009年，第368页。
⑦ 许维遹撰，梁运华整理：《吕氏春秋集释》，北京：中华书局，2009年，第581页。

建构"义行"之"帝业"。而从《吕氏春秋》的基本内容看，它以尊奉君主集权体制为宗，宗罗百家，企图利用百家之说而补秦法家治国理念之不足。从秦国的实际情况看，商鞅变法使秦国迅速走向强大，并得到了秦国官吏、民众的拥护。但是在即将一统的"天下"大势中，仅凭法家成就"霸业"的军功爵制或重刑酷法政策，能否有效延续"天下"一统的新的帝国实践呢？身居高位并对关东六国有着深切了解的吕不韦对此自然并不抱乐观的态度。这既是因为身居相位的吕不韦不仅对秦国的崇武轻文的现实有深刻认识，同时亦对秦昭王以来，秦国在接连而来的军事胜利面前所暴露出的流弊，以及秦国君主集权专制的"恶"也有敏锐的洞察。因此，从《吕氏春秋》的整体思想来看，它提出的不仅是一种治国理政之说，也是在高于诸子学层次上规划"天下"一统的未来之学。故它既有对先秦诸子所倡导的"圣""王""德""仁"观的承袭，又试图对秦法家的施政理念及君主集权体制中涌现的"公"与"私"、"善"与"恶"的矛盾予以调和，旨在通过法、儒、墨、道、阴阳等各家学说缔造一个为新的"天下"、国家服务的政治学说。从当时的史实看，吕不韦对集众宾客而撰写的《吕氏春秋》是充满了自信的，这是因为他既是秦国权势滔天的权臣，有着秦王之"尚父"身份；同时也看到了《吕氏春秋》所包含的政治、哲学、文化理念对未来"天下"、国家的极端重要性，认为这将是秦国获取"天下"的政治圭臬。正因如此，吕不韦以非常的自信，将《吕氏春秋》"布咸阳市门，悬千金其上，延诸侯游士宾客有能增损一字者予千金"[①]。实际上，吕不韦对《吕氏春秋》的自信，如同商鞅变法"立木为信"一样，正是准备实施其抱负、才华的前奏。故章学诚曰："《吕氏春秋》，亦春秋家言而兼存典章者也。当互见于春秋、尚书，而猥次于杂家，亦错误也。古者春秋家言，体例未有一定；自孔子有知我罪我之说，而诸家著书，往往以《春秋》为独见心裁之总名。然而左氏而外，铎椒、虞卿、吕不韦之书，虽非依经为文，而宗仰获麟之意，

---

① 司马迁：《史记》卷八十五《吕不韦列传》，北京：中华书局，1959 年，第 2510 页。

观司马迁叙《十二诸侯年表》，而后晓然也。吕氏之书，盖司马迁之所取法也。十二本纪，仿其十二月纪；八书，仿其八览；七十列传，仿其六论；则亦微有所以折衷之也。四时错举，名曰春秋，则吕氏犹较虞卿《晏子春秋》为合度也。刘知几讥其本非史书，而冒称《春秋》，失其旨矣。"① 其评价不可谓不高。

由于本节并非专门讨论吕不韦的"天下"观与政治思想，因此仅对此作简单讨论。事实上，当时秦国朝廷仍然存在自商鞅变法以来的强大的法家传统，吕不韦过高估计了自己对秦朝廷的影响力，因此，《吕氏春秋》的问世，并没有达到如商鞅在改革之初立木取信的效果。从本质上看，《吕氏春秋》虽然是吕不韦为秦争夺、治理"天下"而殚精竭虑、精心规划的产物，但是由于与秦所奉行的法家"尊君""崇法""壹治"的政治思想相去甚远，可以说在诸多方面是对商鞅变法以来秦法家传统的变相批判与否定，故受到当时遵循秦法家传统的政治势力如李斯之流的打击。据文献所载，自始皇九年，有告嫪毐实非宦者，常与太后私乱，生子二人，皆匿之，事连相国吕不韦。九月，夷嫪毐三族，诸嫪毐舍人皆没其家而迁之蜀，"王欲诛相国，为其奉先王功大，及宾客辩士为游说者众，王不忍致法。秦王十年十月，免相国吕不韦……而出文信侯就国河南"②。吕不韦虽然失去权势，但是历经"岁余，诸侯宾客使者相望于道，请文信侯"③，秦王恐其为变，乃赐文信侯书谴之。"吕不韦自度稍侵，恐诛，乃饮鸩而死。秦王所加怒吕不韦、嫪毐皆已死，乃皆复归嫪毐舍人迁蜀者。"④ 从这一段史料中可以看到，吕不韦虽然失势，但是仍然受到各诸侯国及天下士人的尊敬，这说明他及《吕氏春秋》表述的政治观念确实深得关东诸侯、

---

① 章学诚撰，叶瑛校注：《文史通义校注》（下），北京：中华书局，2014年，第952页。

② 司马迁：《史记》卷八十五《吕不韦列传》，北京：中华书局，1959年，第2512-2513页。

③ 司马迁：《史记》卷八十五《吕不韦列传》，北京：中华书局，1959年，第2513页。

④ 司马迁：《史记》卷八十五《吕不韦列传》，北京：中华书局，1959年，第2513页。

士人之心，表明了吕不韦政治思想的厚度，实非古今一些学者的浅议所能体现。吕不韦的声望引起了秦始皇的忌恨，他只能以自杀离世。因此，吕不韦的悲剧中，其与嫪毐事件的牵连应该仅是其中一个方面（其实早在吕不韦被尊为"尚父"，其与太后的关系就是一个公开的秘密），而最重要的应该是他与秦法家对天下"大一统"治理理念的分歧。吕不韦的失权与离世，使秦王朝失去了建构"义行"以行"帝业"的机缘，也使《吕氏春秋》在秦国政坛上的影响趋于湮灭。

自吕不韦之后，李斯逐渐成为秦国中央位高权重的人物。秦国此后所致力的"帝业"在本质上仍然是秦法家所崇尚的"霸业"的产物，它使秦王朝成为自春秋战国走向"周文""秦政"并行的汉代"帝业"的中介，成为试图以"霸业"之思致"帝业"之政却由此导致失败的过渡性王朝。这正是历史在试错过程中不断改变前进方向后所走向的必然，表现出历史演进中螺旋式上升的轨迹。李斯可谓秦法家传统的忠实传人，也是一个揣摩帝王意旨的政治投机者。据《史记·李斯列传》，李斯曾"从荀卿学帝王之术，学已成，度楚王不足事，而六国皆弱，无可为建功者，欲西入秦。辞于荀卿曰：'斯闻得时无怠，今万乘方争时，游者主事。今秦王欲吞天下，称帝而治，此布衣驰骛之时而游说者之秋也。处卑贱之位而计不为者，此禽鹿视肉，人面而能强行者耳。故诟莫大于卑贱，而悲莫甚于穷困。久处卑贱之位，困苦之地，非世而恶利，自托于无为，此非士之情也。故斯将西说秦王矣。'"① 由此可以看出，李斯实际上是一个既有权谋，又善于政治投机的利己主义者。② 他进入秦国做客卿，正是希望利用

---

① 司马迁：《史记》卷八十七《李斯列传》，北京：中华书局，1959年，第2539-2540页。

② 据《史记·李斯列传》，李斯"年少时，为郡小吏，见吏舍厕中鼠食不洁，近人犬，数惊恐之。斯入仓，观仓中鼠，食积粟，居大庑之下，不见人犬之忧。于是李斯乃叹曰：'人之贤不肖譬如鼠矣，在所自处耳！'"由此观之，在战国后期社会价值观的转型中，社会上士农工商、各层次人等，只要有一技之长，口舌之利，容貌之美，无不用其博取名利富贵。而士人"干王""说王"以及利用君主好恶取官的倾向，成为当时风靡一时的社会风气。李斯所言，正是战国后期社会价值观的反映。（司马迁：《史记》卷八十七《李斯列传》，北京：中华书局，1959年，第2539页。）

秦王"欲吞天下，称帝而治"的"布衣驰骛之时而游说者之秋"的时机，获得秦王重用。故李斯入秦，实际上仍是希望借秦并天下的大好时机来达到自己获取名利的目的。所以，李斯获得秦王重用之际，也是秦国开始大规模吞并六国之时。据文献记载，李斯曾为吕不韦舍人，获得吕不韦信任。其甫一入秦，即细致地观察到秦王嬴政消灭六国、统一天下的决心，这从他与老师荀卿的对话可以看出。他说："今秦王欲吞天下，称帝而治，此布衣驰骛之时而游说者之秋也。"① 这里需要注意的是，虽然李斯由吕不韦所赏识、引荐，但是他的政治立场并不与吕不韦相似。这表现在两个方面：其一，李斯乃是政治投机之人，他为获取秦王信任，常常揣摩秦王心思。② 故李斯取得秦王信任后，提出"今怠而不急就，诸侯复强，相聚约从"③，极力主张立即进行统一六国的战争，成为秦国统一六合的实际策划者与推进者。可以说，李斯确实是一个有权谋的人才。另一方面，李斯又是一个积极遵循商、韩学说的秦法家代表人物。据文献记载，李斯与韩非同为荀子的学生。韩非在思想上主张厉行君主集权政治，要求"废先王之教"④，"以法为教"⑤，推行商鞅开始的秦法家政治。从韩非、李斯的求学道路与政治理念看，可以认为两人的思想趋向是基本一致的。秦王嬴政读了韩非《孤愤》《五蠹》等篇，大加赞赏，发出"嗟乎！寡人得见此人与之游，死不恨矣"⑥的感叹，可谓推崇备至，并为了得到韩非而下令攻打韩国。然而韩非至秦后，却受到李斯等人的嫉妒与谗害，并被下刑狱审讯，后被毒杀。但是，从秦王及李斯等人的言行看，他们是极度赞赏韩非

---

① 司马迁：《史记》卷八十七《李斯列传》，北京：中华书局，1959年，第2539页。
② 据当时在秦朝供职的尉缭谈秦王嬴政为人，嬴政"蜂准，长目，挚鸟膺，豺声，少恩而虎狼心，居约易出人下，得志亦轻食人。……诚使秦王得志于天下，天下皆为虏矣。不可与久游"（司马迁：《史记》卷六《秦始皇本纪》，北京：中华书局，1959年，第230页）。从侧面说明嬴政乃是有吞并六合之大志向的君主，且难以相处，"不可与久游"。
③ 司马迁：《史记》卷八十七《李斯列传》，北京：中华书局，1959年，第2540页。
④ 王先慎撰，钟哲点校：《韩非子集解》，北京：中华书局，1998年，第396页。
⑤ 王先慎撰，钟哲点校：《韩非子集解》，北京：中华书局，1998年，第452页。
⑥ 司马迁：《史记》卷六十三《老子韩非列传》，北京：中华书局，1959年，第2155页。

的"君主本位"专制政治的主张的,并且以之为国家治理之策。所以,伴随着秦相对六国在政治、军事上的绝对优势地位,"大一统"曙光的显现,秦国朝廷仍然以秦法家的政治传统去谋划对"天下"的治理方略,这就与吕不韦与《吕氏春秋》的观念有着极大区别。《吕氏春秋》的"天下"治理观念的湮灭,标志着秦国在统一后治理"天下"的基本思路已经确定。故传世文献所记秦王朝关于"帝制"(大一统)、"王制"(分封制)的争论,关于尊"法"或崇"礼"的辩难,关于极端的"焚书坑儒",实际上都已由吕不韦的悲剧结局而确定了走向。

自吕不韦失势后,李斯等法家人物开始成为秦国中央法家传统的继承者,也是秦国统一天下的谋划与执行者。在秦王撤销"逐客令"之后,李斯得到秦王的赏识,逐渐上升为廷尉,并以更主动、积极的态度推进秦国统一大业,执行秦王所怀抱的"灭诸侯,成帝业,为天下一统"之方略。①据《史记·李斯列传》,李斯曾向秦王建言:"自秦孝公以来,周室卑微,诸侯相兼,关东为六国,秦之乘胜役诸侯,盖六世矣。今诸侯服秦,譬若郡县。夫以秦之强,大王之贤,由灶上骚除,足以灭诸侯,成帝业,为天下一统,此万世之一时也(着重号为笔者所加)。今怠而不急就,诸侯复强,相聚约从,虽有黄帝之贤,不能并也。"②李斯抓住时机,向秦王建言,促使秦始皇开启灭六国的战争进程,从这个意义上说,李斯应该是促进秦统一的第一功臣。而秦王"卒用其计谋,(李斯)官至廷尉。二十余年,竟并天下,尊主为皇帝,以斯为丞相。夷郡县城,销其兵刃,示不复用。使秦无尺土之封,不立子弟为王,功臣为诸侯者,使后无战攻之患"③。故佐藤将之认为:"司马迁未提及李斯在思想上从吕不韦处受到何种启发,但他描述吕不韦有'欲以并天下'之雄心之后,马上提及李斯,即曰:'李斯为舍人。蒙骜、王齮、麃公等为将军。'值得注意的是,虽然李斯当吕不韦的'舍人'的时间点并不清楚,在前247年时点尚为年轻楚

---

① 佐藤将之:《后周鲁时代的政治秩序:成为天子的秦王》,《科学·经济·社会》,2020年第4期。
② 司马迁:《史记》卷八十七《李斯列传》,北京:中华书局,1959年,第2540页。
③ 司马迁:《史记》卷八十七《李斯列传》,北京:中华书局,1959年,第2546页。

客'舍人'的权位远远比不上蒙骜、王龁、麃公等诸将。当然,司马迁在此文段将李斯的名字放在诸将之前的主要理由,应该是司马迁认为让秦国一统天下大业的第一功臣非李斯莫属。"① 从这个意义上看,佐藤将之的论述甚为合理。这说明李斯在秦统一的进程中起了重大作用。而秦国兼并"天下",也使秦数世之理想得以实现。

---

① 佐藤将之:《后周鲁时代的政治秩序:成为天子的秦王》,《科学·经济·社会》,2020年第4期。

第十章
"王业"与"帝业":秦汉王朝的历史转折

公元前221年,秦始皇正式统一六国,中国历史随之步入"大一统"的历史阶段。学界围绕"为什么是秦统一中国"这一议题曾展开过热烈讨论,并产生了诸多颇具学术价值的成果。有学者在讨论秦汉之际历史进程的转换时,认为秦汉之际的刘项之战,本质上反映的是战国时代就已存在的"王业"和"帝业"两种政治体制之争,这是符合实际的。① 实际上,如前所述,早在战国中期,"王业"和"帝业"就代表着两种不同的政治观念及政治立场。这两种政治观念及其政治实践,不仅是战国中后期不同诸侯国政治军事、外交活动的出发点,也与秦王朝的兴灭有重要联系。因此,对这个贯穿战国至秦汉之际的重要问题的探讨,不仅可以为我们理解战国与秦汉之际纷繁复杂的历史演进过程提供一个新视角,也可以使我们对秦王朝兴灭的原因有更深入的认识。

---

① 相关讨论中,多是将"王业"和"帝业"分别视作为代表"分封制"和"统一王朝"两种不同体制的政治形态。例如田余庆:《说张楚——关于"亡秦必楚"问题的探讨》,《历史研究》,1989年第2期。李开元先生作出王业、霸业、帝业的三阶段划分,并将霸业视为秦帝国建立前的重要标识。他认为"王业"即以周为代表的分封诸侯,众建列国之政治形态;所谓帝业,即秦始皇所开创的统一帝国之理念与现实。(李开元:《汉帝国的建立与刘邦集团:军功受益阶层研究》,北京:生活·读书·新知三联书店,2000年,第76—77页。)

第一节 "王业"与"霸业"：
战国中后期列国的政治抉择

对于"王业"和"帝业"这两个词，目前的相关研究多是将前者与战国历史相关联，并将后者视为秦王朝建立后皇帝制度的产物。有学者将"王""帝"观念与"皇""霸""君"等具有相近含义的概念进行了联系，并作了较为深入的分析。① 本章关注的重点是在战国中后期这种特殊政治背景下，从"王业""帝业"所反映的政治格局的视野探讨历史进程及其转型。

一、战国中后期列国对"王业"的认识及政治活动

在春秋时人的观点中，对中国政治格局的认识存在"天下—诸侯（国）—家（宗族）"这样一条自上而下的权力结构主线。在这个认识框架下，各诸侯国都是在同一广域王朝国家之下共存的政治体。虽然在从平王东迁至春秋的历史发展中，我们看到的更多是诸侯国并吞周边小国、争霸天下的历史，但是其时的"霸主"理念仍然保留了后西周时代的政治遗产。② 进入战国后，各诸侯国通过一系列变革，逐步完成了新的国家体制的构建，这改变了在广域"天下"权力结构之下传统的"国—家"的等级层次，使各国形成了新的平层式国家关系。在这种国家关系中，"王业"

---

① 关于"王""帝"概念的内涵，学者在讨论先秦至秦汉变局中的政治名号时多有涉及。参罗根泽：《古代政治学中之"皇""帝""王""霸"》，《诸子考索》，北京：人民出版社，1958年，第115页-129页；向晋卫：《"皇帝王霸"观与战国秦汉的历史演进》，《社会科学战线》，2016年第12期；孔祥来：《帝、黄帝、黄老与帝道——战国"帝道"说的兴起及其演变》，《文史哲》，2023年第5期；等等。

② 例如童书业先生指出王室衰微、列国争胜、戎狄交侵是链式反应，因此霸主应先后进行"尊王""团结诸侯""攘夷"（童书业著，童教英校订：《春秋史》，北京：中华书局，2006年，第159页）。孙家洲指出，霸主既需要强大的国力，践行维护王室声威、保护王室生存的"勤王"之举，同时也需要凭借诸夏礼仪文化以合诸侯。（孙家洲：《天子·霸主·诸侯——春秋霸政研究》，《贵州社会科学》，1993年第2期。）从上述学界讨论来看，"霸主"划分标准虽然呈现出多样性，但其核心都有替代周天子维持天下秩序的含义。

观念也成为当时关东各国的政治文化取向。这是因为在战国时期，随着诸侯国君称谓由"侯"向"王"号的转变，以及各国之间频发的争霸战争，为了维护自己国家的主权及界域，各诸侯国开始以"王业"来展示自己的边界、权益及治理业绩。在《荀子》《战国策》等文献中，"王业"也作"霸（伯）王之业"，从其含义来看，是指以"王"的身份建立功业或以此维持的王国基业。例如《战国策·秦策一》载："司马错与张仪争论于秦惠王前"一事，"此王业也"条下宋人姚宏续注引钱本曰"此不世之业也"[①]。战国中后期，在各国实力强弱不一，兼并之势愈加激化的情况下，"王业"开始成为当时的一种政治思潮，并在一定条件下主导着各国的政治活动。

  战国时的"王业"观，尽管强调王国基业和权益，但是仍有自己的特点，已与西周分封制完全不同。如果说西周分封制是以层层分封的形式，形成"王权在上，治权分割"的状态，那么战国时期"王业"的表现则是通过春秋战国之际政治体制的蜕变而形成新型王国。这种国家体制采取"王权"与"治权"合一的方式，地方行政系统也更为中央直属的郡县体制，而基层社会则由广大的、由国家直接管理的"编户"组成。因此，在这种体制下产生的"王业"观念，实际上是一种战国中后期特有的政治理念。如果从战国时期的"天下"秩序看，一个非常重要的变化是：迭兴的霸主普遍取得了与周王相同的"王"的名号，并在后续的对外策略中也不再打出"周天子"旗号以号令天下诸侯。从史料中可见，这种"国君称王"并非通过简单的自立方式便能够轻松实现，而是需要以强大的国力作为基础，并取得周边国家的认同。在春秋时期，"国君称王"现象在中原以外的诸侯国中是普遍存在的。例如当时的楚、吴、越、徐等国的国君都有此类举动。然而，在中原地区，由于"王"号所具有的最高政治层级的含义，因此仅被视作最高统治者的尊号。故自西周以来，除周天子之外，中原诸国国君不能染指。在春秋时期，虽然诸侯国君能成为名震天下的"霸主"从而"号令于诸侯"，但是这些霸主只能代行"王"的权力而非

---

① 诸祖耿：《战国策集注汇考》，南京：江苏古籍出版社，1985年，第187页。

自行拥有王权。①

战国前中期的列国争雄，学界也常沿用春秋时代的"霸业"一词指代。如钱穆先生认为战国时期"梁之霸业，自文侯武侯迄于惠王之世而大盛者"②；徐中舒先生则将战国初年魏、齐两国对外经略视作"争霸"③。然而细究史料中有关列国的"霸迹"，其表述虽然相似于春秋时之表述，其内涵却有了很大的变化。在旧的"天下"体制的顶层出现了权力的空缺，于是引发了各诸侯国间的竞争。而这种"称霸"活动，不再是诸侯国争当联盟"盟主"的竞争，而是通过对城池土地的兼并，对当时天下最高权力即"帝"位发起挑战。波澜壮阔的战国历史，正是围绕着这根"王业"主线而展开。

"国君称王"是战国时"王业"演进的基础。首先拉开"国君称王"序幕的是由卿大夫夺权后建立起来的魏国。经过文侯、武侯的治理，当时"晋（魏）国，天下莫强焉"④，"十五年，鲁、卫、宋、郑君来朝"⑤。于是才有后来《战国策·齐策五》中所记载的商鞅劝说魏惠王的事迹，并且他使用了"王业"一词：

> 卫鞅见魏王曰："大王之功大矣，令行于天下矣。今大王之所从十二诸侯，非宋、卫也，则邹、鲁、陈、蔡，此固大王之所以鞭箠使也，不足以王天下。大王不若北取燕，东伐齐，则赵必从矣；西取秦，南伐楚，则韩必从矣。大王有伐齐、楚〔之〕心，而从天下之

---

① 据郑玄注，"霸"可解释为"把也"，通"伯"，其含义是"言把持王者之政教，故其字或作伯，或作霸也"。（何晏注，邢昺疏：《论语注疏》，李学勤主编《十三经注疏》，北京：北京大学出版社，1999年，第193页。）
② 钱穆：《先秦诸子系年》，北京：中华书局，1985年，第228页。
③ 徐中舒：《先秦史十讲》，北京：中华书局，2009年，第110-124页。
④ 赵岐注，孙奭疏：《孟子注疏》，李学勤《十三经注疏》，北京：北京大学出版社，1999年，第15页。
⑤ 司马迁：《史记》卷四十四《魏世家》，北京：中华书局，1959年，第1844页。

志，则王业见矣。"①

在这段材料中，商鞅列举出"王业"的几项标准，如"令行于天下"、威服大国、"从天下之志"，这实际上正是春秋时的"霸政"之举。不过，商鞅此说是想表达魏惠王已达到称"王"的条件，并具备了"王号"的名实。在商鞅这里，显然"王业""霸业"并没有本质区别。其实，魏惠王在正式称王前，已公开表露出有攫取王位、称霸天下的雄心。据记载，魏惠王进攻赵国邯郸时，季梁说魏惠王"今王动欲成霸王，举欲信于天下。恃王国之大，兵之精锐，而〔欲〕攻邯郸，以广地尊名。王之动愈数，而离王愈远耳。犹至楚而北行也"②。说明魏惠王觊觎王位已多年，因此商鞅此说正中其下怀。于是，魏惠王"因退为逢泽之遇，乘夏车，称夏王，朝为天子，天下皆从"③，"故身广公宫，制丹衣，建九斿〔之旌〕，从七星之旟。此天子位也，而魏王处之"④。虽然魏惠王称王之后，其领导下的魏国在与齐、秦的战争中屡屡受挫，丧师失地，却首开中原国家"称王"的先河，并对后来齐、秦等国的"称王"起到了示范效果。不过正是由于"王号"的敏感性及此举对他国的压力，魏国遭到齐国等大国的强烈抵制。"(梁惠成王) 二十九年五月，齐田盼伐我东鄙。九月，秦卫鞅伐我西鄙。十月，邯郸伐我北鄙"⑤；"东败于齐，长子死焉，西丧地于秦七百里，南辱于楚。寡人耻之"⑥。最终通过臣服于新的霸主，魏国所遭受到的

---

① 何建章注释：《战国策注释》卷十二《齐策五》，北京：中华书局，1990年，第423页。

② 何建章注释：《战国策注释》卷二十五《魏策四》，北京：中华书局，1990年，第944页。

③ 何建章注释：《战国策注释》卷六《秦策四》，北京：中华书局，1990年，第254页。

④ 何建章注释：《战国策注释》卷十二《齐策五》，北京：中华书局，1990年，第423页。

⑤ 见《史记·魏世家》"三十一年，秦、赵、齐共伐我"条下索隐引《竹书纪年》。(司马迁：《史记》卷四十四《魏世家》，北京：中华书局，1959年，第1847页。)

⑥ 赵岐注，孙奭疏：《孟子注疏》，李学勤《十三经注疏》，北京：北京大学出版社，1999年，第15页。

外部压力才得以缓解,史载:"齐太公闻之,举兵伐魏,壤地两分,国家大危。梁王身抱质执璧,请为陈侯臣,天下乃释梁。"①

同样,在魏国之后,下一个在中原称王的国家是由卿大夫夺权后建立起来的齐国。齐威王即位后,通过内修政理,"诸侯振惊,皆还齐侵地"②,"燕、赵、韩、魏闻之,皆朝于齐"③,国力不断壮大。但是齐此时并未主动称王。最终,当齐国取得桂陵之战等战役胜利,即打败了已称王的魏惠王之后,"于是齐最强于诸侯,自称为王,以令天下"④。然而,虽然齐国取得臣服魏国的成果,但也不能在一时胜利之下翦除其他大国的威胁,凭借一国之力"以令天下"。当时,齐国除获取名义上的利益之外,难以索取其他有形成果,"(魏)王之事齐也,无入朝之辱,无割地之费"⑤,并且也不能形成能够对他国施加号令的"霸主政治"。因此,齐、魏两国需缓和关系,便是通过"徐州相王"以相互承认对方"王"之名实。

齐威王虽然依靠战胜魏国、获得诸国来朝的优势从而取得"王"位,但是并没有引起天下范围内其他大国的一致认同。随后齐国由于"臣万乘之魏,而卑秦、楚,此其暴戾定矣"⑥,招致楚、赵两大国的进攻。"田婴不听,遂内魏王,而与之并朝齐侯再三。赵氏丑之,楚王怒,自将而伐齐,赵应之,大败齐于徐州。"⑦ 同样的事例也见于中山国的称王活动。虽然中山国在"五国相王"中获得了一些大国的支持,但因其国力弱小,故

---

① 何建章注释:《战国策注释》卷六《秦策四》,北京:中华书局,1990年,第254页。

② 司马迁:《史记》卷一百二十六《滑稽列传》,北京:中华书局,1959年,第3197页。

③ 何建章注释:《战国策注释》卷八《齐策一》,北京:中华书局,1990年,第316页。

④ 司马迁:《史记》卷四十六《田敬仲完世家》,北京:中华书局,1959年,第1892页。

⑤ 何建章注释:《战国策注释》卷二十一《赵策四》,北京:中华书局,1990年,第763页。

⑥ 何建章注释:《战国策注释》卷二十三《魏策二》,北京:中华书局,1990年,第870页。

⑦ 何建章注释:《战国策注释》卷二十三《魏策二》,北京:中华书局,1990年,第870页。

险遭齐国干预。"中山与燕、赵为王,齐闭关不通中山之使,其言曰:'我万乘之国也,中山千乘之国也,何侔名于我?'欲割平邑以赂燕、赵,出兵以攻中山。"①《史记·赵世家》记载当时作为三晋之一的强大赵国,其国君也不能随意称王。即便在"五国相王"后,面对当时日益下降的"称王"门槛,其国君也坚持认为这是不能随意践行的举措。"五国相王,赵独否,曰:'无其实,敢处其名乎!'令国人谓己曰'君'"② 在赵国国君的意识里,称"王"即是称"霸",易招致他国围攻。赵国国君此举虽延缓了其称王的时间点,不过也难以阻止称王活动成为当时列国之间的主流,即《史记·周本纪》中所载"其后诸侯皆为王"③。

从此阶段魏、齐等国称王的过程可见,在拥有强大的国力支持以及借此所取得的军事胜利的情况下,各国才能顺利占据"王"的名号,而这种名号也带有"霸"的意义。因此"称王"不仅需要取得其他大国的承认,还要通过政治、军事的竞争方能达到。从这一点来说,战国时期各国围绕"称王"所开展的政治活动,实际上是一种争霸活动。只是因为当时的诸侯国都是建构在"国家本位"基础上的强国,因此它最终变成这些势均力敌的国家建构均势政治局面的努力。所以,战国中前期的"称王",其"王"号并不是一个容易达成的目标。随着局势发展,这些由单一国家发起的"僭越"行为逐渐成为当时列国间的主流。于是在战国时期的一些事件中,周国已被大国视作附庸驱使。例如在雍氏之役中,韩国"征甲及粟于周"④;秦武王曾使樗里子"以车百乘入周",由于周以卒迎之,意甚敬,招致"楚王怒,让周,以其重秦客"⑤的结果。因此,在这个过程中,传统的周王朝(天子)的权威逐渐化为粪土,同时也使战国的"霸主"

---

① 何建章注释:《战国策注释》卷三十三《中山策》,北京:中华书局,1990年,第1237页。

② 司马迁:《史记》卷四十三《赵世家》,北京:中华书局,1959年,第1804页。

③ 司马迁:《史记》卷四《周本纪》,北京:中华书局,1959年,第160页。

④ 何建章注释:《战国策注释》卷二《西周策》,北京:中华书局,1990年,第51页。

⑤ 何建章注释:《战国策注释》卷二《西周策》,北京:中华书局,1990年,第49页。

更强调依靠实力来获取在列国竞争中的优势地位。由于诸侯国君已普遍取得与周王相同的"王"的名号，实际上也就剥夺了后者在政治名号上的专属性，扫除了诸侯们建构以己国为基础、自己称王的阻力。

二、关东区域"王业"的高潮——争做"诸侯之长"

从战国中期开始，列国国君已普遍称王，从而在政治等级秩序方面基本实现大国与大国之间的平等。当时，诸如中山国、宋国等国国君也开始称王，"王"由过去稀缺的政治名号转而成为被列国国君所普遍拥握的名号。由此，围绕当时国家政治利益及诸侯国与天下的关系，"王业"内涵也开始发生变化：由争获过去天下至高的政治名号转向维护或争夺本国在列国竞争中的政治地位和最大利益，并在"王"号之下建立起新的政治均势，即确立各国并立的合理性。随着兼并加剧，至战国中期"孝公元年，河山以东强国六，与齐威、楚宣、魏惠、燕悼、韩哀、赵成侯并。淮泗之间，小国十余"①。当时，大量的人口、土地、资源等实际上已经集中在大国身上。于是，此时"王业"所蕴含的"霸"的性质暴露无遗，即所谓"一举而霸王之名可成也，四邻诸侯可朝也"②。文献记匡章对惠子说："齐王之所以用兵而不休，攻击人而不止者，其故何也？"惠子曰："大者可以王，其次可以霸也。今可以王齐王，而寿黔首之命，免民之死，是以石代爱子头也"③。它说明"王""霸"能够根据实力与功绩相互转换，这也造成当时战争爆发的频率、规模等大大增加。这种情况导致战国中期以后"王业"发展具有以下三个特点：其一是由于"王业"内蕴的"霸业"内涵，使具有强大国力的国家具有向外扩张的动力，即"大者可以王，其次可以霸也"；其二，在各国势均力敌的情况下，一些实力稍弱的诸侯国要求以"王业"观念去遏制强国的侵扰，从而维护本国的主权与领土权益，故"王业"也就具有了要求建立政治均衡局面的内涵；其三，称王活

---

① 司马迁：《史记》卷五《秦本纪》，北京：中华书局，1959年，第202页。
② 王先慎撰，钟哲点校：《韩非子集解》，北京：中华书局，1998年，第5页。
③ 许维遹撰，梁运华整理：《吕氏春秋集释》，北京：中华书局，2009年，第596页。

动不仅仅是诸侯国客观实力的反映，其中也蕴含着各国遵守中原地区长期流行的传统政治文化价值即"德政""礼义"的"王道"规范。

谈到战国时期列国国君称王后的形势，文献中多见与"合纵连横"相关的材料。关于"合纵连横"的含义，据《韩非子》记载，分别是"合众弱以攻一强"和"事一强以攻众弱"。① 这是因为战国中期列国不仅是针对齐、秦这两大强国时会有"五国伐齐""合纵抗秦"等举措，有时出于维护国家利益、建构均势政治格局等需要，他们合纵抗击的对象也包括当时的普通诸侯国。例如，当某一时段赵国强大时，"曰赵强何若？举左案齐，举右案魏，厌案万乘之国；二国，千乘之宋也。筑刚平，卫无东野，刍牧薪采，莫敢闚东门。当是时，卫危于累卵"，当时"天下之士相从谋曰：'吾将还其委质而朝于邯郸之君乎？'于是，天下有称伐邯郸者，莫令朝行"。②《战国策·赵策一》也载："昔者，五国之王尝合横而谋伐赵，参分赵国壤地，著之盘盂，属之仇柞。"③

因此，"合纵连横"的本质目的是列国间相互拉拢共同利益者，并希望通过打击共同竞争对手（集团）达到维护本国利益的目的。对于强国而言，"合纵连横"是列国间争霸的手段。史料对此多有记载，如张仪"欲令魏先事秦而诸侯效之"④，为此招致其他大国干预，"齐、楚怒而欲攻魏"⑤；"（楚怀王）十二年，齐湣王伐败赵、魏军，秦亦伐败韩，与齐争长"⑥。任何一个大国在面对另一个大国时，通常会选择拉拢另一个国家来增加己方胜算；同时，一个大国为保持本国的霸业，也需要防备、干预其

---

① 王先慎撰，钟哲点校：《韩非子集解》，北京：中华书局，1998年，第452页。
② 何建章注释：《战国策注释》卷六《秦策四》，北京：中华书局，1990年，第254页。
③ 何建章注释：《战国策注释》卷十八《赵策一》，北京：中华书局，1990年，第628页。
④ 司马迁：《史记》卷七十《张仪列传》，北京：中华书局，1959年，第2284-2285页。
⑤ 何建章注释：《战国策注释》卷二十二《魏策一》，北京：中华书局，1990年，第837页。
⑥ 司马迁：《史记》卷四十《楚世家》，北京：中华书局，1959年，第1723页。

他大国间的联盟。这种趋势的出现使得整个战国中期列国竞争的局面复杂化,并反映出当时列国之间实力的"均势"现象。正如时人所认为的,"凡天下之战国七,而燕处弱焉。独战则不能,有所附则无不重。南附楚,则楚重;西附秦,则秦重;中附韩、魏,则韩、魏重"①;"齐、魏虽劲,无秦不能伤赵。魏〔不〕听,是轻齐也;秦、魏虽劲,无齐不能得赵"②;"齐、魏离则秦重,合则秦轻;齐、魏别则秦强,合则秦弱"③。

然而,诸侯之间相互拉拢的做法,虽然是争霸主体所做出的主动选择,但是对于弱国而言,却带来意外机遇,即小国可利用强国之间相互谋求"诸侯之长"的争霸矛盾,借此获得自保并维护本国利益。例如战国时代的宋国得以长期存在,能长期维持"无所相侵,边境四益"现状,其中很大的原因便是它处于"三大万乘之间"的有利地缘条件,这也是当时各国还顾及"德""仁"传统的原因之一;卫国同样也是地处大国之间的小国,却能利用"是时三晋强,卫如小侯,属之"④ 的手段,从而实现国祚长久。同时,当小国臣服于某一大国之后,后者为了维持自身的霸主声誉,自然也会对前者肩负一定的义务,"不救小而伐大则失天下"⑤。不仅是小国,即便是在列国激烈竞争中一时失败的大国,也能通过臣服于新兴大国以获自保。例如,魏惠王为避免遭齐、秦两国夹击,接受相国惠施"以魏合于齐、楚以案兵"⑥ 的策略,从而使其国家转危为安。然而,对于强国而言,这些实力稍逊的大国投入己方,正是其实现"霸业"蓝图的有利条件。因此,对于无力进行大一统的关东各国,特别是小国而言,基于

---

① 何建章注释:《战国策注释》卷二十九《燕策一》,北京:中华书局,1990年,第1099页。
② 何建章注释:《战国策注释》卷二十《赵策三》,北京:中华书局,1990年,第720页。
③ 何建章注释:《战国策注释》卷二十六《韩策一》,北京:中华书局,1990年,第998页。
④ 司马迁:《史记》卷三十七《卫康叔世家》,北京:中华书局,1959年,第1603页。
⑤ 王先慎撰,钟哲点校:《韩非子集解》,北京:中华书局,1998年,第453页。
⑥ 何建章注释:《战国策注释》卷二十二《魏策一》,北京:中华书局,1990年,第835-836页。

现状主动依附于大国从而寻求庇护，不失为当时的一项较好的政治选择。

在实际运作中，包括仁义道德、名声等软性条件也会大大制约当时关东诸国的对外兼并。因为当时人们仍普遍存在周代传统政治文化的"德治"思想，并用来作为衡量"王业"的标准。如孟子言"以力假仁者霸，霸必有大国。以德行仁者王，王不待大。汤以七十里，文王以百里"①；毛遂言"闻汤以七十里之地王天下，文王以百里之壤而臣诸侯，岂其士卒众多哉，诚能据其势而奋其威"②。荀子所谓："故用国者，义立而王，信立而霸，权谋立而亡。……行一不义、杀一无罪而得天下，仁者不为也……故曰：以国齐义，一日而白，汤、武是也。汤以亳，武王以鄗，皆百里之地也，天下为一，诸侯为臣，通达之属莫不从服，无它故焉，以济义矣。是所谓义立而王也。"③ 上引材料的文意虽与当时崇尚权谋、诈力的列国相争环境有矛盾，但是对于中原诸国而言，仍然是一种对传统政治文化的继承与发扬，故在当时亦多获认同。而违反此类法则的国家则容易被诸国鄙夷视之。例如关东诸国之所以常合纵抗击被称为"虎狼之国"的秦国，比较重要的一点便是认为秦国"与戎翟同俗，有虎狼之心，贪戾好利无信，不识礼义德行"④。因此这些思想并不是只停留在思想家的认识世界中，在当时也是制约大国的舆论力量。一些位于关东区域内的大国在争霸过程中，一方面实施合纵连横、兼并土地等政治军事手段，另一方面他们也要在某种程度上照顾当时"天下"（特别是中原地区）的舆论因素。这就造成在各国的兼并战争（特别是在中原区域内）中，顾及声誉、遵守一定仪礼等潜在因素阻碍了大国对他国的野心与侵扰。这一点在齐、楚等国都有较为明显的体现。例如齐国在威、宣、闵王之世曾长期参与争霸，并取得很大成就。史载威王时曾取得过"其后三晋之王皆因田婴朝齐王于博望，

---

① 赵岐注，孙奭疏：《孟子注疏》，李学勤主编《十三经注疏》，北京：北京大学出版社，1999年，第87页。

② 司马迁：《史记》卷七十六《平原君虞卿列传》，北京：中华书局，1959年，第2367页。

③ 王先谦撰，沈啸寰、王星贤点校：《荀子集解》，北京：中华书局，1988年，第202、204页。

④ 司马迁：《史记》卷四十四《魏世家》，北京：中华书局，1959年，第1857页。

盟而去"①的成果；齐宣王时，孟子称其"欲辟土地，朝秦、楚，莅中国而抚四夷也"②。但是纵观齐威王、齐宣王的事业，他们更多是为追求具有以"德"相持的名义上的"霸业"，并未给齐国带来较多的实际利益。正如时人评价："夫齐威、宣，世之贤主也，德博而地广，国富而用民，将武而兵强。宣王用之，后富韩威魏，以南伐楚，西攻秦，为齐兵困于殽塞之上，十年攘地，秦人远迹不服，而齐为虚戾。"③

楚国，作为西周以来始终屹立于南方的大国，其疆域在战国时期向外发展的势头也非常迅猛。但是就目标对象的选择来看，它侧重于选择向传统中原之外的长江下游、长江以南区域发展，而非长期进行争霸的中原舞台。因此，从战国时期楚国向外发展的情况来看，当时出现了二元分化的局面。一方面楚国在处理与中原各国之间的关系时，非常重视"王业"的建立。例如楚怀王格外重视"王业"，希望获取号令天下的政治优势。当时的齐国正是抓住楚怀王的心理，以"王业"蓝图引诱之与秦国断交。"齐湣王欲为从长，恶楚之与秦合，乃使使遗楚王书曰：'寡人患楚之不察于尊名也。今秦惠王死，武王立，张仪走魏，樗里疾、公孙衍用，而楚事秦。夫樗里疾善乎韩，而公孙衍善乎魏；楚必事秦，韩、魏恐，必因二人求合于秦，则燕、赵亦宜事秦。四国争事秦，则楚为郡县矣。王何不与寡人并力收韩、魏、燕、赵，与为从而尊周室，以案兵息民，令于天下？莫敢不乐听，则王名成矣。'"④ "收韩、魏、燕、赵，与为从而尊周室""令于天下"，这两条前景描绘的正是称霸中原的"王业"蓝图。另一方面，楚国所选择的疆域扩张区域却多是在传统中原势力范围之外的江淮流域内，这与其在中原区域追求王业的努力存在地理空间上的背驰。"及吴

---

① 司马迁：《史记》卷四十六《田敬仲完世家》，北京：中华书局，1959年，第1894页。

② 赵岐注，孙奭疏：《孟子注疏》，李学勤主编《十三经注疏》，北京：北京大学出版社，1999年，第22页。

③ 何建章注释：《战国策注释》卷十九《赵策二》，北京：中华书局，1990年，第665-666页。

④ 司马迁：《史记》卷四十《楚世家》，北京：中华书局，1959年，第1725页。

起相悼王,南并蛮越,遂有洞庭、苍梧。"① 即便是在战国后期,楚怀王面对秦国接连攻楚的危急局面,仍顶着大臣"王虽东取地于越,不足以刷耻"② 的批评,承受着"尝与吴人战,五战而三胜,阵卒尽矣"③ 的巨大代价,取得了"故楚南塞厉门而郡江东"④ 的成果。这反映出楚国"霸业"最终指向了中原之外的南部、东部区域,而非完整的"天下"。这与上博简《容成氏》中所反映的楚国"九州观"是吻合的。⑤

总的来看,在战国中后期相当长的时段内,已经称王的各个大国所开展的斗争主要在于依靠相互拉拢,并通过壮大本方阵营来取得对抗其他竞争对手的优势,进而实现"王天下",获得"诸侯之长"的政治地位。这意味着春秋时期"兴绝继灭"的盟主式政治传统已一变而成为"威服天下强国"的观念。这是一种脱离了春秋时"天子"意识羁绊的新的雄踞"天下"的意识。所以,从战国中期开始,"王业"成为争夺、维持各国之间政治地位和国家权益的工具。罗根泽先生说:"及战国中叶,经五霸之后,当七雄之秋,争城争地,日无暇晷,功利思想,侵略主义,深入统治者之心。"⑥ 这说明战国中后期,随着"王"号下移,"王业"的性质也发生了变化。以"王业"作为一种战略性攻守策略,是诸侯国基于其自身实力所做出的选择结果。它对强国而言是一种对外兼并、谋求"诸侯之长"的手段,对于弱国而言则是一种机遇。弱国可以利用强国之间相互谋求"诸侯之长"的争霸矛盾,以及"王业"所内蕴的传统政治文化中的"德""仁"等道德因素,获得自保并维护国家利益。

---

① 范晔:《后汉书》卷八十六《南蛮西南夷列传》,北京:中华书局,1965年,第2831页。
② 司马迁:《史记》卷四十《楚世家》,北京:中华书局,1959年,第1726页。
③ 司马迁:《史记》卷七十《张仪列传》,北京:中华书局,1959年,第2291页。
④ 司马迁:《史记》卷七十一《樗里子甘茂列传》,北京:中华书局,1959年,第2318页。
⑤ 参见李禹阶、陈昆:《从上博简〈容成氏〉篇看楚人的东方政治地理观》,《西南大学学报》(社会科学版),2021年第1期。
⑥ 罗根泽:《诸子考索》,北京:人民出版社,1958年,第117页。

三、战国后期的"王业"——维持王国基业共存的局面

随着"五国伐齐""秦破楚郢"等事件的发生,战国中期以来关东诸国中曾经能与秦国直接对抗的魏、齐、楚等传统大国已走向衰弱。同时,"长平之战"后,赵国的军事力量也损失惨重。自此之后,秦国已获得相较于关东六国的绝对优势。当时,秦国的疆域从战国中期"秦地半天下",发展到战国晚期"秦地遍天下"。统一的历史曙光已经初显。因此,面对秦国的绝对实力,结合从战国晚期以来列国所处的历史环境来看,曾经流行过的无论是战国早中期致力于"称王"的政治目的,抑或是战国中期相互争取"诸侯之长"的"王业"活动,在战国后期都难以具备在关东区域继续实施的可行性。此一时期,关东各国的目标应该只能是如何尽可能延续本国的国祚。

在战国晚期,秦国不仅具备统一天下的实力,而且也在内部确立起统一天下的目标并就此达成共识。最具代表性的事件便是秦国先后灭西周、东周。"西周恐,倍秦,与诸侯约从,将天下锐师出伊阙攻秦,令秦无得通阳城。秦昭王怒,使将军摎攻西周。西周君奔秦,顿首受罪,尽献其邑三十六,口三万。秦受其献,归其君于周。周君、王赧卒,周民遂东亡。秦取九鼎宝器,而迁西周公于𢠸狐。后七岁,秦庄襄王灭东周。"① 虽然,战国以来周天子所具有的象征性,在列国国君普遍称王的形势之下显得意义尽失,但是秦灭周仍是当时具有重要影响力的标志性事件。它一方面展现了秦在关东区域连续灭国的军事实力,另一方面也为秦王进一步成为天子提供了基础。周朝彻底灭亡后,在秦昭王五十四年(前253)时,秦国曾举办一次"王郊见上帝于雍"② 的政治活动。这是一次具有代行天子祭祀意义的活动。据杨宽先生解释,"郊见者,当于郊外举行,并不沿用'五畤'以祭祠五色帝之礼,确是欲行天子祭天之礼"③。而见诸史籍的原

---

① 司马迁:《史记》卷四《周本纪》,北京:中华书局,1959年,第168-169页。
② 司马迁:《史记》卷五《秦本纪》,北京:中华书局,1959年,第218页。
③ 杨宽:《战国史料编年辑证》,上海:上海人民出版社,2001年,1032页。

关东人士吕不韦、李斯、尉缭等仕秦后，更是加快了秦统一天下的进程。

对于作为秦统一对立面的关东列国而言，他们对秦统一天下的到来其实已有预见。随着秦不断东扩，关东地区不少贵族、士人已经树立了很强的忧患意识。例如信陵君便曾指出，"今韩受兵三年矣，秦挠之以讲，韩知亡，犹弗听，投质于赵，而请为天下雁行顿刃。以臣之观之，则楚、赵必与之攻矣。此何也！则皆知秦之〔欲〕无穷也，非尽亡天下之兵，而臣海内之民，必不休矣"①。史载："（燕太子丹）见秦且灭六国，兵以临易水，恐其祸至……谓其太傅鞫武曰：'燕、秦不两立，愿太傅幸而图之。'武对曰：'秦地遍天下，威胁韩、魏、赵氏，则易水以北，未有所定也。'"② 战国时魏国大臣子顺云："当今山东之国敝而不振，三晋割地以求安，二周折而入秦，燕、齐、楚已屈服矣。以此观之，不出二十年，天下其尽为秦乎！"③ 于是，为了避免被秦国所灭，关东各国纷纷采取应对措施。他们集体抵制尊秦为帝，却会在合纵战争胜利后选择"见好就收"。由此观之，此时他们的集体追求仅是希望与秦国达成政治均势局面，哪怕只是暂时的。于是承认既定分封格局的"王业"与一统天下的"帝业"的博弈也就拉开了帷幕。

首先，对于秦国展现出的"称帝"及号令天下的意图，当时的关东诸国往往采取"柔性"方式加以对抗。所谓"柔性"方式便是各国保持对与"帝"号相关议论的刻意回避，都不单独或主动提出尊奉秦王称帝的意见。在《史记·鲁仲连邹阳列传》与《战国策·赵策三》中记载了同样一个事件：长平之战后，"秦兵遂东围邯郸"，当时赵国面临灭国危机，而"诸侯之救兵莫敢击秦军"。在这个时候，魏安釐王派使者客将军新垣衍进入邯郸，"因平原君谓赵王曰：'秦所为急围赵者，前与齐湣王争强为帝，

---

① 何建章注释：《战国策注释》卷二十四《魏策三》，北京：中华书局，1990年，第908页。

② 何建章注释：《战国策注释》卷三十一《燕策三》，北京：中华书局，1990年，第1190-1191页。

③ 司马光编著：《资治通鉴》卷五《周纪五》，北京：中华书局，1956年，第175页。

已而复归帝；今齐已益弱，方今唯秦雄天下，此非必贪邯郸，其意欲复求为帝。赵诚发使尊秦昭王为帝，秦必喜，罢兵去。'"① 这说明当时一些关东国家对于秦王一直怀有的"称帝"野心是心知肚明的。对魏使的建议，鲁仲连加以反驳，认为如果秦国能轻易获得"帝"号，那它将"臣天下诸侯"，因此必须加以抵制。"彼秦者，弃礼义而上首功之国也，权使其士，虏使其民。彼即肆然而为帝，过而为政于天下，则连有蹈东海而死耳，吾不忍为之民也。"② 经过鲁仲连游说，魏国使者最终终止了此次出使活动。从这个案例可以看出，对于当时秦王所怀有的称帝野心，关东一些国家统治者和士人是非常清楚的，但是后者通过相互之间的协调，最终采取了不主动尊秦为"帝"的软性对抗方式。这可能是战国后期相关史料中缺乏与"称帝"相关记载的重要原因。

其次，关东诸国在合纵抗秦时往往希望能"见好就收"。战国时期，秦王"称帝"的事业一再遭受挫折。关东六国常有合纵抗秦的举动，其间即使取得过数次抗秦的胜利，也并不能阻止秦战争机器的继续运转。例如郑家湖墓地 M274 中出土的一件"贱臣筡西问秦王"木觚给这段历史提供了新的出土材料佐证。木觚其上有文字：

"……魏（魏）五邦相与，陛=若壹，为义乎？筡弗得知；不为义乎？筡又弗能知，不识吾王将何以侍（待）之？"王不合（答）。筡又称曰："五邦以义来䁖（献），吾王以义侍（待）之，不为义乎？（愿）吾王有以义侍（待）之者。为义者，皆欲人之以义也。"王又不合（答）。……"今筡入，王之四竟（境）者（诸）民皆有饿寒之色，窃问其故，曰：'壹恶用兵矣。'阴晋、上洛之卒，天下之良卒也，自鄢郢以来，夫斩首六矣。今出战不能胜，而内守不能箇（固），

---

① 司马迁：《史记》卷八十三《鲁仲连邹阳列传》，北京：中华书局，1959 年，第 2460 页。
② 司马迁：《史记》卷八十三《鲁仲连邹阳列传》，北京：中华书局，1959 年，第 2461 页。

不能守其城郭而五刑传其身，而弗能俚（耻）也。无异故，皆未罢也。"①

通过分析文意可知，当时"五邦（国）合纵抗秦"并一度取得了胜利，使得秦陷入"今出战不能胜，而内守不能固"的局面。然而，五国却又欲主动献"义"于秦王（其本质是谋和、寝兵），并希望后者也能以"义"待之。秦王虽然面临不利局面，甚至"四境诸民皆有饿寒之色"，但仍通过"不答"的方式表达出其拒绝与关东列国讲和的立场。这则新材料与传世文献中的相关记载可以相互印证，说明秦国的最终目标不仅仅是建立"号令行于天下"的"王业"，而是统一天下。

除了上述列举出来的列国在应对秦国压力时曾有过的集体行为之外，部分国家在其个体的政治选择上也呈现出多样性。有的诸侯国选择长期附庸于秦国，甚至"委国听令"于秦，或形同郡县。例如，秦昭王"五十三年，天下来宾。魏后，秦使摎伐魏，取吴城。韩王入朝。魏委国听令"②，此举与战国中期魏王"之事齐也，无入朝之辱，无割地之费"③ 的结果形成鲜明对比。当然，在关东诸国内部也不乏积极抵抗的人士存在，例如曾积极主张联络各国合纵抗秦的信陵君、庞煖等人。如"天下之士合从相聚于赵，而欲攻秦"④；再如，"魏安釐王三十年，公子使使遍告诸侯。诸侯闻公子将，各遣将将兵救魏。公子率五国之兵破秦军于河外，走蒙骜。遂乘胜逐秦军至函谷关，抑秦兵，秦兵不敢出。当是时，公子威振天下"⑤。

因此，当关东诸国陷入相互制衡、博弈的困境之中时，秦的崛起、东

---

① 李天虹等：《湖北云梦郑家湖墓地 M274 出土"贱臣䋁西问秦王"觚》，《文物》，2022 年第 3 期。
② 司马迁：《史记》卷五《秦本纪》，北京：中华书局，1959 年，第 218 页。
③ 何建章注释：《战国策注释》卷二十一《赵策四》，北京：中华书局，1990 年，第 763 页。
④ 何建章注释：《战国策注释》卷五《秦策三》，北京：中华书局，1990 年，第 192 页。
⑤ 司马迁：《史记》卷七十七《魏公子列传》，北京：中华书局，1959 年，第 2383-2384 页。

扩行为又使得各国所追求的"王业"被注入了新的内涵。彼时关东各国围绕"王业"展开的争霸活动，曾使当时不少官僚、士人对"天下"格局产生两种构想：其一是如春秋时期迭兴的"霸主"一般，继续维持众国共存局面；其二则是顺应历史的统一趋势，将中央集权的单一国家治理理念投射到全天下。从历史发展来看，关东各国面对强秦，多在向新的"天下"结构的历史演进过程中选择了前者。

四、秦"帝业"的产生和政治实践

在战国时期，秦国也曾一度围绕"王业"进行争霸运动。然而，秦国君臣所践行的"王业"与当时关东诸国的"王业"有着极大的区别：秦君在自立为王后，选择了一条更注重国家实力提升的争霸道路，并在这个过程中常因不遵守中原传统礼仪而被关东国家鄙视；随着国家实力上升，秦又较早完成了由"王业"向"帝业"的转化。

秦在春秋时期其实一直存在着建立"霸业"的理想和传统。① 秦孝公即位后，便将"修缪公之业，东复侵地"② 作为旗号，从而吸引到包括商

---

① 在《史记·孔子世家》中，孔子对秦国的霸业曾给予高度评价："齐景公与晏婴来适鲁，景公问孔子曰：'昔秦穆公国小处辟，其霸何也？'对曰：'秦，国虽小，其志大；处虽辟，行中正。身举五羖，爵之大夫，起累绁之中，与语三日，授之以政。以此取之，虽王可也，其霸小矣。'"（司马迁：《史记》卷四十七《孔子世家》，北京：中华书局，1959年，第1909页。）秦国的"霸业"应追溯至秦穆公时期。不过，秦穆公的"霸业"，与中原国家不同。这是在中原之外的西北地区开辟的百年霸业，所威服的对象主要是当地的非华夏族群。据史料记载："缪公用之，并国二十，遂霸西戎。"（司马迁：《史记》卷八十七《李斯列传》，第2542页。）如本书第二章所述，秦霸西戎实际上维持了很长的历史时期，大致是从春秋中期穆公三十六年（前624）始霸西戎，一直到战国早期厉共公六年（前471）"绵诸乞援"（司马迁：《史记》卷十五《六国年表》，第690页）。自霸西戎至霸的体系发生动摇之时，整整维持了153年。因此，从历史来看，秦国确有着容易被人忽视的霸业传统。被认为产生于秦穆公时期的"秦伯丧戈矛"中有铭文"戮政西旁"与"肇抚东方"，据董珊先生考证，这反映了秦穆公时的霸业蓝图。（董珊：《秦子车戈考释与秦伯丧戈矛再释》，《国学学刊》，2019年第3期。）不过尽管秦穆公时有着"肇抚东方"的意愿，但在后来很长的时期内，"秦僻在雍州，不与中国诸侯之会盟，夷翟遇之"（司马迁：《史记》卷五《秦本纪》，第202页）。至秦孝公重用商鞅推行变法后，秦再次东进中原，不过此次给中原带来的却是关于"天下体制"的新变化。

② 司马迁：《史记》卷六十八《商君列传》，北京：中华书局，1959年，第2228页。

鞅等人入秦。孝公面对当时流行的"帝道""王道"之说，实际上更偏向"霸道"。所谓"霸道"就是对国家实力提升有实际效用的强国之术。商鞅变法对能直接提升国家实力的"农战"给予了高度重视，所谓"国之所以兴者，农战也"①。而随着秦顺利东扩，商鞅变法的成果也不只限于"东复侵地"，战争机器很快向关东六国区域不断进发。当秦国凭借武力获得了中原对其实力的认可之后，秦君也开始称王。"惠文君元年，楚、韩、赵、蜀人来朝。二年，天子贺。三年，王冠。四年，天子致文武胙。"②

从秦之"王业"内涵上讲，"修缪公之业的"政治表述似乎是要重温春秋时期的霸业传统。然而秦国最终实施的"王业"，不仅已经超出了秦在春秋时期未完成的"缪公之业"，即商鞅所设计的"秦据河山之固，东乡以制诸侯，此帝王之业也"③，同时相比战国时期东方六国人士所谈的"王业"又有新的变化。秦更加注重在追求"王"之名号过程中不断提升其国家客观实力，并且以直接统治天下、臣万民为最终目标。

秦之"帝业"思想自其"王业"理念中孕育产生。《战国策·秦策一》记载了秦惠王时期身为秦人的司马错与来自东方的张仪围绕是否应该伐蜀展开的论争过程。张仪认为不应伐蜀，而应"亲魏善楚，下兵三川，塞辕、缑氏之口，当屯留之道，魏绝南阳，楚临南郑，秦攻新城、宜阳，以临二周之郊，诛周主之罪，侵楚、魏之地。周自知不救，九鼎宝器必出。据九鼎，按图籍，挟天子以令天下，天下莫敢不听。此王业也"。然而司马错却认为："欲富国者，务广其地；欲强兵者，务富其民；欲王者，务博其德。三资者备，而王随之矣。"④ 史料原文中有称"惠王"，说明司马错反驳张仪时所说的"欲王""王随之矣"同张仪所言"王业"是一个意思。而同样是谈"王业"，司马错相比张仪更加注重国家对各种资源的获取，而非仅仅追求春秋时期"五霸"的"挟天子以令诸侯"的政

---

① 蒋礼鸿：《商君书锥指》卷一《农战》，北京：中华书局，1986 年，第 20 页。
② 司马迁：《史记》卷五《秦本纪》，北京：中华书局，1959 年，第 205 页。
③ 司马迁：《史记》卷六十八《商君列传》，北京：中华书局，1959 年，第 2232 页。
④ 何建章注释：《战国策注释》卷三《秦策一》，北京：中华书局，1990 年，第 102 页。

治优势。司马错的这种极为注重国家实际利益的"王业"理念,暗含着向"帝业"过渡的政治趋势。

"帝"字在商代就已出现,陈梦家先生曾总结出甲骨文中有关"帝"字的三种用法。① 至春秋时期,时人认为"王""帝"概念相近,"今之王,古之帝也"②。随后,政治含义大于"王"号的"帝"号概念在战国时期的史料中开始出现,并成为对人间当时君主的称呼。战国之前,中原列国中能以"王"为名号的只有周天子。进入战国以后,魏、齐、韩、赵、中山等国国君相继称王,"帝"号出现,开始驾临于"王"号之上。战国时,"帝"号虽然只有零星记载,但值得注意的是,其出现处处涉及秦国。如苏秦西入秦,就向秦惠王献上"可以吞天下,称帝而治"的谋略,但此时秦"方诛商鞅,疾辩士,弗用"。③ 这是在战国时期第一次规劝现世君王称"帝"的例子。在《战国策》《史记·苏秦列传》《战国纵横家书》等文献中均记载纵横家劝说燕王与秦、赵并立,"秦为西帝,赵为中帝,燕为北帝,立为三帝而以令诸侯"④。这一建议虽最终未能实施,但表明以"帝"作为新的最高层次的天下政治领袖的观念已开始流传于关中、关东地区。《史记·秦本纪》记载:"十九年,王为西帝,齐为东帝,皆复去之。"⑤《韩非子》亦载其事:"穰侯相秦而齐强,穰侯欲立秦为帝而齐不听,因请立齐为东帝而不能成也。"⑥ 甚至当时便有着"横则秦帝、纵则楚王"的说法。《吕氏春秋》记载了秦王在短暂称"西帝"期间,曾以"帝"的名义来欺诈魏王。"秦王立帝,宜阳令许绾诞魏王,魏王将入秦。"⑦ 这里"秦王立帝"应该是在其与齐国分称西、东二帝期间,故"言帝欲令魏王入朝也"。当时,"帝"的名号实际上已包含着兼并天下的

---

① 陈梦家:《殷墟卜辞综述》,北京:中华书局,1988年,第562、580、591页。
② 杨伯峻:《春秋左传注》(修订本),北京:中华书局,1990年,第431页。
③ 司马迁:《史记》卷六十九《苏秦列传》,北京:中华书局,1959年,第2242页。
④ 何建章注释:《战国策注释》卷二十九《燕策一》,北京:中华书局,1990年,第1116页。
⑤ 司马迁:《史记》卷五《秦本纪》,北京:中华书局,1959年,第212页。
⑥ 王先慎撰,钟哲点校:《韩非子集解》,北京:中华书局,1998年,第254页。
⑦ 许维遹撰,梁运华整理:《吕氏春秋集释》,北京:中华书局,2009年,第504页。

含义。例如齐湣王与秦并称"东西二帝",又"南割楚之淮北,西侵三晋,欲以并周室,为天子。泗上诸侯邹鲁之君皆称臣,诸侯恐惧"①。在《战国纵横家书》第十三章"韩冣献书于齐章"提到韩冣曾献书于齐湣王,希望他能联合秦国"先事而后名",即先取得对他国的战争胜利后再称帝。如此,便能"齐、秦虽立百帝,天下孰能禁之"②。由于齐国在"五国伐齐"后走向保守,故在之后的文献记载中便只留下"横则秦帝"的说法。虽然秦在战国时期的数次称帝行动都以失败告终,但它表明至迟从秦昭王时代开始,秦的战略目标已并非仅仅满足于普通的"王业",而是试图成为"天下"之主,登上更高层次的权力位置。甚至当时关东士人认为秦昭王可能会成为"帝王之主"。③ 日本学者鹤间和幸便指出,秦昭王"在早于秦始皇出生半个世纪之前就已经建立了帝国……在秦始皇之前的这次称帝,不愧为后世之先驱。在皇帝称号诞生之前,已经有此用'帝'号代替'王'号以谋求权威之举"④。它说明当时谋求建立"帝业"乃是秦的一种一统天下意识的体现。从秦孝公以后到秦统一之间百余年的时间,也正是秦尝试建立"帝号"并不断蚕食东方六国的历史。并且时代愈往后,秦统一进程愈快。因此,司马迁在《史记·秦楚之际月表》称:"秦起襄公,章于文、缪、献、孝之后,稍以蚕食六国,百有余载,至始皇乃能并冠带之伦。"⑤

秦对"帝业"的向往,使其"王业""霸业"等政治理念内涵也发生了变化。罗根泽曾言:"(孟子)以王表仁,以霸表力。荀子继之,无大差

---

① 司马迁:《史记》卷四十六《田敬仲完世家》,北京:中华书局,1959年,第1900页。

② 马王堆汉墓帛书整理小组编:《马王堆汉墓帛书〔叁〕》"战国纵横家书释文注释",北京:文物出版社,1983年,第46页。

③ 此说虽是孟尝君的部下以假设的口吻说出的,但是将当时国君与"帝"号相关联,其实是极为罕见的。(何建章注释:《战国策注释》卷十一《齐策四》,北京:中华书局,1990年,第389页。)

④ 鹤间和幸著,马彪译:《始皇帝的遗产:秦汉帝国》,桂林:广西师范大学出版社,2014年,第30页。

⑤ 司马迁:《史记》卷十六《秦楚之际月表》,北京:中华书局,1959年,第759页。

异。惟孟则是王非霸，荀仅大王小霸。韩非吕子以法与势言霸王，而王霸之政无殊。"① 在儒家"以王表仁，以霸表力"的共同原则下，孟子主张"是王非霸"，荀子主张"大王小霸"；惟法家主张"王霸无殊"。② 这几种类型基本囊括了当时对"王"与"霸"之关系的几种认识。因此，秦法家所谓"王业"，实际上包括"霸业"思想在内。而由于"帝业"是以"王业"为基础而构建的，因此它实际上也包括了秦法家的"霸业"政治主张。如《战国策·秦策一》记载有说客游说秦王："然则是举赵则韩必亡，韩亡则荆、魏不能独立，荆、魏不能独立，则是一举而坏韩、蠹魏、挟荆，以东弱齐、燕，决白马之口以流魏氏。一举而三晋亡，从者败。大王拱手以须，天下遍随而伏，伯王之名可成也。"③ 这里所谈到的"伯王"，即是春秋时的"霸主"。同样，在《韩非子》《吕氏春秋》中也谈到与"王业"相关的"王霸"等政治理念。如《韩非子》中明确指出，由于古今异俗，关东地区包括儒家等学派所流行过的以礼仪、道德为"王业"内涵的认识早已不适应当今之世。"古者文王处丰、镐之间，地方百里，行仁义而怀西戎，遂王天下。徐偃王处汉东，地方五百里，行仁义割地而朝者三十有六国，荆文王恐其害己也，举兵伐徐，遂灭之。故文王行仁义而王天下，偃王行仁义而丧其国，是仁义用于古不用于今也。"④ 因此，韩非提出："故明主之国，无书简之文，以法为教；无先王之语，以吏为师；无私剑之捍，以斩首为勇。……是故无事则国富，有事则兵强，此之谓王资。既畜王资而承敌国之衅，超五帝侔三王者，必此法也。"⑤ 所以，在秦统一天下后，仍然实行战时军事政策，这正是以法家的"霸业"

---

① 罗根泽：《诸子考索》，北京：人民出版社，1958年，第123页。
② 笔者不同意罗先生将吕不韦与韩非子"王霸"思想混同为一的说法，认为二者有着重要区别。参见本书第九章第四节。
③ 这则材料中提到长平之战等发生于战国晚期的历史事件，因此不可能是出自张仪之口，应是战国晚期秦国内部的其他士人所说。有观点认为"张仪"应为"韩非子"之误。何建章注释：《战国策注释》卷三《秦策一》，北京：中华书局，1990年，第90页、第91页注释1。
④ 王先慎撰，钟哲点校：《韩非子集解》，北京：中华书局，1998年，第445页。
⑤ 王先慎撰，钟哲点校：《韩非子集解》，北京：中华书局，1998年，第452页。

之思而行秦王朝"帝王"之政的体现。

第二节　秦"帝业"的政治实践

在全国统一后，秦始皇迅速建立起皇帝制度，这可以说是继承了战国以来秦对"帝业"探索的结果。皇帝制度的建立，实现了战国时期正处于萌芽状态的"帝业"的制度设计，是对战国中后期以来各国政治制度变革及"帝业"理念建构的进一步发展。

一、秦皇帝制度中的"王""霸"内涵

前已述及，西周时期"普天之下莫非王土""率土之滨莫非王臣"。尽管战国时期已产生与"大统一"趋势有关的"天下"想象与"九州"政治地理观念，但是传统的政治文化观念仍然遗留下来，"天子有田以处其子孙，诸侯有国以处其子孙，大夫有采以处其子孙"①。这种"天下"政治结构的存在，曾经长期影响了人们对政治文化的认知。② 从战国中期开始，秦国不断东扩的胜利，使他们很早便具有"秦地半天下，兵敌四国"的思想观念，也呈现出建立"帝业"的理想。秦始皇创立皇帝制度，可以说是在统一战争胜利基础上对"天下"理想的重构与实践。正是这种掺杂着帝王私欲的对"天下"一统的理想设计，使秦始皇用皇帝制度取代了传统的分封制。对此，《史记·秦始皇本纪》有完整记载：

---

① 郑玄注，孔颖达疏：《礼记正义》卷二十一《礼运》，李学勤主编《十三经注疏》，北京：北京大学出版社，1999 年，第 681 页。
② 如《管子》"以民动国，以国动天下"（黎翔凤撰，梁运华整理：《管子校注》，北京：中华书局，2004 年，第 199 页），《礼记·大学》"古之欲明明德于天下者，先治其国。欲治其国者，先齐其家"（郑玄注，孔颖达疏：《礼记正义》卷六十《大学》，李学勤主编《十三经注疏》，北京：北京大学出版社，1999 年，第 1592 页），上博简《天子建州》"凡天子建之以州，邦君建之以都，大夫建之以里，士建之以室"（马承源：《上海博物馆藏战国楚竹书（六）》，上海：上海古籍出版社，2007 年，第 311 页），均系时人的这种"天下"观念认知模式长期存在的证明。

秦初并天下，令丞相、御史曰："异日韩王纳地效玺，请为藩臣，已而倍约，与赵、魏合从畔秦，故兴兵诛之，虏其王。寡人以为善，庶几息兵革。赵王使其相李牧来约盟，故归其质子。已而倍盟，反我太原，故兴兵诛之，得其王。赵公子嘉乃自立为代王，故举兵击灭之。魏王始约服入秦，已而与韩、赵谋袭秦，秦兵吏诛，遂破之。荆王献青阳以西，已而畔约，击我南郡，故发兵诛，得其王，遂定其荆地。燕王昏乱，其太子丹乃阴令荆轲为贼，兵吏诛，灭其国。齐王用后胜计，绝秦使，欲为乱，兵吏诛，虏其王，平齐地。寡人以眇眇之身，兴兵诛暴乱，赖宗庙之灵，六王咸伏其辜，天下大定。今名号不更，无以称成功，传后世。其议帝号。"①

从这段材料中可以看出，在谈及秦灭六国的原因时，秦始皇不仅只字不提其本人乃至秦先王、先公等为"并天下"所做的努力，反而将统一战争发起的缘由均归于六国君主对秦的"倍约""畔秦"等行为，进而证明其发动统一战争的合理性。这道诏书不仅宣示了秦对"天下"统治的合理性，更体现了秦对统治天下万民的自信，昭示了传统"天下"体制的彻底破灭。

皇帝制度的建立，构建起新的以君主集权体制为中心的"天下"理想，它既是战国时代日益发展的君主集权体制的继续，也是在大一统条件下的新的制度设计。从最高统治者的名号来看，秦王朝统一天下之后，"王"的名号已不再适用于秦的功业和"天下"一统的现状。从统治地域来看，秦王朝的地域有了空前扩大。秦王朝的"并天下"不仅吞并了关东六国，还将其疆域扩展到云贵高原、珠江流域、黄河上游河套等地区，使之相比前代有了空前的扩大。有学者指出，其统一的规模并不限于在地域上兼并六国②，而在于"平定天下，海内为郡县，法令由一统，自上古以

---

① 司马迁：《史记》卷六《秦始皇本纪》，北京：中华书局，1959年，第235-236页。

② 王子今：《论秦始皇南海置郡》，《陕西师范大学学报》（哲学社会科学版），2017年第1期。

来未尝有，五帝所不及"①的制度变革。因此，皇帝制度的建立对当时秦人来说，在政治历史上具有划时代的意义。而就权力下沉的形式来看，秦王朝的大一统将君主集权下的官僚制、郡县制、编户齐民制推广到全国，从而建立起对天下的直接控制。因此，谈及秦统一的历史贡献和意义，自然离不开对秦始皇制度创设的讨论。

但是，在秦王朝皇帝制度的建构中，战国中后期的"王""霸"与"帝业"观念仍在相互渗透，不断发展，其过程可从以下三点观之。其一，便是将"帝业"看作"王业"的延伸。文献载秦始皇三十四年，"仆射周青臣进颂曰：'他时秦地不过千里，赖陛下神灵明圣，平定海内，放逐蛮夷，日月所照，莫不宾服。以诸侯为郡县，人人自安乐，无战争之患，传之万世。自上古不及陛下威德。'始皇悦"②。可以看出秦始皇及其朝廷大臣皆将此时的"帝业"与它时的"王业"相对照。再如秦末赵高在杀死二世，企图抛弃"帝"号而恢复"王"号时指出，"秦故王国，始皇君天下，故称帝。今六国复自立，秦地益小，乃以空名为帝，不可。宜为王如故"③。赵高对朝廷大臣百官的晓谕，说明其时秦王朝内仍然有着强烈的"进则帝业，退则王业"的潜在意识，故在战争形势不利的情况下，试图盘踞关中称王。其二，即以"霸业"之思而成"帝业"之政。在秦始皇统一后的一系列举措中，秦王朝所实行的治理天下的措施，既有巩固全国统一、稳定边境的举措，也有大兴力役、修阿房、建陵墓等奢侈淫逸之举。其三，仍然遗留着春秋战国时代的政治传统，将"帝业"内涵看作"德""礼"之所钟。例如在秦刻石中，就十分鲜明地表现了这一点。正是因为如此，在秦朝廷中仍然蔓延着战国时各国力求均势的分封思想，并导致秦朝中对分封制与郡县制的两次大论争。如《史记·秦始皇本纪》载关于分封制的一次讨论：

---

① 司马迁：《史记》卷六《秦始皇本纪》，北京：中华书局，1959年，第236页。
② 司马迁：《史记》卷六《秦始皇本纪》，北京：中华书局，1959年，第254页。
③ 司马迁：《史记》卷六《秦始皇本纪》，北京：中华书局，1959年，第275页。

> 丞相绾等言："诸侯初破，燕、齐、荆地远，不为置王，毋以填之。请立诸子，唯上幸许。"始皇下其议于群臣，群臣皆以为便。廷尉李斯议曰："周文武所封子弟同姓甚众，然后属疏远，相攻击如仇雠，诸侯更相诛伐，周天子弗能禁止。今海内赖陛下神灵一统，皆为郡县，诸子功臣以公赋税重赏赐之，甚足易制。天下无异意，则安宁之术也。置诸侯不便。"始皇曰："天下共苦战斗不休，以有侯王。赖宗庙，天下初定，又复立国，是树兵也，而求其宁息，岂不难哉！廷尉议是。"①

秦将郡县制在全国推广，并不是统一后才推行的新事物。秦昭王三十五年至庄襄王元年便已有"十二郡"②的建置。同时，随着兼并战争的加速，秦往往会在新攻占的地域上迅速建立郡级行政单元。③ 为了处置新攻占的广阔区域，一些秦郡的辖界也会随之动态调整。例如出土材料中曾提到过的巫黔郡、江胡郡等政区逐渐被并入周边郡中，并最终消失于历史舞台。因此，发生于秦始皇二十六年（前221）的"分天下以为三十六郡，郡置守、尉、监"④，并不完全是一次地方行政体制的改革，而是秦统治天下、确立国家体制的表现。秦始皇认可了李斯的观点，并确立了在全天下范围行郡县的决定。然而，令人意外的是，在这一次讨论之后过去仅数年时间，同样的议论在秦始皇三十三年（前214）再次发生：

> 博士齐人淳于越进曰："臣闻殷周之王千余岁，封子弟功臣，自

---

① 司马迁：《史记》卷六《秦始皇本纪》，北京：中华书局，1959年，第238-239页。
② 参见晏昌贵：《睡虎地秦简"十二郡"及其相关问题》，《秦简牍地理研究》，武汉：武汉大学出版社，2017年，第21-58页。
③ 例如"使蒙骜伐韩，韩献成皋、巩。秦界至大梁，初置三川郡"；"五年，将军骜攻魏，定酸枣、燕、虚、长平、雍丘、山阳城，皆拔之，取二十城。初置东郡"；"内史〈腾〉击得韩王安，尽取其地，置颍川郡"。（司马迁：《史记》卷五《秦本纪》，北京：中华书局，1959年，第219、224页；司马迁：《史记》卷十五《六国年表》，第754-755页。）
④ 司马迁：《史记》卷六《秦始皇本纪》，北京：中华书局，1959年，第239页。

为枝辅。今陛下有海内，而子弟为匹夫，卒有田常、六卿之臣，无辅拂，何以相救哉？事不师古而能长久者，非所闻也。今青臣又面谀以重陛下之过，非忠臣。"始皇下其议。①

两次讨论围绕采取分封制还是郡县制这同一个问题展开，说明秦廷内部赞成实行分封制意见的大臣人数较多，且一直存在。同时我们也要注意到提出两次讨论的主体其实是截然不同的。第一次主要为"丞相绾等"群臣，第二次主要是来自东方的"博士"。尤其是丞相绾等秦臣，地位极高，同时该提议一经提出还得到了"群臣皆以为便"的结果。这些赞成实施分封制的秦臣，长期属于秦帝国统治阶层内部的核心成员，绝大多数可能为统一战争立下过巨大功劳。因此，他们立论的出发点应该不仅仅是站在自身的分爵列王的角度，而是站在国家立场上考虑，并举出秦统一后"燕、齐、荆地远"且难以治理的具体现实。这说明当时的诸多大臣及儒家士人，一方面确实为了维护秦国家统一的合理性，另一方面也受到战国时代政治文化观念的影响，认为实行分封制更能够维护秦王朝大一统的政治格局。但是，这种提议，却可能触怒刚刚完成天下统一伟业、初即皇帝位的秦始皇。

二、社会层面——"更名民曰'黔首'"

"初并天下"时，秦始皇通过下诏书"罪六王"为自己统治万民提供了合理性依据。随之而来的，便是如何管理天下民众的问题。在战国时期，"秦人""赵人""齐人""魏人"等带有融合地域、国别、族群身份属性的词汇大量出现。秦始皇统一天下后，这些过去归属于不同国别、族群的人群在政治上被动成为秦治下"编户齐民"。"更名民曰'黔首'"正是秦始皇继承战国后期"徕民"等策略中进一步采取的融合措施，在政治、法律意义上，将原秦国民众和新加入的他国民众一视同仁，共同纳入"秦民"范畴。

---

① 司马迁：《史记》卷六《秦始皇本纪》，北京：中华书局，1959年，第254页。

"更名民曰'黔首'",这种做法其实在统一之前便已露出端倪。翻看《史记·秦本纪》《史记·秦始皇本纪》等,可以发现在统一战争即将发动前的秦始皇十三年(前234)前后,秦国官方史书中的历史书写方式出现了明显的转变。在商鞅变法后,秦国实行军功爵制。正是由于此项制度,使得秦国在战争中给关东地区人民带来了深重的灾难。① 然而,站在秦国立场上,战争正是彰显其国家强大实力的重要标志。在法家功利主义思想支配之下,从《史记·秦本纪》中记载的秦献公二十一年"与晋战于石门,斩首六万"② 开始,随后的战争结果记录中充斥着大量有关"斩首"的记录。这些内容反映出秦强大的军事力量的残酷性。例如文献中记载当时关东区域遭遇秦军战火后,民众"刳腹折颐,首身分离,暴骨草泽,头颅僵仆,相望于境,父子老弱系虏,相随于路","百姓不聊生,族类离散,流亡为臣妾〔者〕满海内矣"③;"秦人捐甲徒裼以趋敌,左挈人头,右挟生虏"④。《史记集解》载:"秦用卫鞅计,制爵二十等,以战获首级者计而受爵。是以秦人每战胜,老弱妇人皆死,计功赏至万数。天下谓之'上首功之国',皆以恶之也。"⑤ 在这种残酷的战争之下,秦国的扩张给其在关东地区留下了非常不好的影响。因此,在相当长的一段时期内,秦的东扩常面临"能取其地,而不能夺其民也"的困境。例如,史载"周君、王赧卒,周民遂东亡"⑥,"上党民不乐为秦而归赵"⑦,等等。而从《史记·秦始皇本纪》记载的"十三年,桓齮攻赵平阳,杀赵将扈辄,

---

① 据林剑鸣先生统计,自秦孝公以后至秦始皇十三年,秦国同各国战争仅见于史籍记载的杀人数目可查为一百六十五万五千人。(林剑鸣:《秦史稿》,上海:上海人民出版社,1981年,第268页。)
② 司马迁:《史记》卷五《秦本纪》,北京:中华书局,1959年,第201页。
③ 何建章注释:《战国策注释》卷六《秦策四》,北京:中华书局,1990年,第241页。
④ 司马迁:《史记》卷七十《张仪列传》,北京:中华书局,1959年,第2293页。
⑤ 司马迁:《史记》卷八十三《鲁仲连邹阳列传》,北京:中华书局,1959年,第2461页。
⑥ 司马迁:《史记》卷四《周本纪》,北京:中华书局,1959年,第169页。
⑦ 司马迁:《史记》卷七十三《白起王翦列传》,北京:中华书局,1959年,第2335页。

斩首十万"① 之后，特别是在发动统一战争期间，除有"得太子丹之首""项燕遂自杀"等少数个别案例之外，已不再出现"斩首多少级"的表述。一般认为，《史记》中关于秦国历史的材料多取自秦官方史书《秦记》。因此，《史记·秦始皇本纪》中在统一战争开展之前突然停止记录取首级数的做法，应是受到秦内部决策的影响而非漏记。统一之前产生的《吕氏春秋》一书中，已经蕴含有一种综融各家学说、试图为秦的一统天下建构起形而上与形而下相结合的哲学本体论与"天下"治理思想体系。作为彰显秦帝国、秦始皇功业的重要佐证，秦国史官在书写统一战争这段历史时不仅抛开了秦国过去长期在战争中所奉行过的功利主义传统，同时还有意将统一战争成果和"敌"国军民的形象淡化。这种转变说明了秦国内部统治思想上出现过一次深刻的转变。由于史料缺乏等原因，我们难以完整把握此次转变的内涵，但是它必将对秦帝国君临天下、照抚百姓具有重要意义。

战国时期，列国进行兼并战争时往往会遇到一个难题：如何在新占领的、原属他国的土地上，整合当地民众。这也是《荀子》中所说的"兼并易能也，唯坚凝之难焉"②。在战国时期，吸引他国民众主动投到本国是国君非常关注的一件事，但是在当时国与国之间的身份壁垒之下，是否能获得他国民众的主动认同是继土地获取之后，能否完成族群融合、社会整合的重要保障。例如孟子评价齐宣王袭取燕国便有"取之而燕民悦，则取之。古之人有行之者，武王是也。取之而燕民不悦，则勿取"③ 的说法。战国时期，列国国君也有通过惠政以吸引移民的方式，例如《管子》中有"饥者得食，寒者得衣，死者得葬，不赡者得振，则天下之归我者若流水。此之谓致天下之民"④；《孟子》记载魏惠王自述"察邻国之政，无如寡人

---

① 司马迁：《史记》卷六《秦始皇本纪》，北京：中华书局，1959 年，第 232 页。
② 王先谦撰，沈啸寰、王星贤点校：《荀子集解》，北京：中华书局，1988 年，第 290 页。
③ 赵岐注，孙奭疏：《孟子注疏》，李学勤主编《十三经注疏》，北京：北京大学出版社，1999 年，第 55 页。
④ 黎翔凤撰，梁运华整理：《管子校注》，北京：中华书局，2004 年，1398 页。

之用心者"①。秦在战国时期的东扩过程中，获得了大量原属于关东六国的土地和人口，也曾创立过"我者""他者"这样清晰的社会管理界限。例如在睡虎地秦简《法律答问》中提到有"秦人"与"臣邦人"两种身份属性，岳麓秦简《尸等捕盗疑购案》又提及有"秦人"和"它邦人"。但是这种截然对立的身份划分，难以适应秦不断东扩和国内社会整合的需要。其实，早在长平之战后，为解决该问题的《徕民》篇便随之产生。从《徕民》篇内容来看，它提出了如何吸引三晋民众投奔秦国的对策，"诸侯之士来归义者，今使复之，三世无知军事"，"利其田宅"，"使新民事本"。②虽然《徕民》篇中提到将"秦民"与新入秦的"三晋之人"加以区别，并使之承担不同的责任，但最终仍将两者统一置于国家编户齐民之下，所不同的是为后者提供了跨度为"三代"的转换时间。这也为统一后秦王朝推进秦人认同、国家认同作了很好的示范。

随着统一战争的胜利，以及郡县制在天下的实行，过去分属各个诸侯国的齐人、赵人、燕人等族群、政治身份壁垒被打破，都统一成为秦制下的"秦人"。这种身份及属性的转换，也可以从秦法律类简牍中可见。统一之后，里耶、岳麓等秦简中出现"新地吏"，表明秦王朝用"新地""故地"来代替之前的"国别"，并实施"编户齐民"的整合过程。"新地"和"新地吏"，是讨论秦统一之后社会整合的重要研究议题。学界围绕上述两个概念的内涵、意义等展开过充分讨论，并产生了丰富的成果。关于新地、新地吏、新黔首等问题，从目前材料来看，秦"新地"可能属于秦代法律体系中的专门概念，并有与之相对应的规定。但是关于"新地"的存续时间以及"新地"向秦地的过渡期限、标准等问题，目前难以下结论。在里耶秦简中有一则简文提到"镡成以便近道次尽下新县"③。镡成为洞庭郡下辖县，应属于秦"新地"的范围。这些"新县"应该是秦

---

① 赵岐注，孙奭疏：《孟子注疏》，李学勤主编《十三经注疏》，北京：北京大学出版社，1999年，第9页。
② 蒋礼鸿：《商君书锥指》卷四《徕民》，北京：中华书局，1986年，第90-92页。
③ 陈伟主编：《里耶秦简牍校释（第二卷）》，武汉：武汉大学出版社，2018年，第38页。

为了征伐岭南而在洞庭郡南部增设的，是在秦"新地"基础上延伸而来。这说明秦"新地"设置及管理政策应该只是在当地刚纳入秦版图时的一种过渡策略，而随着秦法、秦制的渗透，"新地"的概念可能会转移。同样的，作为原属于诸侯国的民众（"它邦人""臣邦人"），秦简中曾将其作为与"秦人"相对立的称谓。而随着秦统一大业逐渐完成，过去以"国别"来区别民众的方式逐渐变为以"国内的我者和他者（叛乱分子）"来区别。例如岳麓秦简《尸等捕盗疑购案》的时间是秦始皇二十五年，当时统一战争尚未结束，故其中有"秦男子""荆男子"之分。① 而到了秦统一后，出土文献记："廿六年九月己卯朔……得、文、彡、庆、缩等与反寇战。"② 这里的反寇应主要是指反秦人士。再如岳麓秦简中所记载的"攻荆邦庐溪"③，里耶秦简中记载为"廿六年六月癸丑，迁陵拔讯榬、蛮、衿〇鞠之：越人以城邑反，蛮、衿害弗知"④。里耶原为楚县，这里的"越人以城邑反"虽然突出了族群身份，但是"反"字已表明这是国家内部治下的矛盾而非过去的"国别身份"之间的对立。

三、关东区域民间对秦朝"帝业"的态度

秦始皇以皇帝制度作为秦王朝乃至"天下体制"的最高构建，并将郡县制和"更民黔首"在全国范围内推行，这为后世提供了大一统国家构建的样本。在秦汉之际乃至西汉较长时段内，对于秦王朝的批评之声一直此起彼伏，特别是秦二世而亡之后。但是细究起来，这些批评事实上更多的是对于秦政权、法律等国家暴力机制运作及其产生的负面后果的批评，而秦建立起来的以皇帝为首的中央集权制、地方郡县制、编户齐民制这样自

---

① 朱汉民、陈松长主编：《岳麓书院藏秦简（叁）》，上海：上海辞书出版社，2013年，第113页。

② 朱汉民、陈松长主编：《岳麓书院藏秦简（叁）》，上海：上海辞书出版社，2013年，第239、241页。

③ 朱汉民、陈松长主编：《岳麓书院藏秦简（叁）》，上海：上海辞书出版社，2013年，第141页。

④ 湖南省文物考古研究所、湘西土家族苗族自治州文物处：《湘西里耶秦代简牍选释》，《中国历史文物》，2003年第1期。

上而下统一管理的"天下"体制，不仅是在秦地，甚至在关东区域内中下层民众的观念中也曾得到过较大范围认同，只是其认识尚存一定的不足。通过研读史料，可见倡导恢复过去以族群为区分标识的人，其实主要为六国旧贵等社会中上层人士。

在陈胜、吴广两人发动戍卒起义之前，陈胜曾有过这样一段话：

> 天下苦秦久矣。吾闻二世少子也，不当立，当立者乃公子扶苏。扶苏以数谏故，上使外将兵。今或闻无罪，二世杀之。百姓多闻其贤，未知其死也。项燕为楚将，数有功，爱士卒，楚人怜之。或以为死，或以为亡。今诚以吾众诈自称公子扶苏、项燕，为天下唱，宜多应者。①

陈胜在这段话中提出用"扶苏""项燕"的旗号来发动起义，并得到吴广的赞同。但其所列举的这两个对象之间，实际上不存在明显的可比性。首先，扶苏作为秦始皇公子，即便与其父有着相左的政见，但毕竟是秦王朝统治集团中的重要成员。作为秦始皇长子，扶苏具有继承秦王朝帝位的合法资格，甚至陈胜等也言"当立者乃公子扶苏"。其次，反观项燕，他属于故楚国贵族阶层，"项氏世世为楚将，封于项，故姓项氏"，并且曾作为战国后期楚人的抗秦主将，最终"为秦将王翦所戮"。② 因此项燕在楚人之中有良好的口碑，"数有功，爱士卒，楚人怜之"③。然而，陈胜、吴广在他们初次谋划起义的谈论中，将一个"秦王朝核心成员"与"曾经的楚人抗秦主将"并举，这本身就说明扶苏与项燕一样，都具有"从民欲"的号召力。关于"扶苏"旗号何时被取消，史料中未有相关记载，大概是直到陈胜正式建立政权之后。当陈胜攻下陈县后，当地"三老、豪杰皆曰：'将军身被坚执锐，伐无道，诛暴秦，复立楚国之社稷，功宜为王。'

---

① 司马迁：《史记》卷四十八《陈涉世家》，北京：中华书局，1959年，第1950页。
② 司马迁：《史记》卷七《项羽本纪》，北京：中华书局，1959年，第295页。
③ 司马迁：《史记》卷四十八《陈涉世家》，北京：中华书局，1959年，第1950页。

陈涉乃立为王，号为张楚"①。自此以后，"诛暴秦，复立楚国之社稷"成为陈涉集团的旗号。从上述记录来看，秦王室的重要成员扶苏很可能在秦汉之际反秦斗争最激烈的发生地——楚地民间有较好的口碑，并在民众对抗秦暴政的运动中，代表中央朝堂里理想化的统治者，因此才能达到举之而"天下唱"的效果。

在新公布的《秦二世元年十月甲午诏书》中，秦二世提到"朕将自抚天下（正）吏、黔首，其具行事已，分县赋扰黔首，毋以细物苛刻县吏"②。当然，秦二世继位后的政治作为，表明其不仅没有履行即位诏书中给天下人的承诺，而且带来的是比秦始皇时期更残酷的统治。因此，对于故关东六国区域中的普通基层民众来说，秦王朝的统治打破了广大民众对于天下统一、停止战争、与民休息的希望，使他们对秦的暴虐的"帝业"产生深深的失望。陈胜义军打出扶苏的旗号以招揽人心，说明在当时故楚地内的普通民众的观念中，对秦王朝圣明统治者来君临天下还是有期望的。举秦王室重要成员扶苏为反抗运动张本，民众以扶苏为理想统治者形象，这其中便涉及对秦"天下"体制的认同。在皇帝制度下，过去分属三晋、齐、楚、燕等国的诸国人与秦国人一并成为秦王朝的编户齐民。从此，"天下"不再是分封制下的各国割据局面。陈胜、吴广义之时，正值新旧统治者交替之后不久，对当时的人们来说，憧憬新统治者继位后可能会给他们带来更美好的生活，这应该说是正常的。

如果回过头来观察当时的反秦斗争，实际上各地方旧贵、豪杰等参与的积极性也很高。并且从这些群体的举动来看，他们普遍热衷于恢复故国社稷，甚至不在乎新统治者是否为故国的王室成员、后裔，表现出与秦王朝所建立起的"帝业"相背离的取向。这也说明秦王朝只注重将其"天下体制"向东方新区域的推广，而对纳入其统治之下的关东六国区域在社会整合方面存在不足。在反秦浪潮中，楚、燕、赵等主要诸侯国的复国多与

---

① 司马迁：《史记》卷四十八《陈涉世家》，北京：中华书局，1959年，第1952页。
② 湖南省文物考古研究所、益阳市考古文物处：《湖南益阳兔子山遗址九号井发掘简报》，《文物》，2016年第5期。

这些故国旧贵、豪杰相关。例如前所举陈胜称王、建立政权，是受到陈地三老、豪杰的建议；武臣"王赵"与名士张耳、陈馀规劝有关；韩广称王燕地前，也曾受到"燕故贵人豪杰"的规劝。在齐地，则是属于"旧王族"田氏自立称王。从反秦斗争的发展来看，这些故国旧贵、豪杰在战争中的积极性是很高的，虽然《汉书·地理志》中曾说秦朝"以为周制微弱，终为诸侯所丧，故不立尺土之封，分天下为郡县，荡灭前圣之苗裔，靡有孑遗者矣"①。其实，在反秦战争的参与者中，"前圣之苗裔"为数不少。② 作为"世世为楚将，封于项，故姓项氏"的楚国旧贵后裔的项梁，"与籍避仇于吴中。吴中贤士大夫皆出项梁下。每吴中有大徭役及丧，项梁常为主办"③，他还与秦吴郡郡守有过交游。秦王朝也曾对关东六国区域的旧势力进行过处置如令其举家（族）迁徙等，试图消除这些六国旧贵势力。例如《岳麓秦简》（1029 正面）中所提及的故赵将军乐突弟、舍人诏等廿四人，故魏、荆从人等，其身份应属于在秦统一战争中的反秦人士④；班固祖先为楚国令尹子文之后，"秦之灭楚，迁晋、代之间，因氏焉"⑤。此外，《通志二十略·氏族略》述"上官氏"曰："楚王子兰为上官邑大夫，因以为氏。秦灭楚，徙陇西之上邽。"⑥《后汉书集解》"严道"条下引惠栋曰："《蜀记》曰：秦灭楚，徙严王之族于此，故谓之严道。"⑦ 然

---

① 班固：《汉书》卷二十八上《地理志上》，北京：中华书局，1962 年，第 1542 页。
② 孔子后裔孔鲋"为陈王涉博士，死于陈下"（司马迁：《史记》卷四十七《孔子世家》，北京：中华书局，1959 年，第 1947 页）；齐地"田儋者，狄人也，故齐王田氏族也。儋从弟田荣，荣弟田横，皆豪，宗强，能得人"（司马迁：《史记》卷九十四《田儋列传》，第 2643 页）；张良，"韩破，良家僮三百人，弟死不葬，悉以家财求客刺秦王，为韩报仇，以大父、父五世相韩故"（司马迁：《史记》卷五十五《留侯世家》，第 2033 页）；张耳、陈馀则是在"秦灭魏数岁"后，成"魏之名士"，汉高祖"购求有得张耳千金，陈馀五百金"（司马迁：《史记》卷八十九《张耳陈馀列传》，第 2572 页）。
③ 司马迁：《史记》卷七《项羽本纪》，北京：中华书局，1959 年，第 296 页。
④ 杨振红：《秦"从人"简与战国秦汉时期的"合从"》，《文史哲》，2020 年第 3 期。
⑤ 班固：《汉书》卷一百上《叙传上》，北京：中华书局，1962 年，第 4197 页。
⑥ 郑樵撰，王树民点校：《通志二十略·氏族略》，北京：中华书局，1995 年，第 91 页。
⑦ 王先谦：《后汉书集解》，北京：中华书局，1984 年，第 1281 页。

而这些措施，相比于日后刘邦采纳刘敬的建议，采取的"徙齐诸田，楚昭、屈、景、燕、赵、韩、魏后，及豪杰名家居关中"① 的策略，无论是从范围还是力度来说都是较窄且较为轻微的。这些故六国旧贵、豪杰，在秦国发生变故时，就会成为"复国"的有力推动者。因此，秦王朝在关东区域社会中上层群体以及地域文化整合方面存在的不足是值得注意的。

第三节 "帝业"视野下的文化政策博弈

秦王朝的"帝业"蕴含着大量的"霸政"观念，这一点不仅表现在治理民众的措施上，而且也反映在秦王朝的思想文化政策上。正如前述，战国后期的吕不韦及其门客在《吕氏春秋》中所设计的"天下"一统后的理想的社会治理蓝图与韩非、李斯等后期法家人物的君主集权和国家治理思想，就有着很大的区别。实际上，战国中后期的秦昭王至始皇时期，这种思想、文化上的斗争就一直存在着。尽管吕不韦因在政治与宫内斗争中失势而使这场博弈化解于无形，但是随着秦国对六国摧枯拉朽似的大规模征服，秦的大一统王朝的建立，这种政治体制与文化政策的斗争仍然以文化政策博弈的形式显现出来，并对秦王朝的政策取向有着重要影响。

秦统一六国后，在政治、经济、军事领域实行着商鞅变法以来的政策、措施。但是随着大一统政权的建立，秦王朝在政治与文化政策上不得不基于六国的现实情况进行思考。从当时的形势看，地处关中，久处戎、狄的秦与关东六国，尤其与东方滨海的齐鲁之地相比，其文化内涵及文化心理上的劣势是不言而喻的。秦之文化"杂戎翟之俗，先暴戾，后仁义"，"小国僻远，诸夏宾之，比于戎翟"。时人"论秦之德义不如鲁、卫之暴戾者"②，而关东诸国，尤其是齐鲁之地，是周以来的"礼义之乡"，全国重

---

① 司马迁：《史记》卷九十九《刘敬叔孙通列传》，北京：中华书局，1959年，第2720页。

② 司马迁：《史记》卷十五《六国年表》，北京：中华书局，1959年，第685页。

要的文化与学术中心。孔孟之徒、缙绅之士播及远近。且不论战国时齐稷下学宫之盛，邹鲁之士谈仁说义，靡然向风，仅就《汉书·儒林传》所载继秦不久之西汉著名文士地域分布看，齐鲁士林上承东周，文风之盛，亦在全国首屈一指。《儒林传》所载文士212人中，有籍贯可考者191人。这191人中，鲁国人最多，达31人；其次为琅邪郡19人，东海郡17人，齐郡12人。此四郡之人共占有籍贯记载之文士约41.3%，仅鲁一地则达到16.2%之多。可见，在秦王朝的大一统下，齐、鲁一带仍是全国重要的人文渊薮、名士辈出之地，它也说明了齐、鲁在全国范围内占据的文化与学术优势。

秦统一前夕，对当时的天下大势有初步的估计。其武强文朴，挟"虎狼之师"，试图以"霸道"之思达"帝业"之政。从史籍来看，秦在东周以降，其学术、文化著作之质与量实与关东六国不能抗衡。《汉书·艺文志》等书所载目录中，我们所见标识秦国卿、相与士人所著的仅《史籀》《商君书》《秦诗》《由余》《田俅子》《秦谶》《尸子》《张子》《吕氏春秋》等书目，其中大部分还是由六国士人仕秦时所著。而其书中内容主要涉及兵家、法家、农事、历法、小学、占卜等实用与"中用"之学，如《史籀》系文字之书，《秦谶》系阴阳卜筮之书，《商君书》取自法家，《田俅子》取自墨家。这正与秦由来已久的"农战"论与功利主义的价值观相一致。而关东六国与秦相比，则人文蕃滋，文学之士比肩，工商、贸易之业繁荣。秦相吕不韦召集六国士人，作《吕氏春秋》一书，实际上亦是对这种局面的回应，也是对未来帝国的政治与文化导向的喻示。① 但尽管《吕氏春秋》意欲成"帝王"之言，却仍然未能达到其目的，不过它也似乎发出了一个政治信号，开启讨论"天下"一统之后如何重新评价与

---

① 如《吕氏春秋》序高诱注曰："……然此书所尚，以道德为标的，以无为为纲纪，以忠义为品式，以公方为检格，与孟轲、孙卿、淮南、扬雄相表里也。"（许维遹撰，梁运华整理：《吕氏春秋集释》，北京：中华书局，2009年，第3页。）高诱见解受后代儒学影响，尽管有其偏颇之处，可是指出该书综罗百家、试图"经天纬地"的观点却是公平的。吕氏著书，糅合道、法、儒、名、阴阳、兵、农诸家，试图为帝国奠定新的则天法地的"大圜""大矩"，其用意之深刻是不言而喻的。

衡量秦与六国的政治、经济、军事、文化制度与政策。因此，在公元前221年秦灭六国，建立庞大武功帝国后，它并未采取自穆公以来所实行的厉行禁止"文学之士"的文化政策，而是对关东六国，尤其是齐、鲁之士采取了开放、容纳及礼遇的对策。秦开国时置博士员甚众，基本上是齐、鲁之旧儒生。"（始皇）即帝位三年，东巡郡县，……于是征从齐鲁之儒生博士七十人，至乎泰山下。"① 从史籍看，七十人大约是秦宫廷所置博士员定数："始皇置酒咸阳宫，博士七十人前为寿"；"侯生、卢生相与谋曰……博士虽七十人，特备员弗用"。② "秦始皇帝既吞天下，乃召群臣而议……博士七十人未对。"③ 在中央官吏职能中，博士乃是文化与礼仪之官。《汉书·百官公卿表》："博士，秦官，掌通古今，秩比六百石，员多至数十人。"④ 各书大多称秦置博士七十人，而始皇即帝位三年征从齐、鲁儒生博士七十人，说明博士来源乃是以齐、鲁之地为主。在秦开国时中央文化官吏还不多的情况下，这应当是一支在秦宫廷服务的庞大的东方文化队伍。从史籍可考的秦博士所持学术观点及所属学术流派来看，他们主要是齐、鲁儒家者流之习研经术文学礼仪者，如"伏生者，济南人也。故为秦博士"⑤。"溵水又东经汉征君伏生墓南，碑碣尚存，以明经为秦博士。秦坑儒士，伏生隐焉。"⑥ "叔孙通者，薛人也，秦时以文学征，待诏博士。"⑦此外，散见于史籍的有姓名可考的秦博士还有周青臣、淳于越、黄疵、桂贞、沈遂、茅焦、羊子、高堂生等，还有汉初"四皓"为秦博士之说。故而郑樵评论秦时儒风未衰时说：

> 陆贾，秦之巨儒也。郦食其，秦之儒生也。叔孙通，秦时以文学

---

① 司马迁：《史记》卷二十八《封禅书》，北京：中华书局，1959年，第1366页。
② 司马迁：《史记》卷六《秦始皇本纪》，北京：中华书局，1959年，第254、258页。
③ 刘向撰，向宗鲁校证：《说苑校证·至公》，北京：中华书局，1987年，第347页。
④ 班固：《汉书》卷十九上《百官公卿表上》，北京：中华书局，1962年，第726页。
⑤ 司马迁：《史记》卷一百二十一《儒林列传》，北京：中华书局，1959年，第3124页。
⑥ 郦道元著，陈桥驿校证：《水经注校证》，北京：中华书局，2007年，第145—146页。
⑦ 司马迁：《史记》卷九十九《刘敬叔孙通列传》，北京：中华书局，1959年，第2720页。

召,待诏博士。数岁,陈胜起,二世召博士诸儒生三十余人而问其故,皆引《春秋》之义以对。是则秦时未尝不用儒生与经学也。况叔孙通降汉时,自有弟子百余人,齐鲁之风亦未尝替。故项羽既亡之后,而鲁为守节礼义之国。则知秦时未尝废儒……①

正如前述,秦在统一后仍然保留了部分春秋战国时的政治文化传统。秦始皇在朝廷广置博士员,任用齐鲁儒生的同时,还不断地向东巡游,封禅泰山,挟武威以宣其文治。据史载,秦始皇在统一后的十多年里,很重要的一项工作便是巡游四方,尤其是东向巡游。在帝国建立后的五次出巡中,有四次是在东南方之滨海地区。《史记·秦始皇本纪》载:二十八年,始皇帝上泰山,"并渤海以东,过黄、腄,穷成山,登之罘,立石颂秦德焉而去。南登琅邪";二十九年,"登之罘"、"遂之琅邪";三十二年,"之碣石""刻碣石门";三十七年,"上会稽,祭大禹,望于南海","并海上,北至琅邪",由之罘"至平原津"。② 在古代舟车极为不便的情形下,这么频繁的出巡,驱车而东,其有关国是的重大目的是不难想象的。始皇每到一地,都要刻石留念,以志秦威。如《峄山刻石》《琅邪刻石》《之罘刻石》《碣石刻石》《会稽刻石》等。而刻石内容,不外于"颂秦事,明得意""表垂于常式""垂著仪矩""光垂休铭"。尤其在始皇二十八年东巡的《琅邪刻石》中,有这样的内容:

> 维秦王兼有天下,立名为皇帝,乃抚东土,至于琅邪。列侯武城侯王离,列侯通武侯王贲……与议于海上,曰:"……今皇帝并一海内,以为郡县,天下和平。昭明宗庙,体道行德,尊号大成。群臣相

---

① 郑樵撰,王树民点校:《通志二十略·校雠略》,北京:中华书局,1995年,第1803页。
② 司马迁:《史记》卷六《秦始皇本纪》,北京:中华书局,1959年,第244-264页。

与诵皇帝功德,刻于金石,以为表经。"①

始皇好刻石,无疑是为了颂扬帝德,炫耀武威。但东巡刻石中倡扬"道""德"尤甚于渲染其武功,这不是偶然的,应当是始皇帝用"德""义"之说对关东诸国"兴太平"的文化征服策略及对统一"帝业"的粉饰。而其"道"和"德"的内容也包含了儒家礼仪及孝、贞的伦理规范。例如泰山刻石有:"男女礼顺,慎遵职事,昭隔内外,靡不清净。"② 会稽刻石文:"饰省宣义,有子而嫁,倍死不贞。防隔内外,禁止淫泆,男女洁诚。"③ 峄山刻石有"孝道显明"等提倡孝道的话。故顾亭林在《日知录·秦纪会稽刻石》中道:"而其坊民正俗之意固未始异于三王也。汉兴以来,承用秦法以至今日者多矣,世之儒者言及于秦,即以为亡国之法,亦未之深考乎?"④ 顾氏之言虽有偏颇,但亦见秦文化政策之一端。

在始皇所立博士中,既有邹鲁儒学之士,也不乏齐之阴阳方术之士。如位列七十博士之中的卢生、侯生,便是始皇引为"以鬼神事""求芝奇药仙者"的方士之流。秦始皇多次巡游滨海之域,其深层心理,还有接近并探求神仙世界的期望。《史记·秦始皇本纪》曰:"既已,齐人徐市等上书,言海中有三神山,名曰'蓬莱''方丈''瀛洲',仙人居之。请得斋戒,与童男女求之。于是遣徐市发童男女数千人,入海求仙人。"⑤ 自此开始了中央政府组织的大规模的求仙运动。求仙运动是帝王对权势欲求无限放大的表现,是对永生的追求。其中包含了帝王个体心理上对权势的自信、对死亡的恐惧和对滨海之域神仙文化的一种迷信与希冀。这种个人心理对秦始皇的影响,始皇在位时间越久就越强烈地反映出来。"及至秦始

---

① 司马迁:《史记》卷六《秦始皇本纪》,北京:中华书局,1959年,第246-247页。
② 司马迁:《史记》卷六《秦始皇本纪》,北京:中华书局,1959年,第243页。
③ 司马迁:《史记》卷六《秦始皇本纪》,北京:中华书局,1959年,第262页。
④ 顾炎武著,黄汝成集释,栾保群、吕宗力校点:《日知录集释》卷十三《秦纪会稽刻石》,上海:上海古籍出版社,2006年,第752页。
⑤ 司马迁:《史记》卷六《秦始皇本纪》,北京:中华书局,1959年,第247页。

皇并天下，至海上，则方士言之不可胜数。始皇自以为至海上而恐不及矣，使人乃赍童男女入海求之……其明年，始皇复游海上，至琅邪，过恒山，从上党归。后三年，游碣石，考入海方士，从上郡归。后五年，始皇南至湘山，道登会稽，并海上，冀遇海中三神山之奇药。不得，还至沙丘崩。"① 这种至死不渝的追求神仙及长生之药的行为，说明齐之滨海文化对秦上层统治者思想影响之巨。这应当也是战国末期秦国文化政策中受诸子百家影响的一种余绪。

但是，在秦帝国武强文弱条件下制订的对关东诸国的文化怀柔政策，却因东西二域两大文化系统的差异与冲突而迅速遇到挫折。秦以军功立国，本就尚力轻文、重利而鄙道德，秦王朝在统一之初便确立了以"帝制"代替"王制"的政治体制。更重要的是，秦帝国的上层统治者并未深切理解初并"天下"后，关中、关东间文化、风俗等融合问题对长治久安的重要性。他们骨子里迷信以"力"取天下、治天下，将文化怀柔仅仅作为一种粉饰天下太平的工具，而非治理天下的利器。正如秦始皇本人所言："（吾）悉召文学方术士甚众，欲以兴太平，方士欲练以求奇药。"② 所谓"兴太平"，实际上表达了始皇帝对经术文学之士和方术之士异中有同的认识：经术文学之士以兴太平，是一种治理关东诸地之手段；方术之士练以求奇药，是帝王个人求仙长生的需求。这两种需求都是帝国武功强力之势的外在表现。在统治者看来，它们都是附冀于帝国专制独裁与军功这张皮上的毛，是粉饰武功和获得延年益寿的需要，不涉及帝国"力"治的根本需求。而这种以文学、方术之士粉饰太平的作法，正表现了秦王朝对文学、方术之士一种骨子里的轻视，以及秦人重武轻文的"霸政"思想。

事实确是如此。早在始皇二十八年（前219）封禅泰山，秦始皇及其僚属就与齐鲁儒生在祭拜礼仪问题上发生了冲突。始皇即帝位三年，东巡郡县，征从齐鲁儒生博士七十人，至泰山下议封禅之礼，"诸儒生或议曰：'古者封禅为蒲车，恶伤山之土石草木；扫地而祭，席用葅秸，言其易遵

---

① 司马迁：《史记》卷二十八《封禅书》，北京：中华书局，1959年，第1370页。
② 司马迁：《史记》卷六《秦始皇本纪》，北京：中华书局，1959年，第258页。

也.'始皇闻此议各乖异,难施用,由此绌儒生……始皇之上泰山,中阪遇暴风雨,休于大树下。诸儒生既绌,不得与用于封事之礼,闻始皇遇风雨,则讥之"①。

齐鲁之地素有稷下学派自由论"道"的传统,但是从秦之君主集权的官僚制看,"丞相诸大臣皆受成事,倚辨于上","天下之事无小大皆决于上,上至以衡石量书,日夜有呈,不中呈不得于休息"②。这是绝对服从、秩序化与专制化的政体形式。今遇有邹鲁古风、宏迂不经的儒生不识时务的"各乖异"之论,虽仅涉及到封禅等古事,但它考验的是强调"壹治"的以武恃强的秦帝制对关东文化的容纳限度。可惜的是秦上层统治集团采取了"绌之"即排斥的方法,这便引起重"力"与重"道"两种价值体系的冲突。得秦之用的齐鲁儒生博士在初始兴致勃勃,而后"不得专用于封事之礼"。自此,揭开其后文化正面冲突的序幕。

始皇三十四年(前213),即秦山封禅事件六年后,又一次大规模的文化冲突爆发。史载:"始皇置酒咸阳宫,博士七十人前为寿。仆射周青臣进颂……始皇悦。"博士齐人淳于越却紧接着批评始皇不师古、不分封子弟功臣,不是久安之策,于是在师古与分封问题上产生争论。丞相李斯以法家立场否定了淳于越的观点,并进一步提出:

> 今天下已定,法令出一,百姓当家则力农工,士则学习法令辟禁。今诸生不师今而学古,以非当世,惑乱黔首。丞相臣斯昧死言:古者天下散乱,莫之能一,是以诸侯并作,语皆道古以害今,饰虚言以乱实,人善其所私学,以非上之所建立。今皇帝并有天下,别黑白而定一尊,私学而相与非法教,人闻令下,则各以其学议之,入则心非,出则巷议,夸主以为名,异取以为高,率群下以造谤。如此弗禁,则主势降乎上,党与成乎下,禁之便。"③

---

① 司马迁:《史记》卷二十八《封禅书》,北京:中华书局,1959年,第1366、1367页。
② 司马迁:《史记》卷六《秦始皇本纪》,北京:中华书局,1959年,第258页。
③ 司马迁:《史记》卷六《秦始皇本纪》,北京:中华书局,1959年,第255页。

这便是名著于史籍的李斯焚书论。从中我们可以看出两个问题，即秦代文化政策的取向与如何对待儒生代表即博士员的问题。从秦代文化政策看，秦当时正面临以原关西秦域与关东诸国地域为表征的两种文化的冲突。秦虽然采取了文化兼容的政策来解决重"力"与重"道"、武强文弱的矛盾，但是，在王朝短短八年的实践中，秦以经术文学之士粉饰"太平"的让步，却带来与秦的"霸政"思想及皇权秩序相反的结果，即"道古以害今""饰虚言以乱实"。特别值得注意的是，秦以法家思想为指导的官僚体制、文化制度正受到广泛的社会批评，这可从"人善其所私学，以非上之所建立""私学而相与非法教，人闻令下，则各以其学议之，入则心非，出则巷议"看出其中实情。而这种泛滥于社会的文化批判之风正是本之于先秦诸子之学，也是与法家相异的齐鲁稷下学派自由风气的延伸。故这种"夸主以为名，异取以为高，率群下以造谤"的战国处士横议局面是对"霸政"思路下帝国"官学"以及法家意识形态的批判，自然被视为一种"非法教"的挑战。这种挑战也是对帝国大业的诽毁，即"如此弗禁，则主势降乎上，党与成乎下"。面对这种挑战，如果以一种涵容的、宽怀的眼光去看待、处理，历史将可能会走向另一种结局。然而，一方面这种挑战已触及到秦王朝立国之意识形态核心即秦法家思想，另一方面，如果仅从当时强大的武功帝国的军事实力看，秦也不会轻易被这承先秦余绪的百家"私学"的区区议论所左右。于是历史进程在这里显出其逻辑的必然性。既然以军功、秩序、服从以及文化禁锢政策而横扫六合、一统天下的秦帝国能取得赫赫功勋，君临天下，那么面对这种文化价值系统上的差异，这种"心非""巷议"的社会批判，其以"霸政"为基础的武器必将展开对社会批判的批判。从历史与逻辑的发展来看，秦王朝的文化政策正是在这里拐了急弯，即帝国初建时企图以"道"、"德"、经书文学与"法"互补，以此"兴太平"、倡文教的文化思想，迅速演变为禁止诸子之学、百家之语的文化专制政策，表现出遥接商鞅的"燔诗书而明法令"的政策取向。这也就是李斯所言："非博士官所职，天下敢有藏《诗》、《书》、百家语者，悉诣守、尉杂烧之。有敢偶语《诗》《书》者弃市。以古非今者族。"①

平心而论,任何政权在刚建立时都有统一思想、意志的需要,这是巩固政权的基本条件。但对秦帝国而言,如何对待关东诸国百家争鸣后的历史遗产和文化余绪,这是一个需要认真考虑、探索的问题。在这一点上,我们不得不佩服秦相吕不韦在大统一前夕对吞并六国后秦帝国文化取向的深远认识。

秦帝国采纳了李斯的建议,采用极刑对待敢于街谈巷议、偶语《诗》《书》及以古非今者,这就将西秦的文化专制政策施及全国。从这时起,帝国初的文化怀柔政策被西秦商、韩法家的"燔诗书而明法令"的文化禁锢政策所取代。它也宣告帝国初期企图以怀柔文化而"兴太平",以文治天下的治理方案的破产。但李斯进言中,对东方文学经术之士还留有一丝"关照",这便是位居博士员的经术文学之士还保留持有与议论《诗》《书》的权利,即"非博士官所职"云云。但在全国焚毁诗书的高压氛围下,这一权利又能延续多久呢?它的实际价值何在呢?果然,"焚书令"实行后不到三年,秦宫廷又爆发出一个重大政治与文化事件,这就是"坑儒"。

其实,早在实行"焚书""禁书"令后,帝国的文化取向就十分显明,而文学经术之士(包括朝廷上聊作粉饰的博士儒生)的命运也被早早决定了,这就是导致"坑儒"事件的方士侯生、卢生所说的"博士虽七十人,特备员弗用"。侯生、卢生以始皇"贪权势至如此,未可为求仙药"的理由逃亡,一下子引爆了始皇早已忍在心的怒气。"始皇闻亡,乃大怒曰:'吾前收天下书不中用者尽去之。悉召文学方术士甚众,欲以兴太平,方士欲练以求奇药。今闻韩众去不报,徐市等费以巨万计,终不得药,徒奸利相告日闻。卢生等吾尊赐之甚厚,今乃诽谤我,以重吾不德也。诸生在咸阳者,吾使人廉问,或为妖言以乱黔首。'"② 根据史籍载,秦始皇前使徐市、后使卢生等人赴海求药,但"终不得药,徒奸利相告日闻",成为世人讥笑的把柄。这使权势欲无限放大的始皇在求仙的追求中

---

① 司马迁:《史记》卷六《秦始皇本纪》,北京:中华书局,1959年,第255页。
② 司马迁:《史记》卷六《秦始皇本纪》,北京:中华书局,1959年,第258页。

遭受挫折，不由不大发脾气。此外，方士的逃亡再度引发他对儒生的怨恨，积怨由此爆发。本来，在秦帝国上层对关东文化的认识中，儒生与方士处于同样地位。儒生谈经书，方士则秉承战国阴阳家学说，而日益世俗化。两者在秦初俱是关东地域文化的主流，但一是学术，一是卜筮。从当时观念看，学术以道德、文章干政，卜筮以求仙、遁世营造另一种人生极致，这对秦帝国统治者来说，俱有利于饰太平、求神境。这种将儒生与方士相同看待的观念，可能正是重实用、讲功利的秦人对东方文化理解上的偏差，也可能是他们对儒生、经书、礼乐等加以轻视的深层心理原因。不论怎样，方士的逃亡引起始皇对儒生与方士群体的忌恨，于是残酷的株连与镇压拉开了帷幕。史载秦始皇"于是使御史悉案问诸生，诸生传相告引，乃自除犯禁者四百六十余人，皆坑之咸阳，使天下知之，以惩后"①。

对于始皇的坑儒方式以及实际坑杀的人数，历史上曾有过不同看法。如《盐铁论·利议》引大夫语曰："故秦王燔去其术而不行，坑之渭中而不用。"②《史记正义》、《汉书·儒林传》之注、《后汉书·陈蕃传》之注则具体指为在汉新丰县温汤之处以视瓜之名皆坑之。被坑的人数亦有四百六十余人至七百多人不等的说法。③ 但不管怎样，坑儒的意义并不在具体诛杀儒生多少或手段如何，而在于向天下昭示秦帝国文化政策的取向，昭示帝国以"力"制文的政策路线。正因如此，在"坑儒"并"使天下知之"后，帝国内部一片肃杀之氛，连公子扶苏为"诵法孔子"的儒生辩护进谏，也被视为大逆不道，贬偏远上郡，远离政治中心。④ 至此，秦虽然仍保留了"备员弗用"的博士官一职，但其战国以来的百家争鸣、处士横议的气象却自此湮灭。秦宫廷中的"博士员"即代表经术、文学的士群体，自此沦落为顾问吏员，而中国帝制下的文化定位由此有了"独尊一术"的取向。其后叔孙通以圆滑著称于世，正是士人群体在权势高压下对

---

① 司马迁:《史记》卷六《秦始皇本纪》，北京：中华书局，1959 年，第 258 页。
② 王利器校注:《盐铁论校注》，北京：中华书局，1992 年，第 324 页。
③ 例如《文选·西征赋》注作四百六十四人，《论衡·语增》作四百六十七人，《诏定古文官书序》作七百人。
④ 司马迁:《史记》卷六《秦始皇本纪》，北京：中华书局，1959 年，第 258 页。

专制政体所采取的态度。士人群体承意顺命，在两汉时代再次引发"道义"与威权的内在矛盾。

综上所述，我们可以得出这样的结论：其一，帝国初始时的文化定位乃是融合关东、关西两大文化体系，以法家文化为基础实行文化怀柔与文化融合、政策。秦帝国的文化怀柔乃是用长期在西秦行之有效的商韩"霸政"文化，去兼融关东地域文化，尤其是齐、鲁之地的儒、道、阴阳之术。开始，帝国统治者并未意识到这些文化在本质上的重大区别，对其"兼""融"的困难性估计不足。这也导致其后极端文化政策的出现。其二，始皇焚书坑儒，是当时东西区域文化体系对立、冲突的结果，亦是始皇求仙受挫后偏激的心理因素所致。它是秦帝国崇尚以"力"统"道"的功利性文化价值观的反映，也是无限自信的一种表现。从根本上说，它是西秦商韩法家文化中"壹治"的必然结果。其三，焚书坑儒标志着秦帝国文化怀柔政策的失败以及文化专制制度的建立，说明秦代在"霸政"思想的左右下，以等级、秩序、服从、功利等为文化建设目标。此后，承秦之制的汉帝国"罢黜百家，独尊儒术"的文化形式，以及儒法融合的"新儒家"大一统的学术与理论体系，都正好是对秦帝国文化政策的改造。它们在内容上吸取秦亡教训，注意到中国不同地域宗法文化的性质，将强调宗法血缘、道德礼仪的邹鲁儒家文化兼融性地与法家思想互为表里，完成了中国帝制国家思想学说的转型。

第四节　秦的制度缺陷与楚汉之争的意义

秦帝国的建立标志着古代中国在地域、民族、文化上的统一。但是，秦在统一六国后，其统治思想及相应政策没有及时脱离战时的军事轨道，在建构"帝业"的过程中，仍然秉持战国时代以"霸政"为核心的法家传统，缺乏新的建树。对于秦王朝来说，全面秉承法家"农""战"思想使其取得了战争的巨大成功，也使其盲目相信强权、暴力，缺乏对国家统治思想和治理策略转型的必要认识。因此在建立全国政权后，秦王朝仍然采用赤裸裸的刑治主义和暴力对抗。这种战时政策和强调军功、农、战的价值理念，在新的时期就呈现出狭隘与单维度的特征。

首先，秦帝国在军事上取得巨大成功的同时，对其战争实力和主观作用深信不疑、盲目夸大，以致未能及时调整统治思想及其政策。秦国在全国统一后，其政治思想与意识形态理论仍然停留在战争轨道上，一味依靠刑治理念治国，没有认识到由马上取天下，而不能由马上治之的道理，缺乏对全国各个阶层在思想上、理论上的有效整合，也成为历史上以重刑著称的朝代。虽然秦始皇统一中国后，也采取了一系列巩固统一的措施，例如推行"车同轨""书同文""行同伦"等制度，但是这些制度主要是以秦国制度为标准来完成王朝在政治、经济、文化、风俗等方面的全方位统一。十分重要的是，秦仍然采取了先秦时期法家严刑苛政的国家治理思想，并将这一统治思想贯彻在帝国的每一个角落。这在当时纷纭复杂的政治格局和文化冲突中，是缺乏其适应性的。事实上，秦帝国统一六国的过程，也是秦政治制度及法家思想不断发展的过程。尤其在秦嬴政时期，军事上的摧枯拉朽使秦帝国君臣过分相信了帝国军队与法家刑治主义的力量。他们蔑视天下苍生，把自己推到了高高在上的位置。例如始皇二十九年（前218），皇帝登之罘山，即刻石称："大圣作治，建定法度，显箸纲纪。外教诸侯，光施文惠，明以义理。……义诛信行，威燀旁达，莫不宾服。烹灭强暴，振救黔首，周定四极。"① 在秦始皇看来，专制皇权具有不可动摇的权威，"明法度，定律令，皆以始皇起。同文书。治离宫别馆，周遍天下"②，"普施明法，经纬天下，永为仪则"③。始皇不仅拥有国家最高立法权，同时亦拥有最高的思想裁断权，君主的言论、意志就是天下法律的源泉和行为的规范。他自称："端平法度，万物之纪……方伯分职，诸治经易。举错必当，莫不如画。皇帝之明，临察四方。尊卑贵贱，不逾次行。奸邪不容，皆务贞良。"④ 这导致秦王朝建立后，秦始皇并未真正对

---

① 司马迁：《史记》卷六《秦始皇本纪》，北京：中华书局，1959年，第249页。
② 司马迁：《史记》卷八十七《李斯列传》，北京：中华书局，1959年，第2546-2547页。
③ 司马迁：《史记》卷六《秦始皇本纪》，北京：中华书局，1959年，第249页。
④ 司马迁：《史记》卷六《秦始皇本纪》，北京：中华书局，1959年，第249页。

"兵革不休，士民罢敝"的社会现实有深刻认识。他没有采取偃武修文、与民休息的政治措施，而是"兴兵远攻，贪外虚内，务欲广地，不虑其害"①。《淮南子》曾对此论曰："秦皇挟录图，见其传曰：'亡秦者胡也。'因发卒五十万，使蒙公、杨翁子将，筑修城，西属流沙，北击辽水，东结朝鲜，中国内郡挽车而饷之。又利越之犀角、象齿、翡翠、珠玑，乃使尉屠睢发卒五十万，为五军，……三年不解甲弛弩，使监禄无以转饷，又以卒凿渠而通粮道，以与越人战，杀西呕君译吁宋。而越人皆入丛薄中，与禽兽处，莫肯为秦虏。相置桀骏以为将，而夜攻秦人，大破之，杀尉屠睢，伏尸流血数十万。乃发适戍以备之。"②班固亦评论曰："秦始皇即位三十九年，内平六国，外攘四夷，死人如乱麻，暴骨长城之下，头卢相属于道，不一日而无兵。由是山东之难兴，四方溃而逆秦。"③

同时，秦王朝大兴土木，不断增加老百姓的赋税和徭役负担，修长城，建宫殿，筑驰道、直道，等等。范文澜先生指出："秦时全国人口约二千万左右，被征发造宫室坟墓共一百五十万人，守五岭五十万人，蒙恬所率防匈奴兵三十万人，筑长城假定五十万人，再加其他杂役，总数不下三百万人，占总人口百分之十五。使用民力如此巨大急促，实非民力所能胜任。"④此外，秦始皇还大造豪华的离宫别馆及规模甚大的陵墓。据记载，当时秦始皇在全国修建了700多座离宫别馆，其中关中近300座，关外400余座。这给人民造成了莫大的灾难，因此当时曾流传着"阿房阿房亡始皇"的民谚。

秦王朝的严刑苛法、暴虐统治，自然不能达到社会治理的效果，只会适得其反，并引起楚、齐、韩、魏等各国旧贵、士人、民众的强烈不满与反抗。"楚虽三户，亡秦必楚"就是这种专制统治下的政治反映。汉初陆

---

① 班固：《汉书》卷六十四下《严朱吾丘主父徐严终王贾传下》，北京：中华书局，1962年，第2831页。
② 何宁：《淮南子集释》卷十八《人间训》，北京：中华书局，1998年，第1288-1290页。
③ 班固：《汉书》卷六十三《武五子传》，北京：中华书局，1962年，第2771页。
④ 范文澜：《中国通史简编》（第二编），北京：人民出版社，1958年，第18页。

贾曾就"攻守异势"的问题规劝高祖刘邦:"居马上得之,宁可以马上治之乎?且汤武逆取而以顺守之,文武并用,长久之术也。……乡使秦已并天下,行仁义,法先圣,陛下安得而有之?"① 其意正直指秦速亡之关键。

正是由于秦王朝过分重武轻文,在全国大一统前期缺乏足够的理论准备,在全国一统后,又没有及时调整国家政治思想理论,仅仅依靠适应于战时状态的商、韩刑治主义来进行和平时期的思想统治,导致秦王朝的统一缺乏稳固的思想基础,产生负面影响。事实上,正是不成熟的政治思想与治理机制导致了大一统社会整合中秩序失范的必然结局。如果仅仅从时间上看,秦始皇从公元前230年起,仅仅花费了10年左右时间就兼并了关东六国,完成了国家的统一。而一大批旧贵族以及广大士人在统一以后找不到更多获取利益的途径,广大百姓在严刑酷法下,也失去了基本的生活条件和生命保障。由此观之,秦王朝的失误就在于没有完成国家治理和社会整合中政府权能及职责的及时调整。其结果,必然是天下汹汹,民不聊生,进而激起全国民众的反抗。秦朝的速亡正与此有着极大的关系。

秦朝短祚,但是历史内在的逻辑发展链条却并没有就此断裂,战国时代"王业""帝业"之争仍在继续。它充分表现在声势浩大的反秦战争中,甚至在秦王朝灭亡后,这种斗争仍成为楚汉战争中刘邦、项羽关于国家体制建构的核心。正是经历了这种曲折的思想与制度的博弈,汉代大一统的基石才最终得以夯实。

在秦末反秦战争中,楚人充当了亡秦的主力军,并在反秦的战争中逐渐形成了两类政治、军事集团:第一类是以项羽为代表的、以旧贵为首的楚人政治军事集团,受战国时代的"王业"观念影响甚深,因此在建立新政权的过程中,更偏向恢复战国时代的"王业"局面;第二类则是以刘邦为代表的楚人政治军事集团,他们希图继承秦王朝"天下体制",通过对秦的严苛制度的改造,完成对新"帝业"的创造。在秦帝国大厦轰然坍塌后,反秦战争旋即转化为刘、项两大集团的战争,这个战争在"天下"制度的建构模式上是又一次的"王业""帝业"之争。

---

① 司马迁:《史记》卷九十七《郦生陆贾列传》,北京:中华书局,1959年,第2699页。

一、追求"王业"的项羽集团

其实,作为一种政治文化传统,西周分封制及春秋以来的诸侯并立格局,在古代中国的大多数人心目中仍然占据重要的地位。它构成战国后期关东诸侯国要求通过"王业"形成各国均势,共同反对强秦东出征伐的策略与手段。基于此,这种思想在反秦战争中强烈地表现出来,使以项羽等旧贵为代表的楚人集团在推翻秦朝、争夺天下的过程中,以之为新的国家体制的蓝图。

学界曾对这一趋势给予了较多关注。例如田余庆曾指出:"秦降于楚,'亡秦必楚'的话终于应验了。但是另一个同时出现的结果,却是帝业回归于王业。要想再造帝业,必须经过一场严重的斗争,这就是刘邦、项羽之战,这场战争,在一定程度上又似当年的秦灭六国。"[1] 李开元也认为:"以刘邦而言,他生于前256年,即秦昭王五十一年,是年,秦灭周,霸业至于极点。前221年,刘邦三十六岁,秦始皇统一天下,霸业归于帝业。前209年,刘邦四十八岁,秦末乱起,六国复兴,帝业又归于霸业。"[2] 这是符合历史实际的。但是,正如前述,这个时期由"王业"引出的分封制,已经与西周分封制不同了。如果说西周分封制是以封君、领主占有人口、土地的形式,形成"王权在上,治权分割"的局面,那么战国及其秦汉之际的"王业",则是通过春秋战国之际政治体制的蜕变而形成的"王权"与"治权"合一的王国。在这种王国中,地方行政系统采取中央直属的郡县体制,而基层社会则由广大的、由国家直接管理的"编户"组成。因此,在这种王国体制下产生的"王业"观念,实际上是一种战国中后期特有的政治理念。而楚汉战争所进行的"王业""霸业""帝业"之争,是一种新形势下的关于霸主同盟下的王国均势或者天下大一统的博弈与战争,与古代中国的政治体制建构有密切关系。当秦朝灭亡后,项羽凭借其强大的军事实力获得了各

---

[1] 田余庆:《说张楚——关于"亡秦必楚"问题的探讨》,《历史研究》,1989年第2期。
[2] 李开元:《汉帝国的建立与刘邦集团:军功受益阶层研究》,北京:生活·读书·新知三联书店,2000年,第77页。

区域的政治军事集团的拥戴，成为"天下"霸主。但他并没有效仿秦始皇建立起中央集权制下的皇帝制度、郡县制度，而是实行"分裂天下，而封王侯，政由羽出"①的诸侯分封制，试图恢复战国时列国并立的局面。项羽所实行的诸侯分封，基本是按照区域格局进行权力划分，承认并恢复了齐、燕、赵等国名，而所分封的诸王大多是旧六国贵族与将军等（如表1所示）。如旧秦地，除巴蜀地区分予先入关的刘邦之外，其余的旧秦区域如关中平原等，项羽分别分封给章邯、司马欣、董翳三位秦朝降将。在楚地中，项羽分割并建立起由楚人为王的临江、衡山、九江三个政权。这些分封的诸侯大都以战国时的区域及族属为依据。

表1 项羽分封诸王的族属和封号、封地情况②

姓名	族属（身份）	封号、封地（国）
章邯	秦人	雍王，王咸阳以西，都废丘
司马欣	秦将	塞王，王咸阳以东至河，都栎阳
董翳	秦将	翟王，王上郡，都高奴
（魏王）豹	魏人	西魏王，王河东，都平阳
申阳	楚人	河南王，王河内，都洛阳
（赵王）歇	赵人	代王
张耳	魏人	常山王，王赵地，都襄国
黥布	楚将	九江王，都六
吴芮	楚人	衡山王，都邾
共敖	楚人	临江王，都江陵
臧荼	燕将	燕王，都蓟
田市	齐人	胶东王
田都	齐人	齐王，都临淄
田安	齐人	济北王，都博阳

① 司马迁：《史记》卷七《项羽本纪》，北京：中华书局，1959年，第338页。
② 司马迁：《史记》卷七《项羽本纪》，北京：中华书局，1959年，第316—317页。

项羽的这种"分裂天下，而封王侯"的思想在反秦战争中就十分明显地表露出来，例如对当时楚国名义上的最高统治者楚怀王的安置，就表现出其意图恢复战国局面的"王业"思想。在反秦战争中，项羽既提出尊怀王为"义帝"，以获取"天下"人心；又提出"义帝虽无功，故当分其地而王之"，并以"古之帝者地方千里，必居上游"为理由，"乃使使徙义帝长沙郴县"。① 值得注意的是，项羽所指的"上游"地区仅仅是指楚地的上游。春秋时期，楚国的上游可指国都之西，具体来说是指江汉平原及其以西区域。《左传·昭公十四年》："楚子使然丹简上国之兵于宗丘。"杜预注："上国，在国都之西。西方居上流，故谓之上国。"② 至战国时期，由于楚国疆域朝南方开拓，湘江流域也因此进入楚人地理观念中。作为流向自南向北的河流，湘江其上下游区域的关系应是南北关系，故而屈原有"上洞庭而下江"的说法。因此，湘江上游也可以作为楚地上游而存在。在湖南省博物馆收藏的一件出土于常德市的"战国嵌金丝铜距末"上有铭文："愕乍距末。用差（佐）商国。光张上［下］，四尧是蒱。"陈松长引杜预注"西方居上流，故谓之上国"，认为这里的"商国"可释为"上国"。③ 而如果考虑是将楚义帝置于"天下的上游"，则应按照如《郭店楚简》所表达的"天不足于西北，其下高以强；地不足于东南，其上▢"④的认识，将其置于天下的西端。项羽将所立楚义帝的封地定位在战国时期的楚地上游，这说明项羽已表现出不以义帝为天下共主的政治设计，或者说他一开始就流露出希望建立起没有皇帝制度而列国共存的局面。

从名号看，项羽自身所封的政治名号，仅仅指统治西楚之地而试图"号令天下"的"霸王"。据史籍记载，项羽为"西楚霸王，王九郡，都彭城"⑤。近年来，关于"西楚霸王"这个称号，有学者提出"西楚"实

---

① 司马迁：《史记》卷七《项羽本纪》，北京：中华书局，1959年，第316、320页。
② 杨伯峻编著：《春秋左传注》（修订本），北京：中华书局，1990年，第1365页。
③ 陈松长：《湖南常德新出土铜距末铭文小考》，《文物》，2002年第10期。
④ 陈伟等著：《楚地出土战国简册［十四种］》，北京：经济科学出版社，2009年，第160页。
⑤ 司马迁：《史记》卷七《项羽本纪》，北京：中华书局，1959年，第317页。

为"四楚"的观点。① 不过,项羽"西楚霸王"的权力只能应用于楚地而非"天下",则为事实。从楚汉战争的过程来看,项羽对于其所分封的大多数列国并不具有较强的掌控能力。相反,对于在故楚地基础上所分封建立起来的政权,项羽却能对他们施布命令。例如对衡山、临江国,项羽曾"乃阴令衡山、临江王击杀(义帝)之江中"②;对于九江国,项羽不仅能对黥布本人直接发出调兵的指令,而且后者自述其对前者有"北向而臣事之"③ 的义务。这说明在项羽集团的政治意识中,有将"楚人"与"他国人"相区别的族群观点。

从当时的政治疆域来看,项羽政权主要依托楚地而建立,并且继承了战国后期楚人迈向"东方"的进取意识。史料中有关于项羽所王"九郡"的记载,从地理空间角度来看,除了属于梁(魏)地的砀郡、东郡,其余七郡皆应属于传统楚地的范畴,即陈郡、薛郡、泗水(川)郡、郯郡、会稽郡、东海郡、东阳郡。④ 联系前述《容成氏》篇中的天下格局,项羽所王九郡的疆域设定基本包含了"三楚"中的西楚、东楚(如图1所示),

图1 项羽政权的疆域示意图

---

① 例如辛德勇先生就重新解释了"秦楚之际月表"的记述中有"分楚为四国"的说法。[htps://www.thepaper.cn/news Detail forward 11857521]
② 司马迁:《史记》卷七《项羽本纪》,北京:中华书局,1959年,第320页。
③ 司马迁:《史记》卷九十一《黥布列传》,北京:中华书局,1959年,第2600页。
④ 关于"西楚九郡"的具体空间指向,由于史料阙如,除了梁地二郡,其余七郡的地望学界目前存在一定的争议。笔者赞同颜岸青先生的说法,认为项羽初期建立的楚国疆域内九郡中除了有梁地东郡、砀郡,还应包括秦在故楚地上所设置的陈郡、薛郡、泗水(川)郡、郯郡、会稽郡、东海郡、东阳郡。随着楚汉战争进行,项羽楚国的疆域最大曾扩展至11郡。参见颜岸青:《项羽之西楚九郡释疑与西楚国疆域变迁考实》,《历史地理》第三十三辑,上海:上海人民出版社,2016年,第27-34页。

其中主要部分也是在春秋战国时期内楚与魏国、齐国等长期争夺的区域，例如砀郡。联系战国时期楚人的政治地理观来看，项羽政权的疆域基本处于《容成氏》篇中的九州的东方区域，主要分属于扬州、荆州、徐州、莒州等区域。

正是项羽集团狭隘的族群与地域意识，使他们对楚地以外的其他列国疆域，例如黄河以北的赵地（代），黄河以南的齐地等，都没有足够的重视。在赵地，陈馀和田荣进攻并驱逐张耳。这种公然破坏当时分封秩序的行为，未见遭受到项羽的有力干预。当韩信、张耳在河北地区攻略西魏（依附于项羽）、赵、燕时，项羽政权也都未给予有力的救援，只是"楚数使奇兵渡河击赵，赵王耳、韩信往来救赵，因行定赵城邑，发兵诣汉"①。在齐地，项羽曾率军前往讨伐田荣。应该说，田荣吞并三齐、破坏项羽分封秩序的行为并非是招致后者讨伐的主要原因。虽然史料记载"汉二年，齐王田荣畔楚，项王往击齐"②，"（张）良说项王曰：'汉王烧绝栈道，无还心矣。'乃以齐王田荣反，书告项王。项王以此无西忧汉心，而发兵北击齐"③，但是考虑到项羽与田荣间首次交战的战场为城阳地区，该地在楚汉战争中出现了数次，为东郡属地。也就是说，当时田荣在联络梁地的彭越后，已率军攻入项羽名下的楚国境内。这种行为和破坏项羽分封秩序是两种截然不同的性质，这应该才是项羽首先消灭田荣的主因。项羽在东郡打败田荣后，接下来在追击过程中曾深入齐地，"是时项王北击齐，田荣与战城阳。田荣败，走平原，平原民杀之。齐皆降楚"，但是面对已经投降的齐地，"楚因焚烧其城郭，系虏其子女。齐人叛之"。④ 齐人投降后，项羽仍视齐人为敌，从而继续采取极端破坏的行为，说明他未曾考虑过将齐地纳入楚国范围。而后，田横又"收齐亡卒得数万人，反城阳"⑤，双方

---

① 司马迁：《史记》卷九十二《淮阴侯列传》，北京：中华书局，1959年，第2619页。
② 司马迁：《史记》卷九十一《黥布列传》，北京：中华书局，1959年，第2599页。
③ 司马迁：《史记》卷五十五《留侯世家》，北京：中华书局，1959年，第2039页。
④ 司马迁：《史记》卷八《高祖本纪》，北京：中华书局，1959年，第370-371页。
⑤ 司马迁：《史记》卷七《项羽本纪》，北京：中华书局，1959年，第321页。

交战地点仍然是在楚国的东郡境内。这说明项羽军队在消灭田荣后,并未逗留于齐地而是返师楚境。最后,项羽在面对"淮阴侯已举河北,破齐、赵,且欲击楚"①后,才派出龙且、周兰率楚军前去齐地阻挡。而在此之前,项羽对于汉军在魏、齐、赵、燕等地区的攻略都未曾进行有力干预。在项羽集团面临覆灭危机时,项羽曾遣使向韩信传递信息,其成"王业"之心也昭然可见:

> 天下共苦秦久矣,相与戮力击秦。秦已破,计功割地,分土而王之,以休士卒。今汉王复兴兵而东,侵人之分,夺人之地,已破三秦,引兵出关,收诸侯之兵以东击楚,其意非尽吞天下者不休,其不知厌足如是甚也……何不反汉与楚连和,参分天下王之?②

如此看来,项羽所设想的楚与齐、赵、魏,甚至包括与汉的关系,应类似于战国时期诸侯并立的关系。在这种列国秩序中,国与国之间是相互独立的个体。这说明项羽并没有统一天下、建立大一统王朝的观念,相反却表现出贪念楚地及附近部分地区(如属于梁地的东郡、砀郡)的狭隘性。这种仅满足于楚地及周边的政治地理观和族群意识,不仅仅应归咎于项羽的个人特质,还应归因于战国以来关东区域盛行过的"王业"观念。

项羽满足于建国于传统楚地、选择割据而立的思维,在当时关东六国的旧贵、将领中应有一定普遍性。例如西汉初年,黥布起兵反叛汉朝,曾担任过楚国令尹的薛公曾为刘邦分析楚地形势。薛公认为黥布叛乱主要有三种选择:上计是"东取吴,西取楚,并齐取鲁,传檄燕、赵,固守其所,山东非汉之有也",中计是"东取吴,西取楚,并韩取魏,据敖仓之粟,塞成皋之险,胜败之数未可知也",下计是"东取吴,西取下蔡,归

---

① 司马迁:《史记》卷七《项羽本纪》,北京:中华书局,1959年,第329页。
② 司马迁:《史记》卷九十二《淮阴侯列传》,北京:中华书局,1959年,第2622页。

重于越，身归长沙"，并断言黥布一定选下计。① 最终果如薛公所料。薛公本人应该是楚人，因此知楚甚深。从薛公提出的三个计划来看，他认为楚人黥布所可能具有的最大野心也仅仅是建立起一个有限的统治区域，即止步于大别山以东、黄河以南的广阔东方区域，而不会谋求统一天下。因此，即便是薛公所言的"上计"，从天下的视野来看，其结果也仅是一个稍大的地方割据政权。所以，在大一统的历史趋势面前，项羽这一类具有旧"王业"意识的政治军事集团，必将走向失败。

二、追求"帝业"的刘邦集团

与陈胜、项羽等楚人集团所不同，刘邦集团在制度建构上具有建立新"帝业"的开阔眼界。进入关中以后，刘邦便在萧何、张良等辅佐下，将建立"天下"大业而非接续"王业"传统作为其战略目标。

首先，刘邦集团的成员构成，从一开始便具有跨越地域、族群的融合性特征。就刘邦本人看，很难说他是一个纯粹的楚人。关于刘邦及其祖先的身份背景，李祖德认为刘邦建立汉朝后所设立的"晋巫""秦巫""梁巫""荆巫"等，与其祖先迁徙密切相关。② 陈苏镇也对刘邦身份作了考证，认为其应是以迁丰魏人扮演楚将角色。③ 而从刘邦集团重要成员来看，其成员并非均为楚人。例如曹参、周昌起于泗水郡沛县，傅宽、郦商起于砀郡，张苍起于三川郡，陈豨起于东郡宛朐，后面加入刘邦集团并成为其核心成员的张良是韩国人。李开元曾将各时期的刘邦集团分别称为"丰沛元从集团""砀泗楚人集团"等。④ 事实上也的确如此，刘邦入关前的军队便是混合了楚、

---

① 班固：《汉书》卷三十四《韩彭英卢吴传》，北京：中华书局，1962年，第1888页。
② 李祖德：《刘邦祭祖考——兼论春秋战国以来的社会变革》，《中国史研究》，2012年第4期。
③ 陈苏镇：《〈春秋〉与"汉道"：两汉政治与政治文化研究》，北京：中华书局，2011年，第39-40页。
④ 李开元：《汉帝国的建立与刘邦集团：军功受益阶层研究》，北京：生活·读书·新知三联书店，2000年，第152-162页。

韩、魏、南阳人的部队。① 占据秦地后，刘邦又重用秦人军将。之后，刘邦集团开始摆脱初始时所实行的楚的政治、军事制度如赐爵制、职官制度、地方行政制度、法律制度、户籍制等，而参照秦制建汉制。②

与项羽相比，刘邦具有更为广阔的政治视野。在楚汉战争中，刘邦便尝试恢复、重构皇帝制度下的天下秩序，并积聚、整合超越单一诸侯国的力量抗衡楚国。项羽集团主要凭借以楚人为主的军事集团作战，而刘邦部队则容纳了包括楚地（起事地）、秦地（封地）等全国各地的力量（如表2所示）。刘邦首出关东，便裹挟着其他诸侯国一起行动，"汉王部五诸侯兵，凡五十六万人，东伐楚"③。在楚汉相持阶段中，刘邦一方面与项羽对峙于荥阳、成皋间；另一方面又派韩信、张耳偏师攻略河北地区，并将夺取河北的战争资源视为对正面战场的一种补充。"及魏王豹反，使韩信将兵击之，因举燕、代、齐、赵"④；"信之下魏破代，汉辄使人收其精兵，诣荥阳以距楚"⑤。所以，刘邦集团是利用了秦、赵、代、魏、齐、韩、燕等各区域力量来共同对付项羽及其楚人武装集团。刘邦的上述举措，与项羽仅凭楚地进行周旋形成鲜明对比，由此形成汉军集"天下"力量而击据楚地"一隅"的政治、军事形势，刘邦集团最终取得战争的胜利。

---

① 陈苏镇：《〈春秋〉与"汉道"：两汉政治与政治文化研究》，北京：中华书局，2011年，第39—43页。
② 卜宪群：《秦制、楚制与汉制》，《中国史研究》，1995年第1期。
③ 司马迁：《史记》卷七《项羽本纪》，北京：中华书局，1959年，第321页。
④ 司马迁：《史记》卷五十五《留侯世家》，北京：中华书局，1959年，第2039页。
⑤ 司马迁：《史记》卷九十二《淮阴侯列传》，北京：中华书局，1959年，第2614页。

表 2　刘邦集团中部分成员或军事力量的地域身份情况

地域属性	部分代表成员或军事力量	相关史料
燕国（地）	北貉、燕人	汉四年八月，"北貉、燕人来致枭骑助汉"①。
	翟盱	以汉王二年为燕令，以都尉下楚九城，坚守燕②
	昭涉掉尾	汉王四年，以燕相从击籍③
魏国（地）	蔡寅	以魏太仆三年初从，以车骑都尉破龙且及彭城，侯，千户④
秦国（地）	王周	以骑司马汉王元年从起废丘⑤
	季必	以都尉汉二年初起栎阳，攻废丘，破之，因击项籍⑥
楚国（地）	灵常	以荆令尹汉王五年初从，击钟离眛及陈公利几，破之⑦
	刘襄	以客从汉王二年从起定陶，以大谒者击布，侯，千户。为淮阴守。项氏亲也，赐姓⑧

在战后秩序的建设上，刘邦为了平衡东西异俗、建立大一统国家的需求，创立了"郡国并行制"作为过渡。按照史书记载，作为对秦二世而亡的回应，刘邦"惩戒亡秦孤立之败，于是剖裂疆土，立二等之爵"⑨，这似乎表明刘邦也认同列国并立局面下的分封制。然而，刘邦所立"郡国并行

---

① 班固：《汉书》卷一上《高帝纪上》，北京：中华书局，1962 年，第 46 页。
② 班固：《汉书》卷十六《高惠高后文功臣表》，北京：中华书局，1962 年，第 607 页。
③ 司马迁：《史记》卷十八《高祖功臣侯者年表》，北京：中华书局，1959 年，第 964 页。
④ 司马迁：《史记》卷十八《高祖功臣侯者年表》，北京：中华书局，1959 年，第 911 页。
⑤ 司马迁：《史记》卷十八《高祖功臣侯者年表》，北京：中华书局，1959 年，第 967 页。
⑥ 司马迁：《史记》卷十八《高祖功臣侯者年表》，北京：中华书局，1959 年，第 969 页。
⑦ 司马迁：《史记》卷十八《高祖功臣侯者年表》，北京：中华书局，1959 年，第 966 页。
⑧ 司马迁：《史记》卷十八《高祖功臣侯者年表》，北京：中华书局，1959 年，第 971 页。
⑨ 班固：《汉书》卷十四《诸侯王表》，北京：中华书局，1962 年，第 393 页。

制"并没有脱离覆盖天下的以皇权运作为特征的"帝业"建设。刘邦在"诸侯国"的设置问题上,虽然仍以各族群活动区域作为封国依据,但是相较于项羽的分封举措却有了重要改变。例如刘邦在楚汉战争的危急形势下,既许诺并承认韩信等人的王位,同时对于恢复各地旧有诸侯又持反对意见。楚汉战争胜利后,刘邦对战争中有功之异姓诸侯王进行分封,而后又通过建立同姓诸侯王,不断分割、削弱、回收异姓王的封地和实力。同姓诸侯王的建立,有力地遏制了异姓诸侯王及朝廷中的军功大臣集团,稳定了当时的局势。其时,刘邦在关东区域广设诸侯国,诸侯地"大者或五六郡,连城数十,置百官宫观,僭于天子。独汉有三河、东郡、颍川、南阳,自江陵以西至蜀,北自云中至陇西,与内史凡十五郡"①。与此同时,刘邦又通过政治设计、军事设计等一系列措施,保障了汉朝国家的统一局面。例如从王畿—郡县与诸侯国的关系来看,刘邦虽然将绝大多数关东故六国区域分封给诸侯王,却通过创设地缘关系加以制衡。齐国是当时汉建立在关东区域的最重要的王国,其战略地位正如田肯对刘邦所说:"陛下得韩信,又治秦中。秦,形胜之国,带河山之险,悬隔千里,持戟百万,秦得百二焉。地执便利,其以下兵于诸侯,譬犹居高屋之上建瓴水也。夫齐,东有琅邪、即墨之饶,南有泰山之固,西有浊河之限,北有勃海之利。地方二千里,持戟百万,悬隔千里之外,齐得十二焉。故此东西秦也。非亲子弟,莫可使王齐矣。"② 之后,刘邦通过立长子刘肥为齐王,并以曹参、傅宽等为齐相,使齐国成为汉统治关东地区的重要依靠力量并多次参与平叛。这样汉朝依托秦地、齐地,以及连接起两区域之间的三河、颍川、东郡等郡县,构筑起汉对关东区域有利的控制局面,故而司马迁评价三河地区:"夫三河在天下之中,若鼎足。"③

同时,汉王朝也通过介入诸侯国内部的官制设计和制度创设来遏制诸

---

① 司马迁:《史记》卷十七《汉兴以来诸侯王年表》,北京:中华书局,1959年,第802页。

② 司马迁:《史记》卷八《高祖本纪》,北京:中华书局,1959年,第382-383页。

③ 司马迁:《史记》卷一百二十九《货殖列传》,北京:中华书局,1959年,第3262页。

侯国存在的离心力,起到了很好的效果。司马迁称:"高祖时诸侯皆赋,得自除内史以下,汉独为置丞相,黄金印。诸侯自除御史、廷尉正、博士,拟于天子。"① 汉初诸侯王虽然享有制度规定的"掌治其国"② 的权力,然而王国的高级官员如诸侯相、诸侯王太傅等的任免权长期为汉朝廷所掌握。汉朝逐渐以"汉法"取代诸侯国"王治",从而逐步使诸侯王国属性与西汉郡治单位属性相差无几,维护了西汉的大一统体制。③

正是楚汉战争中的这种"王业""帝业"的斗争,消除了中国自战国以来的政治文化中以"王业"为象征的分封制的思想、制度的遗留,而为汉代大一统奠定了基础。所以,刘邦集团的胜利,其意义不仅是建立起新的统一王朝,还宣告了战国时期的"王业"与秦以"霸业"之思铸就"帝业"之政方案的破产,并以"秦制"和"周文"共同作为构建新的"汉家制度"的基础,适应了古代中国统一趋势与各区域政治文化的实际。因此,可以说秦汉之际的楚汉战争是中国古代新旧政治文化的再较量。刘邦的胜利及汉王朝的建立,宣告了古代中国"大一统"政治体制就此确立。

---

① 司马迁:《史记》卷五十九《五宗世家》,北京:中华书局,1959年,第2104页。
② 班固:《汉书》卷十九上《百官公卿表上》,北京:中华书局,1962年,第741页。
③ 参见陈昆、李禹阶:《西汉诸侯国相的"郡守化"趋势及其历史意义》,《中国史研究》,2021年第1期。

参考文献

一、传世文献与考古资料

班固:《汉书》,北京:中华书局,1962 年。

宝鸡市博物馆、宝鸡县图博馆:《宝鸡县西高泉村春秋秦墓发掘记》,《文物》,1980 年第 9 期。

宝鸡市考古工作队、宝鸡县博物馆:《陕西宝鸡县南阳村春秋秦墓的清理》,《考古》,2001 年第 7 期。

宝鸡市陈仓区博物馆:《陕西宝鸡市陈仓区南阳村春秋秦墓清理简报》,《考古与文物》,2005 年第 4 期。

北京大学考古系、甘肃省文物考古研究所:《甘肃省葫芦河流域考古调查》,《考古》,1992 年第 11 期。

北京大学考古系商周实习组、陕西省考古所商周研究室:《陕西米脂张坪墓地试掘简报》,《考古与文物》,1989 年第 1 期。

北京大学考古学系王占奎、甘肃省文物考古研究所水涛:《甘肃合水九站遗址发掘报告》,《考古学研究》(三),北京:科学出版社,1997 年。

北京市文物研究所编著:《军都山墓地:玉皇庙》,北京:文物出版社,2007 年。

北京市文物研究所编著:《军都山墓地:葫芦沟与西梁垯》,北京:文物出版社,2010 年。

常璩撰，刘琳校注：《华阳国志校注》，成都：巴蜀书社，1984 年。

陈直校证：《三辅黄图校证》，西安：陕西人民出版社，1980 年。

陈寿撰，陈乃乾校点：《三国志》，北京：中华书局，1959 年。

陈伟主编：《里耶秦简牍校释（第一卷）》，武汉：武汉大学出版社，2012 年。

陈伟主编：《里耶秦简牍校释（第二卷）》，武汉：武汉大学出版社，2018 年。

陈伟主编：《秦简牍合集：释文注释修订本（壹）》，武汉：武汉大学出版社，2016 年。

陈伟等著：《楚地出土战国简册［十四种］》，北京：经济科学出版社，2009 年。

陈松长主编：《岳麓书院藏秦简（肆）》，上海：上海辞书出版社，2015 年。

陈松长主编：《岳麓书院藏秦简（伍）》，上海：上海辞书出版社，2017 年。

陈松长主编：《岳麓书院藏秦简（陆）》，上海：上海辞书出版社，2020 年。

陈松长主编：《岳麓书院藏秦简（柒）》，上海：上海辞书出版社，2022 年。

崔璿：《秦汉广衍故城及其附近的墓葬》，《文物》，1977 年第 5 期。

长沙市文物考古研究所编：《长沙尚德街东汉简牍》，长沙：岳麓书社，2016 年。

杜佑撰，王文锦等点校：《通典》，北京：中华书局，1988 年。

董说：《七国考》，北京：中华书局，1956 年。

范晔：《后汉书》，北京：中华书局，1965 年。

房玄龄等：《晋书》，北京：中华书局，1974 年。

顾栋高辑，吴树平、李解民点校：《春秋大事表》，北京：中华书局，1993 年。

顾炎武著，黄汝成集释，栾保群、吕宗力校点：《日知录集释》，上海：上海古籍出版社，2006年。

郭庆藩撰，王孝鱼点校：《庄子集释》，北京：中华书局，1961年。

甘肃省博物馆：《甘肃古文化遗存》，《考古学报》，1960年第2期。

甘肃省文物工作队、北京大学考古学系：《甘肃甘谷毛家坪遗址发掘报告》，《考古学报》，1987年第3期。

甘肃省文物考古研究所：《甘肃秦安上袁家秦汉墓葬发掘》，《考古学报》，1997年第1期。

甘肃省文物考古研究所、礼县博物馆：《甘肃礼县圆顶山98LDM2、2000LDM4春秋秦墓》，《文物》，2005年第2期。

甘肃省文物考古研究所：《甘肃秦安王洼战国墓地2009年发掘简报》，《文物》，2012年第8期。

甘肃省文物考古研究所、张家川回族自治县博物馆：《2006年度甘肃张家川回族自治县马家塬战国墓地发掘简报》，《文物》，2008年第9期；

甘肃省文物考古研究所、清水县博物馆编著：《清水刘坪》，北京：文物出版社，2014年。

甘肃省文物考古研究所：《甘肃漳县墩坪墓地2014年发掘报告》，《考古》，2017年第8期。

甘肃省文物考古研究所：《甘肃武山县东旱坪战国秦汉墓葬》，《考古》，2003年第6期。

甘肃省文物考古研究所、漳县文物管理所：《甘肃漳县墩坪墓地2015年发掘简报》，《考古》，2019年第3期。

甘肃省文物考古研究所编著：《甘肃重要考古发现（2000~2019）》，北京：文物出版社，2020年。

甘肃省文物考古研究所王永安、孙锋，南京大学历史学院杜博瑞：《交流、变迁与融合——甘肃宁县石家及遇村遗址考古新发现》，《中国文物报》，2020年9月4月第8版。

固原县文物工作站：《宁夏固原县西周墓清理简报》，《考古》，1983年第11期。

何建章注释：《战国策注释》，北京：中华书局，1990年。

何宁：《淮南子集释》，北京：中华书局，1998年。

桓谭著，白兆麟校注：《桓谭新论校注》，合肥：黄山书社，2017年。

黄怀信、张懋镕等撰：《逸周书汇校集注》（修订本），上海：上海古籍出版社，2007年。

胡春佰等：《内蒙古准格尔旗福路塔战国秦墓地2017年发掘简报》，《考古与文物》，2019年第6期。

湖北省文物考古研究所编：《江陵凤凰山西汉简牍》，北京：中华书局，2012年。

湖北省文物考古研究院、云梦县博物馆：《湖北云梦县郑家湖墓地2021年发掘简报》，《考古》，2022年第2期。

湖南省文物考古研究所等：《湖南龙山里耶战国——秦代古城一号井发掘简报》，《文物》，2003年第1期。

湖南省文物考古研究所编著：《里耶发掘报告》，长沙：岳麓书社，2007年。

侯红伟：《西山遗址》，甘肃省文物考古研究所编著《甘肃重要考古发现（2000~2019）》，北京：文物出版社，2020年。

侯红伟：《六八图遗址》，甘肃省文物考古研究所编著《甘肃重要考古发现（2000~2019）》，北京：文物出版社，2020年。

贾谊撰，阎振益、钟夏校注：《新书校注》，北京：中华书局，2000年。

蒋礼鸿：《商君书锥指》，北京：中华书局，1986年。

荆州博物馆、武汉大学简帛研究中心编著：《荆州胡家草场西汉简牍选粹》，北京：文物出版社，2021年。

里耶秦简博物馆、出土文献与古代文明研究协同创新中心中国人民大学中心编著：《里耶秦简博物馆藏秦简》，上海：中西书局，2016年。

刘向撰，向宗鲁校证：《说苑校证》，北京：中华书局，1987年。

刘向集录：《战国策》，上海：上海古籍出版社，1998年。

黎翔凤撰，梁运华整理：《管子校注》，北京：中华书局，2004年。

郦道元著，陈桥驿校证：《水经注校证》，北京：中华书局，2007年。

李步嘉校释：《越绝书校释》，北京：中华书局，2013年。

李林甫，陈仲夫点校：《唐六典》，北京：中华书局，1992年。

刘瑞编著：《秦封泥集存》，北京：中国社会科学出版社，2020年。

刘知几著，浦起龙通释，王煦华整理：《史通通释》，上海：上海古籍出版社，2009年。

刘卫鹏：《关中监狱战国秦墓群发掘概况》，梁安和、徐卫民主编《秦汉研究》第六辑，西安：陕西人民出版社，2012年。

刘卫鹏：《关中监狱战国秦墓群的发掘》，秦始皇帝陵博物院编《秦始皇帝陵博物院2012》，西安：三秦出版社，2012年。

连云港市博物馆等编：《尹湾汉墓简牍》，北京：中华书局，1997年。

辽宁省昭乌达盟文物工作站、中国科学院考古研究所东北工作队：《宁城县南山根的石椁墓》，《考古学报》，1973年第2期。

马承源主编：《商周青铜器铭文选》（第四卷），北京：文物出版社，1990年。

毛亨传，郑玄笺，孔颖达疏：《毛诗正义》，李学勤主编《十三经注疏》，北京大学出版社，1999年。

马端临：《文献通考》，北京：中华书局，2011年。

马王堆汉墓帛书整理小组编：《战国纵横家书》，北京：文物出版社，1976年。

毛瑞林：《墩坪墓地》，甘肃省文物考古研究所编著《甘肃重要考古发现（2000~2019）》，北京：文物出版社，2020年。

内蒙古文物考古研究所：《内蒙古和林格尔县新店子墓地发掘简报》，《考古》，2009年第3期。

内蒙古文物考古研究所：《内蒙古凉城县小双古城墓地发掘简报》，《考古》，2009年第3期。

宁夏回族自治区文物考古研究所、彭阳县文物管理所：《宁夏彭阳县姚河塬遗址铸铜作坊区2017~2018年发掘简报》，《考古》，2020年第10期。

宁夏回族自治区文物考古研究所：《宁夏彭阳姚河塬遗址Ⅰ区北墓地

西周墓（M42）发掘简报》，《文物》，2023年第7期。

秦文化与西戎文化联合考古队：《甘肃礼县大堡子山秦墓及附葬车马坑发掘简报》，《文物》，2018年第1期。

清华大学出土文献研究与保护中心编，李学勤主编《清华大学藏战国竹简》（贰），上海：中西书局，2011年。

庆阳地区博物馆、庆阳县博物馆：《甘肃庆阳城北发现战国时期葬马坑》，《考古》，1988年第9期。

司马迁：《史记》，北京：中华书局，1959年。

孙楷著、徐复订补：《秦会要订补》，北京：中华书局，1959年。

孙星衍等辑，周天游点校：《汉官六种》，北京：中华书局，1990年。

孙诒让：《墨子间诂》，北京：中华书局，2001年。

苏舆撰，钟哲点校：《春秋繁露义证》，北京：中华书局，1992年。

陕西省文物管理委员会：《陕西宝鸡阳平镇秦家沟村秦墓发掘记》，《考古》，1965年第7期。

陕西省文管会秦墓发掘组：《陕西户县宋村春秋秦墓发掘简报》，《文物》，1975年第10期。

陕西省考古研究所宝鸡工作站、宝鸡市考古工作队：《陕西陇县边家庄五号春秋墓发掘简报》，《文物》，1988年第11期。

陕西省考古研究院、宝鸡市考古工作队、凤翔县博物馆：《陕西凤翔孙家南头春秋秦墓发掘简报》，《考古与文物》，2013年第4期。

陕西省考古研究所、陕北考古工作队：《陕西清涧李家崖东周、秦墓发掘简报》，《考古与文物》，1987年第3期。

陕西省考古研究院、宜川县博物馆：《陕西宜川县虫坪塬春秋遗址发掘简报》，《考古与文物》，2018年第2期。

陕西省考古研究院、宝鸡市考古研究所、宝鸡市陈仓区博物馆：《陕西宝鸡太公庙秦公大墓考古调查勘探简报》，《考古与文物》，2021年第1期。

睡虎地秦墓竹简整理小组编：《睡虎地秦墓竹简》，北京：文物出版社，1990年。

天长市文物管理所、天长市博物馆：《安徽天长西汉墓发掘简报》，《文物》，2006 年第 11 期。

吴毓江撰，孙启治点校：《墨子校注》，北京：中华书局，2006 年。

王天海、王韧：《意林校释》，北京：中华书局，2014 年。

王先谦：《汉书补注》，北京：中华书局，1983 年。

王先谦：《后汉书集解》，北京：中华书局，1984 年。

王先谦撰，沈啸寰、王星贤点校：《荀子集解》，北京：中华书局，1988 年。

王先慎撰，钟哲点校：《韩非子集解》，北京：中华书局，1998 年。

王利器校注：《盐铁论校注》，北京：中华书局，1992 年。

王引之撰，钱文忠等整理，朱维铮审阅：《经义述闻》，《中国经学史基本丛书》，上海：上海书店出版社，2012 年。

王志友、董卫剑：《陕西宝鸡市洪塬村一号春秋秦墓》，《考古》，2008 年第 4 期。

魏怀珩：《甘肃平凉庙庄的两座战国墓》，《考古与文物》，1982 年第 5 期。

武威地区博物馆：《甘肃武威旱滩坡东汉墓》，《文物》，1993 年第 10 期。

许慎：《说文解字》，北京：中华书局，1963 年。

徐幹撰，孙启治解诂：《中论》，北京：中华书局，2014 年。

许维遹撰，梁运华整理：《吕氏春秋集释》，北京：中华书局，2009 年。

徐元诰撰，王树民、沈长云点校：《国语集解》（修订本），北京：中华书局，2002 年。

咸阳市文物考古研究所编著：《塔儿坡秦墓》，西安：三秦出版社，1998 年。

咸阳文物考古研究所编著：《任家咀秦墓》，北京：科学出版社，2005 年。

杨伯峻：《春秋左传注》（修订本），北京：中华书局，1990 年。

尹盛平、张天恩：《陕西陇县边家庄一号春秋秦墓》，《考古与文物》，

1986 年第 6 期。

赵翼撰，曹光甫校点：《赵翼全集》，南京：凤凰出版社，2009 年。

张烈点校：《两汉纪》，北京：中华书局，2002 年。

章学诚撰，叶瑛校注：《文史通义校注》，北京：中华书局，2014 年。

张家山二四七号汉墓竹简整理小组编著：《张家山汉墓竹简〔二四七号墓〕》（释文修订本），北京：文物出版社，2006 年。

中国简牍集成编辑委员会编：《中国简牍集成》，兰州：敦煌文艺出版社，2001 年。

中国文物研究所、湖北省文物考古研究所编：《龙岗秦简》，北京：中华书局，2001 年。

朱汉民、陈松长主编：《岳麓书院藏秦简（壹）》，上海：上海辞书出版社，2010 年。

朱汉民、陈松长主编：《岳麓书院藏秦简（贰）》，上海：上海辞书出版社，2011 年。

朱汉民、陈松长主编：《岳麓书院藏秦简（叁）》，上海：上海辞书出版社，2013 年。

张纯一撰，梁运华点校：《晏子春秋校注》，北京：中华书局，2014 年。

早期秦文化联合考古队、张家川回族自治县博物馆：《张家川马家塬战国墓地 2007~2008 年发掘简报》，《文物》，2009 年第 10 期；

早期秦文化联合考古队、张家川回族自治县博物馆：《张家川马家塬战国墓地 2008~2009 年发掘简报》，《文物》，2010 年第 10 期；

早期秦文化联合考古队、张家川回族自治县博物馆：《张家川马家塬战国墓地 2010~2011 年发掘简报》，《文物》，2012 年第 8 期。

早期秦文化考古联合课题组：《甘肃礼县大堡子山早期秦文化遗址》，《考古》，2007 年第 7 期。

早期秦文化联合考古队：《2006 年甘肃礼县大堡子山 21 号建筑基址发掘简报》，《文物》，2008 年第 11 期。

早期秦文化联合考古队：《2006 年甘肃礼县大堡子山祭祀遗迹发掘简

报》、《2006 年甘肃礼县大堡子山东周墓葬发掘简报》，《文物》，2008 年第 11 期。

早期秦文化联合考古队：《甘肃礼县三座周代城址调查报告》，北京大学中国考古学研究中心、北京大学震旦古代文明研究中心编《古代文明（第 7 卷）》，北京：文物出版社，2008 年。

早期秦文化联合考古队：《牛头河流域考古调查》，《中国历史文物》，2010 年第 3 期。

早期秦文化联合考古队：《甘肃甘谷毛家坪遗址沟东墓地 2012—2014 年发掘简报》，《考古与文物》，2022 年第 3 期。

早期秦文化联合考古队：《甘肃甘谷毛家坪春秋秦墓（M2059）及车马坑（K201）发掘简报》，《文物》，2022 年第 3 期。

郑玄注，贾公彦疏：《周礼注疏》，李学勤主编《十三经注疏》，北京：北京大学出版社，1999 年。

二、研究著作

陈苏镇：《〈春秋〉与"汉道"：两汉政治与政治文化研究》，北京：中华书局，2011 年。

陈直：《读金日札　读子日札》，北京：中华书局，2008 年。

晁天义：《先秦历史与文化的多维度思考》，北京：中国社会科学出版社，2021 年。

杜正胜：《编户齐民：传统政治社会结构之形成》，台北：联经出版事业公司，1990 年。

冯友兰：《中国哲学史新编》（第一册），《冯友兰文集》第八卷，长春：吉林出版社，2020 年。

高明：《中国古文字学通论》，北京：文物出版社，1987 年。

葛剑雄主编，葛剑雄著：《中国移民史（第二卷）》，福州：福建人民出版社，1997 年。

顾颉刚：《史林杂识初编》，北京：中华书局，1963 年。

工藤元男著，广濑薰雄、曹峰译：《睡虎地秦简所见秦代国家与社会》，上海：上海古籍出版社，2018年。

顾颉刚：《汉代学术史略》，北京：东方出版社，1996年。

顾颉刚：《顾颉刚全集》，北京：中华书局，2010年。

郭沫若：《十批判书》，上海：东方出版社，1996年。

郭沫若：《郭沫若全集·考古编》，北京：科学出版社，2002年。

鹤间和幸著，马彪译：《始皇帝的遗产：秦汉帝国》，桂林：广西师范大学出版社，2014年。

吉本道雅：《先秦时期国制史》，佐竹靖彦主编《殷周秦汉史学的基本问题》，北京：中华书局，2008年。

贾晨光、魏俊舱主编：《庄浪史话》，兰州：甘肃文化出版社，2008年。

晋文：《以经治国与汉代社会》，广州：广州出版社，2001年。

晋文：《秦汉土地制度研究——以简牍材料为中心》，北京：社会科学文献出版社，2021年。

劳榦：《古代中国的历史与文化》，北京：中华书局，2006年。

李峰著、徐峰译、汤惠生校：《西周的灭亡——中国早期国家的地理和政治危机》，上海：上海古籍出版社，2007年。

李峰：《西周的政体：中国早期的官僚制度和国家》，北京：生活·读书·新知三联书店，2010年。

李开元：《汉帝国的建立与刘邦集团：军功受益阶层研究》，北京：生活·读书·新知三联书店，2000年。

李孟存、李尚师：《晋国史》，太原：三晋出版社，2014年。

李振宏：《居延汉简与汉代社会》，北京：中华书局，2003年。

李振宏、孙英民：《居延汉简人名编年》，北京：中国社会科学出版社，1997年。

廖伯源：《简牍与制度：尹湾汉墓简牍官文书考证》（增订版），桂林：广西师范大学出版社，2005年。

刘汝霖：《周秦诸子考》，北京：文化学社，1929年。

梁云：《早期秦文化探索》，上海：上海古籍出版社，2021年。

林剑鸣：《秦史稿》，上海：上海人民出版社，1981 年。

林沄：《商史三题》，台北："中央"研究院历史语言研究所，2018 年。

鲁西奇：《中国古代乡里制度研究》，北京：北京大学出版社，2021 年。

罗庆康：《西汉财政官制史稿》，开封：河南大学出版社，1989 年。

吕思勉：《吕思勉中国政治史》，长春：吉林出版社，2013 年。

吕思勉、童书业编著：《古史辨》第七册，上海：上海古籍出版社，1982 年。

迈克尔·曼著，刘北成、李少军译：《社会权力的来源》（第一卷），上海：上海人民出版社，2007 年。

迈克尔·曼著，陈海宏等译：《社会权力的来源》（第二卷），上海：上海人民出版社，2007 年。

马非百：《秦集史》，北京：中华书局，1982 年。

牟钟鉴：《〈吕氏春秋〉与〈淮南子〉思想研究》，济南：齐鲁书社，1987 年。

彭曦：《战国秦长城考察与研究》，西安：西北大学出版社，1990 年。

齐思和：《中国史探研》，石家庄：河北教育出版社，2000 年。

钱穆：《国史大纲》（修订本），北京：商务印书馆，1996 年。

钱穆：《先秦诸子系年》，北京：中华书局，1985 年。

钱穆：《秦汉史》，北京：生活·读书·新知三联书店，2005 年。

瞿同祖：《中国封建社会》，上海：上海人民出版社，2005 年。

史党社：《日出西山：秦人历史新探》，西安：陕西人民出版社，2013 年。

沈刚：《秦简所见地方行政制度研究》，北京：中国社会科学出版社，2021 年。

沈家本撰，邓经元、骈宇骞点校：《历代刑法考》（二），北京：中华书局，1985 年。

宋昌斌：《中国户籍制度史》，西安：三秦出版社，2016 年。

孙家洲：《两汉政治文化窥要》，济南：泰山出版社，2001 年。

孙家洲：《秦汉法律文化研究》，北京：中国人民大学出版社，2007 年。

孙闻博：《秦汉军制演变史稿》，北京：中国社会科学出版社，2016 年。

田昌五、臧知非：《周秦社会结构研究》，西安：西北大学出版社，1996 年。

滕铭予：《秦文化：从封国到帝国的考古学观察》，北京：学苑出版社，2002 年。

陶安：《秦汉刑罚体系の研究》，东京：东京外国语大学アジア・アフリカ言语文化研究所，2009 年。

童书业著，童教英校订：《春秋史》，北京：中华书局，2006 年。

王明珂：《华夏边缘：历史记忆与族群认同》，北京：社会科学文献出版社，2006 年。

王彦辉：《张家山汉简〈二年律令〉与汉代社会研究》，北京：中华书局，2010 年。

王彦辉：《秦汉户籍管理与赋役制度研究》，北京：中华书局，2016 年。

王子今：《睡虎地秦简〈日书〉甲种疏注》，武汉：湖北教育出版社，2003 年。

王子今：《秦汉称谓研究》，北京：中国社会科学出版社，2014 年。

王子今：《秦汉区域文化研究》，成都：四川人民出版社，1998 年。

王子今主编：《秦统一的进程与意义》，北京：中国社会科学出版社，2017 年。

王子今：《秦扩张史：土地与民人》，上海：上海古籍出版社，2023 年。

王辉、王伟编著：《秦出土文献编年订补》，西安：三秦出版社，2014 年。

许倬云：《历史分光镜》，上海：上海文艺出版社，1998 年。

西嶋定生著，武尚清译：《中国古代帝国的形成与结构——二十等爵制研究》,北京:中华书局,2004年。

徐中舒:《先秦史十讲》,北京:中华书局,2009年。

徐旭生:《中国古史的传说时代》,桂林:广西师范大学出版社,2003年。

小林文治:《秦代物资输送形态试析——以"委输"为切入点》,《中国经济史研究》,2021年第6期。

阎步克:《士大夫政治演生史稿》,北京:北京大学出版社,1996年。

阎步克编著:《波峰与波谷:秦汉魏晋南北朝的政治文明》,北京:北京大学出版社,2017年。

严耕望:《中国地方行政制度史:秦汉地方行政制度》,上海:上海古籍出版社,2007年。

杨宽:《战国史料编年辑证》,上海:上海人民出版社,2001年。

杨宽:《杨宽古史论文选集》,上海:上海人民出版社,2003年。

杨宽:《战国史》,上海:上海人民出版社,2003年。

杨振红:《出土简牍与秦汉社会》,桂林:广西师范大学出版社,2009年。

臧知非:《秦汉服役与社会控制》,西安:三秦出版社,2012年。

臧知非:《秦汉土地赋役制度研究》,北京:中央编译出版社,2017年。

臧知非:《秦思想与政治研究》,西安:西北大学出版社,2021年。

张德芳,孙家洲主编:《居延敦煌汉简出土遗址实地考察论文集》,上海:上海古籍出版社,2012年。

张金光:《秦制研究》,上海:上海古籍出版社,2004年。

张荣强:《汉唐籍帐制度研究》,北京:商务印书馆,2010年。

张亚初、刘雨:《西周金文官制研究》,北京:中华书局,1986年。

赵鼎新著,夏江旗译:《东周战争与儒法国家的诞生》,上海:华东师范大学出版社,2006年。

郑良树:《商鞅及其学派》,台北:台湾学生书局,1987年。

周振鹤、李晓杰:《中国行政区划通史·总论、先秦卷》,上海:复旦大学出版社，2009年。

周振鹤、李晓杰、张莉：《中国行政区划通史·秦汉卷》，上海：复旦大学出版社，2015年。

中共中央马克思恩格斯列宁斯大林著作编译局编译：《马克思恩格斯文集》第五卷，北京：人民出版社，2009年

朱绍侯：《军功爵制考论》，北京：商务印书馆，2008年。

三、研究论文

白奚：《"孙卿道宋子，其言黄老意"正解》，《中国哲学史》，1996年第4期。

卜宪群：《秦制、楚制与汉制》，《中国史研究》，1995年第1期。

卜宪群：《简帛与秦汉地方行政制度史研究》，《国学学刊》，2010年第4期。

卜宪群：《秦汉乡里社会演变与国家治理的历史考察》，《中国社会科学》，2022年第3期。

晁福林：《从"民本"到"君本"——试论先秦时期专制王权观念的形成》，《中国史研究》，2013年第4期。

陈洪：《中型秦墓墓主族属及身份探析——以渭水流域中型秦墓的葬俗为视角》，《郑州大学学报》（哲学社会科学版），2011年第4期。

陈侃理：《秦汉里吏与基层统治》，《历史研究》，2022年第1期。

程天权：《论商鞅改法为律》，《复旦学报》（社会科学版），1983年第1期。

丁山：《由陈侯因资镈铭黄帝论五帝》，《国立中央研究院历史语言研究所集刊》，国立中央研究院，第3本第4分，1933年。

董飞：《秦王朝"新地"治理研究——以故楚地为中心》，西北大学博士学位论文，2021年。

董珊：《秦子车戈考释与秦伯丧戈矛再释》，《国学学刊》，2019年第3期。

杜正胜：《周秦民族文化"戎狄性"的考察——兼论关中出土的"北

方式"青铜器》,《周秦文化研究》编委会编《周秦文化研究》,西安:陕西人民出版社,1998年。

段渝:《论秦汉王朝对巴蜀的改造》,《中国史研究》,1999年第1期。

高震寰:《试论秦汉"父老"的两个面向》,《"中央"研究院历史语言研究所集刊》第94本第3分,2023年。

高震寰:《对里耶秦简〈迁陵吏志〉的另一种假设》,周东平、朱腾主编:《法律史译评》(第九卷),上海:中西书局,2021年。

顾颉刚、王树民:《"夏"和"中国"——祖国古代的称号》,史念海主编《中国历史地理论丛》第一辑,西安:陕西人民出版社,1981年。

郭涛:《出土简牍所见秦代地方行政运行的空间结构》,《学术月刊》,2023年第4期。

郭军涛:《礼县地区中小型秦墓的分期及相关问题研究》,西北大学硕士学位论文,2010年。

郭浩:《秦汉时期现金管理刍议——以岳麓秦简、居延汉简"稍入钱"为例》,《中国社会经济史研究》,2013年第3期。

韩巍:《北大秦简中的数学文献》,《文物》,2012年第6期。

韩连琪:《春秋战国时代的郡县制及其演变》,《文史哲》,1986年第5期。

胡大贵:《庶长考》,《四川师范大学学报》,1990年第4期。

胡厚宣:《论殷代五方观念及"中国"称谓之起源》,胡厚宣《甲骨学商史论丛初集》(外一种),石家庄:河北教育出版社,2002年。

胡铁球:《商鞅构建农战之国的理念及其影响——以〈商君书〉为中心讨论》,《社会科学》,2016年第1期。

黄朴民:《秦汉兵学文化的主要成就及其显著特征》,《军事历史》,2020年第3期。

黄盛璋:《秦兵器分国、断代与有关制度研究》,吉林大学古文字研究室编《古文字研究》(第二十一辑),北京:中华书局,2001年。

黄宗智:《集权的简约治理:中国以准官员和纠纷解决为主的半正式基层行政》,黄宗智主编《中国乡村研究》(第五辑),福州:福建教育出版社，2007 年。

江必新：《商鞅"改法为律"质疑》，《法学杂志》，1985 年第 5 期。

晋文：《睡虎地秦简与授田制研究的若干问题》，《历史研究》，2018 年第 1 期。

晋文：《里耶秦简中的积户与见户——兼论秦代基层官吏的量化考核》，《中国经济史研究》，2018 年第 1 期。

晋文：《新出秦简中的授田制问题》，《中州学刊》，2020 年第 1 期。

李非、李水城、水涛：《葫芦河流域的古文化与古环境》，《考古》，1993 年第 9 期。

李家浩：《先秦文字中的"县"》，《著名中年语言学家自选集·李家浩卷》，合肥：安徽教育出版社，2002 年。

李零：《春秋秦器试探——新出秦公钟、镈铭与过去著录秦公钟、簋铭的对读》，《考古》，1979 年第 6 期。

李勉、俞方洁：《秦至汉初户赋的性质、征收与管理》，《重庆师范大学学报》（社会科学版），2018 年第 2 期。

李勉：《再论秦及汉初的"田"与"田部"》，《中国农史》，2015 年第 3 期。

李天虹等：《湖北云梦郑家湖墓地 M274 出土"贱臣筡西问秦王"觚》，《文物》，2022 年第 3 期。

李腾焜：《故事与新政之间——秦始皇刻石新考》，《古代文明》，2022 年第 4 期。

李晓斌：《庄浪县出土北方青铜器之研究》，王亚斌主编：《庄浪史志》（创刊号），2011 年。

李学勤：《战国题铭概述》，《文物》，1959 年第 7 期。

李禹阶：《论商鞅、韩非的国家思想及"法"理念——兼论商、韩法家理论的结构性缺陷》，《暨南学报》（哲学社会科学版），2015 年第 1 期。

李禹阶：《华夏民族与国家认同意识的演变》，《历史研究》，2011 年第 3 期。

李禹阶、陈昆：《从上博简〈容成氏〉篇看楚人的东方政治地理观》，

《西南师范大学学报》(社会科学版),2021 年第 1 期。

李禹阶:《战国时代新型国家体制建构的几种路径》,《中华文化论坛》,2023 年第 5 期。

李振宏、苏小利:《"天下为天下人之天下"说辨析》,《中国史研究》,2021 年第 2 期。

李祖德:《刘邦祭祖考——兼论春秋战国以来的社会变革》,《中国史研究》,2012 年第 4 期。

梁云、张志丹:《甘谷毛家坪出土秦"子车"戈探讨》,《中原文物》,2021 年第 3 期。

梁云:《论早期秦文化的来源与形成》,《考古学报》,2017 年第 2 期。

梁云:《秦文化重要遗址甘谷毛家坪》,《大众考古》,2013 年第 5 期。

刘海年:《秦律刑罚考析》,中华书局编辑部编《云梦秦简研究》,北京:中华书局,1981 年。

刘海年:《云梦秦简的发现与秦律研究》,《法学研究》,1982 年第 1 期。

刘敏:《秦汉时期"吏民"的一体性和等级特点》,《中国史研究》,2008 年第 3 期。

刘芮方:《秦庶长考》,《古代文明》,2010 年第 4 卷第 3 期。

刘向明:《从出土秦律看县"令史"一职》,《齐鲁学刊》,2004 年第 3 期。

凌雪、王奕舒、岳起等:《陕西关中监狱战国秦墓出土人骨的碳氮同位素分析》,《文博》,2019 年第 3 期。

罗新慧:《春秋时期天命观念的演变》,《中国社会科学》,2020 年第 12 期。

马孟龙:《出土文献所见秦汉"道"政区演变》,《民族研究》,2022 年第 2 期。

马怡:《里耶秦简选校》,中国社会科学院历史研究所学刊编委会编辑《中国社会科学院历史研究所学刊》第四集,北京:商务印书馆,2007 年。

苗润田：《释"孙卿道宋子，其言黄老意"》，《孔子研究》，1993 年第 1 期。

彭浩：《读松柏出土的四枚西汉木牍》，武汉大学简帛研究中心主办《简帛》（第四辑），上海：上海古籍出版社，2009 年。

裘锡圭：《湖北江陵凤凰山十号汉墓出土简牍考释》，《文物》，1974 年第 7 期。

冉艳红：《秦代行政体系中的里及其典、老》，《史学月刊》，2022 年第 11 期。

冉艳红：《典、老选任与秦代国家统治的赋役逻辑——岳麓秦简〈尉卒律〉"置典老"条试释》，《中国社会经济史研究》，2023 年第 3 期。

沈刚：《秦汉县级诸官的流变：以出土文献为中心的讨论》，《社会科学》，2023 年第 1 期。

沈刚：《伍长的变迁：秦汉基层社会治理的一个视角》，《中原文化研究》，2023 年第 5 期。

史党社：《从称谓角度说"秦子"》，《中国历史文物》，2010 年第 4 期。

史党社：《从文字资料略谈秦早期政治》，《陕西师范大学学报》（哲学社会科学版），2017 年第 1 期。

史党社：《从毛家坪的考古发现谈秦的地方行政制度史》，《华南师范大学学报》（社会科学版），2020 年第 2 期。

苏家寅：《汉代道制政区的起源》，《史学月刊》，2021 年第 5 期。

孙家洲：《天子·霸主·诸侯——春秋霸政研究》，《贵州社会科学》，1993 年第 2 期。

孙闻博：《秦汉帝国"新地"与徙、戍的推行——兼论秦汉时期的内外观念与内外政策特征》，《古代文明》，2015 年第 2 期。

孙闻博：《商鞅"农战"政策推行与帝国兴衰——以"君—官—民"政治结构变动为中心》，《中国史研究》，2020 年第 1 期。

孙闻博：《令史与秦及汉初的县乡行政》，《河北学刊》，2022 年第 3 期。

宋镇豪：《夏商人口初探》，《历史研究》，1991 年第 4 期。

田亚岐、刘爽：《孙家南头秦国春秋铜器墓的相关问题》，《考古与文物》，2013 年第 4 期。

唐俊峰：《新见荆州胡家草场 12 号汉墓〈外乐律〉〈蛮夷律〉条文读记与校释》，周东平、朱腾主编《法律史译评》（第八卷），上海：中西书局，2020 年。

唐兰：《㝬尊铭文解释》，《文物》，1976 年第 1 期。

唐兰：《马王堆出土〈老子〉乙本卷前古佚书的研究——兼论其与汉初儒法斗争的关系》，《考古学报》，1975 年第 1 期。

太田幸男著，路英勇译：《田齐的建立》，《管子学刊》，1995 年第 1 期。

仝卫敏：《〈商君书·徕民篇〉成书新探》，《史学史研究》，2008 年第 3 期。

王斌帅：《秦汉县廷令史研究》，东北师范大学硕士学位论文，2017 年。

王晖：《西周春秋"還（县）"制性质研究——从"县"的本义说到一种久被误解的政区组织》，《史学集刊》，2017 年第 1 期。

王四维：《秦县少内财政职能及其管理制度》，《史学月刊》，2020 年第 11 期。

王彦辉：《出土秦汉户籍简的类别及登记内容的演变》，《史学集刊》，2013 年第 3 期。

王彦辉：《秦汉时期的"更"与"徭"》，《中国社会科学》，2022 年第 2 期。

王越：《论秦汉时期乡里的政令传播》，《山东社会科学》，2023 年第 4 期。

王子今：《秦王朝关东政策的失败与秦的覆亡》，《史林》，1986 年第 2 期。

王子今：《论秦始皇南海置郡》，《陕西师范大学学报》（哲学社会科学版），2017 年第 1 期。

王子今:《战国晚期的燕国及秦都咸阳的燕文化映射》,《中国区域文化研究》,2022年第2辑。

王子今:《秦始皇陵考古与秦统一历史意义的新认识》,梁安和、徐卫民主编《秦汉研究》,2020年。

王子今:《"一天下"与"天下一":秦汉社会正统政治意识》,《贵州社会科学》,2020年第4期。

王志友:《早期秦文化研究》,西北大学博士学位论文,2007年。

王健文:《帝国秩序与族群想象:帝制中国初期的华夏意识》,甘怀真编《东亚历史上的天下与中国概念》,台北:台湾大学出版中心,2009年。

武惠华:《〈左传〉外交辞令探析》,《中国人民大学学报》,1994年第4期。

武树臣:《秦"改法为律"原因考》,《法学家》,2011年第2期。

辛德勇:《张家山汉简所示汉初西北隅边境解析——附论秦昭襄王长城北端走向与九原云中两郡战略地位》,《历史研究》,2006年第1期。

熊铁基:《重评〈吕氏春秋〉》,《江汉论坛》,1979年第4期。

熊永:《排外抑或招徕:秦国惠昭之世的移民政策转向新探》,《史学月刊》,2021年第7期。

徐日辉:《古代西北民族"绵诸"考》,《西北民族学院学报》(哲学社会科学版),1984年第1期。

徐进:《商鞅法治理论的缺失——再论法家思想与秦亡的关系》,《法学研究》,1997年第6期。

姚立伟:《从诸官到列曹:秦汉县政承担者的转变及其动因考论》,《史学月刊》,2020年第1期。

颜岸青:《项羽之西楚九郡释疑与西楚国疆域变迁考实》,《历史地理》第三十三辑,上海:上海人民出版社,2016年。

颜世安:《"诸夏"聚合与春秋思想史》,《南京大学学报》(哲学·人文科学·社会科学),2003年第5期。

尹波涛:《略论先秦时期的夷夏观念》,《青海民族大学学报》(社会科学版），2013 年第 1 期。

杨宽：《春秋时代楚国县制的性质问题》，《中国史研究》，1981 年第 4 期。

杨振红：《秦汉"名田宅制"说——从张家山汉简看战国秦汉的土地制度》，《中国史研究》，2003 年第 3 期。

杨振红：《从新出简牍看秦汉时期的田租征收》，武汉大学简帛研究中心主办《简帛》第三辑，上海：上海古籍出版社，2008 年。

杨振红：《秦"从人"简与战国秦汉时期的"合从"》，《文史哲》，2020 年第 3 期。

雍际春：《绵诸道城址考》，《中国历史地理论丛》，1992 年第 1 辑。

尤锐：《从〈商君书·徕民〉看商鞅学派的思想变迁——兼论战国晚期秦国人口及军事变化》，《江淮论坛》，2021 年第 6 期。

游逸飞：《战国至汉初的郡制变革》，台湾大学博士学位论文，2014 年。

于鲲奇：《商鞅变法性质之再探讨》，《安徽师大学报》（哲学社会科学版），1984 年第 3 期。

于豪亮：《秦王朝关于少数民族的法律及其历史作用》，中华书局编辑部编《云梦秦简研究》，北京：中华书局，1981 年。

于豪亮：《释青川秦墓木牍》，《文物》，1982 年第 1 期。

于振波：《秦律令中的"新黔首"与"新地吏"》，《中国史研究》，2009 年第 3 期。

张梦晗：《"新地吏"与"为吏之道"——以出土秦简为中心的考察》，《中国史研究》，2017 年第 3 期。

张荣强：《湖南里耶所出"秦代迁陵县南阳里户版"研究》，《北京师范大学学报》（社会科学版），2008 年第 4 期。

张天恩、庞有华：《秦都平阳的初步研究》，秦始皇帝陵博物院编《秦始皇帝陵博物院 2015》，西安：陕西师范大学出版总社，2015 年。

祝总斌：《关于我国古代的"改法为律"问题》，《北京大学学报》（哲学社会科学版），1992 年第 2 期。

郑威:《吴起变法前后楚国封君领地构成的变化》,《历史研究》,2012年第1期。

周苏平:《春秋时期晋国政权的演变及其原因之分析》,《西北大学学报》(哲学社会科学版),1987年第2期。

周振鹤:《县制起源三阶段说》,《中国历史地理论丛》,1997年第3辑。

朱绍侯:《军功爵制在秦人政治生活中的地位》,《河南师大学报》(社会科学版),1980年第6期。

朱圣明:《秦至汉初户赋再考察——兼论复合型赋税的存在与分化》,《中国经济史研究》,2023年第3期。

邹水杰:《简牍所见秦汉县属吏设置及演变》,《中国史研究》,2007年第3期。

邹水杰:《简牍所见秦代县廷令史与诸曹关系考》,杨振红、邬文玲主编《简帛研究·2016》(春夏卷),桂林:广西师范大学出版社,2016年。

邹水杰:《秦代属邦与民族地区的郡县化》,《历史研究》,2020年第2期。

佐藤将之:《后周鲁时代的政治秩序:成为天子的秦王》,《科学·经济·社会》,2020年第4期。